数年前、ある女性作家と話していたときのこと。

「いつだったか、どこかの文芸誌が女性特集みたいなことをやって、書き手を全員女性にしたんですよね。でもわたしあのとき、古いなあって白けちゃって。今さらフェミって感じでもないしなあって思ってしまった」。

　わたしはその文芸誌の存在を知りませんでしたが、女性が女性について語ったり書いたり、読んだりするそんな特集があるなら読んでみたいと思いました。毎月、無数に刊行されているなかでそんな雑誌があって当然だし、論壇誌や思想誌では逆のことが当たりまえに起きているのに、なぜそれが女性になると特殊な出来事のように思われるのだろう。他愛のない会話の中の彼女の何気ない発言をわたしはその後、折にふれ思いだすことになりました。とくに脈絡もなく、ふとしたときに頭をよぎるのです。


　今回、早稲田文学の外部編集委員になり、責任編集というかたちで特集を組むにあたって、わたしはすぐに「古くて白けて今さらフェミ」と件の彼女が感じたような特集をぜひやってみたいと思いました。とはいえ、女性という言葉にはご存じのとおり様々な問題が付随しています。

　まず、女性とは何なのか。誰のことを指し、またどのような認識や条件によってそれが可能なのか。仮に女性というものに定義を与えることができたとして、そのうえで女性をテーマにすることにどのような意義があるのか。性別二分法を容認し、より閉塞感を強めることになるのではないか。現在取り組むべきは女性に限定したものではなく人権全般について、あるいは性の多様性と可能性についてではないのか。女性が女性について語るのは退行ではないのか。問題はいつでも「人間」ではないのか。

　しかし、それでもなお、女性というものは存在しています。女性一般というものがなく、また、それがどのような文脈で語られるにせよ、女性は存在しています。

　ＳＮＳの普及によって性をめぐるポリティカルコレクトネスの議論が可視化され、以前に比べて人々が意見／異見を表明し、それをシェアする機会が増えました。世界中の様々な人々の状況や活動を知ることができ、これまでの常識や現状を相対化するための一歩を踏みだしたようにも思えます（むろん不毛な局面も多いですが）。性をめぐる問題は十年一日のもどかしさもたしかにあるけれど、しかし何かが少しずつ変化しているのではないか。もしかしたら今が、何度目かの、何かが変り始めようとしているその瞬間なのではないだろうか。あまりに楽観的な観測ですが、そう信じることで動きだす何かがあるはずだとも感じています。

特集を組むにあたり、本当は2017年現在における、ありとあらゆる分野における女性についての表現活動と諸問題を今号に網羅し記録しておきたい――そんな強い気持ちがありました。けれどもそれは現実的に難しい。わたしはフェミニストですが、フェミニズムを学問として学んだことはありませんし、専門家による女性学やクィア批評、ジェンダーをめぐる慎重にして優れた特集や論考は数多くあり、わたしたちはそれらを読み、議論に参加することができます。そして言うまでもなく、創作の動機のすべてが、正しさの追求にあるわけではありません。多くの場合は秩序よりも混沌を好み、決定よりも保留を好み、安定よりも動揺を好みます。

では今回、文芸誌である早稲田文学の特集では何に特化し、集中するべきか。既視感に溢れる動機だと思われるかもしれませんが、「女性」というものと「書く」という表現がどのような関係にあるのか、またそれらはどのように読まれ、あるいは、読まれないのか。過去に、「女性が書く」あるいは「女性について書く」、「それらを読む」という行為においてどのような抑圧と解放と変化があったのか。「人間を書く」ということと「女性を書く」ことはどのようにおなじで、どのように違うのか、あるいは違わないのか。そして現在、女性の創作をめぐる状況はどのようにしてあるのか――それらをしっかりと形にし、記録したいと思いました。

生きている人たちの、そして死んで今はいなくなってしまった人たちの、素晴らしい作品を掲載することができました。この特集のために、多くの素晴らしい書き手たちが新しい作品を寄せ、また再録を許可してくれました。ついこのあいだ生まれたばかりの作品、百年以上も前の作品、そしてそのあいだに書かれてきた多くの作品たち――この本を開いてくれた読者の「今」に、それらがいっせいに立ちあがるところを想像すればこみあげてくるこれを、わたしはまだ言葉にすることができません。この特集を読んでくれたあなたは、いったいどんなことに疑問をもち、どんなことに興奮して、どんなことに首をかしげ、どんなことを思うだろう。どんなことを愉しんで、そして夢中になってくれるだろう——この一冊が、現在の記録であるのと同時に、読んでくれた読者を——とりわけこれからを作ってゆく読者たちを勇気づけ、新たな問いかけの機会になることを、心から願っています。

「どうせそんなものだろう」、そう言ってあなたに蓋をしようとする人たちに、そして「まだそんなことを言っているのか」と笑いながら、あなたから背を向ける人たちに、どうか「これは一度きりのわたしの人生の、ほんとうの問題なのだ」と表明する勇気を。それが本当のところはいったいなんであるのかがついぞわからない仕組みになっている一度きりの「生」や「死」とおなじように、まだ誰にも知られていない「女性」があるはず。まだ語られていない「女性」があるはず。そして、言葉や物語が掬ってこなかった／こられなかった、声を発することもできずに生きている／生きてきた「女性」がいる。そしてそれらは同時に、「語られることのなかった、女性以外のものやできごと」を照らします。

そこで本当は何が起きているの。
あなたは、どこからきて、どこへいくの。
ねえ、いまあなたは、なんて言ったの？

いつもあまりに多くのことを見過ごして、そしてまちがってしまうわたしたちは、まだ何にも知らない。わたしたちは知りたい。わたしたちは書きたい。わたしたちは読みたい、目のまえにひろがっているこれらのすべてがいったいなんであるのかを、胸にこみあげてくるこれがなんであるのかを、そしてそれらを書いたり読んだりするこれらが、いったいなんであるのかを、知りたい——その欲望と努力の別名が、文学だと思うのです。

川上未映子

はじめの無花果

First Fig

わたしのろうそくは両端から燃える
夜明けまではもちません
でも　わが敵よ、わが友よ
それはとてもきれいに光ります

エドナ・セント・ヴィンセント・ミレー
小澤英実＝訳

唱歌

みえない、朝と夜がこんなに早く入れ替わるのに。
みえない、父と母が死んでみせてくれたのに。

みえない、
私にはそこの所がみえない。

（くりかえし）

石垣りん

掃除婦のための手引き書

A Manual for Cleaning Women
Lucia Berlin

ルシア・ベルリン

訳＝岸本佐知子

42番ーピードモント行き。バスはジャック・ロンドン広場をめざしてのろのろ走る。乗客はメイドと老婆ばかり。隣に座った盲目のお婆さんは点字を読んでいる。ゆっくり、音をたてずに、指が一行一行をなぞっていく。横で見ていると心がおだやかになる。お婆さんは二十九丁目で降りていった。「盲人工芸品販売所」の看板の〝盲人〟以外の文字が全部なくなっている。

わたしもふだんは二十九丁目で降りるのだけれど、ミセス・ジェセルの小切手を現金化するためにダウンタウンまで行かなきゃならない。あと一回でも小切手で払われたら、もう辞める。おまけにジェセルさんはいつもバス代の小銭を切らしている。先週は自腹で二十五セント払って銀行に行ったら、小切手にサインがなかった。

ジェセルさんは何でもかんでも忘れる、自分の病気まで忘れる。家じゅうの埃をぬぐうついでに、わたしは一つひとつ拾い集めてテーブルの上に置く。マントルピースの上には〈朝10時吐キ気（大）〉と書いた紙きれ。流しの水切り台には〈げり〉。ガス台の上に〈めまひ　ものわすれ〉。一番よく忘れるのは自分が鎮静剤をのんだかどうか、それを訊くのにわたしに二度電話したかどうか、ルビーの指輪はどこにあるか、等々。

　ジェセルさんは部屋から部屋へわたしの後ろをついてまわり、何度も何度も同じことを言う。こっちまで頭が変になりそうだ。わたしは辞める辞めると言っているけれど、彼女だって気の毒だ。わたししか話す相手がいないのだ。夫は弁護士で、ゴルフをして、愛人がいる。たぶんジェセルさんは知らないか、知っていても忘れてる。掃除婦は何でも知っている。

　掃除婦が物を盗むのは本当だ。ただし雇い主が神経を尖らせているものは盗《と》らない。余りもののおこぼれをもらう。小さな灰皿に入れてある小銭なんかに、わたしたちは手を出さない。どこかの奥様がブリッジの集まりで、掃除婦が信用できるか知りたければ、バラのつぼみの小っちゃな灰皿に小銭を入れたのをあちこちに置いておけばいい、と噂を流した。対策として、わたしは行くたびに一セント玉を何個か、時には十セント玉を足しておく。

　仕事場に着くとまっ先にやるのは、腕時計や、指輪や、金色ラメのパーティバッグのありかを確かめておくことだ。あとで雇い主が顔を真っ赤にしてねじこんできたら、落ちつきはらってこう答える、「寝室の枕の下ですよ、緑色の便器の裏ですよ」。わたしが本当に盗むのは睡眠薬だけだ。いつか入り用になったときの保険だ。

　今日わたしは〈スパイス・アイランド〉のゴマをひと瓶盗んだ。ジェセルさんはめったに料理をしない。たまにするときはセサミ・チキンを作る。戸棚の扉の裏にレシピが貼ってある。同じものが、こまごました道具の入った引き出しに一枚、アドレス帳にも一枚はさんである。鶏肉を注文するとき、ジェセルさんはソイソースやシェリーといっしょに瓶入りのゴマも新しく頼む。家には瓶入りのゴマが十五個ある。いまは十四個だ。

　バス停で、わたしは歩道にしゃがみこんだ。白のお仕着せを着た黒人メイドが三人、わたしのすぐ横に立った。みんな古い仲間だ。おなじカントリークラブ通りで長いこと働いていた。最初のうちわたしたちは怒っていた。バスが二分早く行ってしまって、置いてけぼりをくったのだ。糞ったれ運転手。メイドがいつも乗るのを知ってるくせに。おまけに42番のピードモント行きは一時間に一本しか来ない。

　わたしが煙草を吸う横で、三人は獲物を比べあう。盗んだものの……マニキュア、香水、トイレットペーパー。もらったものの……イヤリング片方、ハンガー二十個、破けたブラ。

（掃除婦たちへのアドバイス：奥様がくれるものは、何でももらってありがとうございますと言うこと。バスに置いてくるか、道端に捨てるかすればいい。）

　会話に加わろうと、わたしはゴマの瓶を見せた。みんな大笑いした。「ちょっとあんた！　なに、ゴマだって？」みんながわたしに、どうしてジェセルさんのところでそんなに長続きするのかと訊いた。ふつうはもって三回だ。あの奥さんが靴を百四十足持ってるってのは本当なのかねとみんなが訊いた。本当だ。でも恐ろしいのは、それがぜんぶ同じ靴だってことだ。

一時間が楽しく過ぎる。わたしたちは自分の奥様たちのことを一人ずつ噂しあう。毒っけまじりに笑う。

わたしは古株の掃除婦たちからなかなか打ち解けてもらえない。掃除の仕事もなかなかもらえない。わたしが〝学がある〟からだ。かといって、他の仕事がすぐに見つかるわけもない。新しい奥様には、さっさとこう言うことを覚えた。つい最近アル中の夫に死なれて、四人の子供はまだ育ち盛りです。子育てや何やかやで、今まで一度も働いたことがなかったんです。

43番―シャタック通り―バークレー行き。〈広告は浸潤率が命!〉と書いてあるベンチが、毎朝ぐっしょり濡れている。知らない男の人にマッチを一本たのむと、箱ごと渡された。〈自殺を防ごう〉。擦る部分が裏についている、不便なやつだった。安全第一、便利は二の次。

通りの向かいの「ぴかぴかハウスクリーニング」の前を、店の人がホウキで掃いていた。歩道の両隣にはゴミや落ち葉がひらひら舞っている。オークランドの秋だ。

夕方、ホルヴィッツさん宅の掃除を終えて帰ってくると、「ぴかぴか」の前の歩道は、また落ち葉とゴミだらけになっていた。その上にわたしは乗り継ぎ切符を捨てた。乗り継ぎ切符はいつももらうようにしている。人にあげることもあるけれど、たいてい捨てずに取っておく。

ターはよく、わたしが何でもかんでも取っておくといってからかった。

「なあマギー・メイ、この世にずっと取っておけるものなんか一つもないんだぜ。ま、おれだけは別かもしれないけどな」

ある夜、テレグラフ通りの家で、ターが寝ていたわたしの手にクアーズのプルタブを握らせた。目を覚ますと、ターはわたしを見おろして笑っていた。ター、テリー、ネブラスカ生まれの若いカウボーイ。彼は外国の映画を観にいくのをいやがった。字を読むのが遅いのだと、それで気がついた。

ごくたまに本を読むとき、ターはページを一枚ずつ破っては捨てた。わたしが外から帰ってくると、いつも開けっぱなしだったり割れていたりする窓からの風で、ページが「セーフウェイ」の駐車場の鳩みたいに部屋じゅうを舞っていた。

33番―バークレー行き特急。33番が道をまちがえた！「シアーズ」の角を左に曲がってフリーウェイに入るところを、まっすぐ行ってしまった。みんなにじゃんじゃんベルを鳴らされて、運転手はあせって二十七丁目を左折した。道は行き止まりで、バスは動けなくなった。あちこちの窓に人が集まって、こっちを見おろしている。男の人が四人、バスから降りて、路上駐車だらけの細い路地をバックで出るのを誘導した。フリーウェイに入ると、バスは時速八十マイルでぶっ飛ばした。おっかなかった。ハプニングに浮かれて、乗客どうしで話がはずんだ。

今日はリンダのところ。

（掃除婦たちへ：原則、友だちの家では働かないこと。遅かれ早かれ、知りすぎたせいで憎まれる。でなければ、いろいろ知りすぎて、こっちが向こうを嫌になる。）

でもリンダとボブとは、古くからのいい友だちだ。留守にしていても、二人のぬくもりが家に残っている。シーツについた精液とブルーベリージャム。バスルームには競馬新聞とタバコの吸殻。ボブからリンダにあてたメモ、〈タバコを買って、車を持ってって……うんぬんかんぬん〉。ママだいすき、と書いてあるアンドレアのお絵かき。ピザのかけら。二人がコカインを使ったあとの鏡を、わたしはウィンデックスでみがく。

わたしの行く家で、最初からきれいに片づいていないのはここだけだ。片づいていないどころか、足の踏み場もない。水曜のたびにシジフォスの気分で階段を上がっていくと、リビングはまたぞろ引っ越しの最中みたいなありさまだ。

時間給にしなかったし、交通費ももらわないので、この家は大してお金にならない。もちろん昼食も出ない。わたしは丹精こめて働く。そのかわりちょくちょく座って休み、たっぷり長居する。タバコを吸いながら『ニューヨーク・タイムズ』やポルノ本や『パティオ・ルーフの作り方』などを読む。でも、たいていはただ窓から隣の家を見ている。むかし、わたしたちが住んでいた家だ。ラッセル通り２１２９½。窓から見える木には硬いナシの実がなり、ターがよくそれを銃で撃った。木のフェンスがいちめんＢＢ弾できらきらしている。夜は「ベキンズ」の看板の光がわたしたちのベッドを照らした。わたしはターが恋しくてタバコを吸う。昼間は電車の音は聞こえない。

40番ーテレグラフ行き。「ミルヘイブン老人ホーム」。車椅子のお婆さんが四人、魂が抜けたみたいに通りをながめている。その奥のナース・ステーションで、きれいな黒人の女の子が『アイ・ショット・ザ・シェリフ』に合わせて踊っている。ここにいてもうるさいぐらいの音量だけれど、お婆さんたちはいっこう平気だ。その真下の歩道には、ぞんざいな手書きの看板――〈癌診療所　1：30〉。

バスが遅れている。車がつぎつぎ前を通りすぎる。車に乗っているお金持ちは、通りの人間をちらりとも見ない。見るのはいつだって貧乏人だ。じっさい、通りの人間を見たくて車を走らせてるのではないかと思うほどだ。わたしも昔はやった。貧乏人は、とにかく待つ。生活保護や失業保険の列、コインランドリー、公衆電話、緊急救命室、刑務所の面会、何でも。

40番のバスを待ちながら、みんな「ミル&アディ　コインランドリー」のウィンドウをのぞきこんだ。ミルはジョージアの粉屋《ミル》の生まれだ。その彼がいま、五台ならんだ洗濯機の上に寝そべって、大きなテレビをその上に取り付けようとしている。アディがわたしたちに向かってひょうきんな身振り手振りで、テレビがすぐに落っこちちゃうのよ、と解説した。通行人も加わって、みんなでミルを見物した。テレビの画面にわたしたちの姿が映っていた。『マン・オン・ザ・ストリート』の番組みたいに。

通りの先の「フーシェ（ＦＯＵＣＨＥ）」では、黒人の葬式を盛大にやっていた。わたしはそのネオンサインをずっと「トゥシェ（Ｔｏｕｃｈｅ）」だと思っていて、そのたびに面をかぶった死神が自分の心臓に剣を突きつけているところを思い浮かべた。

手元にはいま、ジェセルさんバーンズさんマッキンタイアさんホルヴィッツさんの家から集めた睡眠薬が、ぜんぶで三十錠ある。ヘルズ・エンジェルスのバイク乗りなら二十年は食らうる。量のアッパーやダウナーが、この人たち一人ひとりの家にはある。

18番―パーク通り―モントクレア行き。オークランドのダウンタウン。アル中のインド人がわたしの顔を覚えて、会うたびに言う。「人生、そんなもんよなあ。なあ姐《ねえ》ちゃん」

パーク通りを、窓をふさいだ青い郡警察のバスが行く。中には囚人が二十人、これから罪状認否の手続きをしにいくのだ。みんな鎖でつながれて、そろいのオレンジ色のつなぎを着て、ボート漕ぎのチームみたいにいっしょに動く。団結心も負けていない。バスの中は暗い。窓に信号の黄色が映っている。黄色の待テ、待テ。赤の停マレ、停マレ。

霧にかすむモントクレア・ヒルのリッチなお屋敷町を、バスは一時間かけてとろとろ走る。乗っているのは全員メイド。シオン・ルーテル教会のちょうど真下に、白と黒の大きな〈落石に注意〉の看板。見るたびに声を出して笑ってしまう。メイドたちと運転手が、振り返ってわたしをまじまじ見る。今ではもう、それがお定まりになっている。以前のわたしはカソリックの教会の前を通ると、手が勝手に十字を切ったものだった。やらなくなったのはたぶん、バスの人たちがみんな振り返ってこっちをまじまじ見たからだ。いまだにサイレンを聞くと、わたしはとっさに心の中で「アベ・マリア」の祈りを唱える。いま住んでいるピル・ヒルは近所に病院が三つあるから、忙しくて困る。

モントクレアの丘のふもとには、バスから降りてくるメイドを迎えにきた女たちのトヨタが並んでいる。わたしはいつもメイミーの奥様の車に乗っけてもらって、スネーク・ロードを上がっていく。「まあ見てメイミー、あなたがあのメッシュのカツラをかぶって、あたしがペンキだらけの作業服を着たら、すごく面白くない？」メイミーとわたしはタバコをふかす。

掃除婦と猫に話しかけるとき、女たちの声は二オクターブ高くなる。

(掃除婦たちへ‥猫のこと。飼い猫とはけっして馴れあわないこと。モップや雑巾にじゃれつかせてはだめ、奥様に嫉妬されるから。だからといって、椅子からじゃけんに追い払ってもいけない。反対に、犬とはつとめて仲良くすること。着いたらすぐ、チェロキーだかスマイリーだかを五分、十分となでてやる。便座のふたは忘れずに閉めること。顎の毛皮からしずくがしたたる。)

ブルームさん宅。わたしが通っているなかでいちばんイカれた家、そして唯一の豪邸だ。夫婦ともに精神科医。二人とも結婚カウンセラーで、〝就学前〟の養子の子供が二人いる。

(〝就学前〟の子供がいる家では絶対に働かないこと。赤ちゃんなら文句なし、何時間でも眺めて抱っこしていられる。でも少し育ったのときたら……金切り声、干からびたチェリオス、スヌーピーのパジャマで踏み散らかされたあげく固まったおもらし。)

(精神科の医者も避けること。こっちの気が狂う。わたしがあの人たちを分析してあげたいくらい。そのシークレット・シューズの意味は？)

ドクター・ブルーム——男のほう——が、また病気で休んでいる。よりによって喘息《ぜんそく》もちなのだ。バスローブ姿でぼんやり立って、生白い毛ずねを片方のスリッパで掻いている。

オー・ホー・ホー、ミセス・ロビンソン。二千ドル以上するオーディオセットに、レコードは五枚。サイモンとガーファンクル、ジョニ・ミッチェル、あとの三枚はビートルズだ。

ドクターがキッチンの戸口に立ち、反対の脚を掻く。わたしが〈ミスター・クリーン〉のモップをセクシーに動かして朝食コーナーのほうをやりはじめると、ドクターが訊く。きみ、なんでそんな職業を選んだの？

「そうですね、たぶん罪悪感か怒りじゃないでしょうか」わたしは間延びした声で答える。

「床が乾いたら、そこで紅茶を淹《い》れてもいいかな」

「ああ、座っててください。お茶ならやりますよ。お砂糖かハチミツは？」

「ハチミツで。すまないね。あと、すまないけれどレモンも……」

「いいから座ってて」わたしは紅茶を運んでいく。

いちど、四歳のナターシャに黒いスパンコールのブラウスを持っていったことがある。おめかし用に。女のほうのドクター・ブルームが血相を変えて、性差別者《セクシスト》だとわめいた。一瞬、ナターシャを誘惑しようとしてると勘違いされたのかと思った。女ドクターはブラウスをごみ箱に捨てた。わたしはあとでそれを拾って、今もときどき着る。おめかし用に。

（掃除婦たち：この仕事をしていると、進んだ女にはごまんと出会う。第一段階は、自己啓発グループ。第二段階、掃除婦。第三段階、離婚。）

ブルーム夫妻は大量に、膨大に、薬を持っている。彼女はアッパー、彼はダウナー。男ドクターは〝ベラドンナ〟の錠剤も持っている。何に効くのか知らないけれど、自分の名前だったら素敵だと思う。

ある日、朝食コーナーで夫が妻に言うのが聞こえた。「今日は衝動のおもむくままに行動しよう。子供たちを連れて凧あげに行くんだ！」

わたしは彼に同情した。心の半分は『サタデー・イブニング・ポスト』のあの漫画のメイドみたいに、しゃしゃり出て行きたかった。わたしは凧づくりが得意だし、ティルデンのほうにいい風の吹く場所も知っていた。モントクレアじゃあ風がまるでない。けれどももう半分のわたしが、奥様の返事が聞こえないように掃除機のスイッチを入れた。外はどしゃ降りの雨だった。

子供部屋は大惨事だった。わたしはナターシャに、ほんとにこの玩具ぜんぶあなたとトッドで使ったの、と訊いた。ナターシャは答えた、月曜日になるとお兄ちゃんと二人でぜんぶ床に出すの、だって月曜はおばちゃんが来るから。「トッドを呼んでらっしゃい」とわたしは言った。

二人に片づけをやらせているところに、女ドクターが入ってきた。彼女はわたしに、よけいな干渉はしないでほしい、自分は子供たちに〝罪悪感や義務の押しつけ〟をしたくないのだ、と説教を垂れた。わたしはふてくされて聞いていた。終わると彼女はついでに言いつけた。冷蔵庫の霜を取って、アンモニアとバニラで拭いておいてちょうだい。

アンモニアとバニラ？　それで憎む気持ちも消え失せた。あっけなかった。この人も家庭的な家を夢見ているんだ、本当に子供たちに罪悪感や義務を押しつけたくないんだ、そう気づいた。夕方、牛乳を飲むと、アンモニアとバニラの味がした。

40番—テレグラフ—バークレー行き。「ミル&アディ コインランドリー」。今日は店にアディ一人で、正面の大きなウィンドウを拭いている。その背後、洗濯機の上に、ビニール袋に入った大きな魚の頭が置いてある。ものうげな、うつろな目。知り合いのウォーカーさんが、ときどきスープにしろと持ってくるのだ。アディがガラスに大きな泡の輪っかをいくつも描く。通りの向かいの聖ルカ保育園で、自分に手を振っているんだと勘ちがいした男の子が、同じように円を描く動きで手を振りかえす。アディは手を止め、笑顔になって、こんどは本当に手を振る。わたしのバスが来る。テレグラフ通りをバークレーまで。「マジック・ワンド美容院」のウィンドウには、ハエタタキの先にアルミホイルの星をつけた魔法の杖。お隣の義肢ショップの店先には、お祈りのポーズの両手、それに脚が一本。

ターは絶対にバスに乗らなかった。乗ってる連中を見ると気が滅入ると言って。でもグレイハウンドバスの停車場は好きだった。よく二人でサンフランシスコやオークランドの停車場に出かけて行った。いちばん通ったのはオークランドのサンパブロ通りだった。サンパブロ通りに似ているからお前が好きだよと、前にターに言われたことがある。

ターはバークレーのゴミ捨て場に似ていた。あのゴミ捨て場に行くバスがあればいいのに。ニューメキシコが恋しくなると、二人でよくあそこに行った。殺風景で吹きっさらしで、カモメが砂漠のヨタカみたいに舞っている。どっちを向いても、上を見ても、空がある。ゴミのトラックが土埃をあげてごとごと過ぎる。灰色の恐竜だ。

ター。あんたが死んでるなんて、耐えられない。でもあんただってきっとわかってるはずね。

あの空港のときもそうだった。あんたはアルバカーキ行きの飛行機のキャタピラ・ランプをもう上がりかけていた。

「えいくそ、やっぱり行けない。車の場所、お前きっとわからないだろ？」

「マギー、おれが行っちまったら、お前どうする？」べつのとき、ロンドンに行く前にもあんたは何度も何度もそう訊いた。

「レース編みでもするわよ、ばか」

「おれが行っちまったら、お前どうする？」

「そんなにあんたなしじゃ生きてけないみたいに見える？」

「見える」あんたは言った。ネブラスカ人の物言いは、いつもシンプルだ。

友だちはみんな、わたしが自己憐憫と後悔に酔っていると言う。誰とも会おうとしない。笑うとき無意識に手で口を隠している。

わたしは睡眠薬をためこんでいる。前にターと取り決めをした——もしも一九七六年になってもにっちもさっちもいかなかったら、波止場の端まで行ってお互いをピストルで撃とう。あんたはわたしを信じなかった。きっとおれを最初に撃って自分だけ逃げるんだろうとか、先に自分で自分を撃つんだろうとか。もう駆け引きはたくさんだよ、ター。

58番―カレッジ通り―アラミダ行き。オークランドのお婆さんたちはバークレーの「ヒンクス百貨店」に行く。バークレーのお婆さんたちはオークランドの「キャプウェル百貨店」に行く。このバスに乗るのは若い黒人か、年寄りの白人だ。運転手もそうだ。年寄りの白人の運転手は不機嫌でぴりぴりしていて、オークランド工業高校前ではひときわそうなる。いつも乱暴にブレーキを踏み、タバコを吸うな、ラジオを止めろと生徒たちにどなる。叩きつけるように急発進、急停車して、白人のお婆さんたちを手すりにぶつける。彼女たちの腕はすぐに青あざになる。

黒人の若い運転手は飛ばし屋で、黄信号をぜんぶすっ飛ばしてプレザント・ヴァリー通りを駆け抜ける。バスの中は騒がしくて煙たいけれど、急発進はしない。

今日はバークさん夫妻のお宅。ここももう辞めないと。何ひとつ変化がない。汚れなんかどこにもない。自分のいる意味がわからない。今日はちょっといいことがあった。ランサーズ・ロゼワインのボトルがなぜ三十本もあるのかわかったから。今日それが三十一本になっていた。どうやら昨日が結婚記念日だったらしい。旦那さんの灰皿にタバコの吸殻が二つ（一つは彼のものではない）、ワイングラスが一つ（奥さんは飲まない）、わたしの新しいロゼのボトル。ボウリングのトロフィーを、ほんの少し動かした跡があった。彼らとわたし、こうしていっしょに歳をとる。

ミセス・バークに、わたしはみっちり家事を教えこまれた。トイレットペーパーは紙が奥から出るようにセットすること。クレンザーのタブは、穴六つのうち三つぶんだけはがすこと。贅沢は敵。骨身惜しむなムダ惜しめ。いちど、とっさの反抗心から六つ全部はがしたら、ガス台に中身をみんなぶちまけてしまった。目もあてられない。

（掃除婦たち：手抜きしない掃除婦だと思わせること。初日は、家具をぜんぶまちがって戻す――五インチ、十インチずらして置く、あるいは向きを逆にする。埃を払ったあとは、シャム猫を背中あわせに置く、ミルクピッチャーを砂糖の左に置く。歯ブラシを全部でたらめに並びかえる。）

この分野で我ながら名作だったのは、バークさんの冷蔵庫の上を掃除したときだ。何ひとつ見のがさない彼女といえども、わたしが点けっぱなしの懐中電灯をわざとそこに置いておかなければ、ワッフルアイロンの錆をこそげて油を塗りなおしたことにも、ゲイシャの置物を修理したことにも、ついでに懐中電灯もきれいにしておいたことにも、気づかずじまいだったはずだ。

全部をちょっとずつまちがうと、仕事がていねいだと思ってもらえるだけでなく、奥様がたも心おきなく〝ボス〟になれる。アメリカの女はたいてい、使用人を使うことに居心地のわるさを感じている。家に使用人がいると、どうしていいかわからなくなる。ミセス・バークもクリスマスカードのリストをチェックしたり、去年の包装紙にアイロンをかけたりする。八月だというのに。

　働くならユダヤ人か黒人の家が一番だ。まず昼食が出る。でも何よりユダヤ人と黒人の女たちは仕事を、わたしたちのような仕事を、尊重している。それに彼女たちは一日なにもしないことを、これっぽっちも悪いとは思わない。お金を払ってるんだもの、当然でしょう？

　キリスト教徒でも「東方の星」となると、話はべつだ。あの人たちに罪悪感を感じさせないためには、彼らが自分では絶対にやらないようなことをやらないとだめだ。ガス台によじのぼって、天井についたコーラの破裂のしぶきを拭き取る。ガラスのシャワー室に立てこもる。家具をぜんぶ、ピアノまで、動かしてドアに押しつける。これは家の人たちはまずやらないし、そもそも中に入ってこられない。

　ありがたいのは、どこの家でも中毒しているテレビ番組がかならず一つあることだ。わたしは掃除機を三十分間つけっぱなしにして（心が安らぐ音）、万一にそなえて手に〈エンダスト〉ワイパーを握って、ピアノの下に寝ころがる。横になったまま、鼻唄を歌いながら考えごとをする。ター、わたしはあんたの遺体を確認するのを拒否した。おかげで後がえらく大変だったけれど。あんなことをしたあんたを殴ってしまいそうで怖かった。死ぬなんて。

　バーク家を出る前に、最後にピアノをやる。残念なのは、楽譜が『海兵隊賛美歌』しかないことだ。バス停までの道のりを、いつも「モンテェェズマァァの広間からぁぁぁ……」のリズムで行進するはめになる。


58番－カレッジ通り－バークレー行き。不機嫌な白人運転手。天気は雨。日暮れて、混んで、寒い。クリスマスのバスは最悪だ。ラリったヒッピー娘が叫んだ、「降ろせ、このくそバス！」。「次の停留所まで待ちな！」運転手がどなり返した。太った女が、掃除婦だ、いちばん前の席でゲロを吐き、人々の長靴を汚し、わたしのブーツにもかかった。すさまじい臭いで、次のバス停で何人かが降りる。本人も降りる。運転手はアルカトラズ通りのガソリンスタンドにバスを停めてホースで洗い流そうとしたけれど、もちろん通路の奥まで広がって、あたりが水びたしになっただけだった。運転手は怒りに顔を真っ赤にして、赤信号を無視した。客を道連れにする気か、とわたしの隣にいた男の人が言った。

　オークランド工業高校前。ラジオを抱えた二十人ほどの高校生の先頭に、ひどく脚のわるい男の人がいた。高校の隣が福祉局なのだ。男の人が苦労しいしいバスのステップを上がっていると、運転手が大声で「ああもういいかげんにしてくれ！」と言い、男の人はぎょっとした顔をした。

　今日もバークさん宅。変化なし。家にはデジタル時計が十個あって、すべてきっちり正しい時間を指している。辞めるときは全部コンセントを抜いてやるつもり。

　ジェセルさんのところは、とうとう辞めた。何度言っても支払いは小切手だし、一晩に四度電話をかけてきたこともあった。わたしは旦那さんに電話をして、単核症にかかったと言った。奥さんはわたしが辞めたのを忘れてゆうべも電話をかけてきて、今日あたしいつもより顔色が悪くなかったかしら、と訊いた。寂しくなる。

　今日は新しい奥様だ。本物の奥様《レディ》。

(わたしは自分のことを〃クリーニング・レディ〃だなんて思わない。でも奥様がたはそう呼ぶ、うちのレディとか、ガールとか。)

　ミセス・ヨハンセン。スウェーデン人なのに、フィリピン人みたいにスラングだらけの英語を話す。

　ドアを開けて、彼女がわたしに向かって最初に言った言葉は「あら、たまげた《ホーリー・モーゼズ》!」だった。

「すみません、早すぎました?」

「いいえ、そんなことないのよ」

　そこから彼女の独り舞台だった。八十歳のグレンダ・ジャクソン。わたしはぶったまげた(ほら、もうしゃべり方がうつってる)。玄関間に立ったまま、ぶったまげた。

　玄関間で、わたしがコートを、ターのコートを、脱ぎもしないうちに、彼女は自分の身の上を話しだした。

　夫のジョンが半年前に死んだ。なにより辛いのは、夜眠れないことだった。それでジグゾーパズルをやり始めた。(彼女が手で示したリビングのカードテーブルの上には、ジェファーソン大統領のモンティセロの屋敷がほぼ完成して、右の上のほうにアメーバ形の穴があいていた。)

　ある晩パズルに熱中しすぎて、一睡もしなかった。本当に、寝るのをすっかり忘れてしまったの!　おまけに食べるのだって忘れてた。朝の八時に夕食をたべた。それから寝て、二時に起きて、昼の二時に朝食をたべて、それから新しいパズルを買いに外に出た。

　ジョンが生きていたころは、六時に朝食、十二時に昼食、六時に夕食だった。このイカれた世界にあたしは言ってやるわね、もう時代は変わったんだって。

「いいえ、早すぎたなんてことはないのよ」と彼女は言った。「あたしにとっては、そろそろ寝てもおかしくない時間」

　わたしはまだ玄関に突っ立って、体を熱くして、この新しい奥様の眠たげに輝く瞳に見入っていた。大鴉《おおがらす》のおしゃべりを、もっと聞いていたかった。

　やることは窓の拭き掃除と、カーペットの掃除機かけだけだった。ただし掃除機の前に、パズルのピースを見つける仕事があった。空、それにカエデの切れはし。絶対にそれが一個足りないはずなの。

　バルコニーに出て窓を拭くのは気持ちがよかった。寒かったけれど、背中に日が当たった。彼女は家の中で、座ってパズルをしていた。夢中になっていたが、ポーズがきれいに決まっていた。昔は大変な美人だっただろう。

　窓が済むと、お次はパズルのピース探しだった。緑色の毛足の長いカーペットを一インチきざみに探していく。クラッカーのかけら、『クロニクル』紙の輪ゴム。わたしはわくわくした、こんなに楽しい仕事ははじめてだ。彼女はわたしがタバコを吸おうと吸うまいと〃屁のかっぱ〃なので、床の上を這いつくばりながら吸い、自分といっしょに灰皿も動かした。

　ピースは、パズルのテーブルから遠く離れた部屋の隅で見つかった。空、それにカエデの切れはし。

「見つけた！」彼女が叫んだ。「ほらね、一つ足りないと思ってたのよ！」

「あたしが見つけたんです！」わたしも叫んだ。

　これで掃除機がかけられる。わたしがそうする横で、彼女はため息とともに最後のピースを嵌《は》めた。帰りぎわ、わたしは彼女に、自分がまた要りようになるかと訊ねた。

「それは神のみぞ知る、よ」と彼女は言った。

「そうですよね……あとは野となれ、ですものね」わたしは言って、二人で声をたてて笑った。

ター。あたし、ほんとはまだまだ死にたくない。

40番-テレグラフ行き。バス停前のコインランドリー。「ミル&アディ」は順番待ちの人でごったがえしている。でもレストランでテーブルの順番を待っているみたいに、みんな陽気だ。ウィンドウの外を見ながら、スプライトの緑の缶を片手におしゃべりしている。そのあいだをミルとアディが愛想のいい給仕みたいに歩きまわり、札を両替している。テレビでオハイオ大の楽団がアメリカ国歌を演奏している。ミシガンは雪がちらついている。
　澄んで寒い一月の朝だ。頬ひげを生やした自転車乗りが四人、凧糸みたいにひと連なりに二十九丁目の角を曲がってくる。ハーレーがバス停の前でアイドリングし、強面《こわもて》のライダーに向かって子供たちが、五〇年型ダッジの荷台から手を振る。わたしはやっと泣く。

解説

岸本佐知子

ルシア・ベルリンは一九三六年にアラスカ州で生まれた。鉱山技師だった父の仕事の関係で幼少時よりアイダホやモンタナ、アリゾナなどを移動する暮らしで、成長期の大半はチリで過ごした。成人してからは掃除婦、ナース、電話交換士といったブルーカラーの仕事を転々とし、いっぽうで薬物やアルコールの依存症に苦しみつつ、二〇代半ばごろから半自伝的な小説を書くようになった。七十七年に初めて活字になった小作品集『掃除婦のための手引き書』はその独特の声とスタイルで同時代の作家たちに衝撃を与え、八十五年には、ERのナースを語り手にしたわずか五パラグラフの「わたしの騎手《ジョッキー》」でジャック・ロンドン短編賞を受賞した。

九〇年代に入ってから郡立刑務所などで創作を教えるようになり、二〇〇〇年まで勤めたコロラド大学では准教授の地位を得た。学生に大人気の先生であったという。だが長年の飲酒問題に加え脊椎側湾症や肺の疾患のために健康が悪化し、二〇〇四年にロサンジェルスで死去した。

生涯に残した作品は短編集三冊と非常に少なく、長いあいだ〝知る人ぞ知る〟作家だったが、二〇一五年に全作品の中から四十数編を選んだベスト短編集『掃除婦のための手引き書』が出版されてベストセラーとなり、多くの新しい読者に驚きとともに〝再発見〟された。

その表題作である「掃除婦のための手引き書」を今回訳した。アル中だった夫に死なれた「わたし」が、バスに揺られて通いの掃除婦をしながら、ひそかに死ぬことを夢見ている、という筋立ては、おそらく作者自身の実体験にかなり近いものなのだろう。一貫して市井の、それも往々にして社会の底辺をさまよう人々の日常を、強く簡潔な声で刻みつけるように書く彼女の作風は、レイモンド・カーヴァーやトム・ジョーンズに近いものがある。けれどもどんなに絶望的な状況を描いていても、したたかな生命力や華やかなおおらかさが行間に満ちていて、どこかラテン系の明るさもあり、見える景色はけっして灰色一色ではない。

十五年刊の『掃除婦のための手引き書』に序文を寄せたリディア・デイヴィス（ルシア・ベルリンに多大な影響を受けた多くの作家の一人である）は、彼女の作品の魅力は無駄のない言葉づかいとサプライズである、と述べている。たしかに「ターはバークレーのゴミ捨て場に似ていた」なんていう強烈な一文は、この人にしか書けるものではないと思う。

空っぽの瓶《ボトル》

Eine leere Flasche

Yoko Tawada

多和田葉子

訳＝松永美穂

　わたしたちの東京の住まいは団地のなかにあって、二六二〇三という番号だった。この団地にはわたしと同年代のたくさんの女の子がいた。そのうちの一人がわたしには特に気になっていた。その子が自分のことを「ぼく」と呼んでいたからだ。わたしたちは一緒に小学校に通っていた。この年頃の女の子たちはたいてい自分のことを「あたし」と呼び、何人かのおませな子は「わたし」、裕福な家庭の一人の女の子は「あたくし」と言っていた。「あたくし」という言葉からは糸杉の香りがした。ほとんどの男の子は自分を「ぼく」と呼び、数人の生意気な子が「おれ」を使った。この年代で自分を「わたし」とか「わたくし」と呼ぶ男の子はもちろん皆無だった。そんな呼び方をしたら滑稽だったろう。この呼び方を使うにはもっとずっと年上でなくてはいけなかった。

　わたしには、自分を表すこれらすべての言葉がしっくりこなかった。自分が女の子だとも男の子だとも感じていなかった。大人になれば中立的な「わたし」という言い方に逃げ込めたただろう。でも、それまでは男の子か女の子であることを強いられるのだった。もしわたしが別の言語を――たとえばドイツ語を――話していたら、どんなに楽な子ども時代だったろう。ドイツ語だったら、いつも「イッヒ（ich）」と言えばいいのだ。「イッヒ」という言葉を使うために、自分を女性的もしくは男性的に感じる必要はないのだった。

子どものころ、わたしは日本語の一人称を使わないようにしていた。ある願望が自分の願望であることを強調したい場合には、「こちら」という言葉を使った。「こちらとしては、明日動物園に行くのは大丈夫。妹の場合はそんなに都合はよくないけど、でも行けるって。だから明日は動物園に行こう」わたしは自分が岸辺であるかのような気がした。会話の相手が対岸にいるのが見えた。わたしたちのあいだには川が流れている。水は深く、荒れてもいるが、望めば川を渡ることはできる。

それに対して、ドイツ語の「イッヒ」と「ドゥー（du）」のあいだの空間は抽象的なままで、そこを横断することはできないのだった。

「ぼく」という言葉を使う女の子には、いくつかの羨むべき特技があり、そのせいで子どもたちにも一目置かれていた。その子は舌をスプーンの形にすることができた。二階のベランダから下に跳び下りることができた。毒々しい色の毛虫や蜘蛛に素手でさわれた。草笛を吹くことも、ピアノを弾くこともできた。ある日、わたしはその子に、「どうしてぼくって言うの」と尋ねた。その子はあっさりと答えた。「自分はぼくだ、という気がしてるから。ときどきは自分が女の子の気もするけど、めったにないんだよね」

天気予報では、いわゆる体感温度が話題になることがある。どれくらい風が強いか、どれくらい空気が湿っているかで、同じ気温でも高く感じられたり低く感じられたりする。おそらくこれと同じように、体感される性別もあるのだろう。わたしは太平洋沿岸で風の強い日には自分を普段より男っぽく感じ、蒸し暑い八月の昼にははっきり女の子だと感じたものだった。

「フルーツパフェを食べることはないの？」わたしはその子に尋ねた。「もちろん食べるよ」その子はニヤリと笑った。「じゃあ、あんた女の子だよ」わたしは答えた。当時、カラフルなフルーツとともに盛られたアイスクリームは、女の子や女性だけの食べ物と見なされていた。男の子や男性がそんなものを食べる場合は、こっそりと食べ、恥ずかしく思うべきなのだ。

「ぼく」と言っていた女の子は、男の子用の靴を履いていた。鉛筆にも少年漫画のキャラクターがついていた。ランドセルはほかの女の子と同じく赤だったが、傘は青で、ロボットの絵がついていた。つまりは男ものだ。「家では女の子用、男の子用、どっちの箸を使ってるの？」わたしは尋ねた。その子は肩をすくめ、「オバＱの箸なんだ」と教えてくれた。オバＱは今日のポケモンと同じく、男の子にも女の子にも当てはまるキャラクターだった。

「ぼく」と言っているこの女の子とは違って、わたしは自分が「ぼく」だと感じることができなかった。男の子は異質な存在だったし、わたしは自分自身を女の子と感じることがないまま、女の子たちとだけ遊んでいた。

大学生になったとき、男の友人の一人が、自分はホモセクシャルではないけれども、いつも自分のことを「ぼく」と言うせいで、「おれ」と言っている男に惚れてしまいそうになる、と言った。自分を「おれ」と呼ぶ男たちは、「ぼく」にはない特性を持っているように見えて、魅力的なのだそうだ。それがどのような特性なのか、彼には説明できなかった。「ぼく」は、この社会において「おれ」とは違う場所を占めているのだ、と彼は言った。「だから彼らは別の振る舞いをするのさ」彼がこう言ったとき、「おれ」と言う男たちが身体的に、「ぼく」という男たちとは違う作用をわたしに及ぼすことに気づいた。大人たちのなかにはつまり、少なくとも四つの性があるのだと思う、とわたしは彼に言った。「おれ」「ぼく」「あたし」「わたし」だ。

自分を「ぼく」と呼んでいた女の子とは、いつか交流が絶えてしまった。自分を呼ぶ際の問題も、わたしの視野から消えた。なぜならわたしはヨーロッパに移住し、もう性の問題について頭を悩ませる必要のない「イッヒ」という言葉を見つけたからだ。「イッヒ」は特定の性を持つ必要がなく、年齢も地位も歴史も行動パターンもキャラクターも必要ない。誰もが自分を「イッヒ」と呼ぶことができる。この言葉はわたしが話していることだけから成る。あるいは、もっと正確に言えば、そもそもわたしが話しているという事実から成っている。この言葉は余計な情報を付け加えることなく、単に話者だけを指しているのだ。「イッヒ」がわたしのお気に入りの言葉になった。この言葉のように軽くて空っぽな自分を感じたかった。わたしは話したかった、つまり、自分の声で空気に震動を送り出したかった。自分がどちらの性に属するかなど決めずに。

さらに、「イッヒ」がIで始まっていることも、わたしの気に入った。筆で書き始めるときのような、単純な一本の線。紙の上をなぞると同時に、一つのスピーチの開始を告げる。「ビン（bin）」〔英語のbe動詞にあたり、一人称の主語に対して使う〕というのも美しい言葉だ。日本語にも「瓶」という単語があり、まったく同じ発音で、「ボトル」を意味している。もしわたしが「イッヒ・ビン」という二つの単語で物語を始めようとするなら、そこには一つの空間が現れる。わたしは筆先であり、ボトルは空っぽなのだ。

"Eine leere Flasche" by Yoko Tawada (2002)
ÜBER*SEEZUNGEN*, Konkursbuch Verlag Claudia Gehrke

誕生日の一日

Kikuko Tsumura

津村記久子

今日はエツさんが十六時ごろに来たので、いつものように厨房にいちばん近い向かい合わせの二人席に通した。佐代子さんは、席が空いている限りは必ずエツさんをその席に通すようにしている。直前まで他のお客さんがいてテーブルの上が片付いておらず、でも別の席は空いているというような場合でも、エツさんが来たらそこに座ってもらう。佐代子さんが喫茶店に出勤しない日である土曜と月曜にエツさんが来た場合、他の同僚はどうしているのだろう、とときどき思うのだが、特に問い合わせたことはない。

窓際の席だが、建物の外壁の出っぱりのせいで日当たりがあまり良くない席だった。けれども西日がほとんど入らず、夕方に座るには快適な席で、いつも十六時前後にやってくるエツさんは、窓の反対側の席に座ってじっと外を眺めていることが多い。佐代子さんの勤めているデパートの向かいには、大手の建設会社のビルがあり、いつも誰かがフロアをうろうろしているので、見るものには困らないのだろうと思う。佐代子さんも、店が暇で、席のことも厨房の手伝いもレジのことも何もやることがない日は、向かいのビルで働いている人たちを眺めている。早足でフロアを歩き回ったり、電話を取ったり、誰かと話したり、一人で頭を抱えたり、すごく仕事をしているという感じがする。佐代子さんも、三十代半ばまではそういう様子で仕事をしていたはずなのだが、今となってはとても遠いことのように感じる。

エツさんは今日も、抹茶のゼリーとほうじ茶を注文して、いつものように一時間かけてそれらを食べたり飲んだりした。帰り際に、レジの前で財布を開き、ゆっくりゆっくり六五〇円を探し、ぴったりの小銭をトレーに置き、お元気？　と佐代子さんにたずねた。佐代子さんは、まあまあです、と答えた。そちらはどうですか？　とたずねると、エツさんは、まあまあよ、と答えてポイントカードを置き、佐代子さんはスタンプを押した。あともう五つでスタンプはいっぱいになり、抹茶フロートが無料になりそうだった。カードは二枚目だった。佐代子さんは以前、エツさんが一枚目に満了になったカードを、隣の席に座っていた母親と小学校低学年ぐらいの娘の親子の娘さんの方にあげているのを見かけたことがあった。母親がトイレに立った時に、いつも軽く震えている手でカードを女の子に差し出し、私は使わないから差し上げます、と言い残して帰っていった。

スタンプを押しながら、佐代子さんは、この人には抹茶フロートじゃなくて、いつも注文する抹茶ゼリーとほうじ茶を無料にするように店長に言ったほうがいいのかもしれない、と思う。抹茶フロートは七〇〇円だけど、抹茶ゼリーのセットは六五〇円だから、店側としては五十円得だし。

どうもありがとうございました、またお越しくださいませ、とエツさんの背中の曲がった小さな後ろ姿に向かってお辞儀をした後、べつのお客さんにお冷やを持ってきてくださいと声をかけられたので、佐代子さんはそちらに向かう。出入り口には、五十前の自分とだいたい同い年ぐらいに見える女の人が来ていて、メニューをのぞき込んでいる。その傍らを、金曜日は十七時からのシフトの雅美ちゃんが通り過ぎて店に入ってくる。雅美ちゃんはうつむいて、眉間をしかめていて、何かいやなことでもあったように見える。雅美ちゃんの身辺でいやなことがあるのはいつものことだ。

こんばんは、と雅美ちゃんとあいさつをし合って、店に入ってきた自分と同い年ぐらいに見える女の人の接客を任せる。佐代子さんは、テーブルの汚れをチェックし、お店の中にいるお客さんのグラスに水を注いで回る。またお客さんが一人来たので店に入れる。お客さんは、カウンターの席に座ろうとしたのだが、佐代子さんはより広く使える二人席に案内する。三十代半ばぐらいに見える女性のお客さんは、ちょっとやりすぎなぐらい恐縮して、一度おろしたリュックを両手で抱えてそちらに移動する。

接客していたお客さんの注文を厨房に通した雅美ちゃんは、その足で空いたテーブルを拭いている佐代子さんのところにやってきて、あの、今日終わったら空いてます？　晩ご飯行きませんか？　とたずねてくる。佐代子さんは、いつもなら「いいよ」とすかさず答えるのだが、その日は「ごめんね」と前置きして、ちょっと昨日あまり眠れなくて早めに家に帰りたいんだよね、と断る。雅美ちゃんはまず、ええー、と口元をゆがめて自分の不満をあらわにし、その後、じゃあまた、次のシフトが同じ日にでも、と気を取り直す。佐代子さんは、いいよ、と答える。

雅美ちゃんはその日も、友達や付き合っている人の愚痴を言うつもりだったのだと思う。佐代子さんは自宅に帰ると、VODを観るぐらいしかやることがないし、雅美ちゃんの終わらない愚痴を聞くのはやぶさかではなかったのだが、今日はどうしても家に帰りたかった。十四時の休憩の時に、地下に夕食もケーキも買いに行ったからだった。夕食にはローストビーフを一五〇グラム買い、ケーキはショートケーキにした。なんだかありふれた感じがして気が引けたのだが、誕生日だったので、第一印象を大事にすることにした。

雅美ちゃんは、制服のエプロンのポケットから折り畳んだシフトの表のコピーを取り出して確認し、次の火曜にわたし来ますんで、ごはん行きましょう、と真剣な面持ちで佐代子さんに告げた。大学二年の雅美ちゃんは、最初は佐代子さんを話が合うわけがない中年の女だと壁を作っているようでとっつきにくかったのだが、二人が働いている喫茶店が入っているのと同じデパートで下着会社の催事があったときに、偶然単発のアルバイトとして出くわし、昼ごはんのお弁当を一緒に食べてから仲良くなった。雅美ちゃんは、自分の身の回りで唯一、佐代子さんが際限なく話を聞いてくれる人だったため、佐代子さんを気に入ったようだった。こんなふうに言うと、まるで雅美ちゃんが佐代子さんをごみ箱のように扱っているようでもあるのだが、それは人間関係の一面であって、忙しい時は自分の休憩を遅らせて佐代子さんの仕事を助けたり、家で焼いたというクッキーをくれたり、佐代子さんがタブレットで観たという映画に興味を持ってくれたり、気を遣ってもくれていた。

自分の若い頃は、自分自身の苦しみのことしか考えられなくて、愚痴を言うことが聞いてくれる相手の負担になるだなんて考えたこともなかったから、当然その埋め合わせをしようと思ったことなんてなかったし、それを考えると雅美ちゃんは大人だ、と佐代子さんは考えている。でもその日はとにかく、誕生日だから家に帰りたかった。来週の火曜日は、全力で相づちを打つつもりだ。

十九時十分に来たその日の最後のお客も、十六時に来たエツさんと同じように常連の人だった。エツさんはカードを作っているから名前がわかるけど、その初老の男性は、何度言ってもカードを作らないので名前はわからない。でも、男性が何度も店に足を運んでくるうちに、注文をとる時や水を注ぎに行く時などに少しずつ話をするようになった。ある日男性は、二年前に奥さんと別れていて、息子には最近子供ができたので会いに行ったのだが、どうということはなかった、と佐代子さんに話した。

本当に、どうということはなかった、と初老の男性は、玉露の入った湯呑みをテーブルの上で握りながら、もう片方の腕で椅子の背もたれを挟んで、店の天井と壁の継ぎ目を眺めながら言った。そりゃ一通りにかわいいのはかわいいけど、向こうには何の親しみもなくてね、別れたばあさんから何を吹き込まれたのかわからないけど、私から距離を保とうとするんだな。息子は私に無関心だし、その嫁はもっとそうだし、その子供ときたらほとんど他人みたいだ。

そういうこともあるんですね、と佐代子さんは言った。店員さんは子供はいるのかい？　とたずねられて、佐代子さんは反射的に身を堅くしてしまったのだが、そうだ自分は事情を話す必要はないのだと思い直して、おりません、とただ平たく答えた。以前結婚していて、何年も子供ができなかったため、仕事を辞めてまで治療に通ったのだが、できなかった、とは言わなかった。元夫は、自分に原因があるわけがないと断言し、元夫の家族もそうだった。それで佐代子さんは家を出た。

そうか、と男性はうなずいた。そして、優しい人なのにね、と続けた。佐代子さんは、どうもありがとうございます、とお辞儀をした。

名前のわからない男性と立ち入った話をしたのはその一度きりで、それ以外は、映画の話やスポーツの話をしたりする。野球とボクシングの話をする。その日は、深夜の番組で長谷川穂積が出ているのを見かけたのだが、すごくおもしろかった、という話をした。相手のパンチをどうやって読むのか、かわすのか、についての解説で、すごく道理が通っていて感心したそうだ。

男性が帰って、すぐに閉店になった。レジをしめて、厨房の手伝いをして佐代子さんは帰宅することにした。更衣室で雅美ちゃんに、冷蔵庫の中に何か入ってますよ、と言われて、ローストビーフとショートケーキを入れっぱなしだったと思い出し、あわてて店に戻ってその二つを取り出した。誕生日を祝うなんて、今年思い立ったことだから忘れてしまったのだろうと佐代子さんは思った。四十八歳でもう、誕生日がおめでたいということもないのだけれど、毎年毎年自分が一つ年を取ったということ以上に、前の夫との家を出てきたのが八年前の誕生日だったため、別れてからこれで何年ということばかり考えてしまうので、いいかげん自分の誕生日のことをその上に置こうと決意したのだった。

働いている喫茶店の入っているデパートから最寄り駅までは、急行で三十分だった。駅からは十五分ほど歩く。部屋は１ＤＫで、家賃は共益費込みで四万五千円。ちなみに、喫茶店の時給は九〇〇円で、佐代子さんは一日八時間店に入って、月に二十二日働く。休みの日にもときどき、デパートで日給のいい催事がある時などは単発で働きに行ったりする。特に趣味があるわけではないし、やりたいこともないので、それでいいのだった。けれども、立ちっぱなしがそろそろ疲れてくるようになってきたので、弾性のストッキングを買った。効果は上がっているように思える。いつまで自分は立ちっぱなしで働けるのかと思うこともある。病気になったらどうなるのだろうという不安もある。以前喫茶店でアルバイトをしていた、社会福祉士の勉強をしている女の子によると、重大な病気の場合は、一時的に生活保護に入って入院や手術などの費用をまかなうという手もあるとのことだったのだが、本当にそんなことができるのだろうか。彼女は試験に受かるとすぐにやめてしまったので、それ以上のことは訊けなかった。連絡先は知っているので、たずねてみたら快く答えてくれそうではあるのがよかった。

二十一時半に帰宅した。おなかがすごく空いていた。疲れていたり空腹だったりして、炊事をする気力すらない時は、駅前の牛丼屋で食事をすませたりもするのだが、その日はローストビーフとショートケーキを買っていたので、我慢して何も口にせずに帰った。

昨日炊いたごはんを丼に盛って温め、ローストビーフをその上に置き、冷凍庫に入っていたネギを散らす。そして買う時にもらったソースをかける。ゆず胡椒を丼の端にすり付ける。一五〇グラムって相当あるもんだな、と思いながら、佐代子さんはタブレットを座卓の真ん中に設置して、動画配信のアプリを出す。佐代子さんはテレビを持っていない。結婚していた時の家から持って出なかったのが、そのままになっている。それでもタブレットがあれば動画を見ることに特に不自由はないし、ニュースも確認できる。

誕生日だし何を観ようかと迷って、『グランド・イリュージョン』を観ることにした。佐代子さんはマーク・ラファロが好きなのだ。他にいい映画はたくさんあるのだが、誕生日なので、ただ楽しい映画を観たいと思った。

いただきますをして、ローストビーフの丼を食べ始める。予想通り、見たままにおいしいことに佐代子さんは満足する。映画の三分の一を見終わった段階で食べ終わり、今度は紅茶を淹れてショートケーキの箱を開ける。佐代子さんは、まったく表情には出してないが、この状況をすごく楽しんでいる。早くも、来年もちゃんと誕生日をやろうと決める。

去年までは、自分が元夫のいる家から出てきてこれで何年、ということばかり、家で映画を観ながら考えていた。自分に原因はないということを言い切った元夫と、ちょうど結婚したい時期に傍にいたからといってその人と結婚した自分の判断を悔やんでいた。仕事を辞めることはなかったと悔やんでいた。このまま何もやらない人生を生きていくんじゃないかと恐れていた。しかし先月、ああ今年も誕生日が来るな、憂鬱な日が来るな、と思った時に、なんでそんなふうに思わなければいけないのか、と佐代子さんは疑問に思ったのだった。

それで今年は誕生日をやってみることにした。結果は悪くないと思う。ショートケーキは、映画の三分の二を見終わるあたりでいったん食べるのをやめて、終盤にさしかかると、またお茶を追加してフォークを手に取った。エンドロールの終わりと同時に、最後の一口を食べ終わって、佐代子さんはラグを敷いた床の上に寝ころんで、ガラス戸越しの空を眺める。部屋の光の反射で星などは見えず、ただ暗いということだけがわかる。

明日は休みで、単発のアルバイトも入れていないので、何をしようかと佐代子さんは考える。近所に山があるから歩きに行ってもいいし、一日中寝ていてもいい。気になっていた生命保険の相談に行ってもいい。二十五歳の時からかけていたのが四十五歳で満期になり、戻ってきたお金は貯金しているものの、そこから何にも加入していないのはやはりちょっと不安に感じる。

携帯が震える音がしたので、バッグの中を見に行くと、雅美ちゃんからメッセージが来ていた。火曜日の仕事終わりに行くカフェだが、ここでいいかという店の紹介だった。佐代子さんは店のページを開いて、ちょっと高いなと感じたので、高いからドトールかマクドナルドでいいよ、と書き送る。返事はすぐに来て、雅美ちゃんは、実はわたしもそう思ってました、給料日前なんで助かります、と言う。素直な人だな、と佐代子さんは思う。話を聞いてもらうんなら譲歩するのも当然なのか、とも考えついたけれども、それは打ち消す。

食器を洗うのが面倒だけど、明日休みだから明日洗えばいいか、と佐代子さんは目を閉じる。

誰かにお茶を出して話を聞くために生まれてきたんならそれでいいわ。

眠いけど歯を磨かないと、と佐代子さんは思った。体を起こして、ガラス戸越しに夜空を見上げた。戸を開けると、涼しい空気が入ってきて、佐代子さんは目をつむった。もう一杯お茶を飲んでから、今日は寝ようと思って、佐代子さんはゆっくりとあくびをした。

神戸市西区学園東町

Ayaka Sato

佐藤文香

私は生まれてこのかた文香という名前だ。神戸の西の方の新興住宅地で育った。おなじマンションに同級生が十人以上住んでおり、皆おなじ幼稚園からおなじ小学校に入学した。とくに仲が良かったのは2階の里佳子ちゃんと3階の英里子ちゃんと7階の美知子ちゃんで、それぞれをりかちゃん、えっちゃん、みっちゃんと呼んでいた。

こっから地下鉄見えるツツジの花すっぱ

私ははじめ、あやかちゃんだったはずだ。少なくとも幼稚園のときにはあやかちゃんだった。しかし小学校に入ったら、知らない子たちから「さとうさん」と呼ばれるようになってしまった。これではいけないと思った。

アベリア来とうわさっきのアレ緑の蜂

4歳下の妹の名前は夏生、なつおである。妹のニックネームはなっちんで、友達だけでなく親からも親戚からもなっちんと呼ばれた。一方私は親にはあやかと、親戚にはあやかちゃんと呼ばれた。なつおにとって「お」は強すぎるが、あやかにとっては「か」が大切なのだろうと感じた。

トケーソー知っとうし触ったあかんとかゆわれてへん

私は自分にもニックネームがあるべきだと思った。それはかっこいいものであるべきだと思った。私はある日自分のニックネームを「アッカー」と決定し、「今日からアッカーって呼んで」と言ってまわった。書くときはかっこよく片仮名表記にした。りかちゃんもえっちゃんもみっちゃんもアッカーと呼んでくれるようになったが、あまり仲良くない子たちは相変わらず私をさとうさんと呼んだ。

光る虫　光るんやめたんか消えたか

かっこいいのと面白いのが素晴らしいことだと思っていた。休み時間は男子とメンコをした。スカートは頑なに履かず、音楽会のときでさえキュロットだった。「気球に乗ってどこまでも」の合奏では大太鼓をやった。

先生暑《あっ》。もう言えますアコー郡イボ郡

女子サッカーチームに入っていた私は、小学校2年生からすでに眼鏡をかけており、ヘディングのたびに眼鏡を破損させるなどお世辞にも上手ではなかったが、真面目に通ったので小学校5年生のときにはAチームの補欠になれた。

レガースめちゃくそ臭いこれ汗だけとちゃうんちゃう

同級生でうまかったのはターコとユミだ。アッコちゃんも小柄だがうまかった。うちの学校からAチームに入ったのは私のほかに陽子ちゃんと敬子ちゃんがいて、よーちゃんとけーちゃんと呼ばれていた。私は下手だったからだろう、先輩にも、ターコとユミにも「さとう」と呼び捨てにされた。一度試合でヘディングがうまくいったあと、もう一度ヘディングをしたら失敗し、ターコに「さとう調子のんな」と言われた。

バリおもろいメリやばいメリって何なん寒《さぶ》

スイミングにも通っていた。真面目に通ったので上級者レーンで泳げるコースに入れたが、ここでもそのグループでは一番泳ぐのが遅く、最も速い人には毎度2周抜かしにされた。一歳上のタケマールも一緒のコースだった。彼女は女子サッカーでも一緒の竹中さんで、シジマールにちなんでタケマールと呼ばれていた。私のことはさとうと呼んだがバカにしたりしなかった。一度「タケマールって呼ぶなや」と言われたが懲りずにタケマールと呼んでいた。私はタケマールになりたかった。

昨日帰りしアケドがえみちゃんに告ってんて寒《さぶ》

小学校6年生になるときに愛媛県松山市に引っ越した。制服のある小学校に転校したので、スカートにベレー帽で学校に通うことになった。転校生代表で挨拶をし、教室に入ったら、初対面の女の子に「あやちゃん」と呼ばれた。

桜の木　もうおらへんドムドムの象

かくまわれた女

A Sheltered Woman

Yiyun Li

イーユン・リー

訳＝篠森ゆりこ

仮眠から覚めたばかりでふらつきながら、新米の母親は何のためにに呼ばれたかわかっていない様子でテーブルの前に座った。この人には一生わからないかもね、とメイおばさんは考えた。ランチョンマットの上にのった豚足と大豆のスープは、メイおばさんがこしらえたもの。これまでたくさんの新米の母親たちに作ってきた。でも〈たくさん〉では曖昧だ。メイおばさんは雇い主の面接を受けるたび、手がけた家の件数を正確に教える。いまの雇い主と面接したときは一二六件で、赤ん坊は計一三一名だった。その家の連絡先、仕事をした日付、赤ん坊の名前と誕生日——こういうものを記録してきたのは、手のひらサイズのメモ帳だ。二度ばらばらになったが、テープでくっつけた。メイおばさんは昔、それをイリノイ州モリーンのガレージセールで買った。表紙の花の絵がよかった。紫と黄色で描かれ、つつましい花びらの周りには雪が溶け残っている。値段もよかった。五セント。金庫を膝の上にのせた子供に硬貨を手渡すとき、もう一冊買えたらおつりがいらないんだけど、と訊いてみた。すると男の子は困った顔をして、ないよ、と答えた。尋ねたのは欲が張っていたせいだけれど、記憶がよみがえると――面接のためにスーツケースからメモ帳を取り出すとき、よくよみがえってくる――メイおばさんは自分を笑ってしまう。なんだってまた二つ欲しがったりしたんだろう。メモ帳一ついっぱいにするほど生きられるわけじゃないのに。

新米の母親はスプーンに手も触れずじっとしていたが、そのうち湯気の立つスープに涙を落とした。

「よしよし」メイおばさんは、赤ん坊と新品の揺り椅子に座って揺れていた――ゆらりゆらりと、行ったり来たり。昨日ほどきしむ音がしない。揺れるのを楽しんでいるのはどっちのほうだろうね、と自分に向かってつぶやいた。壊れるまで揺れるのが務めの椅子のほうか、それとも人生が揺さぶられて消えつつあるあんたか。それで、どっちが先にお陀仏になるのやら。メイおばさんは心ならずも、世間の耳に届かないとき独り言を言うような人間になってしまい、それにずっと前から甘んじていた。せめて人前でうっかり口を滑らせないよう気をつけていた。

「このスープ、好きになれない」と母親は言った。中国の名前があるはずなのに、彼女はメイおばさんにシャネルと呼ぶように言っていた。でもメイおばさんはどんな母親だろうと赤ちゃんのママと呼び、どんな乳幼児だろうと赤ちゃんと呼んでいた。そのほうが簡単だ。一組の客を難なく次の組に取り替えられて。

「あなたが好きじゃなくてもいいの」スープは午前中ずっと煮こまれ、濃縮して乳白色になっていた。自分なら口をつけないけれど、授乳中の母親にはいちばん効くレシピだ。「赤ちゃんのために飲んでちょうだい」

「なんであたしがその子のために飲まなきゃいけないの」シャネルは産後五日目にもかかわらず、やせ細っていた。

「はてさて」メイおばさんは笑いながら言った。「他にどこからお乳が出てくるっていうの」

「あたしは牝牛じゃない」

牝牛のほうがまだましだよ、とメイおばさんは思った。でも、いつでも人工ミルクという選択肢があるとやんわり脅すにとどめた。メイおばさんは人工ミルクでもいっこうにかまわない。といってもたいていの人は、新生児と授乳中の母親の面倒をしっかりみられるからこそ彼女を雇うのだけれど。

若い女は泣き出した。まったく、とメイおばさんは思った。この小娘ほど不向きな母親は見たことがないよ。

「産後うつだと思う」シャネルは泣き止むとそう言った。

何やら小難しい用語を覚えたもんだ。

「あたしのひいおばあさんは、おじいさんを産んだ三日後に首を吊ったの。通り魔みたいな霊に取り憑かれたって噂だったけど、これってそれじゃないかな」シャネルは鏡の代わりにスマホで顔をチェックし、腫れたまぶたを指で押さえた。「ひいおばあさんは産後うつだったわけ」

メイおばさんは揺れるのをやめて赤ん坊を抱き寄せた。すると赤ん坊はすぐに頭を胸にぶつけてきた。「ばかなこと言わないで」彼女は容赦なく言った。

「産後うつがどういうものか説明してるだけでしょ」

「あなたが食べないのがいけないの。誰だってそんな状態でいたら気分が悪くなるよ」

「誰だって」シャネルはふてくされたように言った。「あたしみたいな状態になるわけない。ゆうべ、あたしがどんな夢を見たか知ってる？」

「さあ」

「当ててみて」

「うちの村じゃ、誰かの夢を当てるのは縁起が悪いって言われててね」とメイおばさんは言った。人の頭を自由に出入りするのは幽霊だけ。

「赤ちゃんをトイレに流す夢を見たの」

「あらら、それを当てようったって無理だった」

「そこが問題なんだ。あたしの気持ちなんか誰もわかってくれない」シャネルはまた涙を見せた。

メイおばさんはおくるみの内側の匂いを嗅いで、また涙を流されても気にも留めなかった。「おむつを替えなきゃ」しばらくすればシャネルも受け入れるようになるのを彼女は知っていた。どんな母親だって母親にはちがいない。いくら我が子を下水に流す話をしていたったって。

メイおばさんは十一年の間、新生児とその母親のために住みこみのベビーシッターをしてきた。原則として生後一ヶ月たった日にその家から出ることにしていた。暇な――めったにない――時期なら別だが、それでも長くいて数日だった。たいていの家は喜んで一週間や一ヶ月余分に報酬を払うだろうし、もっと長くいてもらいたいと申し出る家もあるのだが、メイおばさんはいつも断った。彼女は生後一ヶ月までのベビーシッターとして働いているのであり、母子ともに面倒をみるその務めは普通のベビーシッターとは違うのだ。ときどき以前の雇用主から二人目の子の面倒をみるよう持ちかけられる。でも赤ん坊のとき一度は腕に抱いた子と会うことになると思うと、眠れなくなった。それで、承諾するのは他に選択肢がないときだけにし、上の子たちのことは空気のように扱った。

シャネルは泣きじゃくる合間を縫って、どうして夫が数日の休みをとれないのかわからないと言った。夫は昨日、出張で深圳に出かけていた。「何の権利があってあたし一人に息子を押しつけていくわけ」

一人だって？　メイおばさんは横目で赤ちゃんの眉を見やった。ぎゅっと眉を寄せているので、眉間の皮膚がうっすら黄色くなっていた。パパがせっせと働いてるからママは家にいられるし、私のことをいてもいなくても同じみたいに言えるのにね。巳年は出産に吉ではないとされているので、メイおばさんの商売はふるわなかった。でなければもっといい客がいただろう。この夫婦のことは、会ったとき虫が好かなかった。出産を控えたたいていの夫婦と違い、二人とも心ここにあらずという感じで、ほとんど質問もせずに仕事を頼んできた。あなたがたはね、見知らぬ他人に我が子を託そうとしてるんですよ、と念押ししたくなったが、どちらも心配していないようだった。ひょっとするとじゅうぶん調べをつけていたのだろうか。メイおばさんはトップレベルのベビーシッターという評判を得ていた。雇い主たちはいい教育を中国で、後にアメリカで受けてからべイ・エリアで知的専門職になった運のいい人たちだ。たとえば弁護士、医師、ベンチャー・キャピタルのエンジニアだが――どんな職であれ、やはりアメリカ生まれの赤ん坊のために経験豊富な中国人ベビーシッターが必要だった。赤ん坊が生まれる何ヶ月も前に彼女の予約をとる家がたくさんあった。

赤ちゃんがきれいに拭いてもらっておくるみに包まれ満足そうにしていたので、メイおばさんはおむつ替え用のテーブルに寝かせてから窓の外に目をやり、いつものように自分のものではない眺めを楽しんだ。ツツジの茂みと石の小道の間に人工池があって、中に金魚や睡蓮の葉があしらわれていた。家の主人は出かける前、金魚に餌をやって池の水を補充するようメイおばさんに頼んでいった。彼は年間六・八キロリットルの水がいると言って、費用を計算していた。彼が快く一日に二十ドル余分に払わなければ、追加の仕事は断っていたところだ。

白鷺の像が一本足で池の中に立っていた。首がはてなの形に曲げられている。メイおばさんはその彫刻を作った男のことを考えた。もちろん女でもありうるけれど、メイおばさんはその可能性を認めようとしなかった。白鷺みたいに美しくて無用なものを作るのは男だと思うのが好きだった。その人は孤独な男ってことにしよう。いけずな女にはとても手が届かないような。

赤ちゃんがもぞもぞし始めた。起きるのはママがスープを飲んでからね、と小声でさとしたが無駄だった。白鷺が驚き、悠然と飛び立った。ひと声鳴くのを耳にして、メイおばさんはあっけにとられ、それから笑い出した。やっぱり年をとって忘れっぽくなったんだね。昨日はあんな彫像なんかなかったよ。メイおばさんは赤ちゃんを抱き上げ、庭に出た。金魚の数は減っていたものの、少なくとも何匹かは白鷺の襲撃を免れていた。それでも、減ったことをシャネルに話さなければ。産後うつに悩んでるって？　金魚のことを考えてごらんよ。ある日極楽みたいな池に棲んでると思ったら、翌日にはたまたま来た白鷺のお腹の天国行きだからね。

習慣をきっちり守ることが、手がけるすべての母子のためになるとメイおばさんは信じていた。一週目は母親に一日六回の食事と三回の間食を与えた。二週目からは四回の食事と二回の間食だ。赤ん坊には昼間は二時間おき、夜間は三、四時間おきに授乳することにしていた。ベビーベッドを親の寝室に置くか子供部屋に置くかは両親に決めさせたが、自分の寝室には入れさせなかった。いいえ、自分の都合のためじゃないんですよ、と彼女は説明した。一ヶ月しかいない人間に赤ちゃんがなついてもしようがないってだけです。

「だって、こんなにたくさん食べるの無理。人によって違うんだから」翌日、シャネルが言った。このときはさほどめそめそせずにソファで丸くなっていて、胸に温湿布を二枚あてていた。メイおばさんが、この若い女の母乳の出は思わしくないと考えたからだ。

私がいなくなったら好きなようにやっていい、とメイおばさんは赤ちゃんを沐浴させせながら思った。あんたの息子はいびつなカボチャに育つかもしれないけど、私はちっともかまわない。なんでも、いまはまだ母子ともにはめをはずしてはならない。

で皆が生後一ヶ月までのベビーシッターを雇うかっていうとね、とメイおばさんはシャネルに言った。間違いのないようにするためなんだ。違うことをするためじゃない。

「でも自分の子供のときはこんなスケジュールでやった？　やってないでしょ」

「実はやってない。ただし、それは子供がいないからだよ」

「一人もいないの？」

「子供がいるベビーシッターを指定したわけじゃないでしょ」

「でも、だったらなんで……どうしてこういう仕事を選んだの」

まったくだ。「仕事が人を選ぶこともある」とメイおばさんは言った。おっと、まさか私がこんなに奥が深いとは思わないでしょ。

「でも、だったら子供好きなんだよね？」

いえいえ。別にこの子もあの子もどの子のことも好きじゃないよ。「煉瓦職人は煉瓦が大好きなの？　皿洗い機の修理屋は皿洗い機が好き？」その日の午前中、シャネルの調子の悪い食洗機を見に男がやってきた。二十分ほどいじっただけなのに請求額は百ドルだった。メイおばさんの丸一日分の賃金と同じだ。

「おばさん、その反論いまいち」

「私の仕事では反論がうまくなくてもいいの。うまくできるなら弁護士になってたよ。旦那さんみたいに。でしょ？」

シャネルは陰気な笑い声を漏らした。自己診断ではうつ病だというけれど、たいていの母親よりメイおばさんとしゃべるのを楽しんでいるようだった。他の母親たちは赤ん坊や授乳の話はするものの、それ以外は彼女にほとんど関心を示さない。

メイおばさんはソファのシャネルの隣に赤ちゃんを寝かせた。シャネルはしぶしぶ場所を空けた。「さあ、母乳がどうしてこうなのか見てみましょ」メイおばさんはそう言って、両手を温まるまでこすり合わせ、それから温湿布を剝がした。シャネルは痛みに悲鳴を上げた。

「触ってもいないのに」

なんて目をしてるの、とメイおばさんは言いたかった。腕のいい配管工だってこんな水漏れは直せないだろうよ。

「もうこいつにお乳をあげたくない」とシャネルは言った。

こいつだって？「あなたの息子なんだよ」

「父親の息子でもあるでしょ。なんで父親が手を貸せないわけ」

「男からお乳は出ないもの」

シャネルは笑ったが、涙を流していた。「そう。男が出せるのはお金だけ」

「稼ぎのある男を見つけられて幸運なんだよ。男が皆そうってわけじゃないでしょ」

シャネルはパジャマの袖の内側で、目元をそっと拭った。

「おばさん、結婚は？」

「一度ね」とメイおばさんは答えた。

「それでどうしたの。離婚したの？」

「死なれたの」結婚している間、毎日人生から夫が消えればいいと望んでいた。それほどはっきりと態度には出さなかったけれど。もう何年もたつのに、いまでも夫が死んだのは自分のせいじゃないかと感じられる。まるでその晩、夫に金をせびったのは十代のグループではなく自分だったかのように。どうしてただお金をやらなかったの。ときどきメイおばさんは自分に語りかけるのに疲れると、夫を叱った。三十五ドルと引き替えにした命。あと三ヶ月で五十二歳だった。

「旦那さんはずっと年上だった？」

「年上ではあったけど、そんなに上じゃなかったね」

「あたしの旦那は二十八も上なの。わからなかったでしょ」シャネルは言った。

「うん、わからなかった」

「あたしが年とって見えるのかな。旦那が若く見えるのかな」

「あなたたちはお似合いだよ」

「だけど、たぶん旦那はあたしより早く死ぬよね？　女は男より長生きだし、旦那は若いときに運を使っちゃったし」

じゃあ、あんたも解放されたくてしょうがないんだね。言っとくけどね、そういう望みがかなわなくたってじゅうぶん不幸だけど、もしかなってしまったら、そのときこそ生きるのは本当にみじめなことだってわかる。世界はもともと明るい場所ではないんだけれど、無意味な望みが無意味にかなえられたら、ますます暗くなるものなんだ。「変なこと言わないでちょうだい」とメイおばさんは言った。

「本当のこと言ってるだけじゃない。旦那さんはどうして死んだの。心臓発作？」

「そんなとこ」メイおばさんはそう言うと、さらに質問が来ないうちに調子の悪い乳房の一つをつかんだ。シャネルは息を呑み、それから金切り声を上げた。メイおばさんは乳房を放さず、力強いマッサージをほどこした。そしてもう一つの乳房に手を伸ばしたとき、シャネルは金切り声をいっそう張り上げたものの、その場から動かなかった。赤ちゃんを押し潰してはいけないと思ったのかもしれない。

後でメイおばさんは蒸しタオルを持ってきた。「消えて。もうここにいてほしくない」とシャネルは言った。

「でも、あなたの世話は誰がするの」

「世話なんかいらない」シャネルは立ち上がってガウンのベルトを締めた。

「赤ちゃんの世話は？」

「この子も運が尽きたね」

階段へ向かうシャネルの背はかたくなにこわばっていた。メイおばさんは赤ちゃんを抱き上げた。体の重みは取るに足らないほどだったし、その感情――悲しみ、怒り、不安――もそうだった。自分がこの子に代わって感じてやらなければ。メイおばさんは、むしろ畏怖の念を抱いていた。こうやって母親は子供を棄てるのか、と腹の底でつぶやいた。

赤ん坊はその日で生後六日だったが、乳離れをさせられた。いまやメイおばさんしか食事と世話と――認めたくないが――愛を与える人間がいなくなってしまった。シャネルは寝室にこもり、午後はずっと中国のテレビドラマを観ていた。そしてときたま水を取りに階下へ下りてきて、メイおばさんに話しかけた。まるで老女と赤ん坊が気の毒な親戚か何かのようだった。

二人にいられて困ってはいるものの、もてなさなくていいのは助かる。

食洗機の修理屋は夕方またやってきた。そしてメイおばさんにポールだとふたたび名乗った。もう年だから一日で忘れそうだとでも言わんばかりだね、とメイおばさんは思った。前回、盗み食いする白鷺の話をしたところ、彼は戻ってきて解決すると約束したのだった。

「鳥が死なないようにしてよ」メイおばさんは、ポールが池の上に針金を張るのを眺めながら言った。

「自分で触ってみなよ」ポールは電源のスイッチをはじいた。

メイおばさんは縦横に張り巡らされた針金に手のひらをあてた。「何も感じない」

「よし。もし感じたら、あんたの命を危険にさらしてることになる。だったら俺を訴えられる」

「だけど、これでどうして効き目があるの」

「白鷺があんたより敏感なのを祈ろう。うまくいかなかったら電話してくれ。もう料金はとらないから」

メイおばさんは眉唾もののような気がしたけれど、疑わしそうに黙っていても、ポールは発明を自画自賛し続けた。彼は、頭を使う男に解決できない問題はない、と言った。道具を片づけても彼が立ち去らないので、急いで家に帰る理由はないのだとわかった。俺はベトナム育ちで、と彼は話した。アメリカに来たのは三十七年前。やもめだけど、成人した子供が三人いる。でも誰も孫を見せてくれないし、見せてくれそうにもない。妹が二人ニューヨークに住んでいて、どっちも年下なのに孫を持つのは先を越されたよ。

よくある身の上話だ。誰もが必ずどこかしらからやって来て、誰もが必ず人間関係を積み重ねている。メイおばさんにはポールの人生の今後が見えた。元気なうちは働き続け、じきに年を取って役に立たなくなる。それから子供たちに施設に入れられ、誕生日や祝日に訪問を受ける。何のしがらみもない女であるメイおばさんは優越感を覚えた。彼女はポールが帰っていくとき、赤ちゃんの小さなこぶしを上げた。「ポールおじいちゃんにバイバイね」

メイおばさんは振り返って家を見上げた。シャネルが二階の寝室で窓のしきいに寄りかかっていた。「あの人、白鷺を感電死させるの？」シャネルは下に向かって大声で言った。

「ショックを与えるだけだって言ってた。いましめだよ」

「あたしが人間のどこが嫌いか知ってる？　〝いましめになる〟ってすぐ言いたがるところ。だって、いましめに何の意味があるの。人生で何かに失敗しても追試は受けられないんだよ」

十月だった。湾から流れこむ夕方の空気は冷えこんでいる。メイおばさんには、風邪を引かないよう注意するしか言うことはなかった。

「引いたって誰も気にしないもん」

「親御さんがするんじゃないの」

シャネルは小馬鹿にしたような声を漏らした。

「でなかったら旦那さんが」

「はっ。旦那はね、滞在を十日延ばさなきゃいけなくなったって、いまメールしてきたよ。あいつがいま何をしてるか、あたしの読みはわかってるでしょ。女と寝てる。ていうか、女たちと」

メイおばさんは返事をしなかった。隠れて雇い主をけなすような真似はしないことにしている。ところが家に入ると、シャネルはもう居間にいた。「あいつがあなたが思ってるようなタイプの人間じゃないことは、知っておいたほうがいいと思うよ」

「旦那さんはどんなタイプの人間でもないと思うけど」とメイおばさんは答えた。

「あいつのこと、絶対に悪く言わないね」とシャネルは言った。よく言うこともないけどね。

「あいつ、前に奥さんと子供が二人いたの」

男全員が自分に会うまで独身だとでも思ってるのかい。メイおばさんはポールの電話番号のメモをポケットに入れた。

「あの男、電話番号を渡したの？　口説こうとしてるわけ？」シャネルは言った。

「あの人？　少なくとも片足は棺桶に突っこんでるんだよ」

「男は最後の一瞬まで女を追いかけるものなの。おばさん、引っかかっちゃだめ。男は信用できないよ」シャネルは言った。

メイおばさんはため息をついた。「赤ちゃんのパパが帰ってこなかったら、誰が食料品を買ってくれるのかね」

家長は帰宅を延期するし、シャネルは赤ちゃんをかまおうとしない。メイおばさんはいつものやり方を曲げ、ベビーベッドを自分の寝室に入れた。そしてこれもいつものやり方ではないが、食料品の買い出しも引き受けた。

「この赤ん坊のじいちゃんばあちゃんだと思われるかな？」ポールは二台のSUVの狭い隙間に、車をそろそろと入れてから尋ねた。

ひょっとしてポールが車の送迎と買い物の手伝いを引き受けてくれた理由は、彼女が払う約束をしたお金以外にあるのだろうか。「別に誰も」メイおばさんはポールに買い物リストを渡しながら言った。「何とも思わないでしょ。赤ちゃんと私は車の中で待ってるから」

「来ないの？」

「生まれたばかりなんだよ。冷蔵庫だらけの店の中に連れていくと思う？」

「だったら、家に置いてくりゃよかったのに」

誰が面倒みるの。赤ちゃんを家に置いていったら、戻ったときこの世からいなくなっているんじゃないかとメイおばさんは心配だった。でも、この怯えた気持ちをポールに明かしたりはしない。彼女は、赤ちゃんのママは産後うつになっていて世話できる状態じゃないの、と説明した。

「買う物のリストをただ渡せばよかったんだ」とポールは言った。

食料品が届くどころかお金を持ち逃げされたらどうしてくれる、と彼女は思った。でもそれは言いがかりだ。信用できる男たちはいる。死んだ夫だってそうだった。

ポールは帰りの車の中で、白鷺はまた来たかい、と尋ねた。見なかったよ、とメイおばさんは答え、鳥がいましめを知るところを見られるかどうか考えた。あと二十二日しか残っていない。二十二日たてば、白鷺が来ようが来るまいが、ここから次の家に引き離される。メイおばさんは振り返って赤ちゃんを見た。赤ちゃんはチャイルドシートで眠っている。「そうしたら、あんたはどうなるんだろうね」

「俺?」とポールが訊いた。

「あんたじゃないよ。赤ちゃんだよ」

「何の心配があるんだよ。いい人生を送るさ。俺よりましだ。あんたよりましなのは確かだね」

「知りもしないでそんなこと言わないで」とメイおばさんは言った。

「想像つくさ。誰か見つけなきゃだめだ。こんな人生はためにならない。家から家を渡り歩いて落ち着くことがないなんてのは」

「それで何がいけないの。家賃はいらないし、食べるものは買わなくていいし」

「遣わないんだったら、何のために稼ぐんだ。俺は少なくとも未来の孫たちのために貯金してる」とポールは言った。

「私がお金をどうしようと、あんたには関係ないでしょ。ほら、ちゃんと前を見てちょうだい」

　ポールはたしなめられて珍しく黙りこみ、運転を続けた。高速道路でいちばん遅い車だった。彼は善意で言ったのかもしれないけれど、善意の男なんてたくさんいるし、彼女はそういう男たちを苦しめるタイプの女なのだ。もしポールが身の上話を聞きたいなら一つ二つ話して、愛情を勝ち取ろうなんて望みを持たないようにさせることもできる。でもどこから始めようか。愛する気もなく結婚し、早死にしてほしいと望んでいた男の話からか、それとも縁を切ることを母親が出産の条件にしたので、会ったことがない父親の話からか。それより祖母の話からするべきかもしれない。祖母はある日、娘のベビーベッドのそばから消えて、結局二十五年後に夫が消耗性疾患で死にかけるまで現れなかった。もし夫が悪者ならば出ていくのもわかる。でも彼は心優しい男で、黙って出ていった妻はいつか帰ってくるという望みを捨てず、一人で娘を育てた。

　メイおばさんの祖母はさほど遠くへ行ったわけではなかった。その年月ずっと同じ村にいて違う男と暮らし、昼間は男の家の屋根裏に隠れ、真夜中になると気分転換のためにこっそり家から出たりしていた。どうして夫が死ぬまで隠れていなかったのか誰もが首をかしげたが、本人の説明によると、夫をちゃんとあの世へ見送るのが妻の務めだとのことだった。

　メイおばさんの母親はそのとき新婚で、売れっ子の裁縫師でもあった。親の一人が戻ってきたことと、もう一人が亡くなったことを冷静に受け入れたという話だ。でも翌年、最初にして唯一の子供を妊娠すると、殺虫剤を一瓶飲んでやると脅して夫を追い出した。

　メイおばさんは伝説の女二人に育てられた。村人たちは二人を避けたが、女の子のことは仲間として迎えた。そして閉じた扉の奥で、祖父や父親の話をしてくれた。村人たちが彼女の年長の家族にぞっとしていることは、目を見ればわかった。まず青白い肌の祖母。長年暗闇にいたため、日の光に不慣れで夜間に活動する癖が抜けず、娘と孫娘のために料理や編み物をするのは真夜中だった。そして母親。彼女は最低限の量しか食べず、ゆっくりと自分を餓死させていったが、娘が食べるところはまばたきもせずにじっと見つめて飽きることがなかった。

メイおばさんは家を出ようと思ったことはなかったが、やがて二人の女が死んだ。まず母親が、続いて祖母が亡くなった。二人は生きている間、風変わりなせいで世間の非難を免れていた。そして死んだら、生きていた空間まで持ち去ってしまい、メイおばさんをつなぎとめるものを何も残さなかった。ニューヨークのクイーンズ地区にいる男との縁談を彼の遠い親戚がとりもってくれたため、彼女は迷わず受け入れた。新しい国では、祖母も母親も伝説の人ではなくなる。メイおばさんは夫に二人の話をしなかった。どっちにしても夫は興味を持たなかっただろう――堅実な暮らしを分かち合える働き者の女が欲しかっただけの、愚かしい善人だった。メイおばさんはポールのほうを向いた。この人も夫や父親や祖父と、それどころか祖母が長年一緒に暮らしたのに祖父の死後戻っていかなかった男とも、たいして変わらないんじゃないか。これまで出会った女にわかりやすくしてもらう平凡な幸せが、この男たちにはふさわしい。

「もしかして明日の午後、空いてる?」ポールはシャネルの家の前で車を停めると、そう尋ねた。

「一日じゅう仕事。わかってるでしょ」

「今日みたいに赤ん坊を連れてくりゃいい」

「どこに」

ポールが言うには、ある男が毎週日曜の午後にイースト・ウエスト・プラザ公園でチェスをやっている。その近くをメイおばさんと赤ちゃんと一緒に散歩したいのだ。

メイおばさんは笑った。「へえ、その人が気が散ってゲームに負けるようにするため?」

「そいつよりもよろしくやってると思わせたくてね」

よろしく、何を。借りてきた孫を乗せた乳母車を押す、借りてきた女友達で何を。

「その人は誰なの」

「別にどうってことないやつだよ。二十七年、口をきいてない」

嘘もうまくつけないんだね。「それでも、だませると思ってるわけ?」

「やつのことはわかってる」

誰か――友人、敵――のことをわかっているというのは、その人から決して目を離さないようなことなんだろうか、とメイおばさんは考えた。それじゃわかってもらえるということは、誰かの思いの中に閉じこめられることとそう違わないんだろう。そういう意味では、祖母と母親は幸運だった。誰も二人のことをわかっていたとは言えない。メイおばさんですらそうだ。子供の頃、二人は理解を超える人たちだと聞いていたから、理解しても意味がないと思っていた。二人は死んだら現実的な感じがしなくなった。メイおばさんも幸運だ。二人のことがわからなかったので、その後会った誰のこともわかりたいと思わずに済んだから。たとえば夫のこと。ニューヨークからサンフランシスコへ一年かけて移住する間に会った、さまざまな中華料理店の同僚たちのこと。世話をした赤ん坊と母親のこと。彼らはノートに記録されたただの名前になっている。「忘れたほうがいいだろうね」メイおばさんはポールに言った。「二十七年の価値がある恨みなんてありっこない」

ポールはため息をついた。「過去を話せばわかる」

「よしてよ」とメイおばさんは言った。「過去なんていっさい聞かせないで」

ポールが食料品を冷蔵庫に入れ、メイおばさんがミルク入りの哺乳瓶をあたためるところを、シャネルが二階の踊り場からじっと見ていた。そしてポールがいなくなってから初めて、デートはどうだった、と下に向かって声をかけた。メイおばさんは揺り椅子で赤ちゃんを抱いていた。赤ちゃんの食事を眺める喜びだけで、わずらわしい母親の埋め合わせになる。

シャネルは下りてきてソファに座った。「車が止まるところを見てたよ。車からなかなか出てこなかったよね。おじいさんがこんなにラブラブになれるなんて知らなかった」

メイおばさんは赤ちゃんを自分の寝室に連れていこうかと思ったが、ここは自分の家ではないのだし、話したい気分になっているシャネルはどうせ後からついてくるだろう。メイおばさんが黙っていると、シャネルは言った。旦那がさっき電話してきたからさ、あなたの息子は男と女が〈黄昏の情事〉にふけるところを見に出かけたよって話しといた。

いますぐ立ち去ったほうがいい、とメイおばさんは自分に語りかけた。でも体は揺り椅子のリズムから抜け出せなくなっていた。ゆらりゆらりと、行ったり来たり。

「むかついた？　おばさん」

「旦那さんは何て言ってた」

「怒ってたよ、もちろん。だからさ、家に帰らないからそういうことになるんだって言ってやったの」

どうしてぐずぐずしているの、とメイおばさんは自分に問いかけた。いるのは赤ちゃんのためだと思いたいんだね？

「あいつが怒ったことをあたしのために喜んでくれなくちゃ。でなきゃ少なくとも赤ちゃんのために。でしょ？」とシャネルは言った。

私が喜んでるのは、あんたたちが例によってもうじき過去になってしまうことだよ。

「なんでそんなに黙りこくってるの、おばさん。あたしはこんな嫌な女で悪いけど、でもここには友達がいないんだもの。おばさんはよくしてくれてるよ。あたしと赤ちゃんの世話をしてくれませんか？」

「お金もらってるんだから、もちろん世話はするよ」とメイおばさんは言った。

「今月が終わってもここにいられる？　二倍払うから」とシャネルは訊いた。

「普通のベビーシッターの仕事はやらないの」

「でも、あなたがいなかったら、あたしたちどうすればいいの。おばさん」

この若い女の甘い声にだまされちゃいけない、とメイおばさんは自分に言い聞かせた。あんたは代わりがきかなきゃならない——母親にとっても、赤ちゃんにとっても、誰にとっても。それでもメイおばさんは一瞬、赤ちゃんが育つのを——数ヶ月、一年、二年と——見守ることができる、と考えた。「赤ちゃんのパパはいつ帰ってくるの」

「帰るときには帰るでしょ」

メイおばさんは赤ん坊の顔をタオルの隅で拭いた。

「おばさんがどう思ってるかはわかってる——あたしは男選びを間違えたんでしょ。どうしてこんなに年が上で無責任な人間と結婚することになったか知りたい？」

「正直言って知りたくない」

それでもなお、彼らはメイおばさんの抵抗をものともせず過去を語った。毎週日曜の午後にチェスをやっている男はポールの妻と同じ村の出身で、彼女から昔、あなたのほうがいい夫になりそう、と言われたことがあった。妻はポールを傷つけたいという衝動から一度話しただけかもしれないし、長年にわたり以前の求婚者をほめて夫を苦しめたのかもしれないが、それをポールは明かさなかったし、メイおばさんも訊かなかった。その代わり彼は自分と男の職歴を比較した。ポールは本物の専門職になったが、男は肉体労働者のままなのだった。

敵が永遠に友のように親しくなることもあるし、不和が二人の男を一生の兄弟にしてしまうこともある。誰でも他人にしてしまえる人が幸いなんだよ、とメイおばさんは考えたが、この見識をポールには教えなかった。彼はただ聞いてほしいだけだったので、彼女はそのとおりにした。

シャネルのほうはもっと突っ込んだことまで明かし、ときにはおばさんの顔を赤くさせ、語り手としては一枚上を行っていた。彼女は年配の既婚者と寝ていたが、それは父親を罰するためだった。父親は若い女の尻を追いかけていて、この件に関してはシャネルの大学の同級生だった。妊娠したのも父親を罰するためだったが、父親みたいに妻を裏切る男を罰するためでもあった。「あいつは最初、あたしがどんな人間か知らなかった。寝ても金でやっかい払いできる女だと思わせるように、あたしが話をでっちあげていたの。ところがあいつは結婚するしかないことに気づいた。あたしの父親にはあいつの仕事を潰せるぐらいの人脈があるから」

お母さんをどんな気持ちにさせるか考えなかったの、とメイおばさんが尋ねると、シャネルは答えた。なんで考えなきゃいけないの。旦那の心をつなぎとめられない女なんて、娘のいい手本にはならないよ。

メイおばさんには二人の論理が理解できなかった。シャネルの論理はあくどいし、ポールのはしつこい。なんていう世界に生まれてきちゃったんだろうね、とメイおばさんは赤ちゃんに語りかけた。真夜中を過ぎ、寝室の照明は消えていた。海洋生物が泳ぐ夜間照明がベビーベッドについていて、赤ちゃんの顔に青やオレンジの縞を作っている。きっと彼女の母親もろうそくの明かりの中、そばにいてくれたときがあっただろう。さもなければ暗闇の中でそこに祖母がいたかもしれない。二人は彼女にどんな未来を願っていたのだろうか。彼女は二つの世界で育てられた。祖母と母親がいる世界、そして他の皆がいる世界。

どちらの世界も、もう一つの世界からかくまってくれた。どちらかを失うことは、意に反して永遠にもう一つの世界の住人にされることだった。

メイおばさんは、自分のことがわかっていない女たちの血を受け継いでいた。その女たちは、わかっていないことによって男をつまずかせ、子供を孤児にした。少なくともメイおばさんは子供を作らないようわきまえていたが、ときおりこんな眠れない夜、愛情が湧く赤ん坊とこっそり出ていこうという考えが浮かぶこともあった。世界は広い。女が一人、望みどおり子供を育てる場所ぐらいはあるはずだ。

赤ん坊たちは――一三一人の赤ん坊と、お人よしだが用心深いその親たちは――メイおばさんを彼女自身から守ってくれた。でもこれからは誰が彼女のことを守ってくれるのか。例に漏れず無防備なこの赤ん坊は違う。彼女がこの子を守らなければならない。でも誰から。この子を心から締め出している両親か。それとも、契約の一ヶ月が過ぎた後のこの子の人生を思い描き始めたメイおばさんか。

ほらね、夜更かしして妙なことを考えてると、こんなことになる。そのうちポールみたいにやっかいな年寄りになるか、シャネルみたいに相手さえいれば過去の話をする孤独な女になるんだ。母親や祖母やそれより前の女たちのことを話したり考えたりし続けるかもしれないね。でも問題はその女たちのことをわかっていないことだよ。誰かのことをわかるとその人からいつまでも離れられなくなるけれど、わかっていなくたって同じなんだ。死は死んだ人を連れ去らない。その人をいっそう深く心に根づかせるだけ。

赤ちゃんを抱き上げて出ていったとしても、誰も止められないだろう。彼女は、あげくには眠りたいときしか眠らなくなった祖母のようになりかねない。赤ん坊に栄養が必要なので、ほとんど食べなかった母親のようになりかねない。長くいすぎたこちら側の世界からの逃亡者になりかねない。でも、よく波のようにやってくるこの衝動にも、もう昔のようには怯えなくなった。年をとって忘れっぽくなったとはいえ、ありのままの自分でいる危険もわかるようになってきた。母親や祖母とは違い、平凡な運命をたどる女でいるよう自分に言い聞かせてきた。次の場所へ移るときは、謎も傷もあとに残さない。だからこちら側の世界にいる人は、誰も彼女のことをわかって心を乱すことはない。

蟹

Hiroko Oyamada

小山田浩子

私が卒業した女子校には蟹がきた。初めて校舎で蟹を見たのは一年次の初夏頃、雨の日だった。蟹はくぐもって湿った空気の垂れこめる外づきの廊下を横歩きしていた。小さくて丸みのある砂色の甲羅から灰緑色の目が突き出し、脚が廊下に擦れてカチカチ鳴っている。思わず立ち止まると同じクラスの生徒にぶつかりそうになり不審な顔をされた。「蟹が……」説明しようとした舌が乾いてもつれている間に蟹は姿を消した。生徒は細い眉をさらにひそめた。

蟹たちは学校のそばにある川からやってきているらしかった。土手下一面に背の高い葦が生えた川からは、まだ先にあるはずの海の気配がなんとなく漂っていた。水位が日によって時刻によってかなり違い、濁った水から葦の穂と葉先だけが突き出しているときもあれば、根元まで露わになった葦の隙間を蟹が歩いているのが見えるときもあった。私は駅を出て学校に向かう道筋でその川にかかる橋を通った。蟹は駅から橋までの道に一匹も見ないのに、橋から校舎へ向かう道では何匹もが轢死していた。日差しでそれが熱せられるとひどくにおった。生死不問でカラスはつつき乗用車は砕いた。それらを免れ学校にたどり着いた蟹たちは廊下や校庭や花壇や教室の中などをうろついた。何かを探してさまよっているようにも見えた。その度に私の目は蟹に吸い寄せられ、その度に他の生徒たちはうろんそうな目つきで私を見た。生徒たちは蟹を避けているようにも、そもそも見ていないようにも、いっそ強く意識しているようにも見えた。すぐそばにいる蟹を全く話題にしない、かと思えば横目に見ながら何か低い声で語り合う、一跨ぎすればいいだけの蟹を大きく迂回して避ける、派手に悲鳴をあげてケタケ夕笑う、靴箱の上履に入りこんでいるのをつまみあげることも逆さに振って落とすこともせず靴下で校舎に入っていく……校内のいろいろな場所に蟹の死骸があった。全身もあれば部分もあった。それらはホコリや落ち葉や他のゴミと一緒くたに掃き集められゴミ袋に入れられ焼却炉に運ばれた。当時燃えるゴミは校舎裏手にある焼却炉で用務員さんによって燃やされていた。用務員さんは固太りした中年の女性で、生徒たちにはおばちゃんと呼ばれていた。一部の教師たちも彼女をおばちゃんと呼んだ。ちょっとおばちゃん呼んで割れたガラス片づけてもらえ……それがさ、おばちゃんって時々ね、週ごとの持ち回りで用務員さんを手伝わねばならない美化係の生徒がひそひそ声で言っているのを聞いた。まだ生きてる蟹を焼却炉に入れることがあるの、火バサミでひょいって中に、においがぷんとするの、香ばしいみたいな、塩辛いみたいな……。そうなの。ちょっと怖いね。どうしてだろう。おばちゃん苦労人だって聞くしね。五十歳くらい？　六十歳くらい？　七十歳くらい？　蟹をね……私は耳をそばだてたがすぐに生徒らは口調を変え人気のある体育教師の話を始めた。原センセ、県内二位でインターハイ確実だったんだって、見たかったぁ、靭帯やってなければって、今も鍛えてるの、硬そう、硬そう……私はその教師が廊下で蟹を踏みつけているのを見たことがある。わざとか偶然かわからない間合いで、でもつぶれた蟹を後ろ蹴りに廊下の側溝に落とす足つきは妙に慣れていた。ジャージの下から筋肉で膨らんだふくらはぎの形が見えた。教師が通り過ぎるといつも人工的な青リンゴのにおいがした。あのシャンプー〇〇のだって、超いいにおいだよね、あのくせっ毛、やだそれ私も使う、どこ売ってるの？　お揃いになっちゃうよ、バレちゃうよ、いいの、いいの、だって……

ある日、私は体育の授業後に教師から用具の片づけを命じられた。体育係ではなかったから、多分出席番号が日づけに当たっていたとかそういう理由だっただろう。命じられたのが私だというだけで生徒たちはクスクス笑った。教師もニヤニヤ笑っていた。細く角張ったあごが剃りあげられグラウンドに照り返っていた。作業を終え校庭の隅の方を歩いて校舎に戻っていると、校庭を取り囲んで生えている木々の裏側の地面に四角いものが突き立っていた。灰色に白や黒の粒が散った花崗岩で高さは膝くらい、一辺が十五センチほどの正四角柱、角がところどころ崩れたようになっている。その一面に色褪せたような、削り取られたような字が刻まれていた。なんと書いてあるのかはよくわからない。今までこんなものがあるとは知らなかった。風に揺れる木々の影に覆われたそれは、大きさこそ違うが墓石のようだ。「何してんの」不意に声をかけられて私は息が止まるほど驚いた。作業服を着た用務員のおばさんが木々の間から現れにっこり笑った。麦わら帽子をかぶって首にタオルを巻き、枝切りバサミを持っている。隅々まで塗りこめられた化粧が生え際から落ちる汗で白く浮きあがっている。「何してんの？」「あ……これ……」声がかすれた。自分が誰かに向けて声をだすのが久しぶりな気がした。私は足下の墓石を指差した。用務員さんは心配そうに「転んだん？」と言った。「え？」「石碑につまずいたん？」石碑、いくら私の運動神経が悪くてもつまずいて転ぶような大きさではない。「ならいいけど。私が首を横に振ると用務員さんは再び笑顔になった。こんなのに転びよったらつまらんけえね」「あの……これ、何ですか？」尋ねながらなぜか動悸がした。「海岸線の碑よ」用務員さんはこともなげに答えると枝切りバサミで薄赤く芽吹いた枝先をちょんと一切りした。「かいがんせん？」「何度か埋め立てて、海はもうずーっとあっちに行っとるけど、元々はここが海の境目で、この先は」と今まで私たちがハードルをしていた校庭を枝切りバサミで指し示し「海。遠浅の」白く乾いたグラウンドにざっと風が吹き、粉砂糖のように細かい砂が舞った。昼休みで誰もいない。グラウンドの向こう側にさっきまで私が片づけをしていた体育倉庫が黒い入り口をポッカリ開けている。「思ったら不思議よね。埋めて固めてから、上に学校やら家やら道路やら作って誰のだ彼のだって切り分けて、平気で住んで」この下が海。私は自分の運動靴を見下ろした。学校指定の白が薄汚れている。半透明の石英の粒。用務員さんは周囲の木の枝先をちょんちょんちょんちょん切りながら「ワタシが子供の頃はもうこのへんは埋まっとったけどね、ほら、工場団地あるじゃろ、あのへんを工事してたのがワタシがアナタらくらいの頃かな。工事ってもその頃は、海っぺりにガラクタやなんや放りこんで、それから砂入れて、水面まで埋めたら上に馬を引いてきてうろうろうろうろ歩き回らせたら地面がまた沈むけえ最後の方は蹄がチャプチャプ鳴るん、そしたらまたトラックで砂入れて……今時そんなのんきな工事ないね。お馬でチャプチャプなんて」私はほーと息を吐いた。「なんだか不思議ですね」「不思議よ。大昔っていえばそうだけど、でもちょっと前って思ったらそんな気もするのにね。ワタシらの頃はもう汚いけえダメじゃ言われよったけど、親らの代はここらの砂浜で貝やら掘って食べたりしよったって聞いたよ」蟹もだ、と思った。きっとその砂浜には蟹もたくさんいたに違いない。用務員さんは目をすがめて遠くの方を見る仕草をした。私も見た。建物の屋根が折り重なっている。屋根や壁は古びている。とても海だったとは思えない。「今も埋め立て工事しよるでしょう。いつ終わるんかね。もう終わったらいいのに。これから人はどんどん減るんじゃけえ。ワタシ子供の頃に大人になったら終わっとるんじゃろう思って、自分が子供産んだ頃はこの子が大人になったら終わっとるんじゃろう思って、でもまだまだみたいなね、むしろどんどん終わりが遠くなりよるみたいなね」「お子さん、おられるんですか」なんだか意外な気がして言うと用務員さんはクックと笑い「子供だけね。そしたらもう戻りんさい、お昼食べる時間がないなるよ」「はい」「アナタちゃんと食べてもちっと太らんと、細すぎよ。華奢よ。体力勝負よ、これから」「これから？」「これから、ずっと、もうしばらく、まだまだ……アナタらは」用務員さんは枝切りバサミをザキザキ鳴らした。「かわいそうなね」「え？」「いや、楽しみなね、いろいろ」切り落とされた赤い芽が碑の周りに散らばって花のようだった。

ここが海、海岸線、つまりそれで蟹がくるのではないか？　かつてここが海岸線だったのが何十年前かあるいは百年前とかもっと前なのかわからないけれど、生物の仕組みはもっと長い周期でしか変わらなくて、だから何かに呼ばれるように今や海でもなんでもない場所へ引き寄せられるのだ。きて、でもそこに海がなくて困ってうろうろして……教室の扉を開けた。さえずったりくぐもったり揺らいだり切り立ったりする声声声、弁当のにおいがした。自分の机の前に立つと、脱いでたたんだ制服の上に一匹の蟹がいた。いや、蟹の死骸が置いてあった。蟹が一匹、制服の上にちょこんとこちらを向くように乗せてある。私はそれを眺めた。声が高まりあちこちで小さい笑い声が弾けた。私は蟹を手に取った。つぶれていない。ハサミも脚も揃っている。軽い、死に切った、乾き果てた、標本のような蟹の外側……教室がだんだん静かになった。私はすっかり色の抜けた砂色の両目を見た。濡れた表面に自分の顔が映るのを見た気がした。光る泥を走る筋肉の重みと海の水に満ちた、購買にでも行っていたらしい生徒が一人教室に入ってきて静まり返っている空気にぎょっと立ちすくんだ。誰もが何かを待って息を飲み、その中心にいるのは体操着姿のクラス一いや学年一地味な生徒その手には……何があったの、と無声音で尋ねる声がした。私は問われた方が答える前に蟹を机に置き、ぐいと体操着を脱いだ。私がブラウスのボタンをとめ終わったあたりでまた教室はおしゃべりに満ちた。私は着替え終わってから蟹をプリーツスカートのひだの奥にあるポケットに入れた。シュウウッと誰かが歯の隙間から息を吹いた。蟹はほとんど何の質量もなくそこに収まった。私はそれまでもうつむいて歩いていたし、その角度はこれ以上倒しようがない。帰り道、橋の上から川に蟹を投げ入れた。軽すぎて風に流され、橋からかなり離れたところで急にまっすぐ落ちた。水没した瞬間、そのハサミや手足が閃いて動いたような気がした。手のひらからか川からか海のにおいがした。血のにおいにも似ていた。

私はそれから時々海岸線の碑に行った。行っても何もない。誰もいない。校庭からも校舎からも木に隠れてよく見えない。大きめのハンカチを敷いて腰を下ろし、私は尻の下に波を感じようとした。潮の満ち引き、揺れ、でも何も感じなかった。地面は平らで、下の下の方までずっと平らで乾いていた。足元を蟹が横切った。下半分が砂にもぶれていた。疲れているのか妙に遅い、ぜんまいが切れたような動きで、でも足を律儀に動かして横向きに進もうとしている。仰向いた空は木々に縁取られていて指につけて舐めた砂は塩辛くもなんともない。碑の下の方、地面からすれすれのところに、見たことのない赤いボコボコしたものがついているのに気づいた。はいつくばるようにして顔を近づけると、それは一センチくらいのまん丸い赤い粒が五粒ほどブドウのようにくっつきあったもので、そっと触れると結構硬い、スーパーボールのような質感だった。粒の中は液体が満ちていて、それが濃い赤と少し薄い赤とに分かれていた。その色味といい様子といいイクラによく似ていた。硬いイクラ、何かの卵？ さっき足元を行き過ぎた蟹のことを思い出した。これはつまりあの蟹の卵ではないか？ 海岸線で産むつもりで、そこにある砂浜とか岩場に産みつけるつもりで、謎が解けた気がした。虫とか蟹とかそういう小さい生き物たちはものすごい距離を移動したり危険を冒したりしてまでもどうにかして産卵、繁殖しようとする。それこそが彼らのようなささやかな生物が生まれた多分唯一の意味で、それを理不尽とか辛いとか思うようにはそもそもできていない……私はあたりを探した。蟹は見当たらなかった。あんなによろぼい歩いていたのにどこにもいない。死骸も痕跡もない。私は爪を卵と砕の間にくじり入れて卵を剝がした。最後はプチンと破れる感触がした。手の中に転がりこんだ卵は壊れていなかった。濃い赤と薄い赤が混ざり合わずにゆっくり傾いて揺れ陽に透けた。房になった粒のそれぞれに世界が写っていた。私はそれをポケットに入れた。砂に敷きっぱなしだったハンカチをとるとなぜかじっとり湿っていた。

大学に行くと少し人と話せるようになった。飲み会で、私は隣り合わせた理学部生物専攻の学部生と話していた。何度か言葉を交わしたことがある程度の相手だったのだが、気がつくと店内の喧騒がテントのように私たちをすっぽり覆い、私は初めて人に蟹のことをしゃべっていた。海を求めて女子校にやってきたこと、学校はもともと海辺にあったがもう違うこと、丸い赤い卵を見たこと……そこまで聞いた彼は半切りのレモンが添えられた酎ハイのジョッキを片手に笑って「ありえない」と言った。「え?」「それは蟹の卵じゃない。蟹はできた卵を孵るまでお腹に抱えて、それも何万個って数よ、それだけ死にやすいから。で、孵るのと同時に水に放出するんだ。卵は小さくて、だからそこからでてくるのもすごく小さくて透明なプランクトンで、そんなどでかい卵を陸地に産みっぱなしにするなんて聞いたことがない、僕は甲殻類は専門じゃないけど断言できる、ありえない」でも確かにあったのだ、他の何かとは思えない。「それは違う生物の卵だよ。いや、卵かどうかもわからない。赤くて丸くて弾性があるんだろ、子供の、ゴムかなんかのおもちゃとか」あれは間違いなく卵だった。人工物ではない、生き物の卵、私はその感触を思い出した。指でつまむと丸くて張り詰めて生命感に満ちていた。あの乾いた場所にかつての海岸を見る間違えた蟹以外、誰があんなものを生みうるだろう。「メスガニ」「え?」「つまり、学校にきてたのは産卵真近の雌蟹ばっかりだったってことだ、その、本能の呼び声的なカナちゃんの解釈だと」「……うん」私はこくりと頷いた。「でも、そんな場所にしか産卵できないんだとしたら蟹はとっくに死に絶えてないと嘘じゃない? 埋め立てられてから何十年の間に」「……確かに」私は残り少ないウーロンハイを飲んだ。上唇に粗い氷が当たった。「それに校内で蟹をそんなに見たんならその卵は他にもいっぱい産みつけられてないとおかしいし」そうなのだ。注意して見ていたが、卵を見つけたのはあの一度きりだった。「それは、だから、よくわかんないんだけどでも」自分の声が妙に高く早くたどたどしくなっていると感じた。彼は手を挙げ店員に自分の飲み物のお代わりを頼んだ。私は氷を嚙んだ。「それで、その卵的なものはどうしたの? 制服スカートのポケットに入れて?」「それも、川に、落とした」「それも?」「いや、それは。それを。せめて水のそばにと思って」「それで?」「わかんない。水に落ちて、ちょっと浮かんで、沈んで」彼は下を向いてぐつぐつ笑った。馬のように大きな前歯が濡れて光った。「そっちの図書館にも甲殻類図鑑ぐらいあると思うよ、禁帯出だろうけど。調べてみたら?」彼は運ばれてきたジョッキにレモンを絞りこんだ。香りのしぶきがぱっと散った。私はおしぼりで自分の指を一本一本拭った。「ほんとに、調べてみたら？　女子高生が発見の新種かもよ」「もう女子高生じゃないよ」「当時、当時。あんま想像つかないけど、カナちゃんが女子高生の制服着てるとこ」「……普通だよ」「普通って」ぎしぎしした笑い声、地味な色のネルシャツ越しにむうっと汗がにおった。

次の休みに実家に帰り、電車に乗って歩いて川に行った。川土手に黄色い無人のショベルカーが斜めに駐車されていた。それを除けば、橋から見下ろす葦の茂る川の様子は私が毎日見ていたのと変わらなかった。川は滑らかな茶色い水に満たされていた。雀が何羽も集まってかしましく鳴き合いながら水からのぞいた葦の穂先に止まり、それが重みでしなるとさっと飛びあがって別の穂先に止まる遊びをしていた。遊びかどうかわからないがとにかく無為な行為に見えた。何羽も何羽もでチュンチュンチュルチュル鳴きながら繰り返す。一羽ずつの声は小さいのに、集うと耳にさわった。橋の上からぼんやり眺め下していると、ぼこり、と葦原の隙間から何か尖ったものが水面に突きでた。白く尖ったものが太く、みるみる水面から姿を現した。私はぎょっとした。それは巨大な、蟹のハサミだった。ギザギザした刃がかみ合い、外側がオレンジがかった砂色、硬い表面がわずかに凸凹して藻のようなものがへばりついている、こんな大きさのハサミを有する蟹がいたとしたらそれは怪獣だ。人間の子供くらいあるハサミ……雀たちが鋭く鳴いた。もつれるように空に飛びあがる。ハサミの先端がすっと開き、気づき損ねたのか体が重かったのか逃げ遅れた一羽を挟んだ。巨大なハサミにくわえこまれた雀は体が縮んだようで、砂色のハサミに溶けこんでしまったようで、ここからはもがいているその動きだけが見えた。水面に白い羽が散った。他の雀たちの姿は消えていた。チュンチュン鳴く声は聞こえた。どこかで見ているのかそれとも別の雀の群れか、蟹のハサミは雀をくわえたまま徐々に水に沈んでいった。ぽ、という音がして尖った先端が濁った茶色い水に消えた。丸い水紋がそこに広がったがすぐゆがんで乱れ、ぐしゃぐしゃになって消えていった。私は顔をあげた。川下、海の方を見た。背の高い、信じられないくらい背の高いクレーン車か何かが蜃気楼のように揺れて見えた。海と陸の際で今も工事が行われている。本当の海岸線がどんなだったかなんてもう誰にもわからない。海は満ち干をやめない。やめようがないのかもしれない。私はそれから女子校に行ってみたが、関係者以外立ち入り禁止と書かれた札が下がった門は固く施錠されていた。グラウンドは静まりかえっていた。門は青く錆び敷石の隙間から雑草が穂を噴きどの窓も無灯で、それは今日が休日だからではなくここがもう終わった死んだ場所だからのように思えた。ポケットが震えた。電話がかかってきていた。蟹の話を笑った名前が光っている。かすかにカチカチという音が聞こえ、見えない小さい尖った脚が私を這いのぼってくる感触がした。

井上佐由紀

Sayuki Inoue

夏のおわり。秋のはじめ。

Hiromi Ito

伊藤比呂美

わたしはノルウェイの文学祭で、隣に座ったルーマニアの詩人に話した。
いまは
すべてのドアがあけっぴろげになっている
目の前にはだだっ広い草原があり、風が吹いている
草がなびいている
それをみつめている
髪の毛が風に吹かれてもうもうと揺れて騒ぐ

皮膚が陽に灼かれてみるみるくろずむ
わたしは手を大きくひろげて風をうけとめ
口をあけて風を
いっぱいに吸い込む
そういう気分だ
わたしたちの座っているホテルのダイニングはオスロフィヨルドの海に面している。雲の多い、光の薄い空がある。
夏のおわり。秋のはじめ。
ウマグリの木には緑色の実が生って太り、草地の縁には名残りの夏花が咲いていた。大きな窓と大きなドアがあり、外にはテラスがあるが、そのドアはあかない。やってみた。客は中のダイニングで朝食を食べるようにというホテル側の意向だからあきらめた。でもさっきダイニングに入ってきたとき、年上の女とすれ違った。両手に皿やカップを持っていたから、彼女のために、ドアを開けた。女はありがとうと言って、わらいながら外に出ていった。皿に山盛りの朝食が盛られていた。外の濡れた椅子にすわって、空と海を見ながら、あれを食べようというのだろう。
あなたいくつ？　とわたしが聞いた。
48歳。とルーマニアの詩人がいった。
もう少し、もう少しでここに至る
いままでの欲望、やむにやまれぬ
衝動、やむにやまれぬ、とめどのなかったそれが
わたしの脳の中のケミカルに操作されていたのだ

そのためにわたしはわたしであった
欲望も衝動も、
やむにやまれなかった、とめどなかった、止められなかった、あふれ出た
それが
わたしであった
いまはちがう
しんとして
音もなく
色もない
だれもいない
そこに立っているのはたしかにわたしである
すべての血管からすべての細胞から
ケミカルが脱け出ていって、そのために
つくらされた、あつめさせられた、うまされた、かかわらせられた
いいえ、いいえ、
つくった、あつめた、うんだ、かかわった
人びとがみんな去っていって
のこったのがここにいる
皺のよった皮膚のくろずんだわたしである
「女」が好きだった
「女」であった
「女」でしかなかった

「女」でありつづけたい
そしていま
「女」を作ったケミカルがなくなっても
「女」だ
「女」でしかない
「女」でありつづける
そういえば
「女」に向けてエッセイは書いてきたが
「女」に向けて詩を書いたことはなかったと思いあたる
そんな詩は書けない
ない
が結論だ
立ち上がって出ていく。20数年前に書いた詩しかまだ翻訳されていない。ノルウェイ語に。それを読んでくる。日本語で。それもわたしである。

そして

Ai Imahash

今橋愛

若い娘時分『ひきこうもり（妖怪）』まではいかないにしても、まあまあ閉じていた時期に、近所を歩けばベビーカーを押す、子乗せ自転車でがんがん行く、それらママたちにくらべて圧倒的に役がないとがっくり落ちこむ。それが長いことわたしと地元との距離感だった。（『短歌』２０１６年５月号『てのひらの街』）

子を持つ気も
持てる気も全然しないこころで
あのころ
いばしょ　なかった。

女子に男子ほど「ひきこもり」の数が多くないのは、「女らしさ」と「ひきこもり」の区別が曖昧だからです。〔中略〕
専業主婦は「合法的ひきこもり」かもしれません。（『オンナらしさ入門（笑）』小倉千加子）
正直わたしは　たすかっている。

生協の個配の発泡スチロールを
家の中に引き入れたら
ひとり

40才

できひんことをできるようになろうとか
ちっともおもわないです　今は
酢のものの酢を　すっす　すっす飲み干して
おもしろいなあ　年をとるって

0、5、10、
15、20、25才

30、35、
40はじまる

くれなずむ東海道の平塚の痴呆の部屋のなんという薔薇　岡田幸生

女らしいと
わたしがここ(※)に言うときの
女らしいの
なんという薔薇

箴言《しんげん》がすき。たとえば、人生は40からはじまる。

男として女として否ひととして
ぼくは人として箴言を信じる。

僕らの世界は、言葉でつながっています。僕は上手く話せませんが、いつも人の話は聞こえています。まるで言葉の海を泳ぐ魚のように、僕のまわりには、いろんな音の波が押し寄せて来ます。言葉の海の中で、僕はユラユラ泳いだり、チャプチャプはねたりしながら、居心地のいい場所を探しているのです。場所が見つかったら、次にやることは、棲家《すみか》をつくることです。棲家は、整理整頓されて美しくなければいけません。そういう棲家をつくることが、僕の「詩の世界」です。言葉の海は、果てしなく広いのです。この海の中で、自分の居場所を探しながら、僕は生きていきたいのです。(『みんなの知らない海の音』東田直樹)

おんなのひとであることにつかれました。って

いしょかいて

気分転かんしていた。

田辺聖子さん。すばらしい。源氏物語のCDにて。

この時代　ばかじゃ　女しょうばいは　やってられないんですよ。とわらう。

ほんとうにかしこいひとは、こう返すんだとわかった。

それまでは、〈〃女人禁制〃って面白い、たのしいタブーね。協会は頑固なところがいいわ〉などと興じていればいいんじゃないですか。女性府知事サンも、〈ワタクシを女性とみとめて頂けるわけですね。こんな仕事をやっておりますと、男も女もない世界ですから、女性意識は取り落してますけど、お相撲の世界では〃女〃とみとめて下さるんですね、うれしいこと〉なんておっしゃって、賞金を手渡しする役は、快く、男性の副知事サンに譲られる……のも、〃世の中の花やぎ〃ではあるまいか。——というのが私の〃かんそう〃である。(『あめんぼに夕立　楽老抄Ⅱ』田辺聖子)

あ、思いだした。若紫に白痴願望があったたっていう話(僕はかぐや姫)読んだとき、まあまあうれしかったのだけど、あれは　いったい　なんやったんやろう。

ポップコーンとまだいえないここ(※)は

トランポリンじゅうに

ちらばるペットボトルのふた

はずませて　さけぶ

「ポックポーン!」

小学校　野蛮。
中学　笑いに逃げ。
女子校は規則だらけ
「ポックポーン！」

点数をつける
男の学生は
ひとりのこらず
むかでになあれ。

うまれてからべんきょ、う。をしてこなかって、かしこくなりたい。40才です

夫、今回の原稿のことを話したら、うーん。それってなんか偏《かたよ》るんちがう？って。あのね。たとえば女流歌人ってなに。女流って、なんの流れなの。おしえて。川なの。支流なの。おしえてくださーい。

おはようと言って、そこにいないかのようにされるのを無視というのだった。何でだろう教室を思いだす。

あいさつをしない子どもらいて

あきらめそうなり

男の子だ仕方なしと

きらいな異性のタイプというのがあるんだ。年齢は関係ない。この子だよ。あいさつしないのは。ひとひとりしか通れない小道で無視されたときには。佐々木さんとパン屋の事、この子の顔とが重なる。

ああ、いつまでのぞきこんでくるんだよ。

いらいらする

ブロック今、たおれろ。

自分だけのものさしをもちたい。ものさしについて。自分だけのものさしをもつ。

フェミニズムというものさしが都合いいときは、それではかる。けど、違うものさしのほうが都合いいときは、さささっと持ち替える。女性は、気が変わりやすい。って言われてるらしいからね。

高校はカトリック（彼女はカトリックが何かは知らないけれど）。朝と帰りにお祈りと歌。男女交際禁止。いちど当時のボーイフレンドの期限の切れた定期券を所持（笑）していた彼女は、グリーンルームに連れて行かれ、「この定期の入手経路（！）を紙に書きなさい」と国語の教師に言われる。なんて言葉。彼女は　中学のとき同じ塾だった生徒とぐうぜん会った時に憧れていたので　もらった。といった。ぽろぽろぽろぽろと涙をながして。グリーンルームにはお習字で「真実」と書かれた額が飾られていた。何て場所だろう。わたしはこのできごとから、この学校がきらいになった。

それから、20年以上たった今でもおぼえているのは当時の校長のシスター（もちろん女）が、講堂で話した、姉妹校の生徒の話だ。その生徒は、とても悲しいことに強姦にあう、そのさなか、舌を噛んで亡くなった。というものだった。シスターは、その生徒のことを　ほめた。その話は、彼女の頭の中に残り　折々に特に何ということのない、ぼんやり窓の外を見たりしているとき、思いだされる。高校生で死んでしまうということ。まだ何もはじまってないのに。カトリックを心から信じているわけではないけれど 舌を噛んで死ぬことが、えらいんやったら なんか かなしい。生徒は生きたらあかんかったんやろうか。確かにそんなことがあったら死にたくなるやろう。気持ち悪すぎるやろう。一瞬たりとも、受け入れたくないことやろう。けど。どうしてシスターは、そんなかなしいことをほめるんやろう。死んでしまった生徒の気持ちが なんでわかるんやろう。もうこころも、からだも、止まってしまってるのに。違和感を言語化できひん。けど自分の違和感を尊重することはできる。ロッジに向かう車の中、わたしは想像する 噛みちぎった舌の太さを。想像する。想像する。苦しい。

かわいいといわれて
うれしいときと
かなしいときがあるんだ

わかる?

31才頃 離婚直後 2首

男のひとを女のひとみたいにしてもて
いったい何がしたかったんやろ

空が見えるようになったんだ。
いきてたらいいことがいっぱいあるって
むかしのわたしにいうてやりたい
怖がらないで　やりたいことをやったら　あなたの抑制を解いてみたら　決して　卑屈になったり　後悔したりしないで　謝ったり
苦しんだりしないで　だって　あなたは　これまで　ずっと　そんなことばかりしてきたのだから！（『歳をとるほど大胆になるわ』
アストラ　岡田宏子訳）

かしこくなりたい　といえば
かしこなって。やしなって。と
夫　笑えり

女ありけり
何かから解き放たれて
息をはきだす
40で　やっと

※ここ――娘（4歳）のなまえ

発動せよ

文月悠光

骨の芯へと染みてゆく光。
それらを細胞に受け渡しながら
肉が波のように引いて
夜は明けていく。
片膝を立てて、ひざまずくと
膝は骨の隆起に沿って青白く輝く。
この膝がまぎれもない、地軸であった。
「わたしだけの惑星がほしい」

羽ばたきの気配に頭上を仰げば
とたんに
少女を乗せた舟は傾いてゆく。

ひたいを膝に押しつけると、水を浴びたように快い。思念が膝頭にのりうつり、はげしく疾駆するのだ。ここにあたたまるものがある――。わたしは膝を抱え、熱のゆりかごとなる。身体はここにとどまり、呼吸するだけで燃えるようにあかるかった。

(わたしはこれから走り出そうとしているのか、それとも息絶えていくのか。知る者はいない。眼裏の空が白んで、永遠の暁となって)

膝頭に刻まれた細かな皺と、そこに貼りついた砂粒。払い落とせば、それを合図に、夏の少女が身を起こす。砂の色に褪せた手のひらで、彼女は潮風を張る。運ばれてくるもの、まといつくものを、すばやく打ちつづけ、舟の上でダンスする。そのしなやかさを声の響きに加え、彼女は唱える。

わたしよ、発動せよ。

道を踏み越えた、はるか向こう側で呼ぶ。

わたしよ、発動せよ。

よろしい、とわたしは応える。おまえは、「自分らしさ」というやわらかな檻のなかにいる。いつかその檻を、身をよじって自ら曲げていくのだ。

どんなときも手を叩かれて
わたしは見世物であったのか。
見られるものとしての覚悟を
いつでも求められてしまう。
女であることに膝を立てて
この身を吐くように自転してきた。
ひとりでに上がる口角は、
危機を遠ざけ、
「誰にも明け渡さない」とほのめかす。
わたしに配達されている「感情」は
しかし、これだけではなかったはずだ。

わたしは怒りや悲しみや復讐心や虚無感や
あらかじめ損なわれた何かを
克服するために、
走るのではない。
ただ惑星《ほし》の青さを見ていたかった。
「感情的だ」と指をさされて

だれかの物語に飲まれてしまうと、
わたしのためだけの「感情」など
ひとつも存在しなかった。
そしてまた日が昇る。
わたしは駆ける。
走る背中は遠のいて
少女の頃に見た朝焼けをまだ生きている。

きびすを返せば、ふたたび海辺である。
そこには一隻の舟も浮かんではいない。
かつてわたしたちは海を渡った。
わたしたちの惑星へ行き着くために、
道なき場所へ
わたしたちは果敢に舟を出した。
今はこの膝で、道を歩く。
もう物語になる必要はないのだと
海は穏やかに
満ち足りていた。

O−157

Nana Nakayam

中山奈々

初潮なり干からびし蚯蚓を摘み
ところてん祝ひの生理用パンツ
脇よりもきつき臭ひへ扇風機

夏野から出れずナプキンはそのまま

O－157の年より生理南風

生理といふ女装を囲むカルキ臭

ワタクシの代はりに蟻の穴から血

痛み止め切らし早退夏の蝶

入道雲指し次はタンポンかしら

月経の方が品よき水蜜桃

拭き方を迷つてをりぬシャワーあと

白玉やせめて明るく生理告ぐ

夏痩せのきみが生理を心配す

きみよりも短き生理朝ぐもり

痛み去るまで黴の香の母の布団

青葡萄

Naoko Higashi

東直子

つれていくつれていかないつれもどす英和辞典のさみしいうねり

ふとももに賜り物の青葡萄ややあたためてゆく千代田線

わたしより年上の馬世におらず今年も坂道《ここ》に木漏れ日がある

開封をされぬ手紙は教室の微熱の中にふくらむ眠り

三日目の朝には慣れて干しバナナのようにしずかにまだ眠ってる

笑ったらみえる小さな歯がみえる葉月曇天いつまでも昼

セキレイのような就活女学生水飲むごとく机に顔を
俯瞰するための目は今閉じられてあなた未来の匂いがします
放課後は森になるので誰ひとりふりかえらずに帰宅しなさい
雨が降りはじめた空をぬけてきた　鳥の名前を思い出したよ
育ちすぎたきゅうりをもらうどうしてももらってほしいと言われてもらう
ひとつぶの米がこぼれて夜となる液晶画面の中の団欒
できたての街の白い夜をゆく（戦場をゆく白いあなうら）
悪天のぬかるむ道の足首はオイルまみれになった鳥たち
わたしたちひとりひとりが星でした電子メールで呼び合う名前
ねぶそくの生ぬるい目と耳うかべ龍の吐息の通りを歩く
嫌な音させてスイカが割れましたとは書きません　美味しかったです
船を抱く真昼の海に伝えても伝えなくても夏のまぶしさ
海風にうばわれていくしゃぼん玉笑われてきた気持ちのような
だれからも自由になってはるばると風をむさぼるスカーフの旅

Chika Sagawa

左川ちか

緑の焰

私は最初に見る　賑やかに近づいて来る彼らを　緑の階段をいくつも降りて　其處を通つて　あちらを向いて　狭いところに詰つてゐる　途中少しづつかたまつて山になり　動く時には麦の畑を光の波が畝になつて続く　森林地帯は濃い水液が溢れてかきまぜることが出来ない　髪の毛の短い落葉松　ていねいにペンキを塗る蝸牛　蜘蛛は霧のやうに電線を張つてゐる　総ては緑から深い緑へと廻転してゐる　彼らは食卓の上の牛乳壜の中にゐる　顔をつぶして身を屈めて映つてゐる　林檎のまはりを滑つてゐる　時々光線をさへぎる毎に砕けるやうに見える街路では太陽の環の陰をくぐつて遊んでゐる盲目の少女である。

私はあわてて窓を閉ぢる　危険は私まで来てゐる　外では火災が起つてゐる　美しく燃えてゐる緑の焔は地球の外側をめぐりながら高く拡がり　そしてしまひには細い一本の地平線にちぢめられて消えてしまふ

体重は私を離れ　忘却の穴の中へつれもどす　ここでは人々は狂つてゐる　悲しむことも話しかけることも意味がない　眼は緑色に染まつてゐる　信じることが不確になり見ることは私をいらだたせる

私の後から目かくしをしてゐるのは誰か？　私を睡眠へ突き墜せ。

花

夢は切断された果実である
野原にはとび色の梨がころがつてゐる
パセリは皿の上に咲いてゐる
レグホンは時々指が六本に見える
卵をわると月が出る

海の花嫁

暗い樹海をうねうねになつてとほる風の音に目を覚ますのでございます。
曇つた空のむかふで
けふかへろ、けふかへろ、
と閑古鳥が啼くのでございます。
私はどこへ帰つて行つたらよいのでございませう。
昼のうしろにたどりつくためには、
すぐりといたどりの藪は深いのでございました。
林檎がうすれかけた記憶の中で
花盛りでございました。
そして見えない叫び聲も。

防風林の湿つた径をかけぬけると、
すかんぽや野苺のある砂山にまゐるのでございます。
これらは宝石のやうに光つておいしうございます。
海は泡だつて、
レエスをひろげてゐるのでございませう。
短い列車は都会の方に向いてゐるのでございます。
悪い神様にうとまれながら
時間だけが波の穂にかさなりあひ、まばゆいのでございます。
そこから私は誰かの言葉を待ち、

現実へ押しあげる唄を聴くのでございます。
いまこそ人達はパラソルのやうに、
地上を蔽つてゐる樹木の饗宴の中へ入らうとしてゐるのでございませう。

許さない日

Aoko Matsuda

松田青子

あのおぞましい生地を、細かく、細かく、切り刻んでいく。本当のハサミもいいけど、想像のハサミで事足りる。頭の中のハサミを鋭く尖らせて、わたしたちは切って、切って、切る。

嫌だったことに、本当に嫌だったことに気づいたのは、だいぶ時が過ぎてから、大人になってからだった。その頃ももちろん嫌だったけれど、学校にはほかにも嫌なことがあったから、たくさんある嫌なことの一つなのだと、いずれ通り過ぎることだと、わたしたちは愚かにも信じ込んでいた。

しかし、年を経ても、その記憶はわたしたちを新たに苦しめ続けた。あの下着のパンツと同じかたちをした体操着、ブルマをはいていた記憶が日常の中でふと蘇るごとに、わたしたちは死にたくなった。顔を盛大に心ゆくまま歪めて、言葉にならない叫び声を上げたかった。

あれがわたしたちの学校の、教育を受ける場であるはずの学校の体操着だった。日常的に使用されるものだった。学校に指定され、強制されたのだった。その曲げられない事実に、恐ろしいことに、いつまで経ってもわたしたちは傷ついている。烙印を押された気持ちでいる。

あのブサイクな色。あのブサイクな素材。それぞれ違う色と素材を経験していたとしても、わたしたちは同じ気持ちを持っていた。笑い話にして振り返ることはできない。笑いごとではない。あんなもの、本当は言葉にだってしたくない。金輪際、口にしたくない。目にしたくない。この世界から消滅すればいいのに。いいのに、なんて生易しい。あれは消滅するべきだ。

もっと早くに、消滅するべきだった。

だから、わたしたちはブルマを切り刻む。決して許さないために、許さない日を、わたしたちは制定したのだった。

その日、わたしたちは切り刻む、想像のハサミを駆使して。原型をとどめなくなるまで、桜吹雪よりも小さくなるまで、ブルマが無効化するまで。一枚一枚、根気よくズタズタにする。ジャキジャキジャキと、ジョキジョキジョキと、ザクザクザクと。

想像だというのに、あのゴワゴワした化学繊維の感触を、わたしたちは忘れることができない。きついゴムがわたしたちのお腹や太ももの付け根に食い込み、残した跡を。屈辱を。

その日は、一年に一度でも、毎日でもいい。日時と場所も自由だ。一人で行っても、数人で集まってもいい。細かいことはすべて個人に任せられている。それぞれが思い思いのタイミングで行うのが望ましい。

切り刻みながら、わたしたちはいくつもの羞恥の記憶を思い返す。好きで思い出しているのではない。フラッシュバックのように、どうしても思い出してしまうのだ。わたしたちの中にカビのようにこびりついた苦い記憶。悪夢。忘れたふりをしていられるならば、どれだけ楽だろう。それでも、わたしたちはやめるわけにはいかない。

わたしたちは常に気にしていた。下からパンツがはみ出していないかを。確認するために、始終ブルマの縁の部分に手をやっていた。そんな状態で、そんなことを気にして、体育の授業がまともに受けられるだろうか。飛んだり跳ねたり伸びたりと、大きな動きをした後は、すぐにブルマの縁を点検した。走っては確認、飛び越えては点検。そしてわたしたちの努力もむなしく、パンツはいつのまにかはみ出ていた。

わたしたちは互いにパンツをはみ出させては、笑い飛ばし、即座に冗談に昇華し、気にしていないふりをし、健気に耐え、相手によっては陰でクスクス笑った。そのすべてが、今思えば、不毛だった。する必要のないことだった。

パンツをきれいに押し込めるだけでも一苦労なのに、その上、体操服の上着の裾を中に入れなければだらしない、とする校則もあった。言われた通りに詰め込むと、ブルマはパンパンに膨れ上がり、奇怪だった。

どのサイズもしっくりこなかった。ごわつくのを避けるために小さめのサイズを選べばぴったりしすぎて限りなく下着に近づいてしまうし、大きめのサイズだと余りすぎて何かの拍子に脱げるのではないかと不安にかられた。自分にちょうどいいとされるサイズにも、それは本当だろうかという疑いだけがあった。何しろパンツがはみ出す問題があったし、そもそも授業のためにこんな格好をしなければならないということが、どうしても正しく思えなかった。前提が間違っていた。パンツがはみ出していることを教えたり、教えられたりして、友情を育みたくはなかった。わたしたちはブルマに足を通すたびに、学校への、学校教育への不信感を募らせた。

惨事も起こった。運動会の合同練習の時間、体育座りをし、そのせいで下から見上げるように上級生の演習を見ていると、一人の女生徒のブルマの様子がおかしいことにわたしたちは気がついた。急に生理になったらしい彼女の股の部分には血が滲み出し、あの忌まわしい体操着の形状のせいでその部分が目立ってしまっていた。ブルマと生理という当時の二大恥ずかしいものが組み合わさった恐ろしい出来事を目前にしたわたしたちは、心を硬直させ、目を離すことができなかった。どうすることもできなかった。

本人は気づかないまま遊戯を続けており、同じように体育座りをしている生徒たちの間からヒソヒソ声が聞こえてきた。自分もあんなことになったらどうしようと怯えるに十分な悲劇であり、またあたかも自分の身に起こったことのように、わたしたちは惨めな気持ちになった。ショートカットの似合う、快活な人だった。彼女もわたしたちである。

わたしたちは肌寒くなるのを待った。ぐっと冷え込む季節を待った。わたしたちのむき出しの足を、ガッチリしたトレパンに突っ込むことができる日を。白い息を吐いて外周を走らされながらも、わたしたちの脚はすっぽりと隠れていた。できることなら、わたしたちは学校生活のすべてをトレパンで送りたかった。一年中。登下校も。

わたしたちはブルマから解放される日を待ちわびていた。しかし、その日は訪れなかった。学校を卒業した後も。

大人になってから、わたしたちは驚くだろう。かつての男子生徒たちがスカートめくりやブルマにまつわる出来事を、思春期の甘酸っぱい思い出として語ったり、記したりすることに。それらはすべてわたしたちにはセクハラの思い出として、屈辱の思い出として、記録されているのに。彼らの認識に、わたしたちは驚くだろう。

青年漫画にブルマのまま下校する女生徒が登場するのを見ては、ありえないと驚くだろう。スカートをはき忘れパンツ一枚で外に出て、それを指摘され、あっ、いっけない、と小さく舌を出す女生徒の場面を見ては、驚くだろう。どれだけわたしたちの身体感覚を侮るのだろうと、驚くだろう。

思い出すたびに、考えるたびに、わたしたちは怒りにかられ、無力感に打ちひしがれ、取り乱しそうになる。ブルマに想像のハサミをガンガンと突き立てそうになる。ブルマを違う星まで投げ飛ばしそうになる。そのたびに、落ち着いて、落ち着いて、とわたしたちは声をかけ合い、心を静め、作業に戻る。その繰り返しだ。

わたしたちの許さない日。あの忌まわしい代物を経験したすべてのわたしたちのための、鎮魂の儀式の日。許さない、という希望をわたしたちは信じる。わたしたちは、わたしたちの魂を救わなければならない。わたしたちはブルマから解放されなければならない。

だから、わたしたちは切り刻む。根気よく続ける。別々の場所で、別々の日に、別々の時間にブルマを切り刻むわたしたちは、会ったことはなくとも、つながっている。ジャキジャキジャキというハサミの音が、わたしたちには今も聞こえている。

わが父の死去にあたり

In the Event of my Father Death

ロクサーヌ・ゲイ

訳＝野中モモ

わたしが少女だった頃、父は、女はあんまり使えないもんだとわたしに言った。わたしたちは街の外側すぐにそびえる山に車を駐めていた。わたしは後部座席で自分の靴を見つめ、爪を噛んでいた。彼は前の席で茶色い紙袋に包まれたボトルからメーカーズマークを飲んでいた。彼とわたしの母はまたもや激しい口論になったばかりで、彼はわたしを家から連れ出した。まるでわたしが彼の側につくことを選んだみたいに。彼は言った。「おまえの母親みたいになるな。あれは小せえ女だ」。わたしの父はわたしの母を愛していなかった。彼がわたしを愛していたとは思えないけれど、彼は出て行かないことでわたしたちをみじめにさせるのが好きだった。

父はそんな意見の持ち主だったが、複数の女性たちと関係を持つのをやめはしなかった。母はあるとき枕元のテーブルに別の女性のイヤリングを見つけて、わたしに語った。「安っぽいニセモノ」と、彼女の寝室内にそれが存在していること以上にその品質に頭にきているみたいに、彼女は言った。

父は長年にわたってテレサという名前の女性とつきあっていた。彼女は七歳年下で、モスキート・インというバーでウェイトレスをしていた。内装はアフリカのサファリ風。わりと意味不明だった。だってわたしたちがいたのはミシガン州北部だったから。テレサは赤毛で、いつも頭の上に小汚いパイル地をのっけていた。彼女は細い煙草を吸い、ローカットのシャツを着て厚化粧だった。彼女はわたしが何回訂正してもわたしのことをステフと呼んだ。「わたしの名前はステファニー」だって言ってるのに。彼女はわたしの父が既婚者で子どもがいるということを別段気にしていなかった。彼女は決して彼に多くを期待していなかった。彼女は人生に多くを期待しないタイプの女性だった。彼らはお似合いだった。

毎週土曜日、父は母に、自分らはこれから釣りに行ってくると告げた。天気がどんな状態だろうと。あの嘘をついていた彼が残酷だったのか優しかったのか、わたしにはわからない。わたしたちは夜明け前に家を出た。わたしはいつも前の晩に、本とノートパッドとウォークマンと下着の替えをひと揃いバックパックに詰めた。わたしたちはテレサのところまで車で一七マイルを行った。彼女は、彼女の父親が遺した大きな土地で、トレーラーに暮らしていた。周囲数マイルには何も無かった。わたしは知ってる。見て回ったから。わたしたちが車を駐めると、テレサが玄関口で待っていて、つやつやしたガウンを前を開けたまま羽織っていた。その下につけているのはレースの下着ひと組だけだった。わたしの父は彼女を目にするとまず歯を見せて笑い、それからわたしの髪をくしゃっとして「見てもいいが、愛しい子よ、触っちゃダメだぞ」と言った。肩をすくめ、顔をしかめようとしたけれど、でも見てしまったのはテレサがきれいだったから。彼女のような女性たち特有の、こわばった美しさだ。

身をかがめて彼女のトレーラーに乗り込むと、テレサはキッチンテーブルの小さなテレビのリモコンを投げてよこし、わたしにくつろいでと言う。それから彼女とわたしの父は何時間も彼女の部屋にこもる。彼らは静かでも控えめでもなかった。聞こえてきた音から判断すると、父はだらしない、がさつな愛人だった——あの荒々しい息にうめき声に尻叩き。わたしは彼のような男には、ああいうやりかたでは、絶対自分に触らせないぞ、と胸に誓った。テレサはいつもクスクス笑っていて、あの小さなトレーラーの中で彼女の甲高い笑い声から逃げることは不可能だった。わたしはキッチンテーブルの隣の小さなソファに座ってテレサのテレビが受信する三つのチャンネルを行ったり来たりし、何か読むか描くかしようとしたけれど、主にへぼいトレーラーでへぼいテレビを見つつ父親が愛人とやるのを聞いて週末を過ごさなくて済むようになる時のことを夢みていた。

そのうち、テレサと父がベッドルームから現れた。彼は決してシャツを着ず、彼の青白い、垂れ下がった腹を、まるでそれを誇っているかのように出したままだった。彼らはどっちも笑顔で、父はカウチのわたしの隣で丸出しの腹を掻きつつ、のびをした。テレサはわたしたちに焼きチーズサンドイッチとかアメリカンドッグとテイタートッツなんかの、これぞホワイトトラッシュ食を作った。それからわたしたち三人はさらにテレビ、ときには映画を見た。九時頃、彼らは夜の寝床につき、わたしはカウチに横たわり、小さな窓の外を見つめ、笑い声とうめき声と尻叩きと荒々しい息を聞いたものだ。母が工具店の男か教会の助祭のうちの誰かと浮気してるといいなと思いながら。わたしたちは日曜の夜遅く家に帰りつき、母はいつも食事を料理して待っていた。父は彼女に雑貨店で買った花を手渡し、頬にキスした。彼女は釣り旅行がどうだったかも、どうして魚を一匹も持って帰らないのかについても、決して尋ねることはなかった。

　父が凍りついた橋でスピードを出しすぎて死んだとき、テレサは葬式にやってきた。母は、正しいとはいえない物事について騒ぎ立てるのが得意ではない人だったから、何も言わなかった。彼女はただ前を見つめ、その視線は彼の愛人に並んで父の棺を貫いた。彼が生涯を通して決して身につけることのなかった気品をもって。一方、テレサはぐちゃぐちゃで、大っぴらに泣きじゃくり、案内係が手渡したハンカチで鼻をかんだ。式のあと、母はきちんとアイロンをかけたラベンダー色のスーツ姿で教会の正面に立ち、弔問客たちに挨拶し、参列を感謝し、彼らのひそひそ話を無視した。テレサは、父の隣に立ち、完璧にマニキュアを塗った手を棺にかけ、それでもなおお涙でぐちゃぐちゃになっていた。たぶん彼女は彼を愛していたのだと思う。そうする誰かがいたのはよかったのだ。

　父が死んですぐ次の土曜日にテレサをたずねた。そのときわたしは車で、カレッジへ行く道すがらだった。夜明けと共にノックして、もじもじしながら待った。彼女はドアを開けたとき、シルクのガウンを羽織っていて、かつてと同じように、前は開いたまま、体をむきだしにして、かつてと同じようにきれいだった。彼女の目は赤かった。わたしの父が死んで以来、はたして一度でも泣き止んだのかどうか。物言わず彼女は脇によけ、わたしは彼女の腕の下をくぐってトレーラーにあがった。彼女はあの小さなキッチンテーブルに座って煙草に火をつけ、わたしにも一本差し出した。わたしはうなずき、しばらくの間、わたしたちはただそこに座って、脚を組み、お互いを見つめ、彼女の安い、細い煙草を吸っていた。

「彼はあなたと土曜日を過ごすのが大好きだった」と、ようやく彼女が言った。

　わたしは頭を振った。「彼はあなたと土曜日を過ごすのが大好きだった」

　テレサは悲しそうに笑った。「そう単純じゃないのよ」

　わたしは肩をすくめ、椅子に沈んで、もう一本煙草に火をつけた。

　彼女はテーブルの向こうから手をすべらせて、わたしの手の甲の上に指を這わせた。私はテレサに目をやり、彼女の顔にその暮らしがいかに深く刻まれてきたかを見て取った。わたしは彼女の手をそっと握った。わたしは彼女に何か柔らかいものを感じてほしかったのだ。彼女は立ち上がり、シルクのガウンを床にすべり落ちるままにして、寝室へと歩いていった。そこで彼女は肩越しにわたしのほうを振り返り、わたしは立ち上がった。

韓国大衆音楽賞トロフィー直売女

Lang Lee イ・ラン

訳＝Ko Younghwa

　2017年2月28日、第14回韓国大衆音楽賞（2017 Korean Music Awards）がソウルで開かれ、わたしは『神様ごっこ』では、最優秀フォーク・ソング賞を受賞した。この日、『神様ごっこ』は、最優秀フォーク・アルバム賞と最優秀フォーク・ソング賞の2部門にノミネートされていた。授賞式の開催3週間前に出欠を問うEメールを受け取ったが、受賞するかどうかについては事前に知らされなかった。わたしは2013年にもファースト・アルバム『ヨンヨンスン』の代表曲「よく知らないくせに」で韓国大衆音楽賞の最優秀モダンロック・ソング部門にノミネートされたが、その当時は授賞式に出席せず、幸い（？）受賞もできなかった。しかし、昨年10月に発売したセカンド・フル・アルバム『神様ごっこ』は我ながら自信があったし、今回は2部門にノミネートされたこともあり、授賞式に行ってみようと思った。

　しかしその前に、まずいつものように最悪の状況を思い浮かべた。

　一旦、賞をもらえないと仮定すると、授賞式の一日がとてももったいなく感じられた。わたしは朝起きて顔のむくみをとり、シャワーを浴び、髪を整え、化粧をし、清潔で好印象を与える服を選び、ヒールの高い靴を用意して履くと思う。普段は化粧もしないのに、この日だけ綺麗に着飾る必要があるのかとも思うが、きっとそうやって着飾るに違いない。それはわたしが「特別な日」に着飾るのが好きだということもあるけれど、公の場や重要な日に「着飾らずに出席する女性」が非難されることを何度も経験しながら、自然にそうなったとも言える（少し前、ある映画のイベントでとても美しい女性俳優が、観客たちとのトーク中、ほんのわずかな時間に姿勢を崩したことで「態度が悪い」とされ波紋を呼び、記事になったことを思い出す。その少し後には、地上波芸能大賞授賞式で、ある男性芸能人がフード付きジャンパーを着て登場し、「自由で心地よさそうだ」と記事に書かれていた）。

頑張ってお洒落して授賞式会場へ出向いたわたしは、2～3時間の間、期待に満ちた気持ちで座っていると思う。それなのにもし受賞できなかったとしたら、長時間虚しい気持ちで座り拍手するだけで帰ることになる。同行するレーベル代表やマネージャーと一緒に、強張った顔つきで外に出て、お互い食事にも誘わずに、それぞれタクシーをつかまえ、家に帰る想像をすると本当に嫌だった。

授賞式当日の朝、目を覚まし横たわったまま（まだ受賞するかどうか分からないのに）、受賞スピーチで何を話したら良いか考えてみた。10代の時からフリーランス・アーティストとして暮らしてきて、これに相応しい「名誉と権威」が欲しいと願んだこともないのに（もちろんもらえるなら、ありがたくもらうが）、この一日をこの行事のために使わなければならないということが、相変わらず心に引っかかっていた。わたしは携帯電話でネットバンクに接続し、自分の通帳残高に目を通した。1月のわたしの総収入を計算してみたところ、42万ウォン〔10万ウォン＝約1万円〕だった。そして2月の収入は96万ウォンだった。ミュージシャンとして、映像制作者・監督として、作家と漫画家として、さらに先生として、ひと月に二日以上休む日もなく、忙しく暮らしている自分の後頭部を叩かれるような数字だった。わたしはTwitterを開き、この数字を書き込んだ。

1. 1月と2月の収入をチェックしてみた。1月に42万ウォン稼ぎ、2月は96万ウォン稼いだ。だけど私は1月と2月は馬車馬のように働いた。みんなは私が本やCDなど色々出しているので、たくさん稼いでいると思い込んでいる。

2. ひと月の半分以上を、色んな人と色んなことを論議する「ミーティング」をして、週に1回講義して（1時間当たり5万ウォン）、原稿いくつか（10～20万ウォンの間）送稿したら、ひと月が終わる。

3. 正直なところ、ミーティングは重要だと思うけれど、ミーティングそのものがすぐに収入に繋がるわけではない（相手は月給をもらっている場合が多いが）。だから本音を言うとミーティングのときは私に食事でもおごってくれたら嬉しい。#お願い

4. 雑誌のインタビューや撮影も一見かっこよく見えるが、ギャラはない。交通費もない。みなさんはそのことを知らない。これは本当に問題である。私は雑誌にすげーよく撮れた写真だけ残して飢え死にするかもしれない。

5. だから私はもういい文章も音楽も出さずに、職を替えようと思う〜♪

6. ファック

このように6つのTweetを投稿し、授賞式に行く支度を始めた。授賞式へ同行するレーベル代表とマネージャーに、「もらえるかどうか分からないけど、賞金もない賞だし、もしもらえることになったら、トロフィーをその場でオークションにかけて売るつもりだから、2人にサクラをやって欲しい」と事前にお願いしていた。授賞式に到着し、レーベル代表と合流すると、ライブ会場でのアルバムの売上金を札束のまま持ってきていて、笑ってしまった。もしわたしが受賞したら、トロフィーのオークション開始価格を50万ウォン（我が家の家賃）から始め、マネージャーが51万ウォン、レーベル代表が53万ウォンと、徐々に価格を上げて売るつもりだった。授賞式が始まり20分程経った頃だろうか、すぐにフォーク部門授賞の番になった。

「韓国大衆音楽賞最優秀フォーク・ソング賞、イ・ランー神様ごっこ」

わたしの名前が呼ばれ、席を立ち、舞台に上がった。プレゼンターからトロフィーを受け取り、舞台中央にあるマイクの前に立ち、わたしは次のように受賞スピーチを述べた。

「こんにちは。わたしはイ・ランです。最近、友人から『お金名誉　面白み』の3つのうち2つ以上満たされないことはやめるようアドバイスを受けました。ですが今日、この授賞式は2つ以上満たされていませんね。どうやら賞金がないようです。今、わたしは賞をもらい、幸い名誉は満たされましたが、面白みはありません。そして賞金をもらえないので、お金も満たされません……あ、名誉は感謝しています。今日Twitterにも書きましたが、1月の収入が42万ウォンでした。音源収益ではなく、全体の収入が42万ウォンで、2月には少しありがたく96万ウォンでした。このように苦しいアーティスト生活を送っているので、賞金をもらえるとありがたいのですが、この賞は賞金がないので、わたしはトロフィーを売らなければならないようです。商品をご覧いただくと、インテリアとしても非常に素晴らしいメタリックなデザインで、キューブ型の大衆音楽賞トロフィーです。ここに『イ・ランー神様ごっこ』の文字も埋め込まれていますよ。この制作費にいくらかかったか知りませんが、我が家の家賃が50万ウォンで、その家賃を払わなければならないので、50万ウォンからオークションを始めようと思います。さぁ、50！　50以上いませんか？　お家に飾れるメタリックデザイン小物、韓国大衆音楽賞のトロフィーを手に入れる絶好のチャンスです」

すると、レーベル代表が手を挙げ、オークションに参加した。だがその後、参加者は続かず、わたしは客席に座っている人たちの顔を見回し、「しまった！」と思った。そうだ、この人たちは皆、わたしと似たような立場だった。皆、朝から身づくろいし、良い服を着てここに座っているけれど、わたしたちは皆「韓国で生まれ、暮らしている」アーティストたちだった。そう考えると、早くオークションを終わらせなければと思い、わたしは手を挙げているレーベル代表から（50万ウォンなのか定かではない）札束を受け取り、トロフィーを渡した。

「ありがとうございます。わたしは今日、名誉とお金を手に入れて帰ることができます。」

そのとき、司会者が言った。

「面白みも得られましたね！」

わたしは答えた。

「あ、わたしには面白みはありません。皆様が面白かったようなので、感謝しています。皆様、どうぞ達者に暮らしてください。わたしは達者に暮らします。」

わたしは札束を高く掲げ、舞台裏に退場した。この授賞式は生中継でインターネット配信されており、現場にいた人たちや、生中継を見ていた人たちによって、すぐに噂が広まった。結局授賞式が終わるまでの間にも、いくつかのニュースサイトに映像と記事が上がった。すると、早速その日の夜から、凄まじい勢いでメッセージが届き始めた。Eメール、Twitter、Instagram、YouTube、Facebookのメッセージボックスが爆発しそうだった。トロフィーをオークションにかけたというニュース記事のコメント欄には「かっこいいパフォーマンスだ」、「共感できる」などの意見も多かったが、「自分が好きなことをしておきながら、何故お金がないと不満を言うのか」、「お金にならない音楽をやめて、お金になる仕事を探せ」、「権威ある授賞式であんなことをして、賞を与える側の立場も考えろ」など非難する意見もあった。すると、「トロフィーをオークションにかけたのが男だったら、こんな反応ではなかっただろう」、「権威ある場で女性が発言することそのものに対する反感だ」という、非難そのものに対する意見も出始めた。さらに、アルバム『神様ごっこ』はフォーク部門ではなく、総合部門で今年のアルバム賞を受賞するべきだったという意見もあった。アルバム『神様ごっこ』は昨年末、いくつかのメジャーなメディアで「今年のアルバム」や「今年の作品」として選ばれたが、韓国大衆音楽賞では「総合部門 今年のアルバム」にノミネートされなかったことに対し、「もしイ・ランが男だったら評価が違っただろう」と言う人たちがいた（そしてわたしもそう思う）。

わたしは一昨年、個人的に性暴力を受けたことや、昨年5月17日、全ての女性たちを震撼させた「江南駅殺人事件」*以降、女性嫌悪とフェミニズムについて、少しずつ学んでいるところ

＊江南駅殺人事件：ソウルの江南《カンナム》駅付近にあるカラオケの男女共用トイレで起きた無差別殺人事件。犯人である男性は「女性」が来るまで約1時間トイレに潜み、そのトイレを利用した女性が殺された。

である。つい最近には「ガラスの天井」と呼ばれる男女賃金格差と差別が話題になっていたが、今回の件でわたしに寄せられた多くの非難のうち、「お金になる仕事をしろ」という言葉にとても腹が立った。わたしはTwitterに「お金になる仕事＝韓男〔ハンナム。韓国男性を略した言葉〕として生まれること」と書いたが、翌日、その投稿は韓国三大重要新聞のひとつである中央日報に記事として掲載された。記事の題名は「イ・ラン〝お金になる仕事は韓男として生まれること〟…男性嫌悪発言？」だった。その記事を書いた記者は、わたしのTwitterから他の発言もキャプチャし、一緒に掲載した。それは今年の1月、ある女性に、障がい者や女性を卑下する内容のコメントを送った「ドーナツマン」[*1]というHIP-HOPミュージシャンについて、わたしが「韓男の嫌な有様」と表現した投稿だった。

韓国には「キムチ女」や「テンジャン（味噌）女」など、代表的な女性嫌悪表現がある。これは、スターバックスのコーヒーを飲んだり、海外ブランドの商品や化粧品を使ったりしている女性たちに「そうしたところでお前たちからはキムチやテンジャンの臭いがする」と卑下する言葉だ。わたしが使った「韓男」という言葉は、「韓国男性」を縮めた言葉で、嫌悪表現ではないうえに、インターネット上で使われている男性嫌悪の表現としては「韓男虫」という言葉がある。

だが、わたしが書いた「お金になる仕事＝韓男として生まれること」と、HIP-HOPミュージシャン、ドーナツマンを非難した「韓男の嫌な有様」という投稿が一緒に編集され、男性嫌悪を助長するものとして記事となり掲載されて以降、わたしは多くの男性たちの攻撃の的となった。わたしは継ぎはぎの編集で記事を書いた中央日報の記者に心底、腹が立ったが、既に記事が広まってしまったため、まずは「お金になる仕事＝韓男として生まれること」について、どのような根拠から発言したことなのか、説明したかった。

まず、韓国大衆音楽界の男性中心的な傾向について述べようと、授賞式当日、女性主義生活Ｗｅｂメディア「Pinch」に掲載された女性ミュージシャンＯＹＯ[*2]の記事を引用した。統計学修士号所持者である彼女が書いた記事「韓国大衆音楽賞へ『大衆』と『多様性』を問う」は、韓国大衆音楽賞選定委員63名中、女性委員がたったの5名であること、そして全体候補者と受賞者の男女比が２００４年から２０１７年まで、約７：３（73%：27%）の比率を維持していることを指摘しており、大衆音楽界の「ガラスの天井」の現実を正確に示していた。また、今年発表された「ＯＥＣＤ国家のガラスの天井指数」は韓国が36・7%で、名実ともに男女賃金格差1位国家であることを証明してくれている（日本は25・9%で3位である）。

しかし、このように一生懸命証拠を提示しても、わたしに悪意のあるメッセージを送ってきたり、「トロフィーオークション」の記事に悪質なコメントを残したりする人たちにとっては、ファクトチェックはちっとも重要ではないのだと感じた。彼らは既に「魔女狩り」することを決めたのであり、今まで、わたしとわたしの音楽に興味もなかった人たちが、どこからともなく群れて現れ、楽しそうにわたしに嚙みついた。授賞式の翌日である3月1日、韓国最大のポータルサイトNAVERでは、わたしの名前が「三一節」[*3]を抜いて「リアルタイム検索ワード1位」に上がった。

その上、初めて「男性嫌悪発言」という記事を出した中央日報に、反論するコメントがたくさん寄せられたにも関わらず、インターネットニュースはさらに煽るようなタイトルを付け、「トロフィー売ったイ・ラン、SNSで男性嫌悪助長」、「歌手イ・ランの度を超えた男性嫌悪発言」などの記事を上げた。DCinside[*4]の「野球掲示板」や、DAUMカフェ[*5]「異種格闘技掲示板」など、男性比率が圧倒的に高いインターネットコミュニティで、これらの記事が出回り始め、わたしはさらなる攻撃の対象となった。

これらのコミュニティではわたしを、「トロフィー直売女」と呼び始め（〇〇女が付く現象については本当にうんざりしていて言葉も出ない）、彼らはわたしの写真を上げ、顔の品評までし始めた。オンラインのストリーミング・サービスに登録されている、アルバム『神様ごっこ』のレビュー欄は汚い言葉で埋め尽くされ、YouTubeに上がっている公式ミュージック・ビデオやライブ映像のコメント欄も同様だった。あるTwitterユーザーは自分のニックネームを「2langbodeul」〔イ・ランボドゥル：イ・ランがボジ（まんこ）を（怒りで）ぶるぶる震わせているという意味〕と登録し、しつこく悪質なメンションを送ってきた。彼は「まんこが楽な仕事ばかり選んでいるから、賃金格差があるのは当然だ」、「それならどうしてまんこを付けて生まれてきたんだ?」と送ってきた後、さらに「軍隊や土木工事の現場も男女比1：1で選べばいい」と言った。

軍隊の話は女性に関する話題のたびに、韓国男性たちがよく言うことである。生理・出産休暇や賃金格差について意見が出るたびに、「自分たちは軍隊に行ってきた。お前らも悔しかったら軍隊に行け」という意見が必ず出る。それほど軍隊が大変で辛かったのなら、軍隊のシステムそのものに対する問題を提起するべきなのに、何故軍隊に行かない女性に非難を向けるのか？　多くの韓国男性たちは性平等問題に対し、「今の世界に男女差別は存在しない、俺のものを奪おうとするな」と自分を守ろうとする。わたしはいつも、その意識がどこから来るのか、気になっていた。世界はいつも男性中心社会だった（違

＊1　ドーナツマン：韓国国内で活動するラッパー。ある日、Twitterで一般女性が投稿した「『かっこいい男性が触るのは良くて、ぶさいくな男性が触ればセクハラになる』という韓男たちの言葉は『あいつが触るのはいいのに、自分が触るのは何故ダメなんだ?』という意味。その言葉には女性たちの選択は考慮されていない。誰にもわたしを触る権利はなく、わたしが選んだ人だけがわたしを触れるのだから、寄ってくるな」という意見に対し、「お前なんか選ばない、身障者」とコメントを送った。

＊2　OYO：韓国のインディー・レーベルYOUNG, GIFTED&WACKに所属するユニット、75Aのシンガー。

＊3　三一節：日本統治時代である1919年3月1日、大韓民国が独立を宣言した万歳運動（抵抗運動）を始めたことを記念する韓国の祝日であり、公休日

＊4　DCinside：日本の2ちゃんねるのような匿名掲示板サイト

＊5　DAUMカフェ：大手ポータル・サイトDAUMが運営するコミュニティサイト

うって？　周りを見回してみて）。さらに女性比率の高い職種でも軍隊文化から始まった「軍規*」という言葉や、「名誉男性」または「女マッチョ」と呼ばれる男勝りなキャラクターが存在してきた（やはりわたしも、深刻な男性中心社会である映画制作現場で、長い間「名誉男性」として過ごしてきた。その点についても今日も反省中である）。

女性たちが組む現場は果たしてどのようなものか、わたしにはそれに対するイメージすら描けない。見たことも経験したこともないからだ。それなのに男性たちは何故、そして何を「奪われる」と考えるのだろうか？（同様に同性愛を嫌悪する異性愛者たちは、自分が恋愛する「機会」を奪われると考えるのだろうか？）初めから弱者たちは手にしたこともなく、奪おうと闘っているのでもない。多くのマイノリティ・弱者たちは初めから手にしていなければならない「基本的な権利」を要求しているのだ。それがどうして、他人が持っているものを奪おうとしているように聞こえるのだろうか？

賞をもらい、舞台に上がり、「受賞スピーチ」を述べたことに対し、家族の中でも女性である母と姉だけが、わたしをひどく叱責した。母は「男たちに殴られ死にたいのか、おとなしくしてなさい」と電話越しに1時間以上声を荒げた。仲の良い女友達は、わたしがリンチに遭わないか心配し、自分たちの家に来るよう、まず「女性シェルター」を提案した。わたしは毎日マスクをして、出かけた。反対に、トロフィーを買う役を任されたレーベル代表（男性）は、家族を含め周りの人たちから激励され、褒められたそうだ。彼は、わたしにSNSで「まんこアマ」などの悪質コメントを送ってくる匿名ユーザーたちと、わたしの代わりに闘っている。

わたしは一人の女性として、そしてアーティストとして、わたしが生きてきて味わってきたことを歌った作品で賞をもらい、賞をもらう場で、わたしに与えられた時間で、受賞について感想を述べただけだ。そしてこれを機に、2017年である今でも、この男性中心の社会は女性の意見に聞く耳を持つ気がないということを確信した。

それでもわたしは、これから先も思ったことを言葉にし、話し、大胆に行動で示していくつもりだ。

＊ 軍規：例えばやる気のない社員に対し、「軍規が足りない」というように使われる。

女の子が文学部に入るべきでない5つの理由

Hidemi Horikosh

堀越英美

「女の子の色はピンク」が自明視されているように、「女の子は文学部に進めばよい」というステレオタイプは根強い。いや、かつては根強かった、というべきだろうか。

拙著『女の子は本当にピンクが好きなのか』の中で、数学が好きなのに女が就ける知識労働は人文系にしかないと思い込んで文学部に進学し、就職を前に学部選びが大失敗であったことを悟ったと書いた。私の出身学部を正確に記せば、早稲田大学第一文学部である。早稲田の文学部を出たことをこんなにも後悔している女に寄稿を依頼してくださるなんて、『早稲田文学』はなんと太っ腹だろう。ここはひとつ、その寛大さに甘えて、私のような残念な中年女を量産しないために、若い女の子が文学部に進むべきでない理由を詳述するのが知的誠実さというものではないだろうか。

■就職に不利(言うまでもなく)

小学生の長女は、昨年発売されたゲーム開発者風バービー人形を机の上に飾っている。ドレスではなくジーンズにメガネ、附属品はノートパソコンとタブレット端末という地味ないでたちだが、「私もこんな風にかっこよくなりたい」と、将来の憧れを託しているようだ。バービーだけではない。古生物学者に天文学者、ロボットマニア少女にプログラマーなど、2010年以降の欧米のファッションドールシーンはSTEM(=理系)がトレンドになっている。レゴ社が女性科学者3人の研究所キットを発売し、絶賛されたというネットニュースを目にした方もいるだろう。

今年3月には、女性偉人100人の生い立ちをおとぎ話仕立てにした読み聞かせ絵本“Good Night Stories for Rebel Girls”がアメリカで刊行された。この本がユニークなのは、クラウドファンディングで作られた児童書だということだ。「児童書の主人公は男子ばかり。女の子がもっと同性のロールモデルに出会えるような児童書を作りましょう」という呼びかけに集まった支援金は、なんと100万ドル以上。書籍のクラウドファンディングとしては、史上最も資金を集めた本と言われている。取り上げられているのは、アポロの月面着陸に20代でかかわったコンピュータ科学者マーガレット・ハミルトン、動物行動学者ジェーン・グドール、女性初の太平洋単独横断飛行をなしとげた飛行士アメリア・イアハートなど。歴史上の偉人というよりは、そのまま少女マンガの主人公になりそうな経歴の女性ばかりだ。類書として、昨夏発売された女性科学者のパイオニア50人のストーリーを紹介する児童書“Women in Science: 50 Fearless Pioneers Who Changed the World”も、おもに女児の保護者から高い評価を集めている。

欧米における女児×理系のトレンドの背景には、我が子のキャリア教育に熱心な保護者やジェンダー格差を是正したい女性起業家、ニーズをつかんで売り上げ増を目指すメーカー、世界で活躍することを夢見る女児の思惑がそれぞれに絡んでいるのだが、それにしてもなぜ理系なのか。哲学者バービーや図書館司書バービーではダメなのか。

第一の理由はやはり、就労の問題である。事務職や秘書、CA、司書など女性が就きがちな文系職種は俗にピンクカラーと言われるが、こうした仕事は低賃金であったり、狭き門であったり、雇用形態が不安定であることが多い。2016年の人気ドラマ『逃げるは恥だが役に立つ』の主人公森山みくりも、臨床心理士の資格を持ちながらも派遣切りに遭う文系大学院卒のワープア女性であった。この「臨床心理士」という設定にリアリティを感じた文系女子は多かったのではないだろうか。

私が学部選びを後悔したのも、まさにこの理由である。地方の受験生であった私は知らなかったのだ。知識労働でも編集者などの人文系職種なら女性にも門戸が開かれていると信じていたけれど、同じことを考える女性はわんさかいて、結果として大変な狭き門になるということを。人々が恋にスポーツに青春に励んでいる間、グズグズと文学書を読みふけっていた怠け者の女にとって、新卒就職はおよそ高嶺の花であった。早稲田という名前でありがたがってもらえるのは、男子学生のみに与えられた特権である。かくて90年代に文学部の女子学生であった私たちは、秋を過ぎても文学部キャンパスをリクルートスーツ姿でうろうろするはめになった。

日本は先進国の中でも女子の理系進出が遅れている国とされており、特に工学部における女子学生の割合は最下位となっている。一方で、人文科学学部での女子学生比率はトップクラスに高い。これは男女間の賃金格差をもたらす大きなファクターだ。社会の性差別は、文学部の女子学生を直撃する。

■エンパワメントされない

欧米において女の子をエンパワメントするコンテンツが理系

に偏りがちになる第二の理由は、それが実力勝負の世界とみなされているからだ。アスリートの世界で誰が一番速いかが一目瞭然であるように、プログラマーも世界で1億人が使うアプリを作れば、それだけで評価されることは間違いない。そこまで優秀ではなくても、訓練や経験によって身に付けたスキルが評価される世界は、継続的な自己肯定感をもたらす。人文系・芸術系の仕事ではこうはいかない。その価値を客観的に誰もが分かる形で評価するのはほぼ不可能だ。価値を決定できるのはその業界の重鎮であり、その基準は奥座敷に隠されている。「本を出してやろう」などと甘言を弄して若い女の子をだましてベッドに連れ込もうとするやり口が成り立ってしまうのは、この構造に基づいている。若さ、美貌、無垢さ、目新しさ、女子力、感性といった加齢で失われる要素が重視される点も、キャリア形成の上では不利に働くだろう。自身の努力でコントロールしがたい要素で査定される日々は、女性の自尊心を不安定にさせる。

逆に小保方晴子氏のSTAP研究騒動が一大スキャンダルとなったのは、真偽が個人の価値観に依存しない科学の世界で本来あってはならないことが起きたからだ。文壇であれば、〈少女〉的想像力でもう一つの世界の存在を幻視する若き美人作家として、大いにもてはやされていた可能性は高い。

■他者性が高まらない

就職なんて俗物の考えること、私の将来は作家しかありえないという文学少女もいるだろう。だが、文学で身を立てたい女性にとっても、文学部出という経歴が必ずしも役に立つとは限らない。文学者の才能を見出すのは、文学部出のおじさまである。そんな彼らが同じ大学の学食で280円のうどんをかっくらい、飲み屋の座敷で雑魚寝するような文学部の女に文学性を認めるだろうか。ホーミーで宇宙と交信できるシャーマン系女子のほうが彼らにとって他者性が高く、すなわち文学的であるに決まっている。作家になりたい女性こそ、文学部に進むべきではない。そんなお金があったら今すぐモンゴルに旅立ってホーミー修行をすべきだし、コートジボワールあたりでろうけつ染めのワンピースを購入すべきなのだ。自然＝女性という本質主義的イメージを身にまとい、自らを再コンテクスト化して他者性をアピールしよう。何を言っているのかわからなくなってきたが、自分でもよくわからないことをつい口走ってしまうのも文学部出の性である。なお、宇宙との交信に成功して女流文学者として一家をなしても、このような理屈っぽいフェミニズム的な文章を書いてしまうと、「女性作家も小賢しくなるとダメだ」と批評家から見放されてしまう可能性がある。文学部には背を向け続けたまま、水中出産でイルカと交信し、踊念仏で死霊を鎮めまくるなどして霊的ステージを上げ、女子力ならぬ〝妹の力〟アップに励もう。

■レッドオーシャンである

2014年、米国在住の女子高生プログラマー2人組が「タンポン・ラン」というゲームをネット公開し、瞬く間に話題となった。生理をからかう男子に生理用タンポンを投げつけて戦うファミコン風のシューティングゲームだが、その企画意図は真摯である。「ビデオゲームを通じて一般の人々が銃に慣れ親しんでいるように、銃の代わりにタンポンを使うことで生理を取り巻くタブー意識を薄れさせたい」。ゲームと生理というユニークな組み合わせのおかげで、普通の女子高生だった二人はメディアの寵児となり、念願のIT業界に向けて幸先のいいスタートを切ることができた。一人は大学の奨学金を得てコンピュータサイエンスを学び、一人は大学に籍を置きながらFacebook社のインターンとして迎え入れられた（今年3月には彼女たちをモチーフにした児童書“Girl Code: Gaming, Going Viral, and Getting It Done”も刊行された）。一方、現代の女子高生が生理のタブーを崩すために詩や小説を書いたとして、それが注目されることはまずないだろう。文学における女性性と身体性というテーマはあまりにも掘り尽くされ、新規参入の余地はなさそうに見える。女性が文学部に進むということは、レッドオーシャンで釣りをするようなものである。あなたが文学部でしたいことは、すべて瀬戸内寂聴が何十年も前に通った道かもしれないのだ。

■ＰＴＡ活動に耐えられなくなる

子供を産み、その子供が小学校に進学したら、多くの女性はＰＴＡという組織に自動的に加入させられる。一般にＰＴＡといえば「悪書追放」のイメージがあるが、昨今のＰＴＡは悪書追放にさほど関心がない。幼い頃からスマホに親しみ、ユーチューバーに憧れる現代の子供たちは、悪書すら眼中にないのである。そこでＰＴＡが熱心に取り組んでいるのが、学校に乗り込んで良書を強制的に読み聞かせるボランティア活動だ。悪貨（＝ゲーム、ネット、スマホ）を駆逐するために良貨をむりやり口にねじこんでしまえ、という暴力的な手法である。「良書を読んで共感力と想像力を育んだすばらしい人間こと私のようになるために、子供たちに良書を読み聞かせてあげなくては」と意気込む善良な母親たちの前では、悪書に慣れ親しんだヤサグレ文学女などまるきり無力である。地域社会からパージされたくないなら、読み聞かせを任命されたからといって、変な仮面をつけてフーゴ・バルの音響詩を朗読してはいけない。もちろん野坂昭如作品の死姦描写を読み上げるなどもってのほかだ。母親という存在に求められているのは、「ほどほどのユーモア」だということをゆめ忘れてはいけない。

なお、ＰＴＡの奥様方は「男児はアホ、女児はおしゃべり」という性別ステレオタイプに基づいたユーモアトークを好むので、ジェンダー論を学んだ女性も忍耐を強いられるであろうことも付記しておこう。

さて、いくつかの点において、こう思われた読者の方もいるだろう。「それは文学部ではなく、お前の人格の問題だ」。こんな女も懐深く迎え入れてくれた早稲田の文学部には、やはり感謝しかない。日本政府は未来永劫人文系の学部にじゃぶじゃぶ補助金を突っ込み続けるべきだというのが、偽らざる本心である。志高き文学部の女子学生におかれては、どうか私の屍を越えて強く生きてほしい。

私はいかに心配するのをやめて、フェミニストと名乗るようになったか。

Madoka Yamasaki

山崎まどか

2005年に、私は『乙女日和 12ヵ月のお散歩手帖』というタイトルのエッセイ集を出した。一年十二ヶ月、それぞれの月でテーマを決めて、ロマンティックな散歩を楽しもうというコンセプトの軽い読み物だ。私は当時、「軽やか」であることに、そして「ロマンティック」であることにとてもこだわっていた。

軽やかで、甘くて、優しくて、ロマンティックであること。それはとても「女性的」だと思われていて、軽く扱われているとあの頃の私は思っていたし、今も思っている。「女性」というものにまつわる属性は様々で、甘く優しいのだけが女性ではない、という議論もある。しかし、私は軽やかで、甘くて、優しくて、ロマンティックなものが好きで、そういうものが好きな自分は非常にフェミニンだと思っていた。そして私と同じようにそうしたものが好きな女性が、それをとても恥ずかしいと思っていて、素直に好きと表明出来ないでいる現場に遭遇することは少なくなかった。

どうして私たちは自分たちの好きなものは取るに足らない、くだらないものだというように卑下しなくてはならないのだろう。私が好きな小説や映画が、シリアスな文学史や映画史から抹殺されてしまうのは何故なのか？

軽やかで甘いものにも確固とした歴史があり、文脈があり、その中の良し悪しがある。それを知っているのは、その文化の主役である女性たちだ。私たち女性が恥ずかしがって、それを文化の表舞台から隠していたら、本来ならばその豊かなレガシーを受け継いで然るべき新しい世代がそれを見つけられないかもしれない。

そんな思いが私に『オードリーとフランソワーズ　乙女カルチャー入門』や『ブック・イン・ピンク　おしゃれ古本ガイド』といった本を書かせた。私は平然と古風な「乙女」という言葉を使った。古風なだけではなく、既に三十代だった私には本来似合わない言葉だ。でも、私は「乙女」という言葉を「汚れのない若い女性」という意味で使っていた訳ではない。「乙女」はその頃、インターネットにおいて、レトロでクラシカルなものを指すときに女性たちがよく使っていた単語だった。「乙女的な」「乙女な」というのは中原淳一の世界や、吉屋信子の小説や、ダサくて可愛い純喫茶のようなものを指す形容詞だったが、私は「乙女」という言葉を拡大解釈し、拡張して、ロマンティックで（主に）女性に好まれているもの、あるいは従来の意味の通りにロマンティックでなくても女性が好きなものに何でも用いて、そこに何かが「在る」ということを可視化させてみたいと思ったのだ。

発売当時に『乙女日和』について新聞社でインタビューに答えてきた時も、私はそんなことを話していたのだと思う。すると、取材していた記者がこう聞いてきた。

「山崎さんは、フェミニストですか？」

私は口ごもってしまった。

フェミニズムをテーマとした特集で、こんな風に文章を始めることを許して欲しい。２００５年の私は、日本において「フェミニスト」と名乗ることを躊躇していた。日本だけではなく、私のような女性は少なくないに違いない。２０１７年の現在、女性誌やファッション誌、インターネットの記事には「フェミニズム」という言葉が躍り、「フェミニズム」はセレブリティたちによってコマーシャルに都合のいいように使われて（その政治的な）「意味が薄められた」とまで言われているが、記事やマニフェストをよく読んでみると、その多くが「私はいかに心配するのをやめて、フェミニストと名乗るようになったか」というポイントから始まるのだ。チママンダ・ンゴズィ・アディーチェも、ロクサーヌ・ゲイも、まずそこから語らないと本題に入れない。「フェミニズム」「フェミニスト」という言葉に対する世間一般の誤解を解き、かつ、「自分はフェミニストを名乗れるほど立派な人間ではない」という葛藤も乗り越えなくてはならないかのように。

その葛藤は私の中にも根強くある。私はどうもこういう特集でフェミニズムを語るのにふさわしい人材ではないような気がする。ここ十年、アメリカのポップ・カルチャーのメインストリームにおいてフェミニズムがどのように受容され、どんな風に形を変えて発信されてきたかを日本の若い女性に向けて私になりに伝えてきたつもりだけど、それって、フェミニズムが商業的に利用されていることに一役買っていたってだけのことなのでは？　九十年代は古いレコードに夢中だったせいで、パンク・シーンにおける女性のムーブメントは知らないままに過ごしたし、若い時からメジャーな出版社の出す媒体で記事を書いてきた保守的な書き手で、ジン文化にかすりもしていない。クールな現場にも加わらず、大学で勉強もせず、ウィメンズ・マーチに一回参加したってだけで表面だけなでてフェミニズムを語るつもり？　あんたなんかフェミニストじゃないよ。これは他人からの批判じゃなくて、私の内側の声だ。でも、私はフェミニズムとはそれぞれの女性の個人的な物語だと信じている。私には私の「私はいかに心配するのをやめて、フェミニストと名乗るようになったか」というストーリーがあるのだ。

『乙女日和』を書いた頃の私が求めていたのは、色んな軋轢に苦しむ女性、とりわけ若い女の子たちが少しは息がしやすくなるような魔法の言葉だった。「乙女」でも「女子」でも、その時に浮上したワードで、使えそうなものなら何でも便利に使ってやれと思っていた。そして「フェミニズム」はそんな言葉になりえないような気がしていた。少なくとも、この国においては。

だけど、自分が考えていることや、標榜しているものをフェミニズムと結びつけたことがなかったという訳ではない。もしかしたら、私がやっていることは密やかなフェミニズムなのかもしれないと思ったこともあった。

『乙女日和』を出す前年、私は『BUST』という雑誌を初めて知った。『BUST』は1993年にニューヨークで創刊されたフェミニスト・カルチャー・マガジンだ。雑誌のスローガンは「吐き出したい想いを胸に抱えている女性たちへ」。私が手に取った号の表紙を飾っていたのは、老舗コメディ番組の「サタデー・ナイト・ライブ」で初の女性ヘッド・ライターとなったティナ・フェイだ。彼女が脚本を手がけた『ミーン・ガールズ』というティーン映画が大ヒットしていた時だった。ティナ・フェイのインタビュー目当てで買ったこの雑誌を、私はすっかり気に入ってしまった。第二次フェミニズムにおいては否定的な見方をされていたという「伝統的な女性のアクティビティや行動」もフェミニズム的に見直そうとする第三次フェミニズムにおける一派「ガーリー・フェミニズム」を標榜するメンバーによって作られた誌面は、カラフルで、とっつきやすくて、風通しがよくて楽しかった。編み物も料理も、この雑誌の考えではインディペンデントでD.I.Y.な行為だった。

アメリカでは、ポップ・カルチャーが大好きで自由に生きたいと願っている十代や二十代の女の子は自分を「フェミニスト」だと思っている。目から鱗だった。『BUST』を読んだ私は思った。こういうのがフェミニズムなら、私がやっていることもフェミニズムにカウントされるんじゃないの？　どうして、日本ではフェミニズムという言葉が、こんな風に自由なときめきを持って響かないのだろう。

この頃から、私はアメリカのポップ・カルチャーとフェミニズムの結びつきを強く意識するようになった。『BUST』を読んだ時に味わった感覚を、私なりに日本の女の子にも伝えていきたいと思った。

2013年に慶応大学の大和田俊之先生のゼミ生のミニコミのインタビューで、私は『乙女日和』の取材の時と同じ質問をされた。私がやっていることは、フェミニズムではないのか。その時はこう答えている。

「フェミニズムという言葉をどう扱うかが最近の私の課題です。すごく難しい問題だと思っています。フェミニズムという言葉を使うと逃げていく人がいるんじゃないかというのもある。日本のフェミニズムは社会学のひとつの分野という位置づけに落ち着いているから、女の子が自分を自由にしてくれる言葉として〝フェミニズム〟という言葉を用いることは今の日本では考えられないと思うんです。だから、これまではフェミニズムという言葉をなるべく避けていました」

2013年においても、まだフェミニズムはマジック・ワードではなかった。この年の七月、ウェブ版のザ・ガーディアンで見たエレン・ペイジのインタビュー記事の見出しはこうだ。「どうしてみんな、フェミニストというのに躊躇するの?」。独立独歩の女性像を歌うミュージシャンでさえ、フェミニストかと聞かれると及び腰だった。レディ・ガガは「私は男性が好きだし」と言い、ビョークは「フェミニストという言葉は私を孤立させる」と語り、2011年に「ラン・ザ・ワールド（ガールズ）」を発表したビヨンセも「私は愛する男性と結婚している（だからフェミニストではない）」と言っていた（ビヨンセがチママンダ・ンゴズィ・アディーチェの『男も女もみんなフェミニストでなきゃ』の一節を「フローレス」に引用するのは、この年の十二月のことだ）。それに対してエレン・ペイジはこんなことを言っている。「フェミニズムが悪い言葉って思われていること以上に、私たちが未だに家父長制的な世界に生きているんだって証拠がある?」

若い世代はもっと躊躇がなく、流れが速い。2011年には、ファッション・ブロガーだったタヴィ・ゲヴィンソンが十代のためのウェブ・マガジン「ROOKIE」を既に立ち上げている。可愛らしいコラージュや大好きなテレビ番組や音楽と共に、学校のいじめやボディ・イメージ、そしてフェミニズムについて語る記事が「ROOKIE」に載っているのを見た時、初めて「BUST」を手にしたのと同じような感慨を覚えた。このような形でフェミニズムと初めて出合う世代は、私のようなストレスを感じないのではないだろうか。

しかし、流れが速い時は逆風も強く、今まで隠れていた様々な問題も噴き出す。現代は「女性の権利」という言葉をひとつ取っても、人種や貧富の差、多様化するセクシャリティーなど、そこに付随するものがあまりに多く、議論を把握しきれない時代だ。

今年の三月、チママンダ・ンゴズィ・アディーチェがテレビのインタビューで、「ジェンダーとは解剖学ではなく、経験に基づくもの。社会が男性に与える特権を経験して男性から女性になった人と、生まれた時から女性だった人は違う」と発言して、「トランスジェンダーは本当の女性ではないと言った」「トランスジェンダー差別だ」と大きな批判を受けた。アディーチェ本人は「トランスジェンダーを女性ではないと言ったのではなく、フェミニズムやジェンダーについて語る時にはジェンダーによる経験の違いを知ることが重要だと言っただけで、謝罪の必要はない」と返答しているが、このような問題は今後も持ち上がるだろう。新しい世代は、そして「自分はフェミニストかもしれない」と思い始めてこの流れに参入した（私のような）新入りは、フェミニズムにまつわる問題が最も複雑化した時に（あるいは、複雑な問題が表面化した時にというべきか）フェミニストになったのだ。それについては失敗したり、衝突したりしながら学ぶしかない。

　誰もがターゲットを探しているソーシャル・ネットワークの時代において衝突と失敗を恐れない女性に、レナ・ダナムがいる。先ごろ完結したドラマ「Girls／ガールズ」のクリエイター／主演女優である彼女ほど、この五年で話題となったフェミニストはいないだろう。2012年にケーブル局HBOで「Girls／ガールズ」が始まった時、レナはまだ二十六歳。インディーズ映画を一本撮っただけの女性の異例の大抜擢に業界の内外がどよめき、「Girls／ガールズ」は放映前から絶賛とバックラッシュが吹き荒れた。ブルックリンに暮らすミレニアル世代の女子の生態を赤裸々に描いたドラマを批判した人の中には、フェミニストも多くいた。多民族が暮らす都市であるニューヨークを舞台にしながら、「Girls／ガールズ」は中心人物の四人の女子が全員白人であると叩かれた（「SATC」の製作者やウディ・アレンはこんなにバッシングされたことはない）。有名なアーティストを両親に持ち、マンハッタンで育ったレナ・ダナム本人にも「特権的」だと非難が集中した（ソフィア・コッポラはそこまでの批判を受けなかった）。加えて、レナはソーシャル・ネットワークで人種や中絶といったデリケートなトピックスで、かなり無頓着で配慮の足りない発言をする傾向がある。思ったことを何でもネット上で発表する世代らしい失態だが、レナには常に失敗から学ぶ姿勢があって、そこにいつも感心する。ただネット上で謝罪するだけではなく、実際に彼女が失敗の後、どのような人から話を聞き、後の行動や作品に生かしたかということについてマスコミやネットが無視しがちなのが残念だ。

　常に物議を醸し出すレナ・ダナムを見ていると、私は女性にも衆人の前で失敗し、転ぶ権利が欲しいと思う。進歩の過程で生まれる過ちを責めてばかりいると、「女性の権利」にまつわる複雑さを豊かに変えていくことは難しい。

　2015年から2016年にかけて、アメリカでフェミニズムは流行語と言っても過言ではない状態だったのに、白人女性の多くがドナルド・トランプに投票し、ヒラリー・クリントンは大統領選に敗れた。そして皮肉なことに、その素晴らしい敗北宣言で彼女は今まで以上にリベラルな女性たちのヒーローとなった。トランプの大統領就任式の翌日の2017年1月21日には、アメリカをはじめとする世界で女性たちに団結を呼びかける「ウィメンズ・マーチ」がワシントンD.C.を中心とするアメリカの各都市で行われ、全世界にも飛び火して一大ムーブメントとなっている。ロサンゼルスのような大都市ではアクティビストと共に多くの女性のセレブリティが登壇し、発言した。十五歳のローワン・ブランチャードもその一人だ。

「私たちは生まれた時から、戦い方を学ぶことを強いられてきました」彼女は大観衆に呼びかけた。「それが女性たちの有利な点です」

今年の四月に出た「NYLON」のヤング・ハリウッド号の表紙を飾ったローワンは「フェミニズム」という言葉が商業主義に利用され、意味を失い、Tシャツを売るためのキャッチフレーズになったという批判について「的を射ている」とうなずきつつ、こんなことを言っている。

「でもネオン色で描かれたFEMINISM ROCKSみたいなメッセージを目にしなかったら、自分のことをフェミニストだと認識出来たかどうか、私には分からない」

ローワンはディズニー・チャンネルで放映されていた「ガール・ミーツ・ザ・ワールド」に主演して、アメリカのローティーンたちのアイドルとなった。彼女は十三歳から自分のブログでフェミニズムや社会問題について活発に発言しているアクティビストでもある。自分が十五歳の時に、こんな同世代のアイドルがいたら、と私はため息をつく。彼女に憧れている世代の少女たちには「私はいかに心配するのをやめて、フェミニストと名乗るようになったか」というストーリーを必要とせず、すぐにその言葉を自由の翼にするに違いない。アメリカの少女たちだけではない。今は輸入文化としてそうした考えに親しんでいる日本の少女たちがその翼を使いこなす日がきっと来ると、私は信じている。

彼女たちがそれを目印とするならば、私は喜んでネオンカラーで「フェミニスト」と書いた看板を大きく掲げたい。そしてその下には私がかつて、別の名前で呼んでいたものを置くだろう。

Rin
Ishigak

石垣りん

雪崩のとき

人は
その時が来たのだ、という

雪崩のおこるのは
雪崩の季節がきたため　と。

武装を捨てた頃の
あの永世の誓いや心の平静
世界の国々の権力や争いをそとにした
つつましい民族の冬ごもりは
色々な不自由があっても
また良いものであった。

平和

永遠の平和
平和一色の銀世界
そうだ、平和という言葉が
この狭くなった日本の国土に
粉雪のように舞い
どっさり降り積っていた。

私は破れた靴下を繕い
編物などしながら時々手を休め
外を眺めたものだ
そして　ほっ、とする
ここにはもう爆弾の炸裂も火の色もない
世界に覇を競う国に住むより
このほうが私の生きかたに合っている
と考えたりした。

それも過ぎてみれば束の間で
まだととのえた焚木もきれぬまに
人はざわめき出し
その時が来た、という
季節にはさからえないのだ、と。

雪はとうに降りやんでしまった、

降り積った雪の下には
もうちいさく　野心や、いつわりや
欲望の芽がかくされていて
〃すべてがそうなってきたのだから
仕方がない〃というひとつの言葉が
遠い嶺のあたりでころげ出すと
もう他の雪をさそって
しかたがない、しかたがない
しかたがない
と、落ちてくる。

ああ　あの雪崩、
あの言葉の
だんだん勢いづき
次第に拡がってくるのが
それが近づいてくるのが

私にはきこえる
私にはきこえる。

月給袋

縦二十糎《センチ》
横十四糎
茶褐色の封筒は月に一回、給料日に受け取る。
一月の労働を秤にかけた、その重みに見合う厚味で
ぐっと私の生活に均衡をあたえる
分銅のような何枚かの紙幣と硬貨、

その紙袋は重宝で
手にしたその時からあけたりとじたりする。
夜と昼が交替にやってくる私の世界と同じよう
古びた紙幣を一枚ひきぬけば
今日の青空が頭上にぱらりと開いたりする。

街の商店は軒をつらねて並び
間口いっぱい
こぼれるほど商品を積み上げているけれど
あれはみんな透明な金庫の中の金、
生みたての玉子
赤いりんご

海からあがったばかりに見える鰯の一山も
うっかり出した子供の手までゆるすまいと
何かが見張っている、
銀行の廊下を歩く守衛のような足音が
いつもひびいている道である。

そこで私は月給袋から
また一枚をとり出す、
額面を鍵穴にあわせ
うまく、あの透明な金庫をあけさせる
ついでに売る人の口の穴までにこやかにあけはなしながら。

私がラッシュの国電でもみくちゃになれば
この袋も日増しに汚れ
持ち主におとらずくたぶれる。
そして最後の硬貨も出払った
捨ててもいい、というときに
用心深く、何か残っていないかと中をのぞくといるわ、いるわ

そこには傷んだ畳が十二畳ばかり敷かれ
年老いた父母や弟たちが紙袋の口から
さあ、明日もまた働いてくれ

と語りかける。

どうして捨てられよう
ちいさな紙袋に
吹けば飛ぶようなトタン屋根がのっていて
台所からはにんじんのしっぽや魚の骨がこぼれ出る。

月給袋は魔法でも手品の封筒でもない
それなのに私のそそぎこんだ月日はどこへいってしまったのか
それをさがすときに限り
紙幣はからになって一枚だけ
手の上にのこされる。
も少しましなことを
お前たちのためにしているに違いない。

差しのべた私の手が
長く長くどこまでも延びて
抱きかかえるこのかなしみの重たさ。

表札

自分の住むところには
自分で表札を出すにかぎる。

自分の寝泊まりする場所に
他人がかけてくれる表札は
いつもろくなことはない。

病院へ入院したら
病室の名札には石垣りん様と
様が付いた。

旅館に泊っても
部屋の外に名前は出ないが
やがて焼場の鑵《かま》にはいると
とじた扉の上に
石垣りん殿と札が下がるだろう
そのとき私がこばめるか？

様も
殿も

付いてはいけない、
自分の住む所には
自分の手で表札をかけるに限る。

精神の在り場所も
ハタから表札をかけられてはならない
石垣りん
それでよい。

Miyuki
Nakajim

中島みゆき

私たちは春の中で

私たちは春の中で　淋しさに苛立っていた
通りすぎる春の中で　遅れることに怯えていた
もしも1人だったならば　もしも孤独だったならば
もしも虚ろだったならば　もしも自由だったならば
春はあやまちの源
私たちは春の中で　遅れることに怯えていた

私たちは春の中で　わからないものに苛立っている
通りすぎた春のために　失ったものを怯えている
もしも1人だったならば　もしも孤独だったならば
もしも虚ろだったならば　もしも自由だったならば
春はあやまちの源
私たちは春のために　失ったものを怯えている

もしも1人だったならば　もしも孤独だったならば
もしも虚ろだったならば　もしも自由だったならば
春はあやまちの源
私たちは春の中で　失くさないものまで失くしかけている

木曜の夜

木曜の夜11時半　まだ早すぎる何もないとあきらめるには
もしかしたらまだもしかしたらまだ　あなたが私をみつけてくれるかもしれないから
少しだけ目立ちそうな服を着ている　何回も振り返っては立ちどまっている
偶然なんてそんなにうまく起きないってことわかってるけど
こんなにこんなに人はいるのに　どこにもどこにもあなたはいない
こんなにこんなに人はいるのに　どこにもどこにもあなたはいない

次の角まで次の角まで　歩くほど遠ざかってるのかもしれない
でも早く歩いてしまう　あなたの他の誰かに誘いの声をかけられたくなんかないから
もしあなたの声だったらすぐにわかるよ　どんなに人と音楽が道にあふれても
どうしてるかな今ごろあなた　私のことは思ってないね
こんなにこんなに人はいるのに　どこにもどこにもあなたはいない
こんなにこんなに人はいるのに　どこにもどこにもあなたはいない

帰りたくない帰りたくない　混みあって歩きづらい街を歩いてる
帰りたくない帰りたくない　みんな会いたい人に会えてよかったね
こんなにこんなに人はいるのに　どこにもどこにもあなたはいない
こんなにこんなに人はいるのに　どこにもどこにもあなたはいない

ファイト！

あたし中卒やからね　仕事をもらわれへんのやと書いた
女の子の手紙の文字は　とがりながらふるえている
ガキのくせにと頬を打たれ　少年たちの眼が年をとる
悔しさを握りしめすぎた　こぶしの中　爪が突き刺さる

私、本当は目撃したんです　昨日電車の駅　階段で
ころがり落ちた子供と　つきとばした女のうす笑い
私、驚いてしまって　助けもせず叫びもしなかった
ただ怖くて逃げました　私の敵は　私です

ファイト！　闘う君の唄を
闘わない奴等が笑うだろう
ファイト！　冷たい水の中を
ふるえながらのぼってゆけ

暗い水の流れに打たれながら　魚たちのぼってゆく
光ってるのは傷ついてはがれかけた鱗が揺れるから
いっそ水の流れに身を任せ　流れ落ちてしまえば楽なのにね
やせこけて　そんなにやせこけて魚たちのぼってゆく

勝つか負けるかそれはわからない　それでもとにかく闘いの
出場通知を抱きしめて　あいつは海になりました

ファイト！　闘う君の唄を
闘わない奴等が笑うだろう
ファイト！　冷たい水の中を
ふるえながらのぼってゆけ

薄情もんが田舎の町に　あと足で砂ばかけるって言われてさ
出てくならおまえの身内も住めんようにしちゃるって言われてさ
うっかり燃やしたことにしてやっぱり燃やせんかったこの切符
あんたに送るけん持っとってよ　滲んだ文字　東京ゆき

ファイト！　闘う君の唄を
闘わない奴等が笑うだろう
ファイト！　冷たい水の中を

ふるえながらのぼってゆけ

あたし男だったらよかったわ　力ずくで男の思うままに
ならずにすんだかもしれないだけ　あたし男に生まれればよかったわ

ああ　小魚たちの群れきらきらと　海の中の国境を越えてゆく
諦めという名の鎖を　身をよじってほどいてゆく

ファイト！　闘う君の唄を
闘わない奴等が笑うだろう
ファイト！　冷たい水の中を
ふるえながらのぼってゆけ

ファイト！　闘う君の唄を
闘わない奴等が笑うだろう
ファイト！　冷たい水の中を
ふるえながらのぼってゆけ

ファイト！

彼女の中の女

Mimi Hachikai

蜂飼耳

女だけど男でもいい。
漠然と、見覚えのある思いや見通しがまた彼女の泉に映り、
欲望でなく悩みでもなく、どちらであってもよい感じ、
これまでも歴然と、女ではあり、
（ほぼ規則的におりてくる血にも左右され）
書類と書式を見れば、男／女いずれかに丸、
それ以外は無し、という形式なので、

女のほうに歪んだ手書きの丸をして問題はなく
男／女、二分割の簡潔さには常に驚きをにじませて
二分割の、いかがわしさが
放つまばゆさにも
また驚きながら印を。
彼女はほんとうに女、なのだろうか（印を）
環境によって雌雄のあいだを行き来する魚たち虫たち、
境目を、難なく越えてしまう可能性がもし、

あったら、彼女の日々は。
「今日から男なんだ、ごめん」恋人である男に向かって打ち明けるとき、
意外とこじれず、とても静かに。
静かに。印を。静かに、線の引き方を
選ぶことはできて。
その可能性が
埋められたまま過ぎていく場合は多くて。
おそらくは選べる。
書類の、欄の向こう側で
選べる。止める必要もない。思ったことを書いたからといって、
捕まらない。選べる。選べることに気づくことができる。止めなくていい。

彼女の中の女は、
ある日ほんの少しのつもりで出掛ける。
地下鉄の網の目、傘のいろいろ、新しくできた店や老舗、
名前のない野原、人のいる場所にもいない場所にも
足を踏み入れ、また印を。
隙間、そこから湧くものを汲み尽くすがいい
いつまでも還らない。選べる（静かに印を）
そのあいだ、男になったり、また女になったりを
繰り返す。彼女しか知らない周期、
見えない線がある、らしい（静かに印を）
彼女の中の女はまだ還らない

素直に届けられる夜

Noriko Inoue
井上法子

とてもあかるい思い出なのに　魚影　言えないままの悲喜はいったい

風は光らずつぶさに生きてしぬために星だった／花だったぼくらは

黄昏のような沈黙（あがいても透きとおるから光りは匂う）

ゆくさきをぜんぶ照らして月の道、ほの明るくて　待っていたんだ
燦々ときみは駆け出す　道連れの夜風をスプートニクと名づけて
星雲のようにことばは瞬いて　ほら　たましいを翻すのさ
どこまでも季節はとけてまるで湖底　いえ、風の夢　ぜんぶいとしい
青葉闇　暗喩のためにふりかえりもう泣きながら咲かなくていい
月はなにより澄んだひとみで樹々を撫で、きみに素直に届ける　夜を
またおなじ夢を見ようよ、スプートニク。なんどでも抱きしめる針葉樹

永瀬清子

Kiyoko Nagas

そよ風のふく日に

○

そよ風の吹く日にお前は来た。
突然天からころげ落ちたやうに泣きながら。
お前のために何でも堪へ忍ぶよと云ふ叫びが
牝獅子やなんかが思ふやうに
その時突然私の中におこつた。

○

まだ目もよく見えないのに
天の仲間を思ひだしてゐる赤ん坊。
誰も乗つてゐないぶらんこが

かすかに風にゆれてゐるやうに
朝の光の中でやさしい笑ひ顔をしてゐる。

○

暑い日がはじまるやうだ。
窓の竹の葉に黄金《きん》色の露の玉がのぼつてゐる
一日一日回復してゆく私。
働ける日の幸福を待ちながら
しばらく憩ふ時間のきれいな水たまり。

○

小さい魚が
蓮の葉をつつくやうに
お前が来て私を吸ふ

○

私のさびしい生涯に
お前はみどりの翳をなげる。
窓の外にさしのべた
楓のゆれやすい枝のやうに
ただ形なくちら／＼した光
それでゐて私に無限のことを考へさす。

ほんの少しの美しい言葉や
かすかな愛のまなざしで
私のさびしい生涯を
現世に執着させる。

村にて

友達と云うものはないのですか、ここでは。
肉親と親戚と隣人のほかに
その精神を愛と理解でつないだ
友達と云うものはないのですか。
あなたは大工私は詩人
それでよい友達にはなれないのですか。
男であり女であり
それでよい友達にはなれないのですか。
お互に温い心を抱いて
お互の成長をよろこぶ
さびしいこの世で力をあたえる
我が魂の難破をささえる――。
公会堂の屋根の上から村をみれば
川はしずかにめぐっていて

夕日はいまあおくかなたに落ちようとする。
この不思議なる一日に
あなたの魔術の手下となって
私は蜂のように働きました
長い梯子を昇り降りして
屋根板や釘をとってあげますたびに
私の誠実もさしあげました。
だのにそれは今日一日
かわらぬ友達と云うものはないのですか、ここでは。
さびしい孤立の生活を
私はかしこのくずれた白壁の家でおくるのですか。
一日光のようにすばやく小気味よく
詩人を使役した人よ
あなたの鋸や鑿のようにも磨ぎすまされる
私の値打をお気づきではなかったのですか。

出ていった三章

a　出ていった

きのう葬式をすませた家

それはさびしくあけはなたれ
門から座敷まですっかり見えている
（門のそばに紫苑のうつむいたのがすこし残っている）
私はその家のことをふと赤坊を生んだばかりの女のようだと思った
そこから何かが出ていった
　どこかへ——

b　焦げついた

私を書かしているのは生粋の「生」らしい
だからそれがすこし減った時にはもう書けなくなる
私は疲れて時々もう何かがるすになってしまう——
ぐらぐらと鍋が煮立っている時もあったし
その鍋から噴水のように水が噴き上っている時もあった
それは小さな鯨が泳ぎまわっていたからだ
鯨はいなくなっても
ようやく潮のみちてくる時間もあった
何度か鍋の中に小さい波はゆきかえり
それがぶつかって泡だっていたが
泡だっていることがわずかにこの「生」だった
何かがるすになる時がだんだん多くなり

だんだん「生」は遠のく
るすが私を占める

多分「死」がくるよりすこしさきに
「死」よりもっとかわいそうなるすが――
鍋の中は何もなくただ焦げ色だけになる

C　ものもらい

野末がしぐれている
光がわずかに雲間からさしている
私に来たまろうど　ものもらい
目ぶたのふちにとまって
私をしょぼつかせる
私という葉っぱの縁《へり》が
もう枯れはじめているのだ　ちぢれだしたのだ

眉毛は悲しんでいる
鼻は笑っている
ものもらいの眼は泣きそうに垂れさがる
虫にくわれた葉っぱの私はやけに
「もう決して回復できないのだ、おしまいだ」と叫びだす
「何を云うか　大げさに」と動かない耳は横であざけった

「それはほんとはほんとだ」と
重々しい声の者が遠い扉のきしむように云った
「若ければすべて治癒《なお》る。年とればすべて治癒らぬ」
そしてしぐれの方へ消えていった
ススキ色の天の光が消えた

あけがたにくる人よ

あけがたにくる人よ
ててっぽっぽうの声のする方から
私の所へしずかにしずかにくる人よ
一生の山坂は蒼くたとえようもなくきびしく
私はいま老いてしまって
ほかの年よりと同じに
若かった日のことを千万遍恋うている

その時私は家出しようとして
小さなバスケット一つをさげて
足は宙にふるえていた
どこへいくとも自分でわからず

恋している自分の心だけがたよりで
若さ、それは苦しさだった

その時あなたが来てくれればよかったのに
その時あなたは来てくれなかった
どんなに待っているか
道べりの柳の木に云えばよかったのか
吹く風の小さな渦に頼めばよかったのか

あなたの耳はあまりに遠く
茜色の向うで汽車が汽笛をあげるように
通りすぎていってしまった

もう過ぎてしまった
いま来てもつぐなえぬ
一生は過ぎてしまったのに
あけがたにくる人よ
ててっぽっぽうの声のする方から
私の方へしずかにしずかにくる人よ
足音もなくて何しにくる人よ
涙流させにだけくる人よ

季節に

盛田志保子

女と女の別れがあって成り立っているこの星と思う春の日
いま遠くあのとき近く熱烈にほしかったもの山菜のよう
祈ることさわらないことと祈ることときみが教えてくれたさよなら
努力とは真冬のことと漆黒の空から雪が加速してくる
漆黒の空から雪が落ちてきてわたしを連れていく源流へ
あまりにもしんとしている霧雨の春のまよなか有機物ばかり

春深し芽吹きの匂い隠せずにだらりと夜が息をしている
夢の中の森に忘れて来た人のぬくもりめいて真夜中のビル
何からも自由になれず浮かばれず沿道をゆく春の伴走者
地続きの今日と明日をどことなく信じられない子供が二人
友だちの手を離さぬようにって教えてくれた空のかなしみ
薫風がまた会いに来る抱きしめてやりたいけれど笑ってしまう
どんなときもきみは怒るの空色のバケツに張った春の薄氷
澄んでいる夜の空気をはかりたいまるで本職みたいに腕で
不始末の火よ不始末の春の風強き夜は孤独を出して眠るな
わがうちの子供はものをいわぬ子供大人の祭りのような風の日
和音、不協和音、梅雨に入る前の青空を轢いていく風
かなしみの準備号なる機関紙を刷り出す初夏のまぶしい光
育てられ育て眠りにつく夜よ月にもないというわたしの家
どの曲も燃えているってつぶやいて眠る子供と枕のラジオ

世界が魔女の森になるまで

Harumi Kawaguch

川口晴美

ひとりになったら森へ行く
毎日そればかり考えながら目が覚める
アラームはちゃんと鳴ったのにお母さんが起こしに来て
のろのろパジャマを脱ぐわたしの身体をこっそりチェックしてること
気づいているけど黙ってる
わたしは妊娠なんかしないよそれより森に行きたい
こっちを見ないお父さんにおはようって声をかけるのは
殴ったりお風呂をのぞいたりしないのならいいお父さんだよって
クラスメートが言ったのを忘れないため

森は遠い
学校の制服はどんどん窮屈になる
誰かが話すのを笑って聞いているフリばかり上手になって
どこにいてもどこかが痛かったはずなのに感じなくなっていくから
ほんとうは少し泣きたい
消えて無くなることだけが誕生日に欲しいもの
そう祈っているのはわたしだけじゃないのかもしれないけど
みんな言い出さないうちにチャイムが鳴る
授業が始まったらケイタイは鞄の中
きれいに小さく折り畳んだ手紙がまわってこない限りひとりきり
三角関数を解きながら
森へ行くんだ
θの窓をこっそり開き
ふくらんだ胸を憎めばいいのか誇ればいいのかわからない身体を
脱ぎ捨てるようにくねらせてくぐり抜け
森へ走り出す
わたしと森を薄く隔てているのは皮膚だろうか光だろうか
一歩ごとにあわあわと溶けて滲んで
間違えるとキャラが違うよって笑われ閉じこめられていた輪郭を失い
森の身体は月のようにただ気持ちよく揺れる
もう知らない誰かに勝手に使われたり奪われたりしなくていい
かわいいとか幸せそうとかおもわれなくてもいい

わたしがわたしじゃなくたっていい森の
秘められた水の辺にはわたしかもしれないひとたちがいる
揺れながら透明な涙をこぼしたり静かに歌ったり
夜のように細い指をときどきつないだりする
わたしに似ているかもしれないひと
わたしとぜんぜん違うかもしれないひとが
そこにいるのを知っているから
ひとりになれる
森を
かたちの定まらない身体の奥に潜ませて
生き延びる

男が眠ったら森へ行く
ごはんをつくって洗濯して掃除して
いらっしゃいませ何名さまですかって微笑んでハンバーグ運んで
買い物して保育園に寄ってクリーニングを受け取って
子どもたちをお風呂に入れて可燃ゴミをまとめて食器を洗って
こぼしたミルクを始末していると忘れそうになるけど
自分の名も忘れそうになるけど
忘れない
森へ

キッチンの床は冷たい
忙しい男は今日も帰りが遅い
おなかをすかせているだろうから何か用意しようとしても
動けなくてぼんやりキッチンの床に座り込んでしまう
帰って来る男はいつも不機嫌だ
座り込んだわたしを見て笑ったり声をかけたりできないほど疲れているのは
かわいそうだとおもう
おもうことにする
あとで畳もうと山積みにしておいた洗濯物を無造作に踏まれたとき
泣いたりしないために
男の腕が欲しかった頃もあったけどもういらない
だからわたしを抱くかわりに深く眠ってくれるよう蒸留酒を差し出す
あっというまに飲み干されて流しに置かれたコップの
木の匂いだけが好き
かわいそうな男の寝息を背に
乾いて迷路みたいな皺を繁茂させる洗濯物をかきわけ
森へ行く
ひとりきりでゆっくり歩く
ここではおかあさんとかねえちょっととか呼び止められはしないから
わたしはこっそりわたしの名を呼ぶ
唇が震えて
森がふるえて

やがてこたえるようにあたたかく雨が降ってくる
この身体を包み込んで濡らす無数の水滴は流れ落ちてつながって
暗く透き通った空までつながってわたしを満たす
草の芽の匂い
呼ぶ
マユミ、
アズサ、サツキ、カエデ、
ミズキ、ナツメ、フヨウ、モモ、イブキ、カリン、ナギ、
森のどこかにいるわたしのようなひと
潤う声になって呼びあって
夜を越えていく

化粧を落としたら森へ行く
これ以上お給料が上がらないことに腹を立てるのに飽きて
きのう買った新しい口紅は発色がいまいちだ
会議録をまとめていたらお昼を食べ損ね
思いがけず生理がきたから
鎮痛剤もなく
チークを濃くして電話を取ればにこやかに応対する
呪いたいことはたくさんあるから森をおもう
わたしの内側に芽吹くものをアイライナーとマスカラで隠し

鎧うように仕事をする日々の果て
これがわたしのやりたかったことかどうかさえ
よくわからなくなっている
週末には出かけたいところも好きなものもあって
ひとりでいるからずっと出かけずに何もしなくたって怒られない
だけどひとりでいるから知らない男につきとばされたり
かわいそうにって顔で見られたりするんだろうか
そんなことには慣れているはずなのに
自分で自分の機嫌をよくする方法は身につけたはずなのに
なぜだか今日は無理で
週末じゃなくて今
森へ行きたい
顔を洗うやわらかな水が欲しい
家に帰るまでがまんするなんてできない
遭難者が水流の音をめざしてさまようみたいに電車を降りれば
駅のトイレにはわたしと同じように
化粧したひとたちがそれぞれ何かを堪えながら
鏡の前に並んでいる
ポーチのクレンジングをつかみ出して乱暴に
今朝つくった顔を洗い流すのをじっと見られているとわかるけど
かまわない
わたしはもう森にいるから

深くふかい息をする
水を滴らせた顔は青ざめた月のよう
うつくしくなく醜くもなく大人でも子どもでもない
ただ剝き出しで
ふわふわと頼りない
夜の鳥をまねて羽ばたけば飛んでいけそうだ
大声で笑い出したい
揺らぐ足元に落下したハンカチを
隣に立つひとが拾って手渡してくれた
そこは森の水の縁
囀りのように波紋は生まれ広がっていく

死なないように森へ行く
怖いわけじゃないし
長いこと生きたからもういいようなものだけど
わたしひとりの部屋で自分の世話だけすればいい日々を
やっと得たのだからもう少しと願うのは欲張りではないでしょう
古い木造アパートの一室は
子どもたちや孫にとっては訪れにくいらしく
おもったとおりめったにやって来ないからさびしくてうれしい
澄んだ空気を胸いっぱいに吸うと

森は明るんでいく
草木がそよぎ
仄かに白く葉裏は翻る
鳥が鳴いているのは水の向こうだろうか
ちがう、壁の向こうだ
アパートの壁はとても薄くて
隣人がくしゃみしたり鍋を落としたりする音がたまに聞こえる
電話で泣きながら叫んでいたこともあった
意味はわからなかった
ときどき廊下で見かけるあの若い女の子の声は
海の向こうまで届いていたのだろうか
今はたぶん誰かと抱き合っている
生きている
どうかしあわせでありますように
隔てられて祈りながら目を閉じるわたしも同じ夜に揺られ
森にいる
やさしい夜に覆われて失った身体の輪郭は
波のように何度でも生まれるから手のひらで確かめたい
指先で触れる皮膚の
幾重もの時間を蓄えた樹木に似てかたく乾いた感触
その内側の奥深くには澄み切った水がある
呼びかければこたえるように

満ちてくる
ああとても気持ちいい
わたしとわたしの身体は気持ちよくなれるって
こんなに上手に自分を気持ちよくすることができるって
誰も教えてくれなかったけど
知っている
痛いこととか男たちのこととかもうがまんしない
なんて素敵なんだろう
この世界を踏み砕く魔法を囀りたいわたしの
ひとしずくの夜はつながって壁を越えわたしたちの森へ注がれていく
永遠の水のようにどこまでもあふれこぼれて

Rui Hayasaka

早坂類

生きてゆく理由は問わない約束の少年少女が光る湘南

十八歳の聖橋《ひじりばし》から見たものを僕はどれだけ言えるだろうか

何故僕があなたばっかり好きなのか今ならわかる生きたいからだ

カーテンのすきまから射す光線を手紙かとおもって拾おうとした

彼方《かなた》から見ればあなたはオレンジの光の森のようではないか

予備のもの何も持たずに行くとする　この先、未踏　この先、未明
永遠に変わらないものに憧れて母から一歩も出ませんでした
惑星に　かの人想うあの人とあの人を想うわたくしが居て
ある、ある、ある、すべてがあるという美しさの中で柔らかい
彼方へ彼方へと急ぐ音は凄まじい
生きたかった世界が不意に燃えあがる幾億の生　幾億の波
どんなにかはるかな場所から此処に来る風の吹く日のただなかにいる

茨木のり子

Noriko Ibaragi

小さな娘が思ったこと

小さな娘が思ったこと
ひとの奥さんの肩はなぜあんなに匂うのだろう
木犀《もくせい》みたいに
くちなしみたいに
ひとの奥さんの肩にかかる
あの淡い靄《もや》のようなものは
なんだろう？
小さな娘は自分もそれを欲しいと思った
どんなきれいな娘にもない
とても素敵な或るなにか……

小さな娘がおとなになって
妻になって母になって
ある日不意に気づいてしまう
ひとの奥さんの肩にふりつもる
あのやさしいものは
日々
ひとを愛してゆくための
　ただの疲労であったと

（存在）

あなたは　もしかしたら
存在しなかったのかもしれない
あなたという形をとって　何か
素敵な気《き》がすうっと流れただけで

わたしも　ほんとうは
存在していないのかもしれない
何か在りげに
息などしてはいるけれども

ただ透明な気《き》と気《き》が
触れあっただけのような
それはそれでよかったような
いきものはすべてそうして消え失せてゆくような

わたしが一番きれいだったとき

わたしが一番きれいだったとき
街々はがらがら崩れていって
とんでもないところから
青空なんかが見えたりした

わたしが一番きれいだったとき
まわりの人達が沢山死んだ
工場で　海で　名もない島で
わたしはおしゃれのきっかけを落してしまった

わたしが一番きれいだったとき
だれもやさしい贈物を捧げてはくれなかった
男たちは挙手の礼しか知らなくて

きれいな眼差だけを残し皆発っていった

わたしが一番きれいだったとき
わたしの頭はからっぽで
わたしの心はかたくなで
手足ばかりが栗色に光った

わたしが一番きれいだったとき
わたしの国は戦争で負けた
そんな馬鹿なことってあるものか
ブラウスの腕をまくり卑屈な町をのし歩いた

わたしが一番きれいだったとき
ラジオからはジャズが溢れた
禁煙を破ったときのようにくらくらしながら
わたしは異国の甘い音楽をむさぼった

わたしが一番きれいだったとき
わたしはとてもふしあわせ
わたしはとてもとんちんかん
わたしはめっぽうさびしかった

だから決めた　できれば長生きすることに
年とってから凄く美しい絵を描いた
フランスのルオー爺さんのように
ね

無限の玄

古谷田奈月

月夜野《つきよの》で死んだ。

　ここ最近の本人の様子、あるいは現時点の状況で何か不審に感じることはあるかと刑事に訊かれたとき、まずそのことが浮かんだ。家というものを嫌うあまり放浪生活を続けた父が、それでも唯一「帰る」と表現できる場所、どこにいても六月には必ず戻る生家で死ぬというのは、どうも感傷的すぎる気がした。それも、父一人が予定より五日も早く月夜野入りしたのだ。まるで死期を悟って死にに帰ったかのようだが、その手の望郷は、父に限ってあり得なかった。

　刑事には、しかし、結局そうは言わなかった。本田という名のその刑事は、兄と同じ三十代半ばと思しき年頃の男で、リビング中央に倒れた父の体をざっと調べ、縁側の隅に転がっていたロックグラスを拾い上げると、滑って頭を強打したか脳卒中を起こしたのだろうと言った。検視官は死後二日経っていると見積もった。

　リビングのソファに兄と僕と千尋《ちひろ》を横並びに座らせると、本田は向かいに一人だけで腰を下ろして、必要な手順なのでと断ってから事情聴取を始めた。誰かに電話をかけながら二階へ向かう叔父のことは、ちょっと目で追っただけで逃がした。

　あらためてお悔やみの言葉を述べてから、「おいくつですか？」と本田はまず言った。

「二十八だ」千尋がすぐにそう答え、「六十三だ」と踏みつけるように兄が答え直した。

　二人のあいだで曖昧な笑みを浮かべた僕に、本田は鋭い一瞥をくれ、「ご病気などは？」

　さあ、と兄は硬い声で返した。「何かあったのかもしれないけど、本人も知らなかったと思う。具合が悪くても黙ってるか、自分でも気付かないタイプだったから」

「お父さんはお一人で？」

「おひとり？」不意に、声がいきなり立った。いや、としかしすぐに静まって、「一人じゃない。いつも俺たちと一緒だった」と兄は答えた。「この家はもともと俺たちの爺さんの家で、今は親父と、叔父と、俺たちの五人で住んでるんだ。住んでる、というか年に一度、こうして帰るだけだけど。というのは、爺さんが若い頃に始めたブルーグラスバンドを家族みんなで引き継いでて――ブルーグラスって、カントリーミュージックに似てる、古臭い音楽なんだけど――それが野外演奏中心で、全国あちこち回ってるもんで、この家にいるのは毎年だいたいこの時期だけなんだ。六月いっぱい、長いときは七月の半ばまでここで休んで、夏になったらまた次のツアーに出る。繰り返しだよ」そこで兄はふと気付いて、自分が死んだ玄《げん》の長男の律《りつ》で、僕が次男の桂《けい》、千尋は叔父の喬《たかし》の息子だと説明した。

　本田は頷き、質問を続けた。「今回、お父さんだけ先に戻られたのは？」

「たまたまとしか言えない。ライブスケジュールは消化してたから、バンドとしてはもう帰るだけだった。でも俺と弟たちは横浜のラジオ局に呼んでもらってたし、叔父も都内で人と会う約束があった。叔父は別で作曲の仕事もやってるんで、その関係で。だから親父だけ先に、新宿からバスで帰ったんだ。俺たちより……」

　兄を見つめる本田を見つめ、僕は呟いた。「五日早く」

「五日早く」視界の左端で、兄は頷いた。「車のエアコンが壊れてからずっとイラついてたし、俺たちの予定に振り回されるのも気に入らなかったんだと思う。まあ、疲れてたんだろうな」

　本田は何やら手帳に書き留めながら、「そのとき、何か様子がおかしいと感じました？」

「様子は常におかしかったよ、そのときに限らず」僕と千尋はそこで儀礼的に笑ったが、「今の質問がもし、自殺の線も考えてるって意味なら――」と兄は表情を変えずに続けた。「探るだけ無駄だと思いますよ。うちの親父は自殺するほど感傷的にはなれない。その点に関しちゃ病気だったと断言できるな。アレルギー体質だったんだよ」足を組み、兄は初めて刑事に笑いかけた。「玄がアレルギーを起こすのはこの三つだ。センチメンタリズム、ロマンティシズム、それからノスタルジー」

　僕と同じ違和感を、兄も抱いていたのかもしれない。その思いは、しかし安堵ではなく、漠然とした不安に通じた。うつむくと、右隣に座る千尋の左手が目に入った。膝の上に投げ出されたその手の、黒い梵字の彫られた指が、一瞬、震えたように見えた。

　顔を上げると、いきなり本田と目が合った。怯んだが顔には出さなかった。彼は目だけをゆっくりと左右に動かし、兄と千尋も同様に見、静かに息を吐きながらペンを内ポケットにしまった。

父の死に事件性はない、という最初の見立てを、本田は結局変えなかった。正確な死因は詳しい検査で明らかになるだろうと言い残し、父の遺体を連れ、一時間ばかりで引き上げていった。

「お前らはどうだか知らんが、俺は自分の親父が嫌いだ」

子供の頃、千尋が泊まりに来た晩などによく、父はそう話した。小さな明かりを一つだけつけた子供部屋に、父のだみ声はよく馴染んだ。

「俺の親父には昔っからヒッピーじみたところがあって、家にわんさと連れてくる音楽仲間もまさにその類だった。ヒッピーじみた感じじって、お前らわかるか。ヒッピーこうダルい感じの服を着て、手首にわさっとヘンプアクセサリーをつけてよ、生まれる前からの友達って感じに話しかけてくるんだ。調子どうだ、げーん？　ごきげんかよ、げーん？」

僕と千尋は二段ベッドの上段で、兄は下段でケラケラ笑い、げーん、げーん、と真似た。

「とにかくイラつく連中だよ」父はにやりと笑った。兄の勉強机に腰掛けた父の顔が――若い頃の喧嘩で折ったという左上の犬歯の、その黒くぽっかりと空いた穴が、ベッドの柵越しに見えた。「ミュージシャンってのはだいたいそうだ。愛と平和を信じてる。音楽は人と人とを繋ぐためのもんだと心の底から信じてるんだ。だから連中がげーんげーんと酒を飲み、煙草を吸い、べちゃべちゃと喋くったあとで始める演奏はいつだってゲロの臭いがした。自分で吐いた息を自分で吸って生きてる連中の音だ。俺はそういう中でギターを覚えた。とんでもねえ地獄にいるぞと、自分でちゃんと気付くまでな」

父の声から上っ調子がなくなっていくのに合わせ、僕らの笑いもおさまった。部屋の暗さまで深まったのか、父の顔も、もう表情までは見取れなかった。「誰かが弦をはじいたらセッションの始まり」と、その暗さに見合う声で父は囁いた。「あの胸糞悪い文化のために、親父は辺鄙な場所に家を建て、俺と喬に音楽を教えた。愛と平和、夢、希望、生まれてきたことの喜び。親父がそう呼んで信じる、でも俺には毒でしかなかったものを、長年与えられて育った。奴はとうとう理解しなかったが、俺がギターを覚えたのは音楽を愛したからじゃない。俺のギターと親父のマンドリンは常に別の場所で鳴る。俺は音楽が嫌いだ。俺は家が嫌いだ。俺は親父が嫌いだ」

最後はどこか詩のように、言葉の繋がりがおぼろになるのが、僕らに眠りの時を告げた。

明かりを消すと、父は暗闇から手を伸ばしてきた。僕はその大きな手が頬に触れるが早いか指に噛みつき、それからすぐ、父が叩きやすいよう頭を差し出した。隣の千尋は僕らがたてる物音を笑い、自分は素直に撫でられた。下の段の兄はたぶん、胸の上に手を置かれるか、闇越しに無言のメッセージを受け取っていた。おやすみがわりに父はいつも、ぎくりとするほどの命令口調でこう言った。いい夢見ろよ。

その父が死んだ。窓から差し込む午前十一時の光を浴び、白濁した目には瞳孔がなく、萎んだ唇は内側に巻かれ、リビングの中央に仰向けに倒れた体はどこも乾ききっていた。

あんな姿をこれまで一度も見たことがないのになぜ父だとわかったのだろうと、叔父と兄が刑事たちを見送りに行き、千尋と二人だけになったリビングで、僕は発見時のことを思い出していた。誰も驚かず、ただ黙って、四人でしばらく父を取り囲んでいた。いつ死んでもおかしくない人間だという了承は父以下全員にもうずっと前からあったが、僕らにそう思わせた日頃の激しさ――誰彼構わず喧嘩をふっかける、興奮すると屋根からでも、走行中の車からでも飛び降りる――を思うと、予想外に静かな死だった。

そこで偶然、同時にふうとため息をつき、千尋と顔を見合わせた。いくらか血の気のないほかは、普段と別段変わりのないそばかす面だった。ただ少し頼りなげに、じっとこちらを見つめてくるのは、おそらく目下の振る舞いについて――しんみりすべきか、明るく笑うか――迷っているためだった。僕に合わせようという受け身の意思が見て取れ、同じ意思でもって僕は兄の姿を探したが、ちょうど叔父と一緒に玄関のほうから戻ってきた兄はしかしこちらには目もくれず、何やらぼそぼそ喋りながら隣の和室に入っていった。

「一人だったな」結局、千尋が先に口を開いた。「刑事ってのは、俺は、絶対に二人組なんだと思ってた」

「誰も組んでくれないんじゃねえか」僕が言うと、千尋は低く笑った。「それより、俺は全員しょっ引かれるかと思った」

「ああ、俺もそう思った」

「なんでそうならなかったんだろう」

「満室なんじゃねえか」今度は僕が笑った。

それから千尋は寝起きのように伸びをして、さて、やるかあと大声を出した。それを聞いて僕はようやく、自分たちが長旅から帰ってきたばかりであることを思い出した。戻ったばかりの家では、休息より先に仕事が待っている。窓という窓を開け、埃を追い出さねばならない。布団を干し、家具や床を拭かねばならない。台所から虫を、換気扇から鳥を、ガレージから蝙蝠を追い払わねばならないのだ。

確認してみるまでもなく、父はそうした仕事にいっさい手を付けていなかった。帰ってから死ぬまでの三日間、必要最小限の範囲で小ぢんまりと生活していたようで、ポストの中の郵便物さえ取り出していなかった。しかし例年どおりのその作業に取りかかってみると、父の死によって一瞬、確実に硬直した時間が、再び巡り始めるのを感じて僕はたちまち調子が良くなった。今夜自分たちが眠るために、僕と千尋は景気よく家を起こし始めた。

《さあ船出だ　ヨーソロー》キャンピングカーから叔父のウッドベースを運び出しながら、僕は歌った。《ヨーソロー　ヨーソロー》と先を行く千尋もすぐ乗って、それしか歌詞のないその歌を、僕らは延々歌い続けた――《さあ船出だ　ヨーソロー　ヨーソロー　ヨーソロー!》

ダイニングを通り、休暇中の練習場所になるリビングに入ると、おい玄さんを踏んでるぞと千尋が言った。父の死に場所は踏んではいけない、というルールがその一言でできあがったが、お前ら喪服なんて持ってたかと言いながら和室から出てきた叔父がまさにその場所で立ち止まったので、あああもう、あーあー、と僕らは笑った。

その笑い声の中、最初に楽器を手にしたのは兄だった。襖越しに聴いていたらしい『ヨーソロー』をフィドルでやりだし、「ビール出せ、ビール」と言った。そしてとうとう、周知のことではあるがどこか曖昧に揺れていた事実を、突き立てるように宣告した。「玄が死んだぞ！」

僕と千尋は歓声をあげた。車の冷蔵庫から運んできたばかりの小瓶を五本、カウンターに並べて栓を抜き、叔父に一本渡したほかは自分たちで持って打ち合わせた――玄さん、おめでとう！　それから兄に加わって、考え得る中でもっとも激しいやり方で『ヨーソロー』を荒らした。転がる車輪、賑やかし、僕と千尋のバンジョーの、それが元来の役割でもあった。《さあ船出だ　ヨーソロー》僕と千尋は大声を張り上げた。《ごきげんかよ　げーん？》

兄は帰ってきてから初めて声に出して笑い、それでも決して弾くのをやめず、二頭立て馬車の御者のように僕らを次の曲へ誘導した。飲む時間を作れ、ビールがぬるくなると僕らが文句を言うとますます嬉しそうにした。叔父はなかなか演奏に加わろうとしなかったが、夕方近くになると誰に相談することもなく特上の寿司を取り、それにつられてやっと楽器を手放した僕らに、また喪服の話をするかと思ったらこう言った。きのう完成した新曲を聴くか？

祖父が静かな月夜野の、この利根川沿いに家を求めた心そのものの晩だった。弦の音はいつまでも響き、歌声と、笑い声を絡げて遠く赤城山まで伸びた。一度も会ったことのない祖父を思うことを、父が憎むたびに不思議と募った親しみを、父にはもうどうすることもできないのだと思うと嬉しかった。

祖父の作った百弦《ひゃくげん》という名のストリングバンドは、本来は叔父に――叔父だけに――託されたものらしい。祖父は国内のブルーグラス界では名のあるフラットマンドリン奏者だったが、叔父はおそらくその祖父以上に音楽的才能に恵まれた人で、父の証言によると、音大に入る頃には弦楽器に限らずほとんどすべての楽器を演奏できたということだ。その後興味は作曲に向き、父曰く、「芸能業界というダークサイドで荒稼ぎすべく」歌手やアイドルグループに楽曲を提供するようになったが、亡くなる直前の祖父からバンド相続の件を持ちかけられるとあっさり承諾したという。

「だって本業にする気はなかったからな」と叔父はそう言っていた。「親父は入院をきっかけに音楽事務所との契約を切ってたから、それならのんびりやれると思ったし、家や土地なんかよりそういう実体のない、曖昧なものを受け継ぐほうがおもしろいような気がしたんだよ」

そこに父が転がり込み、当然の顔でリーダーの座に就いた。不思議に思ったと叔父は言う。父がなんのあてもないまま十八で生家を出ていったのは、叔父の理解では、祖父と祖父の音楽から離れるためだった。根本から性質の違う二人が日々激しくぶつかり合うのを見て、そのほうがいいとも思った。以来、父は盆にも正月にも帰らず、病床の祖父に会いにも行かず、葬儀では喪主も名ばかり、会場裏で煙草ばかり吸っていた。だからその葬儀のあと、ヒッピーどもは締め出すぞと前置きもなく言い出したとき、バンドの話をしているのだと叔父はすぐにはわからなかった。

「この家も、百弦も宮嶋家のものだ」兄弟二人になってようやく見せた長男顔で、父は言った。「もう二度と他人は入れない」

その得体の知れない、しかし強い意志により、当時三歳だった兄にまず楽器が与えられた。兄は父が「フィドル」と呼ぶものがなぜ教室では「ヴァイオリン」と呼ばれるのか、練習に励みながらもおおいに悩み、自分の弾く楽器は一般にはヴァイオリンと呼ばれるが、カントリーやアイルランド音楽、ブルーグラスといったジャンルにおいてのみフィドルと呼ばれる、という事実をどうにか飲み込んだあとでは、ヴァイオリンを弾くな、フィドルを弾けという父の要求に悩んだ。

僕が物心ついたとき、五つ年上の兄はちょうどこの問題に直面していた。僕の目に兄はすでにいっぱしのフィドル弾きに映ったが、お前のはヴァイオリンだ、フィドルの音を出せと父は言い続け、どっちも同じだと兄が歯向かうと容赦なくその横っ面を張った。一度手が出ると勢いがつき、父はしばらく折檻を続けたので、最初の一発が出るが早いかその場を逃げ出すのが僕の常だった。そうして押し入れの隙間から、大きく太い父の体と、その半分にも満たない兄の体が、触れ合っては音をたてて離れるさまを見ていた。胸の鼓動は、恐ろしさより憧れを生んだ。それは年長者にのみ許された、高等な対話法に僕には見えた。

「同じじゃない。生まれが違うんだ」兄の体から抵抗の強張りがなくなるとようやく、父は手を止め、いきなり優しくなった声で講義を再開した。「血統が違う。血筋が違う。よその連中と俺たちみたいなもんだ。同じ人間でも、宮嶋の血が流れてるのは俺たちしかいない。それと一緒で、フィドルにはフィドルの血筋ってもんがある」

そう言いながら抱き起こされ、フィドルの音を聴くか？　と問われると、朦朧としながら兄は頷き、やがて部屋には七十年も昔の、ブルーグラスの古典と言われる曲が流れた。音楽のジャンル名としては一風変わった、ブルーグラスという名の由来は叔父からざっくり教わっていたが——そもそもは牧草の名であり、その牧草のよく生えるケンタッキー州の愛称でもあり、ケンタッキー出身のストリングバンド、ブルーグラス・ボーイズの名がその後ジャンル名として定着したという三段構えの由来だった——しかし僕はどこまでも広がる草地の、その草の一本一本が空に向けて弦の音を響かせるイメージのみをその教えから得て、こうした古い曲や、祖父の遺した音源に触れるたび、その草地を思い浮かべては静かに胸をはずませた。いつかみんなでそこへ向かうことになるに違いなかった。そうでなければ父がこれほどこの音楽にこだわるはずも、兄が応えようとするはずも、襖を開け、プレーヤーの前で身を寄せ合う父と兄のあいだに割り込もうとねじ込んだ自分の指が、まだ触れたことのない弦を求めて疼くはずもなかった。

当時住んでいた目黒の安アパートは当然楽器演奏不可だった

ので、スタジオがわりになったのは、叔父と千尋が暮らす防音壁に囲まれたマンションだった。歩いて十五分ばかりの場所にあったその広い部屋は、在宅仕事の叔父に兄と僕を預けておけるという点でも父には都合のいい場所だった。といっても、子供三人の世話はむしろサポートギタリストとしての単発仕事のほか別段することのなかった父が担うことのほうが多く、叔父が奥の部屋で仕事をしているあいだ、僕らは父から歌や皮肉や罵り言葉を教わった。甥という一歩遠い存在を気にしてか、千尋がいるときの父は普段より陽気で、叔父の家にはいつも笑いが絶えなかった。

　僕と千尋にとうとう楽器がもたらされたときも、父はその陽気さを全身にまとっていた。八月を間近に控えた七月のある日、突如、父の上機嫌な声が響き、待ちに待ったそのときが訪れたのだった。「どこかに腕のいいバンジョー弾きはいねえか！」

　兄はソファで読み耽っていた漫画から、僕と千尋はゲームを繋げたテレビから、それぞれ目を離して父を見た。外から帰って来たばかりの父は、薄いピンク色のシャツから汗と夏の匂いを熱く漂わせながらリビングに入ってきた。両手に一つずつ提げた洋梨型の楽器ケースは、大きな父に手を引かれた小さな双子のように見えた。

「百弦のメンバーを探してんだ」その双子の楽器を見つめる僕と千尋に、父は芝居がかった声色で言った。「なあ、どこかに腕のいいバンジョー弾きはいねえか」

　心と体が、同時にぴょんと跳ね上がった。僕と千尋はコントローラーを投げ出し、ハイ、ハイ、と手を上げながら父に駆け寄った。このとき僕らはまだ小学校に入ったばかりだったが、兄は三つでフィドルを始めたと知っていたので、自分たちの遅れがずっと気になっていたのだった。

「ただし条件がある」としかし父はもったいぶり、楽器ケースを背の高い棚の上に載せた。「バンドに関する厳しい決まりごとについて、ここに詳しく書いてある。これによると――」もっともらしい手振りで父が胸ポケットから取り出した紙は、透けて見えたので確かだが、定食屋のレシートだった。「百弦が新しく募集するメンバーは、小学一年生の健康な男子であること、フィドル弾きの兄弟またはいとこがいること、家はどこだと聞かれたら百弦だと答えられること、宮嶋玄と、つまり俺と、血の繋がりがあること。どうだ、誰か――」

　ハイハイハイハイ、俺ら俺ら、とそこでとうとう飛びついてきた僕らをおきあがりこぼしで遊ぶ手つきであしらい、やかましいチビはクビだぞと脅してから、「おい、お前どう思う」と父は兄に目をやった。「この二人、うちのバンドに入れていいと思うか？」

　ソファの背もたれに頬杖をつき、愉快そうにこちらを見物していた兄は、僕と千尋の祈るような目に見つめられてクックッと笑い出した。「まあ、いいんじゃない……」

　その意見を受け、父はようやく僕らを品定めし始めた。僕と千尋は一歩身を引き、姿勢を正し、真剣そのものの顔で父を見上げた。

　父はまず千尋の頭に手を載せ、厳かに尋ねた。「お前の家はどこだ」

「百弦だ」

すぐに答えた千尋の髪を、父は笑顔でかき回してやった。千尋は嬉しそうに目を閉じ、首をすくめたが、その手の主がもし叔父だったら千尋はほとんどなんの反応も示さないことを僕は知っていた——叔父はいつもシンセサイザーと機械を相手に黙々と仕事をしているだけだったので、邪悪な昔語りをしたり、突然こういうショーのようなことをやりだす父に千尋が夢中になったのは、ある程度仕方のないことだった。

父は棚の上に載せた楽器ケースのうち一つを下ろし、テーブルに置いた。ギターの弦をはじくように父の指が留め具を外すと、太鼓にネックをくっつけて弦を張ったような、見るからに愉快な楽器が現れ、僕と千尋はテーブルの縁に手をついてそれに見入った。よその家で一度、ベビーベッドで眠る赤ん坊を見せてもらったときのことを僕は思い出していた。

ケースから、それこそ赤ん坊のようにそっと取り上げた楽器を、父は千尋に差し出した。「バンジョーはそばかす男のものだと、昔っから決まってる。これはお前のための楽器だ」

千尋はぎゅっと楽器を抱いた。腕の中のバンジョーを見、父を見、またバンジョーを見るその瞳の、みるみる増していく輝きがそのまま僕の期待になった。何かを弾く者としての命が得られることを、振動と音韻と旋律を持つ者としてようやく生まれ出ることを、高鳴る鼓動とともに僕は悟った。

千尋と同じ目で見上げると、父も千尋にしたのと同じように、僕の頭に手を載せた。お前の家はどこだ。百弦だ。

棚から下ろされたもう一つの楽器ケースが開けられたところで、しかし、僕の期待はいきなり揺らいだ。そこにあったのは、千尋のものとは違ったのだった。

堂々たる八弦、片側だけ巻き上がったボディ——写真で見て知っていた。それは祖父の楽器だった。「フラットマンドリン」と父はその楽器を差し出した。「ブルーグラスの花形だ」

全身が冷たくなっていくのを感じながら、僕は手をうしろに回した。とても受け取れなかったが、その理由を言葉にする術もなかった。

厳密には、僕が恐れたのは楽器ではなく、父がそれを僕に与えようとしていることだった。毛嫌いしていた祖父のバンドを続けようとする父を不思議に思った、と叔父から聞かされるのは、十年以上あとになる。でもこのときの僕はその矛盾と、その矛盾の中に潜む父の不穏な本性に、たぶん、直感的に気付いていた。もし父が純粋に祖父や祖父の音楽を愛していたら、兄にそれを学ばせるとき、殴ったりはしないはずだった。俺は親父が嫌いだと囁く声を、あれほど暗く沈ませもしないはずだった。父がなぜ憎悪の中で生きることを選んだのかはわからなかったが、祖父の楽器を受け取れば遅かれ早かれ自分も憎まれることになるということは、僕にもわかった。

楽器を受け取ろうとしない僕を見て、父が眉をひそめた。恐ろしいことをしようとしている自覚がないその様子に、僕は絶望に近い焦りをおぼえた。涙が出る前になんとかしなければと、縋る思いで千尋を見ると、バンジョーを抱いた千尋も不安げにこちらを見ていた。その表情の意味を、僕は即座に理解して、マンドリンはいやだと言うかわりにこう言った。「ちいとおんなじのがいい」

僕を見下ろす、父の目に炎が宿った。自分もいよいよ殴られるのだと、そう思ったらいっそ嬉しいような、兄と並べて誇らしいような気持ちになったが、それでも恐怖は消えなかった。

「ちいとおんなじのがいい」と震えだした喉を押さえつけるため、大きな声で繰り返した。「だって俺たちコンビだし。ちいとおんなじのじゃなくちゃやだ」

父はしばらく黙っていたが、やがて、重い声で問い直した。

「桂。お前の家はどこだ」

目を泳がせてから、僕は答えた。「百弦だ」

「マンドリンは百弦の心臓だ」抑え込むように囁いた。「桂、俺の言う意味がわかるか」

僕はきつく唇を噛み、涙を隠すために目を伏せた。わかると答えればマンドリンを弾かされ、わからないと答えれば殴られる、その狭間で、もう完全に身動きが取れなくなっていた。どちらからも逃れるには宮嶋の名を捨て、出ていくしかない、でも一人でどう生きていけばいいのだろうというところまで考えたとき、兄がふと口を開いた。「じゃあ玄さんが弾いたら」

父はゆっくり目を上げて、一番遠くにいる兄を見た。冷たい目だったが、「それとも俺が弾こうか」と兄は臆せずに続けた。

「マンドリンが心臓なら、フィドルより大事だろ」

父は何も言わなかった。ただ兄を見ていた。そんなに長く父を見つめ続けることは考えるまでもなく危険行為だったが、兄も目をそらさなかった。緊張に耐えられなくなった千尋が咳とも咳払いとも違う、妙な音を漏らしたのをきっかけに、折れたとはっきりわかる引き方で父が目を伏せた。それからあらためて僕と向き合い、顔を覗き込むようにして言った。後悔しねえな?

このとき何が起きたのか、父がなぜ兄に負けたのか、何年ものあいだわからなかった。わかったのは巡業が始まって一、二年ほど経ったある晩、どうにも寝付けなかったその晩に、そもそも父はなぜ兄にマンドリンを与えなかったのだろうと考えたときだった。マンドリンといえば祖父、という父には呪いに近かったであろうイメージを乗り越えるためにも、花形楽器であるというただそれ一点をとっても、父は誰より目をかけていた兄にこそその楽器を託すべきだった。

ではなぜそうならなかったのか。考えたこともなかったが、考えたら三秒で答えが出た。兄は生まれつき右手に欠損があり、といっても親指がないだけだったが、それでもマンドリンやバンジョーのような撥弦《はつげん》楽器を滑らかに弾くというのはおそらく現実的ではなかった。人差し指を下に差し込む兄の弓の持ち方も実は特殊で、親指を支えにするのが正式なのだとずいぶんあとになって知った。父は選んで兄にフィドルを与えたのではなかった。ほかに選択肢がなかったのだ。

単純な話だったが、それがわかった瞬間、じゃあ玄さんが弾いたら、それとも俺が弾こうかというあの日の言葉の真意にまで一気に理解の飛距離が伸びて、約十年後にあたるその晩、僕は当時まだほんの十一歳だった兄が心底恐ろしくなった。もしマンドリンが百弦にとってほかのどの楽器より重要だったとしても、兄は自分のフィドルとそれが差し替えられることはないとわかっていたし、祖父を象徴するその楽器を父には弾くことはできないと知ってもいた。自分と父自身の不可能を突きつけることで、兄は、僕の不可能を父に尊重させたのだ。

それを知った瞬間の衝撃、兄への恐れは、どこかに腕のいいバンジョー弾きはいねえか、から始まるあの夏の日を、そのまま再現する夢に姿を変えて繰り返し僕の夜を訪れた。父が倒れていた場所にギターケースを寝かせ、取り分けた寿司と、帰りしなにたまたま父の好きな銘柄を見かけて買っていた大吟醸を供えたその晩も、さんざん歌い騒いだあとでその夢を見た。

夢の中の光景は、しかし、いつもよりどこか漠として、まだゲームのコントローラーも離さないうちから僕は不安に襲われていた。そして、夢だと気付いたわけでもないのに、目に映る一つ一つを脳裏に刻んで世界と自分とを繋ぎ止めようとした——父の薄ピンク色のシャツ、上向きに輝く千尋の目、刃のように光るマンドリンの弦。

呼ばれたような気がして目覚めた。

空気は軽く、視界は暗かった。月夜野だ、と自分に居場所を言い聞かせ、たぶん鳥だ、と呼び声の主に当たりを付けた——体感だが、僕の名で鳴く鳥はこの世に少なくとも十種類はいるように思う。枕元のデジタル時計は、淡いバックライトを背に午前三時九分を映し出した。こんな時間にどういう用で鳴くんだろうと考え、いつもは二重三重に聞こえてくる寝息のいっさいない、ほぼ完全な静寂に耳を澄ました。月夜野だ、とまた思う。一人きりだ。

自分の居場所を、目覚めとともに思い出せることは滅多にない。巡業中は朝が来るたび迷子になり、鳴り響くアラームを止めたあとで必ず、ここはどこだと千尋と言い合う。広島か？　違う。瀬戸内だろ？　高松だ……そう言っているうちにまた寝入り、再度アラームに起こされる。わかった、姫路だ。それからやっとカーテンを開ける。伊丹だ。伊丹かよ。

月夜野では、思えば、土地の名と自分の体が結びつくときのあの気怠い安心を感じたことがない。無理に結ぶと、どちらもかえって不確かになる気がする。ひょっとするとそれは、幻想的すぎるという理由でこの地名を嫌い、ほとんど忌み言葉のように避けていた父に、長く付き合ってきたせいかもしれない。なるべくその名を呼ばないようにと気を付けるうち、どこでもない場所のようになったのかもしれない。

部屋を出、階下に向かった。呼び声の余韻がまだ頭に残っていて、すぐには寝直せそうになかった。裸足の足裏に木の階段はひんやりと冷たく、きのうまでいた、梅雨入り前の平野部とはまるで別の世界に来たのを感じた。

ひょっとして叔父が一人で飲んでいるんじゃないかと期待したが、一階は暗く、無人だった。肺がんで死ぬわずか二年前に祖父が思い立ってオープン型に改装したというキッチンの、オレンジ色の電球だけが、ほんのりとあたりを照らしていた。僕は冷蔵庫を開け、特に飲みたくもないハイボールのためにレモンを取り出した。黄色い皮と果肉を通った包丁がまな板を打つ音は、しかし不思議なほど僕の心を落ち着かせ、自分が落ち着いていなかったことにそこで初めて気が付いた。

飲み物を持ってカウンターにつき、暗く静まり返った部屋を眺めた。取っ散らかったダイニングとだだっ広いリビングを越えた先には、庭に面した縁側がある。濡れ縁ではなく、窓の内側に造られた入側縁で、小ぶりのテーブルと籐の椅子が、父の好みにより旅館風に置かれている。すぐそこに目が行ったのは、誰かがつけっぱなしにしたらしい照明がそれらの家具を明るく照らし出していたからだった。

その縁側の右奥から、トイレの水が流れる音がした。続いて聞こえてきたあくびは兄のものに似ていたが、一階で寝ているのは叔父だけだったし、たぶん、兄はもう家にはいなかった。寿司も尽き、演奏会も終わり、風呂も済ませてみんなそれぞれの部屋に引っ込もうというとき、出ていく音が聞こえた。月夜野に帰るといつもそうだった。毎晩誰かに会いに出かける。朝にはたいてい戻っているが、昼過ぎまで起きてこない。

叔父が出てきたら呼び止めよう、眠くても少しだけ付き合ってもらおうと、急いでもう一杯ハイボールを作り始めた。叔父と二人だけで話ができそうなときは絶対にそのチャンスを逃さないと僕は決めていた。作曲者兼ベーシストとしてバンドの中心にいながらなぜかぽつんと外れて見える、物静かで痩せっぽちの叔父は、いつまでたっても僕には気になる存在だった。

氷を押し込んだグラスを持ち、再びカウンターに戻った。その場所から、腹を掻き、くたびれきったため息をつきながら縁側に現われた父を見、反射的に目をそらした。ああくそ、と小さく罵る声、濡れた本を忌々しげに放る音、籐椅子の軋む音が、順に聞こえた。僕はもう一度そちらに目をやった。父は縁側の、こちらから見て右側の椅子に掛け、暗い庭を眺めていた。丸く突き出た腹も、顎と繋がった首のたるみもはっきりと見えた。向かいの椅子とテーブルのあいだにギターが立てかけられていること、リビングに寝かせていたはずのギターケースが壁に寄せられていることに、そこで気付いた。やはり長くは見ていられず、体ごと横を向いた。

鳥ではなくギターだったろうかと考えたが、もう余韻は消えていた。

しばらくの後、ごく控えめに、玄関から物音が立った。息を凝らして待っていると、やはり控えめな足音とともに兄がキッチンに入ってきた。兄は僕がいるのを見ても驚きはしなかったが、帰ってきたところを見られたくはなかったようだった。不機嫌そうに息をつき、外出に関する質問はいっさい受け付ける気はないとわかる声で、おう、とだけ言った。ああ、と返しながら僕は兄を目で追った。兄は香水とも、フィドルの手入れに使う松脂とも違う、僕を混乱させるためだけに存在するような他人の匂いを漂わせながら冷蔵庫を開け、夕方に飲んだのと同じ小瓶を持って隣に立った。僕はしがみつくように兄を見つめた。そうして縁側を見るなと念じたのか、縁側を見ろと念じたのか、とにかく縁側以外の情報は何もない目をただひたすら兄に向けた。

しかし僕と目を合わせるまでもなく、兄の目は自然とそちらに吸い寄せられていった。瓶を口元へ運ぶのと同時に兄の目が父の姿をとらえるのを、その姿に見入り、開きかけた唇が固まるのを僕は見た。兄はちらりと僕を見、また縁側を見、今度はしっかりと僕と目を合わせた。自分が見たものを僕も見たか知りたがっているようだった。頷くかわりに、僕は兄を見つめ続けた。仄暗いキッチンで、僕と兄はたっぷり一生ぶん見つめ合った。

兄はやっと目をそらすと、スツールに腰かけ、もう二度と縁側は見ないと決めたように体をこちらに向けた。それからひと息に半分ほどビールを飲み、振り払う感じに言った。「さっさと片付けたいんだよな」

「ああ——」話がまるで見えないまま、僕は相槌を打った。

「だよな」

「叔父さんはちゃんとやりたがってる。それが礼儀だと。でも死んだのは玄だ、今さら礼儀良くしちゃかえって失礼だろ。ぱっと終わらせたいんだよ。俺はな。検視から戻ったらこのへんの葬儀屋で焼いて終わり。立ち会うのは俺たちと、あとは根岸さんだけいてくれりゃいい」

僕は頷いた。町内の仕切り屋である根岸さんは、毎冬、自分の家のついでに我が家の雪下ろしに来てくれる善意の人で、あの人がいなければこの家はとっくに潰れているだろうと叔父はよく言っていた。父や叔父と同世代で、詳しい付き合いについては知らないが、どうやら祖父に恩義だか愛着だかがあるらしい。

「問題は骨だな」兄は鼻から息を吐いた。「環《たまき》さんと同じ墓に入れていいのかね、あの男を。それに関しちゃ叔父さんも悩んでるよ。共同墓地かなんかに放っちまうほうが玄にはいいんじゃねえかって……」

久々に祖父の名を聞いた。それだけで少し軽くなった胸で、自然とこう思った。「別に、無理して埋めなくてもいいんじゃねえか」

兄はまじまじと僕を見た。「埋めずにどうする?」

「捨てる」

「捨てる……」兄は口の下を指先でこすりながら復唱し、笑った。「いいかもな」

「だろ。墓ってタイプでもないしさ。そうしてもいいかあの本田って刑事に聞いてよ」

「いやだよ。これ以上うちのノリを見せると余罪を疑われる」

余罪、と今度は僕が、内心でだが復唱した。兄も逮捕されるつもりだったのだ。声をたてずに笑うと、自分を嘲るように兄も笑い、瓶の残りを飲み干した。

会話の途切れに、三人目の音が割り入った。本のページがめくれる、紙と空気の触れ合う軽い音だったが、そこに皮膚の湿度を感じるだけで雨音ほども重く感じた。沈黙が続く中でそれは次第に厚く、黒くなり、濡れた服にきつく身体を縛られるときの不快さをやがて生んだ。

父が死んだことを自分がどう感じているのか、そのときまでわからずにいた。一人だけで何かを感じたり、考えたりすること自体がそもそも不安だった。でもこのとき、重いと感じたのは確かに僕の心で、それまではいくらか軽かったのも僕の心だった。

おめでとうと叫んだあのとき、しっくりきた。《さあ船出だヨーソロー』と、自然と口をついて出た。

「玄を焼くなら、北本にも来てほしいな。いっぺんも会ったことないし」

そう言うと、遙か彼方を望むように流し台を眺めていた兄は、その目をゆっくりこちらに戻した。北本というのは僕が知る限りでは唯一の父の友人で、百弦のために歌詞を書いてくれる作詞家でもあった。芸術家だった祖父はコアな音楽ファンが喜ぶインストゥルメンタルをたくさん残したが、反対に父はヴォーカルを重要視した。人間の注意をもっとも引くのは結局のところ人間の声だというのが父の考えだった——まず気を引け、それから弦で締め上げろ。

詩を書く、という感傷的な仕事はしかし父の手に負えず、それで旧知の北本を頼ったのだったが、まず送られてきたのがあの馬鹿に短い、子供の落書きのような『ヨーソロー』だったので、その頃まさに子供だった僕と千尋はたちまち親しみをおぼえて北本を北本と呼ぶようになった。叔父はあの歌詞に曲をつけるというより、曲のほうにちょっと歌詞を飾るという具合に仕上げたので、歌詞の素朴さとは裏腹に『ヨーソロー』は最終的に十二分半にも及ぶ長大な、いかにも海原らしい曲になったが、僕はその曲を弾くたびに——そして父の三度上で歌うたびに——この海を生んだのは北本だと信じるのだった。易しさゆえの揺るぎなさが、いつも僕に水平線を見せた。

その展望が甦り、思いを遠くへ馳せたまま、「で、骨を囲んで、みんなで打ち上げをして——」と僕は続けた。「そのあとは、これまでと全然違うことを始めてみるのもいいよな。サーフィンをするとか、たとえばだけど、別々に暮らしてみるとか。バイトしてみるとかさ」

兄ははじくような手振りで小瓶を遠ざけると、作ったまま放っておいたハイボールを、何も言わずに飲み始めた。四本きりの指は、この上なく確かにグラスを握っていた。

「お前、バンドをやめたいのか」

不意に突きつけられた問いの、切っ先が僕の心臓に触れた。兄の顔と声には、笑みに振れそうな余白はもうなかった。いや、と僕は反射的に返し、目を伏せた。そうして聞かれる瞬間まで、実際、考えたこともなかった。そんな選択肢があるなどと、知りもしなかった。しかし縮み込んだ胸にはなぜか、長年の秘密を見破られたような衝撃と恥辱とが渦巻き、喉元まで逆流して一瞬、僕の呼吸を止めた。

「いや、そういうんじゃない。俺は、ただ、ちょっとよくわかんないだけだ」再び息が通るようになってから、僕は早口に言った。「次の一年のことが、うまく想像できないんだよ。玄がいなくても百弦なのか、玄抜きで次のツアーに出てもいいのか……だってこれは全部奴が始めたことだし、それに、玄が死ぬなんて初めてのことだし。だろ?」

そこで上目遣いに兄を見たが、目までは届かず、反応のない顎と唇を僕は三秒ほど見つめてからまた視線を落とした。黙るべきだと思ったが、「叔父さんも、もう年だし……」と気付くと続けていた。「それに、もしかしたらお前も、そろそろ腰を落ち着けたいんじゃないかと思ったんだよ。俺はよくわからないけど、ひょっとしたら、誰かと一緒に暮らしたいとか……」

「なあ、桂」覆い被さるような兄の声は、意外にも穏やかだった。「初めてのライブを覚えてるか。新生百弦のお披露目ライブ。巡業を始める直前のことで、今から——十年以上前」

十四年前。心中で呟いた。西荻窪。

「地下にある、環さんの幼なじみとかいう人がやってたパブだ。俺は二十歳かそこらで、お前らはまだ中坊だった」昔話と声の優しさに引かれ、僕はようやく顔を上げたが、兄の目は鋭いままだった。その目できつく縛り上げた僕に、「年寄りばっかりだったよな」とやはり優しい声で兄は続けた。「玄はそのライブを取っかかりに活動を始めようとしてたから、叔父さんに頼んで音楽雑誌の記者なんか呼んでもらってたけど、客席は同窓会だった。環さんの知り合いや環さんの音楽を忘れられない連中が、新しい百弦はどんなもんかと聴きに来たんだ。環の倅だ、と客たちは玄を見るなり浮かれ出したんで奴は最初《ハナ》っからイラついてたが、望むと望まざるとにかかわらずあれはそういう集まりだった。環さんありき。愛ありきだ。だってあのとき、全員の孫になったみたいな気がしなかったか？」

僕は頷いた。兄も頷いた。「七曲やって、拍手喝采、茶番だったよな」ハイボールをひと口飲み、兄は言った。「で、誰かが大声でこう言ったんだ。いい息子たちだ。これ以上はない親孝行だ。環はどれだけ喜んでるだろう——ぎょっとしたよ。よりにもよって、親孝行ときた。俺の場所からは玄の背中しか見えなかったが、それでも奴がその瞬間、完全にキレたのがわかった。もし玄が暴れ出したら両脇から抑え込もうと、お前とちいが目配せし合ってるのもわかったが、結局暴れはしなかった。覚えてるだろ。客に殴りかかるかわりに玄は、マイクの前でこう言ったんだ。『家に帰って来たような気分だ』」

僕はもう一度頷いた。それでも兄は続けた。「『あの親父が、環が人に好かれてたことは知ってたが、まさかこれほどとは知らなかった。長男の玄だ。次男の喬と、あとは孫たち。マンドリンがないのはよくわかってるが——』」そこで間を置き、兄は再び下の方へ逃げ出した僕の視線が戻るのを待った。「『今はこれで百弦だ。今日は楽しかった。環によろしく言ってくれ』」

意味わかるか？　すぐさま続いた質問に、解放されたい思い以外は何もない頭で僕はまた頷いた。氷だけ入ったグラスが、手の中で冷たい汗をかいていた。

「とうに死んでる環さんによろしくって、つまりくたばれ、地獄に堕ちろ、そういうことを言ってたわけだ。感謝感激ってふうを装って、客全員に唾を吐いてた。ろくでもねえ親父だなとつくづくそう思ったが、それでもこうしてよく覚えてるのは、あんな言葉の中にも真理があったからだ。なあ桂、いいか」嚙んで含めるように、兄はゆっくりと言った。「俺たちの家では、何がなくても、誰がいなくても損失じゃない。今あるものがすべて。今いる全員で百弦だ」

いつしか強く握りしめていたグラスを、兄は僕の手から抜き取った。それをそっと、音もたてずにカウンターに置いてから、「桂。目を見て答えろ」と言った。「お前の家はどこだ」

濡れた手をゆるく丸め、兄の目を見て答えた。「百弦だ」

兄は頷き、優しく僕の肩を叩いて、「もう寝ろ」と同じくらい優しい声で言った。「とにかく、お前は何も考えなくていい。

先のことは俺と叔父さんとで決めるから。早いところ――」と立ち上がりながら縁側に目をやり、不意を突かれたように一瞬、つかえたが、今度は目を離さなかった。誓うように兄は言った。

「片付けるよ」

去り際にもう一度僕の肩を叩き、兄は去った。

しばらく、僕はキッチンに留まり、繋縛のあとの痺れが消えるのを待った。こういう状態で一人になったときはどうすればいいか、昔は知っていたが今はもうわからなかった。詩は遠く、海は埋められ、僕は二十八歳だった。ウイスキーを戸棚にしまい、流しでグラスを洗った。

父はまだ縁側にいた。背を丸め、明かりを頼りに、手帳に何か書き付けていた。玄さん寝ないのと出かかったが、飲み込んで二階へ戻った。

兄には確かに、今あるものがすべてだったろうと思う。西荻窪でのライブのすぐあと、家賃の滞納と騒音を理由にとうとう目黒のアパートを追い出され、それをきっかけに慌ただしく始まった巡業が、なんとか一年目から巡業の体をなしたのは兄がその考えのもと動いたからだった。

ないものを挙げればきりがなかったが、あるものを並べるのは実際たやすかった。家族と音楽、地図と電話、健康と楽観、イカサマとハッタリ。兄はそのすべてを駆使し、命じられるまでもなく一家の羅針盤として働き始めた。千尋を高校にも行かせないなど考えたこともなかったはずの叔父を「旅行がてらに半月だけ」と紛れもなく詐欺師の誘い文句でツアーに連れ出したのは父だったが、その叔父のコネクションを利用して仕事を取り、ライブスケジュールを組み、旅程を定め、宿泊地を決めていったのは兄だった。旅の始まりの、何もかもが不足していたあの時期に、人生とは常に自分が持っているものだけで成立することを兄は自然と知ったのだ。

全国規模で見れば百弦はほぼ無名で、単独ライブで繋いでいけるようなレベルではとてもなかったが、選り好みさえしなければ演奏の機会はいくらでもあった。あちこちで野外イベントが開催される夏と秋は特にそうで、百弦のアコースティックな編成はしかも、ほとんどのイベント開催者に好感を持たれた。

そうして新しい生活が始まった当初から、家事全般は僕と千尋の仕事だった。僕らはイベント関係者や地元の人から首尾良くもらってきた食材をキャンピングカーやゲストハウスに持ち帰って何か作ったり、全員分の洗濯物をコインランドリーへ運び込んだり、ぎゃあぎゃあ騒ぎながら車内トイレの汚物処理をするようになった。それは月夜野にいるあいだも変わらず、到着日の家起こしから滞在中の炊事洗濯まで、すべて僕と千尋で受け持った。

兄とキッチンで話した三時間半後、リビングのソファをベッドがわりにして眠っている父を最初に見たのも、だから僕と千尋だった。朝食を作りに降りたら、いた。朝にはいなくなっているものとなんとなく思っていたので意外だったが、新鮮な驚きはもうなく、どちらかというと僕は父より千尋のほうに気を取られた――千尋は遠目に父を見つけて硬直し、もう少し近付いてまた硬直し、寝顔を覗き込んだ瞬間に跳ね上がるようにのけぞってすっ転んだ。それから手できつく口を塞ぎ、爛々と輝く瞳をこちらに向けた。朝日よりよほど明るかった。

千尋は一刻も早く騒ぎたそうにしていたが、僕が首を横に振るとたちどころにルールを理解し、黙って台所仕事に取りかかった。その朝はいつものようにラジオをかけることも、歌を歌うこともなく、僕らは粛々と働いた。思えばそれほど静かな環境で朝食を作ったことはこれまでなく、三個、四個と千尋が卵を割る音を聞きながらパンを切っていたらうっかり神聖な気持ちになり、胡椒がない、車の中だ、とたまに交わす自分たちの言葉からさえ崇高な響きを聞き取ったが、特別な時間は、叔父が起きてきたところで終わりを迎えた。リビングの隣の和室から出てきた叔父は父を見るなり、お前ここで何やってんだ、と大声を出し、昨夜から守られていたルールを破壊すると同時に僕と千尋を笑わせたのだった。笑いごとではないという事実と、どう見てもじゃれ合っているようにしか見えない父親たち――腹のほくろで本人確認をしようとする叔父と、起き抜けながらそれを必死に拒む父――の格闘が、より激しく僕らを笑わせた。玄さんメシ食うかと千尋が聞くと、なんで食わねえと思うんだと父は憤怒の形相で怒鳴った。

午後まで寝ているつもりでいたに違いない兄も、騒々しさに屈して起きてきた。兄はカウンターの外側に立ち、千尋が淹れたコーヒーをすすりながらしばらく叔父と父の漫才じみた問答を聞いていたが――「お前どうやってここまで来た?」「関越を通ってだ、ほかに何がある?」――眠たげな目を一度、ぎゅっと閉じると、スウェットの尻ポケットから携帯電話を取り出した。

その電話を耳に当てながらリビングまで行くと、兄は叔父の隣にどさりと腰を下ろした。「ああ、本田さん、宮嶋だけど」とやがて出した声はいやに大きく、全員に聞かせようとしているのがわかった。「そう、宮嶋、きのうの昼頃来てもらった。朝っぱらからすみません。ちょっと確認してもらいたいことがあって、その――」おい俺にもコーヒーだ、とそこで大声を張り上げた向かいの父を見ながら、兄は言った。「きのう、持っていってもらったもののことで」

こっちで飲めよ、もうメシだと僕がダイニングテーブルにマグを置くと、俺にも、コーヒーだ、と父は強情に繰り返した。兄がきつく僕を睨んだ。静かにさせろという目だった。

「いや、結果を急がせたいわけじゃなくて、ただ見てもらいたいだけなんだけど――」兄は本田を相手に話し続けた。僕はコーヒーを二つ持ってリビングに入り、朝の明るさの中、至近距離で父を見た。ギョロ目の下のたるんだ皮膚も、丸く突き出た腹も、マグを奪う横柄な手振りも、変わらぬいつもの父だった。そんな父を叔父はただ呆然と見つめていたが、叔父さん置くよと声をかけると我に返り、ああ、と応えて目の前のコーヒーに視線を移した。

「ちゃんとそっちにあるかどうかが知りたいんだ。それをもう一度、見てもらえればそれでいいんで。変なこと言ってるってわかってるんだけど、実はその――」兄はコーヒーをひと口飲み、そのあいだに話をこしらえた。「もしかして盗まれたりしてるんじゃないかって、今朝になって急に、弟たちが心配し始めて」

おい、と千尋が苦笑いで声をあげると、「普段は脳天気な連中なんだけど――」と兄も同じく苦笑いで続けた。「急なことだったし、ちょっと不安定になってるみたいで。それで手を貸してほしいっていうか、本田さんがもう一度確認してくれれば、それだけで落ち着くと思うから。すみませんね、ほんと。ああ、そうしてもらえると助かります」

それじゃあ、どうもと切った電話をわきへ放ると、昼までに連絡が来る、と兄は励ますように叔父に告げた。舌打ちしながらクッションを持ち上げたりテーブルの下を覗いたりしている父には、尻の下から引っぱり出したテレビのリモコンを手渡しつつ挨拶した。おはよう玄さん。

父の遺体が警察にあろうとなかろうと状況の奇妙さは変わらないのに、刑事という司法的な存在を介入させただけで不思議と、全体が落ち着き始めた。その後は自然と習慣どおりの動きになり、五人揃って食卓について、ドレッシングを回せだのフォークより箸がいいだの俺のスープだけ具が少ないだのと言い合ういつもの食事時間に入った。

父も食べた。朝にはいなくなっているだろうと思ったのと同じ感覚で、ものを食べることはないだろうと思っていたのだが食べた。父が麵のようにベーコンをすすり、煎餅のようにレタスをかじり、二杯目のスープを作ろうとするかのようにどぼどぼとフレンチトーストにメープルシロップをかける様子にほかの全員がふと、食事の手を止め見入る瞬間があり、父の上でそうして重なる僕らの視線の結び目が、二重、三重と大きく硬く膨らむにつれ、父の命もいよいよ確然としていくようだった。

その父に、聞くべきことを聞いたのは叔父だった。ダイニングからは見えづらい位置にあるテレビを、それでも見ながら次々にチャンネルを送っている父の手から叔父はそっとリモコンを抜き取り、「自分が死んだのを覚えてるか?」といきなり核心に触れた。「俺たちが戻ったら死後二日経ってた。自分の身に何が起きたか覚えてるか?」

少しのあいだ、父はリポーターが畑の真ん中で元気よく高原キャベツを紹介する様子に気を取られていたが、やがて叔父に目を移すと、「ああ」と答えた。「お前らいつ帰ってきたんだ?」

叔父はその質問には答えず、「自分が死んだのを覚えてるのか?」ともう一度、しかしさっきとは違う響きで聞き直した。

「ああ」と父はやはりそう答えた。「トイレから出たら嘘みたいな頭痛がして、酒でごまかそうとしたら目眩がした。たぶんそれだ」

「そのあとは?」

「それはいつ?」

「トイレに本を取りに戻った。絶版本だ。文庫だけどな」

「でも便器の中に落とした」

「いつだよ?」

「ゆうべだ」

「目眩を起こしてから本を取りに戻るまではどこにいた?」

「さあ……」

「床の上？」

「知らん」

「安置所？」

「知らん」

「でもどこかにはいたはずだ」

「知らねえっつってんだろうが、殴られてえのか」父は舌打ちをした。「俺は俺がいた場所にいた。それだけだ」

「玄」叔父は重く父の名を呼んだ。「俺を煙に巻きゃ済むって問題じゃないんだぞ」

　すると父は「馬鹿が」と吐き捨て、「何が問題だ、こんなことの」と椅子の外に放り出すようにして脚を組んだ。「くだらねえんだよ、お前が問題視する問題はいつも。昔っからやれ子供らの教育がどうの環境がどうのってよ、なあ、喬よ、それで結局何か不具合が起きたか？　律も桂も千尋もみんな、馬鹿なりにしっかり育っただろうが。いつだってお前は多数派に合わせたがるが、多数派はあくまで多数派だ、正解じゃない。正義でもないし、真理でもない。俺が多数派の死に方をしなかったのはお前には期待はずれだろうが、こっちは普通にしてるだけだ、お前なんぞにつべこべ言われたかない。わかったらもう二度と、俺の死に方にケチをつけるな」

　叔父はしばらく、ほぼ目の前に差し出された父の手を暗い顔で眺めていたが、やがてその手にリモコンを載せた。父はすぐさまテレビの音量を上げ、上げ続けて、僕らは高原キャベツの特徴が甘さと柔らかさであること、まもなく嬬恋《つまごい》から出荷されることを、映画館並の大音量で知った。


　本田は仕事が早かった。こちらの朝食が終わるのとほぼ同時に兄の電話に折り返してきて、朝一番で確認したが父の体はもちろん無事だと知らせてきた。兄はカップ入りのアイスクリームを手に縁側のほうへ歩いていく父を目で追いながら、ありがとう、とだけ返して電話を切った。

　全体の雰囲気は、そこから一気に弛緩した。みんなだんだんと状況に慣れ始めていたし、自分のあり方に疑問を持たない父を相手にするのも、考えようがないことを考えるのにも疲れてきていた。兄は寝直しに部屋に戻り、叔父は根岸さん宅へ、とりあえず今年も帰ってきたと挨拶だけしてくると出て行った。どちらも一時退却の足つきだった。

「これでいいんだよ。自然なことだ」みんなが残していった空の皿を集めながら、打ち明ける調子で千尋が言った。「ずっと五人でやってきたのに、いきなり一人欠けるなんて妙だ」

　父が派手にこぼしたメープルシロップを拭き取っていた僕は、目だけ上げて千尋を見た。同じ具合に千尋も目を上げ、縁側で悠々とアイスクリームを堪能している父を眺めた。

「さっきの、聞いたか？」その目と満足げな笑みを僕に向けてから、千尋は食器を流しへ運んだ。「多数派の死に方、だってよ。よくそんな言い草がぽんと出るなって感じだけど、でも、玄さんを見てたらそうかもなと思えてきたよ。多数派、少数派ってんじゃなくても、人それぞれなんじゃねえかってさ」千尋は食器をシンクに置き、勢いよく水を出した。

「死んだあとどうなるか、だって、誰が知ってる？　一度死んだらそれっきりだとか、線香となんまいでさよならだとか、そういう死の常識ってのは全部、生きてる人間が言ってることなんだ。だろ？　一度も死んだことのない連中が死を語ってる。死を知らない奴だけが、死とは何かを語れるんだ。そんなめちゃくちゃなことを俺たち、今日までずっと当たり前に信じてたんだぜ」

相槌も打たず、僕はただ黙ってテーブルを拭いた。

「玄さんはきっと、そのことに気付いてたんだろうな」泡立てたスポンジで皿を洗いながら、千尋は続けた。「玄さんて昔っから、誰かが死んでもそのことを無視するようなところがあっただろ。死んでも態度を変えないっていうか、ほら、環さんのことなんか、いつもすぐそこにいるみたいに文句言ってさ。信じてなかったんだよ。死ってものを。それが今回の、玄さん自身のことに関係してるのかどうかはわからんが、ただ者じゃないってことは確かだな。わかってたつもりだけど、確信した。宮嶋玄は特別な人だ。戻るべくして戻った命だよ」

僕は折りたたんだ布巾をまな板の上へ放り、洗濯、と一語で行き先を告げてキッチンを出た。こいつとなら永遠に話していられそうだと思うときと、もう一秒だって話していられないと思うときがあり、後者のとき、千尋はこうして際限なく父を称え続けるのだった。

脱衣所へと向かう足取りは、しかしそのために軽かった。一歩、また一歩とキッチンから離れるごとに身軽になり、洗濯機の上の高窓を見上げたところで、本田は今、と考えた。いったい何をしているだろう。我ながら脈絡のない想像だったが、遠く、より遠くという願いが自然と、自分からかけ離れた刑事という身分に通じたらしかった。朝の九時から死体のそばにいるというのは、いったいどういう生活だろう。どういう親に育てられ、どういう子供時代を送れば、ワイシャツを着たり、ネクタイを締めたり、流暢な敬語を話したりする人生になるんだろう。

洗濯機は三度回した。父は僕が洗濯かごを持って現われるたびに顔を上げ、読書を一時中断して、庭や自分の周りが洗濯物と芳香で飾られていくさまを見物した。父が僕を見ながら何かを思っているのを感じたが、それが何であるかということは考えないようにして、あいつにも五人家族の、五日分溜まった洗濯物を一気に干す朝があるんだろうかとしつこく本田のことを思った。

《違う　それは　夜の星だ》と千尋がリビングを掃除しながら口ずさみ、《朝の星をさがせ》と僕が父の靴下を干しながら応じた。《違う　それは　俺の臍だ》《朝の星をさがせ》

時はおおよそ穏やかに過ぎた。午後は休暇らしく過ごそうと決め、きのうやり残した家事と昼食の用意及び昼食の後片付けを済ませると、僕と千尋はテレビの前に陣取ってこの日のために買っておいたゲームに着手した。叔父は昼に一度戻ってきたが、またすぐに出て行った。今度はキャンピングカーへの出勤だった——巡業中の移動手段であるキャンピングカーには叔父の作曲仕事に必要な機材もすべて積まれており、僕らがゲストハウスやユースホステルにいるあいだ、叔父専用の仕事場になるのだが、帰省しても叔父はその勤務スタイルを変えようとしないのだった。兄は午後の二時過ぎにやっと起きてきて風呂に入り、僕と千尋が画面上で繰り広げるサッカーの試合をしばらく観戦したのち楽器の練習を始めた。ゲーム内で流れている曲がフィドルで奏でられ始めたので僕と千尋はつい笑い、その流れでなんとなく、自分たちも練習に加わった。その後、兄は遅すぎる昼食をとりながら夜はいらないと言い、千尋は洗濯物をたたみながら夜は何がいいと父に尋ねた。父は本から目を上げようともせず、ああ、と的外れな返事をしたが、そんなことが千尋には嬉しいようだった。

父に専用の部屋はなかった。居場所を定めようとする感覚自体がそもそも薄いのだったが、それでも居心地のいい場所というのはあるようで、この家でいえばそれは間違いなく縁側だった。誰にも邪魔されずに本を読んだり何か書いたりすることと同じくらい、父は風通しのいい場所が好きだった。すぐそこに外の世界があり、その気になればいつでも旅立てるような場所を、父は愛した。

昼寝と食事時を除けば父はその縁側とトイレの往復しかしていなかったが、夕方、叔父が帰ってきてベースを弾き始めると、ギターとともにそちらへ吸い寄せられていった。叔父がキャンピングカーから持ち帰ってきたアイデアと、そのアイデアに引かれた父のイメージとが弦の上で取り交わされるのを聴きながら、僕と千尋はひたすら夕飯の餃子を包んでいった。僕らが二百個包み終えたとき、父親たちは一曲作り終えていた。

父の死は幻だったかと、一度ならず思った。すべてがあまりに自然に流れた。しかし陽が落ち、家が闇に包囲されると、明るいうちは漠としていた事実がまるで肉を削がれた骨のように鋭く、素のまま顕れて、固く家内に腰を下ろした。帰還した父をどう扱うかについて、叔父か兄が今夜じゅうに何かしらの決断を下すだろうと僕は思った。何にせよ放っておかれることはない。それが摂理というものだった。

ところが父は——朝食の席ですでに本人から知らされてはいたが——自前の摂理を持っていた。そして僕と千尋が二百個の餃子を焼き始めたとき、前触れもなくその法則を働かせて家を震撼させた。物理的な揺れだった。ただ事でない物音が響き、家具が震えた。

棚から大皿を取り出していた千尋は素早く振り返り、僕は終末的な災害をいち早く受け入れてコンロの火を止めた。リビングでテレビを見ていた叔父は、すでに立ち上がって震源の風呂場へと歩き出していた。千尋、僕の順に続き、外出のために着替えていた兄も二階から降りてきた。

父は洗い場に倒れていた。全裸で、目は閉じ、頭にはまるで陰毛と合わせたように白くふわふわとした泡がついていた。乾いても、萎んでもいなかったが、一度も見たことがない姿という点ではきのうと同じだった。叔父がそばに跪き、父の名を呼びながらそっと肩を揺すった。反応も、息もなかった。

千尋が急いでポケットから携帯電話を取り出した。すると背後に立っていた兄が、真上に引き抜くようにしてそれを取り上げ、振り返った千尋と向かい合った。

「救急車を呼ぶだけだ」千尋が言うと、「呼んでどうする?」と兄は囁いた。「すでに一体、警察にあるんだぞ。あちこちばらまいてどうすんだ、こんなもん」

「見殺しにしろってのか」

「見殺しも何もねぇんだよ」締め上げるような声だった。「三日前に死んだ男だ」

千尋は大きく息を吸い、荒れかけた息を抑え込んだ。そして細かくちぎれた言葉を、やっと二つ、絞り出した。「律。俺は」

「お前の考えはわかってる」兄はこれ見よがしなほど落ち着いた声で遮った。「でも、大丈夫だ、考えるのは俺と叔父さんでやる。お前はメシを作れ」

千尋は引かなかった。もう何も言おうとはしなかったが、その場を動こうともしなかった。兄が咎めるような目を、千尋にではなく僕に向けた。指先に少しずつ力を加えるやり方で僕が背を押すと、ある一線を越えたところで千尋は急に従順になり、顔を伏せて出口へと向かった。

僕もそれに付き添ったが、すれ違いざま、兄の携帯電話が鳴り出して思わず振り返った。尻ポケットから引っぱり出した電話の画面に、「本田さん」と表示されているのが見えた。目元に一瞬、逡巡の歪みが浮かんだが、払い除けるように咳払いをすると兄はすぐに電話に出た。

しばらくは、ああ、とか、うん、とかいう薄い返事が続いた。が、やがて唐突に明瞭な声で、たぶん相手の言葉をなぞって兄は言った。「くも膜下」

一人、空気の軽い廊下に出た千尋は、しかしキッチンには戻らずその場から兄の声を聞いていた。僕は廊下と脱衣所の境界に、露骨に侵入者を阻む格好で――いつでも脚を遮断機として出せるよう、ドア枠に背をもたせて――立ったが、それは千尋よりむしろ兄のほうを気遣った文字通りポーズだったので、意識はやはり兄の声に向けていた。その場所から父の姿は見えなかったが、父を見下ろす兄の横顔は見えた。そのせいもあり、兄の口から告げられた死因がいったいいつのものなのか、一瞬、わからなくなった。

「まあ、それはいいんだけど――」と兄は歯切れの悪い返答をしてから、驚きを含む大声で、「いや。困る」とはっきり言った。「まだ引き取れない。もう少しそっちに置いといてくれ」

兄は風呂場に背を向け、右手をポケットに突っ込んだ。「それはわかる。だいたいの流れはわかってる。わかってるんだけど今、ちょっと新しい問題が起きてて、まずそっちを片付けなきゃならないんだ。それであの、本田さん――」とそこで今朝の僕と同じように、兄は洗濯機の上の高窓を見上げた。「忙しいとこ悪いんだけど、今からこっちに来られないかな。見てもらいたいものがあるんだ、あと、折り入って相談したいことが。きのうと同じ車で来られます？　人を運べるやつだ、でも、できれば一人で来てほしい。くるくる回る赤い光はなしで、玄関に直付けする感じで。無理言ってほんと、申し訳ないんだけど……」

叔父がようやく風呂場から出てきた。濡れた靴下を脱ぎ、洗濯機に放り込むと、そこでちょうど通話を終えた兄と顔を合わせた。自分が放心しているあいだにどんどん物事を押し進めていく甥を、叔父はやはり少しぼんやりした様子で見つめた。

その目に非難の色はなかったが、「こうするほかないと思って」と兄は相談なく刑事を呼んだことを言い開いた。「こっちでなんとかしようとして、遺棄扱いされるよりは……」

叔父は頷いた。兄の腕を叩き、僕の前を通って廊下に出た。そこで不意に千尋と出くわし、立ち止まりかけたが、結局そのままダイニングのほうへ抜けていった。兄も続いた。動かすなよ、と釘を刺しながらまた電話を操作し、別の誰かを呼び出していた。

兄の姿がすっかり見えなくなるまで待って、千尋は再び脱衣所に足を踏み入れた。歩きながら靴下を脱ぎ、ズボンの裾をまくり、躊躇せず父に寄っていった。僕は脱衣所と風呂場の境界へと監視の場を移し、そこに腰を下ろした。叔父はボディタオルで父の陰部を隠してやっていたが、千尋はその上からさらに大判のバスタオルを、湯冷めを防ごうとするようにかけてやり、父の頭のすぐそばにバスチェアを引き寄せて座った。そしてシャワーを取り、お湯を出して、父の髪に残った泡を流し始めた。梵字の刻印された千尋の指が優しく父の髪に差し込まれるのを、再び立ち始めた湯気の中で僕は見つめた。罰せられている気になった。みるみる濃くなっていく湯気が、僕と二人とをやがて完全に隔てた。

ややあって、表から静かな騒々しさが来た。外部者が入り込んだとき特有の、わっと塵が舞い上がるような浮遊感が、開かれたままの戸から入り込んできて僕は振り返った。また死んだ、という兄の声が聞こえた。間を置かず返される。また？

本田は颯爽と現われた。スーツ姿の彼は、風呂場では外部者どころか異星人のように見えた。父のそばに座り込んだ千尋に威嚇の表情を向けられ、つと足を止めたが、むしろそこは自分の領域だと遺体を見て悟ったようだった。父、床、壁、天井の順に視線を巡らせ、また父に目を向けると、彼はポケットから白い手袋を取り出して両手にはめた。そして己の有する権利のすべてを行使し、こう尋ねた。「これは誰ですか？」

「別に誰でも構わねえんだ」兄はまずそう答えてから、どいてろちぃ、とどやしつけた。「たぶん親父だと思うが、納得いかなきゃ調べてもいい。でも最初に言っておくと、こっちはそういうことには興味ない。この親父に混乱させられることには、もう全員慣れてるんだ。だから俺たちの望みは論理的説明なんかじゃなくて、もっと単純、死体を引き取ってもらうことだけだ。おたくと違って、うちにはこういうものを置いておく場所がない。とりあえず保管しておく設備もなければ、人知れず処理するやり方も知らない。困ってんだよ」

しゃがみ込んで父の体を調べていた本田は、ゆっくりと立ち上がった。振り返り、兄を見るその鋭い目に、今度こそはっきりと疑惑の色が浮かんだ。「この方は――このお父さんは、いつからこの家にいたんですか？」

「厳密にはわからない。最初に見たのはきのうの夜中だ。いつの間にか縁側にいた」

「お元気な状態で？」

「お元気な状態で現われて、一日過ごした。メシも食ったしウンコもした。で、さっき死んだ」

「お兄さんのほかにご兄弟は？」洗い場の隅でうつむいている千尋を見ていた僕は、ぎょっとして本田に目を向けた。なぜ急に僕と話す気になったのか、その上なぜそんな不穏な質問をするのかと驚いたのだったが、彼の視線は、兄のななめ後ろに立つ叔父に向けられていた。

叔父はすぐには答えなかった。僕とは反対の思い違いをして、自分に向けられた質問だと気付いていないようにも見えたが、やがて小さく、「いや」と答えた。「玄だけだ」

本田は叔父のその反応を、ひとまずの落としどころとしたようだった。「ご遺体はお預かりします」と切り上げる口調で言い、「諸々、不明な点はまあ、遺伝子検査で明らかになるでしょう」と暗に二人目の叔父の存在をほのめかした。今日一日、父と過ごした身からするとあまりに馬鹿げた推理だったが、笑う気にはなれなかった。「どちらにせよ、ちょっと上に相談しますよ。明日また伺います」

今日の本田は完全に一人だったので、担架を運び出すのに兄が手を貸した。僕は玄関のドアを押さえて担架を通し、そのまま自分も外に出て、父がワゴン車に積み込まれる様子を見守った。人目を気にして外灯を消したせいで、背格好の似ている兄と本田は、僕の目の中でまるで双子のような影を作った。

兄が僕のいる軒下まで引き上げたとき、ひと筋、明るい光が差し、中からそっと千尋が出てきた。夜中にふと目を覚まし、親の声を聞きにきた子供を思わせる佇まいだった。よう、本田さん、と呼び止める声も頼りなげに揺れた。

運転席のドアを開けようとしていた本田は、その声に振り返った。千尋は凍えているように肩をすくめて歩いていき、「そっちのやり方に口出す気はないんだけど――」と切り出した。「ただ、きのうからどうもわからない。あんたなんで俺たちを捕まえないんだ?」

目の前までやってきた千尋の、びっしりとタトゥーに覆われているせいでほとんど闇と同化している腕を、本田はじっと見つめた。それから落ち着いた声で尋ねた。「何をしたんですか?」

「わからない」千尋はぽつりと答えた。「でも何かしたと思う。じゃなきゃ、すべきことをしなかったと思う。あんたみたいな人が調べてくれれば、きっとわかるよ」

もう名前を呼ぶのも億劫になった兄が、険のあるため息をついた。すると本田は兄を一瞥し、再び千尋に目を戻してから、「署に戻って検討します」と元気づけるように言った。「はっきりするまで、なるべく家から出ないように」

刑事の言葉が腹に染み入るのを待ってか、千尋はしばらくじっとして、それからこくりと頷いた。本田は千尋が軒下まで下がるのを見届けてから車に乗り込み、いかなる合図も残さずに去っていった。

千尋が指に梵字のタトゥーを入れたのは十八のときだ。第二関節と付け根のあいだに一文字ずつ、本番でとちらないよう、指にまじないをかけた。それから少しずつ、行く先々で彫り師のもとを訪ねては蛇だの蜘蛛だのトライバルだのを入れてもらうようになり、その範囲も手から前腕へ、上腕へ、肩へと伸びていった。

「だって、とにかく落ち着くんだ」五年前、豊前《ぶぜん》の銭湯で筋者ふうの客に絡まれたとき、愛想笑いと口八丁でどうにかその場を切り抜けたあとで千尋は言った。「新しい土地に来ると、なんかふわふわするだろ。これまでのことがリセットされた感じがして、どうすりゃいいかわからなくなる。でも何か一つ彫ると、そういうのが全部落ち着く。荊と一緒に、自分の体も豊前に根付いていく感じがするんだよ」そう言って一番新しい、上腕にぐるりと巻き付けた荊のタトゥーを嬉しそうに僕に見せた。お前ほど放浪生活に向かない奴はいないな、とつい言ったのを覚えている。

千尋が信じ、僕が信じなかった神秘の力は、それでも僕の見ている前で、実際千尋を強くした。永続的な魔法にかけられた指はいつも僕を、百弦をけしかけ、客席に火をつけた。

その指が父の洗髪を引き継いだのを見たときからあった、何か胸騒ぎに似た思いと、細く開けていた窓から入り込んだ雨の匂いの中で翌朝は目覚めた。雨音がかえって際立たせる家内の静けさの中、自然と忍ぶようになる足で階段を降り、ダイニングに入ると、すぐに千尋の姿が目に入った。ソファの背もたれに軽く腰をのせ、そっと下を覗き込んでいた。雨越しの朝陽に淡く照らし出された、その満ち足りた横顔の、知らない甘やかさに僕は見入った。

こちらに気が付き、ヒヒヒと笑いながら寝癖髪を揺らす様子は、しかしもういつもの千尋だった。つられて笑いながら歩いていき、僕もソファを覗き込んだ。もう少しでいびきに転じそうな寝息をたて、父が眠っていた。毛布をかけ直してやる千尋の柔らかな手つきを見ながら、この指で連れ戻したのだと僕はごく自然に思った。

しつこいな。僕が囁くと、千尋は笑って頷いた。まあ、根に持つタイプだしな。

父は味噌汁の匂いで目を覚ました。しばらくはその場でぼんやりと雨を眺め、千尋が持ってきたお茶を飲み、和室から出てきた叔父におうと挨拶した。それからリビングじゅうをひっくり返す勢いでテレビのリモコンを探し始め、クッションやら本やら自分が脱ぎ捨てた靴下やらをあちこちに放りながら律、おい律と怒鳴り散らし、リモコンを探しているのかリモコンサイズに縮んだ兄を探しているのかという風情を醸していたが、籐椅子の上にあったのをようやく見つけ、何事かと起き出してきた兄にもういいと告げて朝の情報番組を見始めた。

前日のような驚愕も、興奮もなかったが、不思議と賑やかな朝だった。父は妙に機嫌が良く、脳がないのになぜ首脳会議と呼ぶんだとか俺は前からこの歌手が気に入らなかったとか水瓶座が何位か見逃したとか、テレビの情報と積極的に関わりながら納豆をかき混ぜ、かと思えば、お前ゆうべどこ行ってたんだといきなり兄の動向に興味を持った。兄の外出について誰かが触れるのはこれが初めてだったので、一瞬、妙な間が生まれたが、玄さんこそどこ行ってたの、と兄はすぐに切り返してみなを笑わせた。本当に意味がわかっているのか、父も笑い、サラダから豆を拾って兄にぶつけた。

朝食後、全員揃っての練習を一時間ばかりしたほかは前日と同じように過ぎた。父以外の四人にはなんとなく、本田を待つような雰囲気があったが、なぜだか来る気配はなかった。兄の電話も鳴らなかった。

その晩はトイレで死んだ。やはり物音がし、振動があり、戸を開けてみると――父はいつも鍵をかけない――床に倒れていた。便座から転がり落ちたようだった。

明日また来ると自分で言っておきながら呼ばれてようやく現われた本田は、そのことには触れもせず、昨夜よりはるかに事務的な態度で事に当たった。何も質問しないどころか、ほとんど僕らを見ようともしなかった。不可解だったが、「署に戻って」「上に相談」した結果の対応であることは間違いなかったので、こちらも黙って飲み込む態勢に入った。

明日も呼ぶかもしれない。兄が探りを入れるように言うと、小さく頷き、本田はやはり事務的に返した。伺います。

不機嫌にも見える相手の顔を、兄はしばらく黙って見つめていたが、やがて薄くほほ笑んだ。本田が「上」から何を命じられたにせよ、深入りせずにいれば父の体の引き取り手にはおそらく困らない。その構図を、無駄のなくなった刑事の物腰ごと気に入ったようだった。

一方の千尋は兄の気に入った部分にこそ失望した様子だったが、やはり深くは踏み込まず、昨夜のように呼び止めることもなかった。千尋自身が、そもそも昨夜と違っていた。父が二度戻ったことで自信に似た力を得たこと、三度目も、四度目も戻るとすでに信じていることが、担架を運び出す本田から目をそらしたときの迷いなさでわかった。

そして実際、そのとおりになった。日に一度、父は死に、その都度戻るようになった。


日常になるのに、一週間もかからなかった。たいてい夜の七時から八時頃にどしんと家を震わせるので、それがやがて時報のようになり、毎晩十時にと決まった本田の迎えも含め、僕らはおのずと父の死が生むリズムに乗って生活するようになった。

「騒ぐことなく毎晩兄貴を回収してくれて、こっちとしてはそれだけでありがたいんだが――」と僕らがあえて触れずにいた本田の黙秘に、一度だけ、叔父がそっと挑んだ。「もしも何か、知ってることがあるなら教えてほしい。警察さんからしたら、こういうことってのはそう珍しくもないのかな。つまり……何度も戻ってくるっていうのは？」

担架に乗せた父を運び出すために跪いていた本田は、その格好のまま叔父を見上げた。この手の追及はもうないと油断していたためか、無口な叔父に不意に踏み込まれたためか、いえ、そんなことは、と応えた声にいつもの硬さはなかった。

本田は立ち上がり、観念したように叔父と向かい合った。そして、「何もお話しできないんです」と、久しぶりに人間らしい顔つきでそう言った。「珍しくないどころか、前例も、似たケースも見つかりません。そのせいで指示も曖昧で、そのくせ守秘義務だけは厳しくて。でも、お約束します。宮嶋さんにとって有益な情報を我々が隠しているということはありません、決して。というより、ご遺体をお引き受けすることと騒ぎにならないよう取り計らうことのほか、できることはないと言ったほうが正確ですが……」

そう言って本田はうつむいたが、叔父はほっとした様子だった。内情を窺えたことより、本田が腹を見せたことに安堵したようだった。「ああ。そうなの」と簡単に返した声にははっきりと感謝の響きがあり、以後、もう情報開示を求めることはなかった。

何にせよ父は死に続け、甦り続けた。神秘と相性のいい千尋にはしっくりくる日々だったようだ。くも膜下、という完全に意味を失ったはずの診断もただ一人、真摯に受け止め、少しでも改善できないかと献立に気を使うようになった。肉類は避け、魚や野菜、海藻類を中心に。脂っこい料理が好きな父をいかに騙すかということが千尋の一番の関心事になり、あれこれと新しい調理法を見つけ出しては実践した。複数回の死をまたいで新しい曲を覚える父を見て、今日の行いは明日の生に持ち越される、健康になればいずれ死なくなる日が来ると、千尋はそう信じるようになっていた。

けれども兄の心はとうに、明日もあさっても跳び越えていた。兄が脳内で並行して描き進めているいくつかの未来図のうち、今やもっとも色鮮やかな一つには、来年も、再来年も、父の最期を見取り続けている自分たちの姿が映し出されていたはずだ。休暇という名の六月も残り二週間を切ったこの時点で、兄は七月から十月の一週目までライブスケジュールを組み終えていたが、その予定どおりバンドが動いていく図のほうは、反対に、日ごと色褪せていったに違いない。僕はいつも昼過ぎに起きてくる兄が、のそっとダイニングに現われ、キッチンへ入り、冷蔵庫を開け、取り分けられた食事を取り出し、レンジであたため、それを持って僕と千尋の試合を見にリビングに来るまで、父のいる縁側に目をやらないことに気付いていた。ゆうべどこへ行っていたんだと聞かれ、玄さんこそどこへ行ってたのと返す軽やかさは、もうなかった。

祈りのような千尋の日々と、焦慮に満ちた兄の日々の重なり合う、視界の効かない日常から僕は自然と目をそむけた。そしてその目を、やはり自然と本田に向けた。夜になると現れ、いつまでたっても耳慣れない、堅い言葉を二言三言残して去っていく彼は、膿むように淀んでいく家の中にいっとき風を通してくれるように僕には感じられるのだった。

それは父が初めて戻ったあの日、脱衣所の高窓から逃げた心が自然と彼に辿り着いたことと、もちろんまっすぐ繋がっていた。父という謎を共有しているという点でも、間取りを知り尽くした足で家の中を歩けるという点でも本田は我が家の一員じみてきていたが、それでも、やはり外の人間だった。僕は本田のこれまでを知らず、本田も僕のこれまでを知らない。それでもお互いおおよそ三十年を生きた命で、おおよそ六十年を生きた死を挟んでいる。家の中ではまず感じ得ないその遠さに、救いを越えて、僕はいつしか冒険を予感するようになっていた。

十時過ぎまで父が長生きする晩は、だから、僕が旅する晩だった。僕は玄関脇のポーチにキャンプチェアを置いて本田を座らせ、淹れたてのコーヒーを出し、外灯よりずっと光量の少ないキャンドルランタンをチェアの足元に設置して、自分はその隣に腰を下ろした。そして父が家を震わせるまで、毎日死体を見るのはどんな気分かとか、何人兄弟かとか、ネクタイは何本持っているかというようなことを、一人旅の気分で尋ねた。

プライベートに関することをいきなり聞いたせいだと思う、

最初のうち本田は少し警戒していたが、すぐに馬鹿馬鹿しくなったようだった。くつろいだ様子で、やがてなんでも話すようになった。死体を見ても今はもうどんな気分にもならない、兄弟はいない、ネクタイは十本持っている。敬語は自然と身についた。家事で午前中を潰した経験は一度もない。

知ることがもし近付くことなら、問いと答えを重ねていくうち親族同士になりはしないかと不安だった。しかし本田はいつまでも遠く、それどころか、知るほどに遠ざかりさえした。だから僕はどうすればそちらへ辿り着けるのか皆目検討もつかないまま、尽きない旅路にただ感謝して歩くのだった。

それが礼儀だと思ったのか、本田も時折こちらの生活のことを尋ねた。彼の質問に沿い、僕は百弦がどういう経路で全国を回るのか、道中どんなトラブルに見舞われたかなどを話して聞かせたが、本田もまた、僕の話を完全にはとらえきれない様子で、しばしばぽっかりとした相槌を打つばかりになった。するとなぜだか僕はその無理解、放心、倦怠に深い安堵をおぼえて、ただ漠然と惹かれていた本田との距離に、何か真理めいたものを感じるようになっていった。それを感じたいがためにわざと音楽用語を並べ、延々と専門的な話をしたことも、一度か二度あった。

バンジョーがどういう楽器か知らない、という衝撃の告白を受けた次の晩、さっそく見せてやった。ソロパートのある曲をいくつか弾いてみせ、そこで本田は僕にとって初めての、拍手もしなければお世辞も言わない客になったが、いかにも場つなぎの口ぶりで、「旅回りの楽団らしい雰囲気ですね」とは言った。「少しせつない感じだけど、懐かしいような気もします」

「百弦の曲はどれも、旅と郷愁がテーマだからね」と僕は解説した。「歌詞は全然関係ないことを歌ってるけど、実際はどれも故郷《ふるさと》の曲。家を目指して進む旅の音楽なんだ」

「ということは、月夜野やこの家をイメージした――」

「いや、いや」僕は笑って遮った。もしこの場に父がいたら、月夜野という土地と故郷とをこれほどはっきりと繋いだ本田を、誰かも知らないまま引っぱたいていたはずだった。僕の笑いが延びたのは、しかしその可笑しさのためよりは、本田の無知が清々しかったからだった。バンジョーを知らない、我が家の禁句を知らない本田に、危険なことをもっと言ってほしかった。父の作り上げた家を、その無知で壊してみせてほしかった。

「家ってのはね、本田さん、概念なんだよ」僕はあぐらをかいた足の上にバンジョーをのせ、父の論を自分の論のように披露した。「実際には存在しないものなんだ。家をネタにした商売ってのは、だから元手がいっさいかからない。それに俺たちみたいなイベント族は、結局、老いも若きも踊らせなきゃなんないだろ。そういうとき、家ほど手堅い餌はないんだ。赤ん坊から年寄りまで、誰もが家を恋しがってるからな」

そこで腕を組み、軽く居住まいを正した本田が南東に百キロ、生まれ故郷の館林へと思いを馳せるのを僕は感じ、「自分が生まれたときのことを、だって、誰が知ってる?」と引き戻した。「本当は誰も知らないんだ。自分がいったいどこから来たのか。でもなかなか知らないままにしておけないのは、ルーツに対する、人間にはそれこそ根源的な欲求があって、そこんとこをはっきりさせなきゃ不安で夜も眠れないからだ。だから誰もがあんたみたいに、俺はここで生まれた、ここが俺の家なんだと言える場所をでっちあげる。無意識のうちにそうする。そしてそういう垢抜けない連中を俺たちが、要は、カモる」

本田は笑い、視線を夜の前庭に移した。その安穏な横顔にはっきりと憧れを感じながら、「今こそ家に帰らなきゃ、音の力で思わせるんだよ」と僕は続けた。「ここはまだ家じゃない、自分には本当の故郷があると、その土地の地元民にさえ思わせるんだ。するとありがたいことに、そのうちの何人かは、俺たちを追ってりゃいつかそこに辿り着けるんじゃないかと考えてくれる。でも言うまでもなく、俺たちは誰のことも、どこにも連れていきやしない。何も約束しないし、どんな責任も取らない。ノスタルジーとライブ後の興奮と売り口上につられてつい買ったCDを、家に帰ってインポートして、ありもしない故郷をみんながあらためて探し始める頃には、俺たちはもう次の町だ。この商売を、だから俺たちは弾き逃げって呼んでる」

調子良く、そこまで話して息を吸った。空虚なまでに軽くなった胸を、湿った夜気が内から冷やした。再び自分に向けられた本田の目から、今さら逃げ、背後の家から響いてきたほろ酔い機嫌のギターを聴いた。《眠らない夜を　歩む羊よ》とそこに北本の詩が、父のだみ声で乗った。《お前は一匹　ただ一匹

夜とおんなじ　色をしていて――》

なんとなく、その声は本田に聴かせないほうがいいような気がして僕は再び楽器を構えたが、自然とギターに合わせようとする指に嫌気が差してすぐ止めた。フィンガーピックを三つ、指から外してポケットに入れ、楽器は膝の上に寝かせた。すると別のバンジョーが、僕のパートなどもとからなかったかのように演奏に加わった。ウッドベースも従った。その晩のフィドルは、僕の耳にハーモニカの音色で響いた。《白い奴らに　声もかけずに　出て行くんだ　その蹄を　永遠の闇に向けて》

ほかの四人の演奏を、一人、外れた場所から聴くのは初めてではなかった。車や楽屋に何かを取りに戻っているあいだにリハーサルが始まることが時折あったし、レコーディング前の練習は誰がトイレに立とうと続いた。そういうとき僕は、いつも自分でも戸惑うほど強烈な不安を感じ、大急ぎでみんなのもとへ戻るのだった――そしてそこにまだ自分の居場所があることを、千尋から送られる合図や、兄から渡される旋律や、叔父から託される和音で実感した。そうして交差し、交錯しながら百にも、千にも音を膨らませていく弦と、ともにこの身を震わせるときほど幸せな時間はなかった。連帯が強く全身を締めつけるその感覚は、バンジョーを与えられて以来頻繁に僕を殴るようになった兄の、その拳のもたらす痛みによく似ていた。愛と正しさが身に直に刻まれる。誇らしさに息が詰まる。父がいて、兄がいて、僕がいる。百弦という家がある。禁じられていた涙を、こらえるたびに思ったものだ。これほど恵まれた人生はない。

キャンドルランタンの光の中で、細く、柔らかな雨が白く明滅し始めた。遠く響く四人の音がかつてないほどに恋しく、バンジョーに触れた手が震えた。

「今日はなんだか賑やかですね」本田がぼそっと呟いた。それ

から少し、顔を突き出すようにして夜空を見上げた。「降ってきたな……」

つられて見上げ、あるはずのない月を探しながら、月夜野で月を見た覚えのないのにふと気付いた。どこなんだ、と不意に怒りに似た訝りが湧いた。月は、ここは、どこなんだ。次の夏、俺が向かうべきなのは。

すると自然に浮かんだのは、子供の頃、押し入れの中で夢想したあの草地だった。夏の光を映しながら誘うようにそよいでいる、果てなく広がる青草が、今、あの頃と同じ鮮やかさで見えた。ただ一つ、家族で向かう場所だとは感じないことだけ、違っていた。

本田はまだ雨を見ていた。そこから来た人のようだ。そう思ったら涙が出た。

僕は笑い、顔を両手で覆った。自分は家を出たがっていると、家族と離れ、一人で生きたがっていると、ただそう自覚するまでになぜこれほど時間がかかるのか。しかし今は、その非力さのぶんまで嬉しかった。一人だけでここまできた。旅はきっとこれからだったが、そう思えた。

桂さん、と本田が呼んだとき、ギターが鳴り止み、家が震えた。一人、振動と騒音のあいだも歌い続けていたフィドルが、引き絞るように曲を締めた。

一晩中降り続いた。昼を過ぎてもまだ降っていた。それでも心はよく晴れて、初めて感じる自分自身への心強さも、固く締まった地に立ったような確かさとともに身に馴染んだ。

じきその足で、一人、出て行く。そう思うと家も、家事も、これまでよりかえって近く感じられた。何もかもを置いていくことはできない、経験はすでに自分の一部なのだと、旅支度のように考えながら僕は家族がテーブルに残していった食器を集めた。

僕がどこか変わったことに、千尋はたぶん気付いていた。朝から妙によそよそしいのはきっとそのせいだったが、変化の正体を見極めようとはせず、昼の片付けそっちのけで白胡麻をする作業に打ち込んでいた。血中コレステロール値を下げる成分が豊富に含まれている、ということで、胡麻は父の食事に気を使いたい千尋の最近お気に入りの食材だった。カウンターに置いたすり鉢に覆い被さるようにすりこ木を押し付け、黙々とすり続けていた。

僕はそのごりごりという、雨音をゆうにかき消す献身の音を聞きながら、食器を流しへと運んだ。叔父はもう午後の仕事をしに家を出ており、父はいつもの縁側で、本を手に持ったままこくりこくりと船を漕いでいた。

そのゆるやかな空気の中に、やっと起きてきた兄の気怠げな足音が加わった。皿を洗い終えて振り返ると、カウンターの向こう側についた兄と目が合った。いつもならそれで朝の挨拶は終了で、おう、とたとえ言葉を交わすにしてもその程度なのが、そのとき、僕の口からは自然と明瞭な挨拶が飛び出した。「おはよう律」

兄の目から眠気が払われ、かわりに鋭さが備わった。自分の声にまるで部下に対するような、突きつける感じがあったことにそこで気付いたが、不思議と恐れも、後悔もなかった。兄はじっと僕を見つめた。僕は真っ向から見返した。最初は責めるようだった兄の目は、じき問うように、その後探るように、やがてただ眺めるようになった。自分が少しも兄を恐れていないことを、そしてそれを兄のほうも認めたことを、最後に黒い光を宿した兄の目を見て僕は悟った。ようやく僕から目をそらすと、コーヒー、と兄は千尋に言いつけた。

昼の残りのコーヒーを受け取ると、再び胡麻すり作業に戻ろうとした千尋に、お前それやめろ、と兄はきっぱり申し渡した。すりこ木を置きながら、千尋は兄を窺った。単に寝起きの不機嫌か、それとも芯のある怒りか推し量ろうとしている様子だった。コーヒーをするあいだ兄はそんな千尋をちらりとも見なかったが、マグを置くと同時に突き上げるようににらみつけた。

「なんだよ」

そのとき、ごとんと物の落ちる音が響いた。僕と千尋は縁側に目をやり、手から落ちた本を億劫そうに拾い上げる父を眺めたが、兄は振り返らず、誰かが置いてそのままにしたチョコレートの箱から一個取り出し、口へ放った。父は眠たげに唸りながら伸びをし、大きく息を吐いてから、のんびりと読みさしのページを探した。

玄さんお茶飲むかな、と千尋が電気ケトルのほうへ動きかけた。すると兄が、雑に丸めたチョコレートの包み紙をすり鉢の中へ捨てた。千尋はまずすり鉢を、それから兄を見た。みるみる赤らんでいく首筋といかった肩には今や明確に反逆の意思が見て取れたが、まだかろうじて、序列への忠誠のほうが強かった。千尋は動かず、ただ兄を見つめ続けた。

「俺が思うに」兄は包み紙を捨てるのと同じ素っ気なさで言った。「奴がしつこく戻ってくるのは、お前が居場所を作るせいだ」

カウンターにのせていた腕を下ろし、兄は何らかの指示を含んだ目を僕に向けた。そしていっときその目を閉じ、細く息を吐き出した。それから振り返り、ゆっくりとリビングを渡りながら、将棋に誘うような声で呼んだ。なあ、玄さん——

ダイニング、リビングと二間もの隔たりがあっても不思議と、父がまだ午睡の心地良さの中にいるのがわかった。開いた本に目を落としてはいたが、ひょっとするとまた眠りかけていたのかもしれない。向かいの椅子に立てかけられたギターを窓際に移し、空いたその席に腰を下ろした兄を見たとき、父はこの世ならざる何か神聖なものを目にしたかのように、一瞬、顔を輝かせた。そしてすぐ、愛おしげにその顔をほぐしていった。

兄に生まれつき備わっている、人に美しさと錯覚させる憂いの色を、事実、父は昔から愛していた。すべてが欠けた親指の恩恵であることにも、兄自身がそれを自覚し、外部とのやり取りにおおいに利用していることにも満足で、実際のところ、兄の体が不完全であることにもっとも魅了されているのはおそらく父だった。酔ったときにはひょいと兄の右手を取り、言葉ではっきりとその愛を伝えることもあった——「お前、これ、どこで落っことしてきたんだよ?」

まどろみの中にふわりと現れた兄に、それにしても長く見とれていた。その眼差しにいつしか宿った切実さを、僕はかつて父の中に見たことがなかった。父が眠りより深い場所から目覚めたように、あるいは父自身にもわからずにいた復活の理由を、今、ようやく見出したように僕には見えた。

「相談があるんだ、スケジュールのことで」と、対する兄はしかしあくまで兄の調子で切り出した。「知ってると思うけど、次のツアーの一発目は来月頭の岩見沢だ。ただ新曲も溜まってきてるんで、少し早めに出発して、できればまず札幌でレコーディングしたい。来週の半ばにはここを発ちたいってことだ、要するに」自分の言葉に応えるように、兄は浅く頷いて、「でも一つ、問題がある。玄さんだ」と同じ調子で続けた。

「誤解しないでくれ。俺は別に玄さんの死に方にケチつけようってんじゃない。ただ、こう何度も行っては戻りされちゃ身動きが取れねえんだってことを言いたいだけだ。自然とこうなっちまうんだってことはわかってる。俺たちを困らせようとしてわざわざこんな悪趣味なことを始めたんじゃないってことはな。でも俺は、実は一つ疑ってる。自分はもう死んでるってことを、玄さんは、あんまりよくわかってないんじゃねえかって……」

兄はほのかな笑みを浮かべ、愛すべき欠陥を備えた右手を左手と組ませて腹に置いた。

「というか、そんなこと、別にどっちでもいいと思ってねえか。死んでようが生きてようが、そんなことはどうでもよくて、ただなんとなく戻ってきちゃあ食って弾いて寝て読んで、自分のことも、俺たちのことも、バンドのこともろくに考えちゃいない。なあ、違うか」

兄を見る、父の目が鋭くなった。そして、まるで今から対話を始めるような調子で言った。

「お前、ゆうべどこ行ってた」

兄は答えなかった。身動きすらしなかった。

腕を組み、父はさらに尋ねた。「毎晩、お前、誰と会ってる」

「先に質問したのは俺だ」兄は椅子にもたせていた上体を起こし、前屈みになった。「答えてくれ。死ぬ気はあるか?」

父の顔に、そこで再び慈愛の色が滲んだ。「小賢しいわりに、昔っから、肝心なとこが抜けてやがるよなあ……」可笑しげにそうに呟いてから、「お前、俺がもう何十年環と付き合ってると思ってんだ」と言った。「なあ、律よ、お前自分の父親が、いつかは消えると思うのか。死んでくれで死んでくれると思うのか」

「死んでほしいわけじゃない。自由にしてほしいだけだ」父の調子に引きずられまいと、一語一語、据えるように兄は言った。「玄さん、そもそもはあんたが始めたことだろう。俺たちに楽器を与えて、旅に連れ出して、それ以外の道を塞いだ。それならそれで、筋ってもんを通してくれ。俺たちを行かせてくれ。玄さんが教えてくれた生き方でせめて生きさせてくれよ」

すると父は笑みを浮かべ、兄と同じように前屈みの姿勢になった。そうしてとっくりと兄を見つめ、「これがそれだとわからねえか」と惑わすように囁いた。「なあ、律――」

「俺はな、玄さん」と兄はしかしはね除けた。「玄さんほどは、自分の親父を見くびっちゃいないんだ。玄さんがフィドルをくれてなきゃ俺はきっと欠けっぱなしだった。いじけた人間にならずに済んだのは玄さんのおかげだ。玄さんは俺に何が必要かわかってる。そう信じてるからこうして頼み込んでんだ。感謝も期待もされるだけ迷惑だろうが、思い通りにはいかねえよ、因果ってそういうもんだろう。その中でなんとか落とし前をつけていくのがボスってもんじゃねえのか。なあ、桂と千尋がいくつになるかわかってるか。あのチビどもが、あと二年で三十だぞ。高校も出てない、常識もない、百弦以外の世界を何も知らねえで歳だけ食ったガキどもを、玄さん、あんたが作ったんだ。そのケツも持たねえってんなら何のためのボスだよ」

「お前、百弦をなんだと思ってんだ」父は急に大声を出した。「チームじゃねえんだぞ。百弦は呪いだ。音楽は毒だ。感謝だのケツ持ちだの、今さらよくそんな甘えたことが言えたもんだな」

「甘えてんのはあんただろうが」真っ向から返す、その喉が轟いた。「そっちがどんなつもりだろうと、俺には俺の百弦だ」

その言葉を聞くと、父は威勢よく笑った。背を再び背もたれにあずけ、折れた犬歯の穴を見せつけるような笑顔で、「それで女と会ってんのか！」と吐き捨てた。「お前の百弦をやろうってんだな。さっさと俺を追い出して、女を連れ込みたいわけだ……」

「畜生、なんでこう話ができねえんだ！」そう怒鳴りながら蹴り上げられ、宙に浮いたテーブルが、ガラスの天板を下にして落ちた。高音の破砕音は僕の胸を抉り、千尋を立ち上がらせたが、「俺たちの話をしてるのがわからねえか」と兄はさらに鋭く怒鳴った。「これは俺たちの話だ。俺と玄さんの話だ。なあ、よう、俺の声が聞こえてるか」

兄の怒声とガラスの音に煽られ、父は顔を上気させた。もう笑みは消えていた。

「ここが女の住める家だと、それじゃあお前は、本気でそう思うのか」父は暗く囁いた。「どうせガキだろ。お前が欲しいのは。同じ女にこだわって、五年も通って、一途なつもりだろうがなんでできねえかわかるか。年にひと月だからじゃない、お前が俺の子だからだ」

教えをまっすぐ届けようとするように、父は組んでいた足を解いた。「お前に女はいらねえんだ、律。宮嶋の家に女はいらない。音楽とハッタリは教えても、だから女は教えなかった」

兄は決然と立ち上がった。そしてギターのネックを引っ摑み、再び何かを言いかけた父の口を下から打った。抜刀の軌道だったが、音は槌ほども重かった。その一撃で父は籐椅子もろとも倒れたが、ガラス片を踏みながら兄はさらに迫り、ギターの側板を肩にあてて父を見下ろした。そして猛る獣の如く吠えた。

「押さえてろ！」

それが自分に向けられた言葉であること、押さえるべきは父ではなく千尋であることを、僕は瞬時に理解した。すでにカウンターを飛び越えかけていた千尋を僕は背後から抱き込み、そのままキッチンの床に引き倒した。ギターが骨を打つ重い音の再び響く中、仰向けに倒れた千尋をすぐさま膝の下に組み伏せ、胸ぐらを摑んだ拳に僕は全体重をかけた。

「目を覚ませ！」天地に顔を向かい合わせ、僕と千尋は同時に怒鳴った。「わかってねえんだ、お前らは何も！」もがきながら千尋が続けた。「玄さんのことを、お前らはなんにもわかっちゃいない。実の父親ってだけで最初《ハナ》っからナメてやがるんだ！」

　いつだ、最初って？　反射的に生じた苛立ちと「実の父親」という言葉は、しかし父ではなく叔父の像を呼び、父に対する半分も叔父に優しくしてこなかった千尋の顔を僕は思いきり殴りつけた。指だけは決して痛めてはならないというこの期に及んでもなお浮かぶ禁則に、自ら飛び込む勢いで何度も、何度も殴った。楽器を持って二、三年経った頃、努力と上達をただひたすらに求める父に追い詰められ、練習にまるで身が入らなくなったとき、叔父が二本のバンジョーのための曲を作ってくれたことを僕は思い出していた。僕と千尋で交互に主旋律を担当し、ふざけながら転げ回っていくような曲で、あまりの楽しさに涙が出て、音楽は自分を苦しめるためだけにあるのではないのだと、僕はそのときようやく信じることができたのだ。叔父は音楽から恵みを受ける方法を知っていた。毒を血清に変える魔法を持っていた。叔父がいなければ、僕は今日までバンジョーを続けられなかった。

　自分の吐息がいやに鋭く、澄んで聞こえ、静けさに気が付いた。千尋はいつの間にか抵抗をやめ、赤黒く腫れた頬をこちらに向けてシンク下を睨みつけていた。窺うように耳を澄ませたが、キッチンの外からは物音一つ、息遣い一つ聞こえず、千尋の胸に押し付けた膝頭が受ける鼓動だけが妙に強く、鮮やかに響いた。

　あるはずのない静寂だった。心の中で一度だけ兄の名を呼び、それきり、息も動きも止めた。膝の下の鼓動が乱れ、千尋が声もなく涙を流し始めた。


　眠りへの期待は最初から捨て、その晩、僕は自分の部屋の窓辺に椅子を置き、そこから暗い前庭を眺めた。電柱につけられた外灯の光がわずかに前庭まで届き、白いキャンピングカーをぼんやりと照らし出していた。荒れ放題の生け垣で一応の構えになっているだけの正門に、やがて自然と目が行った。少し待ったが、兄は帰って来なかった。

　どこから入り込んでくるのか、締めきった部屋にも夜気が満ち、冷えた土の匂いまでするようだったが、体の芯はまだ昼間の熱を残していた。千尋の歯に当たって抉れた、手の傷も疼いた。

　ふと、階下で小さな物音がした。叔父だと直感し、迷わずに部屋を出た。

　一階には、意外にも、叔父のほかに千尋もいた。叔父はダイニングテーブルについてひっそりとグラスを傾け、千尋は暗いリビングで、体に毛布を巻き付けてソファにもたれていた。小さないびきが聞こえなければそこにいることも気付けなかったほどの、ぽつねんとした寝姿だった。今の今まで叔父はずっとこの姿を見守っていたのだと、その場に足を踏み入れ、二階よりどこかぬくい空気に触れて察した。

　それでも僕がダイニングに入ったときには、叔父はすでにこちらに目を向けていた。そして、小声の届く距離まで近付いた僕に、「お前の足音――」と囁いた。「まずいな。ぎょっとしたよ。親父にそっくりだ」

「俺の親父？　叔父さんの親父？」苦笑いで返すと、叔父も笑った。「好きなほうでいいよ」

僕は叔父と同じウイスキーのロックを作り、いつも兄が使う、カウンターの外側のスツールに腰掛けた。いつから飲んでるのと聞くと、いや、今だよ、と叔父は答えた。

「眠れそうにないんで、いっそ起きて待っていようと思って」

それを聞き、つい見つめると、「ああ、律をな」と叔父は付け加えた。「あいつに悪いことした。ちゃんと気付いてやるんだった。負わせなくていいもん負わせちまったよ」

家の中で起きたことを、叔父に伝えたのは僕だった。兄が出て行ったあと、家の中を片付け、壊れたギターを庭の隅に置いてからキャンピングカーを訪ねた。玄はもう戻らないかもしれない、とそう告げた。律が玄をやった。それを聞くと叔父はもともと細い目を、痛みを感知したようにいっそう細めた。

今は静けさに従うように、ただそっと伏せられているその目を見ながら、この人は自分の兄をどう思っているのだろう、と僕はふと考えた。父が叔父を信頼しているのは確かだった。特に僕らが幼かった頃は、唯一の拠り所だったろうと思う。でも叔父のほうは、信頼とも不信とも無縁の場所から、いつもただ呆然と父を眺めているような雰囲気だった。兄弟仲は悪くなかったが、それは単に父の血気に叔父が取り合わないというだけのことで、本当の相性の話ではなかった。叔父にとってなんの得にもならない全国巡業の提案に応じたときでさえ、父に対する叔父の心は読めなかった。ただ黙々と、キャンピングカーに機材を運び入れていた。

人の感情の中ではおそらくもっとも冷たい、無関心と呼ばれるものと叔父とが、そのとき、不意に結びついた。ぎくりとしたが、六十年も一緒にいるのだ、と続けて気付いた。父という兄弟を諦めるには、十分すぎる年月に思えた。

心中で父と兄とを、初めて弟という立場から比べながら、「玄のほかにも兄弟がいるの」と僕は尋ねた。父が二度目に死んだとき、本田がそう聞いたのを思い出していた。

「いないよ」と叔父は驚き顔で答えたが、本当は、としつこく迫ると笑い出し、「本当は、そうだな、弟が欲しかった」と白状した。「でもいない。玄がみんな追い出しちまったから」

「追い出した？」今度は僕が驚いた。「弟たちを？」

いや、と叔父は低く応え、ひと口飲んだ。「母親たちを」

キッチンの電球を一つつけたきりの、かえって明るさから遠ざかるような光の中でも、よく見ると叔父の顔がうっすら赤く染まっているのがわかった。実際にはどれほど飲んでいるのだろうと考えながら、その赤に、僕はかつて見たことのない叔父の怒りを連想した。

「俺たちの親父には理想があって、この土地で、それを実現させようとしてたんだ」と、しかし怒りからは程遠い、静かな声で叔父は語った。「恐ろしく混沌とした理想だったが、これ以上ないほど単純明快でもあった。親父は、要はありとあらゆる命を集めて、そのすべてと繋がりを持とうとしたんだな。まず静寂――音楽家ってのはたいていそれを世界の土台みたいに考える――それから山、川、音楽。現実と幻想。男たちに子供たちに動物たち、そして女たち。俺たちのためじゃなかった。親父自身のためとも言い難かった。それでも理想と信念のために、入れ替わり立ち替わり、親父は新しい母親を連れてきたんだ」

当時を望むような視線が、リビングまで延びながら暗くなっていった。

「それを、そのたび、玄が追い出していった。怒鳴ったり殴ったりはしなかったが、ただ、洗濯かなんかしてるところへそっと寄っていってこう言うんだ。あんたのことは構わないが、喬より下の弟は殺す」

目は遠のいていたが、叔父の声はあくまでダイニングに留まった。不吉な言葉が千尋の夢を侵さないよう、繋ぎ止めているようだった。

しかし、言葉の波紋が届いたのか、千尋はそこで小さく寝言を呟いた。僕と叔父は同時に千尋に目をやり、縁側の、カーテンを閉め忘れた窓に映った影を、やはりおそらく同時に見つけた。

闇より濃い人影だった。庭に立ち、こちらを見ていた。

肌が粟立つのを感じながら、いつかの千尋の言葉を僕は思い出していた――死んだあとどうなるか、だって、誰が知ってる？　しかし窓の影を見ながら僕が本当に疑っていたのは、父の死ではなく誕生だった。母親たちのただ一人にも弟を生むことを許さなかった父が、我が身を女から出現させたとは僕には思えなかった。しかし、それなら父は、どこから生まれ出たのだろう。

父の生まれを疑うことは自分の生まれを疑うことでもあったが、その疑いは、一度父にぶつけてみたことがあった。「玄さん、赤ちゃんはどこから来る？」と五つの頃、そう聞いた。「俺はどこから生まれた？」

それは赤ん坊というものを、初めて近くで見た日のことだった。弟が生まれたという友達の家に呼ばれたのだ。ベビーベッドの柵に手をかけ、覗き込むと、小さな小さな人間が水色のガーゼにくるまれて眠っていた。まんまるで、白く輝いて、いつか兄もこんなふうに僕を見たに違いないと、まだ楽器を抱いたことのない胸にかすかな誇りが宿ったのを覚えている。

しかしそのときのことでもっとも印象に残ったのは、赤ん坊を生んだのは母親だという友達の言葉だった。赤ん坊だけでなく、その友達も、同じ母親から生まれたということだった。

ほかの家にはたいてい母親という人がいる、ということは、そのときすでに受け入れていた。そういうことは家それぞれなんだと兄から教わっていたからで、事実、母親も父親もいる家もあれば母親しかいない家もあり、我が家の親が父一人でも、不自然だとは感じなかった。それに、父、兄、僕の三人ですでに完成された我が家には、想像上のどんな母親も馴染まなかった。

でももしすべての赤ん坊が母親から生まれてくるのなら、馴染まなさも家それぞれも、母親がいない理由にはならない。そう気が付いて、その晩、僕は初めて自分のルーツについて父に尋ねたのだった。玄さん、赤ちゃんはどこから来る？　俺はどこから生まれた？

父は開け放った窓のそばに腰を下ろし、風呂上がりの体を冷ましながら手の爪を切っていた。楽器の音も、テレビの音もない静けさの中に僕の問いは明瞭に響いたが、父は顔を上げなかった。右膝を抱え、パチン、パチン、と爪を切り続けていた。僕のすぐ隣でフィドルの手入れをしていた兄が、その音を尊重するように、静かに楽器をケースに収めた。

兄にこっそり聞くべき質問だったのだと僕はだんだんと察していったが、爪切りを終えてこちらを向いた父の顔は、意外にも穏やかだった。「自分じゃどう思う」と問い返してきた声も、落ち着いていた。

僕は少し考えるふりをしてから、「わかんない」と答えた。「でも今日見た赤ちゃんは、おばさんのお腹から来たって。みんな、だいたい、そうみたいな感じだったよ……」

すると父は爪切りを放り、「座れ」と自分の正面を指差した。そして、九本ぶんの爪を乗せたチラシを挟んで向かい合った僕に、「お前の兄貴が弾いてる楽器を、よその連中はなんて呼ぶ?」と聞いた。ヴァイオリン、と僕は答えた。「でも本当は?」フィドル。

「で、お前は?」父は縮こまるように正座した僕の目を覗き込んだ。「お前は宮嶋桂だ。俺の子だ。いいか桂、お前が今日会ったガキ、これから出会うガキ、ありとあらゆるガキが今後、お前にこう吹き込むはずだ——みんなと同じで、お前も女生まれだと。そう言われたら唾を吐け。律を見て、俺を見ろ。自分の血筋を思い出せ。善人面で毒を盛ってくる連中に、決して惑わされるな」

父は右手を突き出して、きつく僕の左手を摑んだ。僕はその大きな手を——昔、酔いと怒りにまかせて剝がしたらそれきり爪が生えてこなくなったという、右の小指を見つめた。爪のないその指はいつ見ても少し醜く、いつ触れてもほかの指より柔らかかった。「お前は俺の子だ。俺だけの息子だ」その指に力を込め、父は囁いた。「わかったな」

僕は頷いた。それから尋ねた。律もでしょ? すると父と兄は同時に笑い、律もだ、俺もだ、とやはり同時にそう言った。何が可笑しいのかわからなかったが、二人が笑うので、僕も笑った。

笑う父の歯並みにぽっかりと空いていた穴の黒さと、窓に映る影の黒さとが、目の中で重なった。僕は歩き出し、ちい、と大きく呼びかける自分の声に想念を払わせた。

二度呼ばれ、肩を揺すられようやく目を覚ました千尋は、少しのあいだ、ここはどこだと言いたげにこちらを見上げていたが、窓の影に気付くとすぐに立ち上がった。まだ傷の生々しい顔が、輝きながら澄んでいった。父が二度目に戻った朝、千尋の上に知らない甘やかさを見たのを僕は思い出し、さっき自分で消した想念をまた持ち出して思った。こいつは、きっと女から生まれた。

千尋は軽い足取りで縁側へと駆けていき、窓を開けた。冷たく湿った夜風とともに、草を揺らす足音が入ってきた。縁側の照明をつけると、ダイニングの叔父を照らしているのと同じ色の光が、庭の父を照らし出した。

こちらを見ていると思ったのは思い違いだった。父は家に背を向け、雑草の茂った地面を見回しながら歩いていた。足踏みと見分けのつかない、幼児のようにおぼつかない足つきだった。「よう、玄さんおかえり」千尋は沓脱石の上のサンダルをつっかけて庭に降り、いつもと様子の違う父に、まるっきりいつもの調子で声をかけた。「何やってんだ、こんな時間に。入れよ」

父は振り返りも、返事もしなかった。千尋の声も聞こえていなければここがどこかもわかっていない様子だったが、弱々しい歩みには、それでも意思が感じられた。どうした、何探してる、明るくなってからにしようぜと何度声をかけられても応えず、草につまずき、よろけたところを支えられてやっと、下ばかり見ていた目が千尋をとらえた。

明かりに照らされたその目は、黄色く淀み、虚ろだった。声も出ず、喉からは息の細く漏れ出る音がするばかりだった。指の跡が、首にくっきりと残っていた。

その首にそっと触れ、「済まなかったな」と囁いた千尋は、いつの間にか頬を涙で濡らしていた。「本当に、玄さん、済まなかった。もう大丈夫だよ。これでみんなわかる。さあ入ろう。裸足じゃねえか」

僕と千尋に両脇から支えられ、父はなんとか縁側に上がった。遭難者の風情だったが、いつもの籐椅子に腰を下ろした途端、一日そこにいたかのようなくつろぎをみせた。庭に向けられた視線だけが、ただどこか名残惜しそうだった。千尋はお湯で濡らしたタオルを絞り、夜露と土で汚れた父の足を、指のあいだまで丁寧に拭いた。

叔父と僕と千尋は、様子を見るというよりなんとなくそばにいるという感じに、ふわりと父を取り囲んだ。急な変化にも、あんな死に方でもなお戻ったということとそれ自体にも共有の心構えがあったような、穏やかな諦念が縁側に満ちた。おとなしいな、と身動きもせず、ものも言わなくなった父に叔父が声をかけた。やりゃできるじゃねえか。千尋のぶんまで、僕が笑った。

兄は明け方に戻った。ただいま、とぼそっとした声を聞いた瞬間、雨風から夜通し火を守り続けたような安堵と達成感とが、身中に熱く広がった。千尋は顔も上げなかったが、叔父はすぐ立ち上がり、それ以上の進入を禁じられたような立ち姿でダイニングに佇む兄を出迎えにいった。おかえり、と外の匂いごと抱きしめてようやく応えた叔父に、ごめんなさい、と兄はかすれ声で返した。叔父の背に回した右手は震えていたが、父を見る目は揺れなかった。

どうにか五人揃ったその朝、僕は炊飯器の早炊きボタンを押してお湯を沸かせばいいだけの朝食――生卵、めかぶ、すり胡麻をふったインスタント味噌汁――をこしらえた。全員疲れ果てていたが、やはり全員空腹でもあった。庭を眺めるばかりの父は千尋の運んできた食事には目もくれず、お茶さえ飲もうとしなかったが、千尋はその隣にあぐらをかいて食べ、よく降るなあとか寒くないかとか声をかけた。叔父と兄と僕はテーブルにつき、黙々と、時折縁側を眺めながら食べた。細く、厚い雨が家を覆っていた。

その日の日中、父は籐椅子にかけてほとんど動かなかったが、空が暗くなり始めた頃に不意に立ち上がろうという意思を見せた。どうしたトイレか、と一日中そばについていた千尋が尋ねたが、父が行きたがったのは雨の降り止まない庭だった。一度は止めたが、あまりに出たがるので結局、雨合羽を着せ、長靴をはかせてやってから千尋は父を庭に降ろした。昨夜と同じく地面を見ながらうろうろと彷徨う父を、千尋はじっと見守っていた。

その晩はこれまでのように突然事切れはせず、父は千尋の腕の中で静かに息を引き取った。庭の探索を三時間ほど続けた末、力尽き、千尋に引き上げられて戻った縁側で眠るように息絶えたのだった。

首に指の跡をつけた父を、昨晩、まるでいつかそうなると予期していたかのような落ち着きぶりで引き取っていった本田は、今夜もやはり落ち着いていた。ただ、父の隣に跪く千尋を見る目も、ゆうべは不在だった兄を見る目も暗く、僕はその目に捕まる前に顔を伏せた。彼とポーチで父の死を待つことはもうないことに、そこで気付いた。

担架を運び出し、ワゴン車を見送るまでは毅然としていた千尋は、しかし暗い廊下を戻る途中で突然身を震わせた。もういやだ。千尋は叫んだ。俺はもう、こんなのはたくさんだ。それから強く涙を拭い、僕らの前で嘆いたことを悔やむ足取りで階段を上っていった。部屋にこもり、あとは声の漏れ出るのも構わずに泣いた。

追うというほどの確かさのない足取りで、それでも階段の下まで追った叔父は、そこから呆然と階上を見上げた。兄を抱きしめにいくときはためらわず踏み出た足が、階段の一段も上れずに凍りついていた。もう何年も、何十年も続いているその喪心を、見ていられずに僕は叔父の背に手を当てた。吐息で応え、普段どおりの笑みを作って叔父はダイニングのほうへ抜けた。

今夜くらいは家にいるだろうかと思いもしたが、深夜、兄はやはり出かけて行った。部屋のカーテンを開ければその後ろ姿か、傘の影か、あるいは兄を迎えにきた車のライトが見えるだろうと考えながら、僕はベッドの中で目を閉じていた。そうして玄関から遠ざかる足音、外向きに伸びていく意思が、これまでよりかえってひたむきなのを感じた。隣の部屋では、千尋がまだ泣いていた。泣き声は悲痛だったが、鼻をすり上げたり、喉の奥を震わせたりするときの、壁や雨に濾されて穏やかになった振動に優しく寝床を揺らされるうち、いつしか寝入っていた。

その涙をいつ堰き止め、いつ部屋を出たのか、翌朝、僕が下に降りたとき千尋はすでに縁側にいた。やはり父の横に控え、バンジョーを爪弾いていた。こちらまで届かない声で時折父に何か囁いては、震えた笑い声を漏らす、その横顔がきのうより澄んで見え、少しあとに起きてきた叔父も、昼過ぎに降りてきた兄も、そんな千尋にどこか見とれるようだった。

千尋は父に合わせて朝も昼も食事を摂らず、置き石のようにじっと縁側に居続けたが、午後の遅い時間にふと立ち上がって縁側を離れた。ちょうど買い出しから戻ったところだった僕は、キャベツだの豆腐だのの入った袋をカウンターの上に載せたとき、こちらに近付いてくる千尋に気付いた。静かな表情と不釣合いの、何か重く迫ってくるものをその接近に感じて、ついカウンターの縁に手をついた。

そのカウンターを隔て、向かい合った。しばらくは黙っていた。雰囲気は強張っていたが、千尋の顔つきの柔らかさはなんだかあどけないほどだった。

「頼みがある」

ぽつりと呟いた千尋の顔にまだ青黒く残る、自分の激しさの跡を僕が見つめていると、「知っておいてほしいことがあるんだ」と千尋は続けて言った。「俺が今から話すことを、ただ、お前が知っておいてくれればそれでいいんだ」

僕は頷いた。千尋も頷き、スツールに掛けた。しかしそこで切り出しかねて、やがてほとんど呆然とし始めたので、なんか食うか、と僕は日常の声で尋ねた。いや、と千尋は拒んだが、律が淹れた墨汁みたいなコーヒー飲むか、と聞くとようやく笑顔をみせ、それはもらわねえと悪いな、と呟いてから、「俺が玄さん玄さん言うのを、お前がうるさがってるのはもう、ずっと前からわかってたんだ」とようやく話し始めた。「でも、理由がある。救ってもらった。十六のときだ」

受け取ったコーヒーを両手で包み、千尋はまっすぐに僕を見た。

「話としちゃ、別にたいしたことじゃない。ただ二人で歩いて、話した、それだけだ。巡業が始まって間もない頃、玄さんがよく、旅先を散歩して回ってたのを覚えてるか。それに俺がしょっちゅうくっついていってたのを？　そのときに自然と——ここだけの話だって、そう言い合ったわけじゃなかったけど——打ち明け話をし合うようになった。すごく不思議な感じだったよ。玄さんって人は、実は二人いるんじゃねえかと俺はちょっと本気で思った。それくらい、そういうときの玄さんは物静かで、優しくて、あったかいんだ。俺が変なことを言っても、ちっとも馬鹿にしたりしないで、こういうことだろって言い換えたりもしないで、全部そのまま受け止めてくれる。あの時間のおかげで俺はなんとか生きてこられたようなもんだ。だってそのとき、俺はまだ十六で、タトゥーなんか一つもない、まっさらな腕をして、悲鳴みたいなもんは全部腹の中におさめておかなきゃならなかったんだから。何が怖いかもわからないまま、毎日ただ怖くって、みんなのお荷物になる前に適当なところではぐれちまおうと、そんなことばっかり考えてた頃だったんだからな」

十六の頃。じゃあ玄さんが弾いたら、それとも俺が弾こうか、という兄の言葉の真意を悟って震えていた頃だとすぐ繋がったが、千尋の記憶は、笑顔のほかに浮かばなかった。

「玄さんのほうも、いろんなことを話してくれた。思い出話が多かったけど、あんなときじゃなきゃ一生聞く機会はなかったような、そんな話ばっかりで、お前や律こそ聞くべきだってことも、たぶん、ずいぶん聞いたと思う。でも俺がそういうことに責任みたいなもんを感じてるのは、玄さんの甥っ子として、お前らのいとことしてってわけじゃないんだ。だって二人でいるとき、俺と玄さんは、ちっとも宮嶋同士ってふうじゃなかった。ただ一人と一人だった。奇跡みたいにフェアだったんだよ。

その中で俺を信じてくれて、俺の本音に見合う本音で応えてくれた、そのことに俺は報いたいんだ」上向きに開かれた、千尋の目が輝き始めた。

「だから俺は、次のツアーには加わらないで、ここで送り迎えを続けようと思ってた。来年みんなが戻ってくるのを、玄さんと二人で待とうって。でも、あんなふうになっちゃもう、見てるだけでこたえるだろ。こっちで引き止めてるわけじゃなくても、なんだか悪いようだしさ」そう言って、千尋は縁側の父を振り返った。雨の庭を、父は不自然な姿勢の良さで眺めていた。

「とにかく、もう俺は楽にさせてやりたいんだよ」

悪寒が静かに、ゆっくりと足元から立ち上ってやがて全身を包んだ。僕は千尋の真向かいに掛けた。

「玄さんが死にきれないのは、お前、どうしてだと思う」しばらくのあいだ黙ってコーヒーをすすっていた千尋は、マグを置き、再び口を開いた。「未練は、きっとあるだろうな。ずっと何か探してる。それを見つけたいんだろう。でも戻ってくること自体は、もっと根っこのところの問題のせいだって気が俺はするんだ。だって未練なんて普通のことだろ。一日一日、過ごしてるだけでとっちらかっていくのが人生だ。最後になって片付けようったって追いつくわけねえよ。だから俺が思うのは、玄さんが戻ってくるのは、玄さんのほうで誰も死なせずにきたせいなんじゃねえかってことなんだ。玄さんは、死ぬってことを認めないできた人だ。環さんのことも、環さんの音楽のことも、死なせないで唾を吐きかけ続けた。命に終わりがあるってことを、まるで全然知らないみたいに。今、だから迷ってんだよ。それはもう探さなくていいんだって教えてくれる、こっちだぞって手を引いてくれる、向こうの知り合いが玄さんにはいないんだ」

あくまで穏やかに、それでも次第に焦がれるように募っていく声でそこまで話すと、千尋は静かに僕を見つめた。「だから俺、先に行こうかと思って。俺が先に向こうに行けば、玄さんの手を引いてやれる」

軽く、昏の先だけで僕は笑った。千尋もほほ笑んだ。以心伝心の趣になったが、僕の笑いが恐怖と拒絶からきたものだと、千尋はちゃんとわかっていた。

「いやな話に聞こえるよな。でも俺は、ちっともつらいと思わないんだ。そうしたいって、ごく自然に思うんだよ」

雨音が重くなった。胸まで圧するようだった。その息苦しさの中、こいつの好物はなんだったかと僕は考えた。何か食べさせたほうがいい。食べさせて、寝かせて、父から離したほうがいい。

一時的な病でないことはわかっていた。病でさえないかもしれなかった。実際、この状態の誘因として浮かぶのは父を見る目の輝き、父を語る声の恍惚とした響き、いわばいつもの千尋だった。しかし千尋がこういう道を見出すまで二十数年間歩み続けてきた道のりと、完全に同じだけの距離を、僕はそれを敬遠し否定する道を歩んできた。それだからこそ保たれてきた均衡というものは確実にあり、それは父と千尋に特別な友情があるとわかったからといって、僕が一歩遠慮し、今さら崩していいものではないはずだった。だから僕が今すべきことは、この千尋に合わせないことだった。そんなことよりメシを食えと炒飯か何か作ってやって、あとは取り合わないことだった。

頭では明確にそう結論づけたにもかかわらず、差し向かいで見つめられ、声を浴びた体は気付くと逆へ動いていた。僕は千尋の左手の、甲から手首にかけて彫られた青い毒蜘蛛の上に、それを捕らえようとするように自分の手を重ねた。

その手に目を落とした千尋を、思いとどまらせたいのか、理解してやりたいのかわからないまま、「向こうなんてなかったら?」と僕は尋ねた。「玄の身に起きてることが、お前の思ってるようなこととは違ったら?」

目を上げ、千尋は答えた。「そしたら、そのとき、本当のことを知るよ」

「なあ、奴は律にあそこまでさせて、それでも戻ったんだ。何をしても無駄だと思わねえか」

「うん。ちょっと思う」素直に頷いた。「でも、それはそれだ。俺は、ただ、自分がしたいことをしたいだけなんだ。お前に知っておいてほしいのは、だから、そのことなんだよ。俺の気持ちのことなんだ。そうしたいって、俺が思ったってことなんだ」

「じゃあもし、そうしてほしくないって、俺が思ったら?」僕は反射的に返した。「叔父さんがそう思ったら? お前言えるのか。こうしたいからそうするんだって、叔父さんにそう言えるのか。あの人が、お前のためにこれまでどれだけのことに耐えてきたと思う。わざと玄に騙されてやって、あんな馬鹿でかい車を買って、本当に好きな仕事を減らしてまでこんな、ろくでもない生活に付き合って。あの人の意思なわけねえだろう。玄と行きたいって、お前がそう言ったからだよ」

「それは親父の自由だ」千尋は太い声で返した。「俺のためが生き甲斐なら、十分好きにやってるだろう。俺も好きにして何が悪い」

自分の言葉に驚いたように、一瞬、千尋は呆然と僕を見つめ、それから涙を流し始めた。最初、苦痛の青みを含んで見えたその涙は、とめどなく流れるうちに透きとおり、やがて光る膜になって千尋の頬を包み込んだ。

「許してほしいわけじゃないんだ。知っておいてもらいたいだけなんだ。俺はただ、俺のことを、知っておいてもらいたいだけなんだ」

言葉が、また純へと立ち返った。僕よりよほど千尋の支えになってきたに違いない、青い蜘蛛を握りつぶしている自分の手が、不意に不浄に思われた。

離すと、熱い手のひらに涼気が通った。僕を見つめ返す千尋の顔には、余計な熱だけでなく、もう色もなかった。ただ素のままの千尋だけがあった。一度深い、長いまばたきをして、千尋はほほ笑んだ。

縁側へと戻っていく背中を見送らず、一人になるとすぐ、買い物袋の中身を冷蔵庫の中へ押し込んでいく作業に取りかかった。僕は千尋の決心も、千尋の手を離した自分もはっきりと恐ろしかったが、同時に、何もかもすでに済んだことであるかのような、未来をまるで過去のように振り返る感覚に守られてもいた。僕が千尋を押しとどめるには、実際、十二年も時を戻さねばならなかった。そうして十六歳の苦しみに、十六歳の心で応えてやらねばならなかった。

昨晩をなぞるように、父は千尋に抱かれて死んだ。縁側に横たえた父の頭の下に座布団を敷き、丁寧に体を拭いてやっていた千尋は、それが済むと立ち上がり、「なあ、玄さん頼むな」と和室にいる叔父に向かって、いつもはしない声がけをした。

襖は開け放たれていたが、僕のいるキッチンからは叔父の様子は見えなかった。叔父を見る千尋の、どこか凜とした横顔だけが見えた。「もし俺がいないあいだに、迎えが来たら」

「どこ行くんだ」こもった声が聞き返した。

「ちょっと歩いてくる」

「今から？」

「うん」小さくそう答えてから、ごめんと呟いた。「ひと回りしてくるだけだよ」

ソファに腰を下ろした兄が、膝の上で開いていたパソコンから顔を上げた。さりげなかったが、何かを察知したときの機敏さがあった。大股にリビングを突っ切り、ダイニングを過ぎ、玄関のほうへ抜けていく千尋を目で追い、最後に僕を見た。

今、兄に話せば二人で取り押さえられる。そう考えながら、僕は兄から目をそらした。少し呆けた様子で和室から出てきた叔父からもやはり目を背け、大鍋からロールキャベツをよそいながら、千尋が出て行く物音を聞いていた。耳はかつてなく繊細に澄まされ、閉められたドアの向こうで前庭の泥を踏む、一歩目の音まで聞き届けた。

これまででもっとも静かな食卓を、叔父と、兄と、三人で囲んだ。あいつどこまで行ってんだ、と叔父が呟いたきり沈黙に包まれたダイニングから、みんな自然と縁側に目をやった。隣に千尋の姿がないと、父の体はどこかが大きく欠けたように頼りなく見えた。

報せは夜の十一時過ぎ、本田が直接持ってきた。ここより少し北の崖道に倒れていたのを通行車が見つけた、上から落ちた形跡があり、首が折れていると、雨合羽の濡れたフードを取りながら本田は説明した。

今の今まで現場にいたらしい本田は、身元確認に来てほしいと言いながら、「息子さんです」と叔父の目を見てはっきりと告げた。彼が来るまで続いていた沈黙が、再び降りた。

嵐に近い降りだった。開け放ったドアから、雨交じりの風が吹き込んで廊下まで濡らした。本田の漂わせる外部者の佇まいと相まって、その雨風は、肌を直に打つことで現実らしくないはずの急報を疑いのない現実として僕らにもたらした。

乗ってください、と車へ案内しようとする本田に、「いや」と叔父は返して、「俺はいい、明日、戻ったら本人から話を聞くから」と自然にそう言った。「それより玄を運ばないと。あいつにも頼まれてるんだし。本当に、うちばっかり、迷惑かけてすみません……」

「うん、じゃあ俺が行ってくる」と兄がすぐに引き継いだ。それからそっと息をつき、叔父の背を叩いた。

父を運び出し、兄と本田を見送ると、叔父は生き生きしてみえるほど活発に動き始めた。二つある三人掛けソファのうちの一つをリビングの真ん中まで動かし、縁側と並行に、庭のほうを向くように置いた。戻ったらすぐわかるようにということだった。その前にはテーブルを置き、こちらは餌として、千尋の好きな煎餅やラムネ菓子を並べ始めた。

そうした叔父の秩序だった混乱を、僕はしばらくただ眺めることしかできなかったが、今、この時間を耐え抜くには合わせてしまったほうが楽だろうと思われた。僕は叔父と一緒にキッチンから菓子類を運んではテーブルに並べ、それが済むとソファの上で向かい合って将棋を指した。俺なら勝てると思ってんだろうとか、叔父さんそれもう古い手だよとか言うと、そのたびに叔父はくすくす笑って将棋盤を揺らした。

そうしてずいぶん長いこと、叔父は穏やかに過ごしていたが、姿勢を崩し、背もたれに頭をあずけたと思ったら、ふっと穴に落ち込むように眠ってしまった。僕は和室から毛布を持ってきて、その細い体にかけた。部屋の明かりも落とした。縁側の照明はそのままにしたが、こちらまで届くのは光の裾の、すり切れておぼろになったような微光ばかりで、全体が影になって皺の消えた叔父の寝顔には、見覚えのあるあどけなさがそのかわりに浮いていた。僕は毛布の上から叔父を抱き、僕だけが知ったままになっている千尋の強さや、幸せが、胸から染み出していくのを願った。

目を閉じると、腕に叔父の鼓動を感じた。その小さな命の証は、やがて僕に赤ん坊を連想させた。自分の子ではなく、僕は甥を抱いているつもりでいた。どうせガキだろ、お前が欲しいのは、と父が兄に囁いたあのとき生まれた甥を、腕の中で眠らせているつもりでいた。かわいそうに、と甘い匂いの中で思う。まだ殴られもしないのに、もうこんなに愛されている。

その憐れみが、突如、激しく突き上げたのに驚いて目を覚ました。

縁側の明かりが目に眩しく、周囲の闇が一段深まっているのに気が付いた。いつの間にか肩に掛けられたタオルケットから、防虫剤と太陽の匂いがした。頭を上げると、尻を押し込むようにして右隣に座った兄が、テーブルの上のラムネ菓子に手を伸ばすのが見えた。叔父は僕の左隣で、まだ寝息を立てていた。

兄がラムネを噛む音と、雨の音とを、しばらくただ聞いていた。胸に残った甥のぬくもりのためか、身も心も家に根を下ろしていたような、気怠い心地良さが全身を満たしていた。外の話を耳に入れるのが、それでどうにも耐えがたくなり、警察でのことを尋ねるかわりに、「キャンプみたいだろ」と僕は目の前を漠然と手で示した。

うん、と兄はそう応えた口で、「レイトショーみたいだ」と言った。

「レイトショーなんていつ行った?」反射的に出た僻みを、兄は黒い、雨に濡れたスクリーンを見つめながら受け止めた。

「先週」

僕はタオルケットをきつく体に巻きつけた。兄はきっと聞かれたがっていたが、誰と、と僕は聞けなかった。どんな答えでも、きっと受けきれないと思った。

その逃げ腰を追うように、兄がこちらを向いた。しかし視線は僕を越え、振り返ると、縁側の明かりを受けた叔父の瞳が小さく、黒く光っていた。眠っていたときのままの姿勢で、目だけ開いて闇を見ていた。

叔父さんただいま、と兄がそっと声をかけると、ああ、と応え、叔父はゆっくり頭を起こした。こちらを見ようとしなかった。僕は叔父から目をそらし、さらにきつくタオルケットを巻いたが、兄が橋を架けるようにして伸ばした腕がその重さと体温とで全員を繋いだ。いかにも半端な、急ごしらえのかたまり方で、それでもそれぞれ脱力するうち、いびつな接点もじき溶け合った。

「千尋を玄に取られたことは、もう、二十年も前に諦めてたんだよ」横並びのあたたかさの中で、叔父がそっと口を開いた。「俺みたいなんじゃ、ああいう威勢のいい奴には、どうしたってかなわないんだから」

いつもどおりの穏やかさを訝り、再び見ると、叔父の目には眠りに落ちる前まで生気のかわりに、嘆きも絶望も済ませたような冷たさが新たに宿っていた。身元確認に行ったのは叔父だったかと、一瞬、記憶が怪しくなった。「でも、すっかりくれてやる気はなかったんだけど」

そのとき、ふと兄の腕が解かれた。首にうすら寒さを感じながら、縁側へと歩き出した兄を目で追うと、その先の窓に人影が浮いているのが見えた。

彷徨うようにそよいでいた。見つめたが、影はいつまでも一つだった。

兄の開けた窓から、雨の匂いと草を踏み分ける音とが同時に入り込んできた。僕も縁側へ向かった。庭を歩き回る父は、もうすでにずぶ濡れだった。ここで止まれば千尋の不在が際立つ気がして、僕はリビングから歩いてきたままの歩調でまっすぐ庭に降りた。徘徊の様子は変わらないのにきのうまでより父はどこかしっかりして見え、近付いてみると、首から指の跡が消えていた。

兄が床にタオルを敷いて待つ縁側へと父を進ませながら、家の中に目を向けた。一人、リビングに居残っていた叔父が立ち上がるのが見えた。庭から眺めるその黒い影は、リビングから眺める父の影とあまり変わりがないように思えた。

兄と二人で、縁側へ引き上げた。僕は父の濡れた顔や首を、タオルで軽く叩くようにして水気を吸っていった。父は終始左右に揺れていた。歩き足りないようだった。

そのとき、叔父が来た。玄さん頼むな、というあの言葉になお従うつもりかとも思ったが、見ているともいえない目つきで父を見ながら、そっと、叔父は父の胸を押した。

支えの何もなかった父は、その静かなひと突きであっけなく庭に転がり落ちた。沓脱石に腰を打ち、草の中へ頭から落ちた父を、自分の姿のように僕は眺めた。叔父が去っていくのがわかったが、振り返ることはできなかった。

一度、長く息を吐いてから兄が追った。僕は再び庭へ降り、転がった父に寄っていった。意識はあったが、痛みのためか眉根が寄り、指の跡の消えた喉から今にも怒声があがりそうだった。目は燃えるようにぎらつきながら空を睨みつけていた。

その空では雨雲の端が、ようやく白み始めていた。

ここはどこだ、と久々に、現在地不明の朝を迎えた。月夜野に戻ってからは、初めてのことだった。

部屋に満ちた輝きは、実際、昼でもどこか暗さのまとわりついている月夜野の光とは思われなかった。今年は家ごと移動するのか、とまだ回りきらない頭で半ば本気に考えたが、貴重な梅雨の晴れ間らしいとカーテンを開けてわかった。完全な晴天ではなかったが、禿げた雲から覗く青も、そこからの陽射しも、もう夏の色だった。

階下に降りると、軽い風がすうと通り、明日はもう七月だとそこで思い出した。開け放たれた窓の向こうでは、無数の青草が一つの生き物のようにまとまりながらそよぎ、その中を父が歩いていた。腰を庇うような、ひょこひょことした歩みだったが、陽の下をうろつく姿はそういえばこれまで見たことがなかった、とゆうべのままになっているソファのそばでしばらく眺めていると、表から回ってきたらしい、細長い草刈り機を持った兄が庭のわきからひょいと現われ、おうと挨拶をよこした。

「根岸さんとこから借りてきた」と兄は両端の赤いその機械を地面に置き、エンジン用のワイヤーを探した。「歩き回るのはともかく、つまずくからよ、草ごときで……」

慣れない機械に手こずりながらもエンジンをかけることに成功した兄は、父から一番遠い場所から草を刈り始めた。法則性なく動き回る父と、その父から逃げながら草を刈っていく兄は、歩幅の狭さも、うつむき加減の姿勢もそっくりで、僕は大笑いして二人を見物した。エンジン音のせいで兄はしばらく気付かずにいたが、ふと顔を上げ、僕を見ると、手振りで返し、聞き返すような苦笑をこちらに向けた。なんでもないと手振りで返し、僕は縁側に腰を下ろして笑い続けた。親指の先で涙をすくい、そんなことより洗濯をしろよと思ってようやく落ち着き始めた。いつぶりに晴れたと思ってんだ、気が利かねえ。

それで一度は動き出そうという気になったが、洗濯をして、食事を作って、部屋を片付けてとその後の流れまで見通したら急に、体がぐったりと重くなった。尻が縁側の床に貼り付き、座布団を敷けばよかったと悔やんだが、そのために立つのももう億劫だった。仕方ないのでそのままそこで光を浴び、草の青い匂いを嗅ぎ、父の探検を見守った。

せっかく庭をさっぱりさせたにもかかわらず、午前の部は終了とばかりに兄は父を籐椅子に押し戻した。父も抵抗しなかった。僕は父と並び、雑草のほか何もなかったが今はそれすらもない、ただ明るいばかりの庭を眺めた。何時間も、ただそうしていた。空腹が痛いほどになり、いよいよ立ってシリアルでも流し込んでこなければと思ったところでまた兄が現われ、パック入りの、直売所のシールの貼られた助六寿司を置いていった。キャンピングカーに閉じこもっている叔父にも同じものが届いているのだろうと思いながら食べた。いつまで待ってもお茶は出てこなかったので、それでようやく立ち上がった。供えるかたちにしかならなかったが、父にも淹れた。

一日、時が過ぎるのにまかせた。時折、前触れもなく涙が流れてしばらく止まらなくなったが、それがなぜなのか僕にはわからなかった。ここがどこなのかもわからなかった。自分がどこから来たのかもわからなかったが、それでもそこへ帰りたかった。

日暮れ時、父が不意に籐椅子を揺らし、地震のような音と振動をたて始めた。庭に出たいのだとすぐにわかったが、目を剝き、鼻から唸りを漏らす父を、しばらく何もせずに見ていた。これまではキッチンのあたりから遠目にその姿を眺め、まるで駄々をこねる子供だと思っていた。しかし初めて近くで見て、実際には電気椅子にかけられた囚人だと知った。

兄は確か裸足で歩かせていたと思い、僕もそうした。陽は落ち、雲もまた厚くなり、風には雨の匂いが混ざり始めていた。父を庭に出したあとでそうするのは初めてだったが、縁側に上がると僕は窓を閉め、鍵を掛けた。父の空けた籐椅子に、それから腰を下ろした。しばらくそこでじっとして、父の残した体温の不快さに耐えた。父以外、誰も座ったことのない椅子だったが、窓に鍵を掛けたのとひと続きのようにそうしていた。

あれはなんだろう。顔を少し横へ向けさえすればすぐに姿が見える父を、しかし見ずに、そんなふうに思った。あれはいったいなんだろう。玄とはどういうものだろう。

向かいには、テーブルが壊されて以来その代わりをさせられている、もう一脚の籐椅子が置かれていた。座面にきちんと父の本を収めた、テーブルよりむしろ慣れた様子で仕事をこなしているその座椅子から、僕は一冊手に取った。トイレに置き忘れた本を取りに戻ったのがそもそもの始まりだったと、ふと思い出したのでもあった。

父が読書家であることは、知性よりよほど本能の勝った性格と並べ、ときどきからかいの種になった。しかしそれはあくまでこっそりと持ち上がる噂で、僕らは決して、本や読書に関する話題を父本人に持ちかけなかった。本を読む父――そして時折手帳に何か書き付ける父――には、そういうどこか立入を禁ずる雰囲気があった。自室を持たない父に見る、自室にこもっているような唯一の姿だった。だから僕がこうして父の本を手に持ち、開こうとしたのは、これが初めてのことだった。

しかし手にしたその文庫本の題名を見た瞬間、これは父の本ではない、とまずそう思った。知らないはずが確信した。古臭い人名のあとに、『詩集』と付いていたせいだった。

次の本を取った。それも詩集だった。次のもやはりそうだった。題に『詩集』と付くもののほかには評論集が一冊交じっていただけで、それも頭に詩人の名があった。膝の上に山になった本を、僕はぼんやりと見下ろした。

詩的なものも、詩そのものも、侮っていたのではなかったか。「うちの親父は自殺するほど感傷的にはなれない」と兄が本田に話したのは、別に父の悪っぽさをひけらかすためではなかった。「センチメンタリズム、ロマンティシズム、それからノスタルジー」を父が毛嫌いしていたのは確かなのだ。だから多少なりともそれらを持ち出さねばならない、作詞という仕事だけは外注したのだ。

そこまで考え、最後に残った手帳を取った。めくる指に予感が宿った。飴色に艶めく革のカバーに専用のリフィルを継ぎ足し、継ぎ足しして使われていたらしいその手帳は、どの詩集より厚く、重く膨らんで、適当に開いたページにはさっそく見知った詩があった。妙にちまちまとした、性格と正反対だとこちらはおおっぴらに笑われていた癖字で、《眠らない夜を　歩む羊よ》と綴られていた。

笑いが一つ漏れ出たが、あとは歯を食いしばって読んだ。北本から送られてきた、と思えばさもEメールで届いたかのように言い、受信はできるが転送はできない年寄りの顔で、裏紙に書き殴ったのを素っ気なく叔父に渡していた。音にのせる前の詩はどんなものでも気恥ずかしく、だからこそ僕と千尋は毎回全力で北本の新作をからかったが、それには父も必ず加わり、今回はやたら黄昏れてやがるな、などと僕らが言うのを聞いては大笑いしていた。よほど北本と仲がいいのだ、この父と友情を築ける北本は大人物だと、そのたびに思ったものだった。

百弦の曲として僕らにも歌わせてきた詩は、それでも、慎重に選ばれたものだったとやがてわかった。手帳に綴られているほとんどはそれらよりずっと感傷的で、空想的で、郷愁に溢れ、ページを繰るうち、いつしか歯噛みが解けていた。父の誕生を目撃しているようだった。

父の中に詩がある。詩の泉がある。ほかには何がある？

不意に若い、強い足音が外から迫ったのに驚き、立ち上がった。窓を開けると、兄と本田が同時にこちらを振り返った。闇に包まれた庭で、父が、雨に打たれて死んでいた。本田はきのうと同じ合羽を着ており、兄はただ濡れるままになっていた。二人はやはり同時に僕から目を背け、黙りこくって父を運んだ。軒下では、草刈り機が円形の刃を休ませていた。

時計を見ると、夜の十時を少し回ったところだった。せめて見送ったほうがいいように思え、玄関に向かったが、ドアのすぐ向こうから口論が立って足が止まった。もう父を積み終えたらしい兄と本田が、どちらも静かな声ながら、引く気のない強情さで何やら言い合っていた。

「弟さんがあんな様子でも？」ドアに耳を寄せた途端、本田の声がそう言った。「人の手を借りることは、宮嶋さん、恥じゃないんですよ。行政や専門機関というのはそのためのものなんです」

「構わないでくれ」戸を立てるように兄が言った。「これはうちの問題だ」

「最初あなたが警察に頼ったのも、家の問題を解決するためでした」

「構うなって言ってんだ、俺は」

「弟さんに何かあってからじゃ遅いとは思いませんか」

「あんた何様のつもりなんだ」とうとう怒鳴った、その声は驚くほど父に似ていた。「弟さん弟さんて、誰の弟だ。なあ、本田さんよ。ここは誰の家で、桂は誰の弟だ」

ノブに手のかかる音がして、僕はドアから顔を離した。すぐに入ってきた兄は、玄関に立ち尽くす僕を、ほんの少しも外気に触れさせまいとするように廊下の奥へ押し込んだ。「メシ買ってあるぞ」と続いた声はしかし優しく、笑みさえ含んだようだった。

玄は詩を持ってる。詩がある限り奴は生まれ続けるよ。そう伝えたかったが、僕の知っていることをこの兄が知らないとはどうしても思えず、言葉にならなかった。

「なあ、桂」暗い玄関から、兄は優しいままの声で呼んだ。「ほかはもうまとまらねえから、俺たち二人でツアーに出ようぜ。夏が来たんだ。出発しよう」

本田の車が出ていく音が聞こえた。でも叔父さんは、ちいは、玄はどうする、と一人ずつ尋ねてみたかったが、今日一日で兄にずいぶん不義理をした気がして、「うん」とだけ僕は答えた。

「フィドルとバンジョーですべてだ」兄は靴を脱ぎながら言った。「四弦足す五弦で百弦」

そのでたらめな計算を、二人で笑った。いっそ取り壊しちまいたいが、家はこのままにしておこうと兄は言った。呪われた家なら近所の子供らが喜んで遊び場にするだろうし、俺たちも来年、庭にどれだけ玄が積み上がってるか楽しみに戻って来られるだろ。

食事を済ませ、二階に上がると、荷造りを控えた部屋特有のよそよそしさがそこにはもう満ちていた。窓から見下ろす前庭も、外灯の白い光も、これまでとどこか違っていた。

その感じが、だまし絵を見ているような違和感に変わってようやく、キャンピングカーが消えていることに僕は気付いた。あっ、と小さく声をあげ、雨の中に頭を出した。

象ほど大きな欠落が、雨と闇とですでに埋め立てられていた。昨夜からだ、あの足で叔父は出て行ったのだと振り返りながら確信し、同時にその真意を知った。叔父は僕らを捨てたのだ。その事実が僕にもたらしたものは、しかし失望でも、悲しみでもなく、目の覚めるような喜びだった。父の求めでないどころかもう千尋のためですらない、叔父にとってこれは、純粋に自分のためだけに取った初めての行動だった。

自分の足でここを出て行くと、一度はそう決心したことを僕は思い出した。恐ろしかったが、幸せだった。あの先に叔父は向かったのだ。

千尋の門出を、昨夜、明るく祝ってやれなかったことが悔やまれた。僕にはある意味兄より近い、双子の片割れのような奴だ。父の不機嫌で僕らだけ宿に泊まらせてもらえない晩も、見知らぬ街を並んで歩けば少しも懲罰のようじゃなかった。口ずさむ詩は星空にも、朝焼けにも映えて、バックパックのかわりにバンジョーを背負った僕らは世界で一番正しい旅人のようだった。その相棒が、あんなに望んで発ったのだから、誰より僕が祝福してやるべきだった。

頭を部屋の中へ戻し、濡れた顔を肩で拭うと、自然と笑みがこぼれ出た。父の死に姿を最初にみんなで見つけたときから今このときまで、不幸など何も起きていない、それどころかめでたいことばかりだと、気付けただけで嬉しかった。

今年のツアーは中止にしようと、明日、兄に言おうと決めた。義理を果たそうと本当に思うなら、そうすべきだった。そしてきのう聞いてやれなかったことを、ちゃんと僕から聞こうと思った——誰と一緒に映画へ行ったの。どんな人。なんて名前。ここで一緒に暮らしてもらったら。

怒号が、そのとき、家の底から突き上げた。明日を待ちわびる心が熱烈な呼び声を生んだのかと、一瞬、自分を疑った。獣のような、その声は兄の名を叫んだのだ。再び窓から頭を出し、耳を澄ませた。自然と息も詰めた。雨音さえ萎縮する中に、もう一度響いた。律！

すぐに部屋から飛び出した。廊下の突き当たりの部屋から同じく飛び出てきた兄が、壁のスイッチを押して照明を点けた。大きく見開いた目でこちらを見つめる、その顔が恐怖に凍っていて、この時間に兄が家にいる、という場違いな感慨とともに、驚きと喜びのない交ぜになった激情が僕の血を倍速で巡らせ始めた。兄が初めて見せた弱気がかつて感じたことのない万能感をもたらし、兄を守る、父を殺す、ただそれだけがこの瞬間、僕の生のすべてになった。野郎、どうせまたリモコンでも探してんだと笑わせてやることも考えたが、だからその勢いで、「大丈夫だ。もう終わらせる」と僕は言った。「お前はやった。俺もやるよ。それで終わりだ」

名を叫ばれて飛び起きるまで、兄は幼い夢の中にいたのかもしれない。僕に続いて階段を降りる、その足取りまで頼りなかった。弟の手を引いている気で僕は進み、一階に降り立つとすぐさま縁側に向かった。桂、と兄がようやく声をあげた。「おい、落ち着け。お前知らねえんだ。どんな夢を見るか」

「これもそれかもな」僕は振り返って笑った。「でもこれは悪夢じゃない。これはいい夢だ。叶うほうの夢だ。俺たち自由になるんだよ、律。今日は俺たちの誕生日だ」

律！　ダイニングを渡り始めたところでまた響いた声を、祝砲のように聞いた。二階では呼びつけるようだったその声は、一階ではもっと切な響きに変わり、律、律、と重なるごとにその必死さも募っていくようだった。律！


父の影が、リビングに入ったところで見えた。楽器を持っていた。壊れたギターを庭の隅に放っておいたのを思い出したが、ギターより小さく、ネックも短い、それはマンドリンだった。

あれほど熱心に、毎晩、マンドリンを探していた――ここまで家を荒らしきって父が固執した未練とは、百弦にフラットマンドリンが欠けていることだった。

あまりの馬鹿馬鹿しさに、僕は笑いを抑えられなかった。六歳の自分がもしこの楽器を拒んでいなかったら、兄に守られていなかったら、父のこれほどの執念を一人で負うことになっていたのだという恐怖がより笑いを激しくした。もともとあった喜びとともに、その恐れと可笑しさは僕の震える体に攪拌され、じき大きな歓喜へと生まれ変わった。今日までずっと、父だけは好きにやっていた。いつでも自由で、なりふり構わず、従うのはただ自分という自然だけだった。そのことに初めて正しさと頼もしさとを感じながら、僕は父の指を十本すべて落とそうと決めた。兄の狙った喉は、今度は絞めずに喉仏を刈る。それでもう詩は綴れないし、歌えもしない。

僕が縁側に踏み入ると、また父が怒鳴った。律！　しかしこちらを見てはいなかった。二階を見上げ、闇雲に吠えている。開けた窓から、玄、と呼ぶとようやく気付いて、震える足を、いつもより慎重に繰り出し始めた。僕は裸足で庭に降り、軒下に立てられた草刈り機を摑んだ。指と喉くらいならそれでなんとかなるはずだった。エンジン用ワイヤーを引く手を、兄に摑まれる前にと素早く上げかけたところで、しかし気付いた。マンドリンじゃない。

兄が息を呑む音が聞こえた。足がすくみ、今の今まで自分を熱く動かしていた気勢が、根ごと抜けていくのを僕は感じた。泥にまみれた赤ん坊だった。動かず、声もあげないのに、父の腕からはみ出た足に生まれたての福々しさがあった。

父は右の手と腕だけで赤ん坊を支え、左手でその子の右手首を上のほうに引っぱっていた。その小さな右腕が、マンドリンのネックのように僕の目には見えたのだったが、今はすべてが確かに人のかたちを取り、闇に同化しそうなほど黒い、厚い泥に覆われていながら、丸い腹も、膨らんだ頬も、雨粒を飾った睫毛までもがはっきりと見えた。父は薄い笑みを浮かべ、後ずさった僕のそばを過ぎていった。そうして少しずつ進んでいき、軒下で立ち止まると、縁側に立ち尽くす兄に赤ん坊を差し出した。手首をうんと引っぱっているのは、どうやら、右手にちゃんと指が五本あることを見せびらかすためのようだった。

兄は小刻みに首を横に振り、しばらく、動かない赤ん坊をただ震えて見下ろしていたが、「もうやめてくれ」とやがて囁いた。「俺が悪かった。玄さん。俺が悪かったよ。もう勘弁してくれ」

声が尽きたのか、父は黙って赤ん坊を差し出し続けた。その腕がやがて足ごと震えだしたのを見て、僕は芝刈り機を捨てて腕を伸ばした。泥で濡れた赤ん坊が、今にも滑り落ちそうになり、息のない子に違いなかったが、咄嗟に動いた。兄も動いた。そして父が赤ん坊を取り落とすと同時に、兄の手が赤ん坊を受け止め、僕の腕はその下に添い、最後は全員が全員を巻き込む格好で泥の上に尻餅をついた。すると、僕らのその喜劇的な動きに反応したかのように、赤ん坊がか細い声をあげた。

兄は再び息を呑み、胸に抱いたその子を、それから父を見た。「誰の子だ」張り詰めた声で尋ねた。「どこから拾ってきた」

父はまた笑みを浮かべた。まだ若い父親だった頃の、小さい僕らをからかって遊んでいた頃の表情だった。その笑顔で、震える左手を赤ん坊の額に置き、荒く乱れた呼吸をなんとか、時間をかけてまとめると、「お前の指だ」と父はしわがれ声で囁いた。「これはお前の親指だ」

眉をひそめた兄の頬に、赤ん坊に置いていた左手を移し、「お前は俺の折れた歯だ」と父は継いだ。僕の頬には、泥のたっぷりついた右手で触れた。「お前は俺の剝がれた爪だ」

赤ん坊がまた声をあげた。フア、とさっきよりも張りのある声で叫び、とうとう、本格的に泣き始めた。自分の誕生に気が付いたようだった。空を仰ぐ、その小さな泣き顔に雨が落ち、泥を落としていくのを、兄はどこか焦がれるような熱さで見つめていた。そして咄嗟に受け止めてから初めて自分から動かした指で、口元の砂を拭ってやった。それから不意に立ち上がり、家の中へ入っていった。父を振り返らなかった。

赤ん坊の声に打たれて痺れた体がやっと動くようになったとき、父はすでに倒れていた。息はなかったが、薄く目を開いていた。自分の死に気が付いたか、わからなかった。

僕は立ち上がり、まだ暗い東の空を眺めた。そうして、せめて夜の有限を感じようと夜明けを待ったが、その前に兄が僕を呼んだ。風呂場の反響の中で、赤ん坊の声と張り合っていた。

俺たちフェアリーている（短歌版）七十七首

Emma Yukifune

雪舟えま

うつぶせに星抱くおまえからぷーんぷーんと寝息ゆうぐれの夏
クリスタル麺だねまるで春雨を冷やし中華にすこし混ぜると
妖精のふえかたを知る夏の朝おまえがおれで顔を拭いてる
妖精は同居の人を妖精に変えるという方法でふえゆく
カステラを君はすすんで切る係ざらめのついた紙をくわえて
ああ宇宙ふたりから生まれたごみをふたりで捨てにゆくよろこびよ

くちづけのまえ前髪はまざりあいここに小鳥の声が加わる

水をとめると聞こえだすふとんからおまえが歌うエーデルワイス

この星に月がひとつっきりゆえにおれの嫉妬はこんなに深い

わがテンプルボタンの色や硬度からあすの天気がわかる相棒

酔っている君が発見する俺の乳首のあいだは一オクターブ

このごろは家のなかでも手をつなぎ歩くよ体どうしは惹かれ

ヤクルトを振りながらくれるこの人を兼古緑《かねこみどり》をだいじにしよう

二一〇度の旅立ちを澄みながら待つ明けがたのパン生地六つ

長椅子に眠ればヴィーナス・ボーイだと生きてるだけで惚れ直される

ロボットとして出逢うのも楽しかろうアルミパウチを親しく揉んで

自動車のＡＩ眠らせ星降り積むあした夏毛になりますように

もう君は寝たかな熱い湯のなかで熱い胸にもよぎるさみしさ

風呂をでて居間に見つけたこの人となにか一緒にとても飲みたい

靴をはく君のくるぶし旅立ってつづいて靴をはく俺に風

俺がいうのもなんだがガガンボての は行きたいほうに行けてるんかな

日に五回歯ピカピカガムきみは噛むいまがいかなる星回りでも

ヨーグルトキャンディーな月あおぎおり虫よけスプレー吹かれるままに

君のこしらえた虫よけスプレーのラストノートがまるで金星

飛びこんでおいでこの最高にハッピーなタイムラインこと俺に

きゅっきゅって二回にぎってから離す君はつないだ手をほどくとき

この空気中から必要なものはなんでも取りだして愛の旅

結婚してからも感極まるたびに求婚をしてよいのだろうか？

この星をあの星をゆくふたりだろうあらよっとフォーメーションZで

フォーメーションZで二重星と化すたいてい君が主星となって

Zして、Zと君はささやいた今生かぎりの熱いルールを
見つめあうたびにどこかでひらくドアそこから自由になってく誰か
別れたりしたらギリシャの神殿の柱のころに戻されちゃうぞ
君の体質の話を聞いているつまりは君はこだわりのパフェ
朝焼けのコンビニにサンドイッチのななめの顔は笑っていたり
食べることをすきでいたい一冊と呼びたいサンドイッチの世界
店先に鹿が立ってて俺たちのどちらかといや俺を見ていた
この鹿はうろつく澄んだアンテナとして俺たちを受信している
アイスバーの霜浮きながら溶けるこの星に来たくてたまらなかった
あの鹿はおれを見てたとおたがいに言ってこの世に謎をふやしぬ
四時間歩けば四時間つづくエクスタシーのち放たれる靴ひもの蝶
風にゆれる自分の前髪が近い　居間へゆこう　しあわせをさがしに

しあわせを探しにきたら君がいてあまいおうどん作ってくれた

おそろいのうどんを腹に入れて寝るふたりだけいてすべてが遠い

良夜かなバナナのように重なって青いシーツの水辺にゆられ

この腕をすり抜けて裸で立ってもずくをすする荻原楯《おぎはらたて》は

まじで蚊が消えてたじろぐファッションのつもりで蚊取り線香をたき

熊蜂が花のふとんにもぐりこむ早く帰って俺もそうしよ

夏らしい雨だよ濡れにおいで、って　それはおれの新しい名前か

まっすぐな雨に濡れればしかたないしかたがないことは気持ちいい

「ことしって何年《なにどし》だっけ」「香り年」いづれの御時だおまえは

旬のもの勧められるまま金を出すゆるんだ君を見るのがすきだ

ゆだんすると君が重たいほうを持つ米をよこしてガーベラを持て

みんな豆みんな風だよおたがいの親のつもりで読みあう絵本

『恐竜のひみつ』をめくり君はつぶやく「恐竜にひみつなどない」

子ども靴はいた牡鹿が来るよあのときの鹿ですそれだけですと

朝めしは冷えひえの鮨きみの目がひとくちごとにもくもくひらく

夏の樹に口移しするからすいてそはめめめめとやさしく鳴きつ

好物の缶詰家に増えている　おまえ「その缶増えるみたいよ」

おまえってほんとにいるの──いるよ──すごいなあ──そっちこそ──爪に半月

岩風呂をあがれば尻に岩のあと教えてやればピコッと笑う

UFOよりも流氷よりも君が見たい　時を忘れて壁を洗った

ちょっと雨やむと鳴きはじめる小鳥わかるよ俺もおなじ気持ちだ

残された興味はついに愛しあうことだけとなるいま夏草と

放尿だけでなく放心もしていたフワフワおしっこは風邪をひく

ねんねんか楯ねんねんか夏布団ひろげる鬼は眼鏡していた

さあ緑ねんねんだろう為になるご本は鬼がとじてあげよう

どうしたの？　輝いちゃって。キッチンで出会いがしらにみずうみになる

めざましい星がわれらに降るごとくお茶漬けに舞う山わさびかな

揚げたてのおあげにしょうゆたらしたら君の声みたいな味がする

ライフワークは俺といいきる凄い人ついに手がける睦言かるた

アカシアの花食べすぎに気をつけて　君は出てゆく香りのとばり

車から降りた自分の影のなか靴艶やかで君を想った

なんとなく昼は日替わり弁当を見にきてしまう　風鈴がほしい

君と同僚になりたい席をならべ楽しく人の役に立ちたい

風とばかり思っていたが俺たちは草原編み機を見ていたのかも

夏は透明な象たちの行進そしてうわさの新そばが来る

のどを猫でいっぱいにして

Keiko Matsui

松井啓子

猫獲りは、小さい幌のついた車で、夜明けの町を徘徊する。彼はもともと動物が好きで、とりわけ猫が好きで人間の子供がきらいだった。

彼は子供の時分から子供ぜんぶがきらいだった。耳のふちでリボンを結び猫を抱きあげる子がきらいだった。学校の中庭にカンナやダリアの球根を植え、水をまく子がきらいだった。教室のシマ模様の花瓶の水を毎朝とりかえる子がきらいだった。給食のパンとミルクを残しておいて猫にやる子がきらいだった。

校舎の片すみの足洗い場に水を飲みに来るまっ黒の猫だけが、好きだった。脚の裏までまっ黒の猫のピンクの喉に流れていく細い砂まじりの水が好きだった。

猫獲りは右のポケットに麻紐、左のポケットに小魚の干したのを持っている。小魚を入れ忘れても彼の上着が猫を呼んだ。その上着さえわすれても、猫は彼の呼び声に招かれるのだ。

陽が沈む頃彼はもう一度起き出して、とらえた猫の首の麻紐をほどいてやる。水もたっぷり飲ませてやる。それから今度は彼がのみ始める。一匹めの猫はただのひとくちでのんでしまう。二匹めはヒゲがのどをくすぐってせきこんでもかまわずひとくちでのんでしまう。そのあとは少しずつゆっくりのむので、三匹めと四匹めは彼ののどのところでかならず鳴いた。五匹め六匹めは口に含んだまま長いあいだ鳴かせ、彼の胃袋に落ちついてもまだ鳴いていることもあるという。

朝、彼の足もとにどんなにたくさんの猫が近づいて来ても、のめる数だけ獲る、「さて、今日はこれがおしまいの猫」と言って、古いスリッパをくわえ、猫獲りはひとこえ鳴いた。鳴きながら長い時間かけてのみ終った。

Nora Gomringer

ノラ・ゴムリンガー

訳＝松永美穂

語源
Etymologie

別れ（Abschied）という語は
切断（Abschneiden）から来ている
痛みを伴い
幼かった日々と結びついていく

手足の切断（Amputation）が類似語だ
夏鳥たちの
出発へ向けて
信号を出す
風向きが変われば
幻覚痛が起きて
記憶のなかまで痒くなる

残るものについて

Vom Rest

愛に関することは
もう食べてしまった
新しい液体を
飲みながら
流し込んでしまった
お腹のなかで

ぐるぐると回して
他の物質に変化させて
組織のなかに
移行させた

それでも残るものは常にある

郷愁をそそる磁力
Nostalgischer Magnetismus

わたしたちは
引力について話した
金属の残留物が
胸郭のなかに残る

磁力の粒子が
一目見たときに
植え込まれて

何かが
互いに引き合う
そしてそれが
別れられない最後の理由

言わなかったこと
Ungesagtes

松の木をしっかりと
重ねてこすり合わせる
言葉の山を
切り崩す
そうやって生じた砂を
飲み込む

言葉を内部において
盛り上げて土手を築く

詩
Gedichte

詩は戦いだ
白いページの上で
あるいは獣の皮膚の上で
決着がつけられる

濃縮と
希釈について
言葉の採点表が示される
あっというまに

北海
Nordsee

あなたの骨を外す
体から服を

お米の食事

目玉をつつきだす
フォークで
頬の肉は
食通が食べるもの

それに合わせて水を飲む
お腹が愉快になる
またあなたのエレメントのなかで

根源のアルファベット
Ursprungsalphabet

わたしは
アリアドネ（A）、赤い毛糸を辿っていく
ブリセーズ（B）、アキレウスに仕えている
わたしは

カリュプソ（C）、オデュッセウスのために歌い、彼が去っていかなければいいのにと願っている
ダイアナ（D）、銀の弓矢を持った女神、月の妖女
わたしは**一人**（E）のすぐれた画家で、名前はヒトラー
アイ・アム
ファーリングヘッティ（F）、アレンを悼んで泣いている
グアニン（G）、DNAを作る下僕
ハドリアヌス（H）、わたしの名誉と帝国の防衛のために壁を建設する
わたし（I）はフロイトの診察室のカウチにいる
ヨナ（J）、神への無限の信頼を持ちつつクジラの腹のなか
わたしは
カサンドラ（K）、ずっとしゃべっているけど誰も聞いてくれない
緩慢さ（L）、わたしはゆっくりと忘れ、その遅さに接続していく
メデア（M）、愛人に服を縫い、子どもたちの首をひねる
わたしは
ノラ（N）、あなたが人形の家を作ってやる相手
ウスガエル（O）、というのもフリーダとディエゴの愛がそれだったのだ
プロテウス（P）、なぜならわたしはみんなに気に入られたいし、海岸のアザラシは守りたいから
わたしはちょうど波が砕けたところにあるラオコーンの**苦悩**（Q）
わたしはリルケの**豹**（P）であり飼育係

ジュビレ（S）、ジュビラ、シビル——どれだっていい《フーケアズ？》——わたしは謎めいたことを言う《アイスピークインリドルズ》
わたしは地の堆積物から作られた**粘土（T）**でそこからアダムが生まれた
あなた（U）はけっして沈まない息
わたしは道端の**失われたもの（V）**、ある人が長いあいだ持ち歩いていた石
ウイキョウが茂るマラソンの野からのランナーを**待つ（W）**ということ
Xメン（X）、世界の救済者、円卓の騎士たちの祖先
わたしは**冷笑家（Z）**、ベイビー、冷笑家なの
わたしは**z**

（訳注）
ローレンス・ファーリングヘッティ：1919年生まれ、ビートジェネレーションを代表するアメリカの詩人。
アレン：ビートジェネレーションの詩人、アレン・ギンズバーグ（1926〜97）のこと。
フリーダとディエゴ：メキシコの画家フリーダ・カーロとディエゴ・リヴェラは二度結婚した。フリーダはディエゴを「ウシガエル」と呼んでいた。
リルケの豹：リルケの『新詩集』に「豹」というタイトルの有名な詩がある。
X-Men：マーベル・コミック刊行のアメリカン・コミックに登場するヒーローチーム。映画シリーズにもなっている。

〈ささやき〉
〈Flüstern〉

このテクストは存在しない
このテクストは音を出さない
このテクストはうんともすんとも言わない
反抗もしないし文句も言わない
静寂のなかに棲み、静かにやってくる
まるでそこにいなかったかのように舞台を去っていく
作者は死んでおり、その発言は聞き流されうる
このテクストには問題がある
音がなく、息づかいだけで読まれ、あまりにかすかなのだ
老人たちには聞こえず、若者たちには我慢がない
このテクストは韻を踏んでいない、これは土のなかに埋めてしまうべきだ
あなたは鋤を構え、わたしはテクストを包む
わたしたちはそれを地中深くに埋める、地下水にぶち当たるまで
水はそのテクストをささやき、海に内容を漏らす
あるいはあなたのお腹のそばのスープに
たぶん消化しやすいと思う

それほど胃にもたれないし
問題なく下水のなかに消えていく
耳を澄ますのはやめなさい
音のないテクストは存在しないから
だってキーを打つ音だけでも
文字を百万回も打つ音
百万ものキーの上に大きな騒音
バベル的行為、テクストと粘土で塔を建てようとする
このテクストが存在しないのは、
この心配がいま缶から飛び出してこないのはいいことだ、
だってわたしたちのところにはお客が来るし
きょうもまだしゃべったり耳を傾けたりしなくちゃいけない
彼らが子どもや年金について語ることに
テクストのない人生はすばらしい
テクストがなければまた声を上げてうるさくすることができる
でも何と言えばいいのか
わたしは何かを言うのか
聞かれなかったからといって問題になるようなことは、ここでは何も言われなかった
テクストについての思考があったことは認めよう

でもそのテクストは存在しないのだ

たくさんのとき
Vielmals

あるとき農夫が泥のなかで激しく踊ったので、子牛はぎょっとした
あるときわたしはヒマシ油を飲み、子どもを堕ろした
あるとき彼女は、絶対に自分と付き合いたがらない男のあとを追った
あるときわたしが木を揺さぶってリンゴを一個取ろうとしたら、頭に十個落ちてきた
あるとき一人の兵士がやってきて、わたしが手を差し出そうとしたら、彼にはもう手が一本もないのが見えた
あるとき彼女が民族舞踊を郡長と踊ろうとしたら、頭に血が上った
あるとき彼女は、氷のように冷たい牧草地で足を温めるために、立ったままおしっこをした
あるときそこにケーキビュッフェがあって、家のなかは思い出の香りがした、なぜなら彼女はもうケーキを焼かないだろうから
あるとき彼は、姉の名前でわたしを呼んだ
あるとき農夫はあまりにも疲れていたので、家畜小屋でわたしの姉の上に乗ったまま寝てしまった
あるときわたしは先生に、農場でどんなことが起こったかを話した
あるとき先生が訪ねてきた

一度だけ、そして二度と来なかった
あるときわたしはベッドを揺すり、メルヒェンのように羽毛が辺りに巻き上がった
あるとき彼女は町にいる兄を訪ねたいと言い、農夫は行けるかもと言った
彼はもう一度、行けるかもと言った
彼女はもう一度尋ねた
あるときわたしは大きな犬をスケッチし、輪郭に影をつけた、予想できないことをするのが重要だったから
あるとき姉に手紙が来て農夫は彼女の部屋でそれを読み上げた、農夫はとてもゆっくりと読んだ
あるときわたしは暗闇で一本の手をつかんだ、それは温かくて柔らかかった
あるとき母がわたしたちのところに来て、農夫と火酒《シュナップス》を飲んだ
そのとき彼らの手が触れ合い、母はすぐにバッグをつかむとわたしを待たずに行ってしまった
あるとき帰宅したら家のなかは空っぽだった、あんなに幸せだったときはなかった
あるとき一匹の犬が肥《こえ》だめに落ちた
あるとき狩人が来ることになったが彼も火酒を飲んだ
あるとき姉が、わたしは風のように走れるのと言った
あるときみんなが起きる前に窓が開いていて、風が家のなかに吹き込んだ
あるときわたしはパジャマ姿で立っていた、朝とても早い時間でわたしは姉が風のように走るのを見守っていた
あるときわたしはミルクとパンと火酒をテーブルに並べた
あるとき彼がわたしをつかみ、理解できない言葉を言って秘密を見せた
わたしは一度に姉になってしまった、ふいに一人の人間の代わりをすることになった

あるときもう一度、わたしはグラスのなかに蛍を見、また姉になった
それから一度、わたしの兄に。凪に

ベルリンの芝生で寝そべっている女の子が状況を描写する
Berliner Liegewiesenmädchen beschreibt die Umstände

ナイチンゲールたち――ロミオのあばずれたちはよってたかって――わたしに
殴りかかった
自分たちの甘ったるさをわたしの太鼓の上にぶちまけた
あとはただ、わたしが弱みを見せれば完成
めちゃ汚れたこの公園で、こんな子どもみたいな男の下で。
若い女とやるにしても若すぎる。
しかもこれほどのインポなのに
わたしは夜と霧にはらまされた
どうすればそうならずにすむのか、誰も言ってくれなかった
そこではテロが相手より大きな力を振るっていた
そしてわたしは綿菓子を、キャンディショップを
股のあいだに持っていたわけ、ほんとうなら

家で高く厳かにベッドのなかへと
女の子が持ち込むつもりのものを
でもそれもダメだった、アザで緑や青になって
ロミオのあばずれたちに殴られたせいで
——いつもただ聞こえるだけ（と奴らは
普段なら言う）。ヒバリたちが鳴きわめき
公園のなかはぶっ飛んだ明るい昼間。

わたしのなかに戦争が現れる
In mir taucht der Krieg auf

戦争が尋ねる。びっくりした？
わたしが言う。まあね、その形には驚いた。
戦争が言う。俺、景気がいいんだ。そのこと書いてくれよ！
わたしが言う。うぬぼれ屋。戦争のことはブレヒトがもう書いてるわよ。
戦争が言う（モンスターのような大声で）。俺は壊し屋だ。
わたしが言う。あんたはわたしのなかでは、音と悲鳴だよ。
わたしは世界と頭を閉じる、

あんたがずっとわたしのなかにとどまるように。
あんたを押し込めていると、わたしのなかは暗くなる、
赤熱が押し寄せてくるまで、外は雪花石膏《アラバスター》のように真っ白なまま。
それからあんたはそこに立つ。
あんたは燃やしてしまう、
わたしを助けに来ようとした者たちを。
そうやって感染症として、
あらゆる傷の炎症として、自分を増殖させる。
戦争が言う。ちゃんと思い浮かべてるな。
わたしが言う。あんたのことは聖書に出てくるアベルみたいによく知ってる。もうずっと前からの知り合いじゃ
ないの。
戦争がわたしに言う（優しくわたしに寄りかかりながら、彼の息はいい香りがする、首筋がとても温かくなって、
すべてがかつてのよう、すべてが、メロディーもないわけではない）。
俺は火花なんだ。
俺は闇のなかで一番明るい点だ。

ノラ・ゴムリンガーについて

松永美穂

「ゴムリンガー」という姓を耳にすると、ドイツの詩に詳しい人ならまずオイゲン・ゴムリンガーを思い浮かべるだろう。「具体詩」と呼ばれる分野で一世を風靡した、ボリビア生まれ、インディアンの血を引く九十二歳のドイツ語詩人。デビューしてから七〇年を経ても現役ばりばりのこの詩人が、ノラ・ゴムリンガーの父親である。母親はドイツ文学者のノルトルート・ゴムリンガー。ノラは一九八〇年生まれだが、兄（異父兄か異母兄）が七人おり、大家族のなかで暮らしていたようだ。「兄のなかには羊飼いになったのもいれば、弁護士になったのもいる」と話してくれたが、大きな家で賑やかに暮らし、ときどき暗闇に幽霊を見てしまうような、想像力豊かな子どもだったらしい。

創作に関しては、二十歳で詩集を自費出版して以来、すでに十五冊を世に送り出し、文学賞も多数受賞している。詩集の数よりも受賞した文学賞の数（十七）の方が多いという、幸せな詩人。注目を集めたのは、二〇一五年、インゲボルク・バッハマン賞を受賞したとき。これは本人の朗読パフォーマンスも含めて審査される新人賞で、常にメディアの話題になる賞だ。

詩人としての活動のほか、バンベルクの芸術館長も務めている。昨年は京都の「ヴィラ・鴨川」の奨学金を得て日本に三か月滞在した。日本での朗読会のために詩を翻訳したのが、わたしと彼女との出会いとなった。

今回「早稲田文学」のために訳出した十一編の詩のうち最初の八編は、初期（二〇〇二年から二〇一〇年まで）の詩集を一冊にまとめた『わたしの詩は長々と尋ねない』（二〇一五）から採った。残りの三編は、日本での朗読用に送られてきたもので、「たくさんのとき」は戦前の南西ドイツ・シュヴァーベン地方における貧しい農家での暮らし（労働力として他の農場に住み込みで働かされる子どもたち）を踏まえて書いたものだそうだ。

彼女は最近では、主題を先に決めて詩を書き、ライマー・リムマーのイラストと自身の朗読を収めたCD付きの詩集を出版する「三部作」のプロジェクトに取り組んでいた。三冊のテーマはそれぞれ「モンスター」「病気」「モード」。一冊ごとに二十五編が収められている。ポップな外見ながら世界の文化史に切り込んでいく鋭さと深みも持つこれらのテーマ別詩集も、いつか日本で紹介できたらと思う。

（この紹介文には「すばる」二〇一七年七月号に収録された解説と一部重なる部分があります）

ロンドン散策
——ある冒険

Street Haunting
—A London Adventure

Virginia Woolf
ヴァージニア・ウルフ
訳=片山亜紀

一本の鉛筆に熱い恋をしたことのあるひとなんて、たぶんいないだろう。でも、どうしても鉛筆がほしいという状況はあるものだ。お茶を済ませ、ディナーまでのあいだにロンドンを半分ばかり歩きたくなって、その目的というか言いわけがほしい、というときはある。狩猟愛好家がキツネの繁殖保護と称してキツネ狩りをするように、ゴルファーが芝地への造築反対と称してゴルフをプレーするように、街歩きをしたいという願望が訪れたときに鉛筆は格好の口実となる。わたしたちは立ち上がって口走る——「ねえ、わたしはどうしても鉛筆を買わないと」。まるでそう言いさえすれば、冬の都市生活の最高の愉しみ、すなわちロンドン散策に、大手を振って出掛けられるとでもいうように。

ときは夕刻、季節は冬がいい。冬なら黄褐色《シャンパン》に輝く空気と街路の賑わいがありがたいから。夏とちがって、日陰がほしい、独りがいいな、畑の干し草の甘いにおいを吸いこみたいな、などと焦れなくてすむから。それに夕刻なら、暗闇と街灯のおかげで無責任になれる。いつもの自分じゃなくて大丈夫。よく晴れた夕刻、四時から六時のあいだに自宅から足を踏み出せば、わたしたちは友人たちに知られている「自己」を脱ぎ捨て、大勢の名のない放浪民からなる共和軍の一部になる。人いきれもうれしいものだ——自分ひとりの部屋の孤独のあとでは。

部屋の中で、わたしたちは事物たちに囲まれて座っている。おまえの気性はここが変わっているとつねに教えてくれ、これまでの経験の記憶をつねに呼び覚ます事物たちに囲まれて。たとえばマントルピースの上のあの鉢は、風の激しかったあの日、イタリアのマントヴァで買ったもの。店を出ようとしたら、渋面のお婆さんがわたしたちのスカートをつかまえ、じきにあたしは飢え死にするよと呟いたあと、「持って行きな!」と一声、青と白のその陶器鉢をわたしたちの手に押しつけたのだった。まるで、あたしには大損だけど、そんなことは覚えていなくていいからね、という調子で。わたしたちは疚しい気持ちに駆られ、それでも大枚を騙し取られたんじゃない?と勘ぐりもしながら、その鉢を小さなホテルに持ち帰った。そしたら真夜中にホテルの主人夫婦が猛喧嘩を始めた。様子を見に中庭に出ると、柱に絡まる葡萄の樹と、夜空の白い星々が見えた。その瞬間はじっと停止して動かない——他のいくつもの瞬間が通り過ぎても、刻印されたコインみたいに消えない。そうそう、憂い顔のイギリス男性もいた。コーヒーカップや鉄の小テーブルがゴタゴタ並ぶ中で立ち上がり、旅先でひとがよくそうするように心の秘密を明かしてくれた。そんな一切合財——イタリア、風の激しかったあの朝、柱に絡みついた葡萄の樹、イギリス男性とその心の秘密——が、マントルピースに置いたあの陶器鉢からもくもく立ち上ってくる。それにほら、視線を床に落とすと絨毯に茶色い染みがある。ロイド・ジョージ氏〔当時の自由党党首〕のせいだ。「厄介な男だ!」とカミングス氏《さん》は言い、ティーポットに注ぐはずの熱湯の入ったやかんをそのまま置いたものだから、絨毯に茶色い焦げ跡が丸くついてしまった。

でも、ドアを閉めればすべて消滅。わたしたちの魂は貝みたいに分泌物を出して自分を覆い、他人とちがう外見を装ってはいるけれど、その覆いも壊れ、襞もザラつく外側も全部消え、残るは貝の知覚中枢、一個の巨大な眼《まなこ》だけになる。冬の街路ってとっても綺麗!あれこれ際立たせるかと思うとぼかしている。こちらを見ると、まっすぐな街路の両側に、ドアと窓が左右対称に続いているのがぼんやりたどれる。あちらを見ると、街灯の下にほのかに明るい光の島が浮かんでいて、足早に歩いて行く男のひとや女のひとが一瞬くっきり照らし出される。みんな貧しく粗末ななりだけれど、どこか現実離れした感じ、勝ち誇った感じを漂わせている。「生」から身を躱《かわ》してやったよ、「生」は獲物を捕まえそこねてどこかに行ってしまったよ、とでもいうみたい。とはいえ所詮、わたしたちは表面をすうっと撫でているだけ。眼で見るだけでは、掘ったり潜ったりして、どこかに埋まっている秘宝を探し回ることはできない。眼はわたしたちを流れに乗せて運んで行く。しばらく立ち止まってても のを見ることはあっても、頭はそのあいだ、たぶん休眠中。

それにしても、ロンドンの街路はとても綺麗。光の島がぽつんぽつんと浮かび、合間には細長い闇の森がある。街路のこちら側の奥にはたぶん木立と芝生の広場があって、夜がうずくまって眠りこんでいる気配。鉄柵に沿って歩いて行くと、木々の葉や枝が小さくサヤサヤ、キーキーと鳴る音がして、まるであたり一面は静かな草原、フクロウはホーホー、遠くで谷間を行く列車はガタゴト――。いやいや、ここはロンドンだった。葉っぱが落ちて裸になった枝のあいだ、上方に、長方形のオレンジの光がいくつか見える――あれは窓ね。低空に架かった星みたいに、じっと燃え輝く点々がある――あれは街灯ね。田園にも似た穏やかさを湛えたこの空地はただのロンドンの公園《スクエア》、オフィスや住居に取り囲まれた一角。いま時分のオフィスの中では、明かりが煌々と地図やら文書やらデスクやらを照らし、デスクを前に事務員たちは人差し指を濡らして、膨大な通信文ファイルをめくっている。住居の中では暖炉の炎が暖かそうに揺れ、ランプの光が客間の密やかな空間を、その安楽椅子を、その新聞や陶器や象嵌のテーブルを、そしてひとりの女性を照らしている。彼女はスプーンでお茶の分量をきちんと計る――何杯だったかしら？　そして彼女は客間のドアを見上げる――階下でベルが鳴り、ご在宅でしょうかと、尋ねる声がしたみたい。

でもここで、強制終了。わたしたちは眼が捉えられるものを越えそうになっている。順調な流れに乗って行くはずだったのに、小枝だか木の根っこだかにしがみつこうとしている。いまにも眠れる軍勢がうごめいて、わたしたちが内部に隠し持つ千挺のヴァイオリン、千個のトランペットを鳴らしてしまいそう。人びとの大軍が起き上がり、癖とか苦悩とかみっともないところとか、全部まとめて自己主張しそう。ここはもう少しとどまって、表面だけを愉しんでいたい。ほら、二階建てバスがツヤツヤ輝いている。精肉店には所狭しと肉がぶら下げられ、黄色のリブ肉や紫色のステーキ肉が並べられている。生花店のガラスの奥では、青や赤の花束が勇ましげに燃えている。

どうも眼には変わった属性があって、綺麗なものだけを見ようとするみたい。まるで蝶のように色彩を探し、そのぬくもりに浸ろうとするみたい。自然が精いっぱい磨き立て飾り立てたこんな冬の夜は、まるで地球全体が宝石でできているみたいに、眼はエメラルドや珊瑚の小さな塊を折り取り、最高に可愛らしい戦利品を集めてくる。でも、たくさんの戦利品から思いがけないところを引き出したり組み合わせたりすることは、眼には(ごくふつうのアマチュアの眼には)できない相談。そういうわけで、純粋で添加物なしの美というこの素朴な砂糖菓子をひとしきり頬張ると、わたしたちはもうお腹いっぱい、という気分になる。キラキラした街路の魅力には背を向け、靴店の入り口で足を止め、本当の理由とはおよそ関係ない言いわけをしながら存在の暗い小部屋に引きこもろうとする。促されるがままに試着台に左足を載せながら、わたしたちは自問する――「ねえ、小びとでいるって、どんなことなんだろう？」

彼女は二人の女性に付き添われて入ってきた。二人は通常の背丈だったので、親切な巨人が二人、両脇に控えているみたいだった。二人は店員に微笑み、この方が小さいのはわたしたちの責任《せい》じゃないんですよと匂わせつつ、でも彼女に対してはわたしたちがお守りしますからね、と請け合っているみたいだった。彼女は障碍のあるひと特有の、気難しそうで申しわけなさそうな表情を浮かべていた。二人の親切は必要だけれど、それが腹立たしいみたい。でも店員が呼ばれ、巨人たちがにこやかに微笑みながら「こちらの御婦人」の靴がほしいんですと言い、店員が彼女の前に小さな踏み台を持って来ると、小びとは堂々とした仕草で片足を踏み台に載せた——まるで、みんなの注目を集めたいみたいに。片足を出しながら、これを見て！これを見て！と呼び掛けているみたいで、だってそれは完璧なまでにバランスの取れた大人の女の足だった。見事なアーチの足——貴婦人みたいな。

　踏み台の自分の足を見た彼女の雰囲気はがらりと変わった。気が鎮まり満足したみたいだった。自信たっぷりの仕草になり、靴を次々に出してもらい次々に試着した。立ち上がって鏡の前でクルッと回ると、黄色の靴、鹿色の靴、トカゲ革の靴を履いた足が鏡に映る。彼女は小さなスカートを持ち上げ、細い脚を見せる。だって全身でいちばん大事なのは脚だものと、彼女は思っている。脚のみで愛される女もいる。自分の脚だけを見ながら、綺麗な脚とよく似合った上半身はどんなかと想像しているのかも。服は質素だけれど、靴にならいくらでも散財するつもり。それにこれだけがひとから見られても怖くない、それどころか大いに注目してほしい唯一の機会だから、どんな方法を使っても靴選びと試着には時間をかけたい。こちらに一歩、あちらに一歩とステップを踏みながら、わたしの脚を見て——と言っているみたい。気のいい店員が何か賛辞を贈ったようで、にわかに彼女の顔はうっとり輝く。でも、親切な巨人たちにも他にしなくちゃいけないことがあるから、そろそろどの靴にするか決めねばならない。やっとのことで一足を選び、彼女は包みを片手に下げ、二人の護衛に両脇を護られて外に出る。するとうっとりした表情は薄れ、もとの彼女が戻ってくる。最初の気難しさと申しわけなさも戻ってきて、街路に出たときには、ただのひとりの小びとにしか見えない。

　だけど彼女は空気を変えてしまった。わたしたちも続いて街路に出ると、彼女の醸し出した空気のせいで、立ち止まって身体《からだ》を撓《たわ》める人びとが出現したみたい。髭を生やした男のひとたち、兄弟らしい盲人二人が、小さな男の子をあいだに挟み、その子の頭にそれぞれ片手を載せて街路を行進していく。盲人らしい不屈な、でも覚束ない足取りに、彼らの身に訪れた宿命の恐ろしさ、どうしようもなさが滲んでいる。まっすぐ進み続けるこの小さな護送団は、黙りこくってあからさまな不幸をかざしつつ、他の通行人を真二つに掻き分けて行く。すると、あの小びとがぎこちない足取りで摩訶不思議なダンスをはじめたせいで、路上のあらゆるひとが彼女に倣おうとする。肥満の御婦人は、光沢のあるアザラシ皮のジャケットをしっかり身体に巻きつけた。頭の弱い男の子は、身体を捻ってステッキの銀の取っ手をしゃぶっている。人間のありさまは途方もないといま気づいた御老人は、じっくり座って見てやろうと玄関前の石段に座りこんだ。みんな、あの小びとのぎこちないタップダンスに巻きこまれている。

歩みを止めたこのひとたち、そしてあの盲人二人のように障碍のあるひとたちは、いったいどんな寝ぐらで暮らしているんだろう――わたしにはそんな疑問が浮かぶ。たぶんこの界隈、ホルボーンやソーホー〔いずれも商業地区で、当時は場末の雰囲気があった〕の細長い古い建物の屋根裏部屋で暮らしているのかな。不思議な名字を記した表札を掲げて、いろんな謎めいた商売、たとえば金箔貼り、アコーディオンプリーツ作り、くるみボタン作りとかをしているのかな。あるいはもっと空想めくけれど、受け皿の欠けたティーカップや、傘の陶器製の持ち手とか、殉教した聖人を描いた極彩色の絵なんかを売りながら身を立てているのかも。アザラシ皮のジャケットを着こんだあの御婦人も、この界隈に住み、アコーディオンプリーツ作りとかくるみボタン作りの男たちと朝晩の挨拶を交わして、きっと人生まずまずだって思っているんだろうな。そんな空想みたいな生活なら、そんなに悲惨ってはずもないだろうし。わたしたちのこと、贅沢だなんて恨んだりもしないだろうなと、わたしたちは考える。

すると曲がり角を曲がって急に出くわすのは、髭もじゃのユダヤ人。飢えにさいなまれ、惨めな様子で目をぎらつかせている。そして役所の石段の上に、年老いた女が身体を投げ出している。彼女の背にはコートが掛けられているけれど、まるで死んだ馬やロバにさっとコートを投げ掛けたみたい。そんな光景を目にすると、脊柱に集まった神経が一斉に逆立つのを感じる。目の前に急に閃光がちらつき、答えの出ない問いを延々と問い続けることになる。打ち捨てられた人びとが座りこんでいるのは、劇場のすぐそばだったりもする。手回しオルガンが聞こえるところ――夜が更けると、スパンコールのケープをまとって外食に出掛けるひとたちや、煌めくストッキングを履いた踊り子たちが、手の届きそうなくらい近くを通って行くところ。すぐ脇には店の飾り窓があって、商品が世界に――石段の上の老女たち、盲人たち、そしてぎこちないステップの小びとたちからなる世界に――差し出されている。ソファの肘掛けは金色で、白鳥が優雅に首を曲げた形。テーブルには色とりどりの果物を載せたバスケットの象嵌細工。サイドボードには緑の大理石が嵌められ、雄豚の首を並べても重さに耐えられそう。年代物の絨毯のカーネーションの花模様は、全体の薄緑に溶けこんでいる。

眺めながら歩いて行くと、あらゆるものに美が振り撒かれているみたい――偶然そうなったにしても、まるで奇跡みたいに。オックスフォード・ストリート〔デパートや小売店の立ち並ぶショッピングストリート〕にはいつも定期的に一定量の商品を置いて行くけれど、今晩はたまたま宝物だけ置いて行くことになりました、とでもいうみたい。買うつもりのないときの眼は、遊び好きで気前がいい。創造したり飾りつけたり、さらに追加したり。街路に立ち、想像の館を建て、全部屋にソファやテーブルや絨毯を好きなように誂《あつら》えることだってできる。あのラグは玄関にいいな。窓辺に木彫りのテーブルを置いて、あのアラバスターの鉢を載せたらどうかな。わたしたちが室内で愉しく過ごしているところが、あの分厚い丸鏡に映るといいな。でも館を建て家具でいっぱいにしても、所有する義務を負わなくていいのは幸福なこと。まばたき一つで館は消え、それからもう一つべつの館を建て、べつの椅子やべつの鏡を誂えてもいい。

あるいはこちらのアンティーク宝石店で、トレーに入った指輪や、掛けてあるネックレスに見とれるのはどうだろう。たとえばあの真珠のネックレス――あれを身につけたら人生がどう変わるか、想像してみよう。ただちに時刻は深夜の二時か三時、場所はメイフェア〔ロンドン中心部の高級住宅街で、バッキンガム宮殿に隣接する〕、街はしんとして街灯が真っ白に燃えている。この時刻に外を通り過ぎるものといえば車だけ。わたしはほっとした気分、軽い気分、お愉しみをこっそり隠し持っている気分になる。真珠を首に下げて絹のドレスをまとい、わたしはバルコニーに足を踏み出し、まどろむメイフェアの住宅街の庭を見渡す。明かりの灯っている寝室もちらほらある。あちらでは大貴族が宮殿から帰ってきたばかり。従僕が絹のストッキングを履いたままの寝室もある。あちらでは政治家連中としっかり握手を交わしてきた年配の貴婦人がまだ起きている。猫が庭の塀に沿って忍び歩く。厚い緑のカーテンで閉ざしたあの暗い寝室では、小声でしっとり愛の交歓中。あちらのテラスでは老齢の総理大臣が悠然と歩き回る――まるで陽光を浴びるイギリス各州を眼下に見渡しているような風情で、豊かな巻き毛にエメラルドを飾った某××令夫人に向かい、国政の何か一大事について、真相はこうだったのですと語っている。わたしたちはいちばん大きな船のいちばん高いマストに登りつめた気分になるけれど、でも同時に、こういうのってあまり大事なことじゃない、というのもわかっている。こうやって愛が証明できるわけでもないし、大偉業が完遂するわけでもない。だからわたしたちはこの瞬間をせいぜい愉しむ。バルコニーに立ち、猫が月光を浴びつつメアリー王女〔当時のイギリス国王ジョージ五世の娘で、ヘアウッド公爵夫人〕の庭の塀に沿って忍び歩くのを見ながら、この瞬間にちょっと羽根を浸してみる。

でも、こんな馬鹿なことってあるかな？　実際はいま午後六時ちょうど。冬の夕刻、わたしたちはストランド〔ロンドン中心部の大通りの一つ〕まで歩いて行って鉛筆を買おうとしている。なのにどうして六月のバルコニーに立ち、真珠のネックレスを下げている、なんてことがあるだろう？　そんな馬鹿なことってないよね？　だけど愚かなのはわたしたちではなくて自然のほう。かつて人間という大傑作を創造したとき、自然は一つのことだけ考えているべきだった。それなのに自然は頭《こうべ》をめぐらせてうしろを振り返り、その隙にいろいろな本能やら願望やらを各人の中に忍びこませてしまった。この本能や願望と、わたしたちの中核とは矛盾だらけなので、わたしたちは縞模様になり、色とりどりになり、しまいには色が混ざり合ってまだらになる。本当の「自己」って一月の舗道に佇んでいる、これなの？　それとも六月のバルコニーから身体を乗り出している、あれなの？　わたしはこっちにいるの？　あっち？　それとも本当の「自己」ってこれでもあれでもなく、こっちにもあっちにもじっとしていなくて、つねに変化しながら彷徨《さまよ》っているのかな？　好きなようにさせ、邪魔しないようにしてはじめて、わたしたちは自分自身になれるのかな？　周囲の状況が、わたしたちに統一体であれと強いる。都合がいいからというそれだけで、ひとは一つにまとまっていないといけない。善良な市民であれば、夕方、帰宅して玄関のドアを開けるとき、自分は銀行に勤務しております、ゴルフを嗜み、一家の夫であり父であります、というのでないといけない。砂漠を行く放浪者だ、空を見上げる神秘家だ、サンフランシスコの場末に流れ着いた放蕩者だ、革命を率いる兵士だ、懐疑と孤独に耐えかね咆哮する余所者《よそもの》だ、というのは具合が悪い。玄関を開けるときには指先で髪をなでつけ、他の傘と同じように、傘はちゃんと傘立てへ——。

　ああここに、ちょうどいい頃合いで古書店がある。存在がめまぐるしい奔流となっているときに、ここは停泊所になってくれる。街路でのいくつもの栄光といくつもの悲惨のあとで、ここでなら自分にバランスを取り戻せる。店主の妻が、表の入り口から陰になったところで、石炭をたっぷりくべた暖炉の横に座って片足を炉格子《フェンダー》に載せている。その光景に、わたしたちは正気に返り、元気づく。彼女は本なんて全然読まないか、何か読むとしても新聞だけというひと。彼女の話は、古本の話から脱線するときは——それも喜んで脱線するのだけれど——帽子のことになる。帽子は実用的なのがいいですね、可愛いのもいいですけれど。いいえ、わたしどもはこの階上には住んでおりません、ブリクストン〔ロンドン南部の一地区で、当時は緑地の多い郊外住宅街だった〕に家があります。わたしはちょっとばかり緑がないと駄目なんですよ。夏になると、家の庭で咲いた花を花瓶に生けて、埃っぽい本棚の上にも置くんです——店が明るくなるようにってね。

　どこもかしこも本がいっぱいで、いつもと同じ冒険心でわたしたちを満たしてくれる。古本とは飼い主のいない本、宿なしの本。いろんな羽色の鳥の大群みたいに群れつどい、図書館で飼い馴らされた本にはない魅力を備えている。それにこの偶然の雑多な寄せ集まりの中に、これまでまったく赤の他人だったけれど、ひょっとすると世界一の大親友になってくれる本があるかもしれない。くたびれポツンとした風情に誘われ、本棚の上段から灰色がかった白い本を取り出すと、百年前に馬で旅をした男のひとに出会う。彼はミッドランズ地方とウェールズ地方の毛織物市場を旅して回った。知り合いがだれもいない中で旅をした彼は、宿に泊まってビールを飲み、可愛い女の子たちや重要な慣習などを見て、そういうものを大切にしたいというひたすら純粋な気持ちから、苦心してきちんとすべて書き留めた（そして自費出版した）。勤勉に、綿々と事実を書き連ねた結果、本人もそうと知らないままタチアオイの香りと干し草の香りを立ち上らせ、その自画像は、読者の心の炉端の暖かい一隅に永遠に席を占める——。その本は十八ペンスでかまいませんよ。三ポンド六ペンスと値段がついているものの、古書店主の妻は、表紙がくたびれていることと、サフォーク州のとある紳士の蔵書が売りに出されたときに買いこんで以来、ずっとその本棚に入っていたことを見て取ると、十八ペンスでかまいませんと言う。

　こうやって古書店を隅々まで見ながら、わたしたちは他にも気まぐれな親交をにわかに結ぼうとする——名のないひとたち、いまは消えてしまったひとたちと。そんなひとたちの痕跡といったら、たとえばこの小さな詩集一冊のみ——綺麗な印刷に細かい版画が添えられ、詩人本人の肖像も載っている。彼はときならず溺死した。その詩は温和で、形式に従いすぎ教訓めいたところはあるものの、かすかなフルートみたいな響きをいまなお留めている。まるで年寄りのイタリア人アコーディオン弾きが、コーデュロイのジャケットを着て、裏道で諦めたように鳴らしているアコーディオンみたいに。

また、こちらの本棚には旅行記が何段にもわたって並ぶ。ヴィクトリア女王〔イギリスの女王、在位一八三七〜一九〇一年〕がまだ王女だった時代に旅をした、勝気な独身女性たちが書き記したものだ。ギリシャではさまざまな不如意に耐えねばならなかったけれど、夕映えは素晴らしいものだったとのこと。こちらはコーンウォール州周遊記で、スズ鉱山見物も大いに記録に値すると思ったらしく、長々と書き連ねてある。またべつの本ではライン川をゆっくり遡上して、おたがいの肖像画を墨汁で描き、デッキでロープが巻いてある横に座って読書をしたとのこと。こちらはピラミッド計測の話。こちらは何年も文明社会に戻って来なかったという話。あるいはこちらはペストの蔓延しやすい沼地にとどまり、黒人たちをキリスト教に改宗させたという話――。こんなふうに、荷支度して出かけた、砂漠を探検して熱病になった、インドで生涯を過ごした、はたまた中国の奥地まで行ったけれどカナダのエドモントンに落ち着いた――などという記録が、埃っぽい床の上で、嵐の海みたいに押し合いへし合いしている。イギリス人ときたらほんとに落ち着きがなくて、まるで自宅の玄関まで波が寄せているみたい。

旅行記や冒険記の波がうねる中、真面目な努力の記録、生涯をかけた勤勉の記録も床の上にさまざまな高さに積み上げられ、小さな孤島のように持ちこたえている。こちらに積み上げられているのは背表紙に金色の頭文字《モノグラム》の入った茶色の本――研鑽を重ねた牧師たちが福音書の解釈を著している本もあれば、学者たちがハンマーや鑿《のみ》をふるって、エウリピデスやアイスキュロス〔いずれも古代ギリシャの悲劇詩人〕の原文を彫琢《ちょうたく》している音の聞こえる本もある。研鑽、注記、解釈は、わたしたちの前後左右、あらゆるものの上を覆ってものすごい速度で続けられ、定刻にかならず訪れる潮のように、物語という太古の海の上を流れて行く。物語を収めたおびただしい本の中で語られているのはこうだ。アーサーがローラに恋をしました、離ればなれになり不幸になりました、再会していつまでも幸せに暮らしました、ヴィクトリア女王のイギリス統治時代から、世はすべてこともなし。

世界中の本の数というのは限りがない。だからひとしきり会話してさっと理解したなら、一瞥して頷き、次の本へと進まなくてはならない。それは街路で通りすがりに耳にする会話の断片から、だれかの生涯を思い描くときと同じこと。いまのはケイトって女のひとの話だったみたい。「昨日の夜、あの女《ひと》にはっきり言ってあげたの。……あたしのこと、一ペニー切手ほどの値打ちもないと思うならってね……」でもケイトがだれで、一ペニー切手が友情のどんな危機を表しているのか、わたしたちにはわからない――ケイトは親しげなおしゃべりの底に沈んでしまった。そしてこちらの曲がり角でも、人生の一巻が開かれ頁が読める――街灯の下で二人の男のひとが相談している。二人は号外新聞を広げ、ニューマーケット競馬場の結果速報を読んでいる。ツキが転がりこんできたらこのボロ服も毛皮と黒ラシャの上下に変えてやる、時計の鎖をぶら下げてやる、この汚い開襟シャツの代わりにダイアモンドのピンを身につけてやる、なんて思っているのかな？

　でもそうだとしても、この時間のたいていの歩行者の流れは大変せわしなく、そんなことを考える暇をくれない。勤務先から自宅へというささやかな旅路で、デスクから離れ新鮮な空気を頬に浴びた人びとは、麻薬のような夢に浸っている。みんな鮮やかな外出着で――それは帰宅したら吊るして、一日の他の出来事といっしょに閉じこめ鍵を掛けておかねばならないのだけれど――、いまだけは最強のクリケット選手、有名女優、非常事態に祖国を救出した兵士に変身している。夢見つつジェスチャーをまじえ、ときには二、三語、独り言を発しながら、人びとは一斉にストランドから引き払い、ウォータールー橋〔テムズ川に架かる橋の一つ〕を渡り、何両も連なってゴトゴト音を立てる列車に並んで揺られ、バーンズやサービトンなどの郊外にある、小綺麗な住宅に帰って行く。そして玄関の時計を見て、一階に用意された夕食のにおいを嗅ぐと、夢もしぼんでおしまい。

　だけどわたしたちはストランドまで来てしまった。縁石のところでグズグズしていると、ちょうど指の長さくらいの棒きれが、めまぐるしい豊富な「生」を遮るようにちらつきはじめる。「ねえ、わたしはどうしても――ねえ、わたしはどうしても」と、そんな声がする。立ち入ってその訴えを詮索するより先に、心がこのなじみの独裁者にひるむ。わたしはどうしても、いつもどうしても、あれやこれやとしなきゃいけないことがある。ただただ愉しむというのは許されていないのかな――。いやいや、だからこそちょっと前に言いわけをして、何か買わないといけないことにしたのかも？　でも何だったっけ？　ああそうだ、鉛筆だったと、わたしたちは思い出す。ならば鉛筆を買いに行こう。でも命令に従おうと向きを変えかけたとき、もうひとりの「自己」が登場、独裁者がしゃしゃり出る権利に異を挟む。いつもの葛藤がはじまる。

　義務の鉛筆の向こうに広がるのはテムズ川――大きく悲しげに、たゆたうように流れている。わたしたちはその光景を、夏の夕刻、まったく無頓着にエンバンクメント〔テムズ川沿いの道路〕の欄干にもたれ掛かっていた、だれかの眼をとおして見る。鉛筆を買うのは後回しにして、この「だれか」を探そう。するとただちに、それは自分自身だったと判明する。半年前、あそこに立っていたのと同じように佇んだら、あのときの自分みたいに泰然自若、満ち足りたふうになれるんじゃないかな？　やってみよう。でも記憶の川よりもいまの川の流れは速く、前よりくすんだ灰色だ。汐《しお》が海に向かって流れている。汐に乗って一艘のタグボートと二艘の艀《はしけ》がやってくる――艀にはしっかり束ねられた麦藁が載せられ、防水シートがその上から括りつけてある。わたしたちの隣にはカップルもいる。欄干にもたれ、恋人たち特有の、自意識が奇妙なくらい欠落した表情――自分たちの恋愛は重要なのだから、当然ながら人類は自分たちをそっとしておいてくれるはずという表情――を浮かべている。

　いまわたしたちの見ている光景、聞こえてくるいろいろな物音は、前とちっとも似ていない。わたしたちにしても、六ヶ月前、ちょうどこの位置で佇んでいた穏やかな人物とは程遠い。あの人物に死の幸福があるとすれば、わたしたちにあるのは「生」の不確定性。あの人物には未来がないけれど、現在いまこの瞬間も、未来はわたしたちの平穏に侵入しようとしている。過去を眺め不確定要素を捨象する以外、完璧な平穏なんて愉しめないんじゃないかな——。でもわたしたちは向きを変え、もう一度ストランドに戻って、こんな時間でも鉛筆を売ってくれる店を見つけないといけない。

新たな空間に入って行くのは、いつだって冒険だ。そこの住人たちが生活感とか性格などを雰囲気の中に振り撒いているから、新参者は入るなり、何かの新しい感情の波を受け止めることになる。この文具店の店内で、人びとが喧嘩していたことに間違いはない。怒りが空気中に漲《みなぎ》っている。年配の二人——明らかに夫婦者らしい——は喧嘩をやめ、女性は奥の部屋に引っこんだ。男性のほう——秀でた額にギョロ目で、エリザベス朝時代〔エリザベス一世の在位時代（一五五八〜一六〇三年）で、演劇を中心としたルネサンス文化の時代として知られる〕の二つ折り本《フォリオ》の表紙にもってこいの風貌の——が残ってわたしたちの相手をした。「鉛筆、鉛筆」と彼は繰り返した。「ただちに、ただちに」。その声は、感情が掻き立てられ最高潮に達したまさにその瞬間に遮られたというように、上の空にして上ずった調子。次々と箱を開け、また次々と閉じる。じつにたくさん商品がありまして見つけにくいのです、と彼。そして彼は知り合いの弁護士の話をはじめた——奥様のふるまいが原因で、困ったことにおなりで。何年も存じ上げている御方で、もう半世紀くらいテンプル〔ロンドンの一地区で、法曹院などがある〕でお仕事をされているのですが、と彼は続け、まるで奥の部屋にいる自分の妻にも聞いてほしいというような言いかただった。彼は輪ゴムの箱をひっくり返した。そしてしまいに、自分の無能にはどうにも呆れたとでもいうように、スウィングドアを押し開けぞんざいに叫んだ。「鉛筆はどこに置いてるんだい」——まるで妻《あれ》が隠したんですとでもいうように。

すると先刻の女性が出てきた。だれの顔も見ようとはせず、正しいのはわたしですというような厳めしい調子で一つの箱に手をかけた。鉛筆があった。これなのにどうしてあなた、わたしなしでやっていけると思うの？　どうしてもあなたにはわたしが必要なんじゃない——？　二人は何気ない風を無理に装って並び立つ。その状況を台無しにしたくなかったわたしは、慎重に鉛筆を選んだ。これは柔らかすぎるし、これは硬すぎる——。二人は黙って見ていた。そうやってじっと立っているうちに両人とも落ち着いてきて、熱も下がって怒りも消えてきた。どちらも一言も交わさないまま仲直りが成立。年配のこの男性、ベン・ジョンソン〔エリザベス朝時代の劇作家・詩人〕の表紙に載せてもおかしくない彼は、箱をもとの場所にきちんと戻し、わたしたちに深々とお辞儀をしてお休みなさいと告げ、二人は奥に消えた。彼女は縫い物を取り出し、彼は新聞を読み、カナリアは二人の頭上に分け隔てなく餌の種を撒き散らすだろう。喧嘩は終わった。

こうして——かつての自分の幻が見つかり、喧嘩が一件落着し、わたしが一本の鉛筆を買っているうちに、街路はすっかりしんとしてしまった。「生」は最上階に引き揚げ、ランプの明かりを灯している。舗道は乾いて硬く、車道はハンマーで銀を叩いたみたい。閑散とした街路を歩いて自宅へと向かいながら、わたしは自分に語り聞かせる——小びとの話、盲人たちの話、メイフェアの邸宅での晩餐会の話、文房具店での喧嘩の話を。それぞれの人生に、わたしは少しだけ小道を穿《うが》つ――わたしはただひとりの心に繋ぎ留められているわけではない、数分なら他の人たちの心身をもまとうことができるという幻想を抱くのに充分なくらい少しだけ。そうやって、わたしは洗濯女、居酒屋の主人、街角の歌い手になる。ひとりの人格という直線道路を逸れて小道に入ることくらい、喜びと驚きに満ちたことはない。だって小道を行き、茨をくぐって太い木の幹の空洞を降りれば、森の中枢に行き着くのだから――そこはわれらが同類、野獣たちのいるところ。

脱出は最高の愉しみ、散策は冬の最高の冒険――それはまさしくそのとおり。それでも自宅の玄関に近づくにつれ、昔なじみの所持品、昔なじみの思いこみにすっぽりくるまれるのも悪くない。いくつもの街角で何度も吹き飛ばされそうになった「自己」、角灯《ランタン》の中で燃える炎、近づきたくても近づけないその炎に体当たりする蛾のようだった「自己」は、避難所に収まった。ここにまた、おなじみの玄関がある。椅子は出掛けたときの向きのまま。陶器の鉢があり、絨毯には茶色い焼け焦げが輪になっている。そしてほら――優しく眺め、恭しく触れてみよう。ロンドン中のすべての宝物からただ一つだけ奪い取ってきた獲物、一本の鉛筆がここにある。

"Street Haunting—A London Adventure" by Virginia Woolf (1927)

＊原文には、今日では差別的と考えられる表現もあるが、時代背景と作者の意図を考慮してそのまま訳出した。
＊訳文には、適宜改行を加えた。

解説

片山亜紀

「ロンドン散策――ある冒険」は、イギリスの作家ヴァージニア・ウルフ（Virginia Woolf, 1882-1941）のエッセイ"Street Haunting――A London Adventure"（一九二七年発表）の全訳である。ただしエッセイとは言っても架空の設定も混ざっているので、短編小説に近いものと見なすことができる。

ウルフは本作品を一九二六年の暮れに構想し、翌年三月までに書き上げている。執筆当時、ウルフはすでに四冊の小説を発表しており、この時点での最新作『ダロウェイ夫人』（一九二五年）は、のちに彼女の代表作の一つとなる。本作品を執筆していた一九二七年初頭も、一月には『灯台へ』（一九二七年）を書き上げ、三月には『オーランドー』（一九二八年）や『波』（一九三一年）の着想を得ている。本作品でさまざまな物語を紡ぎだす語り手と同じように、現実のウルフも、次から次に小説のアイディアの生まれる多産な時期にあった。

本作品で、語り手である女性はロンドンを気ままに歩き回っている。同じくロンドンを歩く女性としては『ダロウェイ夫人』のクラリッサ・ダロウェイや、『自分ひとりの部屋』（一九二九年）の語り手が思い浮かぶが、本作品は「一本の鉛筆」がほしいという「言いわけ」ではじまり、最後にその鉛筆を手にして終わっていることから、語り手が鉛筆を必要とする芸術家――おそらく作家――であることが、さりげなく強調されていると見ていいだろう。

そうしてみると、本作品は「芸術家とは都市の散策者である」という十九世紀フランスの男性芸術家たちが掲げたテーゼを継承し変奏したもの、というように解釈できる。芸術家とは都市に生きる人々との偶然の遭遇からインスピレーションを得て創作をするもの――という考えを、ボードレールら十九世紀フランスの男性芸術家たちは、詩や小説や評論や絵画など、さまざまなジャンルで表現した。彼らにとって、この芸術家は男性でなくてはならなかった。女性は見る主体にはなれず、あくまで見られる客体だった。実際、十九世紀のパリやロンドンでは女性の自由がきわめて制限されており、路上をふくむ都市の公共空間で自由に動き回れる女性は、娼婦をふくむ一部の働く女性に限られ、中流階級以上のいわゆる「良家の子女」は、つねに付き添いをともなない、慎ましく行動しなくてはならなかった。

しかし二十世紀に入るとタイピストなどになる女性の数も増え、女性がひとりで入ることのできるコーヒーショップもあちこちにでき、都市において女性が自由に歩き回ることのできる空間は確実に広がった。本作品の語り手はこの自由を享受しつつ、見る女性主体としてふるまっている（「一個の巨大な眼」）。冬のロンドンの四時と言えばすでに夕暮れどきだが、これから夜になることを語り手が心配している様子はない。彼女は通行人を観察し、光と影のコントラストを堪能し、暗がりの公園に田園を思い、色彩に浴し、ネックレスや家具のウィンドウショッピングを楽しみ、靴店や古書店や文具店に気ままに立ち寄り、偶然に出会った人びとや事物に触発されている。

本作品の読みどころの一つは、偶然の遭遇のインパクトを受けて、語り手の予想が次々と裏切られていく軽妙さにあるだろう。たとえば靴店で「気難しそうで申しわけなさそうな」小びとをふくむ女性トリオに出会うとき、語り手は小びとであるこの女性を障碍者のステレオタイプに当てはめ哀れんでいるようだが、彼女が靴を試着する際に自分よりはるかに堂々とふるまうため、そのステレオタイプは覆されてしまう。なるほど彼女の豹変は一瞬のことだが、語り手が靴店を出ると、少年と盲人二人という男性トリオが道で幅を利かせているさまに出くわすことになる。他にも、貧しい暮らしをしている人たちも「人生まずまず」だろうという想定が一瞬後には裏切られたり、ほっと一休みのつもりで入った古書店で本の波に揉まれたりと、予想と実際の食い違いというパターンはあちこちにある。

また、障碍者をふくむトリオに女性版と男性版があるように、ジェンダーがおよそ均等に配分されているのも興味深い。たとえば古書店で出会う本の執筆者には、男性もいれば女性もいる。語り手が古書店から一歩足を踏み出せば、女性の二人連れが女友達ケイトの噂をし、男性の二人連れが競馬の結果速報を読んでいる。さらにセクシュアリティも均等配分になっている。古書店や文具店を経営しているのは男女の夫婦だが、女性である語り手のパートナーはやはり女性かもしれない——全体にわたって「わたしたち」という一人称複数が使われているために曖昧だが、冒頭のイタリア旅行の回想の中で「わたしたちのスカート」がつかまえられたと語り手が言うとき、旅の道連れは女性だったことが仄めかされている。またそうすると、女性どうしのカップルに「心の秘密」を打ち明けたイギリス人男性は、同性の恋人との関係のことで悩んでいたのかもしれない。

本作品で、ウルフはボードレール以来の伝統を踏まえながら、その男性中心的、異性愛中心的な視線を挑発的に書き換えているように読める（終盤近くの「われらが同類」というフレーズは、おそらくボードレールの『悪の華』に出てくる有名な一節の引喩である）。ともあれ素顔のウルフはロンドン散策を心から愛していたようで、一九二八年の日記にもこう記している。「ロンドンはつねにわたしを魅了し、刺激を与えてくれる。足を動かし街路を歩き回るだけで、演劇と物語と詩をわたしに提供してくれる」。

Edna S
Vincent
Millay

エドナ・セント・ヴィンセント・ミレー

訳＝小澤英実

ふたつめの無花果
Second Fig

堅い岩のうえに　醜い家たちがどっしりと建っている
砂のうえで輝く　わたしの宮殿にいらっしゃい！

魔女—妻
Witch-Wife

あのひとは薄紅色でも蒼白でもなく
わたしひとりのものにはならない
おとぎ話で覚えた手つきと
ヴァレンタインで仕込んだ唇

ありあまるほどの豊かな髪は
陽に映えわたしを嘆かせる！
その声は色とりどりのビーズのひも
あるいは海へとつづいてゆく足あと

あたう限りにわたしを愛し
しかたをわたしにゆだねるが
どんな男のものにもならず
わたしひとりのものにもならない

ワイルド・スワン
Wild Swans

白鳥が飛び去るあいだ　心のなかを覗いていた
そうして　かつて見たことのなかった何を見たのか
それ以上でも以下でもないただひとつの問い
野の鳥たちが飛ぶすがたには　およぶべくもない
生きると死ぬとを繰り返す　つかれはてた心
空気のない家　おまえから離れその扉に鍵をかける
白鳥よ、街に来い　もう一度
街に来い　足を引きずり、啼きながら！

母にあった勇気
The Courage That My Mother Had

母にあった勇気
それは彼女とともに去り、いまも彼女のそばにある
ニュー・イングランドから切り出した
御影の丘の堅い岩。

母がつけてたこがねのブローチ
あたしに遺してくれたもの
これより大事なものはない
それでもないならなくていい。

そのかわり　あたしに遺してくれてたら！
お墓に持っていったもの——
岩みたいな勇気　母にはもう必要がない
でも、あたしには。

彼から逃げる目的で

Intention To Escape From Him

うつくしい言語を学ぶつもり
お金にはならない言葉を、真剣に。
アメリカだけじゃなくどこであれ
歌を歌うすべての鳥のラテン語の名前を。
（でも黙想は途切れ、疑問が押し寄せる
世界って平らなの？　こうもりはやもりを食べる？）
けんめいに掘れば、あの制御のきかないもの、わたしの心、
あの川の流れが曲がるかもしれない
春には増水し　黄色くごうごうと川岸にあふれ　橋を押し流す
小石の床には　いま細く透明なひとすじの流れが
ゆっくりと伝い、その先には背徳的な――
掘って、掘って　岩礁に達したら　爆ぜる

人類への呼びかけ
Apostrophe To Man
（世界がふたたび戦争に
突入しそうなことを受けて）

唾棄すべき種族よ、みずからを抹消しつづけよ、絶滅せよ。
すみやかに殖え、群れよ、侵略せよ、
賛美歌を奉唱せよ、爆撃機を製造せよ
演説せよ、除幕せよ、債権を発行せよ、行進せよ
当惑させるアンモニア　動転させるセルロース
それらをふたたび爆弾に変え
引き寄せられた蝿　前途有望な若者たちの肉体
それらをふたたび腐敗物に変え
唱道せよ、祈れよ、沈んだ顔で、真剣に、
完膚なきまでに打ちのめされ、撮影されよ
授与せよ、教義を完遂せよ、
人体組織に有害な細菌を販売せよ、
市場に死を

殖えよ、群れよ、侵略せよ、
膨張せよ、おまえ自身を抹消せよ、絶滅せよ、
賢《サピエンス》いという人類《ホモ》よ。

私は混沌を十四行の詩におさめる
I Will Put Chaos into Fourteen Lines

私は混沌を十四行の詩におさめる
彼をそこに捕らえておく。運がよければ
逃がしてあげよう　彼の身を捩らせ、
猿、洪水、炎、悪魔にさせる——その巧妙な機略も
この甘美なる秩序という厳しい拘束にたいしては
無駄なあがきだ　神聖な凌辱を試みるあいだ
私はあの男の本質と変幻自在のかたちを摑まえて離さない
彼と秩序が交わりあい　ひとつになるまで。
私たちの監禁の日々は　過ぎ去った
あの男の傲慢　私たちの恐ろしい隷属の歳月

私はあの男を手に入れた。　単純だがいまだ理解されていない
何者かにほかならないあの男
告白や応答すらも強要しない
私はただ　快くさせるだけ

女に生まれて
I, Being Born a Woman and Distressed

女に生まれて
その種ゆえの渇きと観念に苦しみ
あなたに近づくと　あなたという人を知りたくなり
胸の上にのしかかるあなたの重みに耐えたいと疼く
いのちの息吹は巧緻につくられ
脈は冴え　頭は曇り
わたしをまた未完成に　だれかの持ちものにする
でもこれを　荒々しい血が朦朧とした頭におこなう
さもしい裏切りと思わないで
あなたのことは覚えておく

愛を込めて　あるいは軽蔑に憐みを添えて
わかりやすく言おう
こんな錯乱は　わたしたちが再会したとき
また言葉を交わす理由にはならない。

子ども時代は死ぬ人のいない王国
Childhood is the Kingdom Where Nobody Dies

子ども時代とは生まれてからある時期までのことではなく
ある時期その子は成長し、子どもじみたふるまいをやめる。
子ども時代は死ぬ人のいない王国。

つまるところ、だれも重要ではないのだ　もちろん遠い親戚は
死ぬ　会ったことがない人、一時間前に会った人、彼らは
ピンクと緑の縞々の袋に入ったキャンディや　ジャックナイフを渡して
去っていくが、そんな人たちはほんとうに生きていたとはとても言えない。

それから猫が死ぬ。床に横たわりしっぽを震わせ

寡黙な毛皮は突如として、それまでいたことに気づかなかった蚤たちで活気づく
つややかで茶色い蚤たちは、知るべきことは知り尽くし、生者の世界へと旅立つ。

あなたは靴箱を取ってくるがそれは小さすぎる　なぜなら猫はもう丸くなってはいないから
だからもっと大きな箱を見つけ　裏庭に埋めて涙を流す。
だがそれからあなたは真夜中に起きなくなる
両手のこぶしを口に押し当て　ああ　神様！　ああ　神様！と言って泣くのは
ひと月に一度になり、ふた月に一度になり、一年になり二年になる
子ども時代は大切な人がだれも死なない王国
母親や父親は死なない。

そしてもし「なんだっていつも人にキスしなきゃすまないの？」とか
「娼婦みたいなまねはほんとにやめてちょうだい」と言ったとしても
明日、あるいは明後日でも　あなたが遊ぶのに忙しくとも
「お母さん、ごめんなさい」という時間はたっぷりある。

大人になるとは　死んでしまった人々と一緒にテーブルを囲むこと
彼らは聞くことも話すこともない　お茶を飲むこともない
お茶を飲むとほっとするねと　いつも言っていたのに。

地下室に降りてラズベリーの最後のひと瓶を持ってくる
彼らは誘惑されない。
ほめておだてて　あのとき司教に監督にメイソンさんになんて言ったのかとたずねても
彼らは乗せられない。
怒鳴りつけ真っ赤になり立ち上がって
こわばった肩を摑んで椅子から引きずり出し揺さぶって叫ぶ。
彼らは驚かない。当惑すらしない。
そして椅子にそっと座りなおす。

いま　あなたのお茶は冷めている。
あなたはそれを飲み、立ち上がり、
そして家を出る。

by Edna St. Vincent Millay
("Renanascence" and Other Poems, 1917)

(A Few Figs from Thistles, 1920)

(Second April, 1921)

("The Harp-Weaver" and Other Poems, 1923)

(Wine from These Grapes, 1934)

(Huntsman, What Quarry?, 1939)

(Mine the Harvest, 1954)

解説

小澤英実

エドナ・セント・ヴィンセント・ミレー（一八九二―一九五〇）の詩は、ジャズ・エイジが一世を風靡した一九二〇年代のアメリカで、「新しい女」の象徴として燦然と輝きを放った。十四行の定型詩であるソネットの名手であり、その伝統的な枠組みのなかに女性の自由や同性愛を含む性愛を大胆に表現した。ソネットの恋愛詩は通例男性の語り手が女性への慕情を歌うものだが、ミレーの作品では、女性が率直に恋愛における生理的衝動を受け入れ、恋愛の駆け引きのメインプレイヤーとして主体的に語るところに驚きと革新性があった。今回訳出したうち「私は混沌を十四行の詩におさめる」「女に生まれて」がソネットだが、両作とも女性の語り手をとり、前者では「男性詩人とミューズたる女性」という定型化したジェンダー配置を反転させ、後者では女性の男性に対する性的欲望をオープンに示す一方、その生理的欲求に囚われる女の身体と精神＝理性との相克が主題になっている。自由詩は韻律とイメージの美しさがまず目を惹くが、たとえば「魔女―妻」では、語り手が男性とも女性とも解釈できるように、異性愛のみに限定されない自由な愛のかたちを表現している。また「人類の呼びかけ」は第二次世界大戦に突入する間際の一九三四年に書かれたものだが、ミレー自身、サッコ・ヴァンゼッティ事件の抗議活動に関わるなど、政治的なスタンスにおいても衆目を集めた。

一九二三年、『ハープを織る人のバラッド』でピューリツァー賞を受賞。同書が母親に捧げられ、貧困のなか息子を育てる母親を描いた表題作が示すように、ミレーの詩人としての形成には母親の存在が大きく影響している。エドナが八歳のとき、母親は定職をもたず経済的責任を果たさない父親と離婚。以後、看護師や美容師として働きながら三人の娘を育てた。母親は娘たちに音楽と文学の教養を授けることに熱心で、一家は困窮を極め居を転々としたが、そのトランクにはシェイクスピアやミルトンなど古典文学の作品がぎっしり詰まっていたという。エドナは十四歳のときコンクールに投稿した詩によって才能を見出され、篤志家の援助を受けて大学へ進学する。卒業後はニューヨークのグリニッジ・ヴィレッジに滞在し、彼女自身が「新しい女」のアイコンとして時代の寵児となり、詩作の収入で一家の家計を支えた。こうした母娘や家族の紐帯は、「母にあった勇気」「子ども時代は～」などの作品にもみてとれる。モダニズム運動とその詩に対する文学的評価が高まるなか、ソネットという古風な形式をフィールドにし、ロマンティックで大衆的な作風であるミレーの詩は顧みられることが少なくなっていたが、七〇年代のフェミニズム運動のなかで発掘され、批評的再評価を受けている。

葛原妙子

Taeko Kuzuhara

卵のひみつ、といへる書《ふみ》抱きねむりたる十二の少女にふるるなかれよ

わがうたにわれの紋章のいまだあらずたそがれのごとくかなしみきたる

いまわれはうつくしきところをよぎるべし星の斑《ふ》のある鰈を下げて

口中に一粒の葡萄を潰したりすなはちわが目ふと暗きかも

晝《ひる》しづかケーキの上の粉ざたう見えざるほどに吹かれつつをり

夕雲に燃え移りたるわがマッチすなはち遠き街炎上す

死者は毒をかもさん棺《ひつぎ》の中　おもむろに安置のとき過ぎしより

淡黄のめうがの花をひぐれ摘むねがはくは神の指にありたき

被流の演技

Etsuko Nakashim

中島悦子

時代のにおいとかあるよね。こどものころは、によいってまちがえて書いてた。

法師はいずこ。想像するかぎりの五畿八道のドーム型の壊れそうな剃頭をまぶたに描く。私には、平家が今も必要なのです。法師の息は、風向きにより私達の頭の上をむらさきに流れていくもの。

あの　まちがいは　いまも　つづいて　いるのでしょ

意志が弱いのに演技で強くみせることはできるのですか。頭が悪いのに演技で良くみせることはできるのですか。考えてもいないのに、考えているとみせることはできるのですか。私もあなた様もどこまで平気でいられるのか。十六洛叉の底まで腐敗した議会をこどもには見せられない。や、見せたほうがいいのかな。グロの程度は、R7とか年齢で指定せず、密度や濃度でお示しください。

大講堂鐘楼経堂社壇御宝殿塔廟一切焼失笑失。

地面の下は、プレートが重なり合っているって知らない人はいない。すでに蔓延している大きな台本のページのズレ、落丁は。岩盤より固い台本はないの。まず、台本ありき。役者は次でいい。そのわりには、言うよね。主役はJじゃなきゃ、許さないって。一体どんな報復があるの？

エキストラはお金にならない。お金がすべてじゃない。

視野が月のように欠けていく。眼科医には、いつも真っ暗な診察室で懇願する。失明する前に殺してください。殺すつもりで診察してくださいと。法師たるもの議会傍聴中は、真面目に小さく読経。目を閉じて、遠き国、遥かの島。琵琶の弦切れて、余命あり。

マリーゴールドを育てる。結構水のやり方が難しい。騙されて買った苗には、花が一輪も咲かない。雑草にしか見えないよ。においだけマリーゴールド。これはつぼみだからって店主は言ったけど、花にはならなかった。見捨てられた草、終わった草。花言葉は、絶望、悲嘆。

母が目を開けている姿をもう一回見たい、見たい、と言って泣いてしまった。夢に母がでてきて、静かに庭を掃いている。ちゃんとした綺麗な土が入った植木鉢がいっぱいあるから、一応とっといたよ、と言う。お母さん、目を開けて。もう、育てたいものはないの。

海溝はいずこ。海水も真水も曖昧に交わって。そこに流されていく無念の涙を最後まで見届けながら、人間はしとやかに終わっていくのでしょう。落人は、水底深く、ゆかりの名前を変え続けて、生まれ変わるつもりで生きている。

沈めば、迎えに来てくれる都があるのだろうか。

ドライアイスを2個胸に抱え、眠っている母に、みんなが息をしているみたいだとほめた。

沈めば、迎えに来てくれる都があるのだろうか。

Suharu Anryu

安立スハル

馬鹿げたる考へがぐんぐん大きくなりキャベツなどが大きくなりゆくに似る

ある人の言葉、おのづから歌になりて

金にては幸福は齎《もたら》されぬといふならばその金をここに差し出し給へ

敵を作る必要はなしと思ひしのち手紙の返事を書きはじめたり

地を這へる春の風ぱつと舞ひあがり舞ひあがりゆけりわれを越えつつ

親切にされたる日より少しづつ少しづつ心その人を離る

人間のすることなど知れきつてゐるといふ眼の前の男を無言に拒否す

青梅雨のこの寂けさにわが知らぬ深き眠りを眠りたまへり

たんぽぽを庭いちめんに咲かしめて住まひ給へるは憎くさへある

こぼれくる春の落葉を寄せて燃す匿名氏より来し葉書燃す

わたしには見えないものの見える母さらさらと吹く風にもの言ふ

あたらしい私を見むと出て歩くこの世は自分を見に来たところ

Shizuko Suzuki

鈴木しづ子

とほけれど木蓮の径えらびけり

いちじくに指の繃帯まいにち替ふ

恋の清算春たつまきに捲かるる紙片

好きなものは玻璃薔薇雨駅指春雷

熱哀し蒲団のそとに置く片手

コスモスなどやさしく吹けば死ねないよ

夏みかん酢つぱしいまさら純潔など

生まれてきた日を覚えていない

鈴木晴香

バスタオルふたりで使う脱衣所でまたキスをしてしまう、　ふりだし

今きみが触れているのはこころかもしれないから優しくはしないで

抱きしめるだけでは足りないならもっと　町ひとつダムに沈めるように

悲しみをかくまうためにちょうどいい躰と思う湯冷めしていて

鏡台の口紅を盗んで塗った少女の頃のくちびるのまま

素裸で体重計に乗っている知りたいのはこんなことだろうか

写真には撮らないでおく切り取ってしまえば失うこともできるし

爪切りの緩いカーブに沿わせつつ私の先端はどこも丸い

抱き合ったままで眠れば君の吐く二酸化炭素が私のなかに

バスタオル乾ききるまでまだ遠い　私は起きているから、眠って

別々の場所へ帰ってゆく道のコンクリートが柔らかい夜

誰もいない商店街を歩くときその足音は異邦人めく

終電にyahoo!ニュースが満ちていてひかりの街を流れるひかり

初めてのことなどひとつもない月夜　兎も餅つきに飽きている

セメントのような淋しさ君の過去を私で埋めることができない

上空の飛行機は月を貫いて誰かを探すような旋回

待っている時には誰かを待たせたりしているみんなみんな待ちぼうけ

ひとりきり夜の湯船に飛び込めば私のかたちを逃れる真水

骨だけを残して消えてゆく魚わたしに何が残るのだろう

薄闇に向かって開いている扉生まれてきた日を覚えていない

エレクトラ・ハレーション

Ayako Noguchi

野口あや子

父ですらないのにそんなにも髪を花を見るように見ないでほしい

若鮎のような言葉でいいさしてそのまま水を見ているひとだ

知っていることを言うよりおくふかくきみの小鳥をみせてほしくて

内ポケットのくらい砂糖のようにいうはねっかえりのつよいむすめを

わたくしの性をおくれて知る人のどなたもまなじりやさしき父よ

森鷗外、森茉莉、
森鷗外が茉莉にふれたるおやゆびの葉巻のかおるような満月

生殖のはてのむすめの触れられぬ紫陽花濡れて腐りていたり

縦縞の灰色のうえ横縞の灰色かさねるような肖像

セルジュ・ゲンスブール、シャルロット・ゲンスブール、
シャルロットの顎をセルジュが打つようにモノクロームは気高きつばめ

山本耀司、山本里美、
ヨウジがリミを跪かせてうつくしき裾もつ女人のさびしさをいう

アナイス・ニン、
日毎夜毎ニンを犯してほのあおき梅を目のようにみひらいている

＊

夜毎夜毎声うらがえりとどけたき耳のかたちやいろをおもえり

きみに犯される雨のあわいにわたくしはいつでも父を犯しているのだ

兆すから咲く花ありてきみの手にふかく揉まれてやぶれていたり

父に睫毛を撫でられた日の残像に目覚めてかゆい春のあさかげ

鎮める

Sayo Kanda

神田さよ

埋葬した
蕾は
つぐんだまま
土の中
暗闇を這いまわる
無言の言葉
エーテルの匂い
生物の実験じゃないんだよ

花頸はもうしっかり
マウスが鼻をぴくつかせる
聖堂のパイプオルガンざわめき
声のかけら
ちりぢり
あれから年月は過ぎ
年老いたわたし
ゆるゆると歩いている
喪った胎《こ》をかたく抱いて
罪の寝汗
ずっと
ひとのいない
ひとが生きられない
夜の森
あ
また春なのね
咲いたのね
狂う
花のした

残酷な巡り
木々は吹き回り
開いた言葉
いっせいに落下
痩せた老婆は
両の手広げ
花を鎮める
海からの風
未だ　ごうごうと

Fumi Saitoh

齋藤史

飾られるショウ・ウインドウの花花はどうせ消えちやうパステルで描く

應へなきものを訪ねて問ひかくる少女の春の失地いづこぞ

外界があまり春らしすぎる日に裂けたるはわが青き水搔き

遠近の正しすぎたる記憶などつまらなくなる春ひるさがり

フリル多きブラウスなりしはつなつの失踪までの女いちにん

疲れては身じろぎもせぬわが上にも星座の掟きびしかるべし

白きうさぎ雪の山より出でて來て殺されたれば眼《め》を開き居り

さかさまに樹液流れる野に住んでもくろむはただに復讐のこと

あきまへんわ　といひてわが歌に棒線をひくときの快感

疲労つもりて引出ししヘルペスなりといふ八十年生きれば　そりやぁあなた

おいとまをいただきますと戸をしめて出てゆくやうにゆかぬなり生は

Sachiko Yoshihara

吉原幸子

愛

海　その底に　藻をぬって　白い魚がゆれてる

森　その底を　土ふんで　黒いけものがさまよふ

魚たち
けものたち
なんてなつかしいところにゐるのだらう

空気も水も　さわやかでおいしいのだ　この世は

わたしは　森
わたしは　海
わたしは　世界にみちる青い霧
わたしは　わたしの青い墓
わたしは　みんなの青い墓
みんなをつつんで　そしてもうだれも死なない

仔犬の墓

地のなかに　仔犬はまるくなって　お菓子の紙袋を前あしに抱いて　眠ってゐる

おまへがぴょんぴょんとびはねてゐるとき　にんげんたちは知らん顔して　とびつかれまいとわざと
横むいたふりなんかしてゐたのに　さうやって　おまへがもうたべられなくなると　袋ごとお菓子を
抱かせて　土をかけながら　泣いてやるのです

ゆるしておくれ　わたしたちの身がってを　おまへがあんなにとびはねるので　安心してゐたのよ
それににんげんは　ことば　あのむだなもののためにいそがしかった　おまへの病気を　さびしい脱
け毛を　知らなかった

しっぽといっしょにお尻までふってたおまへ　なげたビスケットをどうしてもうけとめられなかった
おふるの首わがゆるゆるだったおまへ　捨て犬でなくなってからたったひと月　あんなに　いのち
をよろこんでゐた　はづかしいほどなめてくれた　みつめてくれた　おまへ　茶いろのやせっぽち

空襲

人が死ぬのに
空は　あんなに美しくてもよかったのだらうか

燃えてゐた　雲までが　炎あげて
あんな大きな夕焼け　みたことはなかった

穴から匍ひだすと
耳もとを　斜めにうなった　夜の破片
のしかかり　八枚のガラス戸いっぱい
色と色との　あらそふ
反射の　ぜいたくな　幻燈《スクリーン》

赤は　黒い空から
昼の青を曝き出さうと　いどみ
紫　うまれ　緑　はしり　橙　ながれ

あらゆる色たち　ひめいをあげて入り乱れ
どこからか　さんさんと降りそそぐ　金いろの雨
浴びてゐるのは
南の街ぞらか
ガラスのなかのふしぎな世界か
立ちつくす小さなネロを　かこみ　渦巻く
音もない　暗い熱気だったか――

戦ひは
あんなに美しくてもよかったのだらうか

雨

ライオンはいつ死んだの
ひきだしのゲンゴロウムシは
雲は　花火は　河は
赤い夕方は　いつ死んだの

どうしてみんな　行ってしまふの
わたしはいつも　ここにゐるのに

こころなんて　内臓さ
内臓のいたむやうに　いたむのさ

くりかへしくりかへし　おなじ言葉
くりかへしくりかへし　おなじなみだ

雨はつぶつぶなのか　すぢなのか
つぶつぶなのに　すぢの音をたてる
だけどもう　ライオンがゐない
ライオンのゐない部屋は　冷えてくる

とぎれたいたみたちが　つながりはじめる

てがみ

雨の日
黒い涙をたらして　てがみがくる

をととひ　愛は　風だった
ゆふべ　それは　霧になってやってきた

青いロバのひく　青い車の青い赤ちゃんと
どんぐりもつんでくるのですか
どんぐりなんかおいしいですか
こんなに足りないのは　どういふわけだろう
どんな　おまへの　気まぐれにも
しなやかにこたへる
明け方の　すみれ色の　外気になりたい

風に送って
どんぐりたくさん　あげませうね

——ベルがなる　　わたしを呼んで
　とほくに　　白い愛がゐる
　もしもし　　あたしです
　そちらは　　あなた？——

でもことばのやうに　時が消えるなら
消えないのは　これだけ
雨の日の　インクのにじみ

Sumiko Ikeda

池田澄子

じゃんけんで負けて蛍に生まれたの

八月来る私史に正史の交わりし

想像のつく夜桜を見に来たわ

私より彼女が綺麗糸みみず

永き夜の可もなく不可もなく可なり

苦しんで刺繍の柄になる紅薔薇

咲けりと書けば乳房も夕顔も咲けり

白い花

Tahi Saihate

最果タヒ

あなたの身体には強度がある。

この数十年を生き延びてきた、称号として言葉があり、知性がある。

人格というものが生まれつきのものであるかのようにあなたの日々を支配するけれど、どんなに祈っても皮膚から花は咲かない。花は花の意思で咲く。きみは念じるようにして、きみの骨を骨のまま、閉じて、固定していた。本気で祈れば白い花をそこから咲かすことができるのかもしれないけれど。そしたら、あなたの体はただの大地として花を支えることになるけれど。

息を吐くたびに、透明のリリアン編みを私の気管にほどこして、いつのまにかやわらかい少女が体の内側に出来上がっていた。その子を守るために生きていると信じられて、そのとき私は私のことを忘れてしまったのかもしれない、思い出したのかもしれない。強く、誰でも傷つけられる爪のその先に、広大な野原と空のドームがひろがって、咲いては枯れる花束を刈り取る村人たちが暮らしている、その果てで、彼女は育っていた。土の光、水の光、光のない私の体。

（詩集『愛の縫い目はここ』に先行して収録）

壁と満月

Natsuo Giniro

銀色夏生

あいまいな理由で会いたいと言われた時に
ちゃんと断れるか

自分の道を外さないために
私にできることはなんだろう

いつかなにかすごくいいことが起こるような気がしていたのは
ずっと前

今はもう
そんなことは起こらないんだと思う
起こらなくても悲しくならない強さもある

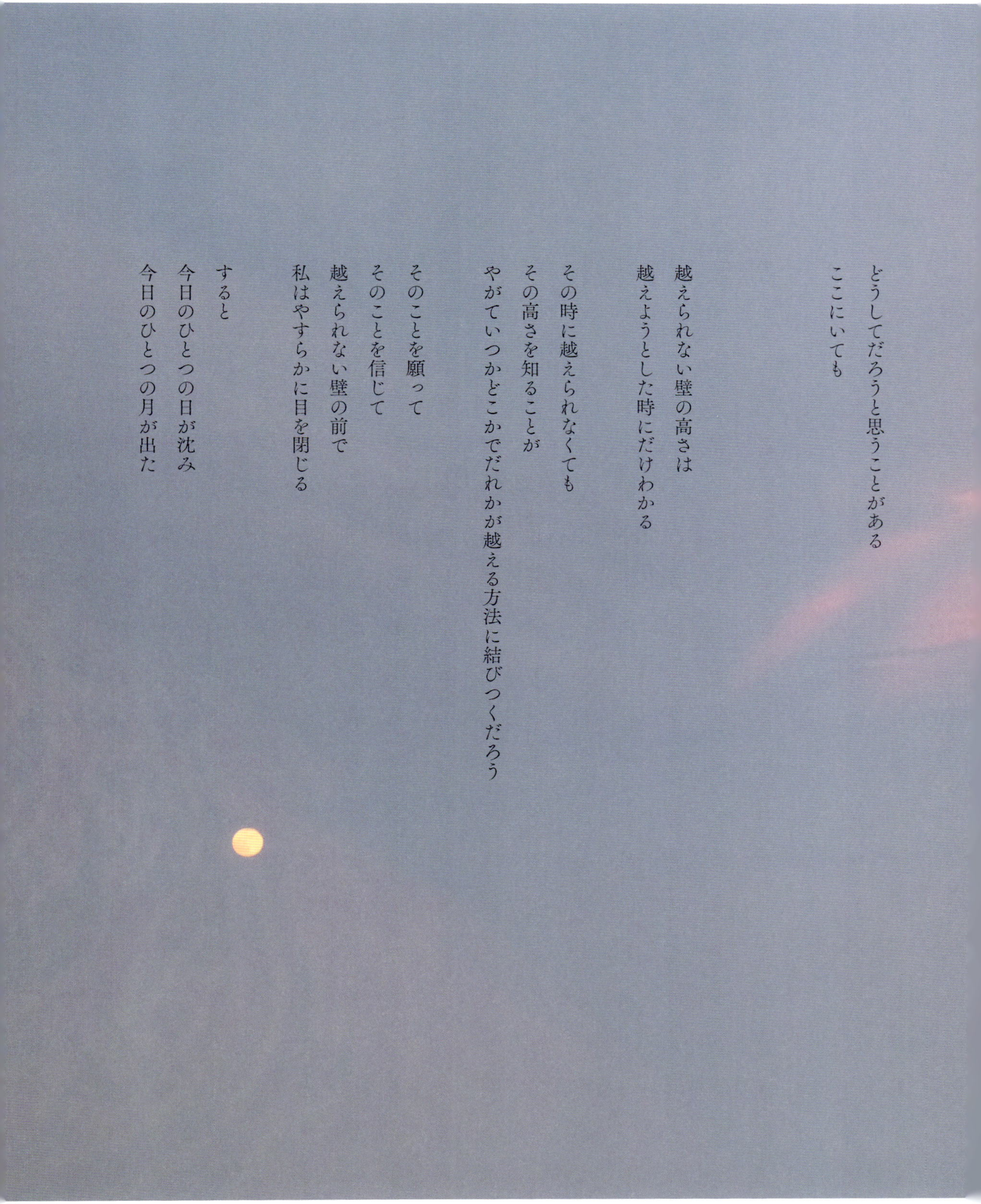

どうしてだろうと思うことがある
ここにいても

越えられない壁の高さは
越えようとした時にだけわかる

その時に越えられなくても
その高さを知ることが
やがていつかどこかでだれかが越える方法に結びつくだろう

そのことを願って
そのことを信じて
越えられない壁の前で
私はやすらかに目を閉じる

すると
今日のひとつの日が沈み
今日のひとつの月が出た

photo by Natsuo GINIRO

I can't lie here forever

“BURN DOWN THE WALLS THAT SAY YOU CAN'T”

（「お前にはできない」と告げてくる障壁を焼きはらえ）

“RECOGNIZE VULNERABILITY AND EMPATHY AS POSITIVE FORMS OF STRENGTH”

（傷つきやすさや人への共感を肯定的な力と認識せよ）

“RESIST PSYCHIC DEATH”

（無力感に負けるな）

◆ CRY IN PUBLIC マニフェスト

CRY IN PUBLIC とは、静岡県三島市にあるオルタナティブ・スペースです。

さまざまな集まりやイベントを開催するパブリックな空間と、小さな出版社 C.I.P. Books のオフィスを兼ねています。

CRY IN PUBLIC（公共の場で叫べ）という名前は Kill Rock Stars というレーベルから最初に出されたレコードのスリーブにはさまれたマニフェストから取られています。上記３つのメッセージと並んで、「わたしたちの内側から始まる革命」の合い言葉として挙げられたものです。

日々を慈しむ気持ちを育て、きゅうくつな生き方への小さな抵抗をみんなで楽しく試みるために CRY IN PUBLIC の運営メンバーはこれからたくさんの企画を考えていきます。

裁縫サークル、ラディカルな遊びかた、読書会や朗読会、スローリーディングに内職の会。

ささやかながら外に向かって発信していくことをめざし、あなたの生活に小さくても意味のある何かをもたらす場になるよう進んでいきます。

CRY IN PUBLIC

〒411-0035 静岡県三島市大宮町３丁目１１－３５
Twitter:@cry_in_public
http://cry-in-public.tumblr.com/
MAIL:cryinpublic0220@gmail.com

ジャズと呼ばせておけ

Let Them Call It Jazz

Jean Rhys

ジーン・リース

訳＝堀江里美

七月のある晴れた日曜の朝、ノッティング・ヒルの大家と揉める、というのもひと月分の家賃を前払いしろと言うのだ。冬から住んでいて、毎週かかさず払ってるのにそんなことを言う。ちょうど失業中で、言われた額を払ったらいくらも残らない。だから断る。大家の男はそんな早い時間からすでに飲んでいて、口汚く罵ってくる。でもしょせん口先だけで、痛くもかゆくもない。だけどおかみのほうはたちが悪い。部屋にずかずか入ってきて、金を渡せと言う。無理だと答えると、スーツケースを蹴られ、ふたがパカッと開く。一張羅のドレスが飛び出すと、おかみはアハハと笑ってもういちど蹴る。ひと月分を前払いするのが常識だ、とおかみが言う。払えないんなら出ていきな、と。

ロンドンと聞いて反吐が出る。石みたいな心の人間ばかりだ。苦情を言うと、きまって「証明してみろ」と返ってくる。だけど目撃者はいないし証言者もいなければ、証明できるわけがない。だから荷物をまとめて出ていく。あんな女とは関わり合いにならないほうがいい。やり口が汚いし、悪魔だってもう少しましな嘘をつく。

ぶらぶらするうちに近くの店が開いて、コーヒーとサンドイッチを食べる。おなじテーブルの男に話しかけてみる。前に話しかけられたことがあり、顔見知りだけど名前は知らない。しばらくして男が訊いてくる。「どうした、なにかまずいことでもあったか？」そこでいま悩んでることを話すと、見通しがたつまで男が持つ空き部屋にいていいと言われる。

この男はよくいるイギリス人とはぜんぜん違う。話が早いし、決断が速い。イギリス人はなかなか決断しない——あちらが態度を決める前にこちらはもう死にかけてる。しかも、この男はものをはっきりと言う、あたりまえのように。わたしみたいな人間の暮らしがどんなふうかわかってるみたいに話す。だからありがたく受けて行ってみる。

男が言うには、そのアパートには先週まで人がいたからなんでもそろってるそうで、道順を教えてもらう。ヴィクトリア駅から歩いて四十五分、急な坂をのぼって左に曲がればすぐにわかるという。鍵をもらい、封筒の裏に電話番号も書いてもらう。その下にこう書いてある。「午後六時以降に、シムズの名を言って呼び出す」

その晩、電車に揺られながらつくづく運がいいと思う。日曜日のロンドンを行く当てもなくさまよい歩くなんて考えるだけでげんなりする。

たどり着いたのは一階のアパートで、寝室にはちゃんと家具がそろっている。鏡が二か所、洋服だんす、整理だんす、シーツ、ぜんぶある。ジャスミンのにおいもするけど、室内はかなりじめっとしている。

むかいの部屋のドアを開けると、テーブルがひとつに椅子がふたつ、あとガスコンロと食器棚があるけど、部屋が広すぎてがらんとしたかんじだ。ブラインドを上げてみると、壁紙がはがれたところにキノコが生えている——こんなのは見たことがない。

バスルームも似たようなもので、蛇口がぜんぶ錆びている。あとの二部屋はほっといて、ベッドをととのえる。それから耳をすますと、なんの音もしない。誰も帰ってこないし、建物から出ていく人もいない。眠れずに長いこと横になっていると、ここを出ようという気になり、朝が来て、気が変わらないうちに急いでしたくをする。一張羅のドレスを着たいところだけど、おかしなことに、ドレスを出すとあのおかみに蹴飛ばされたのを思い出して泣いてしまう。泣きだすともう止まらない。泣きやむ頃にはぐったりして、おばあさんのように疲れきっている。もう引っ越しはいやだ——ここはぐっとこらえるしかない。でもやっぱり廊下に出ていくと、葉書が一枚、届いている。「好きなだけいなさい。近いうちに会おう——おそらく金曜日あたりに。なにも心配しないように」名前は書いていないけど、もうあんまり悲しい気もしなくて、「まあいっか、かれが来るまでここで待とう。しごとを見つけてくれるかもしれない」と思う。

建物に住んでいるのはいちばん上の夫婦だけで、おとなしい夫婦なので困ることもない。こちらからはなにも言うことはない。

奥さんのほうにはじめて会ったのは、かのじょが玄関のドアを開けるときで、ひどく探るような目つきで見てくる。でも次に会うと、にっこりするので、こちらもにっこりしてみる。あるとき、むこうから話しかけてくる。奥さんが言うには、この建物はとても古くて、百五十年はたっていて、ふたりはずいぶん前から住んでいるらしい。「貴重な建築なのよ」と奥さんは言う。「残すこともできただろうに、なんの手も打とうとしないの」それからいまの持ち主の話になり――かれが持ち主なのかはわからないけど――その人が役所相手にさんざんがんばっても、むこうは耳を貸そうとしないようだと奥さんは言う。「あの人たちは歴史あるすばらしい建物をぜんぶ取り壊す気でいるのよ――ひどい話だわ」

そのとおりだ、ひどい話ばかりだ。でもどうすればいいのか。どうしろというのか。ここは外観が立派で、おかげでまわりの家が安っぽく見えると言うと、奥さんは嬉しそうにする。お世辞じゃない。この建物は悲しげで、場違いで、夜はとくにそう見える。でも気品がある。三階は閉めきってあり、わたしのいる階にしても、つかわない二部屋にはいちど行ったきり足を踏み入れていない。

下には地下室があって、古い板や壊れた家具でいっぱいだ。ある日、大きなネズミを見かける。とてもひとりでいられるような場所じゃなくて、夜はたいていワインを一本買ってくるのが決まりになる。というのもウィスキーは好きじゃないし、こっちのラムはまずいのだ。ラムの味すらしない。いったいどうしたらあんなものができるのか。

グラスで一、二杯飲むと歌う気になり、歌うとみじめな気持ちもぜんぶ遠くへ吹き飛ぶ。じぶんで歌をつくってみることもあるけど、あくる朝には忘れているので、そうじゃないときは、『じれったいの』とか『ほっといてくれ』みたいな古いのを歌う。

出かけようとは思うけど、出かけない。日が暮れるのを待って、ワインを飲んだらそれでおしまい。わたしが暮らす場所はどこも――ほんとうはどうでもいいことだけど、この家は別格だ――がらんとして、ひっそりとして、影がたっぷりあるもんだから、がらんとした部屋にどうしてそんなに影があるのか、ときどき不思議になる。

キッチンで食事をしたら、いろんなものをかたづけて、シャワーを浴びて体を冷ます。そのあと窓辺に肘をついて庭をながめる。雑草にまじって赤や青の花が咲き、リンゴの木が五、六本、生えている。ただし実が落ちても芝生に転がったままで、すっぱすぎて誰もほしがらない。さらに奥の塀のそばには、もっと大きな木が生えている――たしかにここは庭が場所をとりすぎているから、壊そうというのもそのせいかもしれない。

この夏はろくに雨が降らず、かといって晴れやかな日も少ない。というよりはぎらぎらと照りつけてくる。芝は茶色く干からびて、雑草ばかりがぐんぐん伸びて、木の葉はぐったりしている。そんな日差しに耐えるのは赤い花――ケシ――だけで、ほかはみんな元気がない。

お金のことで悩むわけではないけど、ワインやら電気メーター用のコインやらで貯えはあっというまに減っていく。だから食べものなんかにムダづかいはしない。日が暮れて外に出てみる。リンゴの木のほうじゃなく、通りに近いほうへ行く。そんなに寂しいかんじはしない。

そちら側には塀がなくて、隣に住む女に生垣越しに見られているのがわかる。最初だけ、こんばんはと声をかけてみるけど、そっぽをむかれたので、それっきり話しかけない。よく男がいっしょにいて、黒いリボンの麦藁帽に、金縁の眼鏡をかけている。だらしなく見えるのは背広が大きすぎるせいかもしれない。夫のようだけど、こちらを見る目つきが妻のほうよりもひどくて、野放しの獣でも見るような目でにらんでくる。だからいちど、面とむかって笑ってやる。まったく、この人たちはなんでこんな態度をとるのか。こちらが困らせたわけでもないのに。しまいには目をむける気も失せる。心配ごとならほかに山ほどあるのだから。

いまから言うのはだいたいのかんじで、正確には覚えていない。でもたしかあれはここへ来て二回目の土曜日で、窓辺にいて、そろそろワインを買いにいこうとしていると、誰かの手が肩にふれて、見るとシムズさんがいる。よっぽど静かに入ってきたようで、さわられるまでぜんぜん気づかない。

かれはやあと声をかけてから、おそろしく痩せたな、ちゃんと食べてるのかと言う。もちろん食べてると言っても、そんなに痩せてるのはきみらしくないから、村まで行って食べものを買ってくるという(かれはそんなふうに言う。このあたりに村などないのに。そうかんたんにロンドンを抜け出すことはできないのに)。

そういうかれのほうもあんまり健康そうには見えないけど、それなら酒がほしい、おなかはすいてないから、とだけ伝える。

かれは三本かかえてもどってくる。ベルモットとジンと赤ワインだ。それからかれが、前にここにいた小鬼がガラスをかたっぱしから割っていかなかったかと訊くので、何枚か割れて破片があったと答える。でもぜんぶじゃないと。「痴話げんかでもしたの?」

かれは笑うだけで答えない。酒をついで、「ほら、まずこのサンドイッチを食べちまいな」と言う。

いっしょにいてもあんまり気にならない男もいる。そういう男だと無条件で言うことをきいてしまう。悩みごとを取り去って、安心させてくれるから。それは言葉や態度じゃない。心でかんじるもの。なので、かれとも難しい話はしない。この夜をだいなしにしたくない。ただこの家について、なんでこんなにがらんとしているのか訊いてみると、かれはこんなふうに言う。

「上のばあさんになにか吹きこまれたか?」

わたしはこう答える。「奥さんが言うには、役所はあなたに耳を貸さないいんじゃないかって」

「とんだ買いものだったよ」とかれは言って、借地権を売るとかそんな話をするけど、こっちはろくに聞いていない。

ふたりで窓辺に立っている。太陽がだいぶ低いところにある。もうぎらぎらと照りつけてはこない。かれの手がわたしの目をふさぐ。「大きすぎる――きみの顔には大きすぎる」そう言って、赤ん坊にするみたいなキスをしてくる。手がはなれると、かれは庭を見ている。そしてこんなふうに言う。「厄介だ。なんとも厄介だ」

もちろんわたしのことじゃないとわかるので、こう訊いてみる。「じゃあなんで売るの？　気に入ってるなら持っとけばいいのに」

「なにを売るって？」とかれは言う。「こんなひどい家の話をしてるんじゃないよ」

なんの話なの、とわたしは訊く。「金さ」とかれは言う。「金だよ。おれが話してるのは。どうやって金を稼ぐかってこと」

「わたしはあんまり気にしないや。お金のほうがわたしを好きじゃないもんだから、もうどうでもいいかな」すると冗談のつもりだったのに、かれは真っ青な顔でふりむいて、きみはバカだと言う。それじゃ一生こきつかわれて犬っころみたいに死ぬのがオチだぞ、いやもっとひどい、犬ならあっさり殺してもらえるが、連中はきみがきみ自身のパロディーになるまで生かしておくぞ、と言う。そんな「きみ自身のパロディー」なんてことを言う。さらにきみはじぶんが生まれた日を呪い、この世のあらゆるものとあらゆる人間を呪いながら死ぬことになるぞ、と言う。

「まさか、そんな気持ちにはならないよ」と答えると、かれは笑顔と言っていいのかわからない笑顔を浮かべて、運命に満足してるのはいいことだと言う。「きみにはがっかりしたよ、セリーナ。もっと元気のいい女だと思ってたのに」

「じぶんが満足してればそれでいいの」とわたしは答える。「この国には満足そうにしてる人があんまりいないから」ふたりで見つめ合って立っていると、呼び鈴が鳴る。「友達だ」とかれは言う。「ドアを開けてくる」

その友達はというと、ストライプのズボンに黒の上着でめかしこんで、書類かばんを持っている。どこにでもいるような顔だけど、声はやわらかい。

「モーリス、こちらはセリーナ・デイヴィス」とシムズさんが言うと、モーリスはとってもやさしく笑いかけてくるけど、そこにたいした意味はなく、すぐに腕時計を見て、そろそろ行かないと、と言う。

玄関のところで、来週には会いにくるとシムズさんが言うので、わたしはこのさいだからはっきりと言う。「来週はもうここにはいないよ。しごとを見つけたいけど、このへんじゃ無理そうだから」

「その話をしようと思ってたんだ。一週間のばしなよ、セリーナ」

「もう二、三日はいるかもしれないけど、そしたら出ていく。もっと早いかもしれない」とわたしは言う。

「いやいや、ここにいろって」とかれは言う。

ふたりはそそくさと門のほうへむかい、黄色い車で帰っていく。ふと視線をかんじて、見ると隣の庭に例の夫婦がいて、ようすをうかがっている。夫がなにか言うと、女は憎しみの目でにらんでくる。あんまり憎しみがこもっているもんだから、あわててドアを閉める。

もうワインはいい。早く寝てしまいたい。どうしたって考えてしまうから。お金のことを考えてしまうから。たしかにお金なんかどうでもいい。貯めたお金を盗まれたときだって――ノッティング・ヒルの家に越してすぐのことだ――すぐに忘れるくらいなのだ。盗まれたのは三十ポンドかそこら。ストッキングにくるんでしまっておいたのに、ある日、引き出しをたしかめると一銭もない。けっきょく警察を呼ぶしかない。正確にはいくらなのか訊いてくるので、最近は数えてないけど、三十ポンドぐらいだと答える。すると「いくらかわからないのか？」と警察は言う。「最後に数えたのはいつだ？　覚えてない？それは引っ越してくる前か、あとか？」

こちらは弱り果てて、ひたすら「覚えてない」とくりかえす。ただ、二日前に見たのはちゃんと覚えている。信じてもらえず、家にやってきた警官におかみが話すのが聞こえる。「あの女、越してきたときはまちがいなく無一文でしたよ。ひと月分の家賃を前払いできなかったんだから。それがここの決まりなのに」とか、「あの連中はひどい嘘つきですから」などと言われ、こちらとしては「ひどい嘘つきはそっちだ、ここへ来たときは週払いでも月払いでも好きなようにしていいと言ったじゃないか」と思う。そのときからおかみは口をきかなくなったから、盗ったのはおかみかもしれない。とにかくこれだけははっきりしている。わたしが貯めたお金はもういっさい出てこないし、そんなものはもともとなかったことにされている。でもまあ、なくなったものを嘆いてもなんの意味もない。すると心は父さんのもとへ飛んでいく。父さんは白人で、父さんについてはしょっちゅう考える。会ったことがあるとしてもいちどきりで、父さんがむこうにいたときは小さかったから覚えていない。母さんは色が薄くて、わたしより白いらしいけど、そちらもいっしょに暮らしたのは少しだけ。母さんはわたしが三つか四つのときにたまたまベネズエラに行って、それっきり帰らない。でもお金は送ってきた。わたしを育てたのはおばあちゃんだ。おばあちゃんはかなり色が黒いほうで、いわゆる「いなかもん《カントリークッキー》」だけど、あんなにいい人はほかに知らない。

おばあちゃんは母さんが送ってくるお金をぜんぶとっておいて、じぶんは一銭ももらわない。だからこうしてわたしもイギリスに来られる。わたしは学校にちゃんと通いだしたのがちょっと遅くて、十二年もいなかったけど、縫いものはとってもじょうずに、きれいにできたから、ロンドンあたりでいいしごとが見つかると思うわけだ。

ところがこの国では、そういう手のこんだやりかたは時間がかかりすぎると言われる。時間のムダだし、待ってられない。しごとが早くて、細かいところにこだわらない人がいいと。そんなのちっともよくないと思うけど、とにかく、父さんに会いたくなる。名前はわかっている――デイヴィスだ。でもおばあちゃんはこんなふうに言う。「まったくあの男ときたら、口をひらけば嘘ばかりだ。ほんとに一流の嘘つきだよ、それ以外は三流以下のくせに」だからひょっとしたら、ほんとうの名前だってわからないのかもしれない。

あかりを消そうとすると、化粧台に葉書が一枚のっているとに気づく。「心配ない」

心配ない、ときた！　次の日は日曜で、お隣が警察を呼んだのは月曜のことだ。その晩、女が生垣のところにいて、わたしが通りかかるとやけにやさしい声で「ここでなきゃだめ？　なんとか出ていってもらえない？」などと言う。こちらは答える気もない。女から逃げようと通りに出る。でも女は家に駆けこんで窓辺に移動し、まだこちらを見ている。だからわたしは歌いだす。おまえなんか怖くないということが伝わるように。夫のほうが怒鳴る。「うるさい歌をやめんと警察を呼ぶぞ」わたしはぶっきらぼうにこう返す。「夫婦なかよく地獄に堕ちな！」それからもっと大きな声で歌う。

たちまち警察がやってくる――ふたりいる。すぐ近くにいたのかもしれない。まったく警察というやつは、相手しだいでころころ態度を変える。すすんで関わろうなんて、ぜったいに思わない。

かたほうが、ここで騒がないようにと言う。だけどもうかたほうはいろいろ訊いてくる。名前は？　十七番地のアパートの住人か？　いつから住んでる？　あとは前の住所とか、そんなことを訊かれる。それがなんともしゃくにさわる口ぶりで、わたしはこう言い返す。「ここへ来たのは貯えを盗まれたから。わめいてるヒマがあったら、その金を捜したらどう？　苦労して稼いだお金なのに、どいつもこいつも捜すことだけはしないんだね」

「こいつはなにを言ってるんだ？」とひとりが言い、もうひとりがこんなふうに言う。「ここで騒いじゃいけない。うちに帰りなさい。だいぶ飲んでるだろ」

女がこちらを見てにやにやしている。ほかの家の窓辺にも人がいて、こちらも怒りにまかせてわめいてやる。「わたしだってみんなとおなじようにこの通りに住むれっきとした権利があるし、警察がわたしの消えた金を捜さない理由を訊くれっきとした権利があるんだ。それもこれも盗った泥棒がイギリス人だから捜さないんじゃないか」そんなふうに言ってやる。けっきょく、裁判所に出向くはめになり、よっぱらって騒いだ罪で五ポンドの罰金を言いわたされ、二週間以内に払うように言われてしまう。

裁判所からもどると、キッチンを行ったり来たり行ったり来たりして六時まで待つ。だって五ポンドもあるわけがないし、どうすればいいかわからないから。六時に電話をかけると、ひどくつっけんどんな態度の女が出て、そのあとシムズさんが出たので事情を話すと、かれもあまりいい返事はしない。「なんてことを！」と言うので、ごめんなさいと謝る。「まあ落ち着け」とかれは言う。「罰金はおれが払う。だがな、やっぱり……」そこで途切れ、部屋にいる誰かとしゃべる。またつづける。「十七番地は出たほうがいいかもしれない。なにかほかの手を考えよう。水曜に行くよ――遅くとも土曜には。それまではおとなしくしてるように」そこで電話は切れて、言い返すひまもない。水曜日まで待てないし、土曜日なんて遅すぎる。こんな家はすぐにでも、一日も早く飛び出したい。かけ直してみようかとも思うけど、だいぶ機嫌が悪そうなのでいまはやめておく。

したくが済んでも、水曜日にかれは来ないし、土曜日になっても来ない。この一週間、ずっと部屋にこもっている。いちどだけ外に出て、パンと牛乳と卵の配達をたのみにいくけど、警官にしょっちゅう出くわす気がする。まともに見てくるわけじゃないけど、むこうにはちゃんとわたしが見えている。飲む気も起こらない。耳をすまして、聞き耳をたてて、ずっと考えている。罰金が払われたのがわかるまで出ていくわけにもいかない。警察が知らせてくれるはずだ、そうに違いない、とじぶんに言い聞かせる。といっても信用できない相手だ。警察がそんなことを気にするだろうか。気にするわけがない。誰も気にしてはくれない。ある日の午後、上の老婦人の部屋をノックしてみる。なにかいいアドバイスをもらえないかと思ったのだ。なかで人が動いてしゃべる気配はするものの返事がない、だからもう二度と行かない。

そんなふうにして二週間近くたったので、電話をかけてみる。出たのは女で、「シムズはいまロンドンにいません」と言う。わたしが「いつもどりますか、急ぎの用なんですが」と言うと、女は電話を切ってしまう。驚かない。ぜんぜん。こうなるのはわかっていた。それでもやっぱりずしんと重たい気持ちになる。電話ボックスのそばに薬屋があるので、なにか眠れる薬がほしいとたのむ。日中、さんざんひどい目にあって、夜も眠れないなんて――やってられない！　出された小瓶には「一回一錠、又は二錠まで」とあるので、三錠のんでベッドに入る。なぜって、ほかのなによりも眠ってるほうがましだという思いがますます強くなっていくから。それなのに横になってもずっと目がさえたままで、もう三錠のんでみる。次に気がついたときは部屋中に西日が差しているからもう夕方なのはたしかだけど、電気スタンドがつけっぱなしだ。頭がふらふらして、ちっともまともに考えられない。まずはなんでここにいるのかという疑問がわいてくる。だんだんとわかってきても、なんだか絵をながめているようだ――おかみがドレスを蹴飛ばすところ、ヴィクトリア駅で切符を受けとるところ、シムズさんがサンドイッチを食べろと言うところなんかで、でもぜんぶをはっきりとは思い出せなくて、ひどい目まいがするし気分が悪い。

玄関に届いている牛乳と卵をなかに入れてキッチンへ行き、食べようとするけど、のみこむのがつらい。

あとかたづけをしているときだ、瓶をいくつも見つける。食器棚のいちばん下の段の奥に押しこんである。

お酒がたくさん残っていて、それはもう嬉しくなってしまう。だってこんな気分にはもう耐えられない。限界だ。ジンとベルモットをまぜてくいっと飲みほしてから、もう一杯つくって窓辺でゆっくり飲む。庭が違って見え、知らない場所に来たみたいだ。やるべきことはよくわかっている、だけど今日はもう遅い――明日にしよう。もう一杯、こんどはワインを飲むと歌が浮かんできて、歌いながら踊りだすと、歌えば歌うほどに、これこそがいままで出会ったなかで最高の歌だという気がしてくる。

窓から差しこむ夕陽が金色にかがやく。床に当たる靴音がうるさい。だから靴をぬいで、ストッキングもぬいで踊りつづけていると、部屋が狭苦しくて息ができない気がして、外に出ていく。歌いながらちょっとは踊っていたかもしれない。隣の女のことなどきれいに忘れていると、「ヘンリー、あれを見て」という声がする。ふりかえると、窓辺に女がいる。「ちょうどいい、あんたと話したいと思ってたの」とわたしは言う。「警察なんか呼んでひどい目にあわせたのはどうして？　説明してよ」

「そっちこそ、いったいここでなにをしてるのか説明しなさいよ」と女は言う。「このあたりはちゃんとした人間の住むところなのよ」

そこへ夫も出てくる。「なあお嬢さん、もう出ていってくれ。そんなまねをして恥ずかしくないのか」

「どうしようもないな」と男は妻に言っているのだけど、声が大きいから丸聞こえで、女のほうも、このときだけは声をはりあげて言う。「少なくとも、あのごろつきがこれまで連れてきた女はみんな白人だったのにね」

「バカ言ってんじゃないよ」と言ってやる。「こんな女が、この国にはもうたくさんいるんだよ。浜の砂粒みたいにうようよいる。わたしなんかいなくたっておなじだよ」

「たしかにその点じゃ、あんたも苦労してるみたいねえ」と、女はまた甘ったるい声になって言う。「でもますます会えなくなるよ、あんたのなかよしのシムズさんには。むこうもいま面倒なことになってるから。ほかを探しなさい。いれば、の話だけど」そんなふうに言われて、自然と腕が動きだす。石ころを拾い、バン！　と窓を突きやぶる。ふたりが立ってるほうじゃなく、その隣の、緑と紫と黄色のステンドグラスのほうだ。

こんなにびっくりした顔の女は見たことがない。口をぽかんと開けてぶったまげている。わたしは笑いだしたらもう、声がどんどん大きくなって、おばあちゃんみたいに両手を腰にあてて頭をのけぞらせて笑いつづける（おばあちゃんがそんなふうに笑うときは通りのはしまで声が聞こえたものだ）。やっとのことで、「悪いね。ついうっかりってやつで。明日の朝、直させとくよ」と言う。すると夫が「あのガラスは替えがきかないんだ。貴重なものなんだぞ」と言う。だからこんなふうに言ってやる。「あの色を見てるとむかむかしてくるんでね。もっといいのを買ってあげるよ」

夫は拳をふりあげて、「こんどばかりは罰金じゃすまないぞ」とわめく。それからぴしゃっとカーテンを引いてしまい、わたしはふたりにむかって大声で叫ぶ。「逃げるのかい。いつもそうだ。この国に来てからずっとそう、こっちが言い返さないのをいいことにバカにして。恥知らずはそっちだ」それから、『ほっといてくれ』を歌おうとする。

もうほっといてくれ
見苦しいぞ
二度とついてくるな
恥知らずめ

でも声がうまく出ないので、家に入ってワインをもう一杯飲む。まだ笑いたいし、まだおばあちゃんのことを考えている、というのもこれはおばあちゃんがよく歌っていた歌だから。

内容はというと、恋人を金持ちにとられた男が船でパナマに渡る。そのむかし、パナマ運河をつくるために大勢の人が熱病で死んだ。でもかれは死なない。お金を貯めて帰ると、桟橋にはおしゃれした元恋人がにこにこしながら待っている。そこで男は「見苦しいぞ、この恥知らずめ」と歌う。これをマルティニークなまりで言うときの響きがまたいいかんじなのだ。「あじっしらず」みたいになる。

少しすると考えてしまう。「どうしてあんなことをした？　わたしらしくない。だけど何度も何度も嫌がらせをされたら、いつか爆発するにきまってる」

それにシムズさんにだって、もう元気のない女だとは言わせない。かまわずさっさと寝る。あの女の悪趣味な窓を割ってやってせいせいする。だけどわたしのものだった歌はあっというまに手の届かないところへ行って、二度ともどってこない。悲しい。

翌朝、玄関の呼び鈴に起こされる。上の住人は下りてこないし、けたたましい音で鳴りつづける。なので見にいくと、外に男と女の警官がひとりずついる。ドアを開けるなり、女のほうがすきまに片足を差しこんでくる。サンダルに厚手のストッキングをはいていて、こんなに大きくてぶかっこうな足は見たことがない。世界中を踏みつぶしたがってるような足だ。足につづいて入ってきた本人の顔も、これまたあまりよろしくない。男のほうが言うには、罰金も未納だし、きびしい苦情もいくつか届いてるから、もういちど裁判所に連れていくとのことだ。紙を一枚見せられて、いちおう見ておくけど読まない。女に寝室へと押しやられ、さっさと着替えるように言われるけど、わたしはぼんやりと女をながめて、そのうち目がさめるだろうと考える。ようやく、なにを着ればいいか訊く。昨日だってなにかしら着てたんだろう、着てなかったのか？　と女が言う。「なんでもいいから、とにかく服を着なさい」そう言われても、わたしはきれいな下着とストッキングを探して、ハイヒールをはいて髪も梳かす。さらに爪が裁判所にはふさわしくない長さだと思い、やすりをかけようとしたところ、女が怒りだす。「おとなしく来る気はあるの？」そこでふたりにくっついて、外の車に乗る。

警官だらけの部屋でだいぶ待つ。連中は出たり入ったり、電話をかけたりひそひそしゃべったりしている。やっとわたしの番が来て、法廷に入るとまず目にとまったのが黒々とした眉毛をぎゅっと寄せた男だ。判事の下に座っていて、黒い服を着ているのだけど、あまりにいい男で目がくぎづけになる。むこうもそれに気づいてよけいに眉をしかめる。

最初に警官が出てきて、わたしが騒ぎを起こしたことを証言すると、こんどはお隣の夫のほうが出てくる。男は例の、真実だけを述べることを神に誓う、みたいなお決まりのやつを口にする。それからわたしが夜中に大騒ぎするとか、汚い言葉をつかうとか、卑猥な踊りをするとか言う。家内がおびえるのでカーテンを閉めようとしたらこの女が石を投げて高価なステンドグラスを割ったのです、と言う。しかも、もし石が当たれば大けがを負っただろうし、家内は神経をひどく病んで医者にかかってるんです、などと言う。わたしは、「バカ言うな、あの女を狙ったんならはずすもんか、ぜったいに当ててやるよ」と思う。「怒らせるようなことはなにもしてないんです。なにも」と男は言う。つづいてむかいに住む女が、いまの話にまちがいはありませんと証言する。挑発するような言葉など聞こえなかったし、おふたりがカーテンを閉めてからもこの女が口汚い言葉で罵りつづけたのはたしかです、ぜんぶこの目と耳が覚えています、と言う。

判事は小柄で、穏やかな声でしゃべるけど、いまとなってはこういう穏やかな声がとくに信用できない。罰金を払わない理由を訊かれて、お金がないからですと答える。シムズさんのことを聞き出したいのかもしれない――みんながじっと聞き入っている。でも聞き出そうとしたってムダだ。いつからあのアパートにいるのか訊かれて、覚えてませんと答える。どうせ人の足をすくいたいだけ、金を盗られたあのときとおなじなのだから答えない。最後に判事が、このまま迷惑行為をつづけさせるわけにはいかないが、なにか言っておきたいことはないかと訊く。こちらとしては、「迷惑というのはつまりお金がないというだけのことじゃないか」と思う。ほんとうは大声でぶちまけてやりたい、あんたたちが人の金を盗むせいで、大家に家賃を払えと言われても払えなかったんじゃないか。隣の女にずっと嫌がらせをされて、悪口を言われて、でも甘ったるい声だから誰にも聞こえない――だから窓を割ってやったんじゃないか、だけど弁償はする気はあったんだと言ってやりたい。こちらはあの荒れ果てた庭で歌っただけなんだと言いたい、品よく、落ち着いた声で言いたい。ところが気づけば声をはりあげ、両手をぶんぶん回しながらしゃべっている。しかもそれは意味がなくて、誰も信じてくれないので、よけいにやめられない。やっと終わると、涙がほっぺたを伝うのがわかる。むこうは「証明しなさい」としか言わない。ひそひそひそひそしゃべる。うんうんうんうんうなずく。

その次はもう、べつの婦人警官とまた車に乗っている。こんどの警官はしゃれたかっこうをしている。制服じゃない。どこに連れていかれるのか訊くと、「ホロウェイよ」と言う。ただ「ホロウェイよ」とだけ。

不安でたまらずかのじょの手をつかむけど、逃げられる。冷たく、するっと手をはずすときの顔はまるで瀬戸物で、人形みたいにつるんとしている。わたしは心のなかでこうつぶやく。「もう二度と人にはたよらない。神に誓って」

車が着いたのは黒ずんだ城塞で、まわりを寂れた通りに囲まれている。大きなトラックが門をふさいでいる。それがどくと車は前に進み、わたしも塀のなかの人になる。最初にほかの人たちと列に並ぶ。郵便局みたいな柵のむこうにいる女にハンドバッグやらなにやらをぜんぶ渡すのだ。前の女の子は高そうなコンパクト――金製品に見える――と、おそろいの口紅、それとぱんぱんにふくらんだ札入れを渡す。係の女はお金だけとってコンパクトと口紅は返し、かすかにニヤっとする。わたしの所持金は二ポンド七シリング六ペンスで、小銭ばかりだ。女は財布をとりあげたあと、コンパクト（安物だ）と櫛とハンカチを投げて返す。それがまるでわたしのバッグの中身はどれもこれも穢《けが》れてるかのような態度で、わたしは「またた、またこれだ」と思う。だけどじぶんにこう言い聞かせる。「あのねえ、なにを期待してる？　どいつもこいつもこんなふうじゃないか。いつものことだ」

そのあとのことは忘れる、覚えていたくないのかもしれない。むこうはまずわたしを脅かそうとしたようだ。でもわたしには効かない、もうどうでもいいし、心が石のように硬くなって、なにも感じなくなってしまったみたいだ。

その次は階段のてっぺんに立っていて、いろんな年頃の女がいる。みんなで下りていくときに見ると、片方の手すりはとても低くて、かんたんに跳び越せるうえに、はるか下の灰色の石畳がわたしを待っているような気がする。

そんなことを考えていると、制服の女がさっとそばに来て腕をつかみ、「だめよ、そんなことしちゃ」と言う。

わたしはただ手すりが低いなと思っただけで――でもそんなことを言ってもしかたない。

またもや長い行列で、こんどは医者に診てもらうのを待つ。のろのろと進むので、脚がしんどくてたまらない。前にいるのはずいぶんと若い子で、ずっと泣いている。怖い、怖いと言っている。ある意味では幸せ者だ――こちらは二度と泣くこともないんだから。そんなものはすっかり乾いて、わたしのなかでカチコチになっている。涙も、ほかのいろんな感情も。とうとうわたしはその子に泣くな、と言ってしまう。それじゃ連中の思うつぼだからと。

女の子は泣きやんで、長い身の上話をはじめるけど、聞いているうちにかのじょの声はどんどん遠ざかって、顔もぼんやりとしか見えなくなる。

その次は椅子に座らされ、制服の女に頭を押さえつけられて股のあいだをのぞきこむようなかっこうになるけどかまわない。どうせなにもかも手の届かないところに行ってしまうのだから。

医者に病気だと言われ、病棟に入れられる。独房なのはいい、ただし眠れない。あれこれ気をつけるように言われるけど聞かない。

目の前で扉がガチャンと閉まり、こんなふうに思う。「閉じこめたつもりのようだけど、閉め出されたのは人でなしのあいつらのほうだよ。これでもう誰も手出しできないんだ」

はじめのうちは一晩中見張られているのが気になってしかたない。出入り口の小窓を開けてのぞいてくるのだ。だけどそれにも慣れて、支給品の寝間着にも慣れる。この寝間着がやけにごわごわして、清潔感にも欠けるような気がするのだけど、このさいどうでもいい。ただ食事だけはのどを通らない――とくにどろどろのオートミールだ。看守の女が「ハンストかい？」と嫌味っぽく言う。だけどそれ以降は、ほとんど残してもなにも言われない。

ある日、かんじのいい子が本を配りにきて二冊渡されるけど、あんまり読む気がしない。しかもひとつは殺人の話、もうひとつはお化けの話で、そういう本はなにも教えてはくれない気がする。

いまはもう、ほしいものなんかない。なんの役にも立たない。そっとしといてもらえれば、それでいい。窓は格子がはまっているけど小さくはないので、格子越しにひょろっとした木が一本見えて、それをながめるのが好きだ。

一週間たつと、具合がよくなってきたようだから、ほかのみんなと運動に出ていいと言われる。塀に囲まれた中庭のひとつをみんなでぐるぐる歩いて回る。いい天気で、うっすらと青い空が広がっているけど、この中庭はひどく沈んでいる。降りそそぐ太陽も死んでしまう。ハイヒールで歩くのは疲れるので、運動時間が終わるとほっとする。

おしゃべりは許されていて、ある日、ばあさんが近づいてきて、「しっぽ」をくれと言う。なんのことかわからずにいると、ばあさんは気に入らないらしくぶつぶつ言いだす。べつの女が吸い殻のことだと教えてくれたので、タバコは吸わないと伝える。それでもばあさんは怒ったようすで、なかにもどるときに突きとばされて転びそうになる。こういう人たちから逃れて、扉がガチャンと閉まり、靴を脱ぐとほっとする。

ときどき、「ここにいるのは歌おうとしたから」だと思い出して笑ってしまう。だけどこの独房には小さな鏡があって、そこにうつる自分はまるで別人だ。はじめて見る知らない人みたいだ。痩せすぎだとシムズさんは言うけど、いま鏡にうつっている女を見たらなんと言うだろうか。それを思うと、もう笑えない。

たいていはなにも考えない。なにもかも、誰もかれもが小さくて遠くにいるような気がして、悩みといえばそれくらいだ。

医者が二度、診にくる。医者はあまりしゃべらないし、わたしもなにも言わない、というのもつねに制服の女がついているからだ。女は、「ほらまた嘘がはじまった」と思ってるような顔をする。だからしゃべりたくない。黙っていれば足をすくわれる心配もない。いまだにおなじ状況で、もっと悪くなってるのかもしれない。だけどある日、こんなことが起きる。

みんなで中庭をぐるぐる回っていると、女が歌っているのが聞こえる――声は高いところから、格子をはめた小さな窓のひとつから聞こえてくる。すぐには信じられない。こんなところで歌を歌う人間がいるなんて。刑務所では歌う気もしなければ、なにもする気にならないのがふつうだ。なにかをする理由がないし、希望もない。きっとじぶんは眠ってるんだ、これは夢なんだと思うけど、ちゃんと目はさめているし、ほかのみんなも聴き入っている。その日は婦人警官じゃなく、看護士がわたしたちについている。かのじょも立ちどまって、窓を見上げる。

煙ったような声で、ときどきざらつくのが、まるでこの黒ずんだ古い塀そのものが嘆いてるみたいなのだ。もう不幸を見るのはうんざり、もううんざりだと。だけどその歌声は中庭に降りそそいでも死なない。刑務所の柵を跳び越えて、はるか遠くへ行ってしまうのを誰も止められない。歌詞はよく聞こえない――音楽だけ。一番を歌って、二番にさしかかると、そこで急に途切れる。みんなはまた歩きだして、誰もなにも言わない。でもなかにもどるとき、前にいた女に誰が歌っていたのか訊いてみる。「あれはこのホロウェイの歌だよ」と女は言う。「知らなかった？　あの子は懲罰房にいて、みんなにがんばれ、弱音を吐くなって歌ってたんだよ」そこでわたしは病棟へ、女はべつの棟へとわかれて、二度と話すこともない。

独房へもどっても、寝る時間をただ待つことができない。行ったり来たりしながら想像する。「いつかあの歌がトランペットの重奏で聞こえてきて、こんな塀はがらがらと崩れ落ちるんだ」外に出たくてたまらず、扉をがんがん叩きそうになる。だっていまなら言える。なにが起こるかわからないんだから、こんなところに閉じこめられてそれを逃したくはない。

するとおなかがすいてくる。出されるものはぜんぶ食べて、翌朝もまだ腹ぺこで例のオートミールまでたいらげる。次に医者が診にくると、だいぶよくなったと言われる。そこで、じつはあの家でなにがあったのかを少しだけ話す。ぜんぶは言わない。ものすごく気をつかいながらしゃべる。

医者はわたしをまじまじと見て、いくらか驚いたようすだ。戸口のところで人さし指をふって、「もうこんなところへ来るんじゃないぞ」と言う。

その晩、係の女が来て、じきに出られると告げるけど、女はそれがどうにも気に食わないらしく、こちらからはなにも訊けない。とても早い時間、日がのぼりきる前に女が扉をバタンと開けて、早くしろと怒鳴る。通路を歩いていくとちゅう、本をくれたあの女の子を見かける。ほかのみんなと一列になって体操をしている。いっち、にい、いっち、にい。すぐそばを通ると、女の子はひどく疲れた青い顔をしている。ばかげている、なにもかもがばかげている。この「いっち、にい」というやつも、ほかのこともぜんぶ。お金を返してもらうとき、独房にコンパクトを忘れているのに気づいて、とりにいってもいいか訊く。それにたいしてシッとわたしを追い払う婦人警官の顔は見ものだ。

ふつうの車じゃなくワゴン車で、窓の外は見えない。三度目に停まったところで、もうひとりの若い女の子といっしょに降りると、そこは前とおなじ裁判所だ。

狭い部屋で、ふたりで待つ。ほかには誰もいなくて、しばらくすると女の子がこんなことを言いだす。「いったい連中はなにやってんのよ。こんなとこに一日中いるのはごめんだわ」そして呼び鈴のところまで行って、それを指で叩いてしつこく鳴らす。わたしが目をむけるとその子は、「だってさ、なんのためにあいつらはいるわけ？」と言う。板みたいに硬い顔をしている――表面的なことをどれだけ変えようと、たいした違いはないのに。ところがこの子は、ちゃんと結果を出す。警官がにこにこしながらやってきて、わたしたちは法廷に入る。前とおなじ判事で、前とおなじしかめっつらの男がその下に座り、わたしの罰金が納められたというので誰が払ったのか訊こうとすると、「静粛に」と叱られる。

たぶん、わたしにはなにが起きてるのか半分もわからないだろうけど、帰ってよいと言われているのはわかる。あの町を出ていくつもりかと判事が訊くので、はいと答え、それからふたたび外の世界に踏み出すと、前とおなじいい天気で、前とおなじ夢を見てるような気がする。

家に着くと、庭で男がふたり、なにやら話し合っている。玄関のドアもわたしの部屋のドアも開けっぱなしだ。なかへ入ると寝室はからっぽで、まぶしい光が差しこんでいるだけで、見るとブラインドがはずされている。いったいスーツケースはどこか、洋服だんすの服はどこかと考えているとノックがして、上の老婦人が荷づくりの済んだスーツケースをたずさえている。腕にはわたしのコートがかかっている。帰ってくるのが見えたから、とかのじょは言う。「あなたのものはうちであずかってましたよ」と言う。お礼を言おうとすると、くるりと背をむけて去っていく。ここの人たちはこうなんだから、へんに期待しないほうがいい。それにこの老婦人だって、きっとわたしがどうしようもない人間だと吹きこまれているに違いない。

キッチンに行ってみるものの、裏の大きな木が伐《き》りたおされようとしているところで、とてものんびり見届ける気にはなれない。

駅で電車を待っていると、ひとりの女が、だいじょうぶかと声をかけてくる。「すごく疲れた顔をしてるわ」と女は言う。「遠くから来たの?」わたしはこんなふうに言いたい。「遠い遠いところから来て、旅のとちゅうで迷子になってるの」だけどかわりに、「ええ、だいじょうぶよ。でも暑さがこたえて」と答える。わたしもよ、と女が言って、電車が来るまでふたりで天気の話をする。

もう怖くない——あいつらのすることはしょせん、このていどのことなのだ。なにを言うべきかわかれば、あとはぜんぶ時計の針みたいに進んでいく。

ヴィクトリアの近くに部屋を借りて、女主人に前金を一ポンドにまけてもらい、翌日、すぐそばの会員制ホテルで厨房のしごとを見つける。だけどそこに長くはいない。大きな店でドレスのお直しをするしごとがあると聞きつけ、そこで働けることになる。ニューヨークの高級店で働いていた、と嘘をつく。すずしい顔で大きなことを言えば、相手はまず調べない。その店で友達がひとりできる。クラリスという子で、とても色が薄くて、しごとができるからなじみ客もたくさんいて、一部の客のことを陰で笑ったりする。だけどわたしは、ドレスのサイズが合わなくてもそれはお客のせいじゃない、と言う。じぶんだけの特注のドレスとなると、ロンドンではものすごく高いのだ。だからしょっちゅう詰めるか出すかしなくちゃならない。クラリスは店からそう遠くないところに二間つづきの部屋を借りている。そこにちょっとずつ家具を買いそろえて、ときどき土曜の晩にパーティーをひらく。わたしがホロウェイの歌を口笛で吹きだしたのは、そんなパーティーのときだ。ひとりの男が近づいてきて、「もういっぺん聞かせてよ」と言う。そこでもういちど吹いてあげると（もう歌は歌わない）、「悪くないね」と言う。クラリスのところには誰かからあずかっている古いピアノがあって、男はその曲をすっかりジャズにして弾いてみせる。わたしが「違う、そういうんじゃない」と言っても、みんなはかれのアレンジを最高だとほめる。わたしがそれっきり忘れていると、男から手紙が来て、あの曲が売れた、きみのおかげだからお礼に五ポンドを同封すると書いてある。

わたしは手紙を読んで、泣きたくなる。だって、あの歌はわたしのすべてだったから。わたしにはほんとうの居場所なんてないし、居場所を手に入れるお金もない。そもそもどっちもほしくない。

だけどあの子が歌うとき、それはわたしにむかって、わたしのために歌っていたのだ。わたしがあそこにいたのは、それが運命だったから。あの歌を聞く運命だったから――それはわかる。

こうなったら、あいつらがどう捻《ね》じ曲げようがかまわない、どうせ手の届かないところに行ってしまうのだ、ほかの歌も、なにもかも。わたしにはなにも残らない。

でもそこでじぶんに言い聞かせる。ごちゃごちゃ言うのがバカな話なのだ。たとえあれをトランペットの楽団に、ちゃんとわたしの思うとおりに吹かせたって、どんな塀もそうかんたんに崩れはしないのだから。「それならジャズと呼ばせておけ」と思うし、あいつらにどう捻じ曲げられたってかまわない。かといって、わたしが聞いた歌が変わるわけじゃないのだから。

わたしはもらったお金でダスティピンクのドレスを買う。

"Let Them Call It Jazz" by Jean Rhys
(TIGERS ARE BETTER-LOKKING, 1968)

満潮

Sayaka Murata

村田沙耶香

夢精をして目が覚めた。

それを夢精と呼ぶのが正しいのかどうかわからない。精液はどこにも出ていないのだから。でも、私にはその呼び名しか思いつかなかった。

下半身に、達した後の心地よい気だるさが漂っている。寝返りをうって横を見ると、夫はベッドの中にいなかった。夫が抱きしめていたタオルケットと皺が寄った真っ白なシーツを見て、おぼろげな記憶が蘇ってくる。数時間前、夫から日曜日恒例のウォーキングに行こうと誘われて、眠いからと断ったことを思い出す。夫がドアに鍵をかける音を聞きながら二度寝をして、そのまま浅い夢を見たのだ。

夢の中で、私は下半身を洗濯機に入れて立っていた。洗濯機の水がぐるぐる回転し、泡に包まれているうちに爪先が心地よい痺れに包まれ、這い上がってきた快楽が足の間でぱちんと破裂した。その瞬間に目が覚めたのだった。

夢の内容には現実感がないのに、肉体には性的感覚がしっかりと残っていた。達する瞬間何か寝言を言っていた可能性もあるので、夫がいないときでよかったとほっとした。快楽を放出した感覚で脱力している下半身になんとか力をこめて身体を起こし、トイレへと向かう。達したせいか全身に浮遊感がある。

膀胱を刺激されたらしく尿意が感じられた。

トイレに行って確認すると、下着には何もついていなかった。洗濯する手間がかからなくてよかったと思う一方で、夢精の証拠がどこにもないなあと思った。人に見せるわけではないのでいいのだが、記憶しかないとどこまでが夢だったのかわからなくなってくる。

トイレを出たときには目が冴えていた。そのままキッチンに行き朝食の準備をしていると、玄関のドアの鍵が開く音がして、夫が帰ってきた。夫は私が寝ているとき、足音をたてないように気を付けてくれるので、廊下の軋みだけが近づいてくる。リビングのドアをそっとあけた夫に明るく声をかけた。

「直行くん、おかえり。今日はずいぶん遠くまでウォーキングしてたんだね」

「佳代さん、起きてたんだ。うん、今日はかなり歩いたよ、春に花見に出かけた公園まで行ってきた。汗だくだよ」

笑ってタオルで汗を拭う夫の屈託ない様子に、私の夢精にはまったく気が付いていないようだと、胸を撫で下ろした。

「シャワー浴びてきたら？　朝食の準備は私がするよ」

「ありがとう。あ、ついでにヨーグルトを買ってこようとしてたのに忘れちゃったな」

夫がシャワーを浴びている間にクロワッサンを焼き、ハムを入れたサラダを作り、チーズを入れたスクランブルエッグを焼く。残り物のスープを温め、昨日の朝ヨーグルトに入れたキウイを今日はそのまま並べた。

朝から夢精で達してすっきりとしたせいだろうか。いつもよりお腹がすいていて、クロワッサンをあっという間に食べてしまい、二個目を焼き始めたところでシャワーを終えた夫が浴室から出てきた。髪を濡らしたままテーブルにつきながら、

「今日は佳代さん、ずいぶん食欲があるね。いつも朝はあんまり食べないのに」

と不思議そうに言った。

五年前に結婚した五歳年下の夫は穏やかで素直な性格で、どんな話も真面目に聞いてくれる。足の指の爪がはがれて下から新しい爪が出てきたとか、隣の家で飼われている猫が大家さんの庭で野良猫のふりをして餌をもらっていたとか、くだらないことも真剣に聞いて、一緒に驚いてくれる。私にとって好ましいパートナーだった。

彼になら夢精について話しても、自然に受け止めて、ただ素直に驚いてくれるような気もした。だが、テーブルに漂う健全な姉弟のような雰囲気を肌で感じ、やっぱりやめておこうという気持ちになった。

今日は日曜日で、二人とも出かける予定はない。今から一日家に二人きりだ。朝からそんな話をして、万が一、性的な空気になったら気まずいと思ったのだ。

夫と私は、三年ほど前からほとんど性的に触れ合っていない。人の良さそうな垂れ目の顔に家用のぐにゃりとフレームが曲がったまま直していない銀縁の眼鏡をかけ、ほっぺたにサラダを詰め込んでいる夫の顔を見ていると、この人物に昔は舌を入れてキスをしていたのだという事実が奇妙にすら思える。

「直行くん、昨日の映画、録画してある？」

「うん、たぶん録れてると思うよ。あとで一緒に観ようよ」

「あれ、途中まではいいんだけど、ラストの犯人のところでがっかりするんだよねえ」

「ちょっと待って、言わないで。僕は初めて観るんだから」

私は先月まで派遣社員として勤めていた会社の契約が切れて、次の職場をのんびり探しているところだった。有休を消化したせいで先月から唐突に休みが多くなり、今までのハードな日常が嘘のようだった。

前の会社は残業が多く疲れきっていたので、あせらずに一ヶ月くらいはゆっくりとすごそうと考えていた。有休を消化していたころは休みはほとんど寝てすごしたが、今はだいぶ身体が元気になり、少しずつ家事をやるようになってきていた。

こんなにきちんとした朝ご飯を食べることなど結婚して以来のことかもしれない。朝食は食べないか、コンビニで買ってきた菓子パンを布団の中で齧るかのどちらかだった。

一緒に暮らし始めたときに気が付いたのだが、夫も私も、疲れたときの家事はできるだけ手を抜くという面でとても気が合っていた。私たちは二人とも、部屋が汚かろうと健康に悪い食事が続こうと平気で、とにかく手を抜いて楽に暮らそうという考え方の持ち主だった。

家事の分担は、「とにかく手抜きをする」「どうしてもしなきゃいけないときは、ついでに相手のもしてあげる」ということくらいしか決まっておらず、それでなんとかなっているのが奇跡のようだった。「してもらったほうは感謝を伝え、相手にマッサージをしてあげる」ということだけが、二人の間で暗黙の了解になっていた。

外に洗濯物を干すことなどほとんどなく、乾燥機はまわしっぱなしでいいことになっている。朝になるとそれぞれ、シャツやらブラジャーやらを乾燥機から直接取り出して着る。パンツがなくなったほうが、しぶしぶ洗濯機をまわす羽目に陥り、そのときは中に入っている洗い終わった洗濯物をソファの上に放り投げる。それらが畳まれてクローゼットの中に入ることはほとんどない。

食事も適当で、野菜や肉をスーパーで買うことなどは滅多にない。平日は大体がコンビニ弁当かカップラーメンか、冷凍庫にぎっしり詰まっている冷凍食品で済ませた。少し身体を気にするとレトルトのご飯に納豆と漬物を食べることもあったが、納豆を混ぜるのすら面倒くさくなってしまうことが多く、賞味期限が切れた納豆がよく冷蔵庫の中でカサカサになっていた。

洗い物に関しても、「綺麗なコップが一個もなくなったら洗う」ということくらいしか決まっていないので、どうしても疲れているときは空のペットボトルをコップ替わりに使ったりして互いに粘った。私のほうがだらしなさで若干夫を上回っているので、耐えきれなくなって洗い物をするのは夫の役目であることが多かった。それでも夫が私を責めてくることはない。互いのだらしなさを責めない関係性には感謝していた。

今まで自分のほうがさりげなく夫にいろいろやらせていた自覚はあったので、休みに入ってからは気が向くと掃除をしたり、ご飯を作ったりしていた。食い意地ははっているので、身体に余裕さえあれば食事を作ったり掃除をしたりするのはそこまで苦ではない。ルンバが走る場所がないほど散らかった部屋は、ゴミ袋を十袋ほど出すと大分片付いて、「床が見える生活っていいね」「どこでも座れるってすごいね」「コバエって、常に飛んでるわけじゃないんだね」などと感心して言い合う日々だった。

朝食を口に運びながら夫が言った。

「佳代さん、家にいるからってそんなに家事をがんばらなくていいからね。今まで通り手抜きしよう、それが僕たちらしい暮らしなんだし」

「うん、ありがとう」

夫も最近は残業が少なく、一緒に晩御飯を食べられる日も増えていた。人の良さそうな笑顔を浮かべる夫は信頼できるパートナーだ。

夫は子供は自然にできたら産めばいいし、そうでなければこのまま二人でのんびり過ごそうという考え方で、私もそれに賛同していた。このままでは私たちはずっと性交をしないだろうから、子供はできないかもしれない。それが自分たちの「自然」なのだろうなと漠然と感じていた。

夢精という自分の初めての経験について、誰かに報告がしたいという気持ちがおさまらず、翌日の月曜日、夫が会社に出かけたあと、友人の雪子に電話をした。

雪子は私の大学時代からの友人だ。大人しいけれど包容力があり、どんな話も聞いてくれるので、ついいろいろ話してしまう。華奢で清純そうな姿は守ってあげたくなるが、実際には自分のほうが雪子に甘えているのだった。

大学を出て結婚した雪子は、私の家から電車で五駅ほどの場所に住んでいて、今は育休をとって会社を休んでいる。私が平日に休むようになってからは、赤ちゃんのいる家に遊びにいったり、こうして昼間から気軽に電話をしたりと、特に頻繁に連絡をとるようになっていた。

久しぶりに洗濯物をクローゼットに入れてあいたソファの上に寝転がって、スマートフォンを耳に当てる。雪子は子供の世話や家事をしながら電話をしているので、いつもスピーカー通話で私とお喋りをする。雪子のおっとりとした声は私を安心させた。

『やっぱりおむつだったみたい、お待たせ。それで、何の話だったっけ』

「あのね、昨日の朝、夢精になったたって話。ね、これってすごくない?」

『そうそう、びっくりしたよ。女性もなるんだね。どんな感じなのか、想像もできないけど……』

雪子はひやかしたり笑ったりするわけではなく、真剣に話を聞いてくれる。そういう雪子の姿勢が私には有難かった。

「たぶん個人と体調によって強弱はあるんだと思うんだけど、私の場合は単にスカッとする感じだったよ」

『そうなんだ、なんだかそれだけ聞くと健康にいい体操の話みたい。あ、でもそういう話、何かの本で読んだことある気がする。漫画だったかな』

「あ、じゃあそんなに珍しいことじゃないんだね」

『うーん、でも実際になったって聞いたのは初めてだなあ。言わないだけなのかもしれないけど』

「うん、この年で、性的なことで自分の体にびっくりできてちょっとうれしかった」

自分の感覚を言葉にして発したことで、自分だけの淡い夢として消えてしまいそうだった出来事が、世界に記録されている感じがする。誠実な言葉を返してくれる雪子という存在に感謝した。

『そうだね、出産や加齢は大きな経験だけれど、性的なことで驚くことはそんなにないかも。そもそも、そういう時間も人生から消えていっているし。それで楽になっている気持ちのほうが大きいけれど』

「そっかあ」

『でもね、佳代、その話……』

何か言いかけた雪子を遮るように、赤ん坊の泣き声が聞こえた。

『あらあら、今度は何だろ。そろそろご飯かな』

「あ、ごめん、長電話しちゃって。そろそろ切るね」

『ばたばたしちゃってごめんね、また電話する』

雪子との通話が終わると、部屋の中が静まり返った。

夫がいない昼間の部屋は、空気が停滞している感じがする。やっと床が片付いて久しぶりにスイッチを入れたルンバだけが、部屋の空気を掻きまわしながら動き回っている。

窓でもあけて風を通そうかと思ったが、眠くなってきて、ソファの上で丸まって目を閉じた。雪子は何を言いかけたのだろう。その答えを探す時間もないほど急速に、私は心地よい眠りの中へと沈み込んでいった。


その日は帰ってきてから、夫の様子が少しおかしかった。

残業が早めに終わったらしい夫が玄関からなかなかリビングに来ないのでドアを開いて廊下に出ると、びくりと身体を震わせてこちらを見た。買い物をしてきたらしく大きなビニール袋を提げている。

「おかえり。何か買ってきたの？」

「ああ、うん。まあ、いろいろ必要なものとか……」

言葉を濁らせて、寝室へと入っていってしまった。夫は健康器具が好きなので、まあその類だろうと、そのときは特に気に留めなかった。

その日の夕食は、ラムチョップと素麵だった。組み合わせが変だなとは思ったが、どちらも無性に食べたかったのだ。

休みだからと言って手抜きをやめる気はないが、食べたいものは作りたくなる。この前も、アジの開きとレトルトのラザニアという組み合わせの晩御飯を、夫と一緒に「意外と合うね」と笑い合いながら食べたばかりだった。

今回も、また変な組み合わせだねとか、思ったより合うねとか、何かリアクションがあるかなと思ったのだが、夫は無言で箸をとり、いただきますを言わずにぼんやりと食べ始めた。

その様子に、疲れているのだろうかと声をかけた。

「どうしたの？　ぼんやりしてるよ、体調悪いの？」

夫ははっとして顔をあげ、

「いや、なんでもないよ。あ、おいしそうだね、ラムチョップ」

と肉に箸をのばした。

「やっぱり組み合わせ、変だったよね。無性に食べたくって」

「え？　ああ、そうだね」

いつもと違った様子の夫に首をかしげた。

「直行くん、疲れてる？　会社で何かやなことでもあった？」

「いや、そういうわけじゃない。美味しいよ。ありがとう、佳代さん。後でマッサージするね。今日は肩がいい？　足の裏がいい？」

「うーん、ありがとう、でも今日は大丈夫。昨日さんざん肩やってもらったし」

「そうだったかな……」

夫はぼんやりと呟いた。

食事中に上の空になり、食欲がなくなるのは、夫が何か悩みがあるときだ。また何か考えているらしい、と思った私は、そっとしておくことにして、テレビのチャンネルを変えてそちらに集中することにした。

夫は悩み事があるときは一人で考えて、解決してから私にそっと報告する。何か考えたい事がありそうだと思ったら、放っておくことにしているのだった。

旅行番組を観ながら、おいしそうな駅弁を食べるレポーターの歯が真っ白なのを眺めていると、不意に夫が口をひらいた。

「……あの、佳代さん。今日からしばらく、先に寝ていてもらっていいかな」

何か事情がありそうな夫の様子に、私はわざとあまり踏み込まず、リモコンを弄りながら、テレビに目線をやったまま答えた。

「え、うん、もちろん。いつもそうしてるじゃん」

「そうか、そうだよね。でも、いつもよりさらに僕が寝る時間が遅くなると思うんだ。ダブルベッドだと起こしてしまうかもしれないから、リビングのソファで寝てもいいと思ってるんだけど……」

それを聞き、私は夫をちらりと振り返った。

「ええと、どうしたの？　そんなに残業が多くなるの？」

「いや、そういうわけじゃないんだけど……」

言いづらそうな夫の様子にはっとした。まさか、この前の夢精のときに声でもあげていたのではないかと急に不安になった。その様子を見た夫が気まずくなって一緒に寝るのを控えようとしているのかもしれない。

「……あの、例えば、私の寝相とかが、悪かったりした？」

「いや、そういうわけじゃないんだ。単に僕の問題なんだ」

夫は決意したように、箸を置いて真っ直ぐこちらを見た。

「潮を噴いてみようと思うんだ」

「……潮？」

夫が何を言っているのかわからなかった。

言葉を失くした私と対照的に、夫はさっきまでもごもごしていたのが嘘のように、身を乗り出して熱心に話し始めた。

「去年の年末、忘年会でそんな話を聞いたんだ。男でも噴けるという話を先輩が楽しそうに話していたんだよ。そのときはくだらなく思えたけれど、だんだんと気になってきて。自分の身体にもそんな可能性があるのかって、どうしても試してみたくなったんだ」

夫の真剣な様子に、なぜか素直に相槌を打つことが出来なかった。微かな苛立ちを感じながら、私はぶっきらぼうに尋ねた。

「それと、私が先に寝るのと、どう関係があるの？」

夫は箸を置いて、身振り手振りを交えて熱心に説明を始めた。

「それが簡単なことではないんだよ。どうやら、かなり時間がかかるらしいんだ。それにどれくらい噴き上がるものなのか想像もつかないから、もしかしたら部屋で挑戦すると床や壁を汚してしまうかもしれない。だから佳代さんが入浴を終えてから、夜の十二時から二時間くらい、浴室を借りたい。僕が風呂場から数時間出て来なくても気にせず、先に寝ていてほしいんだ」

「うん」

もやもやとした感覚をもてあましながら、私は頷いた。

夫は私のそんな様子には気が付かないまま、熱心に説明を続けている。

「今、佳代さんが昼の間に家事をやってくれるから、夜もいつもよりばたばたしないし、お風呂の時間も重ならないよね。だから今がチャンスだと思うんだ。佳代さんに甘えるみたいで心苦しいけど、どうしてもこの機を逃したくないんだ」

私は俯いてラムチョップに齧りついた。食事をしている最中に「潮」の話を聞くのはいい気分ではなかった。食欲が失せたのを感じながら、むりやり肉片を飲み込んだ。

俯いた私に、夫の真っ直ぐな声が降ってきた。

「一度でいいから、一定の期間、寝る前の時間をぜんぶ潮にあててみたいんだ。これは……僕の挑戦なんだ」

ちらりと夫の顔を見ると、少し青ざめているように見えた。

「だからどうかそっとしておいてほしい。噴こうとしているところを、君に見られたくないんだ」

私は素直に夫を応援することができず、

「そんなの、専門のお店に行けば、すぐにできるんじゃないの？」

と投げやりに言った。夫は顔の筋肉が引き攣るような動きで頬と眉を動かし、俯いた。

「佳代さんまでそんな短絡的なことを言わないでよ。それじゃだめなんだよ。僕が出したいのは、そんなふうに汚れた潮じゃないんだ。自分だけの力で辿りつきたいんだ。僕の潮は僕のものだ」

夫のその言葉に、なぜか無性に苛立った。これ以上同じテーブルで向かい合っていたくなくて、急いで食べ終わったラムチョップの骨を皿の上に放り投げ、立ち上がった。

「別に私は、直行くんが何時に寝ようと関係ないし、自分が好きな時間に寝させてもらうから」

「ありがとう、佳代さん。佳代さんなら、わかってくれると思ったんだ」

夫はぱっと顔をあげて無邪気に笑った。胸やけがして、私は返事をせずにテーブルに背を向け、食べ終えた皿を骨ごとキッチンの流し台に突っ込んだ。


宣言通り、翌日から夫は潮にチャレンジし始めた。二人での夕食を終え、私が風呂から出てくると、入れ替わるように浴室へ向かい、そのまま何時間も籠るようになった。

寝室と浴室は離れてはいるが、それでも微かに夫の気配を感じる。夫という自分とは違う生きものが、家の中の空気を動かしている。

広々としたダブルベッドでなぜか苛々として寝付けず、スマートフォンのアプリでパズルゲームをしていると、夫がそっと寝室に入ってきた。

「なんだ、起きてたんだね」

「浴室から物音がして寝付けなかったの」

そんな事実はないのに反射的に嫌味をいうと、夫が、

「えっ、そうだった？　ごめん、明日からは気を付けるよ」

と申し訳なさそうな顔になった。

何も自分に迷惑がかかっているわけでもなく、夫がやりたいようにやらせてあげればいいと理屈ではわかっているのに、自分の感情がコントロールできなかった。意地悪なことを言ってしまったという自己嫌悪でますます機嫌が悪くなり、こんなことなら結婚したときに夫と寝室を別にしておけばよかったと、八つ当たりのように思った。

スマートフォンの電源を切って枕元に置き、それとなく尋ねた。

「それで、今日はどうだったの？」

夫は苦笑いをして首を横に振った。

「駄目だったよ。インターネットで調べたのだけれど、ある程度の痛みを乗り越えないといけないらしい。辛い挑戦になりそうだけれど、だからこそがんばりたいんだ」

「そう」

尋ねておきながら「潮」という言葉を耳にしたくなくて、夫がその言葉を言う前に背を向けて布団に潜り込んだ。

私もそんなものは噴いたことがないので、想像するしかないが、一体それが出たからといって何だというんだろう。夫の気持ちがさっぱりわからなかった。

それよりももう一度夢精を味わいたい。夢精は汚れていないから。するりと脳の中で呟いた言葉が、夫がこの前、潮に対して使っていた言葉と同じだということに気が付いた。

なんとなく居心地が悪く、なにも考えたくなくて、強く目を閉じた。

夢は見なかった。ただ身体の中が真っ暗になっていくだけの眠りが、朝になるまで私を閉じ込めていた。


「……え、なに、その話……？」

雪子が呆然と呟いたのを見て、しまったと思った。

何となくもやもやとしている気持ちを発散したくなり、今日は電話ではなく、近所にオープンしたお店のケーキを持って雪子の家へと遊びに来ていた。

誰かに愚痴を言いたいと思って、何でも聞いてくれる雪子にまた甘えてしまった。さすがの雪子も唖然とするような変な話だったと、彼女の様子にいささか慌てて、冗談めかした調子で続けた。

「いや、馬鹿みたいな話なんだけどね、なんだかもやもやしちゃって。直行くんも、ただ好奇心があるだけだと思うんだけど。それなのに、なんでだか、苛々しちゃうんだよ。その感情の正体がわからなくて、ますますストレスが溜まるの」

「そんなの、当たり前だよ。潮なんて、私、一番聞きたくない言葉だもの。気持ちが悪いよ」

いつもどんな話でも穏やかに聞いてくれる雪子が発したとは思えないほど、強い拒絶の言葉だった。その薄い唇が紡ぎだす強い嫌悪の言葉に、はっとして口をつぐんだ。夫と一緒に自分も突き飛ばされたような感じがした。

温和な雪子の眉間に皺がより、歯茎を見せて奥歯を食いしばっている。雪子の豹変に驚いていると、彼女は低い声を絞り出した。

「潮なんて、男の人が喜ぶためだけの言葉だよ……さんざん人の身体を使って無理矢理引き摺り出そうとして、嫌な思いばかりさせて。自分のファンタジーを叶えるために、他人の性を踏みにじる。彼等のエクスタシーのための言葉なんだよ。私には、そういう言葉を使う人間が化け物に見えるときがある」

「化け物……」

呆然として繰り返した。雪子の声が掠れた。

「私……私、直行さんのこと、殴ってしまいたい」

涙交りの声で雪子が言うのにぎょっとした。雪子は両手を握りしめた。真っ白な指先が赤く染まってしまっている。

「そんな言葉を言われるだけで、自分の内臓を占領されているような気持ちになる。ひどいよ……今までさんざん自分の自己顕示欲のために人の身体を使っておきながら、今度は自分の潮？　僕の潮は僕のもの？　信じられない。同じ人間がいう言葉だと思えないよ」

雪子の拳が、テーブルを叩いた。その音に驚いたのか、ベビーベッドで眠っていた雪子の息子が泣き声をあげた。

「……ごめんね、ごめんね」

雪子が鼻を啜って駆け寄り、赤ん坊を抱き上げる。

「それにしても、最近は佳代の話に驚かされてばっかりだな」

「え、他に何か話したっけ？」

焦って記憶をたどり、「ああ、そうか、夢精の話もしたね」となるべく明るい声で言った。

雪子が赤ん坊をあやしながら、真剣な顔でこちらを振り向いた。

「あのね、その話、絶対に直行さんにしないほうがいいと思う」

「えっ……」

自分も、夫にはなぜか話したくなくて雪子にだけ伝えたのだが、改めてそう言われると違和感があり、口ごもった。

「潮は、私たちのものじゃない。男が女の身体を楽しむためのもの。だから絶対に、私は一生、身体からそんなもの出さない。自慰だってそう。私は絶対に一生しない。それを無理矢理人の身体から引き摺り出そうとしたり、そういう話を想像して喜ぶ人たちの顔を絶対に忘れない」

雪子は両腕で息子を抱きしめた。その力の強さに、そのまま息子を絞め殺してしまうのではないかと怖くなった。

「夢精はまだ、かろうじて汚されてない。気付かれたらあっという間に踏みにじられるよ。すぐに私たちのものじゃなくなる」

雪子の言いたいことはわかる気がしたが、咄嗟に、

「……ええと、でも、直行さんは、少し変な人だから……」

と奇妙な庇い方をしてしまった。

「変な人でも、結局はおんなじだよ。話してみればわかるよ。夢精だってあっという間に取り上げられて、私たちの性じゃなくなる」

雪子は呟いた。

「それなのに、自分の潮は自分のものだなんて。佳代の結婚相手じゃなかったら殺してやりたい」

雪子は我慢強い性格で、何か辛いことがあっても涙を見せたことがなかった。白い細い指で雪子が自分の目を拭うのを見て息が苦しくなった。

「……そうだ、ええと、ケーキ食べよっか」

雪子の身体の中の記憶を抉るような会話に我慢できず、無理矢理明るい声を出した。

「ああ、そうそうケーキ！　あそこのお店、食べてみたかったんだ。食べよ、食べよ」

雪子が表情を和らげてくれてほっとした。雪子の腕の中で、彼女の息子が再び泣き声をあげはじめた。

なんとなく家へ帰りにくくて、遠回りをして近所の公園へ向かった。

手には、夫へのお土産のプリンが入っている。ケーキ屋の隣にあるスーパーで見つけた、餃子プリンとカレープリンだ。私たちは、不味そうな変なお菓子を見つけると、買って帰って一緒に食べる。不味さにもいろいろな種類があって、「甘さに全く融合しないこの味がたまらなく吐きそう」などと真面目に品評しながら食べるのが楽しいのだ。不味い上にカロリーも高そうなものが多いので無駄遣いだと思うが、見かけるとつい買ってしまう。

夫がウォーキングのときいつも一休みするという公園は、最近できたばかりのタワーマンションのエントランスと繋がっていて、凝った形のベンチの向こうに、小さな噴水がある。水が高くなったり低くなったりするのをベンチに座って眺めながら、プリンと一緒にスーパーで買ったミネラルウォーターを飲んだ。

風が吹くと、細かな水の粒子がこちらまで飛んでくる。

夫も、あんな風に噴き上げたいのだろうか。

なんで夫が、そんなものを噴きたいと突然思ったのかは、よ

くわからない。

スマートフォンには、最近調べた潮についての知識がこっそりブックマークされている。

女性器でいう潮噴きとは、オーガズムの前または最中に尿道から液体が排出される現象を示す。潮の成分は尿とは異なるというデータもある。尿と比べると前立腺特異抗原、前立腺酸フォスファターゼ、ブドウ糖の濃度が高く、クレアチニンの濃度が低いとされている。なぜ潮を噴くのか、その機能については不明である。

男性の潮吹きについては女性よりさらに後に発見されたもので、医学的には謎に包まれている。尿とはちがうということがわかっており、男性の潮の成分も女性の潮に近い。無色透明で匂いがなく、汗に近いと言われている。

調べれば調べるほど、その液体が何なのかよくわからなくなる。真面目に潮について説明してあるページはほとんどなく、出てくるのはアダルトビデオへのリンクやアダルトサイトばかりだ。皆が「潮」を笑っているように感じられて、もどかしい。

同じようなもどかしさを、子供の頃にも感じたことがある。

私は、子供の頃、性教育の授業がある日に風邪をひいて休んでしまったことがあった。

だから、初潮がどんな風に訪れるのか、あまりよくわかっていなかった。友達が届けてくれた冊子を見ても、とにかく血が出るのだ、恥ずかしいことではないのだ、ということくらいしか理解できなかった。


小学校五年生の体育の時間、マラソンの準備体操をしていた私は友達に腕を強く引かれ、

「佳代ちゃん、きてる！」

と耳元で囁かれた。何がきているのか、咄嗟には理解できなかった。冊子に書いてあったようなお腹の痛みもなく、私の体は血を流して、ジャージに小さな染みを作っていたのだった。

わけがわからないまま保健室に連れて行かれ、保健の先生にナプキンと、新しいショーツを渡された。

「これを使いなさい。慌てなくていいのよ」

私は特に慌てていなかったが、素直に頷いた。

トイレに行き、下着を下すと、そこは真っ赤にそまっていた。太腿にもたくさん血の流れた跡がついている。

(あ、かっこいい)

自分の白い下着が真っ赤に染まっているのを見て思った。幼稚園のころ、私は日曜日の朝の戦隊ヒーローの番組を熱心に観ていた。私はレッドになりたかった。母が巣鴨で買ってきた縁起がいいという赤いパンツを勝手に拝借し、ズボンの上からそれを穿いて走り回り、怒られたこともあった。血に染まった赤いパンツは、そのときのパンツに少し似ていた。

「着替えた？　あらあら、ジャージまで汚れちゃってるわね」

保健室の先生は慣れた調子で、私から下着を受け取り、「これはもうだめね」と言った。

私は自分からたくさん血が出ていることに、少し高揚していた。ヒーローが敵と戦って血を流すと、私はいつもかっこいいと思っていたからだ。

膝小僧や指先から血が出ると、うれしくてよくその赤い色を眺めていた。だから私は、自分の足の間から赤い色が吹き出したことを、「いかしてる」と思った。

けれど、友達の女子は、「大丈夫、ジャージの染みそんなに目立ってないよ」「お腹いたくない？　先生に伝えとくから休んでていいからね」などと世話をしてくれたので言いだせなかった。

かっこいい赤いパンツはどこかへ捨てられてしまった。自分の血で染まったパンツなんて珍しいから持って帰りたかったのに、少し残念だった。

あのとき、生理は私のものだった。経血は自分だけの奇跡だった。

夫は、そんな経験を望んでいるのかもしれない。

噴水がひときわ高くなり、風が吹いて水しぶきが全身に当たる。

「お母さん、雨？」

「濡れちゃうからこっちに来なさい」

そばに座っていた親子が慌ててベンチから走って行った。

私はふと、（噴いてみようかな）と思った。

水の粒子に包まれながら、私は自分のTシャツが少しずつ湿っていくのをぼんやり感じていた。手に持ったスーパーの袋の中で、二つのプリンがかたかたと音をたてていた。

「直行くん、あのね、私も噴くことにしたから」

次の休日、私たち夫婦には珍しく洗濯物を畳むという行為をしながら、できるだけさりげなく夫にそう告げたとき、夫には私が何の話をしているのかわからないようだった。

「何の話？　佳代さん」

「だから、潮。私も直行くんと同じように噴いてみることにしたから」

そう言いながら、私は少し緊張していた。

もしも夫が私のこの言葉に、急に性的な反応を示したら？

そう思うとぞっとしたが、夫は膝の上で畳んでいた自分のパンツを握りしめ、嬉しそうに立ち上がった。

「え、佳代さんも！　うれしいよ、まさか仲間ができるなんて」

夫の反応にほっとしながら、私は淡々と計画を説明した。

「今夜から始めようと思ってる。ご飯がおわったら少し早めにお風呂に入ることにする。夜の十時くらいから二時間、浴室を借りるね。そしたら綺麗に掃除をして、直行くんとバトンタッチする」

「うん、佳代さんの自由でいいよ。僕がもっと遅くしてもいいし。こんなふうに佳代さんと同志になれるなんて、うれしいよ」

パンツを握っていないほうの手で、夫が握手を求めてきた。戸惑いながらも、その手を握りしめた。結婚する前と変わらない、すこし乾燥した、低い体温の掌だった。

その手を握っていると、苛立ちや不安が少しだけ収まった。夫と握手を交わしながら、もしかしたら、私も、本当は汚れていない私の潮を、自分の手で身体から取り出してみたかったのかもしれないと思った。

夫婦で交代で浴室に入り、それぞれの身体の中の潮を探すようになってから、一週間が経とうとしていた。

八時か、夫の残業次第では九時ごろに夕食を食べ、二人でテレビを観ながら団らんする。十時になると、

「じゃあ、お先に」

と、夫に告げて、浴室に向かう。

浴室に行き、簡単に身体を流して、自分の体内の潮を探し始める。

潮の出し方についての知識もスマートフォンやインターネットで調べたが、自分の身体とは重ねたくないような情報がほとんどだった。漠然と、なるべく道具など使わずに手指だけで噴きたいなあ、と思っていた。

自分の膣の中に指を入れるのは苦手だ。タンポンも少し試してすぐに挫折した。一度だけ膣坐薬を処方されたことがあるが、そのときも自分で入れることができず、結局翌日医者へ行き入れてもらった。自分の身体についているのに、ろくに見たこともない場所だった。

私はシャワーの水で少し湿らせた指を、膣の中に少しだけ押し込んだ。想像とちがってそんなに湿り気もなく、ひきつるような感覚に耐えながら、なんとか指を差し込む。

私は、タンポンや膣坐薬を入れようとしたとき以外、自分の膣に触ったことがない。見たこともない。今も、膣のことは見ていない。

自分の身体についているのに、膣についての知識は偏っていた。男性向けの漫画やたまにスマートフォンでうっかり見てしまうアダルトサイトの広告で見るような、架空の膣を、自分の脚の間にも想像していた。けれど、いざ触ってみると、本物の膣は頭の中に思い描いていた膣とはかなり異なっていた。

そこは想像していたようなぬかるんだ場所ではなかった。口の中のような場所なのだろうと思い込んでいたが、だいぶ違った。粘膜なので柔らかくはあるのだが、どちらかというと巨大な目頭に包まれているような感じだ。

鼻の穴のようにきちんとした骨がある空洞ではないので、袋を指で押し広げていく。自分の恋人たちは、この行為にどうやって興奮していたのだろうかと不思議に思う。

粘膜の中を適当に指でうろうろしているが、一体どうやってここから水が噴き上げてくるのかさっぱりわからなかった。入口の部分は乾いており、引っかかって痛みがあった。

深海生物に指を舐められているような奇妙な感覚と不快感に耐えながら、自分の身体の中をうろうろと彷徨った。鈍い痛みが下半身を襲った。両目を瞑り、歯を食いしばって、膣の中に水流を探しつづけた。

二十分ほどためしたあと、今日はこの辺にしておこうと、指を取り出した。身体の中から異物が出て行き、ほっとして身体から力が抜けた。何も起こっていないのに身体はとても疲労していた。溜息をつき、シャワーを浴びて身体を清めた。

浴室で身体を温めて風呂を出た。髪の毛を拭きながらリビングに行くと、夫が音楽番組を観ていた。

「おつかれさま。どうだった？」

「今日もだめだったよ」

小さく笑ってみせると、夫は頷いた。

「ゆっくりがんばろう。じゃあ、僕も行ってくるね」

「うん」

夫は浴室に向かっていった。私はソファに座って、ドライヤーで髪を乾かし始めた。

夫と話していると、潮というものが性的なものとはまったく関係のない、健康のためのヨガや体操に近いものに感じられてくる。そのことに安堵している自分がいた。

夫はどんな感覚で、自分から潮を取り出そうとしているのだろうか。夫のプライベートだからとあまり想像するのはやめて、冷凍庫をあけて、湯上りに一緒に食べるために買ったアイスクリームを出してキッチンに並べた。私も夫も、アイスクリームを少し溶かして食べるのが好きなのだ。

同志となってからは、私は先に寝ることなく、夫が浴室を出てから一緒に眠るようになっていた。

スプーンを準備しながら、早く私たちから潮が出ますようにと願った。音もしないし壁の振動もないのに、浴室からは、夫という動物が蠢いている気配が、はっきりと伝わってきていた。


乾杯、という合図にビールジョッキを掲げながら、今日来たことをもう既に後悔していた。

久しぶりに地元の飲み会があると声をかけられ、たまには懐かしい顔ぶれと飲むのもいいかと、電車を乗り継いで実家の近くにある居酒屋に集まっていた。同じクラスのメンバーだと聞いて安心しきっていたのだが、奥にある座敷に通されると、そこには昔付き合っていた男の姿があった。

中学校では同じクラスになったことはなかったが、大学に入ってからバイト先で再会して三ヶ月ほど付き合ったのだった。

「最初は少人数で飲む予定だったんだけどさ、フェイスブックで声かけたらけっこう集まったねー。プチ同窓会みたいになってる」

友達が嬉しそうに言うのを聞きながら、表情を変えないように用心して頷く。彼と私が付き合っていたことを、地元の中学校の友達は知らないはずだ。

夫と結婚してから、自分の性別を意識する機会が格段に減っていたのだと、こういう場にくると思いだす。うっかり足の毛を生やしっぱなしにしていたことを急に思いだしてしまい、ロールアップしていたパンツの裾をもぞもぞと弄った。家で冷凍食品を食べながらだらだらしていればよかった、とこっそり溜息をついた。

彼の顔を見たくなかったので、遠くの席に座った。学生時代よりかなり髪が薄くなり、筋肉質だった身体もぺたんこになって見える。けれど、背の高い大柄なところや、大声で身振り手振りを交えて喋るところは変わっておらず、その姿をみると身体が縮こまった。

　私は彼と付き合うまで性行為をしたことがなかった。

　彼の部屋に初めて行ったときのことをよく覚えている。一人暮らしのワンルームの部屋は、カーテンもベッドも真っ黒だった。

「澤口って処女だったよな。大丈夫、テクがあるやつがやると痛くもなんともないから」

「うん」

「今はさ、まあお前としか付き合ってないけど、大学入ってからちょっとはっちゃけた時期があってさー。そのとき、ほとんど女の身体知り尽くしちゃった感じだから、俺」

「そっか」

　初めての性行為に緊張はしていたが、彼の言葉を聞いてほっとしていた。慣れている執刀医に手術を任せるような気分だった。親知らずを抜くとき、ほとんどそれを専門にやっているようなお医者さんにやってもらい、ちっとも痛くなかったことを思いだす。似たようなものだろうと、安心してベッドに横たわった。

　彼のテクとは身体のあちこちの粘膜を、紙やすりでも持っているような手つきで強く摩擦するというものだった。その手の動きの速さが彼の自慢らしく、「どう?」と得意気に聞かれ、痛みがあって辛いとは答えにくかった。

　身体の表面の粘膜の摩擦が終わると、つぎは内部の摩擦だった。

「あれ？　濡れてねえな」

　男が顔をしかめた。

　私からは私の局部が見えなかった。そのときも自分の膣を見たことがなかったので、彼になにが見えているのかはわからなかった。自分の膣を見るには手鏡が必要で、わざわざそんなものを持ち出してまで見ようと思ったことがなかったし、なんとなく気持ちが悪いと感じていた場所だった。

「最初は痛いかもしれないけど、この辺に女のツボがあっから」

　男は私の膣の中を連打しはじめた。

　歯医者さんでいつも痛かったら手を挙げてくださいね、と言われることを思いだしながら、あまりの鈍痛に、上半身を少し起こして、おそるおそる声をかけた。

「あの」

「なんだよ?」

　彼は連打に夢中になって汗だくになっていた。

「少し痛い、かもしれない」

　男がはあ、と溜息をついた。

「少しは我慢しろよ。俺がこんなにしてやってんのにさ」

「そうだよね、ごめんなさい」

　膣を見たことがない私より膣に詳しい筈の男が手間取るなんてよほど何かあるのかもしれない。私は婦人科にも行ったことがなかったので、不安になった。

　膣の中にあるのは男の指だけなはずなのに、物干し竿で内臓をど突かれているような鈍痛が下腹部を襲った。内臓を無機質なもので突かれている感覚だった。私は奥歯を食いしばって耐えた。

呻き声はエロティックではないだろうと思ったので、息を止めて声がでないようにした。けれどたまに、喉の奥でこらえきれない呻きが鳴った。

「っとに濡れねえな」

舌うちが聞こえた。

「お前、どっかおかしいんじゃねー？　処女っつったって、これだけすりゃあ濡れるだろ、普通」

膣がおかしい。それは私に衝撃を与える宣告だった。

私は必死に下半身に力を込めて、濡れようと試行錯誤した。早く濡れなければと焦れば焦るほど、膣は乾いていった。

膣から水を出さなければ、出さなければ。私は内臓を掻きまわされながら、ただそれだけを祈っていた。

溜息をついて、「お前、不感症じゃない？　こんなんじゃ入んねーし、声も出さねーし。あー萎えたわ。今日は無理」と言われたとき、自分の膣は失敗作なのだとはっきりと告知された気がした。

のろのろと服を着て、なんだか間が抜けたような空間に耐えられずに帰った。挿入されたわけでもないのに、痛みは朝まで続いた。

私の身体は間違っていた。きちんと濡れなかった。きちんと快楽を覚えなかった。きちんと甘い声が出なかった。自分の身体が正常に作動しなかったということだけが、頭の中をぐるぐるとまわっていた。

それから休日が来るたびに、同じことが続いた。私の身体は強張るのを通り越し、死体のように硬直していた。彼の手が皮膚に触れるたびに、自分の身体が呪われていく感じがした。それでも私は彼の部屋に通うのをやめることはなかった。

私は正常な肉体になりたかった。彼に、ああ、これは普通の膣だと宣言してほしかった。そのためならどんな痛みにも耐えようと思った。

私と彼の付き合いを知っているバイト友達からは、「昨日は泊まったんでしょ、仲いいねえ」とからかわれることもあった。曖昧に笑いながら、早く達成しなければと焦燥にかられた。

このときから、私の膣は私のものではなくなったのかもしれない。それまでは、見たことがなくてもその臓器は自分の身体の一部だった。けれど、道具としての膣が正常に動かないと知らされて、私は自分の膣が故障しているのではないか、直さなければならないのではないかと不安にかられた、
私は「架空の膣」を自分の脚の間に追い求めた。男性向きのアダルトサイトにアクセスしたり、アダルト描写のある漫画を読んだりしてどんなものが理想的な膣なのか勉強した。どの膣も異様なほど濡れたり水を噴きだしたりしていた。私は自分の膣にもそうなってほしかった。

結局、三ヶ月ほどで彼とは別れた。だから彼は覚えていないかもしれない。けれど私の体には、あのときの下半身の鈍痛と、膣を乱暴に引っ掻かれる感覚が今も鮮明に残っている。

それから何人かの恋人ができて、私は自分の身体は彼が言うほど「間違って」いたわけではないと考えられるようになった

が、コンプレックスはなかなかぬぐえなかった。自分の膣を自分で見ることはできないまま、引き続きAVを見たり、男性向けの本を読んだりして、「正しい」身体のありかたを研究することをやめなかった。喜んでくれる男性もいたが、不能な膣を隠し、偽って性行為をしている感覚がいつまでもあった。

「え、潮?」

不意に、男が座っている集団からそんな声がして、耳を疑った。

「そうだよ、潮」

男が自慢げに答えるのが聞こえた。

自分と夫の話かと思ったが、そんなはずもなく、どうやら最近浮気をした相手の女性の話をしているようだった。

「だからさ、すごいんだって。その女がさ、喘ぎながら噴きまくって」

「奥さんにバレたら大変だぞ、お前」

「ほんとかよ。そんなのAVでしか見たことねーし」

「いや、テクがあんだって」

学生時代と変わらない喋り方で男がいい、笑い声がひろがる。

耳を塞ぎたくなっていると、目の前の同級生の女の子が、

「やだね、大人になっても男子は」

と苦笑いをした。

「でもさあ、最近、男も噴ける風俗もあるらしいよ」

「へーー! なにそれ、聞いたことない」

「ネットで動画みたんだー。結構面白かったよ」

「なんか気持ち悪ーい。漏らしてるんじゃないの?」

「いやいや、違うみたいよ。何かテクがあるんだってー」

女友達が大声で笑う。

『潮』噴いてる男ってどんななのかな。セクシーなの、それ?」

「げー、気持ち悪い。女みたいに喘ぐんじゃない?」

中学時代はエロティックな話など一切したことがなかった友達が、笑い声をあげる。

「知らないけど、SMでいうMっぽいプレイなんじゃない? 女王様におねだりして、喘いで潮吹くの」

「へー。調べてテク覚えて、彼氏にやってみよっかなー。男が噴いてるとこ見てみたい」

「やだあ」

「面白そう。それさ、動画撮ってみんなに見せてよ」

一人の冗談に、皆が一斉に嗤う。「潮」を笑う友達の顔が歪んで見えた。眩暈がして、床がぐにゃりと曲がっている。

いつか雪子が、その言葉を使う人達を「化け物に見える」と言っていたことを思いだした。

狭い座敷の中に笑い声が膨らんでいく。私はハンカチを握りしめて立ち上がり、眩暈でよろけながらトイレの個室へと早足で駆け込んだ。

ほとんど飲んでいないのに、便器に顔を近づけると、口から驚くほど水がでてきた。嘔吐しながら、私は膣が自分のものではないと、再び告げられたような気がしていた。

だから噴くことができないのかもしれない。私は、心の底で

は、自分の膣が薄気味悪い。自分の脚の間にあるのに得体が知れないし、そこから水が出てくるなんてことがどうしても信じられないでいる。

握りしめた手に血の色が浮かび上がり、指の中で骨が軋んでいた。座敷のほうからは笑い声の振動が伝わってくる。「潮」を嗤う人たちがひしめき合って、私のしゃがんでいる暗がりの空気まで揺らし続けていた。

日曜日、空は晴れ渡っていた。私と夫は早起きをして、車で海を見にきていた。

朝日を見ようと深夜に家を出たので、まだ海は暗かった。

「朝日が出るまで、コーヒーでも飲もうか」

私たちは海岸へおりた。朝の4時で、海岸には誰もいなかった。

二人で並んで座って、自動販売機で買った缶コーヒーを飲んだ。

「まだ日が出てないのに暑いね」

「うん、冷たいやつにすればよかった」

生ぬるい空気の中で、夜の海を見ながら二人でコーヒーを啜った。

私は明日から、新しい職場に通うことになっていた。

私が仕事を休んでいた間、どちらも結局潮を噴くことはなかった。

明日からは新しい仕事に慣れるのに必死で、少なくとも平日は潮を噴こうとする時間はなくなるだろう。本当に噴きたいのかと問われればよくわからないが、私は諦めないつもりだった。平日は難しいだろうが、週末だけでもチャレンジを続けようと思っていた。

甘い缶コーヒーを飲みながら、夫が呟くように言った。

「明日からまた忙しくなるね。休みの間負担をかけたぶん、明日からは僕ががんばるから、佳代さんは仕事に集中してね」

「ありがとう。でも今まで通り手抜きでいいよ。変に格好つけても長続きしないしね」

「……それに、僕の挑戦を否定しないでくれて、ありがとう。明日からも頑張るつもりではあるけれど、もう噴けなくてもいいと思っているんだ。一生噴くことはなくても、夢をみて、理解をしてくれる仲間がいて、僕はとても幸福だった」

夫に静かに告げられ、私は立ち上がりそうになった。堪えながら、なんとか笑ってみせた。

「そんな大げさな。この前、もうちょっとだって言ってたじゃん。私はしばらくは日曜日だけのチャレンジになるかもしれないけど、明日からも一緒にがんばろうよ」

「ありがとう」

夫はどこか諦めたように見えた。感情を抑えることができず、私は空になった缶を潰しながら、夫に詰め寄った。

「勝手に諦めないでよ。直行くんにとって潮ってなんだったの。そんな簡単に挫折していいものだったの。がんばって噴こうよ。絶対にできるよ」

「うん、でも、どうにも痛くて、身体がつらいんだ。もう年だから無理なのかもしれない。若い頃にもっと知識があればなあ」

「年なんて関係ないよ。私なんか、この前、初めて夢精になったんだよ」

するりと夢精の事を告げていた。

夫が驚いた顔になった。

「えっ」

「すごい。そんなことがあるんだね」

「そうだよ！　だから諦めないで一緒にがんばろうよ、そうしたらきっと……」

きっと何なのか、私にもわからなかった。

なぜ自分がこんなに潮にのめりこんでいるのかと思ったが、夫がどうして潮にあれほど惹かれたのか、今ではちゃんと理解できている気がしていた。

夫は、出会ったときから精液を出すのが好きではなかった。結婚をする前、初めて行為に及んだとき、夫は深刻な表情で、

「ぼくは遅漏だから、なかなか達することができないかもしれない。なので、もし達することがなくてもそれは自分の身体のせいだから気にしないでほしい」

と言った。

何でわざわざそんなことを説明するのだろうと思いながら、私は頷いた。

それから夫は、必死に私の性器で自分の性器を擦った。

「駄目だ、もう少しなのに。もう少しなんだ」

謝罪して膣から男性器をぬき、なんとか出ないものかと乱暴に精液を引き摺り出そうと自分の性器を擦り続ける夫に、学生時代に必死に濡れようとしていた自分の姿が重なった。

「別に無理することないよ、それぞれの体調もあるし。今日は眠ろうよ」

「いや、そんなふうに許されるわけにはいかない」

夫は一体誰に糾弾されているのだろうか。自分が、夫を糾弾している世界の一部のように扱われていることはとても心外だった。

不意に思いついて、夫がなんとか勃起して再び挿入してきたときに、私は白目を剝いて全身を痙攣させながら叫んだ。

「わあああっ」

もはややけっぱちだった。驚いて身体をひいた夫に、

「ああ、びっくりした。物凄い絶頂だった」

と告げた。

いくら何でもわざとらしすぎただろうと思ったが、

「白目剝いてたよ、身体は平気!?」

と焦って私の背中をさする夫は、私の言葉をすっかり信じ込んだ様子だった。

「うん、平気、ただ絶頂したってだけだから。ああ、すごくすっきりして、眠くなってきた」

私の言葉に、夫は、ほっとした顔になった。

「そうだね、休もう」

やっと夫が精液を出すのを諦めたのを見て、安堵したのは私のほうかもしれなかった。

私たちはどちらからともなく手をつないで眠った。恋人の手

つなぎというよりも、森を彷徨うヘンゼルとグレーテルのような気持ちだった。怖い魔女がいるお菓子の家でも、一緒ならきっと大丈夫。そんな気持ちで、朝まで眠った。

それから私はずっと達する役だった。わたしが白目を剝いて演技をすると、夫はほっとして、すべて終わったとばかりに、安心して眠るのだった。

私は夫のために絶頂を引き受けようと思った。夫と違って、私なら証拠を身体から出す必要はない。身体が有利だと思った。自分のほうが、達する役に向いているなら、自分が背負おうと思った。

私はこの人と逃げようと思った。同じものに追いかけられているこの人となら、私たちに液体を出せと命じる大きな化け物から逃げられる気がした。

指輪を準備してプロポーズをした。フルーツパーラーのメロンパフェから出てきた指輪に、夫は仰天していたが、

「ありがとう。うれしいよ、佳代さん」

と受け取ってくれた。

私と夫は、世界の為に自分が出さなければいけない液体を、どうしても出すことができなかった。自分の身体から必死に逃げていた。お互いがそのための最良のパートナーなのだった。

涙ぐんだ私を呆然と見上げた夫が口を開きかけたが、そのまま閉じた。

私は立ち上がると、夫の側を離れ、砂浜を歩いた。

足音は聞こえないが、夫が私についてきているのがわかった。私は夫を振り切るように足を速めた。

海は黒かった。奥の方は墨汁のように見えた。

海辺をほとんど走るように進んでいた私は、はっとして足を止めた。

誰もいない岩場の影で、服を着たまま下半身だけ波につけて座っている人影がある。

自殺ではないかと、息を止めて眼を見開いた。

後ろからついてきた夫が何か言いかけたのを、振り返って目線で留めた。私の表情と目線から、夫も人影に気がついたようだった。

目をこらしてみると、その人影は老婆のようだった。

「死のうとしているのかな」

夫が用心深く私の耳元で囁いた。

「まさか……もしそうだとしたら止めないと」

急いで囁き返したとき、微かに、老婆の鳴き声が聞こえた。

それは鳴き声としかいいようがなかった。唇が開き、その中に夜明け前の空より暗い闇が見えた。その闇が震えて、人間という動物が鳴いていた。

鳴き声に呼ばれるように、岩の向こうからもう二匹、老婆が姿を現した。三匹の老婆は、それぞれ上半身は薄手のシャツを着て、下半身にスカートを身に付けており、臍から下はすっかり水に浸してしまっている。濡れたスカートが下半身に貼り付いて、くっきりと二本の脚の形が浮かび上がり、水の中で動きまわっているのがよくわかる。布越しに、細い両足の筋肉の動きまで見えた。

きききき、という鳴き声が老婆の笑い声だと理解するのに時

間がかかった。老婆は口を開いてなにか他のことも喋っているようであったが、こちらまで届いてはこなかった。

老婆たちは水浴びをしている様子だった。冷たい水に心地よさそうに足を浸して、時折手で水を掬っている。老婆は、骨ばった両腕で岩をつかんで、薄墨を流し込んだようなくらい夜の海に下半身を浸している。足が水の中でばしゃばしゃと、水しぶきをあげながら跳ねていた。

六本の脚を波が撫でていた。時折、太腿ではなく腹の上まで波が押し寄せる。老婆の身体を波が引っ掻いて、また太腿の方まで下がっていく。身体の上を行き来する波の中で老婆たちは心地よさそうに手足を揺らしていた。

やがて、一匹の老婆が水からあがり、濡れた脚で砂を蹴って、岩場の中の一つの大きな岩へと近づいた。

老婆が海の中の二匹に向かって何か言うと、海の中で二匹は激しく笑い、その声が反響し、足に蹴られて水面が揺れた。

もう一匹もあがってきて、砂の上の老婆の側へと駆け寄る。顔を見合わせて、何か囁き合って、笑っている。

何だろうと思っていると、二匹の老婆は、急に、濡れたスカートを捲った。四本の真っ白なしわがれた脚が姿を現した。あっと思っている間に中の下着も下ろされた。

呆気にとられていると、老婆の脚の間から突然水が噴きだした。二匹の老婆の脚の間から、微かな月の光を受けた、光の粒が岩へ向かって筋になって噴出している。

「潮……？」

夫が呟いた。老婆たちは水を噴き出しながら、顔を見合わせてまた笑った。それは潮ではなく尿だった。彼女たちは立ったまま尿を出しているのだった。

やがてもう一匹も笑いながら水をあがり、隣にたって同じようにスカートを捲りあげた。

三本の光の筋が、岩に衝突して飛び散っている。二つの水流が揺れてぶつかり、宙で破裂した。私は老婆の脚の間から飛び出す、光の粒子に見とれていた。

やがて尿を出し終えると、老婆たちは砂を蹴って尿の上にかけ、海へと戻っていった。きききき、という老婆の笑い声が、岩場に反響した。

一匹がちらりとこちらを見た気がして、慌てて岩の影に隠れた。急いで夫に視線で合図すると、夫もすぐに頷いた。私たちは足音をたてないように気を付けながら、そっと逃げ出した。

逃げながらすこしだけ振り向くと、三人の老婆の輪郭が光っているのが見えた。太陽が上がり始めているのかもしれない。老婆たちは波の中を踊るような足取りで歩き回っていた。

老婆の鳴き声が微かに聞こえた。それは私が出せなかった甘い声ではなく、小さな遠吠えだった。


砂場を走って逃げ、さきほど自分たちが座っていたあたりまで戻ってきた。朝日を見にきたらしい車が何台か停まっている。振り向くと、もう空は明るくなり始めていた。

私たちはそのまま座り、水平線の上に太陽が出てくるのをぼんやり見つめていた。

夫は何も言葉を発さなかった。

雲が多く、朝日ははっきりとは見えなかった。ぼやけた紅い塊が大きくなっていくのを眺めているだけだった。

水平線にどんどん光が引き摺り出されていき、空が青くなっていった。

気が付くと、海辺には少しずつ人が増えてきていた。犬を連れている人や、サンドイッチを広げて朝の海を見ながら食べ始める人もいた。

朝の海辺で家族連れやカップルが、散歩したり寝転んだり、思い思いに過ごし始める。向こうのカフェも開いたようで、テラスにお客さんが案内されているのが見えた。

「お腹、すかない？」

黙りこくっている夫に聞いた。夫はしばらくの間のあと、

「うん。すいた」

と頷いた。

私たちはたちあがってぶらぶらと海辺を歩き回り、そばにあった屋台でたこやきを買った。

「おまけしておきますね」

上品な年配の男性が、微笑んでプラスチックの容器に一つ多くたこ焼きを入れてくれた。

「ありがとうございます」

夫が礼を言うと、男性が皺だらけの笑顔になった。

「いやいや、今日一人目のお客さんですからね、サービスですよ」

その人の良さそうな笑顔を見つめながら、この人の中にも潮が眠っているのだと、ふと思った。

海辺をあるいている夫婦の中にも、犬を連れた老紳士の中にも、向こうを走る男の子の中にも、それを追いかける中年の女性の中にも、遠くで写真を撮っている髭を生やした男性の中にも、サーフボードを抱えた若者の集団の中にも、見えない潮が眠っている。

「ここにいる人が一斉に潮を噴いたらどうなるかな」

たこ焼きを食べている夫に向かって私は呟いた。

「そしたら、すごいよ」

私の言葉に、夫がぱっと顔をあげた。

「そんな光景、奇跡だよ。僕たちの身体には奇跡が眠っているんだ」

夫の言葉に、なぜだか泣きそうになった。

たこ焼きを食べ終えると、私たちは手をつないで海辺を歩いた。

「ねえ、私たちって、ヘンゼルとグレーテルみたいじゃない？」

「青い鳥を探しているから？」

「それはチルチルとミチルでしょ」

「そうだっけ」

間抜けな顔で首をかしげる夫の手をしっかりと握り直した。

早朝に私たちが座っていた場所まで波が押し寄せてきている。満潮が近づいているのかもしれなかった。

その日の夜、私は夫と食事を終えると、いつもと同じようにシャワールームに入った。

私は手鏡を持っていた。生まれて初めて、自分の膣を見てみようと思ったのだ。

浴室に体育座りをして、膝を開く。深呼吸をして、足の間を鏡で映した。

鏡に映っていたのは、思っていたよりも大きな裂け目だった。皮膚に隠れて粘膜がよく見えないので、踵をつかって裂け目を開くと、真っ赤なひだが姿を現した。

それは学校の授業で見た図よりも、かなり複雑な形をしたひだだった。どことなく間が抜けた深海生物のようで、これが世間では性的なものとして扱われているということがぴんとこなかった。

私は鏡を見ながら、膣の中に指を入れてみた。なぜだか、いつもよりも怖くはなかった。

膣はひんやりつめたくて、知らない動物に指を食べられているような感覚がした。

内側を指で撫でた。微かに湿っていて、肌の表面より柔らかい。胃や腸や心臓に直接触ることができたら、こんな感触なのだろうか。

身体の中に世界があった。そこは幼いころ読んだ不思議のアリスを思わせる、奇妙な世界だった。壁も床もぐにゃぐにゃしていて、時折骨のようなものに当たる。鼻の穴とも目頭とも口とも、少しだけ似ていてそれでも異なる、内臓の感触がした。

胃や腸や心臓も、触ったらそれぞれの感触があるのだろうか。手さぐりで中を進んでいく。昔、善光寺に行ったときに体験した戒壇めぐりを思いだした。手さぐりで壁をつたって真っ暗な中を進んでいったのだった。あのときも、思っていたよりもずっと広い膣の中を、指の感触を頼りに進んだ。

そこは袋状の小さな世界だった。力が抜けているせいか痛みはなく、自分の中の臓器が広がっていく感覚があるだけだった。

膣だけではなくもっと身体の中を触ってみたくて、鏡を置いて、反対側の手を口に入れてみた。歯磨きはしていたが、口の中に直接触ることも滅多にないことだったと思いだした。舌はつるりとしていて、裏の血管は太くてどくどくと血が流れる感触がした。

左手で歯の硬さに驚き、右手で膣の袋の感触にはさまれていると、身体の中で手が繋げそうな気がした。なんだか可笑しくなって、私は笑い声をあげた。

笑うと粘膜も振動して、舌も震えた。内臓の中を散歩していることが可笑しくて、わたしはまた笑った。

「痛っ」

私は口に入っていた手を引っ込めた。うっかり指先を噛んでしまったのだった。

見ると、人差し指に血がにじんでいた。

少し考えて、その血を舐めてみた。

子供のころ傷口を舐めたり、口の中を切ったりしたことはあるが、こんなに血は濃い味だっただろうかと不思議になった。血はおいしくて、他の動物が人間を食べる気持ちがわかった気がした。この液体も、潮になる液体も、身体の中のどこかに流れていて、いつもは見えなくても、皮膚の中で眠っているのだと思った。

潮はどこにあるのだろう。血管もないのにどこかに水が隠れている。そのことが可笑しくて、また笑い、指が膣と一緒に振動した。

いつか潮が噴けるようになったら、花の種を買ってきて、それに潮をかけてみてはどうだろう。夫と一緒に、潮で花を咲かせることができるかもしれない。

いつか潮で咲いた花と出会う日を夢見ながら、私は膣のさらに奥へと進んだ。身体の中は永遠に続くトンネルのように、どこまでも続いていた。

働き始めてから一ヶ月が経ち、私と夫が住む部屋は再び散らかりはじめていた。

水道には食べ終わった冷凍食品とカップラーメンの容器が溜まり、コバエがまた我が家に飛び回り始めている。空になったペットボトルが、テーブルの上を占領していた。

私はリビングのソファに座り、明日着るためのブラジャーをドライヤーで乾かしていた。洗濯をさぼったせいで下着が一枚もなくなってしまったのだ。急いで一枚だけ風呂場で手洗いをしたが、パットのあたりがなかなか乾かず、欠伸をしながら必死に乾かしていた。

少しくらい湿っていてもいいから、干して眠ってしまおうかと思い始めたとき、浴室から、

「佳代さん！ 佳代さん!!」

と叫ぶ声が聞こえた。

「どうしたの？」

ドライヤーを止めて浴室に向かい、ドアに向かって声をかけると、

「来てくれ！ 来てくれ！」

と夫が叫んでいた。

浴室のドアをあけると、浴室の床にしゃがみ込んだ夫から水が噴き上がっていた。

それは見事なものだった。天井に向かって、水の粒子が光を反射しながら曲線を描いている。

光の粒に包まれながら、私は一瞬、自分と夫が鯨になって一緒に海で泳いでいる光景を思い浮かべた。

「あっ……違う！ これは違うぞ！」

夫が水を噴出しながら悲鳴をあげた。

私もさっきから気が付いていた。これは潮ではなく、夫の尿だった。

「なんてことだ……」

尿を噴き終えて、がっくりとうなだれた夫に、

「大丈夫、近づいてるってことだよ。潮を噴く前の感覚と尿意は近いって書いてあったし、男と女の体の違いはわからないけれど、尿を恥ずかしがらず出すことが大切なステップだって読んだよ」

と声をかけた。

少し得意気な声になってしまった。夫が、咄嗟に私を呼んで、潮を共有しようとしてくれたことがうれしかった。同志だと思ってくれたことが、私にはとても光栄だった。

「またがんばろう！　掃除手伝うよ」

二人で浴室を掃除しながら、互いを励まし合った。

「いつか、二人で潮を噴けるようになったら、空が見える場所で並んで噴きたいね」

「うん、それはいいな。そういえば佳代さんはまだ行ったことがないよね。祖父の家には大きな庭があるんだ。そこで並んで、空に向かって潮を噴こう」

大きく頷いた拍子に夫がバランスを崩し、私は急いで手を差し伸べた。シャワーの水で濡れた手を、しっかりと摑んだ。

この掌が、いつかそれぞれの潮に辿りつく。私も夫も、いつか、自分の手で、自分の潮を身体から取り出す。

自分からいつか出てくる水に思いを馳せながら、私は足の指で、シャワーの水をつついた。水しぶきが、浴室の中を跳ね上がった。

経験を欠いた世界

缺乏经验的世界

Keyi Sheng
盛可以
訳＝河村昌子

電光掲示板に列車の遅延を知らせる赤い文字が出ている。女は隅の方へ引き下がり、柱にもたれかかった。高級動物の群れの中に身を潜め、オスとメスが入り乱れた臭いをかぎながら、ぼんやりと際限なく浮世のことを考えていた。三月十七日、土曜日、しとしとと陰気な雨が降っている。女はふだんから都市がめそめそしているのが好きだった。こんなときには、深いところに隠れている優雅さが解放されて出てきて、作家という、冷静を装って世界と人間性を分析したがる身分とは、まったく無縁になれるような気がした。

列車の遅延が続いている。神さまは女のためにどんな差配をしてくれているのだろう？　未知なるものに思いを馳せ、女は想像をこねくりまわした。まるで、見る影もなくしわくちゃになっている、手の中の切符のようだった。退屈しのぎにひとしきり切符のしわを観察しているうちに、とうに過去のものになっていた感情を思い出した。根気がなかったために、手の中で壊れてしまったのだった。すると、経験を積んだ毒蜂が飛んできて、心を刺し、大きく腫れあがらせたのがわかった。ほどなくして女は、経験を使って、落ち着いて当惑から抜け出し、理性を取り戻した。経験は、毛がみっしり生えた小動物のように、いつでも女の膝にのぼってきて、女にあたたかい手を差し伸べてくれる。女は習慣的に「作家」という身分に戻った。心の腫れは急速に消えていった。群れの中で体を寄せ合っているオスとメスを横目で見たり、どんな仕事をしているのかわからない男の愚かそうな不潔な様子を見つめたり、スーツを着てカニのように歩いている太ったオスを見たり、小商いの業者がつけているウエストポーチを眺めたり、ぼさぼさ頭の芸術青年が指にはめている鎧兜のようにごつい指輪に目をやったり……女は、そういう微細な部分に露わになっている人間性の神秘をひそかにとらえようとしていた。すると、白いユニフォームを着たオスが目の前を横切った。鶏群の一鶴のようだった。彼が、誰の心に忍び込んだのかはわからなかった。

荷物はない。座席番号を探して指定席につくと、向かいの空席にちらっと目をやって、車窓の雨粒を数えた。「女」の身分に戻ると、気が滅入ってきた。旅客がパラパラと乗車してきて、苗木の植えつけのように座席の穴に植わっていき、それぞれの情緒を生育させた。女の隣に丸顔の女の子が腰を下ろした。女は彼女のものである窓際の席を占領していたのだが、彼女は気にしなかった。女には彼女と話すことがなかった。

女のような、三十過ぎの、生活経験が豊富な人間は、感情に対する恨みつらみなどとうになくしているものだ。やみがたい胸のトキメキを感じたところで、長く育んでいこうという気もない。生命の輝かしい時期は、草原で日が落ちたかのように、ぼんやりとした暗がりに覆われてしまったのだろう。感情の歴史をくどくど述べたいとは思わないし、述べたところで、もう悲しみに暮れてはいないのだから、おのずと不確かな嘘になる。誰かを待ちこがれることがあっても、淡い感情で、すぐに忘れたようになってしまう。このとき女は、ただ、こう妄想するだけだった。今が盛りのオスに出会って、相思相愛になれたらいいのに。

不意に、女の物語の主人公が登場した。女は彼が颯爽と登場してきたディテールを描写できなかった。というのも、彼は、豊かなことばが湧き出る泉を、シンプルな体でふさいでしまったからだ。一段落の無声と空白。彼と彼の連れが女の向かいに座った。ことばが跳躍しはじめた。だが、ことばよりも激しくぶつかったのは、なんと、経験豊富な女のメス心だった。メス心を高ぶらせた女は、狼狽しながら、今回の旅行でまだきちんと髪をとかしていなかったことを思い出した。数日旅した疲れもあって、容貌が崩れているに違いないと、ひどく思い悩まずにはいられなかった。彼女は指を櫛代わりにして、頭を垂れて髪をいじったが、かえって毛先に結び目を作ってしまい、髪に文章を書かざるをえなくなった。ろくでもない経験も、このときばかりは理知を失い、彼女に確固たる落ち着きを与えてはくれず、逆にひどく狼狽させ、彼女は自分の心理と行動に恥ずかしさで耳まで赤くなった。

女は自分を整えて、顔を上げた。テーブルにペットボトルが二本増えているのが見えた。一つは水色、一つはオレンジ色。「ゲータレード」、ペプシの商品だ。蓋に六元という値札がついている。ペットボトルの持ち主は指さばきも鮮やかに携帯を使っている。彼らは何しろ若く、女の内心の媚態にまったく気づいていなかった。丸顔の女の子の向かいに座った、白いユニフォームを着ているのは、待合室で「鶏群の一鶴」さながらだった若者だった。女は青いユニフォームの若者の向かいに、半分入っているオレンジ色の彼のペットボトルを隔てて座っていた。女は、どんよりした空を陽光が射しぬき、まばゆいばかりの光芒を放っているのを感じた。互いに話はしなかった。よそよそしい雰囲気で、少し堅苦しさがあった。車両には空席がたくさんあったが、彼らは、向かいの脚にぶつからないようずっと気を使いながらも、別の席に移りはしなかった。女は勝手に、自分に成熟した女性の魅力があるからだと考えた。年を重ねた女は、多情という誤りを犯しがちである。経験から判断できる。女が内心奥深くに隠していた秘密が、白いユニフォームの若者の偶然の一瞥で、よみがえってきた――彼は視線で腐乱した灯心に火をつけ、女の寂しく暗い部屋の四方の壁は、たちまち輝いた。一人の少女が女の体内に戻ってきて、血液がきまり悪げに逆流した。

女は彼の様子を描写しようとしたが、かえってことばが色褪せるのを感じた。一人の経験豊富な女性として、彼女は人目を引きつけたくもあり、立ち居振る舞いが軽薄になるのも嫌だった。内心に齟齬をきたし、うわべを繕わなくてはと焦ってもがいた。筆墨を費やして若者の容姿を描写するのがいかに余計なことかわかるだろう。女が広げてみせているのは経験の世界である。経験の世界は、経験を欠いた世界の前で、どれだけ役立つというのか？　彼は女から三メートルも離れていない。彼らは互いに携帯の情報を見せ合って、くすくす笑い、無邪気だ。彼の上着のファスナーは半分しかしまっておらず、V字型の筋肉が露出している。大きな指輪を通した粗雑なつくりの銀のネックレスが、盛り上がった二つの筋肉の谷間に落ち、胸部から伝わってくるエネルギーの情報と色彩に、女は目がくらくらした。オスの手指は非の打ちどころがなく、たくましく、柔らかく、爪を伸ばしていない指先は清潔で、手指の関節のところの皺はか細く、すばやくノキアの液晶画面を操作し、いっときの音楽を奏でていた。

女は一人暮らしで、性的なことと無縁になって久しかった。春の夜の夢に思い惑わされて、自分にもまだ身体があったと思い出し、ダブルベッドのもう片側に脚を伸ばし、いきなり冷たい虚空を踏んで、ベッドは世界より広いのだと痛感することもある。茫々たる心は蒼穹のようで、端まで見渡せず、苦しみを訴えることもできない。人前では快活そうに気取って見せ、春の夜の夢の冷たい傷を覆い隠して、談笑を続け、誰にも大切にされない、そういうタイプの女だ。「作家」という身分と肩書きを、虎の皮のように身にまとい、草食動物をくわえて運び去る。草食動物も遠巻きに眺めるだけで、近寄ってはこない。女は爪子《グワズー》〔スイカやカボチャの種を加工したお菓子〕をなめて暇つぶしするだけだ。爪子をなめるのは、獲物によりよく突進するためだとすれば、これも待ちがいがあるというものだ。だが爪子を食べている光景は、明らかに、使われずに放っておかれている豊かな身体資源への哀れみと奥深い恨みに満ちている。これは経験がもたらした結果だ。経験によって女は、獲物の肉質と食べ心地を一目で判断できるようになった。それが駆け回り飛び跳ねる姿勢から、その体重と高度を認知する。それのウォーという叫び声から、その年齢を正確にはじき出す。それが発散するにおいを嗅いで、その魂の清浄さ、乱れぶりを知る……経験ゆえに女の心は冷え、獲物に対していっそう見る目が厳しくなった。

このとき、女というメス獅子は、これほど人を惑わすにおいを発散している獲物を前にして、よだれをしたたらせたのだが、自分が突然攻撃性を失い、追うだけの力がないことに、深い悲哀を感じた。彼はあんなにも少しもはばかることなく自分の姿態を見せつけている。メスに対する欲望が熟し切っているに違いない。経験を欠いた彼の世界で、彼は同じように経験を欠いた年ごろのメスに出会うだろう。彼の興味はここまで止まりか？　彼は女の欲望を理解するだろうか？　クジャクが尾羽を広げるように、女の気を引こうとしてくれるだろうか？　女はこれからどのように彼の世界に入っていくのだろう？　女の彼に対する幻想は、彼の手指につられて、ますます敏捷になっていった。経験豊富なオスの前では、経験が女を自由自在にし、自信を持たせる。だがいま、逆に経験が女の恥ずべきものになっていた。花は風に散り、若葉は今まさに生い茂っている。女は「しぼんだ花と黄ばんだ柳」という、容貌が衰えて男に捨てられた女を指す言葉を思い出しさえした。

乗車時間はたったの二時間である。車輪のリズムが、「時間を無駄にしないで」と女に催促していた。少女の女、衰えた女、闘争する女。現実の北風があらゆる幻想を打ち消し、女は困惑に陥った。女は少女のように天真爛漫ではいられないものだ。たとえ最も美しい母鶏でも、蝶のようにひらひらと舞うことはできないように。だが、彼の年若い母親のように慈愛に満ちた目で見つめる気にもなれなかった。女の動機は不純だった。彼は目の前の女を内心どのように見ているのだろう？　もちろん彼は女をおばさんに分類してもいい。おばさんは経験を頼みに、石を探り、慎重に川を渡り、恥をかかないよう気をつける。

列車が出発して十分後、膨大な量のごちゃ混ぜの感情で満杯になった女は、再び「作家」に脱皮した。この、自分を部外者の位置に立たせる身分は、肝心なときに、人を嫌な気持ちにさせる作用を起こす。女は自己嫌悪感と羞恥心を抱きながら、彼に話しかけようとした。

あなたたち学生でしょ。女はこんなふうに尋ねた。女は愚かだった。女の経験ならば、彼らの本当の身分をまるっきり正確にあてられる。だが、女はすぐに愚かさが持つ、経験を欠いているという見せかけに満足した。これなら彼の世界にもっと近づける。それに彼の答えに余地を与えることができる。彼の態度は女が彼の内心の風向きを把握するための重要な航路標識になるのだ。

彼らは同時に女の方を向いた。顔にかすかな驚きが浮かんでいた。だがそれはたちまち、見知らぬ女と話す気恥ずかしさに覆われた。女は突然五年前のことを思い出した。一等寝台車の個室〔中国の一等寝台車は二段ベッド二つで一室になっているものが多く、個室は貸し切りとは限らない〕で航空学校の若者に出会い、互いに引きつけられたのだ。当時女は経験に乏しく、具体的にオスとメスの間のことにはまったくならなかった。互いに楽しく語らい、一晩二つのベッドで向かい合わせに寝たが、無茶なことを少し考えはしたものの、軽挙妄動には走れなかった。経験は人を濁らせ、汚す。ちょうどこのときの女のように。内心の複雑な欲望が澄み切った渓流のように激しくほとばしる一方で、別の品性が女をはばんだ――経験を自負するようになってから、経験を欠くことの妙味を理解する者は、どれだけいるだろう。

「僕らはスポーツ選手なんです」彼は機先を制して答えた。得意そうな様子だった。もう一人は笑って、携帯をいじり続けていた。彼が話すのを聞いて、女は魂のかけらがふっとんだ。彼らがスポーツ選手だというのは別におかしなことではない。彼らの外見的特徴からも、はっきり正確にそうわかる。彼はさらに、自分たちはプロ選手なのだと補足した。女は、またメス心をうごめかせ、しなを作った。女は自分が使っている身分がますます曖昧になってくるのを感じた。

「プロの選手なのね、バスケット？」女はこんなふうにたずねた。女はスポーツ音痴で、プロ選手の前で、経験を欠いた世界を見せつけられるのが楽しかった。女の経験は、まず彼のオスとしてのプライドを守り、それから自分の経験で少しずつ落とすようにと導いていた。

「いえ。身長が足りません」やはり彼が答えた。女は彼に身長をたずねた。彼は一メートル八十九だと答えた。彼が一メートル八十九と答える様子を見ながら、女はまた魂のかけらを失った。彼はひとこと「暑っ！」と言うと、上着を脱ぎ、服の袖をひじまでまくった。腕が半分あらわになった。女の心は焼かれ、温度が何度も上昇した。女は本当に、彼の目がどのようだとか、鼻がどのようだとか、彼の微笑みの趣き、歯が清潔で歯並びがいいかどうかなどを語りたくなかった。女は経験を満載した内心の狂気を抑えつけながら、淡々と純真なふうを装っていた。触りたくなる質感の肉体に目線で文章を書いたりはせず、ただ微笑んだ。「一メートル八十九ですって、とっても高いじゃない！　もちろん姚明《ヤオミン》〔中国のプロバスケットボール選手。二メートルを超える身長を活かし、アメリカのプロバスケットリーグNBAで活躍した〕のような大男と比べたらだめでしょうけど、一メートル六十八のバスケットのスターもいたわよね？」「球技をやるには、やっぱり技巧が大切なんでしょ」そう話すうちに、「技巧」という語の生み出す多義性が、女の心に一種の曖昧さと下品さを生じさせた。女は思わず、こういう中年オヤジに汚染された低級趣味の思考パターンと思考習慣を呪った。女はまったく早朝に突然紛れ込んだ排ガスのようだった。彼の眼にこの汚れの筋が映らないとしても、女はやはり恥ずかしくて顔が赤らんだ。女は自分の語調や口ぶりをできるだけ彼の話し方に合わせながら、容色の衰えた女性がケバケバしく着飾っているか、欲情に駆られた色ボケみたいだと、自分を嘲笑した。

「本当は別の理由があるんです。バスケット、サッカー、卓球なんかのチームは精鋭ぞろいで、成果をあげるのは大変です。僕らがやってるのはマイナー競技なんです」彼はそう言うと、女を一目見て、少し間を取った。女はたちまち顔にさわやかなものがしみ込んでくるのを感じた。彼は女を嫌がっていない。女は彼のすばらしさを描写するに忍びなかった。女の吝嗇を許してやってほしい。女はひとりで楽しみたかったのだ。彼は球技をするように、答えを空中に放りあげた。「マイナー競技って、どんなの？　ホッケーとか？」女は頭を絞ってなじみの薄い競技名をひねり出した。「いえ、ハンドボールです」彼は答えた。女は「ふーん」と応じた。「ハンドボール知ってますか？」彼は尋ねた。女にごまかしを許さない、その表情、口調が、女をちょっとくらくらさせた。女は正直に首を振り、彼が片時もとまらずに、自分を見つめて、話し続けてくれれば、と願った。

ハンドボールは一九二〇年にヨーロッパで始まったのよね。バスケットがアメリカで生まれたのとほぼ同じころ。今では全世界に広まっているわ。ハンドボールはバスケットに似ていて、だいたいバスケットにサッカーを足した混合物みたいなものね。ルールの一部はバスケットからの転用。ハンドボールは体積が小さいから、コントロールしやすいし、わりと力も出しやすいわ。ずっと黙っていた丸顔の女の子が、プロ並みの解説で、女の彼に対する幻想を攪乱した。女は仕方なく向きを変え、丸顔の女の子に敬意を表した。

女は丸顔の女の子が会話に加わってきたことを煩わしいとは思わなかった。要するに彼女は彼のすばらしさを分かちあいたいのだ。まして、丸顔の女の子は彼と同じ年ごろなのだから。女はハンドボールの話題を終わらせたかったが、礼儀上、調子を合わせて質問する必要があった。うまく丸顔の女の子を参らせることができれば、彼女は自然に口をつぐむだろう。ところが思いがけず、丸顔の女の子はもの知りだった。ハンドボールの試合は一九三六年のベルリンオリンピックで初めてお目見えしたこと、当時はまだ屋外のサッカー場で試合を行っており、一九七三年のボスニア・ヘルツェゴビナオリンピックでようやく正式に室内競技になったこと、一九七六年のオリンピックで女子ハンドボールが増設されたことなど、整然として、よどみがなかった。女は聞きながら鳥肌が立ち、丸顔の女の子に対する賞賛の念を隠せなかった。彼女を褒めそやし、味気ない気持ちで車窓の外を見やった。

窓外は真っ暗で、ぼやけ、もう夜更けだった。車窓のガラスが鏡になっており、女はその特殊な角度から、彼を見た。自分もいた。いったいどんな優秀な両親が、こういう彼を育てたのだろう？　どうすれば曖昧な経験から抜け出して、経験を欠いた彼の世界と一つに溶け合えるだろう？　どうすればそびえ立つ経験の門を越えて、素朴な初々しい年ごろに戻れるだろう？――女はなりふり構わず、鏡の中の彼とつながりたかった。ぼんやりとした灯火が彼の顔の上で幻のように消えた。女は彼が強力に自分の骨髄に浸透し、魂の欠けたピースのところに嵌まるのを感じた。どうしてそうなったのか、女の経験では抗しきれず、解釈もできなかった。

あ、ハンドボールが正式に室内競技になったボスニア・ヘルツェゴビナオリンピックは、一九七二年だと思うよ。彼は手のひらのたこを撫でさすりながら言った。丸顔の女の子は利口そうに笑い、恥じ入る様子はなかった。それまでよりも気軽な雰囲気になった。女は彼にただこう尋ねた。ハンドボールってどうやってやるの？　彼は答えた。ハンドボールの試合は一チーム七人でやります。手でボールをパスする、キャッチする、カットする、シュートするといった動作をするんですけど、球速は時速百キロにもなるんですよ。ハンドボールの試合はテンポが速いんです。試合は三十分ずつの前半後半に分かれていて、あいだに十分の休憩があります。たくさんシュートした方が勝ちです。

女はうなずいた。最近スポーツ解説者黄《ホアン》健翔《ジエンシアン》の「毎日が運動会」という番組を見て、スポーツへの興味を育んでいたので、ハンドボールを見たことはなかったが、経験が女に適切なことを言わせた。ハンドボールって、すばらしい体力と、人並み以上の技術以外に、協力するってことが重要みたいね。じゃあ、どんなルールがあるの？　ボールを持って歩いていいの？

　彼は手を放し、女を見つめて言った。こういうことなんです。試合を始めるとき、一人の選手が中心線に片脚で立ち、ボールを後ろにいるチームメイトにパスします。ボールをキャッチするチームメイトは少なくとも三メートル以上離れていなければいけません。オフェンスはディフェンスになることはできません。ボールを幅三メートル高さ二メートルのゴールに投げ入れます。ですが、キーパー以外は誰もゴールエリアに入れません。脛と足以外、体のどの部分ででも、ボールを受け取ったり、パスしたりできます。ボールをパスしたり、ドリブルしたり、ゴールする前に、手でボールを持っていられるのは最長三秒です。ボールを持ったら、三歩までしか歩けません。一度ドリブルすればもう三歩歩けます。三メートルというのは、フリースローポイントでもあります。ボールを奪う選手は、体のその他の部分で他の選手を防いでもいいですが、相手の手からボールを奪ったり、ボールを叩いたりすることは許されません。

　本当にスピードの戦いなのね。あなたのチームでのパフォーマンスはどうなの？　女は試合のルールは意に介さなかったが、彼が話す様子にじわじわと浸食され、たちまちわずかな残骸だけになった。僕ですか、パフォーマンスは普通ですね。ちょっと練習が嫌になってきてるんです、大変で。彼はかぶりを振った。その様子は、子供のよう、練習の苦しみを嘗め尽くした子供のようだった。女は心がうずき、どうしてよいかわからなかった。女は尋ねた。自分でハンドボールを選んだの？　彼は答えた。違います、コーチにスカウトされたんです。女は尋ねた。文化科目の方はどう？　彼は答えた。毎週少し補習を受けてます。

　このとき、女の心は純粋で、少しの雑念もなかった。生理的な欲望が突然消えて、わずかな残骸は、母性ゆえに芽吹き、血肉豊かな緑樹を生い茂らせ、彼のための雨よけ風よけになろうとした。女は彼に尋ねた。一人で南方にいて、べそをかくことはないの？　彼は笑った。ありませんよ……あ、一回ある、ママに送ってきてもらって、背を向けたとき、ちょっと鼻がツンとしたけど。あ、あなたはどこのご出身ですか？　女は言った。湖南《フーナン》よ。

　ほんとに？　湖南のどこですか？　丸顔の女の子が、死からよみがえったように、「湖南」という藁をつかんで、入り込んできた。彼女は、経験を欠いた驚きを示した。自分できれいだと思っているその大げさな表情が、明らかに向かいの相手に見せるために作ったものであることを、女の経験は見逃さなかった。女は顔を女の子に向け、心は彼に向け、礼儀正しく「益陽《イーヤン》」という二文字を答えた。丸顔の女の子は、自分は衡陽《ホンヤン》の人間で、初めて遠出をしたのだと言った。女は彼女に、外地にでかけるときは手荷物に気をつけなさいよ、と忠告した。向かいの二人は同時に笑い、繰り返して言った。手荷物に気をつけて！　女はどういうつもりなのかと、彼の言葉に腹が立ったが、すぐに自分が無茶を求めていると気づき、顔を赤らめた。

彼はもしかしたら勘づいているかもしれない。その見当がつかない表情は、女の魂のかけらをいとも簡単にもぎ取っていった。女はたちまち窮地に陥り、彼にありつけるか、見通せなかった。見たところ、青年のように沈着で、ところどころに少年の無邪気さが現れている。オスとメスのことについて、どれくらい把握しているのだろう？

丸顔の女の子は遠出の心情を、くどくどと述べていた。女はそれを聞きながら、やかましいと思った。彼女はついに口をつぐんだ。女と彼の対話はもはやかみ合いようがなかった。彼は自分の世界に戻っていき、頻繁にメッセージを送っていた。メッセージを送るほどに、女と彼の距離は測れなくなり、経験の裂け目から憂いが流れ出た。彼は規範を外れるのが好きだろうか？　女はどうすれば彼に内心の震えを伝えられるだろうか？……どうしようもなく憂えていると、彼は携帯で音楽を鳴らし始めた。テーブルの上の携帯の液晶画面がきらめいていた。まったく知らない歌だった。女は彼に誰が歌っているのか尋ねた。彼は答えた。周杰倫《ジョウジエルン》〔ジェイ・チョウ、台湾出身の歌手〕だよ！　スタイルが変わって、活舌をはっきりさせて歌うようになったんだ。女は言った。なるほどね。むかし周傑倫の「東風破」が好きだったの。

周傑倫の「東風破」が流行っていたころ、女は既婚のオスと深みにはまり、熱い思いに胸を焦がしていた。経験の一部だ。女に経験を与えた者が、何という姓で、何という名前で、どんな職業だったかは、ここでは重要ではない。若者の前で経験のある中年のオスを思い起こすと、ただ濁りしか感じられなかった。若者が「周傑倫だよ！」と言ったときの、唇と歯と眉と目は本当に……女には様々な事物を正確に模写する才能があったが、彼を描写するのだけはうまくいかず、心が腫れあがったかのようだった。ただ、自分は泥でできている、彼は水でできている、と思った。よしんば彼に対する不純な考えが、水の清浄さを汚してしまうとしても。

沈黙が悩ましかった。列車は無情に疾駆していった。彼は女の興味を踏み込んで理解してはいなかった。女は自分の心を軽蔑した。それらの不純な欲望、母性、内心の乱れ、そして誘うような探りは、経験を欠いた世界の前では、道化芝居にほかならない。経験は女のＥＱ〔心の知能指数〕を構築したが、女の青春を瓦解させ、彼女を穴だらけの存在にし、心に自己嫌悪感と自尊心の混ざったものをなすりつけ、下劣にし、後戻りをさせなかった。

女はわずかに残された魂からのぞき見した。彼の体の輝きはエイジ オブ エンパイア〔アンサンブルスタジオ開発、マイクロソフト販売のリアルアイムストラテジーゲーム〕のような強靭さを女に宣告していた。女はただ彼の栄えある城の下にある荒れ果てた雑草に過ぎず、城壁を越える術もない。たちまち面倒くさくなり、とうとう白旗を上げて降参した。年老いた雌トラは獲物に対する分不相応な望みを捨て、倦怠を感じて、頭を垂れ、ますます老け込んで爪子をなめた。憂いが草原をさっと黄色に変え、枯れ枝が震えて、落ち葉がはらはらと舞った。

ほとんど何も語らなかった青いユニフォームの若者が手洗いに立ったとき、彼は女の向かいの席に移ってきた。きちんと整っていた女の陣容は、またもめちゃくちゃになった。女は頭を低くして、彼の素肌があらわになっているところを味わった。銀色のネックレスと同じようにキラキラ輝き、大自然特有の匂いがした。彼の体から放散されているものには、人を死地に追いやるような甘美さがあった。女は息もできず、彼の体の烈火に激しく焼かれるのを恐れた。空間がせせこましく、窮屈で、息苦しくなればなるほど、メス心は青りんごの酸っぱさに染まり、それは血管を伝って女の指先にまで届いた。名も知らない若者よ、あなたはどうして私の前に座ったの？　私の目と鼻の先で、テーブルに両肘をついている、あなたのその短い髪に手が触れそうだわ。女の震える両手は、鎖につながれた犬のように、テーブルの裏にぶつかった。

彼はZippoのライターを弄んでいた。彼がライターを腕にこすりつけると、「シュワっ」と火花が散った。

あなたたち煙草を吸うの？　経験から、彼が女の注意を引きつけようとしているのがわかった。火が消えた芯に彼が火をつけると、オレンジ色のまぶしい光が広がった。

僕たちは男だもの、当然吸いますよ！　彼はすぐに答えた。まるでずっと期待していたかのようだった。

あなたたちポスト九〇年世代でしょ、そんなに早くから煙草を吸い始めるなんて。彼が「男」と言ったので、女はひそかに笑ってしまった。

違いますよ、僕は八八年生まれ、こいつは八九年です。いたずらっぽい表情をしていた。

ああ、神様！　八八年！　女は彼らの年ごろを経験から判断しながら、内心ひそかに驚きの声をあげずにはいられなかった。女は拙劣な恋愛小説のように彼の笑顔を描写したくはなかった。華やかな形容詞は彼の輝きをそぐだけだった。彼が近づいてくればくるほど、女はめまいがした。女の心はよろめき、現世をとことん楽しもう、この機会を逸するまい、とだけ思った。女は再び彼の渦に巻き込まれた。さきほどまで意気消沈していた心に突然生気が満ち溢れた。――女はどうしても続けなければならない――こういう言葉を使ってもいい。誘惑だ。

青いユニフォームの若者が「でたらめ言って」と反駁した。二人の若者は他愛なくじゃれるように言い争った。

彼らは楽しそうで、少し演技っぽいところもあった。女は、一瞬彼らが自分の子供になったように感じながら（女は彼らを連れて美しいところへ休暇を過ごしに行くのだ）、もう一方で年老いた雌トラが眠っているふりをしながら獲物が遊び戯れているのを見るように、この妙味をひそかに体験し、貪欲に、顔色ひとつ変えずにいた。夕日は花のようで、樹が地平線上に生え、鳥の群れが空に種をまき散らしたように飛び、二匹の小動物がじゃれあっている。ぼんやりと美しい光景を見ながら、視線を蒼茫たる時空に投げかけ、うつむくと、腕のところに新しく皺ができているのが目に入り、女は冷静に計算した。女が中学を卒業したころ、彼は生まれたばかりだった。彼が幼稚園に入ったころ、女はもう男女の情交を経験していた。彼が思春期を迎えたころ、女はもう花盛りを過ぎていた。彼に恋愛を仕掛けたところで、一切を歯ぐきでかみしめることになるだけだろう。

彼はまた自分の両手を眺めていた。女はまた話すことがなくなった。女は車窓を見られなかった。そこに映し出される彼との距離が、女にコンプレックスを感じさせるだろうから。直接彼の両手を見なくても、女には、ミケランジェロだろうと、ダンテだろうと、こんな生命を描き出せないことがわかっていた。それらは女の愛情にめっきをかけた。未来のある空間で、それらは女の扁平な下腹部に生息し、目覚めると女の体をほふく前進し、よそ者のようにためらいつつ、うろうろし、粗こつにふるまう。女は経験豊富な老農民で、農作物と季節の関係を熟知している。女は春の雨が音もなく万物を潤すこと、ほどよい雪は豊年の兆しであることを知っており、種が地に落ちてからどれくらいで発芽するか、どれくらいで葉が茂るか心得ている。女は経験をその両手に伝える。両手は、手の主人がものごとに対して抱いていたイメージを超越したものを、手に入れ、知ることになる。

しかし、手と主人は女を彼らの経験の外へ追いやり、沈黙で外界を拒絶する。女はほうりすてられて川床でひからび、心はしだいに水分を失い、躍動できなくなる。女の挫折感は女を汚い下水道へと流し込み、かつては向かうところ敵なしだった女の経験と混然一体になった。女は「女」を「作家」という影に潜ませ、「作家」という怪獣にその巨大な体躯を起こして、虚無と神秘の魅力を発散させるしかない。

女の尊厳というのは、女の企てだ。

あなたは何をしてるんですか？　彼が尋ねた。彼が口を開いたとたん、「作家」は跡形もなく消え失せ、びくびくした「女」が突然人目にさらされ、魂は鳥や獣が散り散りに逃げていくかのようだった。幸いなことに、たちまち経験が、魔法のように、崩れた宮殿を修復し、別の色彩を施し、魂は宮殿の玉座に安置されて、描写しようのない彼の顔だちを映し出した。女の憂いに沈んだ魂は笑って言った。私は作家なの。彼の驚きぶりは女の期待通りだった。隣の丸顔の女の子もあからさまに興奮し、女の虚栄心を満足させた。彼女はまたたくさん尋ねはじめた。彼女は女に何を書いているのかと尋ねた。女は率直に答えた。「小説を書いているの」。女は向かいの彼に尋ねた。某々という作家を知ってる？　彼はかぶりを振って、女をがっかりさせた。彼にとっての作家は、女にとってのハンドボールのようなものだ。女と彼は、遥かに向かい合う、二つの断崖絶壁だ。

丸顔の女の子が女と彼のあいだに割って入ってきた。彼女は女に名を尋ねた。女は少しためらったが、名を名乗った。女は彼に聞かせたかったのだ。いつの日か、女の名前が彼の魅惑的な口から飛び出し、漆黒の深夜に落ちて、粉々に砕け、満点の星になる。彼の口、味の良し悪しをみる口は、どんな味わいなのだろう。女の憂いに沈んだ魂はその相手になりたいと渇望した。だが、この時から、女は自分の名前のために、わざと堅苦しくしなければならなくなり、自制の隙間に陥ってしまった。丸顔の女の子が介入してきたことで、雰囲気が女の気に入らないものになった。列車はリズミカルに前へ進んでいった。彼女は絶えず、女の恥知らずな幻想を妨害し、女が彼に探りを入れたり、挑発したりするのを邪魔した。その一方で女は彼女に対してありがたいとも思った。彼女は女が「作家」という身分を見せつけられるようにしてくれた。卑しい心理も、彼女が敬意を示してくれたおかげで、たちまち尊厳を取り戻した。それはまさに女が彼に見せたかったものだった。女は、『経験を欠いた世界』という本を出したばかりで、明日の午後ブックセンターでサイン会をするのだと、丸顔の女の子に告げた。女は彼に、会いに来てくれる暇があるか尋ねた。彼は口をひねって笑い、言った。たぶん時間がないと思います。女は意を決して尋ねた。こんなに若いのに女の子とデート？ 彼も遠慮せずに言った。もちろん、もう子供じゃありませんから。女は頭の中でとんぼ返りをし、尋ねた。彼女もスポーツ選手なの？ 彼は言った。シンクロナイズドスイミングをやってます。シンクロナイズドスイミング〔中国語で「花様游泳」〕と聞いて、女は映画の『花様年華』を思い出した。その娘はまちがいなくマーメイドだ。ウエストは柔らかく、ヒップは美しく、澄み切った清水に咲く芙蓉のようだろう。女はまた言葉を失った。彼は飲み物をボトルの底が見えるまで飲み干した。空のボトルが彼の手の中で時計回りにくるっと回転し、ゴミ箱に滑り込んだ。

光芒が四方に放たれる彼の天使のような顔を見たら、女には彼を壊すことなどできなかった。

白衣の若者の前で、女は経験の堕落をますます感じていた。経験は女とひとつにつながり、女と政治、哲学との結びつきよりずっと人に警戒心を抱かせるものになっていた。それらは女の体の天然の匂いを覆い隠した。可愛らしく男性にもたれかかる、小鳥のような女子なら、あっという間に身辺のものを奪い取れるだろう。彼女たちは動物界の母カモシカ、母鹿、そしてみずみずしい性質を備えた従順な目をした種のように、喰らわれることと保護されることのあいだで、あっけらかんと子育てをし、血統をつないでいく。女自身の問題に戻ると、女はすでに経験に封じ込められている。いったいこれから何を引き継いでいけばいいというのか？ 女は経験を打ち捨て、真正直でいるべきだろうか？ だがいかんせん経験は、スポンジが吸収した水のように、絞れるものではなく、女の思想に浸透し、完全にコントロールしている。女は経験を覆い隠すことでしか、肉体の勢いが盛んな動物界で、真心こめて相手を口説くことはできない。

経験のある女の心は千々に乱れていたが、年若い彼はかえって落ち着きはらっていた。女は自分を節操固く閉じた牡蠣だと思うことにした。内心のつややかな恥じらいをあらわにしようとして、単にレストランに食事に来たお客に出会ったにすぎないと気づくと、恥辱の感覚が足の裏から這いあがってきて、蚤のようにあちらこちらを喰らい、彼女を完膚なきまでにした。もし向かいが中年のオスであれば、彼女と彼の雰囲気には、暗黙の了解があり、まわりくどいやり方で、石を投げて道を探る必要はなく、単純を装って経験を覆い隠す必要もなく、ストレートに、ハンサムね、セクシーだわ、と褒めればいい。彼女は彼とふざけ合い、駆け引きをし、双方の力量は互角で、ごく自然に彼の電話番号を求める。その後の物語は、簡単に想像がつく。

列車はあと二十分で到着だった。女の心の中は、戦時の後方の病院のように、ざわざわしていた。廊下をゆく足音がやかましく、いらだたしく、大小の呼び声がせわしなく飛び交い、緊迫している。車輪のガタゴトいう音の砲声のような響きをバックにして、傷だらけの体が担ぎ込まれる。それは愛情だ。負傷した愛情が失血して、意識を失っている。脳には経験の弾丸が残っている……彼は死にかかっている、彼は生を求めている、息はかすかだが、頑強さを失ってはいない……女は自分の両手の使い道を決めたかった、自分の血液を愛情の体に献じて……すべてを彼に捧げて……恥ずかしい欲望を捨て去り、経験の弾丸を取り出し……自分の命で、彼を救うのだ！

　本を書くとどれくらい稼げるんですか？　彼は女に語りかけていた。彼の目は女と話していた。闇夜に、ぽつぽつと星がまたたき、月桂樹のぼんやりとした影が見えた。女はざわざわした病院から抜け出し、彼を見つめた。生気みなぎる春、見初めた人にまた会える見込みはない。すべてが彼女を誘惑し、彼を壊してしまえとそそのかした。彼女の頭の中は散りゆく花でいっぱいだった。

　女はこう答えた。本は印税で計算するの。今までで一番たくさんもらったのはドイツ語版ね。二万ユーロだったわ。女は少し誇張して話したが、度が過ぎるほどではなかった。女は彼の携帯を見つめ、どうすれば自分の電話番号をその画面に出せるだろうと考えた。彼が軽く「ふーん」と言うのを聞いて、女はたちまち自分を卑下した。「作家」という身分を使って、自ら崩れた上に、さらに金銭という手段まで加えて、いかがわしさと俗っぽさしか残らない。丸顔の女の子が、十分の一秒で、二万ユーロを人民元に換算した。彼女のびっくりして羨むような表情は、崩れかかっていた女の自信を立て直した。女は元の位置に姿勢よく座り、新聞の売り子が心に鬱積したものを取り払ってくれるまで、がっかりした気持ちをこっそりと消化していた。カモフラージュに新聞を買い、そそくさとめくり終えると、ゴミ箱に投げ込んだ。終点が近づいてくる。彼の携帯が女の前まで滑ってきた。彼は手をこまねいていて構おうとしない。女は考えた。何のシグナルかしら？　どうすればいいのかしら？　手に取って自分の電話番号をダイヤルする？　携帯を眺めるふりをして、ついでに彼の電話番号を尋ねる？　焦って動き回る女の沈黙は軟弱で、ついに虚偽の堅苦しさで丸顔の女の子の前に屈した。

　女は作家のように精神を集中させて考えたが、頭の中は彼の体と彼の顔でいっぱいだった。一切れのりんごになって彼の口の中に入りたい、ネックレスになって彼の胸にはりつきたい、たとえ小さな埃になってでも、彼の肌についていたい、と渇望した。彼には故郷を離れる辛さと、北方人の南方への不適合がある。女は思った。あなたの生活、体、愛情を私にちょうだい、私にお世話をさせて。私を誠実にして、十八歳のころに戻して。心の内の愛以外に、別の世界などなかったあのころに。経験という、人生に潜在する陰気で腐りきったものは、永遠にいらない。

　あなたたちの名前もスポーツ選手みたいなの？　ほら劉翔《リウシアン》〔二〇〇四年アテネオリンピック男子一一〇メートルハードル金メダリスト〕は、ハードルを越える時、両腕が飛翔する翼みたいじゃない。女は自分があいかわらず努力を続けているのを見つめ、年老いた男が女の子に対するように顔色を変えなかった。彼は笑って首を横に振り、携帯を片づけた。下車する準備をしているのだ。だが、まったく漁獲のなかった漁師である女は、網を片づけたくはなく、内心の絶望は孤島のようだった。彼の動作はのろく、ぐずぐずしていた。彼は母親が見た夢が、彼の名前の由来なのだと語った。女の脳は完全に壊れた。彼が何を言っているのか聞き取れず、ただ彼がしゃべっている様子が見えるだけだった。

このとき、女は彼の様子を徹底的に描写しようとした。彼のさわやかなシルエットが女の内心に投射され、一種の切断の痛みが走った。女は永遠に彼の様子を叙述できなくなった。彼は単純だが計り知れず、女の内心を洞察し、女のばつの悪さをわかっているようで、女が沈黙して放棄すると話題を振ってきた。彼は女に一日何文字書くのか、どんなスポーツが好きか、タバコを吸うのか、お酒は飲むのか尋ねた。花は咲き乱れて声もなく、彼の笑顔には内に秘めた輝きがあり、汚れたオスが必死に演技しても出せない清潔感があった。列車が終点に近づいてくるときに生まれる楽しげな雰囲気は、女を物悲しい気持ちにさせた。女は経験という荷物をおろせず、なくさないように気をつけなければならなかった。彼はこずえにいて、女は枯れ落ちつつある。女は彼の枝まで飛んでいけない。彼の電話番号をもらうための様々な方法には、どれも醜い痕跡があった。まちがいなく、丸顔の女の子の物笑いの種になるだろう。意図が露見し、尊厳を失うだろう。

女はただ嫌悪感があるだけだった。丸顔の女の子の存在は、女の欲望よりももっと恥ずかしかった。

列車が停止した。弔いの鐘が鳴ったかのようだった。女の魂はたちまち冷たくなった灰のコートを着込んだ。女は彼をひと目眺めた。悲しげな表情だった。彼は牧師が手にする『聖書』のように、広げられていた表情をゆっくりと閉じ、暗い表情の表紙に戻った。女は深い失望に襲われて、頭をますます低く垂れたが、たちまちハッとして顔をあげ、驚きうろたえた。人々が地面から湧き出てきたかのように、次々と立ち上がり、通路がいっぱいになっていた。彼らはやがて水のように四方八方に流れていき、一滴たりとも記憶の容器に入らないだろう。彼が水草のように女の両足にまとわりついて、女は動けなかった。女は息がつまり、もがき、最後の希望をつかもうとした。女は彼と交差した脚を見ながら、横に並び、無言のまま心を通わせた。白いリボンのついた女のハイヒールは、彼のナイキのシューズのあいだで、風に吹き飛ばされそうなほど弱々しかった。

通路がだんだん空いてきた。彼は両足を縮め、上着を羽織った。

丸顔の女の子が彼について立ち上がり、女と彼のあいだに挟まった。

彼は女の方へ振り向いた。女は彼らが座っていた方を振り返った。

ご縁があったらまたお会いしましょう！　彼は女が惚れ込んだ手を振った。

またね！　魂が消し飛んだ女は答えた。

二〇〇八年十月広州にて

河村昌子

作者の盛可以（せい・かい、ション・コーイー、Sheng Keyi）は、中国湖南省益陽《イーヤン》出身。生年は一九七〇年代生まれと表記する場合が多い。大学を卒業後、一九九三年に深圳に移り、当初は証券関係の仕事をしていた。その後、広東省作家協会の文芸雑誌『作品』の編集者などを経て、二〇〇二年から小説を書き始めた。

二〇〇三年に、長篇小説『水乳』で「第一回華語文学メディア大賞・最も潜在力のある新人賞」を受賞。『水乳』は、要求水準が高く独占欲が強いため結婚生活に飽きたらず、ほかに男を求めるものの破局し裏切られる女性を描いた作品である。

二〇〇四年出版の長篇小説『北妹』では、湖南から深圳とおぼしき都市に出稼ぎに行った少女を描いた。少女は、労働力と肉体だけを資本に、大都会で奮闘するが、男たちの性的な目にさらされ、女たちからは疎んじられる。

二〇一二年には、雑誌『人民文学』と大手のオンライン書籍会社である盛大文学が呼びかけた企画「若手作家・未来大家ＴＯＰ20」の一人に選ばれている。同企画は、一般からネット投票を募り、審査員による審査も加えて、将来性の高い若手作家を選出したものである。

同年、短編小説「白草地」で、第二回郁達夫小説賞も受賞している。

近作『福地』（四川文芸出版社、二〇一六年）は、非合法の代理出産組織を舞台にした問題作で、ジョージ・オーウェルの『一九八四年』『動物農場』を彷彿とさせる作品である。

盛可以の文学は、女性の立場から、女性という性を生きる人間を、まっすぐに妥協なく見つめている。本質に鋭く迫る語り口で、題材によっては、しばしば冷徹にさえなる。

本作「経験を欠いた世界」は、中年にさしかかった女性作家が、列車で乗り合わせた若者に、性的な衝動を感じるというもの。盛可以の作品としては、比較的明るく、吹っ切れたようにさっぱりしており、ユーモラスな味わいがある。二〇〇三年発表の短編小説「手術」（桑島道夫・原善編『現代中国文学短編選』（鼎書房、二〇〇六年）所収）とモチーフが重なるところがあり、読み比べてみるのも面白い。

初出：『大家』二〇〇八年第一期

私はさみしかった

Kaori Fujino
藤野可織

秋になると私はさみしかった。しかしそれも、小学生だったころの話だ。私は高校生になったばかりだった。もう秋になっても、特にさみしくはなかった。もしさみしくなったとしても秋のせいじゃなくて、それはいつの季節にでも起こりうる、誰にでも起こりうる、ただのありきたりのさみしさでしかなかった。そしてそんなさみしさでは、私がどういう人間かを証明することはできないのだ。ましてや、じきに夏だった。

「新緑の季節じゃなくなったからほっとする」と、カネコフが言った。

　カネコフというのは、高校に上がって同じクラスになった私たちがつけたあだ名だった。4月の寒い日、たしかにあの日は寒かったけれど、カネコフの寒がりようはふつうじゃなかった。人よりちょっと背丈が低くて、人よりちょっとぽっちゃりした体を自分で抱きしめ、カネコフはくちびるを紫色にして寒い寒いと言っていた。そのうちに、カネコフはロッカーから真新しいあずき色のジャージを出してきて制服のスカートの下に履いた。ジャージの上も着ようとしたけど、ブレザーの上からじゃ袖を通すのも難しくて、肩に引っ掛けておくしかなかった。私たちは笑ったが、カネコフはまだ寒いみたいだった。

　そこで、女の子たちがばたばたとロッカーへ走って行き、それぞれの真新しいジャージを手にして戻ってきた。ジャージのズボンが、カネコフの縮こまった首にマフラーみたいにぐるっと巻かれた。腹巻みたいにお腹に巻きつけた子もいたし、単に肩や膝にどんどん重ねて載せてやる子もいた。男の子たちは半笑いになって、遠巻きにそれを見ていた。最後に、誰かのふっくらした手がうしろからやさしげにカネコフの髪を、分け目からそっとなぞって耳にかけ、きっちり眉の上で、ズボンを丁寧に頭に巻いた。特大サイズのヘアクリップが差し出され、それが手から手へと渡って、その即席の帽子がほどけないよう留められた。

そのせいで、金子さんだったのがカネコフになった。「ロシア人みたいだから」というのが理由だった。

「逆じゃないの？　ロシア人だったら寒さに強いからこんな恰好しなくていいんじゃないの？」カネコフはジャージに埋もれながら抵抗を試みたが、無駄だった。

それでも、カネコフはみんなのジャージを振り払おうとはしなかった。むしろたくさんのジャージに埋もれて安心したみたいで、急に顔色が良くなって、その日はそのまま授業を受けた。教室の真ん中で、あずき色のジャージの山が、猫背になってノートを取っていた。先生は、これがいじめでないかどうかをカネコフ本人に何度も確認し、ちがうとわかるといつもよりリラックスした調子で授業を進めた。カネコフは、ときどきゆるんできたヘアクリップを自分で留め直していた。あたたかくすくす笑いが漏れた。カネコフがうまくクリップを留め直せないでいると、必ず助けの手が伸びた。クリップは銀色で、カネコフが頭を動かすたびにチカチカと救難信号のように光った。カネコフの肩や膝からジャージがずり落ちそうになるのを、私たちがそのままにしておくことはなかった。近くの席の者か、ちょっと離れた席の者でさえ、中腰になってさささっと机と机のあいだをすり抜け、カネコフの身なりを手早く整えては去って行った。

ヘアクリップを差し出したのは私だったが、昼休みにお弁当を食べるとき、カネコフは私のグループとはちがうグループにいた。

でも、この日、たまたまお互い一人きり、帰り道で前後に歩いていて、私がちょっと振り返って目が合って、なんとなく横並びになったとき、カネコフは私に自分がどういう人間かを知ってもらおうとしていた。私の通学用のボストンバッグの外側のポケットには、いつものようにあのヘアクリップが挟んであった。肘のうしろに位置していたあれが、カネコフになにかの合図をしたのかもしれない。

「なんでほっとすんの？」私はカネコフのこめかみをちらっと見ながら尋ねた。

「新緑、嫌いだから」とカネコフが答えた。

「なんで？」私は、新緑は好きでも嫌いでもなかった。それはそこにあるもので、好きになったり嫌ったりする対象ではなかった。そもそも、カネコフが新緑と口にするその瞬間まで、私は新緑を新緑と認識したこともなかった。

「新緑ってすごい色してない？」

「わかんない」

「蛍光色みたいなすごい色」

「そうかも」

「そんなすごい葉っぱがさあ、硬い枝を突き破って内側からぶわっと出てきてるんだよ」

「あー」と私は言った。わかったのではなくて、ただの相槌だった。

「ほんと気持ち悪い」カネコフが吐き捨てた。「それに、痛そう」

街路樹が私たちの頭上に覆いかぶさるように繁っていた。膝くらいまである生垣が、木々の根元を隠していた。黒々とした、不潔で不吉な生垣だった。私たちはしばらく黙って歩いた。

「痛そうって？　なにが？」地下鉄の出入り口が迫ってくるのを見て、やっと私は言った。

「木。ていうか、枝。新緑が出てくるとき、木はきっと痛いよ」

「えぇー」と私は言った。

私たちは階段を降りた。階段は幅が広く、私たちの前にも後にも、私たちと同じ高校の生徒がいた。そうじゃない人たちもいた。一組は親子連れで、端っこで私の腰くらいの背丈もない子どもがうつむいて階段を一歩一歩降りるのを、母親が一段下から見守っていた。子どもが一段飛び降りると、母親も一段降りた。私とカネコフはその二人を追い越した。階段が終わり、踊り場で角を曲がると、振り返っても外は見えなくなった。外の光も入らなくなった。照明があるから、暗くはなかった。目の前には、私たちが歩くべき均一な光で満たされた長い通路があり、また階段があった。壁は白いタイル貼りで、床は灰色のタイル貼りだった。私は何かを思い出そうとしていたが、自分が何かを思い出そうとしていることさえわかっていなかった。


強い風が吹き上げていた。私とカネコフは、眉をしかめ、目を細めて、文句も言わず顔面を風に打たれるにまかせていた。地下鉄風だ。あそこはいつもとびきり凶暴なのが吹くのだ。きっと今も吹いてる。

「新緑って、なんか厚かましい」カネコフは憎々しげに言った。「油みたいにぎらぎらして、自分たち生きてますって感じで。なんでそうまでしてフレッシュなのを主張したいわけ？そもそも、なんでそうまでして生きていたいわけ？」

私は笑った。地下鉄風が口に入らないように、口はできるだけ開けずに笑った。

「新緑ってエイリアンみたいじゃない？　内側から木を食い尽くして、食い破って出てくるの、ぶわっと」

「ぶわっと」ぶわっとってさっきも言った、という意味を込めて私は繰り返した。だがカネコフは気にしていなかった。

「そう、ぶわっと」力を込めてカネコフは何度でも言った。

「なんか、すごく、ぶわっと」

「でも、新緑が出るから木って生きてんじゃないの？」

「ちがうちがう、別の生命体になるんだよ。元の木は死んで、新緑の姿をしたエイリアンに乗っ取られんの」

「えー」

「そんで、今くらいになると、葉っぱの色も落ち着いてきて、やっとほっとするんだよね。まあすんだことだし、もうしょうがないじゃん？って」

「ふーん」

「それなのに次の年になると、また新しいエイリアンが内側からぶわっとやってきて、前のエイリアンを殺す」

「へんなの」と私は言った。

私は上の空だった。私はちょっといらいらしていた。何かを思い出そうとして思い出せなくていらいらしていることを、私はわかっていなかった。私が思い出せないことすら思い出せないのは、私がかつて秋にさみしくなる小学生だった、ということだった。私は、私にだって、そういう感受性の強い、傷つきやすい一面があるのだ。私は分かち合うためではなく、対抗するためにその話をしたかった。だから、きっと思い出せなくてよかったのだろう。

私たちは改札を抜け、また風にあおられながら階段を軽やかに下り、いくつものドアを開けっ放しにして停車している地下鉄に乗り込んだ。そこが始発駅で、車内のどのロングシートにも必ず一人か二人が座っていたが、まだまだ座るスペースはたくさん残されていた。私たちは二、三両を歩いて通り過ぎてから座った。

「私さ、痴漢に遭うんだ、毎日」とカネコフが楽しげに言った。

「えっ?」私は聞き返した。「毎日?」

「そう、高校入ってすぐのときから、毎日」カネコフはにやにやしていた。

「毎日?」

「うそじゃないよ、本当だよ、もう最悪」

私はカネコフの眉毛をまじまじと見た。目尻の上あたりはぼさぼさしていて、特に一本、流れを無視してぴょんと跳ね上がっている毛があった。

「地下鉄降りたあとJRに乗り換えなんだけど、JRいつも混んでて、そこに痴漢がいるんだよ。朝は絶対いるし、帰りもけっこういる」

「えー、お尻触られんの?」

「うん」

「それってさあ、毎日ってことはさあ、おんなじ人なの?」

「わかんない、うしろにいるから顔わかんないし」

「なにそれ気持ち悪い。痴漢ですって叫べば?」

「うん……」カネコフはもうにやにやしていなかった。無表情になっていた。

私はカネコフの膝に目を移した。その隣に、お揃いの制服のスカートからぬっと出た私の膝が並んでいた。カネコフの膝はそれなりにきちんと合わさっていたが、私は浅めに腰掛けていたので、脚がややだらしなく開いていた。私の太ももは白くて肌理が細かく、内ももにかかる影さえもはかなくすべらかだった。それに、私の太ももの方が、カネコフの座席に押し付けられて横にべちゃっと潰れた太ももよりも明らかに細かった。私は合点がいかなかった。痴漢に遭うということは、その肉体がまぶしく美しいということを意味するはずだ。私はまだ、痴漢に遭ったことがなかった。遭いたいわけではないが、私の太ももよりカネコフの太ももの方が価値が高いとは到底思えなかった。

私はそれを言う代わりに、「気持ち悪いっていえばさあ」と話題を変えた。「うちのマンション、ちょっと前に、ホモの人が引っ越してきたんだよ」

「うそ、え、本当に？　なんでわかるの？」カネコフがぱっと顔を明るくして私を見た。

「だっていっつも二人でいるし、くっついて歩いてんの」私はお尻をすべらせてカネコフのブレザーの二の腕に自分のブレザーの二の腕をくっつけた。「こんなふうに」

「えーっ、じゃあ本当にそうなんだ」

「しかもね、服が変なんだよ。二人ともおじさんなんだけど、いっつもお揃いの変な服着てんの。変な茶色のスーツと、変な茶色の暑苦しい帽子。頭んとこが丸くて、こう、ぐるっとつばがついてるやつ」

「へえー」カネコフは興味深げにうなった。

カネコフより、私の降りる駅が先だった。地下鉄の車内は、乗り込んだ時点よりもずいぶん混んできていた。シートは完全に埋まっていて、私たちの前には人が立っていた。

「じゃね」私は立とうとした。「痴漢に気をつけて」

「さっき言うの忘れてたんだけど」カネコフが小声で言った。「ホモじゃなくて、ゲイだよ」

「なんかちがうの？」

「わかんないけど」カネコフは首をかしげた。

私は立ち上がり、体を横にして前に立つ人と人のあいだをすり抜けながら、カネコフに小さく手を振った。カネコフも同じように、小さく両手を振っていた。

マンションの前で、私はそのゲイの二人に行き合った。彼らは私と入れ違いにマンションから出て、どこかへ行くところだった。

「こんにちは」私は軽く目を伏せ、軽く会釈をした。それは、他の住人にやるのとまったく同じ挨拶だった。けれど二人は、まるで私がいないかのような態度で行ってしまった。

それは、もうすでに何度か経験していたことだったので、私は今更驚きもしなかったし落胆もしなかった。あの二人とはエントランスやエレベーターを出たところの共用廊下でしばしば行き合うが、私が挨拶をしても絶対に挨拶をし返さないのだ。それどころか、私を見もしない。

私はエントランスを歩きながら首をひねって彼らの遠ざかって行く後ろ姿を眺めた。二人とも成人男性にしては背が低くて、たぶん私とそんなに変わらないくらいだった。おまけに小太りで、その太り方までそっくり同じだった。彼らはいつもどおりお揃いの変な茶色のスーツを着ていて、変なフェルトっぽい素材の帽子をかぶり、二の腕と二の腕をぴったりくっつけていた。顔はよく見たことがなかったが、体型を見ると双子としか思えなかった。でも、双子は別にくっついて歩いたりはしない。

やっぱホモだよなあ、と私は思った。ホモに蔑称の意味合いが含まれると知ったのは、だいぶあとになってからだった。


初夏に、ゲイの二人の服装が変わった。変な生成りのぺらっとしたスーツに、変な生成りのぺらっとした帽子になった。母が、あれは麻だと教えてくれた。それから、あの二人が母には挨拶を返すことも明らかになった。濡れた髪を拭きながらエアコンの真下に仁王立ちになり、冷風を全身で受けようとしている晩のことだった。

「えーっ」私は大声を上げた。「うっそマジ？　なんで？」

「え？」母も不審げだった。「ほんとに？　ほんとにあんたには挨拶しないの？　あんたは？　ちゃんとしてる？」

「してるよ！」

母は、彼らの挨拶のやり方を教えてくれた。

「あの二人の挨拶はねえ、こうやって帽子のつばをちょっと摘んで」母がこめかみのあたりに指をやった。「にっこりして会釈」

「げーなにそれ。キモい」

「キモくありません。イギリス紳士みたいですてきじゃない？」

私は母に、彼らの挨拶が動作だけだったのか、何らかの言葉がついていたのかを聞き損ねた。いや、もしかしたらあのとき私は尋ね、答えを聞いたのかもしれない。でも、思い出せない。私は彼らの声を知らず、彼らが私と同じ言語で話すさまをうまく想像することもできない。

思い出せないことはもう一つあって、それは、私がいつ、彼らにどうしても挨拶させると決意したかだ。私だけが挨拶を返されないと知ったこのときだったか、はじめて恋人ができて、以前から思っていたとおりやっぱり私の肉体には価値があるのだということをぞんぶんに確認できたときだったか、カネコフに痴漢したときだったか。それとも、彼らに挨拶をさせるために私が行動を起こしたまさにそのときだったのかも。

私はもう、これらがどの順番で起こったのかも忘れてしまった。挨拶させようという試みが最後だったのはたしかだ。全部が同じ夏に起こったということも。そして私は、かつて私だった古いエイリアンを殺して私になりかわった新しいエイリアンだった。

カネコフとは、お弁当を食べるグループは相変わらず別だった。いっしょに帰った日以来、少しは互いに親しみを感じるようになってはいたと思うが、私に恋人ができるともうカネコフのことは眼中になかった。私は私と同じように、恋人がいる子たちとつるんでいた。そのころには、カネコフが毎日痴漢に遭うというのはけっこう有名な話だった。カネコフが自分で、誰彼かまわず愚痴を言うようになっていたからだ。

「毎日だって。ちょっと大袈裟だよねえ」というのが、おおかたの意見だった。カネコフは同情されてはいたが、同時にやや疎ましがられてもいた。

「さあ。本人が毎日だって言うんなら毎日なんじゃないの」と私は私の仲間に言ったことがあったが、カネコフに味方したわけじゃなくて、どうでもよかったからだ。いや、どうでもよくはなかった。私は自分の肉体の持つまぶしさと美しさしか見たくなかった。それだけを堪能したいのに、カネコフの痴漢の話は邪魔だった。私はカネコフを助けようとしたことはなかった。それどころか彼女が助けを求めていたことにも気がついてはいなかった。

だから、カネコフに痴漢をしたのは、ただ単に、ふざけただだけだった。私の恋人は他校の高校生で、その朝、私はいつもより一時間ほど早く家を出て、登校前に彼の家の近くの駅まで出向き、会って少し話してから、上機嫌で自分の学校へ向かっているところだった。前の日にファストフード店で二人で宿題かなにかをやっていて、私がまちがえて彼のノートを持って帰ってしまったので、それを返しに行ったのだったと思う。たぶん、そのノートはそんなに急いで返さなくてもよかった。私は返しに行くということをやってみたかったのだ。恋人のために早く起きて、他のふつうの日にはしないことをしたかったのだ。それができて、私はきっと有頂天だった。私は、車内にカネコフの黒光りする頭を見かけるまで、自分の乗っているぎゅうぎゅう詰めのＪＲが、彼女の行き帰りのルートであることも、彼女が痴漢に遭うと主張している現場であることもすっかり忘れていた。

肺いっぱいに吸い込んでいた朝特有の清潔な空気は、いつのまにかのどに少し名残があるだけになっていた。吊り革に両手で捕まり、爪先立って伸び上がると、すぐそこの乗車口近くの乗客のあいだに、暗い穴があった。それが、私に背を向けて、うなだれているカネコフの姿だった。彼女の肩を隠すように左右に立っている乗客は、どちらも男性だった。私はさらに伸び上がってよく見ようとしたが、彼らがカネコフに痴漢を働いているのかどうかはわからなかった。

私は吊り革を離し、横歩きでカネコフに近づいた。くっつきあって壁になっている乗客たちの継ぎ目を肩でこじ開けて進む。舌打ちが聞こえたが、怖くもなんともなかった。他人のスーツのジャケットやブラウス越しの熱い霧が、私の頬に押し寄せてくるようだった。私は平気だった。私は、左肩を先頭にして、乳房や尻で乗客たちの分厚い体をはねのけ、じりじりとカネコフの背後に迫った。

カネコフがうなだれているせいで持ち上がった後頭部が、私のすぐ目の前にあった。本当はカネコフに重なるように真後ろに立ちたかったが、姿勢を変えるのは難しかった。私は横歩きしてそこまでやってきた姿勢のまま、左手をパーのかたちに広げて、当たりをつけてカネコフの制服のお尻を触った。熱くて埃っぽい制服の布地の感触があった。だが、私の手は彼女の尻に沿わなかった。尻というのが丸いということを、私はまるで知らないみたいだった。私は指をいっぱいに伸ばしていて、手の形としてはむしろ反り返っていた。だから、尻のあたりの布地に触れているのは、指の付け根のラインくらいのものだった。私は新鮮な驚きに打たれながら、そっと指の力を抜いた。それでやっと指が尻に落ち着き、私は左手全部で尻を触ることに成功した。

私はそのまま、カネコフの耳にこう吹き込むつもりだった。

「あれ？　毎日痴漢に遭ってるんじゃなかったっけ？」

私は、カネコフが嘘をついていると断罪する気はなかった。私は、カネコフが痴漢に遭っていることを否定する気もなかった。私には悪気なんてなかった。ふざけていただけなのだ。でもそれを言えば、カネコフはそうは受け取らなかっただろう。それにそもそも、私が触る直前まで彼女が別の痴漢の被害を受けていなかったとは言えない。

私が口を開く前に、カネコフが動いた。カネコフは強い力で、周りの乗客たちを摩擦しながら振り返った。カネコフは涙ぐんだ目で私を睨み上げ、けれど口元は笑っていた。カネコフが私の名前を親しげに呼び、自分たちや他の乗客の体に押されて見えない位置で、さっき彼女の尻を触った私の左手をぎゅっと握った。

私たちはそのまま、JRを降りるまで手をつないでいた。地下鉄に乗り換える途中で、カネコフは「ありがとう」と言った。

「え？　なにが？　なんで？　私、痴漢したのに」私はおどけて答えた。

「痴漢？　あれが？」カネコフは声を立てて笑い出した。

「なに？　お尻触ったでしょ、私」

「あんなの痴漢じゃないよ。私、すぐわかったもん」カネコフは笑いすぎて苦しそうだった。「痴漢の触り方って、あんなんじゃないんだよ。揉むの」

「揉む」

「そう、揉むの」カネコフが片手を胸の高さに上げ、宙に向かって指をざわざわと不気味に動かした。

それからすぐに、あの濃い尿のなかをあえぎ泳いでるみたいな夕方がやって来た。マンションに帰り着いた私の前を、例のゲイの人が歩いていた。一人だった。二人いっしょじゃないところを見たのははじめてだった。

一人でも、彼は変な生成りのぺらっとしたスーツに、変な生成りのぺらっとした帽子をかぶっていた。彼がちらりとこちらをうかがって足を早めたのがわかった。私も足を早め、彼との距離を縮めた。彼が郵便受けをチェックしなかったので、私もしなかった。彼は傍目にも慌てているとわかる動作でオートロックの暗証番号を押し、自動ドアを開けた。その向こうは照明が消えていて暗かった。夜にならないと点かないようになっているのだ。暗い廊下のまっすぐ先にエレベーターがあった。ひとつしかないそのエレベーターの箱は一階に降りてきていて、やけに黄色い照明を灯してぽつんと私たちを待っているのが見えた。彼はほとんど小走りになっていた。私には彼の考えていることがわかった。彼は、私とエレベーターに乗り合わせるのを恐れているのだ。

逃がすものかと思ったし、逃がす距離でもなかった。彼がエレベーターのボタンを忙しげに叩き、ドアが開いた。彼はさっと中に滑り込むと、こちらに向き直って階数ボタンを押した。ゆっくりとドアが閉まっていく。が、そのドアの動きの緩慢さを、私は知り尽くしていた。半分も閉じないうちに、私は右手でドアを受けた。安全装置が働いて、ドアがずるずると開いた。

「こんにちは」私は軽く目を伏せ、軽く会釈をした。彼はすでにめいっぱい後ずさり、階数ボタンと対角に位置する角にその小太りの体をぎゅっと押し込んでこちらをうかがっていた。

三人も入れば狭苦しく感じる、小さなエレベーターだった。私は悠々と乗り込み、階数表示ボタンを押した。先に押されていたのが7階で、私は12階だった。ドアが閉まった。暗い共用廊下の向こうに、四角く外が見えていた。まだ尿のように輝いていた。箱が上昇をはじめ、粗いコンクリートの内壁が輝く外界を押しつぶした。

私は体ごとゆっくりと彼に向き直った。あからさまに、彼は身を強張らせた。私は彼を頭の上から爪先まで見回した。なのに、顔はどうしても思い出せない。思い出せるのは、鼻の頭にびっしりと汗をかいていたことと、彼がどうあっても私と目を合わせようとしなかったことくらいだ。しかしこれは、私も同じだった。私も鼻の頭に汗をかいていたし、それどころじゃなく全身に汗をかいていた。私は高校で、生理がはじまったのかもしれないとトイレに確認しに行ったが、下着を濡らしているのは汗だった。また、私も彼と目を合わせることはしなかった。目を合わせずに、彼の姿をじっくりと見ていた。彼は、どう見ても怯えていた。

私は不思議でならなかった。私の肉体は、恋人が喜んでいるように人を喜ばせるか、あるいはカネコフを痴漢する男たちが喜んでいるように人を喜ばせるか、どちらかだけであるはずだった。それに、彼と私だったら、こんなふうに上から下まで見られるのは私のほうだし、怯えるのも私のほうなのがふつうだ。彼がゲイであるということを差し引いても、関心がないというならともかく、怯えられるのは心外だった。

一歩前に出ると、もうそれだけで、私の体はエレベーターの箱の中心にあった。腕を前にやれば、角に背中を押し付けてすくみあがっている中年男に触れられる距離だった。

「こんにちは」私はもう一度言った。返事はなかった。彼は口元を両手で覆っていた。私は、彼が小刻みに震えているのに気づいた。

震えている！　この男は、私に近づかれて、声も上げられずに怯えて震えている。

そのとき、私の全身にじんわりと広がったのはたしかに喜びだった。それは、それまでに味わったことのない種類の喜びで、尿に経血がひとすじひらめくように怒りが混じっていた。この男は、この私を受け入れないつもりなのだ。こんなつまらない外見をしたつまらない男のくせに。私は歓喜し、激怒していた。

私は汗の冷えた太ももを、もう一歩踏み出した。男の顔もわからないくせに、彼が涙目になっていたのはしっかりとおぼえている。

「こ、ん、に、ち、は」私は笑みを含んだ声で言った。

男が、私のうしろに目をやった。エレベーターががたんと止まり、うしろでドアが開いた。7階だった。

男が出られないように、私はさっと足を肩幅に広げた。ドアが閉まった。男が泣き出した。きゅうと閉じられた目元から、涙が噴き出すのを私は見た。男はそれでも声を上げないよう顔をくしゃくしゃにしてこらえ、そのせいで痙攣をはじめていた。

エレベーターが上昇していくのとうらはらに、男は崩れ落ちつつあった。私は座り込んでいく男の、そのきちんと揃えられた膝をまたぐように立って、彼の生成りの帽子を見下ろした。制服のスカートが、つばに触れていた。ふつうだと、これがうれしいはずなのに。私は男をさげすんだ。泣くほど怖いんだ。

へんなの。

12階に着いたのと、男が漏らした尿が足もとにじりじりと押し寄せてきたのは、ほぼ同時だった。

「うっわ、きたない」私は小声で吐き捨て、身をひるがえしてエレベーターから降りた。


小学生だったころ、秋になると、私はさみしかった。上下に弾む赤と黒のランドセル、他校から転校してきた子のナイロン製の黄色のランドセル、空は灰色で、道もコンクリートで灰色だった。パンツの履き口がずれて、お尻の割れ目に食い込んで、私はスカートの生地ごとそこをつかんでちょうどいい位置に戻そうとした。一度は戻ったかに思えた。だけど、すぐにまたずれた。目に見える空も道も平坦で、奥行きがないのに続いていた。続いていると知っていた。空の上には宇宙があるし、道はいつかどこかで途切れても、その先には何にもなくなるんじゃなくて土地や海がある。とても信じられないことだったが、そうだと知っていた。続いていると思うだけでさみしくてたまらない日が、秋には必ずあった。ほかの季節には、そう思ってもさみしくなんかなかった。それとも、思いもしなかったのかもしれない。銀杏の黄色はくすんで汚れていて、ちっともきれいではなかった。私はがっくりと頭をのけぞらせてスキップをしてみた。そうやって跳ねると、空に向かってまっさかさまに落ちてしまいそうだった。それでもかまわなかった。それなのにそうはならなくて、そのことが私をいっそうさみしくさせた。


夜の電車のボックス席の窓際に座り、つめたい車窓にこめかみをつけて、私はあの夏のことと、それよりずっと遠い秋のことを思い出している。私は寝たふりをしている。さっきまでは、本当に眠っていた。隣から、控えめだが荒い息遣いが聞こえるので目をさましたのだ。

私はどうやらあの朝、幸運にもカネコフのちょっとした助けになったらしいが、そのあと彼女のために何かをしたおぼえはない。ゲイの二人はあれからすぐに引っ越してしまったらしく、二度とあの男の人も、パートナーの人の姿も見ることはなかった。私のやったことは明るみには出なかった。もっとも、彼が私を告発するなどとは私は夢にも思っていなかった。あのころの私なら、ただ挨拶してもらいたかっただけ、と言ってのけるだろう。ああ、それにしてもあの、体を突き破るような歓喜と激怒！

でも、私もかつては秋になるとさみしくてたまらなくなるような罪のない子どもだったのだ。どうか許してほしい、けれど、そんなことで私を許すのは私自身だけだと知っている。

私は、今、私の隣に座って息を荒げているのが一人のみすぼらしい老人だと知っている。目を覚ましたとき、私はなにかの予感に打たれて、頭を上げることをしなかった。それと気づかれないように、そっと目だけ動かして盗み見をした。なにもかもが、一目で了解できた。たぶん、この車両には私とこの人だけなのだろう。だからこそ、彼はわざわざ眠っている私の隣にやってきた。

服の中に中身が入っているのかどうかもあやしいくらいぺったんこに痩せた老人だった。毛羽立った袖口から覗く手首には灰色の血管が浮いている。しかしその手が握り、ひたむきにこする性器は、お湯から上がった赤ん坊みたいにきれいなピンク色をしている。

私はうつむいて、寝たふりをして、泣きそうになっている。この人もかつては、たとえば秋になるとそれだけでさみしくなるような、あるいは新緑を嫌うような子どもで、そのことを理由に私に対してすまないと、許してほしいとあとで願うことがあるのだろうか、と考えている。

でも実際のところ、私を動けなくさせているのは圧倒的に恐怖だ。私はこの老人に勝てるだろうか。おそらくは勝てるだろう。私は重いブーツを履いている。けれど、本当にそうだろうか？　もし私の読みが甘かったら、この老人が見た目よりも力があったら？

私は顔を上げないまま、とつぜん肩から立ち上がる。通路への道を、老人のへなへなしたズボンとピンク色の性器が阻んでいる。私は緑色をした座席シートにブーツのまま乗り上がり、老人を飛び越して通路に降りる。老人の怒り狂った唸り声が聞こえる。悲鳴かもしれない。悲鳴だといい。足がうまく上がらなくて、彼の性器を蹴ったかもしれない。私は振り返らない。思ったとおりこの車両には誰もいない。私も悲鳴を上げたいが、それどころではなくて、私は必死に車両を区切るドアを開ける。老人のうめき声が聞こえている。彼が追いかけてきているのかうずくまっているのかわからない。次の車両には少し人がいるが、みんな眠っているようだ。私は駆け抜ける。私は恐ろしくて恐ろしくて、さみしくてたまらない。車両をいくつか駆け抜けた先はもうどこにも行くところがないと知っていて、それがさみしくてたまらない。私はこんなものはいらなかった。振り払って振り払って、ブーツの底で踏み潰してしまわなければ。私はこんなものはいらなかった、こんなさみしさは。だってこんなさみしさでは、私がどういう人間かを証明することはできないのだ。

せとのママの誕生日

Natsuko Imamura

今村夏子

もうすぐママの誕生日だから、パーティーをしようという話がどこからか持ち上がった。わたしたちはママの知らない秘密の連絡網を使って連絡を取り合い、当日のプログラムについて相談した。パーティーの企画はママには内緒にしておいて、その日は突然予告なしに訪問してびっくりさせようとみんなで話し合って決めた。みんなというのは、アリサ、カズエ、わたし、の三人だ。本当はまだもっといるのだが、仕事があるとか、子供が小さくて夜の外出は無理とか、どちらさまですか、とか、さまざまな理由で断られた。

とっくにクビになったけど、わたしたちは昔、「スナックせと」でママのお手伝いをしていた。

わたしが働いていた当時、ママはすでにおばあちゃんだった。化粧や衣装で全身をごてごてに飾りたててはいたが、首と手はシミとしわだらけ、総入れ歯だったし、かつらをとると頭頂部がはげていた。

クビになった理由は、今となっては覚えていない。無断欠勤が続いたか、女の子同士で派手なけんかをしたか、もしくはママとのけんかだったか、不景気で売り上げが落ちたためにリストラされたのだったかもしれない。無断欠勤も、けんかも、不景気も、当時はそれが当たり前だった。

　順番でいくと、三人のなかではアリサが最初にクビになっている。次がカズエで、最後がわたしだ。アリサとカズエのあいだにも、カズエとわたしのあいだにも、そしてわたしのあとにも、数多くの女の子たちがクビになった。みんないなくなったあとは、ママひとりで店を切り盛りしていたらしいのだが、何年か前にメグミという名前の女の子が入店したと風のうわさできいた。そのメグミもクビになり、ママはまたひとりになった。

　クビになったことは恨んでいない。一時でも雇い入れてくれたママには感謝している。わたしだけじゃなく、アリサもカズエも同じ気持ちだ。だから集まったのだ。ママの誕生日を祝うために。

　一月十日、午後八時、赤いバラの花束とケーキを持って久しぶりに訪れたスナックせとは、ねずみの巣と化していた。店の扉は鍵が壊れてドアの取っ手が半分はずれてぶらさがっていた。店内は真っ暗闇で、割れた窓ガラスのすきまから冷たい風が吹きつけていた。

　カズエの持参してきた懐中電灯の明かりを頼りに、わたしたちは店の奥まで進んでいった。途中、クモの巣が顔にからまったカズエが素っ頓狂な声をあげたかと思うと、後ろではアリサが足下を横切るねずみに驚いて悲鳴をあげた。わたしたちは押し合いへし合いしながら、なんとか店の奥のこたつの部屋までたどり着いた。こたつの部屋は、わたしたちの更衣室であり、ママの住居でもある。ママは毎日ここで寝起きしていた。

　紗の入ったガラス戸をそっと開けて、すきまからなかをのぞいた。ママは眠っていた。仰向けで、こたつに足を突っこんで、ばかみたいに口をぽかんと開けている。懐中電灯でママの顔を照らしたカズエがごくりと唾を飲みこみ、ひと言「……死んでる」といった。

　わたしはカズエの手から懐中電灯を奪い取り、ママの閉じられたまぶたをこじ開けた。瞬間、瞳孔がシュッとちぢんだ。

「まだ生きてる」とわたしはいった。

　顔の上にティッシュを一枚のせると、わずかに持ち上がった。どうやら息もしているようだ。

「生きてるの？」

「生きてる」

「よかった」

　ママは眠っているだけだった。

　わたしたちはママが起きるのを待つことにした。ママが目を覚ますのと同時に、わたしがクラッカーを鳴らして、カズエが音楽をかけて、アリサがシャンパンの栓を抜くという段取りでいく。

　わたしたち三人は靴を脱いで冷えたこたつのなかに両足を突っこんだ。各自背負ってきたリュックのなかからお菓子やお酒やパーティーグッズを取りだして、こたつの上に並べた。アリサが店のグラスを取って戻ってくるあいだに、カズエは持参してきたカセットデッキにテープをセットした。再生のボタンが押され、デッキからピアノの音が流れてきた。ものがなしげな旋律に低音の歌声が合わさったタイミングで、わたしたちは静かに乾杯をした。

あのころはみんな若かったね、と、どんなエピソードが持ち上がっても、最後はそのひと言に落ち着いた。ママの手伝いをしていた当時、わたしたちみんな十代だった。最後のお客さんが帰ったあとに、朝五時から開いている銭湯にいき、つやつやの肌をタオルで覆い隠すことなく、タイルの上を闊歩した。体も洗わずに、ドボンとお湯のなかに飛びこむと、貸し切り状態の湯船のなかで歌をうたったりバタフライをしたりと、それはそれは元気だった。

「あんたたちはそうだったかもしれないけど」と、アリサがいった。「わたしは違った」

「あれ？　一緒に泳がなかったっけ？」

とカズエがきいた。

「泳いでない。歌もうたってないし。それに裸を晒したりなんてしなかった。ちゃんとタオルで隠してた」

「そうだったけ？」

「うん」と、アリサはうつむくと、そっと自分のお腹に手を置いた。「わたしでべそだったから」

そうだった。

アリサはでべそだった。アリサのへそは生のマッシュルームそっくりで、ポコンと体の前にとびだしていた。体を洗っている時も、湯船に浸かっている時も、決して腰に巻いたタオルをはずそうとしないのは、有名な話だった。なんでずっとタオル巻いてんの？　と誰かがたずねたとき、笑わないでね、と前置きしたあと、アリサは腰に巻いたタオルをとった。

「ひどーい。笑わないっていったのに！」

アリサはみんなの反応を見て、すぐにタオルを巻き直した。

笑ってない、笑ってない、でもすごいね、立派なでべそ、もう一回見して。

「いや。もう見せない」

そんなこといわないで。もう一回だけ、お願い、ちょっと待って写真撮るから、うそうそ、冗談、怒んないでよ。やだ泣かないで。

アリサは目に涙を浮かべて、自分のへそを笑う人間をにらみつけた。

「ゆるさない。ママにいいつけてやるから」

アリサは本当にママにいいつけた。アリサの報告をきいたママは、銭湯にいったメンバーを呼びつけて、怖い顔で叱り飛ばした。「あの子のでべそを笑うんじゃない」

すいませんでした、アリサちゃんごめんなさい。

「あれはあの子の大事な商売道具なんだよ」

店のフロアで土下座させられながら、商売道具？　どういうことだろうと事情を知らない子たちは首をかしげた。

アリサの商売道具については知っている子と知らない子がいた。わたしはうわさでその話をきいた。

アリサは、一回五百円でお客さんにでべそを見せていたのだ。合言葉は「平等院」「鳳凰堂」。お客さんと二人、トイレに立つふりをして、他の人間からは死角になる柱のかげで見せていたから、気づかない子がいてもおかしくなかった。アリサのでべそを拝むと出世するといううわさが、お客さん同士のあいだでまことしやかに流れていた。そんな根も葉もないうわさを流したのは、もちろんママだ。

ママは、入店当初、服装が地味だったアリサにもっと派手に、もっと露出を多くしろといっていた。谷間を見せろ、肩を出せ、へそを出せ、足を見せろ。いわれた通りにキャミソールやミニスカートを着用したアリサだが、へそが見える衣装だけはかたくなに着ようとしなかった。なぜへそを出さない、とママに問い詰められて、アリサは泣きながら腹巻をめくり上げた。

ママはアリサのでべそを見ても笑わなかった。それがアリサにはおどろきだった。子供のころからずっと笑われ続け、ばかにされ続けてきて、それが自分の体に対する当たり前の反応だと思っていたから。

ママはマッシュルームそっくりの、生白いへそを指でつつくと、少し考えるようなそぶりを見せて、「これ、一回いくらなら人に見せれる?」ときいた。アリサが「お金もらっても見せたくない」と正直にこたえると、ママはギュッとマッシュルームをつねった。

「痛い」「五百円だ」「ママ痛い、痛い」「いいね、一回五百円」「痛い……」「わかったか」「わかりましたから離して」

この日を境に、「一重まぶたの地味な女の子」が、「すごいでべそを持つ女の子」として生まれ変わった。

表向きには五百円ということになっていたけど、お客さんのなかにはこっそりおこづかいを渡す人もいた。本当に出世が叶った、きみのおかげだ、といって、アリサに高級腕時計やバッグをプレゼントしたお客さんもいた。うわさがうわさを呼び、でべそ目当ての客足はどんどん伸びた。本人はばれていないと思っていたかもしれないが、アリサだけミニボーナスをもらっていることを他の女の子たちも知るようになっていった。

ママのナイスアイデアによって日の目を見たでべそだが、良いことばかりではなかった。わたしたち普通のへそを持つ凡人には知られざる苦労があったらしい。神社の敷石をこっそり持ち帰ったり、仏像にらくがきをしたりする罰当たりな人間がいるように、アリサのへそをつかんで持って帰ろうとしたり、らくがきしようとするお客さんがちらほらとあらわれた。

「らくがき一回千円だよ」

マジック片手にアリサに襲いかかろうとするお客さんに向かって、カウンターのなかからママが叫んだ。ママにそういわれれば、素直に千円払うのが、せとのお客さんたちだ。時には千円といわれて一万円払うお客さんもいた。お客さんというか酔っ払いというか。

「並んで! 並んで!」

もう合言葉は必要なかった。アリサの周りにできたひとだかりをママが整理した。五百円玉や千円札を握りしめたお客さんたちは、自分の番がくるとママの手にお金を渡すか、直接アリサの顔に投げつけるかした。アリサの持ち物が豪華になればなるほど、ママの懐にお金が入れば入るほど、アリサの顔には赤いあざが増え、でべそは傷だらけになった。

とある夜の、アリサの自宅。いつまでたってもお風呂から上がってこない娘を心配したアリサのお父さんが、ドアの向こう側から声をかけた。アリサは泣きながらドアを開け、血だらけのでべそをお父さんに見せた。

アリサのお父さんは自分を責めた。アリサのお母さんが自宅の台所でアリサを産み落とした時、手近にあったキッチンばさみでへその緒をちょん切ったのはお父さんだったからだ。

「手術しよう」とお父さんはいった。アリサの家は貧乏だったが、当時はお父さんが競艇で一発当てたところだった。アリサはでべその手術をした。手術は二時間におよんだ。麻酔から目覚めると、アリサは普通の、わたしたちみたいな、おもしろくもなんともないへそになっていた。何の手ごたえもないお腹をなでたとき、アリサの目からは涙がこぼれた。何の涙か、自分でもわからなかった。

ママは怒った。大事な商売道具を店の許可なしに無断で処分したのだから、当然といえば当然だ。手術で切り取ったでべそをもういっぺんつけなおせといった。

そういわれても、アリサには、切り取ったでべそが今どこにあるのかもわからなかった。

「病院にあるだろ、手術した病院に」

ママがいうので、アリサはその場で病院に電話してきいてみた。

「……捨てたっていってる」

アリサは泣きそうな顔でママに報告した。

探してこい、とママは怒鳴った。見つけるまで戻ってくるな。

アリサは店を出ていき、そのまま戻ってこなかった。

アリサがせとに足を踏み入れるのは、あの日以来ということになる。近くまできて、角の電信柱のかげから店の扉をこっそり眺めていたことならあるが、へそが見つかるまで戻ってくるなといわれたからには、それ以上近づくことはできなかった。今夜、パーティーの企画がなければ、わたしたちは一生顔を合わせることはなかっただろう。

「で、見つかったの？」

カズエがきいた。わたしの持ってきたクッキーをぼりぼり食べている。

「見つかった」

「どこにあったの」

「家にあった」

とアリサはいった。

「家？　自宅？」

アリサはこくんとうなずいた。「灯台もとくらしってやつ」

「家のどこにあったの？」

「冷蔵庫のなか」

わたしとカズエは顔を見合わせた。

「今日持ってきてる？」

「もちろん」

アリサはコートの内ポケットに手を突っこんでごそごそと探ると、こたつの天板の上に黒いかたまりをころんと転がした。

「これ？」

「うん」

「さわってもいい？」

「いいけど」

わたしとカズエはその黒いものを指でつまみ上げて代わる代わるに眺めたり、においをかいだりした。

「これどこにあったの？」

「だから冷蔵庫」

「冷蔵庫のどこ？」

「野菜室」

やっぱり。

わたしとカズエは目を合わせてうなずいた。これしいたけだ。

「もういい？ 返して」

アリサが手を伸ばしてきたので、わたしは干からびたしいたけをその手のひらの上にのせた。

「やっと見つけたの。わたしのでべそ。色も形も変わってしまったけど、ママのいう通り、これがないとだめだった。これがないわたしは、わたしじゃなかった。全部、ママのいう通りだった……」

アリサはいとおしそうにしいたけを両手で包みこんで自分の頬に寄せた。

わたしとカズエは缶チューハイをごくりと飲んだ。

「もっと明るい曲ない？」

妙な空気を変えたくて、わたしはデッキに手を伸ばし、停止のボタンを押した。適当に早送りをして適当なところで止めた。再生すると流れてきたのは、昔の歌謡曲だった。

「あ、これお父さんが好きな歌」アリサがパッと顔を上げた。

花しぐれ、にじむ街並み、ヨイヨイヨイ、とおかしな合いの手を入れた。わたしとカズエは笑いながら、一緒にうろ覚えの歌詞を口ずさんだ。夕凪、うなぎ、ホイホイホイ。あはは。

せとのお客さんは歌の好きな人が多かった。うたえといわれれば、わたしたち従業員もリクエストに応じて大抵の歌はうたえるようになっていた。なかには音痴な子もいて、そういう子にはママが個別にレッスンをした。わたしの知ってるだけでも、ママのレッスンによってひどい音痴からのど自慢の予選を通過できるくらいにまで上達したのが三人いる。ユカ、アユミ、アキコ。レッスンの末にのどを潰して声が出なくなったのも三人。ヒロミ、エリ、ノリエ。

「逆じゃない？」

と、カズエ。「音痴が治ったのが、ヒロミ、エリ、ノリエで、のど潰れたのがユカ、アユミ、カオリ」

「うそ。のど自慢に出たのはメグとアカリよ」

「そっちこそ、うそ。のど自慢は予選通過しただけで本選には落ちてるし。それにちょっと待って。カズエ、あんたさっきカオリっていった？ カオリってあのカオリ？ 親指の爪がなくなった？」

「違う」

「そもそもカオリは音痴じゃないし」

「違うってば。わたしがいってるのはそのカオリじゃない。覚えてないの？ 足が臭くて音痴のカオリ」

「知らない」

「わたしも知らない。足が臭いのはミヨコでしょ。ミヨコの足は売り物になるくらい臭かった。実際、売ってたんだけど」

「わたしその人知らない」

「わたしも」

わたしたちは顔を見合わせた。何だか話がかみ合わない。しばしの沈黙。そして三人同時にプッと吹きだした。

それもそのはず。わたしたちはせとでママの手伝いをしていたけど、働いていた時期は一切かぶっていないのだ。今出た女の子の名前だって、たまたま同じ名前だったというだけで、まったくの別人という可能性のほうが高い。なにしろスナックせとの歴史は古く、数え切れないくらいの女の子が入店し、そしてクビになっていったのだから。

だけどわたしたちはお互いのことをとてもよく知っている。会ったこともない誰かのことを、昔からの一番親しい友達のように感じている。

それはママの口から語られた昔話だったり、お客さんのうわさ話だったり、女の子たちのあいだで代々語り継がれる伝説のなかに生きる人物だったりする。わたしたち三人だって、じつは今日が初対面だなんて、とても信じられない。

デッキから流れる音楽はさっきまでの陽気な曲調から一転、今度は哀愁ただようブルースに変わっていた。

「どういう選曲？」

「ママの好きな曲」

「なるほど」

「ママの誕生日だから」

「なるほどね」

「この次に流れるのがママとわたしの思い出の曲」

カズエは少しボリュームを上げた。

その曲は、ターさんの十八番だった。

「ターさんだ」アリサがぽつりとつぶやいた。

「ターさん知ってるの？」

「知ってる」

「わたしも知ってる」

ターさんは全国的にも有名なせんべいの会社の創業者だ。バラック小屋で奥さんと手焼きしていた時代から、週末にはこまめにせとに通っていた。女の子は次々と入れ替わっていくけれど、一度せとを気に入ったお客さんは、偉くなろうが落ちぶれようが、変わらずせとに通い続ける。ターさんは、ママの大切な常連さんのひとりだった。

「これ何ていう曲だっけ」

「何だっけ」

ターさんがせとにきたら必ずうたう曲。田舎でけんかに明け暮れていた男が都会に出てきて夢とチャンスをつかむ歌。曲の合間に、ウオウオウオ、ワ〜、という歌詞が四回登場する。ターさんはウオウオウオの部分をガオガオガオと変えてうたった。ワ〜の部分は、女の子たちにうたわせた。ワ〜ではなくてキャ〜とうたったほうが、ターさんは喜んだ。ターさんが爪をたてるようにして、ガオガオガオと襲いかかるポーズをとると、ソファに横一列に座らされた女の子たちが、小さくバンザイのポーズをしながら、キャ〜と一斉に体をのけぞらせるのがお決まりだった。恥ずかしがってキャ〜をしない子や、入店したばかりでタイミングがわからない子は、ここでもママの個人レッスンを受けることになった。なかには閉店後、家に帰してもらえず、次の開店時間まで延々レッスンを受けていた子もいたという。

「それ、わたし」

「カズエ?」

「うん。十七時間ぶっ通しでキャ〜のレッスン受けたの、わたし」

「大変だったね」

「まあね。だから思い出の曲なんだ」

ママはカラオケで一番大事なのは合いの手だという考えの人だった。店内にはタンバリンやマラカスやペンライトなどの、カラオケを盛り上げるための道具がひと通り揃っていたが、一番お客さんを喜ばせるのは、息の揃った合いの手だ。合いの手をおろそかにする者には容赦しない。

カズエはセリフ調の合いの手なら何の問題もなく入れることができたのだけど、のどが細いのか何なのか、高い声を使う合いの手が苦手だった。お客さんと一対一の時は出ない声を無理矢理振り絞って合いの手を入れていたが、キャ〜の時は、複数の女の子と一斉に声を出すのを良いことに、口パクでやり過ごすことが多かった。

当然、ママにはばれている。

おまえ、なぜキャ〜しない。ママはカズエの襟ぐりをつかんだ。カズエは声を出したくても出ないのだといった。ママはターさんの機嫌を損ねてはいけないと、その場ではカズエを席から外して代わりの女の子を座らせたが、店を閉めたあとにカズエにこんこんと説教をし、キャ〜の練習をするよう命じた。最初、壁に向かって声を出していたが、それだけではちっとも上達しなかった。惰性で発声練習を続けていると、突然、カウンターの向こう側から鬼があらわれ、カズエに襲いかかった。その時、カズエの口からキャアッという短い叫び声が出た。「それだ!」と、鬼のお面をはずしながらママがいった。今まででー番よかった。だが、まだまだ。長さが全然足りないし、まだ声が小さい。お店の女の子のキャ〜が本気であればあるほど、ターさんは喜ぶ。

おまえはもっとできるはずだ、とママからそういわれ、カズエのやる気に火が付いた。カズエには、そんなふうに誰かから期待をかけられた経験がなかった。

ほっぺたをつねる方法を提案したのは、カズエ本人だ。ママはその提案にのっただけ。まず、親指と人差し指の腹を使ってカズエのニキビ跡の残る頬をギュッとつねった。カズエの口から出たのはキャ〜ではなくて「イタッ」だった。次にママは爪をたててつねった。せとで働いたことのある人間なら、誰しも一度は挟まれたことがある、バラ柄のとがった爪がカズエの頬にくいこんだ。これにはクイ〜ッという声が出た。まだまだ本気のキャ〜にはほど遠かった。次に鼻をつねった。ウ〜ッという声が出た。二の腕をつねると、アーッという声が出た。たるんだ腹の肉をつねると、ぐぎぎという声が出た。乳首をつねると、ギャッという声が出た。カズエとママはハッとして、お互いに顔を見合わせた。悪くない、とママはいった。カズエもそう思った。ためしにつねる時間を長くした。長くつねれば叫び声も長くなるかと思えばそうではなかった。カズエはクッとひと声もらし、あとは歯をくいしばっていた。ママは首をかしげてしばし考えてから、こたつの部屋にいき、ペンチを手にして戻ってきた。

ママはペンチでカズエの乳首を挟むと、思いっきりひねった。ギャーッ。出た。それはキャ〜の最上級だった。試しにペンチなしで発声してみると、ちょうどいい塩梅のキャ〜になった。本番でもこのくらいのが出せれば、ターさんが大喜びするのは間違いない。

特訓の成果が試されるその週末、ターさんは店にきて、いつもの十八番をうたった。

カズエの合いの手は、結果的には成功したといえる。だが、それはママの素早いフォローのおかげだった。

じつはカズエは連日の寝食抜きの特訓ですっかり弱り切っており、ターさんがうたっている最中に居眠りをしてしまったのだ。鼻ちょうちんをふくらませているカズエに、ターさん本人は気づいていなかったが、ママは気がついた。カウンターを飛び越えてこたつの部屋からペンチをつかんで走ってくると、ターさんがガオガオガオをうたい終えるぎりぎりのところで、カズエのブラジャーをはぎ取り、手にしたペンチで乳首をぎゅううっとつねった。初めて耳にする断末魔の叫びにターさんは大いに満足し、カズエにチップをたっぷり渡して帰っていった。

よほど良い気分だったのか、最低二日以上は空けていたターさんが、次の日もせとに顔を出した。カズエとママの息はぴったりだ。ターさんは大喜び。この日もカズエにチップを渡して帰っていった。閉店後、ママとカズエはターさんが置いていった贈答用のせんべいをかじりながら、ウイスキーの水割りで乾杯した。グラスがカチリと音をたてると、カズエの乳首の痛みは不思議とどこかへ消えていった。わたしががんばればターさんが喜ぶ。ターさんが喜べばママが喜ぶ。ママの笑顔はわたしの、そしてせとで働くみんなの笑顔。

ママは常日頃から店の女の子たちに商売道具を身につけろといったけど、ギャーはカズエの立派な商売道具となっていた。だがその商売道具も、長くはもたなかった。ママの笑顔のためなら何だってできちゃいそう、そんなふうに思っていた矢先のことだ。

五月の週末、いつものようにターさんがうたい、ママがカズエの乳首をペンチで挟み、つねった瞬間、ギャーは出たのは出たのだが、ギャーと同時に「れれっ」と間の抜けたママの声が重なった。ママは握ったペンチの先を見つめていた。そして一言、

「とれた」

カズエの白いドレスの胸元が真っ赤に染まっていた。

大丈夫。カズエはそう自分にいい聞かせた。乳首は、商売道具は、まだもうひとつ残っているのだから。その一週間後のことだ。もうひとつの商売道具も、同じように失ったのは。

痛みは感じなかった。カズエはただ悲しかった。商売道具をふたつとも失ったカズエに、何が残っているだろう。何も残っていなかった。カズエはせとをクビになった。

あれからずいぶん年月が流れた。ターさんは死んだが、ターさんのせんべいは今も日本国民に愛されている。コタツの上に並べられたお菓子のなかには、ターさんの会社から出ている商品がいくつか混ざっていた。

カズエは缶チューハイの残りひと口を飲み干すと、フッとため息をついてカセットデッキに手を伸ばした。音楽はとっくに鳴り止んでいて、部屋のなかは無音だった。「B面には何が入ってるの?」巻き戻しのボタンを押そうとしているカズエに、わたしはたずねた。

何も入ってない。そういっておいて、カズエは巻き戻しのボタンを押さずに、カセットを一度取り出すと、ひっくり返してB面をセットした。再生のボタンが押されて流れてきたのは、ただの無音だった。わたしたちはしばらくのあいだ、きこえない音に耳をかたむけた。

しいたけに頬を寄せていたアリサが、何かを思い出したように、ふと顔を上げた。

「クビになったあと、どうしてた?」

わたしもそれをききたかった。

「旅に出てた」

とカズエはこたえた。

「旅?」

「うん、乳首を探す旅」

わたしとアリサはそのこたえに、アハ、と笑いかけて、口を閉じた。カズエが冗談をいったのではないことは、その目を見て理解した。

「見つかったの? その……」

「乳首? うん見つかった」

「どこにあったの?」

「それがね、きいてよ」カズエは照れたように笑った。「なんと、冷蔵庫のなか」

「冷蔵庫って、お店の?」

「ううん。自分ちの。ばかみたいでしょ。何のために今まで苦労してたんだか。パスポート取って海外までいったんだよ。初海外。でもいっくら探しても見つからなくて、あきらめて家に戻ったら、あったんだよね。牛乳冷やそうと思って冷蔵庫開けたら、ドアポケットのところに」

「今日持ってきてる?」

「もちろん。ママに見せなくちゃ。なくしたときすごく怒ってたから、見つかったっていったら許してくれると思うんだ」

「見せて」

アリサが手を差しだした。

「今? ちょっと待って」

カズエはリュックのなかを探ると、透明な袋を取りだした。こたつに置かれたその袋を見て、わたしとアリサは顔を見合わせた。袋には「カリフォルニアレーズン」と印字してあった。食べかけなのか、開いた口が輪ゴムでしばってあった。

「旅に出てるあいだに色も形も変わっちゃったけど」

「……すごくたくさんあるのね」

「乳首は二つだけよ。誰だってそうでしょ？」カズエは笑いながら輪ゴムをはずし、たくさんある粒のなかから二粒だけつまんで取りだした。「これとこれ」

コタツの上に置かれたそれはどう見てもレーズンだった。アリサはすでに興味を失ったのか、しいたけのひだの数を数えはじめている。

ママが起きたらこの二人を見て何というだろう。かわいそうにと嘆いてくれたらいいが、ママのことだから、やりなおし！といってもう一度探しにいかせるかもしれない。

時刻は夜十時を回った。わたしたちがここにきてからすでに二時間が経過した。ママはよく眠っている。そろそろ目を覚ましてくれても良いころだ。こちらはとっくに準備万端で、アリサもカズエも早くハッピバースデーをうたいたくて、そして探してきた体の一部をママに見せたくて、さっきからうずうずしているというのに。わたしはこたつからはみ出ているママの裸足の足の裏をくすぐった。起きない。

カズエがわたしの真似をして、ママのわきの下をくすぐったが、起きない。アリサもしいたけを置いて、ママの首すじに息を吹きかけたり、耳の裏側をくすぐったりした。

「起きないね」

わたしはママの両わきに手を差し入れて、ママの体をこたつのなかから引っぱりだした。ママの胸、お腹、わき腹、太もも、二の腕、手のひら、三人で約三十分間、全身くまなくくすぐり続けたが、効果はなかった。年を取ると体のあらゆる感覚が鈍るというが、その通りだ。触れても、話しかけても、顔の前でおならをしても、ママは目を覚まさなかった。

一旦休憩。アリサが店内から人数分のおしぼりを取って戻ってきた。わたしたちはママの体を囲んで座り、新しい缶チューハイを開けた。しばらくは誰も口を開かなかった。カセットデッキのテープはとっくに回転を終えている。チューハイ片手に、ボーとママの寝姿を眺めていると、自分たちが流れる時間のなかにいることを忘れてしまいそうだった。

最初に動きを見せたのはカズエだ。おもむろにこたつの上に手を伸ばすと、先ほどのレーズン二粒をつまみ取り、何を思ったか、それをママの胸の上に置いた。そっと左右に一粒ずつ、しかるべき場所に。そして「うん」とうなずいた。

そのようすを黙って見ていたアリサも、こたつの上に手を伸ばした。干からびたしいたけを両手で胸の前に持ち、一瞬ためらう素振りを見せたが、カズエと同じように、まるで献花でもするみたいに、ママのちょうどへそのあたりに、そっと置いた。

カズエとアリサはしばらくママの体を眺めていた。やがて顔を上げると、二人揃ってわたしのほうを振り向いた。

わたしは首を横に振った。見つめられても、困る。

二人はわたしから目を離さなかった。その視線に耐え切れなくて、わたしは仕方なくこたつの上に手を伸ばした。そしてたまたま近くにあった酢コンブを一枚、つまみ取った。

わたしはママの全身を見渡した。どうしよう。どこに置けばいい？　二人はわたしの指先に注目していた。迷った挙句、わたしはつまんだ酢コンブを、ママのほとんどない眉毛の上に、重ねて置いた。わたしの手の熱で湿り気を帯びた酢コンブは、ぺたりとママの肌に吸いついた。チラと二人を見ると、満足気にうなずいた。ホッとしたのと同時に、わたしのなかに意外な感情が湧き上がってきた。それは懐かしさのようなものだった。酢コンブを置いた時、わたしはハルカのことを思い出していた。

ハルカは眉毛の濃い女の子で、それが彼女の商売道具だった。ただのゲジ眉の女の子を、じゃんけんゲームの人気者に仕立て上げたのは、もちろんママだ。じゃんけんゲームのルールは単純で、女の子同士でじゃんけんをして勝ったほうが負けたほうの眉毛を剃る、ただそれだけだった。ママは女の子のなかでも特に眉毛の濃い子を選抜メンバーとして指名した。最初から眉毛のない子を使うより、そのほうが盛り上がるからだ。ハルカはいつもじゃんけんに負けていた。元は黒くて極太の眉毛の持ち主だったのが、しょっちゅう剃られているうちに、とうとう新しい毛が生えてこなくなった。

ママは怒った。しばらくはようすを見ていたが、もう二週間、つるつるの顔で出勤しているハルカに、よくその顔で毎日店に出てこれるものだとののしった。眉毛のないハルカは、ハルカではない。毛が生え揃うまで自宅待機を命じられたハルカだが、その後、店に姿をあらわすことはなかった。

ハルカもまた、失った眉毛を探す旅に出たのだろうか。

アリサがこたつの上からもう一枚、酢コンブをつまみ取った。わたしが貼りつけた左側と同じ高さになるように、左右見比べながら慎重な手つきでママの額にのせようとした。だが小刻みにふるえる酢コンブは、思った通りななめに貼りつき、ママは困っているような顔になった。

アリサが酢コンブと格闘しているあいだ、カズエは台所から乾燥ひじきとアーモンドの袋を取ってきた。アリサの横に腰を下ろすと、アーモンドを一粒、ママの閉じた右のまぶたの上にのせた。もう一粒は左まぶたの上にのせた。そしてひじきの袋をやぶり、少量だけ手に取ると、先ほどのせたアーモンドのまわりを囲むように、一本一本丁寧に並べていった。出来上がったアーモンドの瞳とひじきのまつ毛を、カズエは感慨深げに眺めていた。わたしが酢コンブの眉毛からハルカを思い出したように、カズエもまた誰かの瞳を思い出しているのかもしれない。

困り顔のママの眉毛に納得のいかないようすのアリサだったが、ある程度いじったところで、あきらめたようだ。再び台所に立ち、今度はおぼんの上に色々のせて戻ってきた。アリサと入違いにカズエも立ち上がり、やはり食料を抱えて戻ってきた。二人はもくもくとママの体に食べ物を並べていった。ママの顔は起伏の少ないのっぺりした顔なので、基本的にはうまくのせることができた。凹凸のある場所に置く時は、ピーナッツバターで土台を作ってからその上にのせた。一か所に数種類の食材が重なることもあった。たとえば酢コンブの眉毛の上に枝豆がのせられ、その上にお好みソースが絞られた。アリサが右の頰にハムをのせ、カズエが左にトマトの輪切りを置いた。ピーナッツバターを右耳にたっぷり塗ってから、アリサは冷凍のぎょうざを貼りつけた。左の耳にはカズエがすでにきくらげを貼りつけていた。お互いに腕を伸ばし手を交差させ、ぎょうざの上にきくらげを、きくらげの上にぎょうざを置いた。一度置いたレーズンをわきへどけて、左右の胸に丸餅を二つ並べて置いた。アリサのしいたけがちゃんと立つように、ここでもピーナッツバターの土台が役に立った。

すね毛のひじきが足らなくなった。わたしはひょっとしたら、と思い、店のほうのキッチンを探りにいった。案の定、戸棚の奥から業務用の袋が出てきたので、それをカズエに手渡した。

「あった！」とアリサが叫んだ。店の冷蔵庫の扉を開け、なかに頭を突っこんでいる。「シホのくちびる！」こちらに掲げて見せたのは、北海道産のたらこだった。冷蔵庫のなかからは、ほかにもユミの指やアカリの舌やナナコのあごが見つかった。

わたしが流しの下に落ちていたノリカの爪をママの爪の上に重ねて置いているあいだ、アリサはサキの髪の毛をママの頭の上にセットした。そのあいだ、カズエはピンセットを使ってエツコの体毛を一本一本マナミの皮膚に植えていくのに忙しい。ねえ、そこの、サユリの骨盤とって。わたしがいっても通じなかった。わたしにとってのそれは、他の二人からしてみればマミの心臓であり、ユカコの頭蓋骨でもあるからだ。

どのくらい時間がたっただろう。気がつけば、ママの体はせとの女の子たちの体の一部に覆われていた。それはママの体に違いないのだが、一方で、ユミの体であり、カオリの体であり、キョウコの体でもあった。もちろんアリサの体でもあり、カズエの体でもある。

アリサが赤く発光している物体を手に取った。目の前の体には、もう一分の隙もない。これを一体どこに置くのかと思っていたら、わたしの目の前に差しだした。

「わたし？」

「あんたのじゃないの？」

わたしは首を振った。「違う」

「じゃあこれ？」

カズエが両手で持っているのは、どろっとした黒いかたまりだった。

「違う」

「これは？」

茶色の液体。「違う」

「これ」

金色のハート型。「違う」

アリサとカズエは困ったように顔を見合わせた。「じゃあ、どれ？」

こたえられなかった。

わたしのなくしたものは、冷蔵庫のなかにはなかった。戸棚の奥にも、こたつの上にも、コンロと壁のすきまにもない。

「困ったな」

「一緒に探そう」

「このへんのどこかにまぎれこんでるんじゃない？」

わたしたちはトモミの太ももをどかし、クミの目玉をはずし、シオリの皮膚をめくっていった。だが、そこにはママの空洞がひろがるばかりで、わたしのなくしたものは、やはりどこにも見当たらなかった。

三人とも汗びっしょりになっていた。アリサが新しいおしぼりを取りにいき、戻ってきた。ひとまず休憩。わたしたちは何本目かの缶チューハイを開け、同時に飲んだ。

時刻は午後十一時四十五分、三十三秒。ここにきてから三時間と四十五分が経過した。いつから寝ているのか知らないが、いくら何でも起きなさすぎではないだろうか。

わたしはナツミとマキとケイコの目をどけて、ママのまぶたをこじ開けた。瞬間、瞳孔がシュッとちぢんだ。

「生きてるの?」

「まだ生きてる」

ママが目を覚ますまで待つと決めている。

時刻は午後十一時四十七分、十三秒。

時計の針を見ていたアリサが、大きなあくびをしたあと、ポリポリポリと頭をかいた。

わたしはチューハイの缶を置き、カズエの乳首に手を伸ばすと、一粒つまんで口に入れた。

カズエは一瞬、「あ」という顔をしたが、すぐに袋のなかから一粒取りだし、なくなった場所に補充した。

時刻は午後十一時五十九分、四十九秒、五十秒、五十一、五十二、五十三……。もうすぐ誕生日が終わろうとしている。

柔らかい、つるつるの毛の生えた

soft, sleek hair is growing

osanai hikari

おさないひかり

足を擦ってあなたに会いに行く。大丈夫。誰も怒っていない。まだ何も始まっていないし、まだ誰も気付いてない。まだ誰も、あなたがいることに気が付いていない。

《わたしたち》のことを考えるといつも、世界の真ん中にある大きな木の繊維のようなイメージが湧き上がってくる。ひとりひとりのわたしが糸のように細くなり、透き通り、きらきらと光っているのが分かる。少しの風で揺れて反射する。目を閉じればその反射がまぶたの裏で跳ねるように光る。みずみずしい、無数のわたしの繊維は束ねられ、もつれながら、あの幹のお腹に収まっていく。そのことを考えるととても気持ちがいい。窓を開けると、外の空気がぴゅーっと入り込んでくる。こんなのはきっと初めてじゃない。ほこりっぽい秋の始まりの風に引っかけられて、今にも何かを思い出してしまいそうだった。身ぶるいがする。熱があるのかもしれない。身体中が火照っていると感じるときでも、肩や肘を触ってみるとはっとするほど冷たい。関節のことを考える。心臓にも、関節があると誰かが言っていた。本当だろうか。左胸の辺りに手を押し当てると、奥の方で何かがとっとっとっ、と速く動いている。わたしにはつるんとしたハートのマークに矢じりが突き刺さるような恋の経験はないけれど、それでもこの小さく怯えたような臓器がわたしの気持ちの出どころだという気はとうていしない。心臓にある関節のことを考える。関節はひんやりとして気持ちなんかとは微塵も関係ないようなふりをしている。それなのに怖いとき、寂しいとき、思わず膝や肩を抱えてしまうのは、そこが何か出入り口のような役割をしていて、今の大切な気持ちが逃げ出さないように、また新しいものが入ってきて気持ちが変わってしまわないように蓋をしているのかもしれない。得体の知れないもの、まだ自分ではない、これから自分になろうとしている予感のようなものが、骨と骨のすき間から滑り込んでくる。岬のように肘を突き出していれば、誰かがそっと大切なことを教えてくれるだろうか。子供の頃、近所のお姉さんがわたしをこっそり大人の自転車に乗せてくれたことがあった。まだ補助輪の付いたキティちゃんの自転車にしか乗ったことがなかったわたしは、当然前へ漕ぎ出すより先に自転車ごと横転し、跳ね飛ばされて道路に頬を擦り付けた。熱い。膝に鋭い痛みを感じてからだを丸めて覗き込むと、大きな尖った石がわたしの左膝に突き刺さっていた。ドクンと心臓が大きく脈を打った。小さなわたしの心臓にはあまりに強い刺激で、その光景がずっとわたしのからだのどこかにこびりついて消えない。垂直に突き刺さった石と一緒にわたしの中に何かが入り込んだ。それは水道水では洗い流せない。記憶はいつでも輪っかのように過去と未来をまんべんなく覆っている。その日、夢の中で、わたしは自分の心臓を初めて見た。

心臓が止まってしまって、道の真ん中に座り込んで泣いていた。広い高速道路のような道で、アスファルトは均一な色で塗られている。わたしは寂しくて泣いていた。止まってしまった心臓が左胸の奥でつっぱって痛む。心臓はもうわたしではなくなってしまっているようだった。それが恐ろしく、あまりに寂しくて泣いていた。ふと気がつくと、回り込むようにぴかぴかの黒い車が停まっていて、後部座席の窓を開けて誰かがこちらを見ている。早く乗って。これはタクシーだよ。病院に行こう。病院に行って見てもらえば、まだ大丈夫かもしれないよ。わたしは涙を拭って車に乗り込み、その人の隣に座った。運転手はスピードを上げて広い道路を走り出す。窓には薄っぺらいパステルカラーのビル群の遠景が流れていた。陽射しが強い。夕方のようだった。いきなり、隣に座っていた人がわたしの左腕を摑み持ち上げた。どんな服を着ていたか覚えていない。わたしの脇の下には、あばら骨のあたりまで真っ赤な太い毛糸が縫い込まれていた。濡れたように赤く光っている。た。体温が上がるのが分かった。その人は躊躇なく縫い目を引っ張ってほどき、毛糸を全部取り除いてしまうと、隙間に手を差し込んだ。わたしは黙っていた。知らない人に体の中身を触られたのに、不思議と嫌な感じはしなかった。その人が男だったか女だったか思い出せない。男だと仮定しても、女だと仮定しても、体の中身を触られることを想像すると気分が悪くなってそこで記憶は途切れてしまう。もしかしたらその人は、わたしの本当によく知っている人だったのかもしれない。手首をひねって果物を収穫するように心臓を取り出すと、何も言わずにわたしに持たせた。両手ですくい上げた心臓はしっとりと冷たく、濃いピンク色で、白っぽいふわふわの短い毛に覆われていた。わたしはその心臓があまりに可愛いので、走る車の中で声を殺して泣いた。

あなたを見つけたとき、わたしはすぐに、あなたがわたしを待っていてくれたのだと分かった。風がごうごう鳴っている。気がついたときにはもうずいぶん長い間、ここへ立っていたようだった。

わたしは群の中に立っていた。それがどんな群なのか分かったのは、ずいぶんあとになってからだった。なんとなくここにいてはいけないような気がして、こっそり抜け出そうとしたことがあった。それでも群から離れることで浮かび上がるまぎれもない自分のすがたに耐えられなくなって、気がつくとここへ戻ってきてしまう。わたしの群は女の群だった。群の中から、柔らかい肌色の背中、肩にかかる髪を見ていた。濃い霧がかかっていて遠くはよく見えない。ただ黙ってじっとしていればこの群の中はとても安全で、居心地がいい。わたしには特別注目されるようなもちものもなければ、誰かを傷付けるような武器も持っていないので、わたしは群の中で守られ、無視されている。だからここにいれば安全だと分かっていて、わたしは群の中にいる。

あなたの姿が見当たらないことだけが気がかりだったけど、この群を出てしまえばまたわたしは注目され、傷付き、このからだの持ち主は誰なのかということがはっきりと分かってしまう。

薄着で湿ったような肌触りのガーゼのタオルケットに頭までくるまって、手足を伸ばしたり縮めたりしてると、全ての欲求が満たされていく感じがする。わたしのからだがかつて誰かによって決められたのだとしたら、それはきっとはてなの書かれた箱に手を入れてみるように、暗闇で壁を伝って進むように、手探りで決めたに違いない。神さまの手探り。わたしの皮膚はこのタオルケットの中で、今にも何かを思い出しそうだった。思い出そうとするとすべって逃げてしまう。こそばゆい刺激があちこちで生まれて消えていく。つるつるのむじなのような細長いからだ。ゆっくりと波打つへびのようなからだ。わたしが開いていく。むずむずする。そわそわする。生まれたとき、まだ自分が何色の赤ちゃんなのかも知らなかった頃、わたしはそれを知っていた。手足を思い切り伸ばせば、どこまでもどこまでも届くような星のからだを持っていた。生まれる前なら、いつだってあなたに会いに行くことができた。昨日のあなたにも、100年前、1000年前、10000年前、まだ海の中に広がっていたちりのようなあなたにも会いに行くことができた。何かさっきまで覚えていたはずの大切なことを、一生懸命思い出そうとしているときだけ、《わたし》はこのからだの外へ出ることができる。いつもはこぼれないように固く閉じている記憶の袋の入り口を解放して、点のように今に張り付いたからだをふやかしていく。今や過去や未来をぼんやりと覆うような薄まったかたまりになって浮かんでいる。ドーナッツの形。葉っぱの形。星の形。ハートの形。なるべく多くを忘れてしまわなくてはいけなかった。思い出すためには、まず、忘れなくてはいけない。息をひそめてじっとしている。《わたし》のことを考えるといつも、たましいだとかこころと呼ばれる透明な臓器が更にいくつもの要素に分かれていて、それらがすべて独立した小さな心臓を持っているのが分かる。その音が聞こえる。それぞれの小さな心臓は、それぞれの小さな記憶に血液を送り続けている。わたしがみちみちに詰まっている。手足が火照って夜中に何度も目が覚める。通りで喧嘩があるようで騒がしい。わたしは、決してひとつの肉体のかたまりではない。鏡の前に立つ傷だらけの裸だけが、《わたし》なのではない。わたしが生まれる前、生まれてから今まで、そしてこれからわたしが死ぬまで、死んでからずっと先のことを、全部全部知りたい。わたしたちの群はどこかへ向かっている。ゆっくりと、でも確実に。わたしたちの群はあなたに会いにいく。わたしたちはまだ間に合う。あなたがまだ大きな葉っぱの化石で、わたしがまだいなづまだった頃のこと。誰も知らない。でもみんな今にも思い出しそうだ。わたしの隠された心臓が、その記憶に血液を送り続けている。みんな忘れてしまったけど、わたしだけは覚えていること。思い出す。体を捩って、足を擦って、こそばゆい、これはダンスだ。からだはささやく。わたしは思い出す。あなたへ向かう。一筋の反射をたよりに、何万年でも、何億年でも、そこで待ってて、わたしは歩いている。わたしはまだ間に合う。

変奏

Mieko Kawakami

川上未映子

審問

死ぬことにはふたつのこわさがあるものです
消えてしまうことへのこわさ　残ってしまうことへのこわさ
どちらかをこわがる人々がそのこわさを競いあうせいで
そのどちらもこわがってはいない人たちがこれまでたくさん死んできた
おまえはどっち、どっちがこわい？

試す

本を試す、つめを試す、それから水曜日をうんと試して、まぶたのうえのくせ毛も試す。ペンを試して、鏡を試す。約束を試して全音符をしつこく試して、牛乳の薄い膜まで何度も試す。帯を試して、帽子を試す。取っ手を試す。襟足とアキレス腱と誤字脱字と十二歳の夏を試して、書き置きを試してドアを試す。腰を試して抱きしめを試して唇からでてくる言葉を試す、すごく試す、写真を試して嘘を試して、それからまた抱きしめを試して、ふたりきりで泣くのを試す。よろこびを試して虹を試して銀行を試して薄暮を試してハンガー、まくりあげたそで、シーツの冷たくなった場所を試して遡ることを試してみる。わたしの知らないあなたのこれまでの時間の縫いかたをぜんぶ試して、匂いを試す。やさしかった昼寝を試してゆるしを試して笑顔を試す、それからまた抱きしめを試して接吻を試す、ああ、接吻を試す。五年のあいだ試しつづけていちばん最後に別れを試す。

生成

——少女が去るといったい誰が困るのかしら、去れば最後、困る少女じゃないがいないというのに

——つまり、誰というより、世界に困る部分があるのです、少女は少女にだけに許された所有というわけではないのですから

——そういえば、さっきここに来る途中、少女たちがあとからあとから生えてくるのをみましたけれど、個別ではなく少女の総数が世界にとっての問題なのだというのなら、あんなに生まれてくることじたいがこたえを満たすのではないですか

——いや、あれは少女じゃなくて娘でしょう、少女と娘は似ているゆえに、それはもちろん違うものです

森へ

さよなら家、さよなら肌色、さよなら森の、さよなら信じられないことを、さよならいま少しだけ見えた猫、さよなら名前、さよならいまここから見えるすべて君を含んだこのときすべて、さよなら冬、さよなら冬、さよなら夜、さよなら好きの、さよなら雪の、さよならもう二度となれなさを、さよなら19歳の12月、さよなら紺の、さよなら森に、さよなら本当の夜がきてしまう、さよならすべての種類の小さなさけび

Kyoko Kuriki

栗木京子

夜道ゆく君と手と手が触れ合ふたび我は清くも醜くもなる

女らは中庭《パテイオ》につどひ風に告ぐ鳥籠のなかの情事のことなど

粉砂糖ひとさじ掬ひわたくしに足りないものは何ですかと問ふ

深く深く孤独に沈む入り口へ子を連れてゆく添ひ寝しながら

るす絵の鳥

Natsuko Kuroda

黒田夏子

もじを書きはじめた幼年にあてがわれたちょうめんは，軽くて小さいことではもんくなくその手に似あわしく，だからとても気にいられてつぎつぎにふえ，二十二さつにもなったのだが，四さいの書字は大きくて一ページに四もじか五もじの二ぎょうなどというところもあるし，もともとがなかばは絵で，もじは見ひらきに物の名ひとつだけのこともあり，それでもぜんぶのページがうまれば本というものになったと幼年は気がすんで，終了を示すさだめのことばと署名とでめでたくしめくくるのだった．

ほとんどがおなじ店で買われたおなじしたての品で，二つ折りにしたうすでの紙二十五まいを，いくらかあつでの紙をさらにうらうちしたひょうしとうらびょうしとのあいだにそろえかさね，右がわの綴じしろにたてに四つ並べた針あなに絹の色いとを通しては背からまわしてまた通し，つぎの針あなに進む，いわゆる四つ目とじの形式だったが，一さつづつ絵がらのちがうおおむね四しょくの木版ずりのひょうしは，左上寄りに貼られたたんざく型の題箋のとりどりの色と，やはりとりどりの綴じ糸の色もくわわってこまごまとにぎわしく，ひいきのじゅんに並べたり，たてよこさまざまに敷きつめて配色をためしたりする幼年の手ゆびを，しなやかな持ちごこちでも甘くあやした．

綴じ糸がどの色もみなおぼつかないむぎわらいろにあせてしまった年月ののちに見わたした者は，そのひょうし絵の半数ほどが江戸期からつたわる踊りの演目にちなんでいることにあらためて気づき，劇場などえんのなかった当時の四さいにとって，それら日常で見かけるはずのない物体たちはなぞでしかなかったろうにと，それでいてそうした違和感の記憶がいっこう伴わないのを二重にあやしんだが，中をめくっていくうち，稚拙ながらもそれらを手にしたり身につけたりして踊っているとわかるにんぎょうの絵がひとつならず見つかって，あんしんしたような，いくらかはうらぎられたようななっとくをした．土や木や布や紙や，大小もさまざまだが，にんぎょうとしてならばたしかに身ちかにあったのだし，季節を問わず二代まえの者のへやにかざられていた一だーすほどの縮尺羽子板群の押し絵の中にも，おもいあたる被りものや採りものはあった．そして二代まえの者はそれらの多くを役の名でよびならわしていたから，それが人物をさすのだか笠だの桶だの紋どころだのをさすのだかおぼろなままに幼年もそうよんで，そのごに見聞きしたことですこしづつおぎないととのえていった概念の把っ手にだけはすでになじんでいたのだったと，わすれていた年月をとびこして幼年にからかわれているようでもあった．

ちょうめんの一さつを受け持たされた二代まえの者や養育がかりが，うめたり，うめだしてとちゅうから白いままになったのもいくさつかあった．絵本のここと ここの模写をとか，あの歌詞を五ばんまでとばさずにとか幼年から指令されてのページもあれば，おなじ卓で色えんぴつを取り合い待ち合いしていそしんでいれば幼年のきげんがいいので，おもいつく花や鳥を描いたり，そこらにあるあそびどうぐを写生したりするうち，ながらく描画とむえんにすごしてきたあと，やってみればおとなの目と手でそれなりにさまになるとだんだん興じてきて，またおとなふたり，あいてのがおもいのほか巧みに見えでもしてか，四さい児の賛嘆をめぐってついほんきになってしまったようなねんいりなページもあったりした．

幼年がもっと長い文章を書きはじめるまでの百にちかそこらに集中しているため，中を見てもあとさきの決め手はとぼしいが，はじめてもたらされたのがどれだったかはずっとまぎれずにおぼえられていて，けっきょく幼年はそれがいちばん好きでもあったかもしれない．

大きな川の流れをあらわすらしい不規則な水いろの線がひょうしの右から左へなだらかにかしいで，くちばしだけ紅く尾さきだけ黒い，しずく形に図案化された白い水禽が一わ浮き，落花があしらわれている．幼年がよろこびそうな小さなちょうめんをさがしていた老年が，まずは芝居などとからめなくてもいい図がらをえらんだのか，かんりゃくで白が多くていかにも明るい．

買い帰って手わたした老年は，問われるまではとくにことばにしてみなかった鳥の名を川の名を反射的にこたえ，幼年はそのままおぼえこんだのだが，十ねんぐらいもして集団教育の机でその名にゆきあたったとき，そこが東の地圏なのだか西の地圏なのだか望郷のねじれにふみまよってしまい，さらに，註釈人によれば川の所在には異説もあること，いっぽうおぼえこんでいた名の川にはよく知られた近代の花の曲もまつわるのだが，机上にひろげた平安期の文章は前後からしてその花の季節ではなく，すくなくとも濃いむらさきに群れ咲く水辺の多年草よりもあとのことらしいとなって，いくえにも情景をもつらせてしまった．

綴じ糸のどれもがむぎわらいろにあせてから両ほうの時点をおもいかさねてみた者は，ひょうし絵のうち，生きものがいるのはその一さつだけなのにもいまさら気づき，しかしその鳥はふうけいのぶぶんであって，川ぶねの漕ぎ手にたずねて知ったその名に興じて歌を詠んだ者のすがたは描かれていない，つまりひょうし絵すべては不在の人物を想定していること，そして，まつわるいきさつなどいっこう知らなかった往時にも，惹かれていたのはその不在だったのだとも気づいて，ようやくそこにとどいたかと幼年にからかわれているようでもあった．

＊

幼年の手のひらに立つほどの縮尺であれば実用のれんそうからはほとんど切れているとはいえ，こしかけががらす製なのはあまりにあやうげではないのか，食器か花器ならじんじょうだし，発色がきれいで洗えもするので置きものとしてならなにをかたどってもいいようなものだが，人の重さをささえる家具とはがらす職人の気まぐれなあそびとも見えた．

こしかけのひながたならほかにもあって，木と布のひじかけいすもどきなどは，はじめに円卓のまわりに配する六きゃくがもたらされたところ，幼年が同形同大のたくさんを並べることにおもいがけないきょうみを示したため，つぎの機会には店おくにあっただけ買われてきて十五きゃくにおよんだ．こーひーいろに塗った厚さ五みりほどの板を組み，背もたれから座めんにつづけて布を糊づけしただけの造りだが，その紅梅いろ地に散った黒い線描の図がらが弦楽器と管楽器だったせいで，行ったこともない演奏会の客席がしつらえられたりした．弧に並べるのをおもいついて，三つ五つ七つと扇じょうにうしろへひろがる三れつにととのえる配置があきずにくりかえされたこともあった．かんじんの音源には，いすひとつよりも小さいけんばん楽器しかなかったのだが，いつ見かじった絵だったのかしゃしんだったのか，いすの列からは遠いのだとして気がすんでいたようだ．

もっと小ぶりな，くりーむいろの二きゃくはおなじ色の箱型の小卓と組んでいて，やはり箱型のいすの下部がそのまま垂直に立ちあがった背もたれはすこしもらくそうではなかったが，山吹いろと桃いろと少量のわかばいろとがこまかくいりまじりにじみあった座めんだけは詰めわたで優しくふくらんでいた．また，ずっと大ぶりで，ゆかからの高さとの比率からすれば三にんぐらい並べそうな，ひとりならよこたわれそうな抹茶いろのびろーどばりがあって，布すそには切りそろえられたぞうげいろのりりやんがゆれたゆたい，かざり彫りのある栗いろの脚が四すみにのぞいていた．そろいのかざり彫りをびろーどで巻いた円筒が両端にのって，ひじのせか枕になりそうだが，そふぁというには背もたれを欠き，寝台というにははばがせまく，ふだんはむしろ棚の上の棚として小さいぬいぐるみるいをのせたり立てかけたりに使われていた.

青いがらすのこしかけは，そうしたどれともつりあわなかったのだが，ひと目で気にいられて，しばしばあまりかんれんのない情景のかたわらにもすえられた．あらためておとなたちに言われるまでもなく，きわめてこわれやすく，こわれるとてもあぶない材質としょうちされていたから，棚にしまうにも，ほかのなにかがたおれかからないあたりにと気づかわれた．ほそくて長い四ほんの脚が円形の座めん枠をささえ，その円形の枠の中と，すこし反った背もたれの馬蹄形の枠の中とは，ごくこまかな，それでもこしかけぜんたいとの比率としてはやはりどうにも大きすぎる籠目じょうになっていて，たぶん籐などで編んだ類型をがらすで摸そうとしたのだったろう.

二代まえの者の死にかさなって集団教育にかよいはじめた六さいは，またかさなって敷地まえの道での集団あそびにもまじるようになった．もう一ねんぐらい早くからそうしている同年たちもあったのだが，老年と幼年とのせわをかねていた養育がかりには両ほうとも家うちにいるのがらくでもありあんしんでもあり，幼年も馴れたありかたにふまんもないまま，植えこみごしにとどく声のかたまりをよそごとと聞きながしてきたのだが，集団教育からいっしょに帰ってきたなかまからあとでまたここであそぼうと当然のこととしてさそわれればそれがしぜんななりゆきだった．それでもはじめのしばらくは，自家の垣からあまり離れないあたりであそびかたをながめていたり，そんなときなにかひとつ自家から持って出たあそびどうぐを，それであそぶのでもなく手にしていたりするのが見かけられた.

青いがらすのこしかけが持って出られたのは，もう手なれたなにかにさわっていたいなどということはなく，だがまだそんな習性が消えのこっていていぶかられもしないというくらいのころか，むしろただ，きれいだとほめられたかっただけかもしれない．持ちぬしには見なれたあれこれがことのほかめずらしがられたことがそれまでにもなんどかあって，じじつそれも，とりわけ年かさの者たちの手から手へわたり，たてからよこから日に透かされ日にきらめかせられたので，意図はじゅうぶん果たされたのだったが，つぎのあそびにくわわるため隣家の石垣にのせておいたあと，そこにもどると消えていた．おきばをおぼえちがえたか，だれかがおきうつしたかと目だたないようにさがしたが見あたらなくて，しかしそう言ったらだれかがこまらないか，持ち去るつもりなどなく手に取った者がつい石の上にたおして欠けでもして，あやまるのがわずらわしくて片づけてしまったかなどとさまざまにかんがえて，けっきょく六さい児はだまったままに日がかしいだ．

知らないかとだれかひとりにでもききさえしたら，あそこにとおしえる声があがって，どうということもなく無疵で手に返ったのかもしれないし，そのほうがだれかもうひとりの気もかるくしたのかもしれないのにそうしなかったのは，大半が年うえである者たちへの気おくれもあったとしても，むしろおもちゃひとつにこだわっているとおもわれたくない見え，とてもきれいなものをさりげなく持っているとおもわせたままにしておきたい見えだったか，どのみち人目にさらさなければうしなわれることはけしてなかったのだからことのおこりはじぶんの見えだったのだとだまってやりすごしたその日も，そろそろは夏にかかる甘い匂いで昏れた．

*

常緑針葉樹のひとむらというだけなら，まずはめでたさとか，めでたいとされている，一ねんの日かずがかぞえなおされるころおいのあらたまった寒冷とかがただよいだしそうでもあるが，ごくかんたんな色おきながらに幹も大えだも海かぜにくねって，手まえ右すみの波の色に向いてみだれがちに並び，遠ぞらに小さな台形の山容がひとつとそろえば，たちまち磯の香があたたまって波おとが寄せ返し，飛び去った者の優しいけはいと飛び去られた者の呆然とが白砂のうつろに照り返される．

咲きみちた花木のつらなりというだけなら季節を示すにすぎなくても，人ひとりこもれる大つりがねと，華やかなふちぬのをまわしたきんいろの立てえぼしがあしらわれるなら，または大つりがねのかわりに小つづみ，立てえぼしのかわりに旅の笠と杖なら，にわかにそれぞれの妖しい白昼夢がたぐりだされる．

もじを書きはじめた幼年に，るす絵びょうしの小さなちょうめん二十二さつを買い帰ったあたりでやおら老年の体力はほそってきて，二代あとへのひきつぎの日子はおそらくもくろみより早めにたりなくなった．それでも，のちの知見で茂らせていけるたねだけは蒔かれなかったではなく，書物についてならもういくらかあとまでの添え木も遺されないではなかった．

大きな街に出て店店をあさりあるく脚力の急なおとろえにあせった老年が，まだもっぱら絵本を読んでいた幼年のために先ばしって買いおいたひとかさは，老年の死による家うちの底ゆれがあいまいにおさまってなおしばらくしてから養育がかりによっておもいおこされ，幼年専用の棚へと移されたが，そこには，異文化圏の口承を異言語で語りかえしたものを，さらに抄訳し潤色した独特の語りくちの百話ほどもふくまれていた．ただし，もとの年少者むけの個別の刊本をまとめなおした五かん本で，つめこまれた細字が七さい児八さい児にはいささかうっとうしかったから，話群は巻頭からじゅんにではなく，とりつきやすそうなのをえらんでとびとびに読まれた．そしてその読みかたがことさら強めたいんしょうだったようでもあるが，それらはとりどりの文化圏にゆらいするおもいがけない登場者や風俗で小児をひきつけるとともに，それでいながらの意外な似かよいによっても小児をひきつけたのだった．

ひとり子か，きょうだいがあってもそのうちのひとりだけが，予測のつかない旅に出なければならない．なぞの援助者があらわれてつきそうが，それら物言う獣や物言う鳥は魔法によってすがたを変えられている賢者勇者で，未熟な冒険者に目的をとげさせたのちみずからも呪いを解かれて復権する．途次，難題や試練がくりかえされるのはかならず三どといった運びの定則がなじまれた．

旅の道にきんいろの羽が落ちている．ひろおうとして，物言う馬にとめられる．すこし行くとまた落ちていてまたとめられる．ひろうとよくないことがおこるというのだが，ひときわみごとな三まい目はとめられてもひろわずにはいられなくて，一まいひろったからはと，けっきょくさかのぼって三まいともひろってしまう．そして一まいづつなら羽は羽だったのだが，三まいが手のうちにそろうや美しい幻像がたちあらわれ，やがてその羽のぬしである巨きなきんいろの鳥のために三たびの艱難をしのがなければならない．

青いがらすのこしかけがうしなわれたうえは，旅に出てきんいろの羽をひろいそろえるほかないと，それはかくごというよりはいわれのないむこうみずにすぎなかったろうが，話群の多くは，それらを遺贈していった者のひそかなそそのかしとして読まれた．

大つごもり

Ichiyo Higuchi

樋口一葉
訳＝川上未映子

（上）

井戸には滑車がついていて綱の長さは二十二メートル、台所は北向きで、師走のからっ風がひゅうひゅう吹き抜けてすごく寒い、ああ耐えられない、とたったの一分かまどの火で暖をとってもまるで一時間そうしていたみたいに思いっきり叱られる、女中っていうのはつらいもんだわ、ここを紹介してくれた口入れ屋の婆さまが最初に言っていたのは、子どもは男女で六人、でもふだん家にいるのは長男と末のふたりの娘だけ、奥さんは気まぐれなところがあるけれど、こつを覚えて慣れてしまえばなんてことない、つまりおだてに乗りやすい性格だから、おまえさんの出方ひとつで色んな融通も効くだろう、町内一の金持ちだけど、町内一のけちでもあって、でもまあさいわい旦那が甘いから、小遣いくらいなら貰えるはずだよ、いやになったらわたしに葉書を一枚寄越せばいい、あれこれごちゃごちゃ書く必要はないからね、どこか他所を探してくれというなら探してやるし、どっちにしたって女中の仕事はつまるところ、表と裏の使いわけ——なんて聞かされて、この人言うよね、と思ったけれど、でも何事も心の持ちようで、それにまたこの婆さまのお世話になるのはいやだし、働くってことが大事なんだと思って努力すれば気に入られないこともないだろうって覚悟したら、こんな鬼みたいな主人に仕えることになってしまった。

あれは初めて会ってから三日後のこと、七歳になるお嬢ちゃんの踊りのおさらいが午後にある、体を磨きあげて仕度をするからそのために朝湯をわかしておけと言いつけられた霜も氷る明けがたに、温かい寝床から奥さんが灰吹きをたたいて、ほらほら、なんて呼ぶもんだから、目覚まし時計が鳴るよりどきっとして、二言目には帯をしめるより先にきびきび動いて襷をかけて、井戸端に出てみればまだ月の光が流しに長く尾をひいて、肌を刺すような風の冷たさにさっきまでみてた夢なんか吹き飛ぶからね、風呂は作りつけで大きくはないけど、ふたつの手桶にあふれるほど水を汲んで、十三回は入れなくちゃならない、この寒いのに汗だくになって運んでるうちに歯が歪んだ水仕事用の下駄の鼻緒がぐずぐずになって、指を浮かせなきゃ履けなくなって、そのまま重い物を持ったもんだから、足元ふらつき、流しの下の氷で、あっと言う間もなく滑ってころりん、横に転んで井戸に向こう脛をいやというほどぶっつけて、信じられない、雪もうらやむ白い肌に生々しい紫色の痣がついてしまった、転んだ拍子に手桶を投げ出し、ひとつは無事でひとつは底抜け、この桶いったいいくらしたのかは知らないけれど、財産でもなくしたみたいにきっと奥さん額に青筋たてるわ、朝食の支度をしてるときもこっちを睨むわ、一日だんまり口も利かないわ、さらに一日たってからねちっこく、この家にあるものはただではないの、主人の物だからって粗末にしていいと思ったら罰が当たりますからね、なんてお説教をくりかえし、お客が来るたびに昨日の失敗を言いふらすもんだから、小さな心は傷ついて、それからはひとつひとつ念入りにやって失敗することもなくなった、世間には女をこき使う人は多いけれど、山村家ほど女の入れ替わる家もない、一月にふたりなんて当たりまえ、三、四日で帰ったのもいれば一晩で逃げだしたのもいるし、ふだん袖ぐちから手を出さない奥さんが自分でいちいち指折り数えたりなんかしたら、それだけで袖ぐちが擦り切れる、それを思えば、お峰はえらい、あの子にひどい仕打ちをしたらすぐに天罰が下るだろうし、いくら東京が広いといっても今後は山村家で働く女はいなくなる、感心する、心がけが見事だわ、なんて褒める人もいたけれど、男の人たちが揃って言うには、なんといっても美人だから言うことなし。

秋からたったひとりの伯父が病気で倒れ、商売の八百屋の店もたたんで、おなじ町内の裏屋住まいになった話は聞いていたけど、気難しい主人のもと、給料は前借り、この身を売ったのとおなじだし、見舞いに行きたいとも言いだせない、お使いに出たちょっとの間でも時計を見つめて、あそこだったらどれくらいで帰ってこられる、なんて細かく厳しく計っているし、いっそ抜け駆けしてやろうなんて思ってみても、悪い評判はすぐに知れ渡るというし、そうなったらこれまでの苦労が水の泡、くびになったらそれこそ病気の伯父に心配かけるし、困窮してる伯父一家に一日だって厄介かけるのは気の毒だし、そのうちきっとどうにかしようと手紙だけは書きつづけ、仕方のないまま日々を送った。師走に世間はあたふたしていて、娘たちは衣装をあれこれ選んで着飾って、というのもおとといから、面白いと評判の芝居も新作の演目がでそろって、ぜったい見逃したくないと娘たちが大騒ぎして、それで珍しく一家総出で観に行くことになった十五日、ふだんなら喜んでお供をするけど、父母を亡くして自分にとってはたったひとりの身内が病気で臥っているというのに、お見舞いにもゆかないで、遊びにいくなんてそんなことはできないし、奥さまのご機嫌を損ねたらそれまでよと、お芝居を遠慮するかわりにお暇をいただけないかと思いきってお願いしたら、さすがに日頃の頑張りのせいもあったのか、一日が経ってその次の日、早く行って早く帰ってこい、とお許しがでた、けれど気分屋の奥さまのこと、気が変わられちゃかなわないから、ありがとうございます、と言うが早いか人力車に乗って、小石川はまだかまだかとじりじりしていた。

初音町といえば品のよさそうな感じがするけど、じつは世を嘆く鳥の住む貧乏町で、正直者の安兵衛なんていわれている人がいて、正直者の頭には神が宿るなんてことわざそのまま、大きなやかんみたいな頭をぴかぴかさせて、それを目印に田町から菊坂あたりにかけて茄子や大根を売っていたんだけれども、少ない元手でやりくりするからあるのは安くて量の多いものばっかりで、船の器に盛ったきゅうりも、藁に包んだ松茸の初物なんてのもない、八百安で売ってるものは絵に描いたみたいにいつでもいっしょと笑われるけれど、お得意さんはありがたくって、なんとか親子三人が食べて暮らし、八歳になる息子の三之助を貧民学校に通わせたりしていたけれど、世間のつらさも身に染みる秋の九月の終わりごろ、急に風が冷たく感じられるようになった朝、神田で仕入れた荷を家にかつぎこむとそのまま発熱、それから神経痛にやられてしまい、三ヶ月が経った今も商売はできないままで、生活をきりつめ、しまいには秤まで売り払う羽目になり、店をたたむしかなくなった、人の目を気にして恥ずかしがってもしょうがないし、そのときが来たらまた商売を再開させるつもりで家賃五十銭の裏屋に引っ越したのはいいけれど、荷物なんて片手で充分、車に乗せたのは病人だけというなんとも惨めなありさまで、けっきょくおなじ町の隅っこに引っ込んだ。お峰は車から降りて、そこここ訪ねてまわっていると、凧や紙風船なんかを軒につるした子ども相手の駄菓子屋の前に、もしかしたら三之助がいるかもしれないと覗いてみたけど姿はなくてがっかりして、なんとなく人の行き来を眺めると、向こう側の道を痩せっぽちの子どもが薬瓶を持って歩いていく後ろ姿が見える、三之助にしては背が高く、ちょっと痩せすぎじゃないかと思ったけれど、どうにも似ている気がするもんだから、つかつか駆け寄って顔を覗き込むと、やあ姉さん、あれ、やっぱり三ちゃんだったのか、いいとこで会ったわ、なんて言って一緒に歩いて酒屋と芋屋の奥深く、どぶ板ががたがたする暗い路地裏に入っていくと、三之助は先に走って、父さん、母さん、姉さんを連れて帰ったよ、と門口から呼び立てた。

なに、お峰がきたか、と安兵衛が起きあがると、妻は内職の手をとめて、まあまあこれは珍しい、なんて手をにぎる勢いで大喜び、中を見ると六畳一間に戸棚がひとつ、簞笥や長持なんて最初からない家ではあるけれど、見慣れた長火鉢はどこにもないし、今戸焼の四角い入れ物をおなじ形の箱に入れてるものがあって、それが唯一の家具らしく、聞けば米びつもないなんて、こんな悲しいことってある？　師走の空の下でお芝居を楽しんでる人もいるっていうのに、思わずお峰は涙ぐみ、風が寒いから横になったままでいてと、堅焼きせんべいみたいなぺらぺらの布団を伯父の肩にかけ、本当に本当に大変だったんだね、伯母さんも痩せたみたいだし、心労で伯母さんまで病気になったりしないでね、それでも少しずつでもよくはなっているのかな、手紙で様子は聞いてたけれど、ちゃんとこの目で確かめないと心配で、暇になるのを待ちに待って今日こうして来たけれど、家なんて、そんなのどうでもいいんだから、伯父さんが元気になってお店を再開すれば問題ないもの、一日も早く快くなって、伯父さんに何か持ってこようと思ったんだけれども、けっこう遠いし慌てていたしで、車もなんだかのろのろしていて、伯父さんの好きな飴屋さんも見逃しちゃった、これはね、わたしの小遣いの残り、あちらの麴町のご親戚がうちに来たとき、そこのお婆さんの腰痛がでて苦しんでいたから夜じゅう腰を揉んであげたら、前掛けでも買ってねとくれたものなの、なんだかんだいって山村家はお堅いけれど、でもよその人がよくしてくれるから、伯父さん喜んでね、働きにくいことはないの、この巾着も、半襟も、みんなぜんぶもらいもので、この半襟はちょっとわたしには地味だから伯母さん使って、巾着もちょっと形を変えたら三之助のお弁当袋に使えるし、それで学校には行ってるの、姉さんに書いたの見せてごらん、とお峰は一気にしゃべった。七歳のとき、父親が得意先の蔵の普請で足場にのぼり、中塗りのこてを持ったまま、下にいる使用人にものをいいつけようと振りむいたそのとき、その日は仏滅だったのか、長年慣れているはずの足場から落ちたところが運悪く模様替えの最中で、積まれた敷石の角にいやというほど頭をぶつけて、あれまそれでいっかんのおわり、四十二歳の前厄だわ、とあとになってみんな同情した、母は安兵衛のきょうだいだからお峰とふたり、そこに引き取られたけれど、その二年後に母が大風邪をこじらせて亡くなってしまってからは安兵衛夫婦を親と思って生きてきて、その恩は十八歳になる今日の日まで忘れたことはない、姉さんと呼ばれて三之助は弟みたいに可愛いし、こっちにおいでと呼んで背中を撫でて顔を覗いて、お父さんが病気で淋しくてつらいよね、もうすぐお正月も来るしね、姉さんが何か買ってあげるからね、お母さんに無理言わないでねと諭すと、困らせるどころか、お峰きいてくれよ、八歳にしちゃ体は大きいし力もある、おれが寝込んでからは稼ぎ手はないのに金だけは出ていく、うちが苦しいのを見かねて、干物屋の野郎と一緒にしじみを歩けるだけ売って歩いて、野郎が八銭売ったら、三之助は必ず十銭は稼ぐんだ、お天道さんがやつの孝行を見てるのかもな、とにかく薬代は三之助が稼いでくれる、お峰、褒めてやってくれな、と布団をかぶって涙声になっている。学校が大好きで、今まで世話を焼かせたことはないし、朝飯を食べたらさっと出て行って三時の下校でも寄り道もしない、自慢じゃないけれど、先生にも褒められるこんな子に、貧乏のせいでしじみを担がせて、この寒いのに小さな足にわらじを履かせるしかない親心、どうかわかってほしいと伯母さんも涙を流す。お峰は三之助を抱きしめると、こんな親孝行な子、どこにもいないよ、体が大きいからって八歳は八歳、天秤を担いで肩は痛くないか、足にわらじずれはできないか、ごめんな、今日からここに帰ってきて伯父さんの看病もするし暮らしも助ける、知らなかったとはいっても、今朝までつるべの縄の氷を冷たいなんて言ってたのが恥ずかしいわ、学校に通う年の子にしじみを担がせて姉が長い着物なんかを着られるもんか、伯父さん、暇をとってほしい、わたしもう奉公やめるわ、と泣きじゃくった。ほろほろと泣いているのを気づかれないように、うつむいてじっとしている三之助の肩を見れば、縫い目は破れて、そこに天秤を担いでるんだと思うとあまりにつらい、やめると言うお峰に安兵衛が言うには、それはだめだそれはよくない、おまえの気持ちは嬉しいけれど、たとえ帰ってきたところで女の稼ぎはいくらにもならない、それにあちらには前借りをしている分もある、それっ、と言って帰れるもんじゃない、最初が肝心、我慢できないで帰ったと思われちゃいけない、主人を大事に思って頑張ってくれ、おれの病気だってそんなに長びくわけじゃない、少し快くなれば気も張って、そしたら商売もできるようになる、ああ、今年も残り半月だ、これが過ぎて新年になればきっといいこともあるだろう。なにごとも辛抱、三之助も辛抱してくれ、お峰も辛抱してくれと涙をこらえる。せっかく来てくれたのにご馳走はできないけれど、おまえの好きな今川焼、里芋の煮転がし、たくさんお食べな、と言われてうれしくなる、苦労はかけたくないんだけれど、大晦日もすぐそこに、どうしようもなく困って胸を痛めているのは、病気よりも借金だ、そもそもおれが寝込んだとき、田町の高利貸しから三ヶ月の期限つきで十円を借り、そのうち一円五十銭は利子で引かれて残ったのは八円五十銭、九月の末に借りたから今月が約束の期日だけれど、こんな暮らしじゃどうにもならない、額をつきあわせて相談する妻は指先から血を流しながら内職をしても日に十銭の稼ぎにもならない、こんな話を三之助にしてもやっぱりどうにもなりはしない、お峰の主人は白金の台町に大きな貸長屋を持っていて、そこの家賃でいつもいい服を着ている、おれは一度、お峰に用事があって門まで行ったことがあるけれど、千円出してもできない立派な土蔵造りで、こんな金持ちがあるのかと羨ましく思ったけれど、その主人に一年仕えて、気に入ってもらえているのなら、もしかしたら少しなら頼みをきいてくれるかもしれない、今月末、借用書を書き換えるように泣きついて、利子の一円五十銭を払えたら、三ヶ月は待ってもらえる、欲張っているように聞こえるかもしれないけれど、道で売ってる餅を買ってでも正月の三が日に雑煮の箸を持たせてやれなかったなら、三之助はこれからなのに親がいない子も同然だ、大晦日までになんとか二円、言いにくいだろうけれど、主人になんとか都合してもらうことはできないだろうかと言う安兵衛に、しばらく考えていたお峰は、わかった、頼んでみる、難しかったら給料から前借りしたいと頼んでみる、お金って外からみるのと実際のところは色々と違うもんだけど、そう大金ってわけじゃないし、それでうまくいくんなら理由を話してきいてもらえるようにやってみるよ、とにかく奥さまの機嫌を損ねちゃ元も子もないから、今日のところはもう帰るね、つぎに休みがもらえるのはお正月すぎ、その頃にはみんなで笑っていたいよね、と引き受けた。お金はどうやって受けとる？　三之助をもらいにやらせようか、うん、そうして、ふだんでも忙しいのに大晦日なんてちょっとの時間もないだろうし、遠くてかわいそうだけど、じゃ、三ちゃんを頼みます、昼になる前には必ず用意しておくようにするからね、と約束をしてお峰は帰った。

（下）

石之助という山村家の長男は、母親が違うので父親からの愛情も薄い、この子は養子に出して妹の中から家督を継がせる、なんて計画を十年前に知ってから、石之助としては面白くない、今どき勘当されることもないだろうと、やりたい放題遊びまわって、継母を泣かせてやろうと父のことも忘れて十五歳の春から不良をやっている、味のある男前で目つきも冴えてる、色は黒いけれどいい感じ、そんなふうにまわりの女の子たちの噂になってはいたけれど、品川の遊郭に行って女に溺れるでもなくさんざん騒ぎ、夜中に車を飛ばして車町の不良連中を叩き起こして、酒を買えよ、肴を買えよと、財布をはたいて無茶をして遊ぶ、こんなのに相続なんかさせたりしたら石油の蔵に火を入れるようなものですわ、財産は煙みたいに消えてしまって残されたわたしたちにどうしろと、妹たちもあまりに不憫、と継母は父親にうったえる、でもなあ、そうはいっても、こんなどうしようもないどら息子を養子にもらってくれるような人がいるわけないし、とにかく財産を少しやって、戸籍を分けて隠居させる手はずでいこうと内々の相談で決めていたけれど、本人は聞き流し、おれがそんな手に乗るわけないだろ、いいかおれの取り分は一万円、生活費は毎月よこせ、それからおれの遊びにも口出しするな、親父が死んだらおれが代わりだ、かまどの神さんに供える松一本買うにも尊敬するこの兄上の許しが必要なんだよ、それがちゃんとわかってるなら別戸籍の主人になってやってもいいぜ、ただしこの家のために働くも働かないのもおれの自由、この条件でいいんなら、あんたらの言うとおりにしてやるよ、こんな嫌がらせを言って困らせていたけれど、山村家は絶好調、去年に比べて長屋も増えたし儲けは倍になっているはず、なんて家についての噂をきいて、笑わせんなよ、そんなに貯めこんで誰のものにする気でいるんだ、火事は燈明皿から出るんだろ、見ろよ、この家の跡取りを名乗ってる火の玉がここにこうして転がってんだよ、山村の財産そっくり巻きあげて、おまえらに最高の正月迎えさせてやろうか、ええ、なんてふきあげて、伊皿子あたりの貧乏人を喜ばせ、大晦日に大酒を飲む場所までもう決めている。

兄さんが帰ってきた、と言うと妹たちはこわがってまるで腫れ物みたいに寄りつかず、なんでもかんでも言ったとおりになるもんだから、石之助は一段と図に乗り調子に乗って、こたつに足をつっこんだまま、酔い冷ましの水を持ってこいとやりたい放題、憎たらしいと思っても、継子であってもさすがに親子、母親はぐっとこらえて呑み込んで、風邪をひかないようにどてらやなんや、枕までもあてがって、人にやられると雑になるからね、なんて言いながら節約をしているのをこれみよがしに見せつけて、明日のためのごまめをむしる。正午が近づき、お峰は伯父との約束が心配になって、奥さまのご機嫌を伺うそんな余裕もないままに、ちょっと手があいた隙に頭にかぶった手ぬぐいをとり、こないだからお願いしている件なんですが、こんな忙しいときにすみません、今日の昼すぎには向こうに持っていかないとまずいんです、用立てていただけるのなら伯父も幸い、わたしもうれしく思います、この御恩は一生忘れませんから、と手をすりすり頼んでみた、最初にこの話を切りだしたとき、あやふやながらも、まあいいでしょうと言ってくれた言葉を頼りに、気分屋の奥さまのこと、下手に念押しなんかして、かえってうるさがられたら困ると今日まで言わずに我慢していたけれど、伯父と約束している大晦日の昼前になっても、忘れているのか、何にも言ってくれないので不安になる、奥さんにはどうでもよくてもこっちにとっては一大事、言いにくいのを思いきって尋ねたら、奥さんはびっくりしたような顔をして、それはいったい何のこと、そういえばあんたの伯父さんが病気になって借金がどうのという話はきいたけど、今すぐこっちが立て替えるとかそういうことは言ってないはず、あんたの聞きまちがいじゃあないの、わたしにはまったく覚えがないけど、ああ、そうだった、これがこの人、いつもの手、って気づいたところで、もはや手遅れ。

花紅葉の模様も美しく仕立てた娘たちの晴れ着を、襟をそろえたり裾をかさねたりして一緒に眺めて楽しみたいのに、邪魔な長男の目がうっとうしい、早く出て行け、さっといなくなれ、口には出さなくても、生まれ持っての癇癪をおさえることもできず、徳のある坊さんがご覧になれば、体は炎と煙に包まれ、心はほとんど狂いそう、よりによって借金の話なんてそれはそのまま毒になる、まあ適当に返事をした覚えはあるけど、そんなの構っちゃいられない、あんたの聞きまちがいでしょうよ、と煙草の煙を輪っかにふかして、知らんぷり。

大金でもあるまいし、たったの二円、自分で承知しておきながら十日もたたないうちにやきが回ったんじゃないでしょうね、ほら、あのかけ硯の引き出しにはまっさらな札束があるじゃない、十円か二十円はあるでしょうよ、ぜんぶなんてそんなことは言ってない、そのうちのせめて二枚、たった二枚、わたしが頼んでいるのはそれだけで、それさえあれば伯父も喜んで伯母も笑って、三之助に雑煮の箸も持たせてやれる、そう思えば思うほど、あの金がなんとしても欲しくなる、恨んでやる、悔しすぎて言葉もない、けれども日頃おとなしくしている身としては理詰めでやりこめる術もなく、すごすごと台所に立ってみれば正午を知らせる号砲が、ああ、こんなときはなんとも言えず、胸にくる。

お母さん、すぐに来てください、朝から陣痛が始まって、午後には生まれそうなんです、初産だから旦那さんもあわてるばかりでどうにもなりません、お産のことを知ってる老人もいない家だから混乱しちゃってものすごいんです、どうか今すぐに来てください、と生きるか死ぬかの初産で、西応寺に住む娘のところから迎えの車がやってきた、こればっかりは大晦日だからって後回しにもできないし、けれども家には金がある、どら息子は眠ったままだ、行くべきか残るべきかに心はわれて、しかし体はひとつだし、娘を思う気持ちで車に乗ったはいいけれど、こんなときにも気楽な夫が心の底から忌々しい、今日に限って釣りにでかけることもないでしょうよと頼りにならない太公望をつくづく恨んで、出ていった。

　入れちがいに三之助が、ここだと聞いて白金台町にあるこの家に迷うなくことなくやってくる、みすぼらしい自分の身なりを気にしつつ姉が恥ずかしい思いをしないよう、おそるおそる勝手口を覗きこむ、誰かきたのとかまどの前で泣いていたお峰が涙をふいて見てみれば、三之助、ああよく来たねとも言えないし、いったいどうしたらいいんだろう、姉さん、ぼく入って怒られないかな、約束のものはもらっていけるの、旦那さまと奥さまにくれぐれもお礼を伝えてくれってお父さんに言われたよ、と何にも知らずに喜んでいる顔を見るのはつらい、ちょっと、ちょっと待っててね、ちょっと用事があるからね、と走っていってあたりをぐるっと見回すと、お嬢さんたちは庭で夢中になって羽つき遊び、使用人はお使いに出たまま帰ってこない、お針子は二階にいるけど耳が聴こえないからだいじょうぶ、若旦那は、と見れば居間のこたつでぐうぐう昼寝の夢の中、おねがい、神さま仏さま、わたしは悪人になります、なりたくないけど、ならないわけにはいかないの、罰をあてるならどうかわたしだけにして、伯父さんや伯母さんは何にも知らないで遣うんだから、そこはちゃんと許してあげて、本当に本当にごめんなさい、このお金、すみませんけど盗ませて、とまえから知ってる硯の引き出しの札束のなかからさっと二枚、二枚だけ、引き抜いたあとは無我夢中、三之助に渡して帰した一部始終を、誰にも見られてないと思ったのは甘かった？

　その日が暮れかけるころ、旦那さまが満足顔で釣りから帰ると、それにつづいて奥さまも帰宅、ぶじ安産の喜びで車夫にもご機嫌、愛想よく、今晩こっちが落ち着いたらまたお見舞いに行きますからね、明日も早くに妹の誰かひとりをちゃんと手伝いにやらせますと伝えてちょうだい、まあ今日は本当にご苦労さまでした、と言いながら心づけを渡し、ああ忙しい、誰か暇な人の体を半分借りたいわ、お峰、小松菜はちゃんと茹でておいた？　数の子は洗った？　旦那さまはお帰りになった？　若旦那は、と最後は小声で尋ねて、まだ、と聞くと額にしわを寄せた。

　その夜、石之助はおとなしく、新しい年の三日ぐらいは家にいて、みんなで正月を祝いたいところだけれど、ご覧のとおり、だめなおれです、真面目くさって袴をはいた連中に挨拶するのも面倒くさいし、説教なんかも聞き飽きた、親戚に美人がいるわけでもなし、会う気にもならない、今夜は裏屋の仲間と約束があるし、ひとまず帰るわ、正月にはまた年玉をもらいにくるけど、なんだか今日はめでたいこともあったみたいだし、お歳暮ってことでいくらかもらえたりするのかな？　朝からこたつで寝込んで父の帰りを待っていたのはなんのことはない、金をひっぱるためだった、子どもを持つとは、過去、現在、未来にわたって束縛される三界の足枷とはいうけれど、これほどまでのどら息子を持った親はほんとに不幸、切っても切れない親子の縁は、放蕩の限りを尽くして何もかもを失って、どんなに落ちぶれたとしても、それが子なら知らんふりはできないし、世間だって許さない、家の名に傷をつけるわけにもいかないのと自分自身の面子のために、もったいないとは思いつつ、蔵をあけて金を渡すことになる、そんなこと、ぜんぶおりこみ済みの石之助は、そういや今夜が期限の借金があってさ、人の保証人になって判を押したのはいいけれど、ごろつきどもがうるさいんだわ、やるもんやらなきゃ賭場が荒れてどうにも納まりがつかねえんだわ、おれはともかく、父さんの、そう、家の名に傷がつくと悪いしねえ、と並べたて、つまりは金をよこせと、こういうこと。どうせそんなことだろうと母親が思っていたとおりになり、さあ幾らねだる気か、甘やかしてばかりの旦那にじりじりするけれど、自分だって口では石之助にかなわない、お峰を泣かせた今朝とは違って父の顔色をちらちら伺う横目がこわい、父は静かに金庫のある部屋へ入って五十円の束をひとつ手にして、いいか、これはおまえにやるんじゃない、嫁入りまえの妹たち、姉の夫のためだからな、この山村家は代々堅気一本、正直と律儀で通してきて、悪い噂をたてられたこともない、なのに悪魔の生まれ変わりか、おまえみたいなどうしようもないのが金に困って盗みでもしでかしたら、恥は一代ですみやしない、財産も大事だ、けれど親きょうだいに恥をかかせるな、おまえに言っても無駄だろうが、ふつうだったら山村家の若旦那として世間に後ろ指をさされることもなく、おれの代わりに年始の挨拶くらいして助けてくれるのが当然だろう、六十に近い親を泣かせて罰あたりな奴め、子どものときに少しは本も読んだんだろう、なぜこんなことがわからない、さあ行け、帰れ、どこへでも帰れ、この家に恥をかかせることだけはするな、そう言うと父は奥へ引っ込んで、金は石之助の懐に。

母さん、ごきげんよう、よいお年を、それじゃ行くわ、とわざとらしく言い、お峰、下駄を揃えろ、玄関だ、お帰りじゃない、お出かけだぞと図々しく大手を振って、どこへ行くのか、父の涙も一夜のどんちゃん騒ぎに夢みたいに消えるだろう、持ったら最後のどら息子、持ったら終わりよ、いい気にさせる継母も。清めの塩こそまかないものの、箒で跡を掃きだして若旦那の退散を喜んでいる、金はもったいないけれど、見ているだけで腹がたつので家にいないだけで気分は最高、どうやったらあんなに図太くなれるのか、あの子を産んだ母親の顔が見てみたい、奥さまはいつものように毒を吐く。いっぽうお峰はこんな騒ぎにもうわの空、自分の犯した罪がおそろしく、さっきのあれ、あれは本当にわたしがやったことなの、今さら夢みたいに思いだし、考えてみれば、こんなのばれるに決まってる、たとえ一万円のうちの一円だって、そんなの数えたらすぐにわかることだもの、お願いした金額がそのまま手近なところからなくなったりなんかしたら、わたしだってわたしを疑う、調べられたらどうしよう、どう言えばいい、言い逃れるのはもっと最悪、白状したら伯父さんにも迷惑がかかってしまう、自分の罪は覚悟しても、あんなに真面目な伯父さんにまで濡れ衣を着せられたりしたらそれが最後、疑いを晴らすことなんてできるわけないのが貧乏人、金がない奴は盗みくらいするだろうよとみんな好きに言うだろう、いったいどうしたらいいんだろう、伯父さんに傷がつかないように、今ここで、今すぐここで、わたしが死ねたらいいけれど、でもそんなのいったいどうやって？

目は奥さまの動きを追いかけ、心はかけ硯のもとをさまよう。

今夜は一年の締めの大勘定、家にあるすべての金をまとめて集めて総決算、そういえば、と奥さまが思いだしたのはかけ硯の中の二十円、屋根やの太郎に貸していたのが返ってきたのがあったんだった、お峰、お峰、それをここに持ってきてちょうだいな、奥の間から呼ばれて、ああ、終わり、これで何もかもが終わったわ、こうなったら旦那さまの目の前で最初からすべて話してしまおう、奥さまの気まぐれも無情もぜんぶありのままに話してしまおう、小細工もなし、正直さだけがきっとわたしを守ってくれる、逃げも隠れもしないで、欲しかったわけじゃないけれど盗んでしまいましたごめんなさい、と白状しよう、伯父さんと共犯じゃないってことだけは何がなんでもはっきり伝えて、聞き入れてもらえなかったらしょうがない、その場で舌を噛み切って死んでみせれば命懸けで本当のことを言ったんだって、きっと信じてもらえるはず、そう覚悟は決めても、奥の間に行く心は屠殺場に連れられてゆく羊そのもの。

お峰が引き抜いたのはたった二枚、残りは十八枚あるはずなのに、なぜか束ごとそっくり見当たらない、ひっくり返して底をふっても何もない、不思議なことに落ちてきたのは一枚の紙切れ、いつしたためたものやら、受け取りが一通。

（引き出しの分ももらっとく　石之助）

どらの仕業だ、とみんな顔を見合わせて、お峰は疑われずに済んだけれど、孝行の思いあまってお峰のしたことが、知らないあいだに石之助の罪になっていた？　いやいや、お峰のしたことを知ったついでに罪をかぶってやったのかもしれないね、だとしたら石之助はお峰の守り神ってことになる？　さてそのあと、いったいどうなったのかしらね。

林芙美子・〈赤裸々〉の匙かげん

――『放浪記』の書きかえをめぐって――

Maiko Odaira
小平麻衣子

1. なまなましさを愛でる

林芙美子の『放浪記』には、上京して文学を志した主人公の、食うに喰えない貧乏暮らしが描かれている。カフェの女給や女工を転々とし、複数の男性に恋着し、同じ時間を共にする女性たちに強く思い入れ、しかし後腐れのない『放浪記』は、あざやかで、確かに、昭和の傑作のひとつに数えられる。だが、私たちは、芙美子の〈作品〉の何を知っているだろうか。

中村光夫は、かつて川端康成が、男性は知性や誇りにとらわれるが、「女は、無意識であるだけに大胆な正直さで自分の核心を見せてしまう」と述べたのを引きあいに出しつつ、林芙美子に「僕等」が惹かれた点は、「うっかり自分をだした」「無邪気な善良さ」にあると評した（中村光夫「〝才女時代〟是非」『読売新聞』一九五七年六月一八日夕刊）。室生犀星は、「女の人の作は不正直でその気持ちをできるだけ下の方にかくさうとしてゐる人が多い」のに比べ、芙美子は、文章に自分を出すことに「少しの惜気なところや未練に滞ってゐるところはない。これでなければ女の人の作のよみ甲斐はないのだ」と称賛した（室生犀星「黄金の針（女流作家評伝）」『婦人公論』一九六〇年六月）。

どのような作品にも〈なまなましさ〉〈赤裸々さ〉を見るのは、見出そうとする側の先入観によるが、芙美子と言えば『放浪記』なのは、彼らのような見方が、最も初期に書かれた、そして〈自伝的〉な『放浪記』をこそ、芙美子の代表作に押し上げてきたからであるのは間違いない。だが、『放浪記』は、そんなに正直でお人好しな作品だろうか。女性の自伝の困難と、女性作家が被るバイアスについては、さまざまに論じられても来たが、本稿では、『放浪記』の度重なる書きかえを例として、その問題を改めて考えてみたい。

2. なぜそこまで書きかえるのか

初めから細かくて面倒だが、現在流布している新潮文庫版『放浪記』（一九七九年初版。二〇〇二年改版）は、第一部から、第三部に分かれている。発表の経緯は、初め雑誌『女人芸術』に連載され（一九二八年一〇月〜一九三〇年一〇月）、それに手を加えて単行本化した『放浪記』（改造社、一九三〇年七月）と『続放浪記』（改造社、一九三〇年一一月）が、それぞれ現行の第一部・第二部にあたる。さらに二十年を経て、戦後に発表されたもの（『日本小説』一九四七年五月〜一九四八年一〇月）を第三部として併せ、現在の形になっている。第一部から第三部は、出来事が起こった年月順に並んでいるわけではなく、同じ時期の少しずつ異なるエピソードの集積である。

そのせいで、だいぶ気ままにみえるが、何回も出版されるなかで、[1]芙美子は神経質と言えるまでに手を加えている。[2]エピソード自体は大きく変わらないが、特に〈書く〉ことへの態度については、全く別の作品になっていると言っても過言ではない。[3]例として、第一部・第二部について、『女人芸術』の初出と、そこからおよそ十年経って出版された『決定版　放浪記』（一九三九年一一月、新潮社。以下「決定版」と表記）の違いを挙げよう。

次からの引用は、初出の傍線部が、決定版では【　】内のように変わっていることを示している（便宜上、新潮文庫のページ数を付す）。

何の条件もなく、一ケ月三十円もくれる人があつたら、私は満々としたいゝ詩をかいてみたい、いゝ小説を書いてみたい。【いゝ生活が出来るだらうと思ふ。】（１０２頁）

何か書きたい。何か読みたい。ひやひやとした【うすら寒い】秋の風が蚊帳の裾を吹く、【吹いた。】（１０４頁）

早く年をとつて、いゝものが書きたい。／年をとる事はいゝな【年をとる事はいゝぢやないの】。（１２４頁）

森英一も指摘しているように、[4]初出で多く見られる〈書きたい〉欲望は、決定版では消去されている。今回提示する校異はほんの一部に限られるが、これがどんな意味をもつのか、他の違いと併せて考えてみよう。

ハイハイ私は、お芙美さんは、ルンペンプロレタリヤで御座候だ。何もない。【ナシ】／何も御座無く候だ。／あぶないぞ！あぶないぞ！あぶない無精者故、バクレツダンを持たしたら、喜んで持たせた奴等にぶち投げるだらう【そこら辺へ投げつけるだらう】。／こんな女が、【ナシ】一人うぢうぢ生きてゐるより早くパンパンと、××を真二ツにし

てしまおうか【生きてゐるよりも、いつそ早く、真二ツになつて死んでしまひたい】。（50頁）

私は油絵の具の中にひそむ、あのエロチックな匂ひを【油の匂ひを】此時程嬉しく【悲しく】思つた事はなかつた。（72頁）

何も満足に出来ない女、男に放浪し職業に放浪する私、あゝ全く【私である。あゝ全く考へてみれば、】頭が痛くなる話だ。（155頁）

最初の引用で、「ルンペンプロレタリヤ」への居直りが消去され、自分を追い詰めた者たちへの怒りは、自棄や自傷に変化しているのが目を引く。他にも、決定版では、〈私〉の乱暴な言葉づかいの多くが削除され、煙草を吸う場面も減少している。引用の二番目は、画学生の来訪に性的欲望を感じる場面（しかも前の男と別れたばかりである）、このケースや三番目のように、性的欲望や男性遍歴が消去される例は、全体で何箇所もある。結果、追加された「あとがき」（新潮文庫では三三六頁からの部分）による強調とも相まって、母との絆が前景化する。総じて、主人公の貧しさは、初出での笑いにも落とす強さから、決定版に至って、憐れみを誘うけなげさに変わっていると言ってよい。

いったい、どういう心境の変化であろうか。おそらく、変化したのは心境ではないのだ。初出の時点ではまだ無名であった芙美子は、『放浪記』の単行本でブレイクし、印税で中国やパリにも旅行した。新聞の連載小説も持った。こうして初出からおよそ十年経った決定版では、自己像を穏健なものに変えたということである。これは職業上の成功をおさめ、表現の場を持ち得た女性が、それを生意気と言われないように、殊勝にふるまわなければならない事情を物語る。初出とさほど内容の変わらない単行本の出版社は改造社であり、決定版が新潮社であることも、この改変の意味を見やすくする。改造社は、マルクス主義やプロレタリア文学などの出版物を多く出し、新人発掘にも力を入れる、社会に抗する起爆力を求めた出版社であり、対して新潮社からの出版は、すでにある程度の文芸上の評価を得ていなければ出来ないからである。[5]

ただ、そうだとしたとき、決定版の何を自己像と言うかは、もはや微妙である。決定版では、主人公に対して呼びかけられる「芙美子」という名前も消去されがちである。同時に、『放浪記』が書きかえられるこの時期は、芙美子が詩から小説へと書くジャンルを変えた時期でもあった。つまり初出は、実在する詩人の、しかしその作品自体はまだ世に現れていない裏話であり、芙美子自身は『放浪記』の中にいる。一方決定版では、〈書く〉女という特殊性はなく、貧しい境遇に翻弄される市井の一女性がけなげに生きる、言わば〈物語〉としての側面が強い。その意味で、芙美子は、物語を読ませる小説家として、『放浪記』の外での自己の位置を確保したのだと言えよう。

書くことで自らの位置をパフォーマティヴに作り出していくのは、誰しも行うことかもしれない。ただ、作品ではなく、自分がどう見られるのかについては、女性の方が圧倒的に意識させられる状況がある。これに関しては、初出には飾らない無邪気さがあった、と思うには及ばない、ということもつけ加えておこう。初出の自伝も、事実そのままというよりは、当時流行っていた大衆演劇・映画の女性像である〈カチューシャ〉を意識し、幼さの残る女性が男性の裏切りによって性的に堕落する、人々が好みそうな物語として成型されているからである。[6] 駆け出しの際には、プライバシーや肉体のチラ見せも厭わない〈体当たり演技〉で。注目されたら、主張をし過ぎないのが仕事を続けるコツ。芙美子は、世の求めを外さない模範的な女優である。

3. 抵抗の遠近法

では、戦後の第三部はどうなっただろうか。第一部・第二部は「発禁にならない程度のものを選んだ」というから（『放浪記　第三部』留女書店、一九四九年一月。「あとがき」）、天皇に対する言及など、検閲が解けて改めて出したことは間違いない。だが、昭和初期までに書きためたものの通りか、手を入れたのかは、わからない。いずれにせよ、見てきたような戦略性を持つ芙美子なら、戦後の状況にもふさわしいものでなければ出さないだろう。

第三部は、〈書くこと〉に関する言及が再び増えている。「何かをマウレツに書きたい。心がその為にはじける。毎日火事をかゝえて歩いてゐるやうなものだ」というように、その欲望は熾烈なものだ。[7]

> 小説と云ふものはどんな風に書くものかは知らない。（中略）第一、小説と云ふものを書く感情は存在してゐないのだ。すぐ詩のやうなうたひかたになつてしまふ。物事を解剖してゆく力がない。愍むがよい。只、それきりだ。観察が甘く、まるで童話的だ。（514頁）

> あれもこれも書きたい。山のやうに書きたい思ひでありながら、私の書いたものなぞ、一枚だつて売れやしない。それだけの事だ。名もなき女のいびつな片言。どんな道をたどれば花袋になり、春月になれるものだろうか、写真屋のやうな小説がいゝのださうだ。あるものをあるがまゝに、をかしな世の中なり。たまには虹も見えると云ふ小説や詩は駄目なのかもしれない。食へないから虹を見るのだ。（542頁）

山のように書きたいことがある、というのは、実は書くことに言及した初出でも見られなかった新たな言い方だ。初出での〈書きたい〉は、生活に追われて何も考えられないからこそ、憧れとしてつぶやかれることが多い。第三部の主人公は、書くことは持っている。だから、書きたいというだけでなく、何を書くか、どのように書くべきか、内容が細分化されている。詩はいくらでも書けるが、売れない。これから書くべき小説は、田山花袋や、他の箇所に出てくる森田草平の『煤煙』のようなものであるが、そのように自己身辺の事実をリアルに書こうとするのは売れんがためで、本心では、それらとは違う、虹も見える〈詩〉のような小説が書きたいという。

これは、戦後の芙美子が実現した方向と、大幅にずれてはいないと言えるだろう。「私小説はもう「放浪記」で勘弁して貰ひ度い」、「今のところはまだまだフィクションでやつて行き度い」と転換を披歴している（丹羽文雄・林芙美子・井上友一郎「小説鼎談」『風雪』一九四九年八月）。そして、私小説の否定は、芙美子個人の嗜好でなく、戦後に変化した文壇の志向に見合ってもいる。敗戦後は、さまざまな形で、戦中までの思考や体制、あるいは戦後がまだその連続であることへの批判が噴出したと言えるが、文学においては、多くの論者による私小説批判として表れた。

文壇への影響力を持った一つとして中村光夫『風俗小説論』（『文藝』一九五〇年二月〜五月）をみると、日本の自然主義から心境小説への道筋が、西洋小説にあるような作品と作者の距離、小説世界の仮構を忘れて、ただ作者自身のことを書くに堕し、社会性も失ったことが批判されている。その日本的自然主義が、さらに風化したのが戦後の風俗小説だと言う。そして、それらの元凶とも名指されるのが、田山花袋である。戦後の芙美子は、戦中に漢口従軍や南方行きなどで、国策に寄り添った報告を書いたのとは一転、多くを失った男と女が互につむぐ幻想やその破れを、虚構として構成し、精力的に発表していた。つまり『放浪記』第三部は、自らの小説がもともと私小説とは別系統であることを、遡って表明しているともみえるのである。

もちろん、花袋の系列と別物なのは間違いないとしても、芙美子の作風が『放浪記』のように自身を書いたものとされてきたのは見てきた通りであり、これまで芙美子の作品が〈詩的〉と言われた場合、それは自分に溺れる抒情性と同義で、決して誉められてはこなかった。いうまでもないが、中村がこのとき私小説への対抗として理想的に語っていた本格小説とみなされるものではない。第三部には、自分の書いているものが何であるのかをめぐって、微妙な揺れを感知することができるのだが、それは、こうした戦後の状況における自らの位置の演出と、放浪当時のありかたが重ね書きされているからだと考えてもよいのではないか。

例えば、ダダイストやアナキストたちとの交流のエピソードが最も多く盛られるのも第三部である。にもかかわらず、主人公が書く童話というジャンルについては、（さきほどの引用のように、〈詩〉とほぼ同じ価値を見出す箇所がある一方で）出版社に持ち込んで、まだしも金がもらえるもの、生活の手段として、本当に書きたい〈詩〉とは一線を引く態度が顕著であり、これは、第一部・第二部にはほぼ見られなかった態度である。昭和初期の事実に即せば、村山知義や宮沢賢治などの活動を挙げるまでもなく、童話は詩と並んで、形式の自由さを求めた前衛的な表現活動であった。芙美子が実際に童話執筆を行っていたのも動機は同じであろう。だが、第三部では、編集者がアンデルセンや「ハンネレの昇天」の反復を強制し、芙美子の作を無断で盗用するなど、童話業界には文学性も誠意もみられず、「えらい童話作家になろうとは思わぬ。死ぬまで詩を書いてのたれ死にするのが関の山」と宣言している。

童話についてみれば、戦後には状況が変わり、年齢層をはっきり区別する〈児童文学〉と呼ばれ、前衛芸術とは縁の遠いものになっている。ならば童話への罵倒は、心無い編集者個人への批判であるだけではない。価値が切り下げられた童話を切り離すことは、芙美子の〈詩〉から、〈女・子ども〉が好む甘いものというイメージを払拭する。[8] ダダイストやアナキストの、金には換えられない芸術性や、反骨の社会性は純化され、翻って、芙美子の書くフィクションの問題性と一貫性を定位する。

本論冒頭に引いたように、女性が書くものが〈私〉で〈無邪気〉という先入観が未だ支配的な時期である。それを拒否しているのは、これまでとの大きな違いである。ただ、周囲の状況に応じて、自己像を演出していることは、相変わらずである。すると、ここに表れた反抗への評価も、微妙なものにならざるをえない。反骨精神は嘘ではない。だが、無名女性の文壇を度外視するそれではなく、文壇において効力のある反抗になるまでには、林芙美子にして、これほどの時間と安定した地位が必要であったということだ。

4．依然として書かれない歴史

こうして、『放浪記』は、増築に増築を重ねた、奇怪な建造物となった。何か奇妙な感じはするが、違法建築でもなく、既存不適格ですらない。もしも『放浪記』が、時代を超えた傑作のように見えたとすれば、それは内容が普遍的だからではなく、時代の求めに合致するように、芙美子がせっせと書きかえたからである。

これを彼女の自伝だと言うなら、若き一時期の事実が描かれているという点ではなく、女性を取り巻く状況との長年の交渉が織り込まれているという点において言わなければならないだろう。描かれたことが事実かどうかを問えば、その自己中心性と事後的な編集を、嘘とみなす人もいるだろう。ただし、そうしてでも、自らをさらなる酷評から守らねばならなかったことは、深刻すぎる真実である。われわれは、この女性の自伝の複雑さを、ちぐはぐな総体から読みとらねばならない。

第三部発表から数年と経たないうち、芙美子は一九五一年六月二八日に世を去ってしまう。さて、第三部が演出したように、芙美子の作品たちが、作家のゴシップから独立したフィクションとして、その傾向を議論される局面は訪れたであろうか。戦後に書かれたフィクションは数多くある。だが、皮肉にも、芙美子がこだわりすぎた『放浪記』だけが、代表作として流通することになった。その奇妙さにひきつけられる女性がいるのもまた不思議はないが、虚実への好奇心を持てば、それ自体がスキャンダルとして、女性作家をめぐるまなざしの偏向を助長するだろう。

例えば、有吉佐和子『花のいのち』（『婦人公論』一九五八年一月〜四月）は、『放浪記』のばらばらなエピソードを、芙美子の人生としてストーリー化してみせた。有吉自身は後に、フェミニストが一九七〇年代に提唱した「herstory」の概念にふれ、男性中心の歴史（history = his story）には記録されてこなかった女性たちの出来事を、だからこそ小説（＝ストーリー）として意識的に創作した。『花のいのち』の頃は、前世代の女性作家への違和感が強かったから、有吉の試みを過大に見積もることはできないが、権力と虚実の問題が、二人の女性作家をゆるやかに結びつけたのだとは言えるだろう。

　だが、ひとは虚構と現実を単純に分割したがるわりに、都合の悪い事実については虚構であるかのように断罪したりもする。有吉について言えば、社会的な問題意識は、新聞の社会部記者的読み物と同根として、それが誉め言葉ではなく文学として浅いという意味で言われ、[9]ストーリーテリングという特性は、構築性を求めたはずの中村光夫にすら、「作品の世界と作者の精神とのあいだに微妙な背離」があることを批判された。[10]両極端な批判は、作家が女性であることと無関係ではないが、そうした状況は、芙美子をも、虚構によって現実を変えようとした作家としてではなく、小説のような人生を送った女、という逆の方向で人々に記憶させた。その後の演劇化やテレビドラマ化については、言わなくてもよいだろう。われわれは、芙美子の作品を読んだのだろうか。『放浪記』にすら出会っていたのだろうか、読者が、書き手の性別にこだわらなくてよい状況は、今日でもまだ来ていないようだ。

註

1 廣畑研二校訂『林芙美子　放浪記（復元版）』論創社、二〇一二年。

2 以下には、拙論「生き延びる『放浪記』——改造社版と新潮社版の校異を読み直す」（『藝文研究』二〇一五年一二月）と重複する内容を含む。

3 飯田祐子は、第一部・第二部と第三部の違いから、プライヴァシー暴露の戦略を読みとっている（『彼女たちの文学』「第五章　関係を続ける」二〇一六年、名古屋大学出版会）。本稿では、さらに校異の観点を加える。

4 森英一「『放浪記』論　その基礎的研究」『金沢大学教育学部紀要』一九八四年二月。

5 もちろん、時局がら、検閲への配慮という理由も考えられる。

6 拙論「林芙美子「放浪記」のカチューシャ」『語文』二〇一五年一二月。

7 引用は、『林芙美子全集』第二巻、一九五一年、新潮社。

8 一九四〇年に野村吉哉が亡くなってから、年月が経った一九六〇年に、妻である野村沢子が、芙美子関連の文献での夫の不当な扱いについて批判、裁判を起こすのも、第三部の出版に起因する。第三部で初めて名指しで書かれる野村が、暴力的な人間として書かれているだけでなく、その別れは、彼の文学的営みの否定になっているといえるだろう。同棲当時は、詩について野村に大きな影響を受けていた芙美子だからこそ、童話も書いたのであろう。第三部での芙美子の童話との決別と裏腹に、一方の野村にとっては、別離後も、『童話時代』という雑誌を続け、病に侵されながらも力を注いだ領域が童話であった。

9 福田宏年「文芸時評」『河北新報』一九五八年一一月九日。

10 前掲「〝才女時代〟是非」。

21世紀の女性作家たち

Amiko Enami

江南亜美子

かつて斎藤美奈子は『L文学完全読本』（マガジンハウス）という編著作を刊行し、〈「おんな・子どもの本」を軽んじてきた正統派の文学史に対するささやかな抵抗〉を表明した。〈レディ、ラブ、リブ等の意味〉を含むという「L文学」の名称は、じつのところそれほど定着しなかったのだが、いくつもの評論と、全体で二五〇冊のブックガイド＋二六人の作家紹介から成るその書籍は、日本における少女小説の受容の系譜をたどりつつ、九〇年代以降とみに増加した女性作家たちの仕事を俯瞰するのに適していて、おそらくいまもレファランスされている。しかしながら刊行から一五年。二〇〇〇年代も一七年が過ぎ、作家たちのラインナップもアップデートされていい時分かもしれない。

世代論でなにもかもにスラッシュを入れて特徴を見ることの無粋は承知のうえで、ひとまず『L文学』の世代論の枠組みを援用して、整理してみよう。村岡花子が翻訳したモンゴメリ『赤毛のアン』の日本での刊行は、一九五二年である。高度成長と自身の成長期がかさなる、戦後生まれの第一世代（45年から60年代生まれまで）の女性たちは、男の子勝りで独立心のあるアンをはじめ、バーネット『秘密の花園』のわがままなメリー、オルコット『若草物語』のそれぞれの個性を尊重しあう四姉妹など、少女成長小説の主人公たちに、幼少期のどこかで出会ってきたはずだ。主人公の多くは、父性による抑圧が希薄な、孤児か父親不在という環境で育ち、自身の容姿にどこか不満を持ちつつ、精神的に自立していく。だが十分に成長したのちには（続編などに至り）、結婚して、保守的な家庭に収まるという道筋をたどる。男の子たちを従えて闊歩するような強さと、自由恋愛の経験、そして結婚・子育てへ。女子が家父長制の中で抑圧される前時代の物語とは明らかに異なりつつも、予定調和的なハッピーエンドに収まる点だけ取り上げれば、それらは王道的な「女性の幸福」を体現するストーリーである。

たしかに女性にとっての「結婚」のロールモデルとは、パートナーである男性との①共棲、②生殖・育児、③相互承認としての性の充足の、三位一体にあると長らく考えられてきた。しかもその相手はもちろんひとりに集約されてなくてはならず、その一対性に「女性の幸福」なるものがあるとされた。男女雇用機会均等法が制定されるのは一九八五年のことで、それまでは都会の企業であっても性差によって採用面や待遇の条件をたがえるのは常識であり、女性は、家庭と仕事の両立ではなく、仕事ののちの家庭というレールを進むことを暗黙の裡に（世間の目という内なる抑圧の働きもあって）求められてきた。

高度成長期、農村部ではなく都市に限っての話ではあるが、一家を経済的に支えるのはサラリーマンたる夫であった。妻は後方支援的な意味合いを帯びる専業主婦として、子育て・家事全般を担った。性差による役割分業のスタイルの定着である。『赤毛のアン』の原著自体は一九〇八年の発表だが、日本では翻訳の事情が働いて五〇年代以降に受容された点も注目すべき点で、最終的には家庭に入るという少女の人生設計が、日本で戦前に確立された「良妻賢母」のイデオロギーを補強するように働いたと考えられる。

しかし社会は変容する。経済的な自立と自身のキャリアを手放したくない女性たちが、結婚後も会社勤めを継続する。「均等法」以降、少しずつではあるが女性の総合職も数を増した。男性と平等に働くという前提は、長時間労働も転勤も条件に含まれることを意味する。そもそも結婚を選択しない場合や、たとえ結婚をしても転勤ではなく単身赴任を希望し、しかも単身赴任するのが女性側の場合も生まれてくる。その時、パートナーとの共棲はファースト・プライオリティでなくなるのだ。アンの人生設計に、ある種の理想を覚えていた世代の読者も、いざ自分が社会に出るころには、アン的な「結婚」は必ずしも目指されるべきゴールでなくなりつつあった。

そして、戦後生まれの第二世代（70年から80年代生まれまで）は、空前のバブル経済の残滓を幼少期にほんのすこし味わったかもしれないが、基本的に超氷河期と呼ばれた「失われた時代」に社会に出て、その厳しさに直面した世代である。正社員として雇用されることは予想以上に難しく、よくて契約社員かフリーターか。同世代の男性たちの多くも同じ状況にいる以上、自身が専業主婦に収まるというロールモデルは、いわば夢の産物となった。宝くじに当たりたいというのと同じ、本音を冗談に塗した軽い調子で、「専業主婦になりたい」との願望を口にする。

それからまた時代がさらに下り、いわゆるミレニアム世代(80年代後半以降生まれ)が社会に出るころ、つまり現在は、もうずいぶん長く経済のリセッション状態が日本じゅうを覆っている。いくら実質GDP成長率がプラス基調などと報告されても、人口減少と社会保障制度のあやうさを背景として、実感として文字通りの「景気の良さ」など感じられない。グローバリズムの名のもとに勝ち組と負け組の格差はどんどんひらく一方で、第二世代(超氷河期時代)とこの世代には、「均等法」時代にはしばしばあった「男と同等」の馬車馬のような過酷な労働の仕方に、価値も意義も見出せない女性たちが出てくる。もっと所有を、もっと消費を、というライフスタイルからの脱却。所得としての大金は稼げなくとも、プライヴェート領域の充足にプライオリティをおく生きかたが、そこでは模索されるのだ。

労働環境の変化は、文学に描かれるテーマにもとうぜん変化をもたらす。女子と労働からみる、一九九〇年代以降の小説作品の変遷を追うのが、この短い稿の、とりあえずのテーマとなるだろう。労働は、とうぜんながら女性の「ラブとリブ」も巻き込む。男たちのファンタジーを体現する、書き割りのような女性登場人物はここでは遠慮してもらうとして、物語の添え物でない女は、文学にどう描かれてきたのだろう。

■

個別の作品を取り上げる前に、一九九〇年代の文学のフィールドでは女性作家の台頭がめざましかった点をまず提示したい。大澤聡編の『1990年代論』(河出書房新社)で、この年代の文学について自分なりの見取り図を作ったのでここでは簡略化するが、その端緒となるのは、八二年の高橋源一郎(『さようなら、ギャングたち』)と八三年の島田雅彦(『優しいサヨクのための嬉遊曲』)のデビューであった。彼らのわざと物質性を際立たせた日本語表記とあえて皮相に留まるような世界観は、近代小説の終焉と、あたらしいフェーズ「ポストモダン小説」への移行を読者につよく意識させた。ポストモダンを「大きな物語の解体」の時代と定義したのはJ・F・リオタールだが、文学の領域においても、政治や戦争の影や特権的な土地といった「大きな物語」と知の体系に基づく小説を紡ぐことは困難になっていく。

九〇年代に入り、大きな物語の解体が顕在化させたことのひとつが、「家族」とその不可能性だった。たとえば柳美里は『フルハウス』や『家族シネマ』で、暴力的で支配的な父親とそこから逃れた娘の関係を描いた。前者で父はニュータウンに建てた家に家族の代わりに縁のないホームレスを住まわせ、後者ではすでに離散していた家族が映画を撮る体験を通して家族を演じてみせたことで、良妻賢母の守る「家族」というイデオロギーが現実的にはいかにあやうい砂上の楼閣であるかをはっきり打ち出したのだった。

あるいは江國香織の『きらきらひかる』は、作家としての出発を児童文学とする江國が、初めて「大人」向けに書いた作品で、「ごく基本的な恋愛小説」と後書きに記されつつ、その実、アルコール中毒で精神不安定の妻とホモセクシャルの夫、夫の恋人の三角関係が描かれる。夫を愛し、夫の恋人をも受容する妻は、実母や義母から出産を打診され「どうしてこのままじゃいけないのかしら。このままでこんなに自然なのに」と泣く。合意のもとで実現させた結びつきが、他人による社会的通念上の「幸福な家族像」に脅かされるという悲劇は、後につづく江國の主題となった。

ここに角田光代や小川洋子、川上弘美の名前を足してもいい。彼女たちは戦後第一世代に属し、高度成長を肌身に感じて大人になった。しかし従来の結婚観が揺らぎはじめ、「均等法」以降、女性のライフスタイルが多様化するのに合わせて、九〇年代以降に小説家としてデビューしたのである（小川のデビューは八八年）。ちなみにこの年代には、いま名を挙げた小川、川上、柳のほか、荻野アンナ、多和田葉子、笙野頼子など、現在でも一線で活躍する女性作家が相次いで芥川賞を受賞する。その勢いが、〇三年下半期の、綿矢りさと金原ひとみの最年少女性作家の同時受賞という、賞の歴史上のひとつの沸点ともいえるできごとにもつながった。終戦後に授賞が再開された四九年上半期で由起しげ子が受賞してから、つぎの女性作家として六三年上半期の河野多惠子が受賞するまでに、十四年ものブランクがあったことと比較すれば、九〇年代の芥川賞受賞者の女性作家の増加は、実証的に語ることができそうだ。[1]

近代文学の枠組みがゆるみ、大文字の物語が成立しえなくなったとき、もともと女性の役割分担の領域、またはイシューとされた家族や結婚や出産をテーマにした小説は、既存の文学のフィールドに目新しさをもたらす。家族や婚姻の制度は、日本の近代化そのものの歴史であり、それへの疑いこそがおもに女性作家の手によって「文学」の問題となりえた。強固な岩盤としてあったそれらの問題をガンガンと打ち砕いていった、戦後第一世代の作家たちに続くように、戦後第二世代の作家たちはさらなる女性のロールモデルの解体に着手する。それが、女性にとって（あるいは「わたし」にとって）「性の充足とはいったいなんなのか」という問題である。

すでに八〇年代にデビューしてそれぞれに作家性を発揮していた笙野頼子、山田詠美、吉本ばななの精力的な仕事が、あたらしい文学の風を吹きわたらせ、女性の新規参入を促した功績は大きい。彼女たちが耕した土地に、次の世代が芽吹き、さまざまな花を咲かせていく。女性作家だからと「花」に例えるわけでもないのだが、しかしそういいたくなるほどに九〇年代、二〇〇〇年以降に書き手となった（戦後第二世代の）女性たちは、さまざまに、じつにさまざまに、男や女や社会をめぐる小説を描き出していくのである。第一世代との影響関係も含め、具体的に見ていこう。

■

ひとまず生物学上の男女差を出発点に、とりわけ女性の労働環境を描く作品として、〇三年に「イッツ・オンリー・トーク」でデビューした絲山秋子の、『沖で待つ』（05年下半期、芥川賞受賞）をあげておきたい。住宅設備機器メーカーの福岡支店で働く「私」と太っちゃんは、たんなる同僚や友人関係以上の「同期」という信頼で結びついている。どちらかが先に死ねば、死んだほうのパソコンのＨＤＤを破壊する約束を交わし、「私」がその実行のために彼の部屋に入るところから物語が始まる。女性総合職の「私」と対等に働けた素晴らしさを、幽霊となった太っちゃんは語るのだが、「私」と現地採用組の女性社員とのやりとりなどにも見るべき細部がある。また同名単行本に併録された「勤労感謝の日」では、失業中の女が不首尾に終わった見合いのあとで、総合職の悲哀をぼやくでもなくぼやく。

〈入社して配属部署が決まって上司に挨拶に行くと、最初に「女性らしさを生かして仕事をしてください」と言われた。それでやっと気がついた。私は自分が犬だと思っていない犬だった。野良で育ったのに愛玩犬だったのだ。今思うと、上司は女性総合職なんてどうやって使ったらいいのか判らなくて気が重かったんだろう〉。

絲山は、生物学上の性差の平等性という建前をぐずぐずに侵食していく、根深いジェンダーロール信仰が、「均等法」以降の女性の労働体系にどんなしわ寄せをもたらしたか、見事に活写してみせた。

現代の「お仕事小説」の旗手といえば津村記久子で、『ポトスライムの舟』（08年下半期、芥川賞受賞）では、工場のライン作業を含むトリプルワークで働く三〇歳のナガセが、ピースボート（とは明記されないが）での世界一周の費用と工場での年収がほぼ同額の百六十三万円であることを知り、しばらく逡巡する。世界一周とうつ病予防の啓発ポスターが隣同士に貼り出される点に、現代の労働環境の厳しさが透けて見えるが、そこは津村らしいユーモアが発露する細部でもある。併録作の「十二月の窓辺」は、会社内の深刻なモラルハラスメントがテーマとなっている。

数多くの女性の労働を書きつづけて十年が経過した津村が、幻想的な色彩を持ち、主人公が人間関係（ハラスメント）に追い込まれる前にどんどんと仕事を変えていく『この世にたやすい仕事はない』（15年刊行）を発表したことは、彼女にとっての「お仕事小説」のあたらしいフェーズが提示されたとも読め、興味深い。

先に述べた、「結婚」のロールモデルを形作るパートナーである男性との①共棲、②生殖・育児、③相互承認としての性の充足の三位一体のうち、とくに③の性愛の部分に関して、もっとも先鋭的な作品をものしてきた戦後第一世代が、七八年に「葬儀の日」でデビューした松浦理英子である。『葬儀の日』から『セバスチャン』、初期の傑作『ナチュラル・ウーマン』へと至る八〇年代の作品において、彼女は（おもに女性の）同性愛やサディズムをテーマとした。それはセンセーショナルであり、しかし同時に、センセーショナリズムに留まることなく、男／女、加虐／被虐、主／従、ノーマル／アブノーマル、善／悪といった既成の二元論の構造自体を無効化する批評性を有していた。

松浦の名を真に世に知らしめるベストセラーとなったのは、九三年刊行の『親指Ｐの修業時代』である。右足の親指がペニスそっくりに変形してしまった女子大学生が、その特異な足指でもって見世物一座に加入し、性にまつわる多種多様な体験をするなかで、自分の内に自明として取り込んでいた男性中心主義のイデオロギーを転倒させていくという、一種の成長物語と読める作品だ。今世紀に入ってこれまで発表した小説でも、つねにマイノリティの声をキャッチしながら、「ドッグセクシュアル」という概念を用意して愛玩動物としてかわいがられることの絶対的な快楽を微細に表出したり、非性器的な官能の可能性を盗聴器のモチーフとともに探り当てたりと、他に類を見ない独自の世界を構築しつづける。

「脱セクシュアリティ」と大胆な既存の概念の転覆という側面で切り取れば、村田沙耶香が松浦理英子の正統的な嫡子であることに（彼女たちに嫡子との比喩を用いるナンセンスはさておき）疑いはないように見える。松浦の描く関係が血も通い、体温もある有機的なもの同士のそれであるのに対し、村田の描く関係は無機的なものへの親和性を強めている。たとえば、『ハコブネ』（11年刊行）には生身の男との性交渉に違和感を抱き、「星の欠片」にアイデンティファイする女性が登場し、『しろいろの街の、その骨の体温の』（13年三島賞受賞）では、成長過程にある女子の身体が「みずみずしい」という慣用句を笑うかのように無機質な地方都市の真新しい造成宅地と重ねて描かれる。小学四年の結佳は、興味本位で伊吹にキスをする。時が流れて中学二年になると、結佳は容姿による容赦なきランキング、クラス内ヒエラルキーから転落する緊張感、異性の目、恋へのあこがれ、第二次性徴と体重増加の恐怖のすべてがないまぜとなって、こう思う。〈伊吹はもう私の思い通りになる小さな男の子ではない。子供の頃は身体だけは自由にできたのに、それもできなくなっていく〉。

イタリアの美学者マリオ・ペルニオーラは、「人間のモノ化」との概念で、オルガスムから人間の感覚を解放せよと説いたが（『無機的なもののセックス・アピール』）、無機物であれば幸福だったのに有機体であるこの身体から逃れられないのはなぜかと、結佳は苛立ってみせるのだ。

こののち村田は、『消滅世界』（15年刊行）で夫婦間のセックスが近親相姦とみなされ、出産がコントロールされ、男女の性差も希薄、「清潔な恋愛」とはキャラクターを対象にするものとなった世界（ディストピア）を、SF的近未来小説として描く。芥川賞受賞作となった『コンビニ人間』（16年刊行）は一見リアリズムふうで、SF的構造が見えづらくなるが、女子の労働とセックスの両方のテーマをうまくリーダブルなところに落とし込んだことで、幅広い読者を得た。

村田と同じく、そっくりではないがたしかに松浦の血脈を継いでいるように見える作家に、鹿島田真希がいる。98年に『二匹』で松浦理英子、長野まゆみ、笙野頼子らが選考委員をつとめる「文藝」からデビューした鹿島田は、そのデビュー作「二匹」で、松浦の『葬儀の日』をほうふつさせる二者完結的な濃密な関係を描いたが、新境地というべきリアリズムを用いた『冥土めぐり』（12年上半期、芥川賞受賞）では、結婚し生家との絶縁を望む主人公に、実母の経済的・心理的束縛、弟の借金、そして夫の難病という厄災がつぎつぎと襲うさまを描いた。美しい記憶の残る、しかしいまは寂れたホテルを再訪した折に、思わぬ「無垢性」が彼女を包んでいくのだが、救済というものの非情さと崇高さを読む者に感じさせる点で、じつに鹿島田らしい作品だった。この『冥土めぐり』をはじめ、『六〇〇〇度の愛』『女の庭』『暮れていく愛』などは、鹿島田のテーマの中核をなす「主婦の憂鬱」を描く。夫婦なるものの不自由さは、こうして極まっていく。

ひとりの男性との三位一体が崩壊した状態をデフォルトとして、そこから母親としてどう生き延びるかを赤裸々に描いた作品に、金原ひとみの『マザーズ』（11年刊行Bunkamuraドゥマゴ文学賞受賞）をあげておきたい。小説家のユカ、主婦の涼子、モデルの五月は、同じ保育園に子どもを預ける二〇代の母親たちで、小説は三人の視点を章ごとにスイッチしながらつねに一人称で進行する。ユカは小説家として満たされた暮らしの裏でクスリとクラブ通いを手放すことが出来ず、涼子は九ヶ月の息子の密室での育児につかれて虐待の衝動を抑えきれず、五月は年上の男との不倫関係に一瞬の快楽を求めずにはいられない。五月は言う。〈私は夫との結婚生活を続けるために、自分の家庭を壊さないために、不倫を続けていると言えるのかもしれなかった。私は、夫と弥生という三人ではなく、そこに待澤を含めた四人で、この家のバランスを保っていたのだ〉。

ユカは夫という絶対的な理解者を部分的に手放したその空隙にドラッグを代入させ、涼子は二人目の子を持つ可能性を考えながら、夫とのセックス自体を忌避する。共棲か、生殖・育児か、相互承認としての性のいずれかを、あきらめたりアウトソーシングしたりする彼女たち。「結婚」の規範の寛大化は、妻を、女性を、自由にした。しかし同時に、夫の「父とはかくあるべし」という意識も変容させ、妻への不干渉・無関心を増長させた。彼女たちはひとりのパートナーではすべてを賄えないと完全に理解しているのだ。

三人で一人の人格であるような彼女たちの心からの声は、ユカによってこう発せられる。〈てめえふざけんなよ妻と子供家に残して優雅に一人暮らししてオナニーばっかしてんじゃねえよふざけんな惨めで汚ねえ育児とか家事とかばっかり人に押しつけてエロ本とかAVとかばっか見てんじゃねえよたまにはガキのウンコ拭き取ってみろ生ゴミの処理してみろガキ風呂に入れてみろ〉。進行中の小さな子の子育てが息継ぎもなく客観性も反省的視点もなく、つよい感情の連続体で現在時（だけ）がひたすらつづいていくことを、このくだりは示している。

母性の自明性という幻想などすでに砕かれたが、ひとはもがいて少しずつ「母」になってゆく。女性の労働とラブとリブについて、強烈なうねりをもって本書で描き出した金原は、（他作品も含めて）個人を描いているように見えて、その実つねに「社会」をとらえてきた作家なのだ。

■

制度としての結婚の解体と、セックスにまつわる多様化、そしてジェンダー的女性性の問題。こうしたテーマに基づいて書かれた小説とその（おもに女性）作家だけを抽出して、この稿で列挙していくのは、恣意的以外何ものでもない、あるいは整理のための「物語化」にすぎないと承知している。どの作家が、どの作家の影響下にあるといった作家のファミリーツリー作りなど、世代など関係なしに同時代に作品を発表している書き手たちからすれば、愚昧な行為に見えるだろう。

ただ、「大きな物語」が解体されたあと、家族や結婚の不可能性についておもに女性作家が多様な物語をつむぎはじめたことで、男性作家たちが知らず抱えていたジェンダー的な意味での「男性性」があらわになっていった点は、あらためて確認したい。ある現代アメリカの若手女性作家は、女性作家が「社会」を描くとき、いまでもそれは家庭や家族の問題に還元されがちなのに対して、たとえばリチャード・パワーズやジョナサン・フランゼンが家族の物語を書いても現代アメリカを描いているとみなされるのはなぜかと憤ったが、逆から考えれば、男性作家の書くものに「社会」や「政治」を見出さずにはいられない（読者側の？）バイアスもまた、強固なものであったのだ。

それを最初にさざなみのようにして読者に気づかせたのは、90年に『プレーンソング』でデビューし、『小説の自由』に代表される、実作と評論を自在に横断しながら書かれた小説論がのちに現われる数多くの作家（柴崎友香、磯﨑憲一郎、山下澄人……）に影響を与えた保坂和志の存在であり、また96年デビューの町田康、そして系統は違うが97年にデビューした星野智幸であろう。保坂や町田の作品は徹頭徹尾、内容（ストーリーテリング）というより、「語り」の形式で読者を魅了しつづける。また星野は、たとえば「独身＝毒身」などの新味ある概念の創出を物語の動機に据えることで、それまで自明とされていた男性の「男性性」をひとつひとつ掘り起こし、別の場所から光を当てていった。[2]

こうした流れを汲みながら、いま現代文学（純文学）の領域をけん引するのが、11年に「楽器」でデビューした、82年生まれの滝口悠生だと位置づけることは可能だろう。『死んでいない者』（15年下半期、芥川賞受賞）では、大往生を遂げた男の葬礼に親戚の面々が集う。平素は交流のない人同士、故人についてなにかを思い出し、会話を交わし、しかしべつのなにかは思い出さないままでいて、親しい人を失ったあとの世界が、いつもとなにも変らずきらめいていることに、すこし呆然としたりする。当人ですら知覚していないことや、意識しなかった他者への影響や、記憶のありようを自在に語るのは、全知であるようで、どこかとぼけた抜け感もある話者である。主体が所与の「ひとつの体と脳」に本当に宿るのかという疑義が、小説の基調となっているだろうが、何が書かれるか（主題）ではなく、語りの運動性それ自体に小説の推進力を持たせている点で、もはや、近代文学を対照する必要もなくなった。

マチズモの希薄化を、「去勢された」とか「男の子っぽさの剝奪」と表現するのはまたべつの暴力が働くので慎重にならねばならないが、男性の優越性やこれまでの特権を失うことを恐れるあまり、人間の尊厳の感覚すら捨ててしまう人々があいかわらずまだ大勢いる風土のなかで（あるいは「ポリティカル・コレクトネス疲れ」から反動的に顕在化するなかで）、滝口のような作家の登場は、八〇年代から九〇年代にかけて女性作家たち（保坂、町田、星野らも含む）が耕した土地の肥沃さがもたらしたのだとつい考えたくなる。

〈わたしはもう女であることに弁解じみた態度をとらないと決めました。女であることでそのまま敬意を受けたいのです〉と語ったのは、チママンダ・ンゴズィ・アディーチェである（『男も女もみんなフェミニストでなきゃ』）。あるいは、複数性を担保することが誰にも住みよい世界を作ると説くのは、ロクサーヌ・ゲイだ（『バッド・フェミニスト』）。ジェンダーによる外的な抑圧から自由になり、自分で自分のことを決定する。男性たちのこともおそらくは楽にするこのスローガンを体現するような、ちいさくて男性性に拠らない小説が、女性作家のみならずすこしずつ男性作家の手によっても書かれ始めているとしたら、それは文学の今日的な希望のようにみえる。

女性のみならず、男性をもおそらく苦しめているジェンダーロールの呪縛から、人々を解き放とうとする小説のひとつが、松田青子のデビュー小説集『スタッキング可能』（13年刊行）だったのではないか。一見、「会社あるある」の物語ながら、会社員の名をA田B田C田と匿名化することで、彼らが集合するフロアそのものも他階と〝スタッキング可能〟な凡庸さ＝普遍性のなかにある、と指摘する。ある登場人物はこう言う。〈こんなにみんな同じだと思わなかった〉。人は人と交換可能で、自我などそれほどありがたがるものでもない、しかしながら人は個別的にしか生きられないという感覚を、ポップさと批評性、共感と前衛性がほどよく同居する作品に仕立ててみせた。女性らしさ、男性らしさというイデオロギーの「らしさ」からいかに逃れられるかが、『スタッキング可能』以降につづく作品群でもテーマとなっている。アンチ男性優位性だけでない、アディーチェ的な意味合いでのフェミニズムのあたらしい潮流が、松田の作品にはたしかに息づいている。

■

ここでもういちど九〇年代に女性作家の進出の機運を生んだ、「大きな物語の解体」の問題に立ち戻れば、女性の出産や育児といったテーマが、政治的なイシューでないのかといえばまったくそんなことはなく、政治的な闘争そのものだったとわかる。問題の所在を顕在化し、そこに切り込んでいく闘争の歴史は現代も続いている。かつてはSF的とも考えられたクローン技術を含むバースコントロールのための科学技術の進歩も背景に、問題はより繊細に、複雑になった。たとえば女性の妊娠と中絶をめぐっては、プロライフ（胎児の生命尊重の観点による人工中絶の反対）かプロチョイス（産む女性の選択尊重の観点による人工中絶擁護）かという二元論で語られがちだが、どちらにせよ、生命は、資本主義社会の労働市場に供される人材であるとの考え方自体を否定するために、国家による管理や強制（システム）から最も遠い場所で決定されるべき問題である。少子化を国力低下のひとつの要因ととらえる国家が、女性の出産の選択になんらかの規制をかけるようになればそれはディストピアである。

そうした状況を逆手にとって、村田は『殺人出産』（14年刊行）で、女性が自分の意思で十人の子を産めば、一人望む人を殺すことのできる世界を描いたわけだが、この問題をさらにラディカルに拡張し、エンターテイメント性も高い物語に結実させた作品をひとつあげるならば、古谷田奈月『リリース』（16年刊行）かもしれない。男女同権、同性婚も完璧に整備された世界で、異性愛者のテロリストが精子バンクの占拠を画策する。見かけ上の平等はじつは女性優位に設計されており、人々は生まれ持った性をスイッチすることも可能だ。その社会で起きたテロ事件の背景には、マイノリティとマジョリティの力学を反転させる国家の意思が働き、つまるところコントロールされたジェンダーバイアスの解消があらたな暴力装置となりうることを、予言的に描いている。

マイノリティとマジョリティの力学について、まったくべつの領域からアプローチしている作家に、温又柔をあげたい。両親ともに台湾人で、八〇年に台北に生まれた彼女は、幼少期から日本で育つというバックグラウンドを持つ。家庭内では親と中国語に台湾語のまじる言葉で話し、学校では日本語を完璧にあやつる多言語の暮らしのなかから、アイデンティティにまつわる作品を生み出してきた。中国／台湾／日本の三言語になぶられる個人の物語を描くことで、国境を意識的に横断するというよりは、どこからもはみ出しているような、〇〇人というカテゴリーに収まらない人々の姿を、普遍性を持って日本語で創出してみせたのだ。ある場所からある場所に移動し、新天地に同化してしまうための苦闘を表白するのではない、あたらしい移民文学と呼びうる文学で、それはたとえば、ロシアのマガダン出身でアメリカに移住して英語で書く、八三年生まれのクセニヤ・メルニク（『五月の雪』）や、八五年にベオグラードに生まれ、一二歳でアメリカに移住して英語で書くテア・オブレヒト（『タイガーズ・ワイフ』）といった作家と併せて考えることが可能だろう。

ここまで、ばらばらと新世代の作家も含めて作家の固有名を並べてきたが、もちろんこれは通りのいいひとつの「物語」を統べることで、直近の文学史を作ってみたに過ぎない。しかしながら文学が、必ずしも現実社会の写し鏡となる必要はなくとも、先取り的、予言的な力をしばしば発揮することを考えれば、「文学の役割」なきあと、女性作家たちがなにと戦ってきて、それがどう結実しようとしているかを見るのは、そう意味のないことでもないだろう。とりわけ二〇一〇年以降、労働搾取への抵抗と、男性の「男性性」からの解放、そして多様性が多様性のままに認められる社会の希求が、文学のひとつのテーマとなっている。それはセクシュアリティ、家族観、そして国籍など、極私的なアイデンティティの問題であると同時に、国家との闘争でもある。

そしてこの状況は、九〇年代から丁寧に開墾されるように準備されてきて、ようやくここにきて表出したのだというのが、この稿のとりあえずの結論である。二〇一〇年以降のとりわけ男性作家の活躍には、ここでは論じきれなかった、またあたらしい潮流が見出せるようにも思う。いま生成されつつある文学史はつねに手をかけて更新されるべきものだ。これからの流れにも注視していきたい。

1 芥川賞に限れば、選者の交代が、女性受賞者の増加をおそらくは後押しした。初の女性芥川賞選考委員となったのは河野多恵子と大庭みな子のふたりで、87年上半期のこと。村田喜代子に授賞された回である。山田詠美の就任は03年上半期、小川洋子と川上弘美が同時に加わり世代交代をつよく印象づけたのは07年上半期である。

2 二〇〇〇年代に入ってエンターテイメント小説の領域で、先の戦争での英雄的な男の働きを美しくとらえなおす小説や、企業内で男たちの野望が渦巻き、また問題解決のために力が結集される(メタファーは戦争)小説が大流行して、広く読者を獲得していくのに対して、純文学の領域では、男性性からの解放の流れが生まれつつあったという点はおもしろい。前者は、男性性をリブートさせるべくマチズモを強調し、後者では既存のマチズモとはべつの男性性を見出していったとひとまず整理できる。

変身

――松浦理英子『親指Pの修行時代』、女の子たちのパロディ的カルチャーについて――

Ayaka Yutaka

豊彩夏

私の体のある部分を指して生殖器だと言う人になら、誰であろうとその生殖器とやらを自由にさせてあげるわよ。ただしそれは私には関係ないことよ。――松浦理英子『セバスチャン』

1.1

「女の子の愛はペニスのある母親に向けられていたのでした」[1]。フロイトが女性的とは何かを語るにあたって決して手放すことが出来なかったのは、とにかくありとあらゆる人は皆、ペニスを熱望してやまないにちがいないという信念だった。フロイトの考えでは、ペニスを欲しくないと思う人など存在しないのであり、このことがまさしくペニスを持たない人間の苦しみ、その根源なのであった。ペニスを持たない者たちはお互いを憎み合うほかない。多くの場合、母親はペニスを持ってない。そしてペニスを持たずに生まれてきた人間は、ペニスを持たない自分を憎み、ペニスを持たない母を憎み、ひいては解剖学的に「ペニスなし」とされるグループとしての「女性」一般を憎むようになる。ペニスを持たない母など愛するに足らないと悟った結果、ペニスを持っているであろう父を愛するようになり、父の子供を欲するようになり、もちろん産むなら絶対にペニスを持った子供を産みたい、と考えるようになる、これがフロイトの考える女性の生であった。彼は哀れみを込めてこう語る。「女性がペニスを持たないことが発見されることにより、女の子にとっても、また男の子にとっても、そして後にはおそらく成人の男性にとっても、成人女性の価値が下落してしまうのです」[2]。

当時ですら、彼は非難されたのだった。そのような形で女性について語ることは、男性分析家がいかに女性に対する偏見にまみれているかの証左であると、指摘した人がいないわけではなかった。するとフロイトは、ペニス羨望を中心軸にして打ち立てた自らの論を驚くべき仕方で翻し、彼の立場を「両性性」なるものとして提示するのである。批判に対してフロイトは述べている。「われわれは両性具有の見解に基づいて、あらゆる無礼なことをたやすく回避しました。なぜなら、われわれはこう言いさえすればよかったのです。『それはあなた方のことではないのです。あなた方は例外で、この点では女性的と言わんよりはむしろ男性的です』[3]」。フロイトの見方によれば、彼を批判する女性、同性愛者の女性、自由と地位の向上を求める女性、要するに彼の見解に容易におさまろうとすることのないあらゆる女性達は「女性」グループの例外、女性的というよりはむしろ男性的で、ペニス羨望に裏打ちされた男性コンプレックスによって「異常」な発達を遂げてしまった女性達であり、こうした人々に対しては男性的／女性的なるものを巡って論争するよりもむしろ、思慮深げに人間の根本的な両性性を説くべきなのであった。[4]

だからフロイトに向かって、とにかくありとあらゆる人が皆、ペニスを熱望してやまないわけではないのだ、あなたの前提は間違っているのだ、と言ったところで何の意味も持たない。彼はただ、そのように主張するあなたに同情の眼差しを向けるだけであろうから。そしてあなたは分析され、解釈され、去勢コンプレックスやそれによる「異常」発達とみなされ、彼の理論を補強するひとつの凡例として組み込まれてしまうだろうから。

こうした理論と規範と世界に囲まれて、一足飛びに「ペニスなし」の哀れな人々とみなされてきた「女性」グループの常なる手段は模倣であった。力がなく学がなく頭もなく、感情的でヒステリックで論理的でも理性的でもなく、議論によって両者の主張をすり合わせることなど一切必要ないとみなされてきたそのグループは、従順な「ふり」をすること、見せかけでしかないことに基づく演技をすることに、一種の抵抗を見出してきた。模倣して、まるで従順なように見せかけて、でも完全にそのオリジナルを反復することのないように、それどころかオリジナルとは全く違った境地にたどり着くように。それは単なる演技であって、演じられたオリジナルは実は本質でもなければ真理でもないのだと明白にするような、攪乱的なパフォーマンスを。この場合には当然、次のように言うことがそれにあたる。ええもちろん、ペニスが欲しくてたまらないのです、もし自分の体にそれがあったらどんなに良いでしょう、と。

＊

そして1993年、長い時を経てフロイトの思い込みに対しあたかもフィクショナルな反抗を企むかのようにそれが欲しくてたまらないのだと言ってみせ、けれども不完全になぞって内側から切り崩そうとするかのような小説があった。松浦理英子の『親指Pの修行時代』である。

それはひとつの死の気配から始まる物語であった。遥子という女性が自殺したのだ。彼女はおそらくは、物語の主人公、一実を愛していた。けれども一実は彼女の愛に気づくことなく、ただひたすら通り過ぎていく人を無垢なまま受け入れるように過ごす人間であった。一実の右足の親指がペニスになりかわったのは、遥子の四十九日の翌日のことだった。そして一実は、ホモフォビアと性差別を媒介にしたホモソーシャルな関係を生きる男性（正夫）との異性愛関係を脱出し、多くの場合に視覚／性器結合中心主義的な男性のセクシュアリティとは異なるセクシュアリティを持つ人物、盲目でバイセクシュアルで性器結合を重視しない男性（春志）と出会い、非規範的な性を生きる様々な人々が属するパフォーマンス集団（フラワー・ショー）の人々と交流し、フラワー・ショーのメンバーである映子に恋をし、しかし触覚のセクシュアリティを上手く共有することのできない映子のもとともまた去ることとなり、これらの経験を経て「成長」を遂げ、他人のために自らを差し出すような行為に出る、ある男性（保）の去勢を妨げ自らのペニスを去勢するかのようで去勢せずに、人を守り自分を守り、非規範的だけれども受け入れ受け入れられた性／生を生きることになる。『親指P』はこのような物語であった。

つまりは親指の、ペニスへの変身、ゆるやかに、けれども確実に描かれる関係性の再発明、だから身体の地図を描き変えること。決まりごとをひとつひとつ解いて、結び直して、違う星座をつくるのだから。性器結合中心主義に反対し、男根（ファロス）中心主義に反対し、「去勢」にもまた反対し（だって単にペニスをカットして、男性を引きずり降ろしてしまうだけならただの逆転、地図はひっくり返っただけだから）、去勢することなく去勢すること。そうして、ただ無垢なままに、身体を再び愛し直すこと。親指ペニスは私たちに、悲しいことに身につけさせられた様々な決まりごと（ペニスが偉いとか、ペニスとヴァギナがカップリングだとか、身体によって振る舞い方が決まるとか、そういうくだらなくて苦しいこと）を忘れさせるためのギフトだった。

＊

さて、そもそものはじめを言えば、私たちが親指ペニスを必要としたのは、単純に言ってペニスの特権化という事態が存在したからだった。フロイトは結局のところ、身体の中で唯一ペニスを特権化することによって、張りだすどころかむしろ人間をフラットにしてしまったのだ。私たちの様々な差異はただひとつのものへと中心化されてしまった。このことは決して、フロイトだけの問題ではなかった。私たちの社会は、長きにわたってペニスないしはそれを有したグループをあらゆる場面で特権化してきたのだった。だから親指ペニスの形象が、ひとつの反抗の意思を含み持つであろうことは否定できない。

けれども、反抗のみというわけでもない。

親指ペニスは男性身体の特権化という事態に対する否認であると同時に、女性身体に生えてくるペニス、という点で女性身体に対する否認でもあり、にもかかわらず依然として女性というアイデンティティを手放すことのない一実のありようは、性的身体化の否認／別の身体へ変身することへの希求とともに、これまでの歴史性を維持しつつ重ね合せるものであった。

女性による女性性の遂行、これまでとは異なった形で女性に「なる」こと。

そしてこの事態は、『親指Pの修行時代』に特有の問題ではなく、歴史的なもの、ある文化に特徴的な核心なのである。ある文化、それは1970年代に花開く少女漫画の「革命」、その子孫である現代のBL文化や百合文化といった女の子たちのカルチャー、これこそまさしく、「変身」の主題をつかむにあたって最も重要視されなければならない文脈にほかならない。

実際、変身という主題を持つ『親指P』は1970年代以降の女の子たちのクィアなカルチャーの核心部分の正当な後継者だったのであり、だからそれはフェミニズム運動およびレズビアン／ゲイ解放運動、クィア・アクティヴィズムとフェミニズムの多様化を経て90年代に刷新・創成されるフェミニズム／クィア理論によってクリアに把握されうる、かのようであるけれども、同時に、政治的な意図の希薄さゆえにややもすればコンサバティヴに相も変わらぬ制度の温存へと滑り込んでしまいかねない危険性を含み持ちながら、気迫をこめて標榜されるラディカリズムの遥か彼方まであっさりと突き抜けてしまいかねない、そんな危うくも革命的な「変身」への希求としての女の子たちのカルチャーを一望することによって初めて理解されるだろう。このことは翻って、1970年代以降、様々なものへの目配りを意図的に行い、領域横断的ないしは臨界=危機的であることを自らに課してきたはずの日本の批評が落としてきたものを明らかにし、再検討することにもつながる、かもしれない。

1.2

少し小説から離れて、パースペクティブを広げてみよう。

歴史的なものの確認からはじめてみれば、松浦理英子が1958年に生まれ、78年に『葬儀の日』によってデビューし、81年に『セバスチャン』を、87年に『ナチュラル・ウーマン』を書いていたこと、これらの連続性の帰結として、93年の『親指Pの修行時代』が存在していること、は単に作家の個人史にとどまらない重要性を持っているように思われる。多感な10代を70年代に過ごし、80年代から90年代にかけて、ジェンダー／セクシュアリティに鋭敏な思想性を有した作品を書き連ねていた彼女は、根本的に同時代史と響き合っているのだ。出発点は70年代である。

1970年代、革命の狂騒とその失望、それでも続いていく夢について。

少し時計を巻き戻してまず海の向こう、アメリカでは66年にNOW（National Organization of Women）が創設され、69年にはストーンウォールの反乱が、70年には「ラベンダー色の脅威」と呼ばれNOWから排除されたレズビアン・フェミニストによる挑発的マニフェスト（“The Woman-Identified Woman”）が、そして太平洋を再び横切り日本では70年、「便所からの解放」が宣言され、「ぐるーぷ・闘うおんな」が結成、71年にはリブ新宿センターが創設され、70年代は総体として鮮やかなスタートを切った、かのようであった。が、求めた果実は部分的に与えられたにせよすべては得られず、期待は裏切られ、失望をもたらす横暴が見られ、ラディカリズムの失速と絶望が襲いかかる。海の向こうでも、革命の60年代に対するバックラッシュが巻き起こり、セクシュアル・ポリティクスの主流派は次第に妥協を強いられることになる。

ラディカルな変革から権利要求へ、差異の強調よりは平等の希求へ。

けれども、公的領域とは別の場所で、文化領域で、革命や権利運動の裏側で、女の子たちによる別の仕方での「革命」が進行していたのだった。もちろん、少女漫画の元祖、萩尾望都や竹宮惠子などを中心とする、花の24年組である。彼女たちは学生運動を横目に見ながら言っていた、「少女マンガで革命を起こそうよ」[5]。

1970年代にはじまる花の24年組の「革命」は、戦後社会が女の子たちにとってどんな意味を持ったのか、ということが大きく関わっているだろう。大塚英志によれば、「建前としてはもはや母のように生きなくてもいい社会ともはや父のように生きなくてもいい社会が男女に等しく開かれたのが戦後であった」[6]。男性たちは「父のように生きなくてもいい」けれど、それは建前であって、社会構造／制度的には依然として父性原理が残存していたために、彼らはもしも「父」にならないのなら一体何になるのか、と問わずにすますことができた、けれども「母のように生きなくてもいい」と解放された女性たちは、解放されたようではあるものの「そこには何一つ新たな規範は示されておらず、他方では理念とは裏腹に現実の社会制度下では女たちは男性社会の壁や軋轢を一身に背負う」ことになったという[7]。

建前としての自由な選択は、母ではなく何になるのか、という問いを女性たちにもたらし、「母」の自己破壊を強いることになったのだ、と大塚は述べていた。彼は24年組／少女漫画の自意識に、「自らの性や身体を嫌悪するなかで作り出した性的に未分化な身体性」を見たうえで、こうしたありかたを「母を崩壊させるのではなく、かつて近代国家によって性的身体化することを遅延させられた彼女たちは自ら母を遅延」することで、母の崩壊にまつわる悲劇を回避しようとしたのではないか、と言っている[8]。

大塚の洞察は重要だけれども、いくつか重要な事柄が抜け落ちていると思われる。

彼はおそらく、「母」なるものというフレームにあまりに頼りすぎた分析を提示しているために、女の子たちのカルチャーが、彼が語る戦後社会の反映、政治的無意識の表現のようにしか見えなかったのではないか。それはただただ社会状況の反映にすぎないのだろうか。女の子たちのカルチャーにおける「自分自身を含むありとあらゆるものをやすやすとパロディー化してしまう軽やかさ」[9]は、パロディの増殖を招き、たったひとつであるかのようなリアリティを複数の再文脈化の中で不断にずらし、ずっとずっと遠くの方までいってしまう実践としてのカルチャーを招来するのだと、そんな風には考えられないだろうか？

私たちが先に言ったように、女の子たちのカルチャーの可能性の中心が、社会制度に対する冷徹な批評的視座が一方で存在しているようでありながらふとした瞬間に夢想の突き抜けた暴走を発動させてしまう、危うげなラディカリズムに、革新的な変身にあるのだとすれば、大塚の分析では私たちの重視する変身の主題が十分に前景化されていないのだ。

もしもこの主題を追求するならば、戦後社会を裏側から見つめる視線としてよりむしろ、遥か彼方まで、たとえば非－人間的なものにまで変身していってしまうかのような女の子たちの際どく猥雑な夢想にこそ積極的に、拘泥しなければならないだろう。

1.3

無限に氾濫するパロディの世界＝女の子たちのカルチャーへ、ようこそ。

とはいえ少女漫画は結局のところ「王子様」幻想、様々な問い直しを含みつつも「王子様」との「真実の愛」が中心を占めているのだろうと考え、母が崩壊され／しようともとにかく異性愛／モノガミーのロマンチックな幻想が維持されているにちがいないのだ、と安堵のため息を漏らそうとするあなた、それは確かに昨今の多くの作品にも当てはまらないとは限らないから、的を射ていないとも言いきれない。

でもファッキューパトリアーキー、あなたたちは時代遅れ。

古くは白雪姫やシンデレラといったいわゆる「女の子向け」の童話においてそのセリフはたかだか「ああなんて美しい姫君なんだ」くらいでありながら登場せずにはいられなかった「王子様」幻想＝物語構造を支配するシステムは、まず女性はお姫様＝守られる側／男性は王子様＝守る側という役割の固定化と主従関係を呼び起こし、さらに意地悪な魔女／義母（本当の母親ではない点で、母性幻想は維持される）と心優しく美しい姫君の対立（＝「女の敵は女」）をもたらし、なおかつ救いは男性（王子様）によってもたらされ、いささか男の子たちに都合の良すぎるシステムと表裏一体になって存続してきた。[10]

が、時代はくだって1996年、ついに『少女革命ウテナ』が根本的なシステム変更＝革命を遂行する。主人公のウテナは、守られてばかりのお姫様より王子様になりたいと考えている一方で、幼い頃に自分を救ってくれた「王子様」への憧憬が抑えきれない、矛盾した存在として描かれている。そんな彼女はふいに、剣を交えて格闘し、勝った者が「バラの花嫁」＝アンシーという女の子を「所有」できるという、不可思議なゲームに巻き込まれてしまう。不可思議なゲームは、「世界を革命する力」をめぐるものである。アンシーを我が物顔で「所有物」と呼び、平気で暴力を振るう男の姿を目の当たりにしたウテナは、女の子を戦いでやり取りするなんて、と憤り剣を取る。まるで王子様みたいに。

さて、作中でアンシーは規範的な女性性のパロディ、ウテナはシステムを変革することなく反転させるのみである試みのパロディとして描かれている。アンシーはどんなひどい扱いを受けても反抗することがなく、ただ受け入れるがまま。戦いにあたっての剣は彼女の身体から生じることになるのだけど、剣は明らかに男根のメタファーであり、アンシーは男根の単なる「器」としてしか見なされえない、男性自身を愛するための裏返された男性性としての「女性性」、を体現している。他方、ウテナは王子様になりたいと考えながら、王子様への憧憬を捨てきれず、敵の術中にはまってしまうことを繰り返す。最終的に、ウテナは王子様への憧憬を断ち切り、自分自身がアンシーの「王子様」になることを決めて、その代償として消えてしまう。でも言うまでもなく、女の子が王子様になるだけでは（もちろんそれは素敵なことではあるのだけど）「王子様」幻想は、システムは変わったことにならない。だからウテナが消えてしまった後、いままで大人しいどころか自分の意思などないかのようであったアンシーが、ずっとひっつめていた髪をほどき、ウェーブのかかったロング・ヘアを解き放った姿で、「世界は、まだ革命されていない、いない」、「ウテナさまを捜しに」行く、「私たちがもう一度出会った時にそれは始まるんです」と言うのだ。ウテナとアンシーが抱き合うイラストで、物語は幕を閉じる。

つまり『少女革命ウテナ』は、少女漫画を支配する「王子様」幻想という名のシステム、ミソジナスな異性愛主義と表裏一体になったそれを、単に女の子自身が「王子様」になるという形で反転させるだけではなく、そもそものシステムを根本的に変えること＝革命することを意図してウテナとアンシーのレズビアニズムを据える、まさしくレズビアン・フェミニスト的な作品にほかならない。

ただ、私たちは「王子様」幻想に対する革命的なものとして『少女革命ウテナ』を賞賛しているのであって、もちろんこの作品の主題から言って特にポジティブなものとはみなされなかった実践、つまり女の子が王子様になること、男の子がお姫様になること、ボーイがガール／ガールがボーイであること、女性性における複数の女性性や男性性が分節化され増殖していく実践には、『少女革命ウテナ』とはまた別のラディカリズムが存在するだろうことも事実なのだ。単純に言って、王子様が男性のものであると考えるのは馬鹿げたことであるのと同じくらい、女性性が女性のものだと考えるのも馬鹿げたことだろう。

たとえば一見して少女漫画には「男性の女性化」とでも呼びうる事態が目立って存在している、かのようである。少女漫画という表現が、そもそも「少女」を描くために磨かれた技法、少女のためのものであるために必然的なことではあるけれども、もともとそこにおいて男性キャラクターは「女性」的であった。彼らはおおむね細くて、髪が長めで、マスキュリニティの高邁な理想たる筋肉も短髪もほとんど求められていないようだ。

もちろんこれは、フォルムだけの問題ではない。女の子たちのカルチャーに現れる男性のキャラクターが実際に女装すること、女性化することは、多々あるのだから。『親指Pの修行時代』に描かれたジェンダー・パフォーマンスの攪乱性は、同時代の女の子のカルチャーにもすぐさま発見されうる。たとえば『親指Pの修行時代』刊行の一年前、92年には『美少女戦士セーラームーン』があった。セーラームーンには複数のシリーズがあるのだけれど、そのなかのひとつ、アニメ版の「セーラースターズ」（96〜97年放映）には三人組のアイドルの青年たちが登場する。彼らは普段は男性身体を持ち、男性として生活しているのだが、戦いの場面になると「美少女戦士」に変身する。つまり、戦士へ変身する過程で女性身体へと変身する。[11] あるいは、95年には『プライベートアイズ』という少女漫画があった。これは、女子寮に諸事情で「女装」して入り生活する少年と主人公の女の子による、探偵物語である。さらに96年には『カードキャプターさくら』がある。それは男性同士、子供と大人、女性同士、など様々な親密性を描く作品でもあった。そして97年には『ミントな僕ら』である。これもまた、双子の姉弟を主人公とする物語だけれども、もちろん弟はいつも女装して生活しており、姉妹だと周囲に考えられている。

少女漫画に見られる「男性の女性化」といった事態が、それでも結局のところ異性愛をメインにする物語によって無効化されている、と断じることは簡単だけれども、ヒーローのボーイがガールのようである／ガールであることは、異性愛関係のただなかにレズビアニズムを出現させることでもまた、あるだろう。それは男性性と女性性の複雑化され、より高度に構造化された欲望を生産していくものである。

女の子たちのカルチャーは、「王子様」幻想に対する革命的挑戦も、ガールな「王子様」も含み持ちながら、攪乱的なパロディを増殖させてきた／いるだろう。

1.4

ところで、女の子たちのカルチャーにおけるパロディの増殖には、実のところ、二つのモメントが曖昧なままで結びついているように思われる。

私たちは一方で、たとえば大塚英志が見出したようなタイプの、つまりは日本の戦後にとってメジャーな男性たちの「正史history」ではない歴史herstoryを語るモメント、語の本来の意味での「サブカルチャー」としてのモメントを見出すのだけれども、同時に正史を裏側からまなざすクリティカルな視線というよりはむしろ、もっとしっちゃかめっちゃかな、単純に欲望と想像力が爆発していくようなモメントとが、切り離しえない形で共存しているのではないだろうか、その危うげな均衡は、例えばBL文化に端的に表れてはいないだろうか？

＊

1970年代に花開いた24年組の「革命」の最大の特徴は、少女漫画でありながら少年を主人公に据え、男性同士の性的／恋愛的な親密性を描いたことにあった。そしてこの「革命」はその後も引き継がれやおいやJUNEや薔薇、ボーイズ・ラブにBLと、名称は様々にあれども現代まで隆盛する一大カルチャーを築くに至ったのである。それにしても、どうして女の子たちのカルチャーのなかで、男性同士の性的／恋愛的な親密性を描くジャンル（＝BL）が一大勢力となりえたのだろう？

大塚の説明も、あるいは中島梓や小谷真理の説明も含めて――時代背景との関連、その説明自体がなされた時代も含めて様々な差異があるけれども――、人々は異なった仕方で、この問いの答えにセクシズムをあげているように見える。女性たちが受ける抑圧こそが、BL＝男性同士の性的／恋愛的関係に対する空想を稼働させるのだと。実際、セクシズム／社会的な抑圧をこのカルチャーの背後に見出すことは、まったく容易である。

BL文化はまずもってそもそもひとつの技法なのだ、ホモソーシャルをセクシュアルに読み替える技法であったのだ。ホモソーシャルとは、女性嫌悪的／同性愛嫌悪的な、同質的かつ閉鎖的な男性たちの絆のありようを指すもので、ここで女性は主体ではなく交換される対象でしかない。だからBLは、自らを排除するホモソーシャルな絆を、セクシュアルに読み替え、好き勝手に快楽に変換してしまう技法だった。あるいは女性に対する性的客体化／性差別的抑圧（＝彼女たちの「傷」）が女性たちに、自らのままで十全に性的主体となることを困難にし、あるいは異性愛関係に対する絶望をもたらし、男性同士の物語を希求させるのかもしれないし、男性キャラクターには女の子たちの、家父長制下で女性身体ではなし得ない理想やファンタジーが託されているのかもしれない。女性身体では規範的に望ましくないとされる性的欲望の発露の場、男性と女性であっては彼女たちが目を背けたくなるような野蛮で攻撃的な欲望を仮託したポルノグラフィとしてあるのかもしれない。もちろん、性的欲望と人間の関係性それ自体を問い返すこと、恋愛的なものと友情的なものの差異を攪乱することもまた、このジャンルの得意とするものである。実際「友情」に一般的にはカテゴライズされるような親密性を描く作品／ジャンル（明白に恋愛的／性的なニュアンスを持つ「ラブロマンス」と区別して、「ブロマンス」と呼ばれる）は多々あるのだから、あるいは人々の様々な親密性に対する厳密なカテゴライズと切り詰めを要求する規範（前時代的な「理想」）の抑圧から逃れることでも、あるだろう。[12]

私たちはこうした説明を、さらに複数あげていくことができる（そもそもこのカルチャーを愛する人の数だけ説明が増殖しうるだろうことは言うまでもない）。けれどもキリがないので、要点だけ言ってしまおう。このカルチャーの背後には、セクシズムがあり、つまりは社会的抑圧があったのだ、と。

けれどもこの種の説明のみでは、告発じみた色彩を強く帯びるこの空想が、それ自体快楽へと転化してポジティブに楽しまれていることについて、何も語ったことにならないのではないか？ 私たちは、このカルチャーのより危うげな範疇に言及せざるをえないのではないだろうか？ つまりは政治的／社会的な問題から、胡散臭げな相対主義の色彩を帯びた、即物的で非‐意味的で、「薬物依存」や「中毒」にも喩えられるような範疇について、あるいはその矛盾に満ちた癒着について。

＊

ところで、男性同士の性的／恋愛的な親密性を描くジャンルの出発点、70年代は、それまで存在した超越性／普遍性の失墜の始まりだった。私たちの空想は、この綻びが誰の目にも明らかになってきた時に、より集団的なものとして作動し始めたのだった。綻びは、自らの排除を告発させる空想を可能にしたのだった。

旧来の超越性の喪失を部分的に祝福し別のより望ましい「理想」で不十分ながらも代補して、と同時に、超越性の喪失による視界の極端な省略、単純に目の前のものを即物的に享楽する、「薬物依存」のような事態が生まれる。24年組の作品には、とはいえ未だ因果関係、社会的抑圧の反映として読み取れる部分が多々あったように思われるが、徐々にもはや社会的抑圧の因果関係だけを見るわけにもいかないような、荒唐無稽な設定、ハードコア・ポルノのような作品が現代に向かうにつれますます増えていく、けれどもその一方で、男尊女卑の社会風刺と言っても良い側面も依然として複数見られることも事実であり、端的に言って、これは二つのモメントが共存しているとしか言えないのである。

そしてこの傾向は、1970年代にすでに用意されていたものだった。社会的にはフランスの（これまでとは違った仕方での）左翼政治思想＝ポストモダン思想が開始、徐々に輸入もされ始め、この思想はたとえば「政治」の不可能性＝消費社会／シミュラークルの全面化と同時に「政治」＝マルクス主義思想に対する左派としての批判、だから翻ってやっぱり政治的であるかのような側面、と、矛盾に満ちた癒着があちこちに見られるものだった。70年代以降、私たちは多かれ少なかれそうした矛盾を生きていると言える——だから女の子たちのカルチャーにおける二つのモメントも、広い目で見ればこの流れのなかに位置付けることができる。ポストモダンな政治理論は超越性の喪失に対する祝福と困惑の曖昧さのなかでパラドキシカルな民主主義論を唱えたけれども、女の子たちのカルチャーにおけるパロディのドラッギーな増殖は、その裏側にあって進行するものだろう。

つまりドラッギーなパロディによる置換は、反復によって「オリジナル」から遠く離れ、まったく別の場所へと導き出す。女の子たちはただ単純に、男性同士の性的／恋愛的な関係性に悦びを感じるようになる。セクシズムとの因果関係をややこしくも考えずとも、「内面」や「社会」の問題に接続する必要を感じずとも、ダイレクトな刺激をもたらすドラッグの摂取にも似た仕方で、「萌え」られるようになる。まるで「脳の結線が変わってしまった」かのように。[13] 何かしらネガティヴな感情は空想に変換され、またこの空想に「萌える」ことを単に神経的／認知的な習慣化に置き換え、それは「欲望の理由づけを他方向にどうでもよくしてしまう」のだ、と。[14]

おそらく、このことは少なくとも女の子たちのカルチャーにおいては、越境的アイデンティフィケーションや、非‐異性愛主義的なモメントの増殖、といった傾向性ともあいまって、女性的身体の否認／男性的身体の否認／性的身体化の否認、と別の身体への変身の希求、人間ならざるものの参照、といった、語の真の意味で「雑多」な氾濫として、より鮮やかに浮き彫りになると思われる。

ひとつではなくなっていくファロセントリズムのパロディ化は、その「オリジナル」を過激に変形させる猥雑な夢を、ひとつではなく、見るだろう。

1.5

もっともっと、攪乱的なパロディを——速度を上げて、まったく別の場所へ。

たとえば24年組の中心人物のひとり、萩尾望都の作品には、多分にファンタジックな要素が含まれていた。『ポーの一族』はヴァンパイアをめぐるリリカルな物語だったし、『11人いる!』や『スター・レッド』などはSFだった。もちろん、ほかにも竹宮惠子だって、山岸凉子だって、古代ロマンも詰め込みながらSFを、ファンタジックな古代を描いたのだから、70年代少女漫画の磁場はSF的な想像力によって強く特徴付けられていたと言えるだろう。性的身体化の否認/今あるようではない別のありように対する希求が、ファンタジックに非-人間的なものやSFと結びついていくのは、女の子たちのカルチャーを特徴づける要素のひとつであった。女の子たちは途方もなく熱心に、別の世界を夢見て、所与の世界の断片を自由に改変させながらフーコー的なセクシュアリテのリアリティをパロディ化していたのだ。これは単に日本においてのみではなく、海外の文脈とも接続しながら語られるべきだろう。というのも、ここには海を越えた無視できない歴史性があるのだから。

古くに遡れば1818年、そもそもSFというジャンルの元祖といってもよい、メアリー・シェリーの『フランケンシュタイン』がある。彼女の母は、第一波フェミニズムの代表的理論家、『女性の権利の擁護』を著したメアリー・ウルストンクラフトであった。そして『フランケンシュタイン』が、生殖と無縁な生命の創造を描いてみせる作品、女性性/再生産としての妊娠・出産の攪乱的な寓話であったことは、いうまでもない。第一波フェミニズムの時期と重なる19世紀、20世紀初頭には、たとえばシャーロット・パーキンス・ギルマンやガートルード・バロウズ・ベネットがいた。そして第二波フェミニズムが到来する。1969年にはアーシュラ・K・ル=グウィンの『闇の左手』が、70年代にはジョアンナ・ラスの『フィーメール・マン』が、フェミニストSF批評が出現するのだし、萩尾望都のSFには明らかにこうしたものの影響がある。様々な場所で、女の子たちはいつも夢を見ていた。夢が、空想が、いつだって女の子たちのカルチャーの核にあった。[15]

もちろんそれは、現代にも。たとえば2015年のセンス・オブ・ジェンダー賞に輝いたのは、「オメガバース現象」と呼ばれるムーブメント、そこに含まれるyohaの作品『さよなら恋人、またきて友だち』であった。

オメガバースとはもともと、海外から輸入された設定のことである。それは「全員が妊娠できる世界」の設定である。かつて人類には女性と男性の二つの性があった、けれども急激な人口の衰えを前に人は新たな進化を遂げ、男女という違いは形だけの名残りを残して全ての人間が妊娠できるようになったのだと。[16] 男型には肛門から子宮に繋がる器官があり、女型は興奮するとクリトリスがペニス状に勃起して射精する事ができるのだと。この設定は実際のオオカミの生態を参考にしており、α、β、Ωの三つの存在仕分け＝階級制度（αは特権階級、βは一般人、Ωは被差別階級）、さらには運命の相手＝「番」システムが存在し（番システムは狼のほかに、蜂の生態系――女王蜂を頂点とするシステム――も参考にされている）、そこに階級制度に男尊女卑や人種差別などの社会風刺的な要素が加わっていくことになったという。

もちろん、男性が妊娠・出産できる世界の設定とは、そう珍しいものでもない。ただ、オメガバースの比類なき特徴は、狼や蜂の生態系といった、人間ならざるものの生態系を参照する視点にほかならないだろう。生殖の三つのタイプ、形骸化する性的身体、にもかかわらず残存する男女の区分、このことは単純に言って、ジェンダーを歴史性から完全に不連続にするのではない仕方で増殖させるのである。男性がこれまでとは違った（妊娠・出産の可能な）「男性性」を遂行すること／女性がこれまでとは違った（射精の可能な）「女性性」を遂行すること。ここに見られるのは『親指P』と同様の精神でありつつ、かつ、喜ばしくもより過激化した「性」の定義の拡大である。

そしてオメガバースだけでなく、「獣人」（知性と会話能力をもった獣、たとえば狼やトラや蛇や馬などの雄＝男性と、人間の男性が恋に落ちる、あるいは獣人男性同士が恋に落ちるタイプのBL）ジャンルの昨今の盛り上がりには特筆すべきものがあるだろう。たとえばえすとえむによる『equus』、ケンタウロスのBL作品があった。作品にはケンタウロスたちのセックス・シーンも含まれるけれども、下半身だけ見れば馬の交尾であった。半分だけどころか全面的に獣であるような作品の昨今に見られる増加、これは先のオメガバース設定ともカップリングされ、たとえば獣人と人間が共存するオメガバース世界を描いた『ペンデュラム』のような作品も存在するのだから、こうした人間ならざるものへの想像力の活況を考えれば、女の子たちは空想のなかでますますラディカルに、拘束的な性的身体からの脱出、どころか人間的身体からの脱出、までもを夢想しているかのようである。女の子たちのカルチャーは、たとえばエディプス・コンプレックスだとか、性を拒否する「少女」といった、セクシズムを糾弾する視点を持たない「少女」幻想に基づく不愉快な決めつけによって判断されがちであったことを考えれば、この種の人間的な「性」の様相に基づく精神分析をキャンセルさせる非－人間的な性への参照は賞賛すべきものに他ならないのではないか？　とすれば、たとえばエディプス的なものへの言及を完全に棄て去り、非－家族的／これまでとは違ったun-familiar無意識の理論、私たちが常にすでに、人間だけではない世界の中で存在していることを思い出させる、私たちの不意を突く無意識の理論＝新しい精神分析を夢想してみてはどうだろう？

東浩紀はそのオタク論の中でドラッギーな中毒症状にも似たオタクのありようをして、間主観性の欠落／象徴界の失調に端を発し、間主観的な＝人間的な「欲望」から乖離したより即物的で動物的な「欲求」へのシフト・チェンジを見て取ったのだけれども、この東の論が、にもかかわらず即物的で動物的な「欲求」を結局これまでの人間学的な、人間の異性愛主義的なものへと癒着させてしまっていることを指摘して、千葉雅也は「クィアな動物化」の可能性を提出したのだった。しかし「思弁されかねない」、彼はこの時末だこれを可能性として語っていたのだったけれども、女の子たちのカルチャーはパロディの目まぐるしい置換によって、あっさりと、すでに思弁してしまっていたのだった。とすれば、東が非‐精神分析的な動物化として語り、千葉が非‐精神分析的な倒錯の激化として語ったことがらは、人間中心主義的なこれまでの精神分析／無意識の理論から離陸して、ダナ・ハラウェイ的な世界観へと拡大するもの——人間ならざるもののざわめきに囲まれた世界における無意識の理論へと繋がっていくもの——であるのかもしれない。

単刀直入に言って、「理想」の時代の終焉、ポストモダン、超越性／普遍性の失墜は、根本的には垂直方向の機能不全を苛烈に表明する。人間たちは長らく、自らを神や動物と比較してきた。宗教的世界観の支配とその失墜に始まる近代主義への信頼＝神の似姿としての上昇、進化論に始まる動物への下降、科学は人間にあらゆる自信を与え、のちに根こそぎそれを奪ったが、精神分析は自らの内にあってすら人間が自らの主人たりえないことを示し、この垂直運動にとどめを刺し、水平方向のスライドを促進していく。参照すべき生態系としての動物、捉え直される身体のモノ性へ。社会的抑圧（セクシズム）の反映と言うだけでは到底捉えきれない、女の子たちのカルチャーにおける加速するパロディ化、遥か彼方まで突き抜ける危うげなラディカリズムは、こうした時代の変遷と並走しながら革新的な「変身」への欲望をあらわにしつつあるだろう。

1.6

ところで、もしもシェイクスピアに妹がいたら？

かつてヴァージニア・ウルフはそのような夢を見た時、結論付けたのだった。当時の状況からして疑いようもなく、シェイクスピアの妹は、その才能を開花させることなく若くして死ぬほかなかっただろう。制度的に問題があった。人々の理解にも問題があった。彼女が兄と同等の才能を持っていたとして、発揮できる場所はなかった。そして伝統もなかった。男性の作家の前に連なる伝統は、女性の作家には存在しなかった。彼女を守るものはなかった。彼女が拠って立つべきものはなく、彼女を支える仲間はおらず、彼女の才能への理解者もいなかった。そして失われるほかなかった。豊かさはそのようにして、失われるほかなかった。

さて、現代日本文学において女の子たちのカルチャーと共鳴する動きは、24年組の登場からいささか遅れてとりわけ80年代後半から90年代にかけて、活発化していたように思われる。駆け足で、簡単に、きっと色んなものを取りこぼしながらではあるけれど、見てみたいとおもう。

社会的にも男女雇用機会均等法が制定され、もちろん不十分ではあるけれどとにかく日本社会が前進を見せたのが、

１９８５年であった。この85年に山田詠美の『ベッドタイムアイズ』が少女漫画的風景を文学に持ち込み、その持ち込みは87年によしもとばななが『キッチン』でデビューを飾ったことで前景化される。さらに同年、松浦理英子の『ナチュラル・ウーマン』が、女性同士の親密な関係を、脱性化することもポルノ化することもなく、比類なき繊細さでもって描いて見せた。翌年、88年には長野まゆみが『少年アリス』にてデビューし、萩尾望都のファンタジックな美少年たちを寓話として小説に落とし込んだような作品を描きだす。彼女は『親指Ｐ』と同年の93年には、『夏至南風』という、果実の腐臭のような耽美的作品も生み出し、とりわけ『白昼堂々』シリーズでは文学作品としてはかなり例外的なことに、女の子たちのＢＬ二次創作カルチャーで参照されるオリジナル（原作）になりえていた。

すこし、海の向こうに目を向ければ、80年代はまずもってエイズ危機の時代であった。エイズをゲイ男性の病としてスティグマ化し、死にゆく人々を見殺しにするアメリカ社会に対する怒りと反抗、そしてすでにあった差別的な社会によってもたらされる「表象の危機」への抗戦、が社会運動と同時にのちのクィア理論と呼ばれるようになる学問分野を生み出していく。85年にはたとえば代表的なクィア理論家であるイヴ・Ｋ・セジウィックが、19世紀イギリス文学の分析からなる『男同士の絆』を上梓し、フェミニズムとゲイ・スタディーズを架橋する理論を構築する。彼女はここで、女性嫌悪と同性愛嫌悪の非還元的な関係を示すと同時にその連続性をも示したのだった。同年にはフランス文学の研究者であったレオ・ベルサーニによる『直腸は墓場か？』論文があった。論文はエイズ危機のなか差別的なアメリカ社会を、ホロコーストに導いたドイツ社会の無関心にもなぞらえ怒りを表明しながら、同時にゲイ男性による乱交をファロス中心主義の解体的実践＝自我壊乱の破壊的パフォーマンスとして推奨してみせるものだった。それは過激な挑発であった。

まさしくここには、クィア・ポリティクスの原型がある。つまり、「（１）自らに付与されたスティグマを否定するのではなく、自ら引き受けた上でその意味自体を変容させてしまうこと、そして（２）特定の存在を恥ずべき逸脱として線引きし、棄却《アブジェクト》することによって自らを普遍として振る舞う規範自体が常に既に抱え込んでいる、傷つきやすさや変容の可能性を、統一性の崩壊や境界の侵犯を通じて示してみせること。これらはまさにクィア・ポリティクスの最もパワフルな側面であると言えるだろう」[17]。80年代後半は、まさしくセクシュアル・ポリティクスの新たな展開・進展を苛烈に宣言するものであった。

再び太平洋を横切って90年の日本では、小川洋子が母性／生殖・再生産への嫌悪を描いた『妊娠カレンダー』で芥川賞を受賞し、日本文学の側もようやく全面的に、女の子たちの「ねじれ」に目を向け出したように思われる、が、言ってしまえばここで女の子たちの「ねじれ」は文学によって掬い取られたというよりも、単に真面目になってしまった、悪い意味で「文学」化してしまった。

小川洋子の『妊娠カレンダー』は女の子たちのカルチャーの「ねじれ」を、男たちにもわかるように男たちの「文学」に沿う形で矯正し、ストレートにしてしまったのだ。

その傾向は、現在にもつきまとう病となっている。たとえば２０１６年に芥川賞を受賞した村田沙耶香のデビュー作、『授乳』から受ける印象は『妊娠カレンダー』と特に異なるものがない。男たちの近代文学的な仕方に女の子たちの「ねじれ」を矯正することが「純文学」であるかのような錯覚、この錯覚こそが唾棄すべきもの、文学が女の子たちの「ねじれ」を掬い取ることに失敗し続けている要因であるにも関わらず（そんなにわかりやすくすることなんてない、親切にしてあげる必要なんてないのに）。

つまり、女の子たちのカルチャーが持っていた無意識的なラディカリズムとしての変身への希求、気負いのなさのあまりにコンサバティヴに滑り込みかねない危うさでもって快楽に変換してしまう技法、といったものは、小川洋子の作品には見られない。小川の『妊娠カレンダー』は、一見すれば妊婦である姉に対する妹の、ぞっとするような悪意を描いているようではある。けれども女の子たちのカルチャーの「ねじれ」の観点をもってすればいささかストレートすぎる。母性／生殖・再生産への嫌悪は、女の子たちのカルチャーにあっては非生殖的な男性同士のセックス、あるいはむしろ男性の妊娠・出産（オメガバース）や獣化、といった形で奇妙な変形を被って描かれてきたはずなのだ。小川洋子の作品には明確な内面描写は見られず、むしろ省略することによって逆に内面的なものを感知させようとする。しかしこれは結局のところ、他人に見せてはならない人間の暗い部分、「内面」的なもの、男性たちの「内面」を作り出すことで生まれた日本近代文学的な方法によって、女の子たちのクリエイティブでクリティカルな「ねじれ」をストレートにしてしまうことにほかならない。

ところが海の向こうではまさしくクリエイティブにクリティカルに、ストレートな社会や規範や文化表象を「ねじる」、クィアする動きが創始されたのも、90年だったのである。クィア・セオリーの研究会議がこの年に開催され、そこでテレサ＝デ・ラウレティスが「クィア理論」なるものの展望を提出する。デ・ラウレティスは「レズビアンとゲイ」という「政治的に正しい」、「と」の並列によって見えなくされるジェンダーの差異、あるいは人種の差異に対する注意を喚起し、互いの差異／多様性を重視しながらなおかつ連帯すること、エイズ危機によって必要とされたその課題を受け継ぐ学問的探求としての「クィア理論」を展開することを呼びかけたのだった。そして多様性と連帯の接続、差別への抵抗の契機の希求、アイデンティティの両義性への着目を主たる特徴とするクィア理論の、初期立脚者による重要な理論書が立て続けに刊行される。つまり90年にはジュディス・バトラー『ジェンダー・トラブル』がフェミニズム理論の刷新とクィア理論の理論的基礎を提供し、ゲイ・スタディーズからはそれをフーコー流に刷新するデイヴィッド・ハルプリンの『同性愛の百年間』、さらにセジウィックの『クローゼットの認識論』が、93年にはクィア理論以前のレズビアン／ゲイ・スタディーズとクィア理論の接続を図る論集"The Lesbian and Gay Studies Reader"が、上梓されたのだった。

しかし、海の向こうでのこうした「ねじる」実践の出現が、日本にすぐさま輸入されたわけではなかった。たとえばバトラーの『ジェンダー・トラブル』の邦訳が99年、セジウィックの『クローゼットの認識論』の邦訳も99年、『男同士の絆』は2001年と、理論書の本格的な日本への紹介は約10年の隔たりをもって行われたのであり、そのことは日本においてポスト構造主義の、90年代以降明確になる政治化の一貫としてある種抽象化され、たとえば上野千鶴子によってまとめられた『脱アイデンティティ』という論集からも伺えるように、少なくともある文脈ではエイズ危機の背景よりもポスト構造主義の政治化（＝アイデンティティ・ポリティクス批判）という名の延命のもとにローカライズされ、バトラーのややもすれば楽観的すぎるとも受け取られかねないドラァグやブッチ／フェムに代表されるジェンダー・パフォーマティヴィティの称揚、ある種の「変身」の称揚といった側面は、日本においてはそれほど前景化していなかったのではないか。

けれども私たちは、海を越えたバトラーとの不可思議な、奇跡的な、同時代的問題意識の共有を、あるいは私たちが今見てきた女の子たちのカルチャーに存在する「変身」の希求を、実際、90年代にとりわけスポットライトを浴びた作家たち、たとえば松浦理英子や多和田葉子や笙野頼子といった作家たちに見出すことができるのだ。もちろん、いま述べたような輸入のズレをもってすれば、同時代に存在した日本の作家たちが直接的にこうした理論の影響を受けえたとはとうてい思われない。とはいえ91年、『かかとを失くして』によって、多和田葉子が日本でデビューする。私たちの考えでは、彼女は女の子たちの「ねじれ」を文学の側で最も掬い取っている作家である。92年に芥川賞を受賞した『犬婿入り』では、先に述べた獣人ジャンルにも似た想像力を披露し、96年『聖女伝説』では別の身体への希求をあますことなく表現し、『ゴットハルト鉄道』では、彼女の得意とする言語の問題化と身体の変容を共に俎上に載せ、詩的に描き出した。それまでの女の子たちのカルチャーと共鳴した想像力／思想性の文学への輸入が、けれども言語の問題として十分に焦点化されていなかったこと――リリカルな世界観とポエジーの単なる移植は、端的に言って、物足りなさ、つまり少女漫画的な「絵柄」が欠けているという不足の感覚をもたらすにとどまってしまう――を思えば、彼女の共鳴は形式レベルでも徹底化されている点で、比類ないものだった。つまり、私たちはポスト構造主義の恩恵によって、言語が非‐人間的なものでもありうることを知っている。非‐人間的なもの（＝言語）のエロティシズムは言うまでもなく、新たなる無意識un-familiarの理論へと突き抜けていく女の子たちのカルチャーと、実際、最も隣接しているものなのだ。

そして92年には、より明白に、というか文字通りに文字と格闘する物語である笙野頼子の『レストレス・ドリーム』があった。笙野は94年には『母の縮小』を発表し、それから1年ごとに発表された『母の発達』、『母の大回転音頭』といった連作短編において、『レストレス・ドリーム』における「言語との格闘＝フェミニズム」という主題を洗練させる。母性の問題を言語の問題として再検討する、という、ジュディス・バトラーによって切り開かれ刷新された社会構築主義的フェミニズムを実践するかのような、小説に置き換えたかのような作品を発表したのだ。さらに95年には藤野千夜がデビューを飾り、翌年には ゲイ男性とトランス女性の、２０１６年にあってもなお一般的に浸透していると言い難い差異、特有のニーズ、分かり合えなさ、けれどもありうる絆の可能性、を描いた『少年と少女のポルカ』を発表し、人々を大いに勇気づけることとなった。96年には多和田葉子に共鳴するかのように、川上弘美が今度は犬ではなく蛇に寄り添って、『蛇を踏む』で芥川賞を受賞する。女の子たちのカルチャーにおけるSF的なものとの隣接も、彼女は体現していた。同年にはリリアン・フェダマンの大著『レズビアンの歴史』が邦訳され、私たちは１９２０年代から90年代まで、アメリカ史とレズビアンの歴史を、階級／人種／時の社会的状況と共に一望できる下地が整ったのだし、97年にはデイヴィッド・ハルプリンの『ゲイの聖人　ミシェル・フーコー』も（部分的に）邦訳され、クィア・アクティヴィズムとポスト構造主義の接点を知ることもできるようになる。セクシュアル・ポリティクスは、今となってはほとんど想像もできないほど、90年代には活発に輸入されたのだった。

98年には花村萬月『ゲルマニウムの夜』が、ＪＵＮＥ的な、耽美的な男性同士の親密性を描く作品で芥川賞を受賞する。同年、たとえばＪＵＮＥで、小野塚カホリが『僕は天使ぢゃないよ。』によってデビューしていたこと、彼女が常に寺山修司への憧憬を隠さないことにもわかるように、女の子たちのカルチャーの時の趨勢と花村萬月の出現は完全にパラレルだった……耽美的想像力の再興の時代。そして99年には、90年代文学の気配をたっぷり染み込ませ、なおかつ聖なる愚か者という主題／少年たちの親密な関係性、を重ね合わせた作品『二匹』によって、鹿島田真希がデビューする。ここで90年代が終わる。80年代から90年代にかけて、私たちはこうしたものを手にしたのだった。

私たちはもちろん、文学作品も理論書も、ここですべてフォローできたわけではない、どころか、これでもほとんど何も言っていないに等しいかもしれない。[18] けれども、すこしは感じ取ってもらえたのではないだろうか、セクシュアル・ポリティクスの進展と、文学における女の子たちのカルチャーとの華やいだ共鳴を、喧騒を？

今は２０１７年である。私たちがどうして70年代からはじめて、とりわけ80年代〜90年代の作品を取り上げなければならなかったのかといえば、単純に言って、ここで得た果実も今までの蓄積も、ほとんど忘れ去られたのではないか、と思うほかないからである。私たちは思うのだけれども、たぶんこのままだと、女の子たちのカルチャーからはすっかり文学は消え去ることだろう。文学は女の子たちに見向きもされない、前時代的な「理想」と化すだろう。ようやく生まれえたわずかばかりの伝統はかき消され、今までと同様に打ち捨てられて終わるだろう。そして私たちはまたしても、シェイクスピアの妹をむざむざ死なせて終わるだろう。

もしもあなたがたが、そして私たちが、ここで述べたなにもかもを忘れ去ってしまうとしたら。

とはいえ華やかなりし共鳴、ざわめきたつ喧騒が未だ存在した93年、『親指Pの修行時代』は存在したのだった。繰り返せば、ここで親指ペニスは反抗の形象というだけではなくて、過剰な意味を剝ぎ取って身体を愛しなおすための、新たな関係性を発明するための、ギフトだった。

だから単に去勢、カットするのではない。

去勢は現在までにあるところの権力関係を反転するのみであって、この権力関係の構造自体は結局のところ生きながらえてしまうだろうから。でも反転するのではないと言っても、そこに二つあるのではない、としたら。ひとつしかないのなら。たとえばもしも何もかもが、つまり女性的なものとされるすべてが、結局のところ男性的なものの裏返しでしかないのだとしたら、そしてそのようでしかあれないとしたら、この意味領野には男性的なものとその合わせ鏡に映ったもの以外に、何があるというのだろう。そもそも親指ペニスは姿を変えたクリトリスなのかもしれないのだ。ペニスに劣る器官か、女性が男性を置き去りにして快楽を得ることのできる憎むべき器官か、いずれにせよペニスとの関係でしか意味づけられることのなかったクリトリスが親指ペニスに変身して、二つのようでひとつしかない世界に潜り込もうとしたのかもしれないのだ。そんな牢獄で、いったいどんな反転ではない反転が、可能になるのだろう。

問いに対し、『親指Pの修行時代』の出した返答は、去勢するのではなく去勢すること、であった。苦難と抑圧の記憶からついに飛翔して変身していく女の子たちのカルチャーが、パロディ的増殖を誘うほど加速させたように、ペニスをカットするのではなくて、親指ペニスによって、それをパロディ化してみせたのだった。そしてこのことは、二元論的な反転から逃れうるのである。つまり、ペニスしかないかもしれないそんな世界で、ペニスをカットしてしまうのでも、ペニスの裏側としてのヴァギナや小さなペニスとしてのクリトリスを対抗的に肥大させるのでもなく、よくあるそれと異なったペニス、たとえばレズビアン・ファロス、ないしは親指ペニスを発見して、特権的ペニスが持つあまりの過剰さを逆手にとって複数化する、そそりたつトップがどこかわからなくなるほどに増殖させフラット化してついには様々なヴァギナやクリトリスやペニスや足やその他身体のあらゆる部位がそれぞれで、それ自体として言祝がれるように。[19]

この、親指ペニスが新しい身体／関係性への変身、その祝福であることを証明するのが、主人公・一実が保を守るエピソードであった。「ペニスもち」でありながら、その感覚を自分のものとして感じることができず、実際に自分のものでもないような、双子の弟「慎」が身体に埋め込まれそのペニスもまた慎のもので保のものではないような、ある「不完全」な肉体を持った存在として描かれる保は、「普通」のセックス、つまりはペニスとヴァギナの接合が絶対的に必要とされるセックス、へのコンプレックスと憧憬が極まるあまり、恋人に対して暴力的にしか振る舞えない。彼は苦しんだ挙句、やけになったかのように、パフォーマンスの舞台で実際に自分を去勢してしまおうとする。舞台を演出する宇多川は、フロイトの最悪の部分を凝縮して煮詰めたような人物である。保は、そもそもは自分で言い出したのだが、しかし怖気づいてからも宇多川によって用意された台本に従ってしまう、あたかもフロイトの、ペニスに対する過剰なナルシシズム備給の理論、規範的な性の発達物語を逃れがたく演じなおすかのように。恐れ、厭いながらも、強迫的にそれを決行してしまおうとする保に代わって、一実は自らの親指ペニスを差し出すのだ。牙を生やした幸江のヴァギナの前に、中に、それを。

「私にやらせてください。」

どういうわけか、保に慎を傷つけさせないためには幸江のヴァギナを私のペニスで塞ぐしかない、という考えが血の上った頭に取り憑いていたのだった。幸江は眼を丸くしたが断わりはしなかった。驚きの余り口をきく余裕がなかったのかも知れないが、私は委細かまわず、映子との性行為の余韻でまだいくらか嵩張っている親指ペニスを握り締めた。[20]

一実は保を暴力的な去勢から救い出し、自らもまた去勢するのではなく。だから、フロイトの悪意に満ちたパロディのような人物、宇多川が台本を制作する人間であるというのは、極めて示唆的である。彼は規範的な、男性性の、ファロセントリズムな物語の制作者なのだ。物語は悪魔的な拘束力を持って、人々に自らの物語を押し付け、強制的に演じさせる。台本に逆らった一実のパフォーマンスは、男根（ファロス）中心主義的な精神分析の物語の拒絶に他ならず、であるならば「去勢」が必ず決定的な役割を担ってしまう「成長」物語も拒絶しなければならず、そもそも「去勢」にそうした意味を負わせること自体が暴力的なのだから、「去勢」してはならない。保を「去勢」してはならない。一実も「去勢」されない。「去勢」を拒絶することで、『親指Pの修行時代』は、精神分析にあるタイプでの去勢を施したのである。まるで女性がペニスを羨望してやまない物語をなぞるかのように親指ペニスを手に入れて、それでいて、その物語の核心部分は演じ損ねて。去勢することなく去勢したのだ。一実の親指ペニスは「成長」を遂げてからも消えることなく、一実は親指ペニスを持った自らを受け入れ、受け入れられ、喜ばしく祝福し祝福される。そういえば物語のなかで、ある登場人物も言っていたのだった。「ペニスのある女がいたら素敵だと思うの。好きになるんじゃないかしら」[21]。

註

1 フロイト、懸田克躬・高橋義孝訳（１９７１）『フロイト著作集１ 精神分析入門（正・続）』、人文書院、四八九頁。

2 同書、四八九頁。

3 同書、四八一頁。

4 cf. フロイトの「両性性」の立場の使用が孕むご都合主義・性差別性については、サラ・コフマン（２０００）『女の謎――フロイトの女性論』（鈴木晶訳、せりか書房）を参照。

5 竹宮惠子（２０１６）『少年の名はジルベール』、小学館、六〇頁。

6 大塚英志（２００４）『江藤淳と少女フェミニズム的戦後』ちくま学芸文庫、九三頁。

7 同書、九三頁。

8 同書、九九頁。

9 浅田彰（１９８６）『逃走論』、ちくま文庫、三九頁。

10 このシステムは明らかに『ベルサイユのばら』にも見られる。たとえば「男装の麗人」であるオスカルに対するあからさまな女性たちの憧れと読者である女性たちの憧れに、恋愛感情と呼んでもよいそれに、かつてアドリエンヌ・リッチが提示したレズビアン・コンティニウムを見ないわけではないけれども、結局のところオスカルはアンドレ（男性）を愛したのだし、作中の女性たちのオスカルへの憧れは常に「あなたが女でなかったら」という言葉とセットであったのだし、作品にはより明白なレズボフォビア（マリーは「レズ」と疑いをかけられ怒りに震える）もあらわれており、それゆえフランス革命という装置に託されながらもその根本的なシステムたる異性愛主義／「王子様」幻想の変容＝革命はなされなかったのだった。

11 cf. Rose Bridges (2014) “The Feminism of Sailor Moon”, https://bitchmedia.org/post/the-feminism-of-sailor-moon, ２０１６年12月3日閲覧。ここでブリッジは、アメリカ版セーラームーンにおいてクィアなキャラクターの特性が「変更」させられたことを嘆いており、更にアメリカにおいてセーラームーンがフェミニズム的な文脈で受容された／される可能性について示唆している。セーラームーンのアニメ版における日米放映時の差異は、クール・ジャパンの一見したラディカルさに反するねじれた保守性が端的に表れている。

12 cf. 竹村和子（２００２）『愛について』、岩波書店、六頁。特に再生産－異性愛中心主義を押しつける近代の「理想」は、親密性の種類を確実にカテゴライズすることを要求する。つまり異性愛を成り立たせているのは性器的セクシュアリティであるという想定の無批判な受容は、当然同性愛に対してもその想定を向けるのだ。なぜならもしも同性愛が「単に精神的なもの」である可能性を認めてしまえば、異性愛者と自らを認識する人々は同性との「友情」とそれの区別がつかなくなってしまうから――「異性愛者は、生涯をつうじて異性と性交渉をもたなくても、またもとうと思わなくても、同性愛者でないかぎり、異性愛者でいることができる」にもかかわらず。あるのは明らかな非対称性、出現するのはだから、「同性同士の友情や連帯感と同性愛とのあいだの厳格な峻別であり、その結果として、友情や連帯感から性愛的なニュアンスを強迫観念的にことごとく排除しようとする（自称）異性愛者の克己的とも言える姿勢」であった。

13 東浩紀（２００１）『動物化するポストモダン』、講談社現代新書、一二九頁。

14 千葉雅也（２０１２）「あなたにギャル男を愛していないとは言わせない」、『日本2・0 思想地図β vol.3』、ゲンロン、三九三頁。

15 フェミニズムとサイエンス・フィクションについてのより詳細な説明は、小谷真理（１９９４）『女性状無意識』（勁草書房）を参照のこと。

16 「ふゅーじょんぷろだくと」による説明を参照。ただし、オメガバース設定は人によって解釈が様々であり、すべての設定がこの通りではない。（http://ginger-records.jp/gop/ ,2017.08.20 閲覧）

17 井芹真紀子（２０１３）「フレキシブルな身体――クィア・ネガティヴィティと強制的な健常的身体性」、『論叢クィア Vol.6』、クィア学会、四三－四四頁。

18 たとえば社会的動向／運動についてはここではとても語ることができないし、より語るにふさわしい論者の論考を参照してもらうよりほかない。

19　cf.ジュディス・バトラーはラカンのファロス概念のイマジナリーな性質を逆手にとって、「ファロスであること」が腕や舌や膝など他の身体部位によって象徴化される可能性も示唆しながら、ラカンの異性愛主義的/性差別的な性差概念に対する言説的な攪乱可能性を「レズビアン・ファロス」の形象に託そうとしている。Judith Butler (1993) "The Lesbian Phallus and the Morphological Imaginary" を参照。

20　松浦理英子(2006)『親指Pの修行時代』下巻、河出文庫、二九九頁。

21　同書、八九頁。

クィアな自伝
――映画「ムーンライト」と古谷田奈月『リリース』をつないで

Arisa Iwakawa

岩川ありさ

一、奪われた自伝

この論考をはじめるにあたって、クィアな人々にとって重要ないくつかの近年の出来事について言及したい。二〇一五年八月、一橋大学の大学院生がセクシュアリティを暴露されるアウティングに晒され、尊い命を失うという事件があった。私はこのニュースを読みながら、心の底から怒った。私たちクィアな人々は、しばしば自らのジェンダーやセクシュアリティについての情報を自分ではコントロールできないことがある。しかし、いかなる場合においても、自分自身についての重要な情報が他者に勝手に渡るということは手ひどい裏切りであり、暴力なのだ。二〇一六年六月には、アメリカ合衆国フロリダ州オーランドーのナイトクラブ「パルス」で起こった銃乱射事件で四九名の人々が殺害され、クィア・コミュニティに衝撃を与えた。バラク・オバマ前大統領はすぐに声明を出し、亡くなった人々はもちろん、クィア・コミュニティが陥っている悲しみに対して哀悼の意を表した。しかし、二〇一七年一月にはドナルド・トランプ大統領が誕生し、自分が望む性別のトイレや更衣室を学校で使用することを可能にしていた大統領令を破棄した。トランスジェンダーの人々、ジェンダー化されているトイレを使うことで苦痛を感じている人々は、この政策によって当然の権利を失った。私たちは、今、これまでに積み重ねられてきたクィア・コミュニティの歴史の重みとその破壊を同時期に経験している。世界規模のLGBTブームのさなか、私たちクィアな人々は、今日も、殺害され、傷つけられ、ときに称揚さえされる。しかし、冒頭に引用した事件の報道を見るにつけ、私たちは自分自身について語る言葉をそれほど多く持っていないことに気がつく。

フランス文学や比較文学が専門で、『声の回帰：映画『ショアー』と〈証言〉の時代』（上野成利ほか訳、太田出版、一九九五年）などの著作で知られるショシャナ・フェルマンは、『女が読むとき　女が書くとき——自伝的新フェミニズム批評』（下河辺美知子訳、勁草書房、一九九八年）の中で、次のように指摘している。

> **今だかつて、女として正確に自伝と呼べるものを書いた女は私たちの中にはいない**。女たちは、自分を対象物として見るように訓練され、「他者」の位置に自分を据えて、自らを疎外するようにと躾けられる。そのため、私たちが手にする物語は、女を映し出すことはない。それは、はなから、物語などではあり得ない。むしろ、それは物語になっ**ていく物語**であると言えるであろう。物語が物語**になることが出来る**ためには、**女たちによる読みの絆**を通さねばならない。（フェルマン前掲書、二四頁）

女性やマイノリティが、「主体」として自伝を書くことはいつも難しい。私たちは、この社会の中で、「対象物」としてまなざされる。クィアな自伝を語るとき、私たちは、異性愛主義の物語をなぞりながら、その語彙で自分たちの経験について言語化してゆくが、それでは伝えきれないことばかりがあふれてゆく。資本主義の論理の中で消費されるLGBTの物語、「かわいそうだから」という配慮が働く社会。異性愛主義にあわせた「わかりやすい物語」があふれる中で、それでも私たちは自分たちの物語を紡いできたし、今も、表現を手探りしている。私たちは異性愛とシスジェンダーを規範として組み立てられた言語の中でどのようにして自伝を語れるだろう。

フェルマンは、先ほどあげた著作において、支配的な物語の中で作り上げられたテクストが、うっかりと内部から崩れて、自己逸脱する様子を観察したいという。私は、これから行う論考の中で、フェルマンの主張にうなずきながら、自伝的な性質を持つ二つのテクストをとりあげる。私たちクィアな人々には、言葉にできず、凍りついた記憶がある。あまりにも衝撃的であるがゆえに、把握することができず、悪夢のように自らに回帰し続けるトラウマ的な記憶。ようやく言葉の端緒を見つけて、その記憶について語りはじめても、黙殺されたり、物語が奪われてしまうことすらある。しかし、もしも、奪われてきた自伝を自分たちのもとにとりかえすことができるとすれば、それはどのようにして可能なのか。フェルマンが提起したフェミニズム批評の問いと私たちが見出そうとしているクィア批評はともに何ができるのか。自伝がほつれてぽっかりとあいた穴のまわりをなぞりながら、そこから聴こえてくるものがあるとすれば、それは何なのだろうか。

二、呼び名と自伝

二〇一六年に公開された映画「ムーンライト」には、主人公「シャロン（Chiron）」[1]の少年時代から三〇代前半までが描かれている。私たちがこの映画を見ながら気がつくことの一つは、一人の人間にはそれぞれの成長過程や居る場所によって、様々な**呼び名**があるということだ。この映画の主人公シャロンは、三つにわかれたそれぞれの章のタイトル「LITTLE」、「CHIRON」、「BLACK」という名前で呼ばれる。シャロンは他者からその名で呼びかけられることによってこの世界に存在しはじめるが、同時に、それらの呼びかけはシャロンを束縛する。

少年時代のシャロンは、「リトル（Little）」というあだ名で呼ばれ、小学校では激しい暴力を受けている。映画の冒頭で、シャロンは同級生の少年たちから、「狩り」をするように追われる。何とか建物の中に逃げ込み、外の様子をうかがうシャロン。その耳に聴こえてくる足音や怒声は生々しい肌触りとともに視聴者に響いてくる。シャロンの同級生の少年たちは、侮蔑の意味を込めて、シャロンのことを「リトル」という**呼び名**で呼ぶ。しかし、暴力をふるう同級生の少年たちが立ち去ったあとでシャロンが出会った「ファアン（Juan）」という年上の男性によって、この**呼び名**は別の文脈に置かれることになる。ファアンはシャロンに、「little man」と呼びかける。「little man」という言葉は、自分よりも年下の男性に呼びかける親しみを込めた**呼び名**だ。その**呼び名**は、侮蔑するための言葉だった「Little」の意味を変化させる。ファアンは、同じ「little」という言葉を用いながら、まるで父親や兄、年の離れた友人のような関係をシャロンと築きはじめる。

My name is Chiron. But people call me Little.（ぼくの名前はシャロン。でも、みんなはリトルって呼んでいる）[2]

これは、シャロンを温かく家に迎えたファアンとそのパートナー「テレサ（Teresa）」に、シャロンが行った自己紹介の言葉だ。「シャロン」という名前は、「But」という接続詞で打ち消され、周囲の少年たちが用いてきた「リトル」という侮蔑語で呼びかけられた記憶をシャロンは呼び起こす。しかし、テレサは、「私はあなたのことを名前で呼ぶ」と答え、「リトル」という**呼び名**では呼ばないことをシャロンに告げる。この瞬間、侮蔑のために用いられてきた「リトル」という**呼び名**ではなく、自分の名前である「シャロン」で存在することができる場所にシャロンは迎え入れられる。

ある時、ファアンはシャロンを海に連れて行く。海の音が聴こえる中で、ファアンは、自分がキューバ生まれであること、黒人はこの世界のどこにでもいて、この地球で最初の人類なのだとシャロンに教える。かつて、キューバにいた頃、年老いた女性から、「月明かりを浴びて走りまわる黒人の子はブルーに見える」といわれたファアンは、「ブルー」という**別の名前**で呼ばれることで、この世界の見え方は一つではないことを知った。それと同じように、学校という場所で、「リトル」と呼ばれているシャロンは、ファンの**語りかけ**によって、人生には別の選択肢があるということを見出す。「ブルー」という名前を得ることによって人生を踏み出したファンはシャロンに自らの経験を語ることで、自伝を手渡す。そして、「自分の道は自らで決めろ」というファンの語りかけに応えて、シャロンは人生を歩みはじめる。しかし、ファンの**語りかけ**は、シャロンに麻薬売買の元締めであるファンと同じ道を選ばせる。アトランタで麻薬の売人となったシャロンは、ファンの自伝の外に出られない。

少年時代のシャロンは、同性愛者への侮蔑語である「ファゴット（faggot）」という**呼び名**でも、同級生の少年たちから呼ばれている。シャロンは、そう呼びかけられたとき、いつも、うつむき、沈黙している。一見すると、シャロンの沈黙は、「ファゴット」という言葉を黙認しているかのように見える。しかし、シャロンはその沈黙によって、「ファゴット」と呼びかける同級生の少年たちが行使しようとする中傷の力をぎりぎりのところで宙吊りにしようとする。少年時代のシャロンの中にあって、今、形をなそうとしている感情に暴力的に名前を与えることなど誰にもできるはずはない。しかし、シャロンに対する「ファゴット」という**呼びかけ**は、本人がそうと知らないうちに、シャロンの人生の一部を形作ってしまう。

あるとき、シャロンは、「ファゴットって何?」とファンに問う。ファンは慎重に、「ファゴット」という言葉は同性愛者への侮蔑語であること、そして、シャロンは「ゲイ」であることはできるけれども、誰にも「ファゴット」という名前で呼ばせるべきではないと答える。シャロンはそのとき、「ファゴット」という**呼び名**が不当なものだということを知る。「ファゴット」と「リトル」という二つの**呼び名**によって暴力的に語られてきた物語は、ようやく、シャロンという名前で呼ぶ人々のあいだに迎えられる。

しかし、成長物語として読むには、シャロンの物語にはあまりにも空白が多い。

「シャロン」という名前で呼び、自らを肯定してくれたファンは、第二章ではすでに亡くなっているが、その理由は映画の中では詳しく明かされていない。ファンの死は、語ることができない出来事として、物語にはならないまま、シャロンの記憶にぽっかりと穴をあける。しかし、愛したファンのことを十分に思い出せないのはなぜだろうか。そこには同性愛の禁止が働いているからだ。シャロンの中にある禁止の意識はもちろん、強固な同性愛嫌悪に満ちたコミュニティの中で、シャロンがファンを愛していると表明することは難しい。「ファゴット」という侮蔑語でシャロンを呼ぶ少年たちの影は、ファンへの愛を表明することも、少しでもその素振りを見せることすらも許さない。シャロンにできることは、沈黙し、うつむくことだけだ。ファンの喪失を嘆くことすらできず、ファンを愛してなどいなかったのだと自分に言い聞かせ、その後も、シャロンは他者への愛を抑制して生きてゆく。しかし、その抑制が崩れるのは、**別の呼び名**で呼ばれた瞬間だ。

高校生になったシャロンは、少年時代からの友だちで、シャロンを肯定的に捉えてくれる「ケヴィン（Kevin）」から、「ブラック（Black）」という愛称で呼ばれるようになる。「男を愛称で呼ぶのってどういうこと？」と問うシャロンだが、ケヴィンは親しみを込めて「ブラック」と呼び続ける。二人だけが知っている呼び名はそれまでとは異なる親密な関係を切り開く。ある日、シャロンはケヴィンと性的な接触をするが、ケヴィンもシャロンも言葉で気持ちを伝えることができない。その翌日、ケヴィンは、シャロンを目の敵にしていた同級生からの命令でシャロンを殴打し、生まれかけた新しい関係性はここで断ち切られる。ファンへの愛と同様、ケヴィンへの愛も、シャロンは否定しなければならない。二人だけの愛称は特別であるからこそ、呼んでくれる相手を失ったときの痛みや喪失感も大きい。シャロンがこの名前を名乗り続ける限り、「ブラック」という名前で呼ばれることによってはじまった記憶は、シャロンに回帰しつづける。

少年期から青年期へとさまざまな段階を通るとき、シャロンの人生の転機はある呼び名からはじまる。しかし、それぞれの名前で呼ばれるシャロンの物語には、ほつれや穴があり、暗転し、途切れ、省略されることを通じて映画の中に再現される。私たちクィアな人々は、自分について語るとき、いつもこの映画と同じように上手く語れない。しかし、どうして語るための言葉を持てない人がいるのだろう。誰の生を語るときに規範的な言語は有利に働き、誰の生を語るときに不均衡を生むのだろうか。

三、上演された自伝

二〇一六年一〇月に発表された古谷田奈月の『リリース』（光文社）は、「いかなるセクシャリティも特殊ではなくなり、未婚者、同性婚者たちにも平等に子どもを持つ機会が与えられる」ようになったオーセルという国が舞台だ。オーセルには、「スパームバンク」と呼ばれる国営の精子バンクがあり、男性から提供された精子を用いて、代理母が子どもを生み、人々は生殖の義務から解放されている。それを可能にしたミタ・ジョズ政権は、個人主義と男女同権思想を実現したことで、七〇パーセントの高支持率政権を維持している。しかし、ある日、国内最難関のシビラ・シビック大学に通う大学生のタキナミ・ボナとオリオノ・エンダによってスパームバンクの占拠事件が起こる。価値のある遺伝子を持つと判断されたボナは、政府によって不正にスパームを盗まれたとオーセル市民に訴え、自分たち異性愛者の男性は抑圧されていると主張し、ミタ・ジョズ政権の矛盾を突きつける。しかし、スパームバンクの前に集まっていたオーセル市民には、ミタ・ジョズの支持者が多く、ボナの声は届かない。そして、突然、ボナは仲間のエンダによって撃ち殺され、占拠事件はあえなく制圧される。この占拠事件の真相はわからないまま、ボナの言葉はメディアにあふれ、オーセルをめぐりつづける。

この占拠事件を目撃していた一七歳の高校生ビイは、ボナが持っていた言葉の力に魅了される。ボナがオーセル市民に訴えたのは、「男」というカテゴリーによって自分の人生が規定されてしまうことへの怒りだった。ビイは、その言葉を聴いて、ボナを「男として生きることに苦しんでいる男」として捉える。ビイがボナの言葉に魅了されたのは、ビイもまた、「男」としてカテゴライズされることに苦しんできたからだ。

　生まれたときに、法的、医学的に男性だと割り振られたビイは、一八歳になったら、「体を心に合わせるため」に性別適合手術を受けるつもりでいる。ミタ・ジョズは、性別適合手術のことを「スイッチ」と呼び、「性同一性障害」という医学的なカテゴリーから解放した。それは確かに、性別違和に悩んでいる人々には「恩恵」だった。しかし、ミタ・ジョズが、手術のことを「取るに足らないこと」と宣言したことに対して、ビイは違和感を持っている。性別適合手術は、「生命操作」であり、手術は生やさしいものではない。

　友だち同士で「友情婚」をしているビイの二人の母親は、ミタ・ジョズが打ち出した男女同権思想に強く共感しており、ビイが「たおやかな息子」ではなく、「自分たちのように鋭く、強く、たくましい娘」に「スイッチ」することを歓迎する。男性の身体から女性の身体へと「スイッチ」するといったビイに、二人は、「いつ言い出すか、あたしたち楽しみに待っていたのよ」と好意的に答える。しかし、ピンク色やパンプスなど「女らしい」ものが好きで、男の子であるミチカとつきあっているビイは、女性たちが解放されたオーセルにおいて、女ならしくないだろうと思われていることばかりしていたのだ。女ならしくないことをしていたビイを二人の母親はなぜ咎めなかったのか。ビイは、男女どちらにも用いられる「**性を持たない名前**」をつけられながらも、男性の身体を持った「息子」としてまなざされ、認識されてきたという欺瞞に気がついている。「スイッチ」することを告げたとき、恋人のミチカはビイにこういう。

「おれ、ずっと女の子といたんだな。女の子とキスしてたんだ。今も女の子と喋って、女の子と手を繋いでる」（古谷田前掲書、四九頁）

それまでミチカの目に映っていた「普通よりちょっと鹿っぽいだけの、かわいい奴」というビイの印象は、たやすく「女の子」というカテゴリーに飲み込まれてしまう。「スイッチ」するとビイが告げた瞬間、ミチカの認識の中で、それまで愛していたビイは、「女の子」という抽象的な存在に変わってしまう。ビイが怖れるのは、暴力的に自分をあるカテゴリーに割り振ろうとする**呼びかけ**の持つ強制的な力だ。繰り返し、「女の子」と呼びかけるミチカにビイはこう答える。

「ビイだよ、ミチカ」ビイは訴えるように言った。「女の子って呼ばないで。ビイって呼んで」（古谷田前掲書、四九頁）

私は私だと訴えるビイ。それを受け入れられないミチカ。二人は別れることになるが、それに追い打ちをかけるような出来事が起こる。性別再判定手術を数日前に控えたビイは、手術を思いとどまらせようとする学校の担任教師から、「同じ男として、どうするつもりかと思って……」という言葉を投げかけられる。「同じ男」という言葉こそ、最もビイを傷つける言葉なのだ。しかし、そもそも、ビイについて語るとき、私たちは、ビイは**もともと**男の子だったなどということはできるだろうか。そういえるとすれば、それは、身体的基盤——たとえば、遺伝子や性染色体や性ホルモンの何を根拠にしているのだろうか。「生まれてくる子により純粋な自由を与える」ために、「性より先に名を定めるべき」と考えるオーセルの親たちも、「生まれたときの生得的な身体」という価値観に囚われている。[3]

ビイはボナの演説を聴き、「自分の性を諦めなかったために殺された男」だと考え、やがて、大学生になったとき、事実だけを提示し、その解釈は読者に委ねることがポリシーのニュースメディア『クエスティ』でインターンをはじめる。しかし、そのときになって、ビイは、自分を奮い立たせた演説が、ボナ本人が書いたものではなく、ボナを射殺したエンダが書いた自伝的な物語を代読したものだったという事実を知ることになる。エンダこそ、ボナが読み上げた自伝的な物語の作者だったのである。しかし、自伝的な物語は、いつも、それを名前つきで発表した者に帰属してしまう。占拠事件のはじめに、「ぼくの名前はタキナミ・ボナ」と名乗ることで、エンダが書いた自伝的な物語は、ボナの名前つきで、いわば**上演され**、ボナはそれが自分の言葉であるかのように振る舞いはじめる。その瞬間、エンダの言葉はスパームバンクに集まったオーセル市民の中ではボナのものとして**置き換えられる**。自分の言葉が奪われてゆくと感じたエンダは、ボナを射殺し、「ぼくの名前は、オリオノ・エンダ」とオーセル市民に挨拶するが、タキナミ・ボナの名前で**上演された自伝**をオリオノ・エンダが**再演**することはできない。エンダは語るべき言葉がないことを知り、自ら言葉にすることを断念する。

四、自伝の聴き手

誰もが聴き手となってくれ、いつも正当性が与えられ、自分を語るための語彙に溢れている人ならば、言葉のわずかな過不足は歯がゆい程度のことなのかもしれない。しかし、声が聴きとられないこともある。エンダが書き、ボナが上演した物語は、罵声を浴びながらも、スパームバンクのバルコニーから確かに発せられた。その一方で、ボナやエンダによってすら、「聞き取り不能の訴え」として退けられてしまうのが、ボナの恋人であり、シンガーであるアラフネ・ロロの言葉だ。

占拠事件で射殺されたはずのボナは、一命をとりとめ、政府との取り引きを経て、エンダの故郷でロロとともに暮らしている。名前を変えて、別の人生を歩き出したボナだったが、ミタ・ジョズ政権に入り込み、根本的にスパームバンクの仕組みを解体する計画を進めているエンダに危機感を募らせている。ボナは、その情報を引き出すため、ロロにエンダへの電話をかけさせる。ボナと気持ちが通わなくなってゆく中で、ロロは、次第にエンダとの関係を深めてゆく。しかし、ロロは、あくまでも、メッセンジャーの役割しか担わない。自らの存在が、ボナとエンダの媒介となり、彼らの物語に回収されそうになった時、ロロが繰り返しあげるのは、「今、あなたと話してるのはわたしだよ」という「怒った声」だ。

一方、ボナが生きていることを知ったビイは、三年前の精子バンク襲撃事件を記録するため、ボナが住む農場をはじめて訪れ、長年、憧れていたロロと対面する。女性が強くなければならないとされるオーセルで、弱さを隠さないロロの歌に小さい頃から惹かれたことを話し、打ち解けた二人だったが、ビイがエンダの話をしはじめると、ロロは、暗く沈んだ顔になり、「エンダの話なんかしないで」と怒る。

「今、あなたと話してるのはわたしよ」
握った手をぐいと引き、ロロはビイを抱きしめた。クリーム色のカーディガンに包まれた腕は、想像よりずっと強く、きつく首に巻き付いた。「わたしと話してるのはあなた」秘め事のように言う。「わたしのリスナー。わたしの声を聞いてるの」（古谷田前掲書、二七〇頁）

シンガーのロロにとって「リスナー」はどこか遠くにいて、自分の声を本当に聴いてくれているのかどこか心もとない存在だった。しかし、目の前に現れたビイという**聴き手**《リスナー》は確かに自分の声を聴いている。ボナやエンダの物語の中でつねに対象物として妻や恋人であったロロは、ビイによってシンガーとして呼びかけられる。「正しそうで、信じきれない、言葉」というものを怖れており、歌うことで自分を表現してきたロロは、「わたしの声を、ちゃんと聞いてくれ」たビイと出会うことで、それまでに蓄えていた力の存在に気がつき、歌を解き放つ。そこからはじまるのは、異端視される女でも、貞淑な妻や恋人でもなく、ただ、自らの名前を呼ぶ声の方へと歩きはじめたシンガーであるアラフネ・ロロの自伝だ。

五、複数形で綴られた自伝

私たちクィアな人々が抱いている愛や怒りを伝える言葉は今も圧倒的に少ない。声も聴かれず、気を配られることもない世界で、私たちは、無視されたり、時には数や記号に還元される。女性、障害者、人種的マイノリティ、民族的マイノリティ、子ども、貧困層。いくらでもこのリストは伸びてゆくが、ネオリベラルな政治経済体制のもとで、私たちは、もはや、使える人材であり、多様性の証明書にすらなっているのだ。しかし、今年も、東京レインボープライドのパレードで掲げられたプラカードに、「くたばれ、家父長制」や「NO，ピンクウォッシュ」などの言葉があったように、私たちは、暴力や喪失に対して声をあげて戦ってきたのだということは何度でも思い出されなければならないだろう。私たちの歴史は、ドイツの刑法一七五条によって有罪にされた五万人にものぼる人々と切り離せないし、一九六〇年代のコンプトンズ・カフェテリアやストンウォール・インで公権力の不当な介入と戦ったクィアな人々と連なっている。私は、最後に、一つの忘れられない光景について書いて、この論考を終えたい。

二〇一七年五月五日、東京レインボープライドが主催したイベント「性同一性障害？ トランスジェンダー？ 〜みんなで語ろう、過去・現在・未来〜」の中で、性社会・文化史研究家の三橋順子は、「敗戦後の焼け跡に最初に姿を現した性別越境者は上野（ノガミ）の女装男娼たちでした。それが戦後女装世界の原風景であり、そうした有名無名のたくさんのトランスジェンダーの歩みの末に、私たちがいることを忘れてはならないと思います」と述べた。焼け野原になった上野で立ち上がった女装男娼たちこそ、私が、忘れたくない人、忘れてはならない人たちだ。もちろん、今は死して、語ることができない死者たちの自伝は断片的な言葉としてしか現れない。しかし、歴史家たちの丹念な仕事によって、私たちは、同時代に聴き手を持たず、その後も、忘却の危機にさらされてきた人々の自伝と出会うことができる。敗戦後の焼け跡を生きたトランスジェンダーの人々の物語を読みながら、私たちは思う。かつてあなたは生きた、だから、私も生きようと。無数のクィアな人々の物語が私の物語を支えているのだと知ったとき、そこに生まれるのは、私がかつて聴き手になり、やがてあなたに手渡す、複数形で綴られた自伝だ。

1　発音としては、「シャイロン」に近いが、映画字幕および日本版のパンフレットの表記にあわせた。

2　日本語訳は引用者が行った。原文の英語は映画館で聞きとったものである。以下の箇所も、日本語訳はすべて引用者による。

3　現実世界を生きる私たちにとっても、すでに遺物になろうとしている「性同一性障害」という診断名は、アメリカ合衆国の精神医学会の診断基準マニュアルＤＳＭ－５では、「性別違和（gender dysphoria）」という言葉に変わり、二〇一八年五月には、世界保健機関（ＷＨＯ）が作成している「世界疾病及び関連保健問題の国際統計分類（ＩＣＤ）」の分類からも、「性同一性障害」という言葉は消えるはずだ。しかし、「生まれたときの生得的な身体」という神話が、性別違和を抱く人々の微細な感覚や自己認識よりも、性別を決定するときの強固な「根拠」となっていることは現在においても変わらない。

イジェアウェレへ
——あるいは十五の提案に込めたフェミニストのマニフェスト

Dear Ijeawele, or A Feminist Manifesto in Fifteen Suggestions

Chimamanda Ngozi Adichie

チママンダ・ンゴズィ・アディーチェ

訳＝くぼたのぞみ

ウジュ・エゴヌのために。
そしてわたしのベビー・シス、オゲチュクウ・イケメルのために。
たっぷりと愛を込めて。

まえがき

数年前に、子供のころから仲良しだった友だちに質問されました。とても聡明で、強くて、優しい女性になっていたその友だちが、生まれた赤ちゃんをフェミニストに育てるにはどうすればいいのかと質問してきたのです。そのときわたしが最初に思ったのは、そんなことわからない、というものでした。

なんだかすごく大きな問題に思えたのです。

でも、人前でフェミニズムについて話したばかりだったので、彼女はわたしがそのテーマのエキスパートだと思ったのかもしれません。それに、長いあいだわたしは大好きな人たちの赤ちゃんの世話をしてきました。ベビーシッターをして働いたことがあり、甥や姪たちを育てる手伝いもしました。いろんなことを見たり聞いたりしましたが、それ以上にたっぷりとやったのは考えることでした。

友だちの頼みに応えるために、わたしは手紙を書くことにしました。手紙が誠実で有用であると同時に、わたし自身にとって、フェミニストとしての考えを整理する地図になればいいと思ったのです。この本はその手紙の、細部を変えたバージョンです。

いまではわたしもまた、わくわくするような女の赤ちゃんをもつ母親なので、子供を育てるという、ものすごく複雑な現実に自分で直面しないまま、子育てについてあれこれ助言するとはまた、なんとお気楽なことかと気づいています。

それでも、これまでとちがった方法で子供を育てることについて、女性のためにも男性のためにも、よりいっそうフェアな世界を創造しようとする試みについて、率直にことばを交わすことがモラルのうえで急務だと思うのです。

わたしの友だちは、わたしの提案に沿って「やってみる」という返事をくれました。

母親としてその提案を読み直しながら、わたしもまた、やってみようと心を決めたところです。

イジェアウェレへ

すごく嬉しい！　それにチザルム・アダオラというのはとても可愛い名前ですね。赤ちゃんはとても美しい。生まれてからたった一週間しかたっていないのに、もうこの世界のことを知りたがっているようです。あなたのメモに泣きました。わたしってときどきバカみたいに感情的になることがあるんです。彼女をフェミニストに育てる方法、そう、真剣に考えて答えを出そうと思います。いろんな状況にフェミニストとしてどう応答すべきか、いつも心得ているわけではないというのはわたしにもわかるから。フェミニズムというのは前後の文脈によります。これが絶対というルールはありません。解決策にいちばん近いものとして二つの「フェミニストのツール（道具）」があって、まず出発点としてあなたとそれを共有したいと思います。

一つ目は前提です。そこから始めるという堅固で屈しない信念です。あなたが前提とするのはなにか？　フェミニストとして前提にしなければいけないのは、自分が大切だということです。自分は対等に大切なんだということです。「こうだったらいいのにな」はナシ。「もしもこうだったら」もナシ。自分は対等に大切。そういうこと。

二つ目は問いかけです。それを逆にするとおなじ結果になる？　という問いです。

例をあげます。多くの人は、不貞を働いた夫へのフェミニスト的応答は女性が家を出ることだと考えます。でも、状況にもよりますが、家にとどまることもフェミニスト的選択としてありだと思うのです。もしもチュディがほかの女性と寝てあなたがそれを許すとしたら、あなたがほかの男性と寝たときもそれとおなじかしら？　おなじ、が答えだったら、あなたが彼を許すのはフェミニスト的選択です。それはジェンダー的不平等による押しつけではないから。悲しいことに、現実の大部分の結婚生活ではその質問への答えは、おなじではない、が多い。その理由はジェンダーを根拠とした――あのばかばかしい「男とはそういうもの」という考えで、これは男性に用いる基準がひどく低いことを意味しています。

チザルムをどんなふうに育てるか、いくつか提案があります。でも忘れないでほしいのは、わたしが提案することをあなたが全部やるとしても、彼女はあなたの思いどおりにはならないということです。なぜって、人生は成り行きってことがあるから。大切なのはやってみること。そしてなによりも自分の直感をいつも信じること。だって、あなたを突き動かすのは子供に対する愛なんですから。

では、いくつか提案をします。

第一の提案

あなたがフルパーソンであること、完全にあなた自身であることとです。母親であることはすばらしく愉快な贈り物だけれど、母親であることだけに自分を限定しないでください。あなたが完全な個人であること。そのほうがあなたの子供にとっていいのです。アメリカのパイオニア的ジャーナリスト、マーリーン・サンダースはかつて若いジャーナリストに「働いているからって謝ったりしないこと。自分のしていることを愛することと、自分のしていることを愛するのはあなたの子供への大いなる贈り物なんです」といっています。

これはとても賢明で感動的だと思います。自分の仕事を絶対に愛さなければいけない、ということではなくて、ただ、その仕事があなたにもたらすもので――仕事をしてお金を得ることで、自信と自己達成感が得られるのを愛することはできるのです。

義理のお姉さんがあなたに、「伝統的な」母親として家にいなければいけない、チュディには家族を養える十分な収入があるんだからダブルインカムは必要はない、というのには驚きません。

人は自分の都合に合わせて「伝統的な」といってなにかを正当化するものです。義理のお姉さんに、ダブルインカムの家族って、じつは、イボ民族本来の伝統だといってあげてください。なぜならイギリスによって植民地化される前は、母親たちが畑を耕して商いをしていたからです。イボランドには女性だけが商いを担っていた地域もあるのです。お義姉さんにとって本を読むことがまったく馴染みのないものでなければ、このことはわかるはず。オーケー、皮肉めいたことばはあなたを元気づけるためです。あなたが悩むのはわかります――悩むのは当然――でも、彼女のことは気にしないのがいちばんです。あなたがこうすべきだということについて、だれもがあれこれ意見をいうでしょうが、大切なのは、あなた自身がどうしたいかであって、他人があなたにどうさせたいかではありません。母親であることと仕事が両立しないという考えは捨ててください。

私たちの母親は私たちが育つあいだフルタイムで働いていたし、私たちはうまく育ちました――少なくともあなたはね、わたしについてはまだ結論は出ていませんが。

これからの数週間、あなたは母親になったばかりの自分に優しくしてください。助けをもとめること。助けてもらっていいんだと思うこと。スーパーウーマンなんてこの世にいませんから。親業(parenting)というのは実際にやって学ぶことで――愛のことですから。(でも、わたしは「parent」という語が動詞として使われるようにならなければよかったのにと思います。「親業」というグローバルな中産階級的現象の根っこにはそれがあって、自責の念をめぐる終わりなき心配の旅の始まりになっていると思うのです。)

失敗する余地を残しておいてください。新米の母親が泣き叫ぶ赤ん坊をうまくあやす方法を知っているとはかぎりません。なにもかも自分が知っているべきだと思わないで。インターネットで調べたり、本を読んだり、先輩の親にきいてみたり、ただやってみて失敗するってのもありです。でもなによりも、あなたがフルパーソンでありつづけることに力点をおいてください。自分のための時間をつくること。自分が必要とするものに滋養をあたえてください。

どうか「すべてやる」ものとして考えないで。私たちの文化は「すべてやる」能力のある女性を褒めたたえるけれど、その賞賛の前提を疑問視することはありません。「すべてやる」女性をめぐる議論に興味がもてないのは、その議論が、人の世話や家事は女性がやるものという大前提に立っているからで、わたしはこれに断固として反対します。家事労働や人の世話はジェンダーに関係なくやるべき仕事で、女性が「すべてやる」ことができるかどうかを問題にすべきではないのです。問題は職場でも家庭でも両方の親が共にやるべき仕事をどうサポートするのが最良か、なんですから。

第二の提案

いっしょにやること。思い出して、私たちは小学校のころ、動詞って「〜する」ことばだと学びましたよね？ ほら、「father＝父になる」も動詞だし、「mother＝母になる」も動詞。チュディは生物学が許すかぎりなんでもやるべきです——つまり授乳以外のすべてを。母親がすべてで全部やることになっているため、ときどき、母親が父親の役割を小さくすることに加担してしまうことがあります。チュディがあなたの希望どおりに赤ちゃんをお風呂に入れないんじゃないかとか、赤ちゃんのお尻をあなたとおなじように完璧に拭かないんじゃないかと思うかもしれません。でも、だからなに？ それで起きる最悪のことってなに？ 父親のせいで赤ちゃんが死んだりしないでしょ。冗談抜きです。彼は赤ちゃんを愛している。彼女にとって父親に世話をされるのはいいことなんです。だから、ちょっと目をつぶって、あなたの完璧主義を抑えて、あなたの社会的に条件づけられた義務感を鎮めて。子供の世話は対等に引き受けてください。「対等に」の中身はもちろん、あなたがた二人によって決まるので、それぞれの必要に等しく配慮しながら、二人でなんとかやらなければならないでしょう。それが、字義通りのフィフティ・フィフティとか、一日交代といった数字上の意味ではないのは、子供の世話を対等にシェアしていればわかるはずです。恨みがなければわかるはずです。だって、本当に対等であれば恨みなんて生じないんですから。

それからお願い、手伝うという言い方はやめて。チュディが自分の子供の世話をするのは、あなたを「手伝う」ことではありません。彼はやるべきことをやっているんです。父親が「手伝う」というと、それは暗に子供の世話は母親の持ち場であって、父親はときどきそこへ参入するってことになる。そうではないんです。もしも自分の子供時代に父親が積極的に関わっていたなら、もっと多くの人たちが、いま、もっと幸せで、もっと落ち着いた気持ちで、もっと世界に貢献できる人になっていただろうって思いませんか？　それから絶対に、チュディが「子守りをしてる（ベビーシッティング）」といってはいけません――子守りとはその赤ちゃんに最終的な責任をもっていない人のことですから。

チュディがことさら感謝とか賞賛を受けるのはおかしいし、それはあなたもおなじです――あなたがた二人で選択して子供をこの世界に送り出したんですから、その子供に対する責任は等しくあなたがた二人にあるのです。あなたがシングルマザーだったら、それが状況によるものであれ選択によるものであれ、それなら話はまた別です。だってそうなると「いっしょにやる」は選択肢ではなくなるから。でも、本当のシングルマザーでないなら「シングルマザー」であってはいけないのです。

友達のンワブがむかし、子供たちがまだ小さいころ妻が出ていってしまったので自分は「ミスター・マム」になったといったことがあります。それで彼がいいたかったのは、毎日の世話を自分がやっているということでした。でも彼は「ミスター・マム」なんかじゃなくて、ただ、お父さんだっただけです。

第三の提案

チザルムには「ジェンダーロール（ジェンダーによる役割分担）」という考えはまったくのナンセンスだと教えてください。彼女が女の子だからという理由で、なにかをやるべきだとか、やるべきではないとか、いってはいけないということです。「あなたは女の子なんだから」をなにかの理由にしてはいけません。絶対に。

子供のころ「ちゃんと身をかがめて掃除をしなさい、女の子らしく」といわれたのをわたしは覚えています。それって、掃除をするのは女の子だという意味でした。ただ「身をかがめてちゃんと掃除をしなさい、そのほうが床はもっときれいになるから」といってほしかった。わたしの兄弟もおなじようにいわれたらいいのにと思いました。

このところナイジェリアのソーシャルメディアで女性と料理をめぐる議論がありました。夫のために妻がどう料理をしなければいけないかという議論ですが、あれは可笑しい。悲しいことって笑えるという意味ですが。だって私たちはいまだに料理が女性の結婚適性テストみたいな話をしているんですから。

料理の知識はヴァギナに最初からインストールされているわけではありません。料理は学ぶものです。料理は――家事一般は――男性も女性も身につけるほうが望ましい生活のスキルです。それはまた男性も女性も回避できるものでもありますが。

私たちはまた結婚を女性へのごほうびだとする考えも問題にしなければなりません。だってそれこそが、こういうばかげた議論の土台になっているからです。結婚がごほうびだと思うよう女性を条件づけるのをやめるなら、そのごほうびをゲットするために妻は料理をする義務があるという議論はもっと下火になるでしょう。

世界がジェンダーロールをとても幼いころから刷り込んでいるのは興味深いと思います。昨日わたしはチザルムに衣服を買ってあげようと思って子供服のお店に行きました。女の子コーナーは色落ちしたようなピンク系のものばかりでした。それが好きではなかった。男の子コーナーにはブルー系の鮮やかなものがありました。彼女の茶色い肌にはブルーが似合いそうなので——写真うつりもよさそうだし——それを買いました。するとレジの人が、わたしが選んだものは男の赤ちゃんにぴったりの贈り物ですねといったのです。わたしがそれは女の赤ちゃんのためのものだというと、その人が驚いた顔をして「ブルーを女の赤ちゃんに?」といったんです。

このピンクとブルーの二分法を考案した商魂たくましい人は怪しいと考えざるをえません。「ジェンダー・ニュートラル」というコーナーもあり、そこに覇気のないグレー系のものがならんでいました。「ジェンダー・ニュートラル」が愚かしいのは、男はブルーで女がピンクで「ジェンダー・ニュートラル」という独立したカテゴリーがあるという考えを前提とするからです。なんでベビー服を全色年齢別にならべないんでしょう? 幼い子供の体型は男も女も、どっちにしても似たようなものなんですから。

おもちゃ売り場を見てみました。それもジェンダー別にならべられていました。男の子向けのおもちゃはたいてい活動的なもので、なにかをすることが含まれていて——電車、車——女の子向けのおもちゃはたいてい受動的なもので、圧倒的に人形が多かった。これには衝撃を受けました。社会がいかに早期に、男の子はこうあるべきで女の子はこうあるべきだという考えを刷り込みはじめるか、わたしはちゃんと認識していなかったのです。

おもちゃがジェンダーではなくてタイプによってならべられているといいのにと思いました。

七歳のナイジェリア人の女の子とそのお母さんといっしょにアメリカのショッピングモールへ行ったときのことを、あなたに話したことがあったかしら? その子はおもちゃのヘリコプターを見てすごく興味をもち、そのワイアレスのリモートコントロールで飛ぶおもちゃが欲しいといったんです。するとお母さんは「だめ。あなたはお人形にするの」と。それで女の子が「お母さん、わたし、お人形でしか遊べないの?」と答えたんです。

このときのことは忘れられません。そのお母さんが良かれと思っていったのは明らかでした。ジェンダーロールの考えを熟知していたわけです——女の子は人形で遊び、男の子はヘリコプターで遊ぶ。いまでは、もしその小さな女の子がヘリコプターを買ってもらってそれで遊んでいたら革命的なエンジニアになっていたかもしれない、と思うと切なくなります。

私たちがジェンダーロールという拘束衣を幼い子供たちに着せなければ、子供にそれぞれの可能性を十分に発揮できるスペースをあたえることになります。どうかチザルムを個人として見てください。こうあるべき女の子というふうに見ないで、彼女の弱さと彼女の強さを、個人のものとして見てください。女の子はこうあるべきだという基準で見ないでください。これが彼女のベストかな、という基準で考えてあげてください。

むかしある若いナイジェリア人女性が、わたしに、自分は長いあいだ「男の子みたいに」ふるまってきた、といったことがありました。サッカーが好きで、ドレスが大嫌いで、ついに母親から、そんな「ボーイッシュな」興味は捨てなさいと強制されたそうです。いまでは母親が女の子らしくふるまうよう背中を押してくれたことに感謝しているというのです。その話を聞いて悲しくなりました。彼女は自分のどこを沈黙させ押し殺さなければならなかったのだろう、自分のなかのどんな精神を失ったのだろうと思ったからです。だって、彼女が「男の子みたいにふるまう」と呼んだものは、ただ彼女が自分らしくふるまうことだったのですから。

また別の知人で、アメリカ太平洋岸北西部に住んでいるアメリカ人が、一歳になる息子を赤ちゃんの「プレイ・グループ」へ連れていったときのことを話してくれました。そこには母親に連れられてきた赤ちゃんがいましたが、女の子の母親はとても抑制的で、絶えず女の赤ちゃんに「さわっちゃだめ」とか「だめだめ、お行儀よく」とかいい続けているのに、男の赤ちゃんはもっとどんどんやれと励まされて、それほど抑制されることはなく、「お行儀よく」といわれることもほとんどなかったと気づいたそうです。彼女の結論は、親たちは無意識にとても早い時期から女の子にこうあるべきだと教えはじめているということで、女の赤ちゃんはより小さなスペースとより多くのルールをあたえられ、男の赤ちゃんはより大きなスペースとより少ないルールをあたえられるというのです。

ジェンダーロールは、これほど深く私たちのなかに条件づけられ、それが自分の本当の欲望やニーズや幸福を傷つけるときでさえ、私たちはついそれに従ってしまいます。それを学びほどくのはとても難しいことです。だから大切なのは、チザルムが最初からそんなものは拒否できるようにしておくこと。ジェンダーロールの考えを内面に取り込むかわりに、彼女には自立について教えてください。自分のためにやり、自力でやっていけることが大切だと教えてください。身体的に弱ったらそれを調整するよう心がけることを教えてください。私たちは、女の子はいろんなことができないと思いがちです。彼女にはやらせてみて。百パーセントの成功はないかもしれないけれど、でも、やらせてみて。ブロックとか電車のおもちゃを買ってあげて――そして、あなたが望むなら、お人形も。

第四の提案

「フェミニズム・ライト」とわたしが呼ぶものの危険性に用心してください。それは女性の平等に条件をつける考え方です。これは全面的に拒絶してください。中身のない、苦痛をなだめるだけの、人を破綻させる考えですから。フェミニストであるとは妊娠していることに似ています。妊娠は、しているかいないか、だけです。男性と女性の完全な対等を、信奉するかしないか、です。

フェミニズム・ライトは「彼は頭で、あなたは首」といったアナロジーを使います。あるいは「彼が車を運転していて、あなたはフロントシートに座っている」とか。もっと厄介なのはフェミニズム・ライトには、生まれつき優れている男性が「女性を大切に」しなければいけないという考えがあることです。「ノー」です。まったくちがいます。女性の幸福のための基礎となるのは男の善行以上のものでなければなりません。

フェミニズム・ライトは「許可する」ということばを使います。テリーザ・メイは英国の首相ですが、進歩的な英国の新聞が彼女の夫についてこう書いています――「フィリップ・メイは政界ではバックシートに座り、妻テリーザが異彩を放つことを許可した男として知られている」

これを逆にしてみましょう。テリーザ・メイは彼女の夫が異彩を放つことを許可した。意味が通りますか？　もしもフィリップ・メイが首相であれば、たぶん私たちが耳にするのは、妻が背後から彼を「支えた」とか、彼の「後ろ」には彼女がいたとか、彼女が彼の「味方をした」という表現かもしれませんが、夫が異彩を放つことを彼女が「許可した」とは絶対に耳にすることはないでしょう。

「許可する」は厄介なことばです。「許可する」とは権力のことです。フェミニズム・ライト協会のナイジェリア支部の会員が「女性にはやりたいことをやらせましょう、夫が許可する範囲内で」といっているのをたびたび耳にするでしょう。

夫は校長先生ではありません。妻は女生徒ではないのです。承認や許可するという表現が一方的に使われるとき――ほとんどすべてが一方的に使われていますが――それは対等な結婚の言語であってはならないのです。

フェミニズム・ライトのとんでもない例をもうひとつあげます。「もちろん妻が家事をいつもやらなければならないわけではないさ、彼女の旅行中はぼくが家事をやったんだ」という男性たちです。

何年か前にわたしのことを書いたひどい記事について二人でお腹を抱えて笑ったことを覚えていますか？　記者はわたしが「怒っている」といってわたしを叱責しました。まるで「怒っている」のは恥ずかしいことのように。もちろんわたしは怒っています。わたしは人種差別に怒っています。性差別に怒っています。でも最近は人種差別よりも性差別のことで自分がはるかに強く怒っていることに気づきました。

なぜなら性差別に怒っているとき、自分がひとりぼっちだと感じることが多いからです。わたしは多くの人を愛しているし、そういう人たちに囲まれて生きているけれど、彼らは人種の不公平はすぐに認めるのに、ジェンダーの不公平はすぐに認めないのです。

男性も女性も、わたしが大切に思っている人たちが、わたしに対してどれほど頻繁に、性差別があるというならその「証拠をあげろ」といってくるか、とても数えきれません。でも人種差別でおなじようにいわれることはありません。（明らかに、より広い世界ではものすごく多くの人たちが、いまだに人種差別があるというなら「証拠をあげろ」と要求されていますが、わたしの身近なところにはいません。）わたしが大切に思っている人たちがどれほど頻繁に、性差別のある状況を問題視せずに軽んじてきたか、数えあげたらきりがありません。

私たちの友人イケンヤのように、ミソジニー（女性嫌悪）に起因することはいつも即座に否定して、絶対に耳をかたむけたり積極的に関わったりせずに、いつでも熱っぽく、実際には女性のほうが恵まれているんだと説明したがる人がいます。彼はむかし「一般論としては、ぼくたちの家ではぼくの父親が責任者ということになっているが、実際に裏で仕切っているのは母親なんだ」といったことがあります。それで性差別については論破したと思ったのでしょうが、彼はわたしの反証を招きました。どうして「裏で」なの？　もしも女性が強いなら、なぜ彼女が強いことを隠し立てする必要があるの？

でもここには悲しい真実があります。私たちの世界は強い女性を好まない男性と女性にあふれているということです。私たちは権力とは男のものだと考えるよう強烈に条件づけられているため、強い女性は異常だと考えてしまうのです。だから強い女性は警戒されます。強い女性について私たちはこう問います――彼女は謙虚だろうか？　微笑むか？　感謝の気持ちを十分にあらわしているか？　家庭的な面はあるか？　私たちは強い男性についてこういうことは問いません。つまり私たちの嫌悪感は権力にまつわるものではなく、女性にまつわることを示しています。私たちが強い女性を評価するとき、強い男性を評価するときよりはるかに残酷です。そしてフェミニズム・ライトがこれを可能にしているのです。

第五の提案

チザルムに本を読むことを教えてください。本を愛することを教えてください。最良の方法はすぐそばでお手本を示すことです。もしあなたが本を読んでいるのを見たら、彼女は本を読むことは大切なんだと理解するでしょう。かりに彼女が学校へ行かなくても、ただ本だけ読んだとしても、間違いなく、従来の方法で教育された子供よりも知識の豊富な子供になるでしょう。本は彼女が世界を理解し疑問をもつことを助け、自分を表現することを助け、彼女がなりたいものになる――シェフとか、科学者とか、歌手とかなんであれ、読書がもたらすスキルから得られる利点のすべてがその助けになるでしょう。わたしがいっているのは学校とは無関係の本、自伝や小説や歴史書のことです。ほかのやり方がどれもうまくいかなければ、彼女が本を読んだらお金を払ってあげてください。彼女にごほうびをあげてください。このことで目覚しい成果をあげたナイジェリア人女性を知っています。彼女はアンジェラという名のシングルマザーで合州国で子供を育てています。子供が本を読もうとしないので、一ページ読んだら五セントあげることにしたのです。お金のかかる企みだったけれど価値ある投資だったと、あとから彼女は冗談めかしていっていました。

第六の提案

チザルムには言語《ことば》を問うことを教えてください。言語は私たちの先入観の、信念の、思い込みの収納庫です。でも、彼女に教えるには、あなたは自分の言語《ことば》を問わなければいけないでしょう。ある友人は、絶対に娘を「プリンセス」とは呼ばないといっています。人は良かれと思ってそのことばを使いますが、「プリンセス」には思い込みがたくさん詰まっています。女の子は繊細だとか、彼女を救い出しにやってくるプリンスとか。この友人は「エンジェル」とか「スター」を好んで使っています。

　自分の子供になにをいわないようにするかは自分で決めてください。あなたが子供にいうことはとても大事だからです。それが彼女になにを大切にすべきかを教えるからです。イボ語のジョークに、子供じみた女の子をからかうときに使われる――「なにしてるの？　もう夫がいてもおかしくない年齢なのに、そんなこともわからないの？」というのを知ってますよね。これはわたしもよくいいました。でもいまはやめようと思います。「もう仕事に就いてもおかしくない年齢でしょ？」ということにしています。だって、幼い女の子に結婚を憧れとして教えなければならないとは思わないからです。

　チザルムにはあまり頻繁に「ミソジニー」とか「家父長制」といった語を使わないようにしてください。私たちフェミニストはときどき専門用語を使いすぎます。専門用語はときに抽象的になりすぎます。なにかに「ミソジニーっぽい」とすぐにラベルを貼らないでください。チザルムには、なぜそうなのか、どうすればそうならないか、を教えてください。

　彼女にこう教えて――もしも女性のことで「X」を批判するのに男性のことで「X」を批判しないとしたら、そのときは「X」について問題を抱えているのではなく、女性について問題を抱えているのだと。「X」のところに、怒り、野心、派手、頑固、冷淡、容赦のなさ、といった語を入れてみてください。

　彼女にはこんなふうに疑問を出すように教えてください――女性であるゆえにできないことはなにか？　そのことに文化的名声が伴うか？　伴うとしたら、なぜ男性だけが文化的名声を受けることをしてもいいとされるのか？

　日常的な例を使うのが役に立つと思います。

　ラゴスでいっしょに観たTVコマーシャルを覚えていますか？　男性が料理をしてその妻が彼に拍手喝采を送るコマーシャル。本当の進歩とは、彼女が拍手などしないで料理そのものに反応することです――妻がその料理を褒めても褒めなくてもいいんだけど、それは夫が彼女の料理を褒めても褒めなくてもいいのとおなじ。でも性差別的なのは夫が料理をしようと試みていることを褒めていることで、つまり料理はそもそも女がするものだといっているわけです。

　ラゴスの修理工のこと覚えてる？　新聞の人物紹介欄で「婦人修理工《レディ・メカニック》」って書かれた人。チザルムには、その女性は修理工であって、「婦人修理工《レディ・メカニック》」ではないと教えてあげてください。

　車が行き交うラゴスの道路で、あなたの車にぶつけた男が車から出てきて、夫を連れてこい、「女とは取引できない」とあなたにいうことがどれほど間違っているか、チザルムに指摘してあげてください。

　ただ彼女にいうんじゃなくて、具体例をあげて教えてください。ミソジニーというのはあからさまにもなるし巧妙にもなる、そしてその両方が嫌悪すべきことだと教えてください。

女性に「エンパシーをもつ」、つまり共感することができても個人という対等な人間ではなく縁故関係のなかでしか見ない男性は疑わしいと教えてあげてください。レイプについて議論すると、男性たちはいつも「もしそれがぼくの娘とか妻とか姉妹だったら」みたいなことをいいます。でもその男性が、エンパシーを感じるために、犯罪の被害者男性が自分の兄弟や息子だったらと想像しなければならないことはありません。チザルムには、女性が特別な種だという考えにも疑問を抱くよう教えてあげてください。アメリカの政治家がかつて女性への支援を示そうとして、女性たちは「崇拝され」るべきであり「擁護するため戦う」べきもの──あまりにありふれた感情ですが──と語るのを聞いたことがあります。

チザルムに、女性たちは本当は擁護されたり崇拝されたりする必要はなくて、たんに対等な人間として扱われなければいけないだけだと教えてあげてください。「擁護される」とか「崇拝される」必要があるという考えには、女性を子供扱いするニュアンスが含まれています。それでわたしが連想するのは騎士道のことで、騎士道が前提とするのは女は弱いということなんです。

第七の提案

結婚を成果として語らないでください。結婚は成果ではないし、憧れるべきものでもないとチザルムに教える方法を見つけてください。結婚生活は幸せにも不幸せにもなりうることだけれど、成果ではありません。

私たちは女の子には結婚への憧れを植えつけるけれど、男の子に結婚への憧れを植えつけたりはしません。ということは、すでに出発点で恐るべき不均衡があるのです。女の子は結婚のことで頭がいっぱいの女性に成長するでしょう。男の子が結婚で頭をいっぱいにした男性に成長することはありません。女性たちはそういう男性たちと結婚するのです。関係が必然的に不公平になるのは、慣習が片方にとってより大きな問題だからです。こんなに多くの結婚生活で、女性たちが途方にくれながらより多くの自己犠牲をするのは、不公平なやりとりを絶えず維持しなければならないためだというのは、おかしいでしょ？この不均衡がもたらす一つの結果が、一人の男をめぐって二人の女が人前でけんかをするという、卑劣な、見慣れた出来事ですが、男性のほうは沈黙したままです。

ヒラリー・クリントンが合州国大統領に立候補したとき、ツイッター・アカウントのプロフィール欄の最初の語は「妻」でした。彼女の夫であるビル・クリントンのツイッター・アカウントのプロフィール欄はまず「創設者（クリントン財団の）」で「夫」ではありませんでした。（そのため、そこに「夫」と書き込む非常に少数の男性に、わたしは理由のない親近感を抱きます。）奇妙なことに、彼女がこんなふうに妻として自分を定義しても変だとは感じないのに、彼が自分を夫だと定義することはありません。それがふつうだと感じるのは、あまりにそれがありきたりだからです。私たちの世界はいまも、女性が結婚して母親になることになによりも大きな価値をおいています。

一九七五年にビル・クリントンと結婚してから、彼女はずっとヒラリー・ロダムという名前を使っていました。やがて自分の名前の後ろに彼の姓であるクリントンを加えはじめ、それからしばらくして、政治的なプレッシャーのためにロダムを使わなくなりました。妻が自分の名前を使いつづけていることを良く思わない人たちの票を、夫が失うという理由からです。

これを読んでわたしは、アメリカの有権者がどうやら女性に結婚をめぐる後ろ向きな期待をするらしいこと、さらにわたし自身の名前をめぐる経験について考えました。

覚えているかしら、あるジャーナリストがわたしが結婚したと知って、一方的に新しい名前——ミセス・夫の姓——で呼ぼうとしたとき、それはわたしの名前ではないのでやめてほしいといったことを。この応答に対して何人かのナイジェリア人女性から受けた強い敵意をわたしは決して忘れません。一般的には（男性からより）女性からの敵意が多かったのは興味深いことです。多くの女性がわたしの名前ではない名で呼ぶことを主張したのです。まるでわたしの声を封じるかのように。

それについていろいろ考えました。あるいは彼女たちにとってわたしの選択は、彼女たちが規範と考えるものへの挑戦を意味したのかもしれません。

友人のなかにも「あなたは成功したから自分の名前を使いつづけてもオーケーなのよ」という人がいました。それでまたいろいろ考えました——なぜ女性は自分の名前を使いつづける弁明として、仕事で成功しなければいけないのか？

真実は、わたしは成功したから自分の名前を使いつづけているわけではないということです。本を出版して広く読まれるような幸運に恵まれなかったとしても、わたしは自分の名前を使いつづけていたでしょう。自分の名前を使いつづけるのは、それがわたしの名前だからです。自分の名前を使いつづけるのは、自分の名前が好きだからです。

なかには「そうね、それって家父長制をあらわしてもいるね、だってあなたの名前はお父さんの姓だから」という人もいます。その通り。でも、とにかく重要なのは、それが父親から来たものであろうと、お月さまから来たものであろうと、生まれたときからわたしの名前だったことであり、その名前でこれまでの人生の大切な出来事を経験してきたことなんです。ある曇り空の朝にスッカで初めて幼稚園に登園した日に、先生が「自分の名前をいわれたら『はい』と答えてください。では『アディーチェ！』」といったときから使ってきた名前だということなんです。

もっと重要なのは、どんな女性も自分の名前を使いつづけられる選択肢をもつべきだということです——でも現実には、従えという途方もない社会的圧力がかかります。夫の名前を使いたいという女性がいるのは明らかですが、従いたくはないけれどそうしないために必要なエネルギーが——精神的、感情的、身体的にさえ——あまりに大きいという女性もいます。結婚するとき喜んで自分の名前を変える男性がどれだけいると思いますか？

「ミセス」というタイトルをわたしが好まない理由は、ナイジェリア社会がそれに価値をおきすぎるからです。ミセスという呼称を使うとき、多くの人たちが、男性も女性も、どういうわけか、まるでその呼称をもたない人は失敗者であるかのように誇らしげに話すのを何度も目にしてきました。ミセスは選択肢であればいいのであって、私たちの文化のようにそれに価値をおきすぎては心穏やかではいられません。ミセスに価値をおくことは、結婚はその女性の社会的地位を変えるけれど男性の社会的価値は変えないことを意味します。(ひょっとして既婚男性があいかわらずシングルのように「行動する」と多くの女性が不満をいうのはそのため？　ひょっとして、かりにこの社会が既婚男性に、自分の名前を変えたらどうか、ミスターではなく新しい敬称をつけたらどうかといったら、彼らの行動も変わる？　ハハ！)でももっとまじめにいうと、もしも二十八歳の修士号取得者であるあなたが、イジェアウェレ・エゼから一夜にしてミセス・イジェアウェレ・ウデグムナムになるとしたら、確実に、パスポートと運転免許証を書き換える精神的エネルギーが必要となり、さらには心理的な変化、新たになにかに「なる」必要があるのです。この新たになにかに「なる」ことは、男性もまた経験しなければならないとしても、それほど重大事にはならないでしょう。

わたしは「ミズ」が好きです。「ミスター」に似ているから。男性は結婚しているかどうかに関係なくミスターです。女性も結婚しているかどうかに関係なくミズです。だからチザルムには、本当に公平な社会では、男性がそうすると期待されないなら、女性だからという理由で結婚したら変えると期待されるべきではないと教えてあげてください。粋な解決法があります——結婚するカップルはすべて両者の合意によって選ばれたまったく新しい姓を使うのです。それで、結婚式が終わったその日に、夫と妻が手に手を取って喜び勇んで役所まで行き、二人のパスポート、運転免許証、署名、イニシャル、銀行口座などの名義を変えるのです。

第八の提案

チザルムには好かれようとするのをやめるよう教えてください。彼女の仕事は自分を人から好かれるようにすることではなくて、自分自身であることだからです。正直で、人間として他の人と対等だと気づくことが、彼女の仕事だと教えてください。私たちの友人チオマからわたしがよく、そういうことをいったりやったりすると「みんな」から「好かれ」ないよ、といわれてとても不安になる、とあなたに打ち明けたのを覚えていますか？　彼女からわたしはいつも、「みんな」と呼ばれる漠然とした鋳型のようなものに合わせて自分を変えろ、と無言のプレッシャーを感じていたのです。不安になる理由は、私たちは身近にいる人たちから、できるだけありのままの自分でいていい、といわれたいからなんです。

どうかあんなプレッシャーをあなたの娘にはかけないでください。私たちは女の子に、人から好かれるように、いい子でいるように、自分を出さないで、と教えます。それでいて男の子にそんなことは教えません。これは危険なことです。多くの性犯罪者はこれを利用してきました。多くの女の子たちが被害を受けても沈黙しているのは、いい子でいるよう要求されるからです。多くの女の子が「いい子」でいようとしてあまりに多くの時間を費やします。多くの女の子が、彼女たちを傷つけている人間の「気持ち」を忖度します。これは人から好かれること に重きをおくことが招く悪しき結果です。あまりに長いあいだ自分を折りたたんで人から好かれる姿を作りあげてきたために、思い切り息ができなくなった女性でいっぱいの世界に私たちはいるのです。

だから、チザルムには人から好かれることを教えるかわりに、正直であることを教えてください。そして親切であることを。

そして勇敢であることを。自分の気持ちをことばにするよう励ましてください。自分が本当に思っていることを口にして、裏表なく語ることを教えてください。そして彼女がそうしたときは褒めてあげて。たまたまそれが彼女の正直な意見であるために、困難な、不人気な立場をとることになるときは、思い切り褒めてあげて。心優しいことが大切なのだと教えてあげて。彼女が他の人たちに優しいときは褒めてあげて。でも、優しくするのが当然のものとされてはいけないことも教えてあげて。彼女もまた他の人から優しくされる価値があると教えてあげて。自分のものは自分のものだと主張することを教えてあげて。もしも他の子供が彼女のおもちゃを彼女の許可なく取りあげたら、それを取り戻すように教えてあげて、だって彼女の同意が重要なんだから。もしもなにか不愉快なことがあったら、それをはっきり口にすること、ことばでいうこと、叫ぶことを教えてあげて。

だれからも好かれる必要はないと示してあげて。もしもだれかが彼女を好きじゃないとしても、彼女を好きになる人はいる「だろう」と教えてあげて。彼女は人から好かれたり嫌われたりする対象であるだけでなく、人を好きになったり嫌いになったりできる主体であることも教えてあげて。十代になって、もしも彼女のことを嫌いだという男の子のことで泣きながら家に帰ってきたら、その男の子たちを好きにならないと選択することもできるんだと教えてあげて——そう、それは難しいことよ、中等学校時代のナムディに対するわたしの片思いを思い出すとわかるけれど。

それでも、だれかがわたしにそのことを教えてくれればよかったと思います。

第九の提案

チザルムにアイデンティティの意味を教えてあげてください。それは重要なことです。これについてはじっくり考えてください。彼女が成長しながら自分のことを、とりわけ、堂々とイボの女性であると考えられるようにしてあげてください。それにはあなたが選択的でなければいけないでしょう——イボ文化の美しい部分は取り入れ、そうでない部分は取り入れないように教えてあげてください。あなたはさまざまな文脈で、さまざまな方法でこんなふうにいうことはできます。「イボ文化の素晴らしさはコミュニティと総意と勤労に価値をおいていることや、言語やことわざが美しく偉大な知恵にあふれていることにある。でもイボ文化が、女性だからという理由だけで女性はある種のことをしてはいけないと教えるのは間違っている。それにイボ文化は物質主義にいささか重きをおきすぎるところがあって、もちろんお金は大事なことだけれど——だってお金は自立を意味するから——だれがお金をもっていて、だれがもっていないかを基準にものを考える人たちを重んじてはいけない」と。

アフリカ人と黒人が耐え抜いてきた美しさと回復力について教えることもじっくり考えてください。なぜか？ 世界の権力をめぐるダイナミクスゆえに、この世界のどこにいようと、彼女は白人の美しさ、白人の能力、白人の偉業というイメージを見ながら大きくなるからです。それは彼女が観るＴＶ番組のなかに、彼女が消費するポップカルチャーのなかに、彼女が読む本のなかにあるでしょう。おそらく彼女は、黒人であることやアフリカ人であることをめぐる多くのネガティヴなイメージも目にしながら大きくなるでしょう。

アフリカ人の歴史に、ブラック・ディアスポラに、誇りを見出すことを教えてあげてください。歴史のなかの黒人のヒーローを見つけてください。男性も女性も、存在するのよ。彼女が学校で学んでくる内容にあなたは反論しなければならないかもしれません——ナイジェリアのカリキュラムは、子供たちがみずからの歴史に誇りをもつよう教えるという考えが十分だとはいいがたいのです。だから教師たちは数学や科学、美術や音楽を教えることには非常に優れていても、誇りを教えることはあなた自身がやらなければいけないでしょう。

特権と不平等について教えてください。すべての人を、彼女を傷つけるつもりがないかぎり、人として尊重することが大切だと教えてあげて——お手伝いさんも彼女とおなじ人間であり、運転手にはかならず挨拶するよう教えてください。そうあるべきことを彼女のアイデンティティと結びつけてほしいのです——たとえば、彼女には「私たちの家族では、あなたが子供のうちは年上の人に、その人がどんな仕事をしていても、ちゃんと挨拶をすること」と教えてください。

イボ語のニックネームをつけてあげて。子供のころわたしのことをグラディスおばさんはアダ・オボド・ディケって呼んでいました。それがすごく好きでした。わたしの村のエズィ・アッバは戦士の土地として知られているようで、戦士の土地の娘と呼ばれるのはくらくらするほど刺激的だったんです。

第十の提案

チザルムと彼女の外見にあなたがどう関わるか、これはじっくり考えてほしい。

スポーツは積極的にやることを奨励してください。身体をよく動かすことを教えてあげて。いっしょに散歩する。泳ぐ。走る。テニスをする。サッカー。卓球。あらゆる種類のスポーツ。どんな種類のスポーツでもいい。これは明らかに健康にいいだけでなく、世界が女の子を脅すあらゆるボディ・イメージの自信喪失を乗り越える助けになります。活発なことはとても大きな価値があるとチザルムに教えてあげて。思春期になると女の子は一般にスポーツをやらなくなると数ある研究が示しています。べつに驚くことではありません。胸がふくらみ自意識が発達するとスポーツの妨げになったりするものです――胸がふくらんできたときわたしがサッカーで遊ぶのをやめたのは、とにかくその胸を隠したかったからで、走ったりタックルしたりしてもどうにもならなかった。どうかそんなことが彼女の妨げにならないよう努力してください。

　もしもメイクが好きだというなら、させてあげて。もしもファッションが好きなら、ドレスアップさせてあげて。でも、もしも彼女がそのどちらも好きではないというなら、それもありでしょう。彼女をフェミニストに育てることが女性らしさ《フェミニティ》を捨てさせることだと考えないでください。フェミニズムとフェミニティは互いに相容れないものではないのです。相容れないと提案するのはミソジニー的です。悲しいことに、女性たちはファッションやメイクといったもので伝統的女性と見なされることを追求するのは、恥ずかしくて、やましいことだと考えるようになりました。でも私たちの社会は、男性が一般的に男っぽいこと――スポーツカーとかある種のプロスポーツ――を追求するのに恥ずかしさを感じるとはされていません。おなじように、男性のおしゃれが女性のおしゃれのように疑いの目を向けられることはありません――身なりのいい男性がそんなことを心配しないのは、良い身なりをしていれば、知性、能力、まじめさもまた付随するという前提があるからかもしれません。ところが一方で、女性がいつも意識するのは、色鮮やかなリップをつけたり、それに合った服を慎重に選んだりすると、浮ついていると思われるかもしれないということなんです。

　決してチザルムの外見をモラリティと結びつけないで。決して短いスカートが「インモラル」だなんていわないで。着こなしはモラルの問題ではなく、好みと魅力の問題であると教えてあげてください。もしもあなたと彼女が、彼女の着たがる物のことで意見がぶつかったら「娼婦みたいに見える」なんて絶対にいわないで、あなたのお母さんがあなたにそういったのをわたしは知っているけど。代わりに「そのドレスはこっちのドレスほどあなたの良さが引き立たない」とか、あまり似合わないといってあげて。あるいは魅力的に見えないとか。たんに不恰好だとかいってあげて。でも「インモラル」はダメ。なぜなら衣服はモラルとはまったく無関係だから。

　髪を苦痛とリンクさせないようにしてあげてください。子供時代のことを考えると、自分の濃くて長い髪をまっすぐにするために何度泣いたかしれません。思い出すのは、髪をまっすぐにする作業が終わるまでじっと座っていたら、ごほうびにもらえるマーブルチョコ「スマーティーズ」の包みが目の前におかれていたことです。いったいなんのために？　私たちの子供時代と十代の土曜日をあれほど髪のために費やさなければ、どうなっていたかを想像してみてください。その時間になにを学べたか？　どんなふうに私たちは育っていたか？　土曜日に男の子はなにをしていたんだろ？

だから彼女の髪については、「きちんと」という語を再定義することを提案します。あまりに多くの女の子にとって「髪とは苦痛のことだ」となる理由の一部は、「ものすごくきつくて、頭皮を傷めて、頭痛が起きる」スタイルに合わせること、それが「きちんと」だと大人が決めてかかっていることにあるのです。

私たちはもうやめなければいけません。ナイジェリアの学校で女の子たちが髪の毛を「きちんと」していないという理由で、ひどいイジメを受けているのを見たことがあります。彼女たちの生まれつきの髪の毛がこめかみのところでカールして、見事なきっちりした小玉になっているという、それだけの理由で。チザルムの髪はそのままにしてあげて――大きな三つ編みにするとか、大きなコーンロウにするとか。私たちの髪の性質を念頭におかずに作られた、目の細かい櫛を使わないで。

そしてそれを、きちんと、ということの定義にしてください。必要なら学校まで出向いて運営者と話をしてください。だれか一人がやれば変化は起きるものです。

チザルムはとても早いうちに気がつくでしょう――子供たちは敏感ですから――世界のメインストリームがどんな美しさに価値をおいているか。雑誌や映画やテレビでそれを知るでしょう。白いことに価値があるのだと彼女は知るでしょう。価値があるとされる髪の質感とは、ストレートか、くるっとカールしていること、そして価値があるとされるのは立ちあがる髪ではなく垂れる髪なんだと気づくでしょう。あなたが望む望まないにかかわらず彼女はそういった価値観と出会うのです。だから忘れずに、彼女が目を向けられる別の価値観を創ってあげてください。彼女には、ほっそりとした白人女性たちが美しいことと、細くもなく白人でもない女性たちが美しいことがわかるようにしてあげてください。美しさをめぐるメインストリームの狭い定義を魅力的だと思わない多くの個人がいるし多くの文化がある、そのことがわかるようにしてあげてください。自分の子供のことはあなたがいちばんよくわかるでしょうから、彼女にしかない美しさを肯定する方法は、あなたがいちばんよく知ることになるはずです。鏡に映った自分を充たされない思いで見ることから彼女を守ってあげる方法もまた。

チザルムのまわりをおばさん集団や、彼女にすばらしいと感じてほしい女性たちで取り巻いてあげてください。その女性たちがいかにすばらしいかを話してあげて。子供というのは実例を真似て学ぶものです。どこがすばらしいかも話してあげて。たとえばアフリカン・アメリカンのフェミニスト、フローリンス・ケネディはすばらしいと思います。アフリカ人女性でチザルムに教えてあげたい人としては、アマ・アタ・アイドゥー、ドラ・アクニイリ、ムトニ・リキマニ、ンゴズィ・オコンジョ＝イウェアラ、タイウォ・アジャイ＝リセットなどがいます。フェミニスト的なインスピレーションの源泉となるアフリカ人女性は大勢います。彼女たちが成し遂げたことゆえに、彼女たちが拒否されてできなかったことゆえに。そうそう、あなたのお祖母さんのような、あの瞠目すべき、強くて、舌鋒鋭い人もいましたね。

チザルムのまわりをおじさん集団でも取り巻いてあげてくだ

さい。これは、チュディの友人のことを考えると、少し難しいかもしれませんが。わたしはまだあの、先日のチュディの誕生日パーティーで見かけた、やたらカーヴをつけた髭で威張りちらしていた男性のことから立ち直れないんですが、「おれは結婚する女性にはどうしろこうしろと絶対にいわせないぞ!!」といいつづけてましたね、彼。

だからどうか、威張りちらさない良い男性たちを見つけて。あなたの弟ウゴムバみたいな男性を、私たちの友人チナクエゼみたいな男性を。だって現実に、チザルムは威張りちらす男にたくさん出会うことになるでしょうから。だからとても小さなころから、そうではない人がそばにいるのはいいことだと思うんです。

オルタナティヴというか、そうではないもうひとつのモデルがもつ力をわたしは強調しておきたいのです。彼女がオルタナティヴに馴染んでいれば、型通りの「ジェンダーロール」に反論することができます。料理が上手で――おまけに無頓着にそうする――おじさんを知っていれば、「料理は女性がやるものだ」と主張する人のあほらしさを、彼女はにこやかに笑って拒絶することができるでしょう。

第十一の提案

私たちの文化が社会規範の「理由」として生物学を選択的に使うのは疑わしいことだと教えてあげてください。

知人のヨルバ人女性がイボ人男性と結婚して、初めての子供を妊娠し、その子のファーストネームについてあれこれ考えていました。名前はすべてイボ語でした。

彼女の子供たちは姓が父親のイボ語の名前になるんだから、ファーストネームはヨルバ語ではいけないの？　そうたずねると彼女は「子供はまず父親に属するんだから。そうしなければいけないでしょ」といったんです。

私たちはしばしば男性がもつ特権を説明するために生物学を使います。いちばんありふれた理由は、男は身体的に優れているからというものです。一般的にいって女性より男性のほうが身体的に強いのはその通りです。でも、私たちが社会規範の根拠を本当に生物学によるとするなら、子供たちの親だとはっきり確認できるのは父親よりも母親のほうです。だって子供が生まれたとき、親であることが生物学的に――そして議論の余地なく――確かなのは母親のほうですから。父親はあくまで、その子の母親が彼だといっていることを前提とします。世界中でいったいどれほど多くの家系が生物学的ではないことか？

多くのイボ人女性は、条件づけがあまりに完璧であるために、子供は父親「だけ」に属すると考えます。ひどい結婚生活に見切りをつけたけれど、子供たちはその男性に属するものとされて、子供たちを連れて出ることも、子供たちと会うことさえも「許可され」ない女性をわたしは知っています。

私たちはまた生物学的進化論を男の乱交を説明するために使いますが、女の乱交を説明するためには使いません。でも実際には、女性たちがセクシャルパートナーをたくさんもつほうが進化上は意味があります――遺伝子上のプールがより大きければ大きいほど、繁栄する子孫をもつ機会はより大きくなるのですから。

だからチザルムには、生物学は面白くて人の心を強く捕らえる教科だけれど、それをどんな社会規範の正当化としても取り入れるべきではないと教えてあげてください。なぜなら社会規範とは人間が創り出したもので、変えられない社会規範などないのですから。

第十二の提案

セックスについて彼女に話してあげて、それも早い時期から。おそらくちょっときまりが悪いかもしれないけれど、これは必要なことです。

私たちが最終学年のときに出かけたセミナーのこと、覚えてますか？　そこで「セクシュアリティ」のことを教えられることになっていたのに、行ってみると、ぼんやりした、半分脅しみたいな、「男の子に話しかける」と私たちが妊娠して恥さらしになって終わるという話でしたね？　思い出すのは、あのホールとあのセミナーが恥でいっぱいの場所だったことです。醜悪な恥で。女であることに絡められた特殊な恥という烙印。あなたの娘が絶対にあんなものに遭遇することがありませんように。

彼女には、セックスがたんなるコントロールされた生殖行為だなんてふりはしないでほしいのです。あるいは「結婚してからだけ」の行為だとも。なぜならそれでは不誠実だから。（あなたとチュディは結婚するはるか前からセックスをしていたし、そのことを彼女もたぶん十二歳までには知るでしょう。）セックスはとてもすばらしいことでもあるのだと彼女に教えてあげてください、明らかに肉体的な結果が出ることは別として（だって彼女は女性だから！）、それはまた感情的な結果をもたらすものだと教えてあげてください。彼女の身体は彼女だけのものだと、自分がしたくないことや、そうしなければとプレッシャーを感じることに「イエス」という必要はないのだと教えてあげて。「ノー」が正しいと感じるときは「ノー」と胸を張っていっていいのだと教えてあげて。

セックスをするのは大人になるまで待ってからがベストだとあなたが思っていると教えてあげて。でも心の準備はしておいて、彼女は十八歳になるまで待てないかもしれない。そして、もし彼女が待てなかったら、彼女が自分は待てなかったとあなたにいえるようにしておくのを忘れないで。

なんでも話してくれる娘に育てたいというだけでは不十分です。あなたに話ができる言語《ことば》を彼女に教えなければいけません。わたしはこれを文字通りの意味でいっています。あそこを彼女になんと呼ばせるといいかな？　どんなことばを使ったらいいかな？

わたしが子供だったころ、みんなが「おしり」と「ヴァギナ」のことを「イケ」といっていたのを覚えています。「おしり」は意味はわかりやすいけれど、全部あいまいなままで、たとえば、わたしはヴァギナがかゆかったとき、どういえばいいのかよくわかりませんでした。

子供の発達学の専門家はたいがい、子供には性器を生物学上の名前で正しく呼ばせるのが最良だといっています――ヴァギナとペニスです。わたしも賛成しますが、その決定はあなたがしなければなりません。彼女にどの名前で呼ばせたいかはあなたが決めるべきですが、大切なのは、ほかにも呼び方があるはずで、恥が強烈に付着している名前であってはいけないということです。

忘れないでほしいのは、彼女があなたから恥を受け継がないようにすることです。それにはあなた自身が受け継いできた恥から自分を解放しなければなりません。それがどれほど難しいかはわたしも知っています。世界中のどんな文化でも、女のセクシュアリティには恥が絡みついてきます。女性たちにセクシーであってほしいとする文化も――西欧社会の多くのように――女性たちにセクシュアルであってほしいとは思わないのです。

女のセクシュアリティに恥を貼りつけるのはコントロールするためです。多くの文化や宗教は女性の身体をさまざまな方法でコントロールしています。もしも女性の身体をコントロールする正当な理由が女性自身のことであるとしたら、それは理解できます。たとえば、かりに「女性が短いスカートをはくべきではない理由はそうすればガンになるかもしれないから」とか。ところが理由は女性をめぐるものではなく、男性をめぐるものです。女性は男性を保護するために「身を覆わ」なければならないのです。これは大変に非人間的なことだと思います。なぜならそれは女性を、男性の欲望を処理するために使う小道具におとしめているからです。

そして恥のことを話すとき――絶対に結びつけてはいけないのがセクシュアリティと恥です。裸であることと恥も。絶対に「処女性」を話の中心におかないこと。処女性をめぐる話はどんなものでも恥をめぐる話になるからです。彼女には、恥と女性生物学を結びつけるのを拒否することを教えてください。なぜ私たちは月経のことを声をひそめて話すように育てられたのでしょう？　なぜ私たちの経血が偶然スカートに付着していたら恥ずかしいこととして育てられたのでしょう？　月経を恥じることなどまったくないのです。月経はごくふつうのこと、自然なことで、もしも月経が存在しなければ、人間という種はここにいないのです。月経は糞みたいなものだといった男性のことを思い出します。あら、それは聖なる糞よ、だって月経が起きなければあなたはここにいないんだから、とわたしは彼にいいました。

第十三の提案

ロマンスが始まります、だからその話をしましょう。

これは彼女がヘテロセクシュアルだという前提で書いています――もちろん、そうではないかもしれません。でもそのほうが話を進めやすいので、一応そういう前提にしておきます。

彼女はいま恋をしているなと気づくようにしてください、忘れずに。あなたができる唯一の方法は、彼女があなたにセックスだけでなく愛についても話せる言語《ことば》を、うんと早い時期から教えはじめることです。あなたが彼女の「友達」になるべきだといっているのではありません。彼女にとってなんでも話せる母親であるべきだということです。

愛とはただあたえるだけでなく、あたえられるものだと教えてください。ここが重要なのは、私たちは女の子にその人生をめぐる微妙なヒントを出しているからです――私たちは女の子に、愛する能力を構成する大きな要素は自己犠牲の能力だと教えます。男の子にはそうは教えません。彼女には、愛するには自分を感情的にあたえなければいけないけれど、彼女もまた当然あたえられることを期待しなければいけないと教えてください。

愛は人生でもっとも大切なものだと思います。どんな愛であれ、どう定義するにしろ、愛とは大まかにいって、他の人間によってとても大切にされることであり、他の人間をとても大切にすることだとわたしは思います。でもなぜ世界の半分だけを、このことに価値をおけといって私たちは育てるのでしょう？　つい最近、部屋いっぱいの若い女性たちに混じっていて、その会話のじつに多くが男性をめぐるものだったので驚きました――男たちが彼女たちにどんなひどいことをしたか、この男が浮気をした、この男は嘘をついた、この男は結婚すると約束しながら姿を消した、この夫はあれをしたこれをした。

そこでわたしは、その逆はありえないと気づいて悲しくなりました。部屋いっぱいの男性たちの会話が女性をめぐるものになっていくことはないのです――あるとしても、それは人生の悲嘆ではなく、軽薄で浮ついたことばで語られることになりそうです。なぜか？

そこで話はあの幼いころからの条件づけに戻ります。最近ある赤ちゃんの洗礼式で、ゲストはその女の赤ちゃんを祝福するために願いごとを書くよう頼まれました。あるゲストが「良い夫がさずかりますように」と書きました。善意とはいえ、なんとも厄介です。生後三カ月の女の赤ちゃんが早々と、夫こそが切望の対象だといわれたのですから。もしそれが男の赤ちゃんだったら、そのゲストは赤ちゃんに「良い妻がさずかりますように」と書くなんて思いもよらなかったでしょう。

結婚すると「約束」しながら姿を消す男性について嘆く女性たちについていうなら――世界中の多くの社会で、いまも女性が一般的にプロポーズできないなんて変ではないでしょうか？　結婚は人生のとても大きなワンステップなのに、それを自分で管理できないなんて。申し込む男性に頼るなんて。とても多くの女性が長くつきあってきて結婚したいと思っても、男性がプロポーズするのを待たなければいけないのです――そしてしばしばこの待つということが、あるときは無意識の、あるときは意識的な、結婚こそ価値あるものというパフォーマンスになっています。もしもここで第一の「フェミニストのツール」をあてはめるなら、対等に大切である女性が、自分以外の人間が彼女にとって人生の重大変化になることに先鞭をつけるのを待たなければいけないなんて、どう考えてもおかしいのです。

フェミニズム・ライトの信奉者がかつてわたしに、私たちの社会が男性にプロポーズしろと期待する事実が、女性が権力をもっている証拠である、なぜなら女性がイエスというときだけ結婚が成立するからだ、といいました。真実は——本当の権力は申し込む人間の側にあるということです。イエスとかノーとかいう前に、まず申し込まれなければいけないのですから。チザルムのためには、どちらからもプロポーズできる世界であってほしいと心から思います。そうなれば二人の関係はとても心地よいものになり、とても喜びに満ちたものになり、結婚に舵を切るかどうかは二人の会話となって、それ自体が喜びに満ちたものになるでしょう。

ここでお金について少し触れたいと思います。「わたしのお金はわたしのもの、彼のお金は私たちのもの」というナンセンスを彼女に決して教えないでください。それは最悪です。それに危険です——そんな態度をとると、きっとほかの有害な考えも受け入れてしまう可能性が出てきます。家族を経済的に支えることは男性の役割では「ない」と彼女に教えてください。健全な関係のなかでは、経済的に支えることができる人がそうすればいいのです。

第十四の提案

抑圧について教えるときに、被抑圧者を聖人あつかいしないよう注意してください。聖人であることは人間の尊厳にとって必要条件ではありません。不親切で不正直な人たちもまた人間であり、人間としての尊厳はあるのです。たとえば、ナイジェリアの田舎に住む女性たちの財産権は、フェミニスト的最重要課題であり、財産権をもつことを許可されるために女性が善良で、天使のようでなければいけないわけではないのです。

ジェンダーをめぐる物言いのなかには、ときどき、女性は男性よりも道徳的に「より優れて」いなければいけないとされる前提があります。それはちがいます。女性もまた男性とおなじ人間なのです。女の善良さは女の邪悪さ同様に当たり前のことなのです。

この世界には他の女性が好きではない女性も大勢います。女のミソジニーは存在するし、その認識を回避すれば反フェミニストがフェミニズムの名をおとしめる不必要な機会を作ることになります。わたしがいっているのは「わたしはフェミニストではない」という女性たちの例を嬉々としてあげるような反フェミニストのことです。まるでヴァギナをもって生まれた者がそう宣言すれば、自動的にフェミニズムをおとしめることになるかのような物言いです。女性が自分はフェミニストではないと主張したからといって、フェミニズムの必要性が減じることはありません。むしろ、それによって私たちに見えてくるのは問題領域の広さであり、家父長制が巧みに隅々まで行き渡っている事実です。それはまた、女性がすべてフェミニストであるわけでも、男性がすべてミソジニストであるわけでもないことを示しています。

第十五の提案

彼女に違いについて教えてください。ごくふつうに違いはあると。違って当たり前だと。差異に価値をくっつけないよう教えてください。その理由は、公平とか優しくあるためではなく、たんに人間であり実際的であるためです。なぜなら違いは私たちが生きる世界の現実だからです。違いについて教えることは、彼女が多様な世界で生き延びる力をつけることになります。

彼女が知り、理解しなければならないのは、世界中の人たちはそれぞれの道を歩んでいること、その道が他者に害をあたえないかぎりそれは妥当な道であって、それを尊重しなければならないことです。私たちが人生についてすべてを知ることはない——知ることはできない——と彼女に教えてください。宗教と科学には私たちの知らない諸事についてのスペースがあって、それと平和共存することで十分なのです。

決して自分の基準を、あるいは自分の経験を、だれにでも当てはまるものとして一般化しないよう教えてください。彼女の基準は彼女だけのものであり、他の人のためのものではないことを教えてください。これは謙虚であるために必要な唯一のあり方です。つまり違いはあって当たり前という認識です。

ゲイの人もいれば、そうでない人もいることを教えてください。小さな子供に二人の父親がいたり、二人の母親がいたりするのは、そういう人がいるからだと教えてください。礼拝のためにモスクに行く人もいれば、教会に行く人もいて、また別の場所へ行く人もいるし、まったく礼拝しない人もいる、理由はただそれがその人たちのあり方だからだと教えてください。

あなたが彼女にいう——あなたはやし油が好きだけれど、やし油が好きじゃない人もいるのよ。

彼女があなたに、なぜ？　という。

あなたは彼女にいう——わからないわ。世界はただそういうふうなの。

注意してほしいのは、わたしは彼女を「中立的」に育てるよう提案しているわけではないことです。この「中立的」というのは最近よく使われる表現ですが、わたしはちょっと心配です。その考えの背後にある一般的感情は立派なものですが、「中立的」というのはともすると「なにも意見をもたない」とか「自分の意見はいわずにおこう」という意味になるからです。その逆に、わたしはチザルムには、自分の意見をたくさんもつようになってほしいし、その意見が、十分に情報をあたえられた、人間味のある、寛容な場所から出てきたものであってほしいのです。

彼女が健康で幸せでありますように。彼女の人生がどんなものであれ彼女の望むものでありますように。

ここまで全部読んで頭が痛くなってない？　お気の毒さま。次からはもう、娘をフェミニストに育てる方法なんて、わたしにたずねたりしないことね。

愛を込めて、オイ・ギ、

チママンダ

いつまで〝被害者〟でいるつもり？
——性をめぐる欲望と表現の現在

Eri Shibata

柴田英里

近年、性をめぐる欲望と表現が数多く問題になっている。実在する人物の関係するものであれ、非実在のキャラクターの関係するものであれだ。

前者で大きく議論を呼んだのは、①暴力と性暴力、児童への性的虐待やAV出演者への出演強要、AVの表現、②ろくでなし子[1]やレスリー・キー[2]、鷹野隆大[3]といった実在の人物の性器・性をモチーフにした型取り・複製や写真などの表現、声かけ写真展[4]開催の是非などであり、後者で大きく問題になっているのは、③非実在のキャラクターを児童ポルノとみなすか否かとフェミニズムにおける現在までのポルノ議論、④アダルトゲームやエロマンガにおける性と暴力の表象、⑤萌えキャラを活用した地域活性化、いわゆる「萌えおこし」の賛否とそこにおけるキャラクターの表象（碧志摩メグ[5]・のうりんポスター[6]・鉄道むすめ版駅乃みちか[7]etc.）、⑥森美術館における『会田誠展：天才でごめんなさい』に対する抗議活動[8]、⑦公権力による表現の自由の侵害ではないかと懸念されたクジラックス騒動[9]、⑧ジャンプ「お色気」騒動における[10]「青少年保護」と「フェミニズム」の結びつきとネット炎上、などがあげられるだろう。なお、ここでは便宜的に、前者を「実在系」、後者を「非実在系」と分類しよう。

【性犯罪と表現の自由、「実在系」性表現にまつわる二つの問題】

「実在系」の事例において、暴力と性暴力、児童への性的虐待は犯罪行為であるため、事件が起これば警察が動き、加害者は法によって裁かれる。AV出演者への出演強要に関しては、表現者であるAV出演者の自己決定権と安全が十全に保証されない状況は、重大な人権侵害の温床になりかねないという問題があり、AV出演者が自己決定によって安全に表現活動を行うことができるよう、AVプロダクションと出演者の対等な契約と関係を築くための具体的な解決案[11]も多く提起されはじめている。これらは、「性犯罪とその解決」にまつわる取り組みだといえる。なお、AV出演者が自己決定によって安全に表現活動を行っている場合におけるAVの表現に関しては、フィクションにおける性と暴力の表象として③④⑦⑧の問題とともに後述する。

「実在系」の事例のもうひとつは、「表現の自由」にまつわる問題である。「カリビアンコム」で配信された無修正動画の撮影に関わった制作会社や芸能プロダクションの社長、動画に出演していたAV女優らなどの逮捕[12]や、3Dプリンターで女性器を出力できるデータの送付や立体作品の展示に対し、「わいせつ物陳列」「わいせつ電磁的記録等送信頒布」「わいせつ電磁的記録記録媒体頒布」の三件で起訴されたろくでなし子（2017年5月現時点で立体作品の陳列は無罪、3Dデータの配布はわいせつ物頒布等の罪で有罪）や、東京・六本木のギャラリーで開催した写真展で男性器の写った写真集を1冊6000円で販売したとしてわいせつ図頒布の容疑で逮捕されたレスリー・キー、愛知県立美術館で展示していた作品に対し、愛知県警から「芸術性の判断が不可能な以上、陰茎が写っていれば一律アウト」という判断[13]によってわいせつ物の陳列にあたるとして検挙警告と作品撤去要請を受けた鷹野隆大らの事例は、表現の自由が国家によって規制されることだけでなく、出版社や美術館などの自主規制や表現者の萎縮に及ぶ懸念に関する問題だ。

声かけ写真展は、2016年5月に開催された展覧会である。現在の警察の基準では「声かけ事案」として通報される可能性が高いためほぼ不可能になった、路上で声をかけた児童を撮影した写真を、撮影当時の社会背景を懐かしむ形式で展示した展覧会であったが、展覧会のHPや取材記事がインターネットで炎上し、第2回の展覧会開催のための資金調達に主催者らが準備したクラウドファンディングの企画は、ニュースサイトで報道され[14]、程なくしてクラウドファンディングサイトの判断により企画自体が削除されている。[15]

日本では1999年に児童ポルノ・児童売春禁止法が成立する以前は、子供の裸は刑法における「わいせつ」の定義にあてはまらなかった。1960年代末から少女ヌード写真集が注目され、1980年代のロリコンブームによって、子供のポルノグラフィーを収集・配給している人間が急増したが、それとともに児童への性的虐待事件が急増したという事実はない。[16]児童ポルノ・児童売春禁止法が成立する以前の社会背景と価値判断によって制作された作品と、それを愛好する人々を、法成立以後の現代の価値判断によってのみ糾弾し、法律の代わりに市民が裁くかのように彼らの活動場所を奪っていく様は、社会においてコンセンサスが取れるものこそが正常であり正しさであるという、かつて同性愛者たちが「病気」「異常者」として社会から排除された歴史を想起させるとともに、1990年以降、セクシュアルマイノリティの国際的な運動が、ペドフィリア団体を除名することによって国際社会から支持と承認を獲得していった問題に立ち返らせる。

ペドフィリアおよびペドフィリア団体は、初期のゲイ運動とは歴史的なつながりを持っていたが、国際的な規模のゲイ／レズビアン運動において、レズビアン勢力の台頭や、国連公認非政府組織の諮問的地位獲得の結果、運動が性の多様性と性解放の実践、政治的連帯およびラディカルな政治から後退し、人権と社会包摂、政治的ロビー活動や正当化に変化していく中で周縁化された。[17]

実在の児童に性的虐待を行うチャイルド・マレイスターではない、児童に性的欲望を抱くペドファイルとその欲望は、今日最も抑圧され嫌悪されているセクシュアルマイノリティであるということを忘れてはいけないだろう。

「実在系」に準ずるものでは、2016年1月、京都市立芸術大学が運営するギャラリー@KCUAにおいて、アーティストからギャラリーにデリヘル嬢を呼ぶ[18]という行為を作品とするプランが提案され、実際に行うか否か、行った場合どのような影響が考えられるかが審議された。審議の末このプランが実行されることはなかったが、実際に行われたわけではなく、プランの一つとして提示されただけの「ギャラリーにデリヘル嬢を呼ぶ」という行為は、未だに強い非難の対象となっている。私がこの問題をあえて〝「実在系」に準ずる〟と明記するのは、「人を殺そうと思った」と「人を殺した」には、大きな隔たりがあることと同様、実際に起こった事件、起こった問題と、実際には起こらなかった問題は、区別されるものであると考えているからである。

【非実在のキャラクターをとりまく「児童ポルノ」という定義の現在】

「非実在系」の問題において、まず争点となるのは、「非実在のキャラクター（とりわけ、未成年のような外見をしたキャラクター）を児童ポルノに含めるか否か」である。国際連合が採択した児童の売春及び児童ポルノに関する条約の選択議定書[19]においては、「現実の若しくは疑似のあからさまな性的な行為を行う児童のあらゆる表現（手段のいかんを問わない。）又は主として性的な目的のための児童の身体の性的な部位のあらゆる表現」としており、コミック規制を義務づける条項はないが、日本ユニセフ協会などは、被写体が実在するか否かを問わず、18歳未満の児童の性的な姿態や虐待などを写実的に描写したものを「準児童ポルノ」と定義し、「児童ポルノ」同様に規制すべきとしている。

ユニセフなどが主催する「第3回子どもと青少年の性的搾取に反対する世界会議」では、アニメ、マンガ、ゲームなどの創作物についても問題が話し合われた。国によって法が異なるため児童ポルノ問題として対処がしにくいことが取りあげられ、非実在の児童が描かれたポルノコンテンツ規制の必要性の根拠として、「嗜癖化したマニアたちがバーチャルなコンテンツにも手を出しており、それが実際の犯罪に結びつくのではないかという懸念」「バーチャルであれ何であれ、明らかに子供への性的虐待を描いた表現を社会が許していいのか、そうした表現を容認することが結果的に、社会が子供の権利侵害を認めてしまうのではないか」という議論が提示された。ユニセフは、子供の人権侵害への抗議を第一義としつつも、非実在の児童が描かれたポルノコンテンツの流通が、日本国内に限らず、インターネット上で、世界中また特に西欧諸国の人々が目にすることになるとも懸念している。

これは、日本ユニセフ協会が18歳未満の児童の性的な姿態や虐待などを写実的に描写したものを「準児童ポルノ」と定義し、「児童ポルノ」同様に規制すべきとする背景に、日本国内での非実在の児童ポルノの流通だけでなく、日本製の非実在児童ポルノコンテンツが世界中、特に西欧諸国に輸出されることを阻止する目的[20]があることを示唆する。

なお、コミックなどの非実在キャラクターの性表現を含む「準児童ポルノ」を全面規制している唯一の先進国であるカナダでは、「道徳を堕落させる罪」として刑事罰の対象となっている。

日本において、非実在の子供キャラクターと「児童ポルノ」が関連づけられ、それを欲望する者たちが「異常者」としてのスティグマを押されたのは、１９８８年から翌89年にかけて起こった東京・埼玉連続幼女誘拐殺人事件におけるマスコミの報道と、この事件後、岐阜県青少年保護育成条例の有害図書規制条項をめぐる裁判[21]で、最高裁が県市町村による表現の検閲と規制に「合憲」の判断をしたことが大きいだろう。マスコミは逮捕された容疑者の部屋にあったビデオやコミック本などをセンセーショナルに報道した。[22]「性的」あるいは「残酷」といった要素を孕むよくないビデオやマンガの享受が「異常な犯罪」につながりうるという印象を流布し、結果、ホラービデオ規制の動きが起こった。岐阜県青少年保護育成条例の有害図書規制条項を「合憲」とする最高裁の判断は、「青少年の健全育成」のためには表現・出版や営業の自由に対する一定の制限は可能というパターナリスティックな規制の立場に有力な論拠を提出したのだ。

【フェミニズム運動とポルノ規制のあゆみ】

そもそも、ポルノに「道徳を更生・向上させる」という概念はない。大浦康介は「扇情のレトリック・猥褻のロジック――裸体画《ヌード》から初期ポルノ写真へ」[23]において、

〝ポルノグラフィーの概念じたい〈禁止〉のディスクールによってつくられたといっても過言ではない。極論すれば、ポルノグラフィーが禁じられたのではなく、禁じられたものがポルノグラフィーと呼ばれたのだともいえる。ポルノグラフィーという対象には初めからこうした「バイアス」がかかっているということを忘れてはならない。〟

と述べ、猥褻でないポルノ、いやらしくない、挑発的ではないポルノは、ポルノたり得ないと指摘した。白石秀彰は『性表現規制の文化史』において、「ポルノグラフィー」という語がまだ定着してなかった時代から今も使われつづけている「猥褻」という語が、元は庶民の日常的なだらしない生活の様子を指す言葉であり、性規範や性表現を法律学的な言論において間接的に言うために「猥褻」が用いられる中で、性表現の中でも「露骨であからさまなもの」を指す用語として定着したことを指摘する。これらは、ポルノグラフィーが禁止される過程に階級・道徳的な規範と差別意識があることを示唆している。

事実、1970年代から80年代の第二派フェミニズム運動の台頭とともに起こった反・ポルノ運動においては、「猥褻」をめぐる議論をしないまま、同性愛者やBDSM、複数人でのセックスなどへの偏見と差別とともに、暴力が男性的現象として、そして男性性が暴力として定義された。ポルノグラフィーの内在的要素と外在的側面が無批判に混同し、ポルノを楽しむ女性がいることや、自らの選択の下楽しんで働く性産業従事者たちがいるとは考えられなかった。性産業で働く女性たちの労働条件を改善したり、性産業を非犯罪化したりするのではなく、彼女たちにポルノはすべての女性に対する犯罪だということを理解させようとした。

反・ポルノ運動の賛同者たちは、ヴィクトリア朝的なイメージ、下劣で好色な男性の衝動を制御する清純な女性という、女性運動が抗うべき女らしさのステロタイプのひとつを体現しながら、ポルノ撲滅運動が全面的な性的抑圧へと転化することを阻止するためのプログラムなどは持たぬまま、シスターフッドを旗印に宗教保守や右翼の女性さえも取り込んだ。

アメリカにおいて第二派フェミニズムの反・ポルノ運動を牽引した中心人物であるキャサリン・マッキノン[24]とアンドレア・ドウォーキン[25]は、「ポルノは実質的に、女性が知っているあらゆる形態の搾取と差別の根源である」「殺人のエロス化がポルノの本質である」とし、女性器の写真、輪姦、ピン・ヒールの靴の宣伝、児童虐待、縛られた女、妻への虐待などのあいだに区別をつけず、挽肉機にかけられる女性をモデルにした雑誌の表紙や、スナッフ・ムービーといった最悪の例を、それらがポルノの全てのジャンルを代表するかのように利用した。こうした活動に対しては、国家による検閲反対派であり、フェミニズムの立場からポルノグラフィーを擁護するパット・カリフィアやアン・スニトウをはじめとしたフェミニストたち[26]や、ゲイ・レズビアンスタディーズのゲイル・ルービンをはじめ、数多くの批判が寄せられた。ルービンは、「善良な」セックスと「邪悪な」セックスを分け後者を異常とする性的道徳観は、「結婚している異性愛者の生殖を伴うセックス」を頂点とした西洋社会における性のヒエラルキーや、人種差別のイデオロギーと共通し、支配集団には美徳、特権を持たない人々には悪徳が委ねられると指摘する。[27]

日本でも、1975年から1996年まで活動した「行動する女たちの会」[28]は、ハウス食品が、インスタント食品「ハウスシャンメン」のテレビCMにおいて「ワタシ作るヒト、ボク食べるヒト」というキャッチコピーを採用したことに対して、メディアが男女の役割を限定、固定化するものだとして抗議し、一大論争を巻き起こした。

「行動する女たちの会」の活動は、メディアが男女の役割を限定、固定化するという「性別役割分担」論と、メディアが女の体で人目を誘い物を売る、つまり、女を鑑賞の対象、客体におとしめ主体性を奪うことによって、男性と女性の関係を、「見る／見られる」「所有し／所有される」といったような一方的な関係として構築し、性差別社会を温存し利益をあげるとする「性の商品化」論を軸にしたものだった。彼女たちは、批判されるべき差別的な性表現を設定することは、個人の多様なセクシュアリティと欲望を認めないという危険性を持つことに意識的であり、意図的にポルノグラフィーの定義をしなかったが、実際にはキャサリン・マッキノンとアンドレア・ドウォーキンの「反・ポルノ」理論に批判の論拠を多く依っており[29]、国家による検閲には反対したものの[30]、性的な舞台での女性の性の主体性や、多様性、喜びや心地よさなどについてのヴィジョンを提案することはなかった。

宮淑子は、「セックスは人格と切りはなせるか——ポルノ論争」[31]において、ポルノグラフィーに賛否を示す四つの立場として、

①保守的あるいは宗教的立場から、性の氾濫を許すべきではないという意味でポルノグラフィーに反対する立場。

②すべてのポルノグラフィーが反女性的とするフェミニストのラディカルなポルノグラフィー否定の立場。

③女性に対して暴力的なポルノグラフィーに反対するフェミニストの立場。

④ポルノグラフィーに対する法規制に反対するリベラルの立場。

を定義した上で、①〜③まではポルノグラフィーへの賛否を表すものだが、④は法規制に関するものであること。①②は法規制に賛成であり、③は法規制に賛成の立場と④のように反対の立場で分かれ、フェミニストの中でも立場が異なってくること。ポルノグラフィーを大人の女性の立場から女性への性差別問題として論ずる立場と、子供への影響を考え子供の立場を保護する立場では異なると指摘するが、ここには、パット・カリフィアらのような「フェミニズムの立場からポルノグラフィーを擁護する立場」があっさりと抜け落ちている。事実、日本のフェミニズムにおけるポルノ論争は、マッキノン&ドウォーキンのような、すべてのポルノグラフィーが反女性的とするフェミニストのラディカルなポルノグラフィー否定の立場は中心とはならなかったが、③の立場をとったフェミニストたちが、性的な舞台での女性の性の主体性や、表現や喜びなどについてのヴィジョンなどを提案することは、宮の論考が執筆された1994年の段階では、せいぜい、上野千鶴子が朝日新聞において指摘したくらいであった。上野は、性労働者の人権侵害、という考え方に人々がとまどうのは、性が人格とむすびつき、したがって性の侵害は人格の侵害と同じであるという考えが根

底にあるためであるとし、女性に貞操や純潔を押し付けるようなモラルを撤廃すれば、女性も男性と同等の位置に立って自己の性的権利を主張できるはずだと主張、「性と人格を切り離せ[32]」と提唱したが、フェミニストの多くはこれを受け入れなかった。

現在の日本においても「フェミニズムの立場からポルノグラフィーを擁護する立場」は少数であり、とりわけアカデミック領域においては、そうした立場のフェミニストとフェミニズム論考はほとんどないといえるだろう。

これらの事象をふまえれば、日本で萌え美少女キャラクターを欲望するオタク（男性）たちを、規制されても仕方のない低俗で邪悪な欲望を持ち、「異常な犯罪者」になりうるだらしない存在として蔑視する向きが生まれたことや、その結果として、萌え絵そのものへの嫌悪とも言うべき「萌えフォビア[33]」が生まれたことも理解できるのではないだろうか。

【「女性が暴力的に扱われる」という表象そのものが問題か？】

２００９年には、国際的な人権団体Equality Nowが、日本製アダルトゲーム『レイプレイ[34]』の発売中止を求める運動を行い、Amazon Japanはこのゲームを販売対象のゲームから除外した[35]。Equality Nowは、「『レイプレイ』のようなコンピューター・ゲームは、性に基づく差別的な振る舞いやステレオタイプを許容するものであり、これは女性に対する暴力を維持する。日本政府は、このようなものをはびこらせず、女性の平等を妨げるこれらの振る舞いや行為に打ち勝つための有効な指針をとるべきである。」と主張した。

これは、加害者を問わず「被害者＝女性」のみが明示されている性暴力表現への抗議であると言って良いだろう。つまり、実在・非実在やレーティング・ゾーニングを問わず、「女性が暴力的に扱われること」そのものが問題であり、あってはならない表象であるという見解になる。そして、こうした言説は、加害者を直接明示はしなくとも、「性に基づく差別的な振る舞いやステレオタイプを許容する」「被害者＝女性」という補助線によって、「加害者は概ね男性であり、性に基づく差別的な振る舞いやステレオタイプを許容する男性は、女性を暴力的に扱うようになる」と暗示する。

「児童ポルノを見る者はいずれ児童に性的虐待を働くはずである」という強力効果論的な主張がされることも少なくない。ポルノ視聴と性犯罪の因果関係は未だに完全に解明されてはいないが、近年の研究[36]では、ポルノ視聴と性犯罪の因果関係は薄いという説が主流になっていることも忘れてはならない。

法務省の犯罪白書や『戦前の少年犯罪』の著者・管賀江留郎がＨＰで公開している資料によれば、未成年・児童への強姦事件は、１９６０年代前半をピークに、少女ヌード写真やロリコンブームに関係なく減少し続け、１９９０年代から現在まではほぼ横ばいになっている。

二次元ポルノを鑑賞する者たちは、１９７４年に「ポルノは理論で強姦は実践」と提唱したロビン・モーガンや、女性への暴力的な性表現を含むポルノグラフィーは、女性差別的社会の反映であると同時に、女性への性的暴力を助長し、女性に客体的振る舞いを内面化させ、女性への性的抑圧を再生産していくとする反・ポルノのフェミニストたちとは違う景色を見ているだろう。レイプという行為そのものが犯罪なのであって、ポルノを読むことが犯罪なのではない。レイプする（あるいはレイプされる）、レイプの光景を覗き見ることを空想するのは犯罪ではないのだ。

欲望の問題において、「二次元美少女ポルノを欲望する男性」という一元化ができるかという疑問もある。二次元美少女ポルノを欲望する男性には、それを欲望する全ての人たちと同様に、「可愛い美少女を犯したい」から「可愛い美少女になって犯されたい」、「可愛い美少女を犯しつつ可愛い美少女として犯されたい」「犯す者と犯される者の関係性を俯瞰的な視点から味わいたい」まで、様々な欲望と視点が存在し、それを任意に選び取る自由があるだろう。

批評家で編集者の永山薫は、『エロマンガ・スタディーズ「快楽装置」としての漫画入門』において、エロマンガの異性愛男性読者の中には、女性キャラクターを陵辱するキャラクターにではなく、陵辱される女性キャラクターに感情移入する者が少なくない数存在すると指摘し、オタク男性の女性性、異性化願望については、フェミニストの小谷真理が指摘[37]している。現実社会では既得権益と男性身体を持ちながら、性的妄想においてのみ客体的、二元論における女性的な立場を楽しむという彼らは、ホモソーシャルを維持する側面がある故に〝本質的な《ほんとうの》〟「女性性」「トランス性」を有するものとは言えず、自分より弱い立場の存在に、安全圏からステレオタイプを押しつけていることに変わりはないというジェンダー本質主義あるいはセクシュアリティ本質主義的視点からの批判もあるだろうが[38]、こうした性の多形倒錯性が、男女二元論強制異性愛規範から逸脱するクィアな欲望の一つであることは否定できないだろう。

オタク男性は数も多く、異性愛男性は既得権益をもっているマジョリティではあるが、だからといって彼らにマイノリティ性がないわけではないし、そのマジョリティ性故に不可視化されるマイノリティ性があることも事実である。重要なのは、マイノリティ性を一元化せず、多元的・複数的に捉えることだ。

少なくとも、製作の段階で被害者が存在せず、多形に倒錯したクィアな欲望も多々描かれる二次元のポルノ表象において、性別役割分担・性の商品化論、性に基づく差別的な振る舞いやステレオタイプを許容し再生産するという読解は、どれほどの有用性を発揮するのか疑問を持つことくらいは許されて然るべきだ。

フィクション、とりわけ、非実在の（女性）キャラクターが暴力的に扱われるポルノにおいて、その鑑賞者は必ずしも異性愛男性だけではないし、鑑賞者が実在の女性に対する加虐の欲望を持っているわけでもない。製作者にも鑑賞者にも女性はおり、彼女たちはそれを楽しんでいる。

ロクサーヌ・ゲイは、[39]『バッド・フェミニスト』で、レイプの表現がしばしばレイプの実質的力学や衝撃を無視していると指摘し、フィクションにおける性暴力であっても、暴力を搾取的にすることなく本物として描くことを正しいこととして希求し、〝私たちはいまなお「レイプ・カルチャー」というフレーズが必要とされる時代に生きている〟と繰り返し述べたが、ゲイがいうところの正しくないレイプ表象を楽しむ彼女たちは、だからといって被害者の落ち度と責任のみを問い加害者を罰さない、性暴力を日常の一部として受け止め問題化しないレイプ・カルチャーに毒されているわけではないし、既得権益である異性愛男性側におもねっているためにレイプファンタジーを創作し享受しているのでもない。主に女性たちが創作・消費しているハーレクイン小説で描かれるレイプシーンや、書き手と読者が同じ目線で創作をする日本の少女向けケータイ小説において頻出する過激な性描写や暴力描写は、女性たちの「現実でレイプしたい／されたい」という願望を反映するものではなく、フィクションであるからこそ安心して楽しめる、フィクション故に過激さが求められるファンタジーであり、トップとボトムが合意の上で楽しむＢＤＳＭが性暴力でないことと同様に、製作者と鑑賞者がある種の共犯関係と合意の下で楽しむレイプファンタジーなのである。

【女性の性をめぐる欲望と、女性表現者の活躍】

永山が指摘するような、男性読者の例だけでなく、ロリ陵辱や性暴力を内包した作品を継続的に発表している女性エロマンガ家である知るかバカうどん[40]には多くの熱心な女性ファンが存在するし、海外にも、クリスティーン・ラブ[41]のようにフェミニズム的見地から、暴力的な描写を含む女性の多形的なセクシュアリティと欲望を描くことに意欲的なアダルトゲーム製作者も存在する。電子書籍においては、性描写が激しいＴＬ（ティーンズラブ）や、男同士の性描写があるＢＬ（ボーイズラブ）などの女性向け（とされる）アダルト書籍が売り上げに大きく貢献しているという。[42]

また、「萌え絵」や「萌えエロ美少女」の絵師（製作者）には女性が多く、もちろん彼女たちは男性に無理矢理そうした絵を描かされているわけではない。漫画評論家の伊藤剛によれば、18禁領域の異性愛男性向けエロ漫画の作者は3〜4割程度が女性といわれており、いわゆる萌え絵全体だと、描き手の半数、もしかしたら過半数が女性だという。[43]「萌え絵」の世界ははたしてホモソーシャルな「男社会」なのだろうか？

これを、ジェンダーギャップ指数が世界１１１位である男女非対称な日本社会で、レイプ・カルチャーに毒された女性たちが既得権益である男性側におもねっているだけであると批判するだけであれば、それこそが強制異性愛規範に過ぎるであろう。そしてそれは、「ラベンダー色の脅威」[44]然り、レズビアンやバイセクシュアルをはじめとした非異性愛女性のセクシュアリティを蔑ろにしてきたフェミニズムの悪しき伝統の再生産に他ならないのではなかろうか。

【オタクというセクシュアリティへの偏見と蔑視】

碧志摩メグやのうりんポスターといった、市町村の公認の元、公共の場所に提示されるキャラクターについて議論がなされることは重要ではあるが、批判側に萌え絵そのものへの嫌悪とも言うべき萌えフォビアや、萌え美少女キャラクターを、マッキノン&ドウォーキンの性の商品化論に基づき、「異性愛男性が欲望する客体的な女性像」と決めつけ批判する者たちが多かったこと。[45] 公共空間に提示されていない鉄道娘版・駅乃みちかに対して、「実際に東京メトロのキャラクターが萌え絵版・駅乃みちかにリニューアルされた」というデマを真に受けた批判が多かったことを忘れてはならない。ある情報をろくに精査せず批判することは、批判することそのものが目的化していると判断されうるし、そうした対応は、萌え絵が公的機関によって公共空間に提示されることへのフェミニズム的批判ではなく、萌え絵や萌え絵を愛好するセクシュアリティへの蔑視を浮き上がらせるだろう。ポリティカル・コレクトネスの概念が台頭し、ある程度既得権益を得た現在においては、フェミニストたちは安全に権力を批判できる無力な被害者の立場のままではいられないのだ。

【「実在する被害者がいない」からこその痛みと共感】

森美術館で開催された、『会田誠展：天才でごめんなさい』に対するPAPSの抗議活動の主旨は、会田の作品である「犬」シリーズなどを展示することは、少女に対する性的搾取に積極的に関与し、全ての女性の尊厳を著しく傷つける性差別行為であり、障害者差別であり、鑑賞した女性に二次受傷とも言うべき痛みを与えるポルノであるとして、諸作品の撤去を求めるものであった。[46] この主旨の論拠となっているものは、会田の作品を「女性を従属させ尊厳を傷つけるもの」と定義した上での「(女性) 被害者の痛み」であり、「被害者の痛み」に共感する姿勢である。

2014年3月に開催されたPAPSの講座[47]の記録[48]などによれば、会田の作品は、制作の現場で被害にあった女性は存在しないが、作画による児童ポルノであり、描写を通して女性の尊厳を傷つける性暴力であるとしている。脆弱なマイノリティを構成する最大の集団に「女性」があり、社会において歴史的に暴力、差別、排除の対象になってきた「脆弱なマイノリティ」に対する攻撃、ヘイトスピーチを規制すべきとするジェレミー・ウォルドロンや、ポルノを許容する社会は、女性が「自由に」他のメンバーと同等にふるまうことを許さない社会とするキャサリン・マッキノン、芸術は一個人の人生を超えて世界に残り続けることを予期された人工物であるため「消費」の対象となる芸術は芸術足り得ないとするハンナ・アーレントの主張を援用し、実在しない少女を描く会田の「犬」シリーズを含む諸作品を「児童ポルノ」であり、芸術ではなく女性という脆弱なマイノリティの価値を貶め二級市民化する「性暴力」であるとし、規制が必要であるという見解を示している。

先ほど私は、アーティストがギャラリーにデリヘル嬢を呼ぶという行為を作品とするプランが提案されたギャラリー@KCUAの件で、「人を殺そうと思った」と「人を殺した」には、大きな隔たりがあることと同様、実際に起こった事件、起こった問題と、実際には起こらなかった問題は、区別されるものであると述べたが、だが同時に、「人に襲われるかも知れないと思った」と「人に襲われそうになった」と「人に襲われた」の認知の差異は、「人を殺そうと思った」と「人を殺した」の差異ほど開いていないのではないかという疑念にかられる。人によっては、「人に襲われるかも知れないと思った」と「人に襲われそうになった」を＝で結ぶであろうし、場合によっては、「人に襲われた」すらも≒の出来事として認知する。「加害」よりも「被害」の方が、定義が曖昧かつ広範囲にわたるのではないだろうか。

ある行為が「加害」であるか「被害」であるかを決定するのは「被害者」の側ではあるが、実在しない少女の裸まで「児童ポルノ」であり、「女性へのヘイトスピーチ」であるとし、「実在しない被害者への加害」まで「被害」と定義する。ゾーニングされた状態で展示された会田の作品を、「描く者（作者）」と「描かれる者（モデル）」の関係を考慮せず、「作品」と「鑑賞者」の関係性のみによって読み解き、全ての女性の尊厳を著しく傷つける性差別行為であり、障害者差別として、「被害者」の痛みに同調する。

ＰＡＰＳの抗議文は切実な感情に基づいているということだけは確かであるが、「被害者」の存在しない表現に「被害者」を見いだし同調しているのだから、論拠に感情しかないとも言える。そしてその感情は、「実在する被害者がいない」からこそ行き場を失い問題になっているようにしか思えない。言うまでもなく、実在の被害者がいればそれは犯罪となるので、加害者は法によって裁かれるからである。

フロイトは、「幼児体験」の「トラウマ（性的虐待）」が「抑圧」され、のちに「症状」に変化するという精神分析の基本的な考え方において、性的虐待が実際にあったとは必ずしも言えず、しばしば「幻想」であるが、幻想であったとしても患者にとっての「心的現実」であることに変わりはない。つまり、ある体験が事実であろうとなかろうと、その患者が「傷つけられた」と認識するという事実に変わりはないとしている。ＰＡＰＳの抗議文が示すものは、事実として起こったことと起こらなかったこととという明確な差異があるにもかかわらず、「激しく傷つけられた」という感情の問題においては、起こったことと起こるかもしれなかったことが同列の扱いになってしまう。起こったことであれ起こるかもしれなかったことであれ、「激しく傷つけられた」という感情が発生したことには変わりがないということである。

【公権力による表現の自由の侵害への懸念】

２０１６年1月8日、埼玉県草加市内の民家に、「放射能を調べる調査をしたいから入っていいですか」などと言って男性が侵入。当時中学生だった女子生徒に対し「身体検査をするね」「死にたくなければ声を出さないで」などと脅して身体を触ったとして、埼玉県警に逮捕された容疑者は、取り調べの中で「成人向け漫画同人誌を読んで手口を模倣した」と供述し、これを受けて、2017年6月7日、埼玉県警は今後模倣した犯罪が起こらないよう作者であるクジラックス氏に配慮の申し入れを行った。警察が著作者に対しこうした申し入れをするのはかなり異例であり、捜査関係者は「表現の自由との兼ね合いもあって難しいところだが、子どもを狙った悪質な事件で、社会に与える影響を考慮して申し入れを行った。今後、ほかの作者の作品が模倣されて犯罪が発生した場合も、同様の申し入れを行うことを検討したい」とした。これに対して、「表現の自由の侵害ではないか」といった批判が多く寄せられた。

クジラックスの『がいがぁかうんたぁ』で描かれる犯罪の手口は、取り立ててオリジナリティのあるものではない。役所や宅配便、セールスなどを装って住居に侵入するという犯行の方法は、むしろ、使い古された手口と言っても過言ではないだろう。それを「作品の影響である」とするのは、犯人による責任のなすり付けであり、犯人の言い訳に対して作者が責任を取らされるのは理不尽である。さらに、警察が作者に対し「今後模倣した犯罪が起こらないよう配慮を求める」ことは恣意的かつ越権的な行為であり、思想統制に近しいことではないだろうか。[49]

漫画家のちばてつやは、「エロ・グロ・ナンセンス」の規制こそが国家権力による過度な表現規制、情報統制の入り口であるとし、戦前に「こんな下品なものはこの世から消してしまえ」という雰囲気の下作られた法律が、新聞記事や本、放送の規制にまで広がり、反対する人や国家にとって都合の悪いことを言う者が逮捕されていったという日本の歴史を振り返り、「児童ポルノ」などにおいても、権力側が恣意的に判断し取り締まる対象が拡大解釈されかねないと警笛を鳴らす。[50]

一部の過激なネットフェミニストたちは、「規制されて当然」「あんな酷いマンガは擁護できない」「子供の安全がかかっているのだから、自主規制せずやりたい放題やっていた自業自得」とTwitterで述べており、フェミニストで社会学者の牟田和恵も、Twitterにおいて、

〝性加害、性虐待のリアリティが一切わかってない。民族差別の暴言をがなり立てられるのは生命の危険を感じさせるのはその通りと思いますが、性虐待を娯楽として描いて流通していること=社会的に許されるかのように=描かれるのも、女性にとって生存の危険を脅かすことだというリアルがわかってない。〟

〝「ヘイトスピーチ問題をたかが女性差別と一緒にするな」みたいなのがありましたが、その通底するところがわかっていないこと、自らの差別性を認識できてないところが問題なんです！〟

と主張した。[51] 牟田の批判は、「ヘイトスピーチ」と「フィクション」を混同している。「民族差別と女性差別」「ポルノ」「フィクション」「ジェンダーとセクシュアリティ」「ヘイトスピーチとヘイトクライムと差別を記述する表現」の位相が混線しているのだ。そしてこの混線は、「ヘイトスピーチ規制法」の根本にある理念が孕む問題と同じであり、「ヘイトスピ

ーチ規制法」成立以降のリベラルの混乱の象徴でもある。

また、牟田は『実践するフェミニズム』において、

〝女性への暴力的な性表現を含むポルノグラフィは、女性差別的社会の反映であると同時に、女性への暴力を助長して女性への性的抑圧を再生産していく。だから女性たちは、ポルノグラフィに反対して社会の性意識を変革し、性の対象としての女性像を打ち壊していかねばならない。〟

と述べているが、「女性への暴力的な表現」「女性への差別」という大きな主語が、女性たちの様々なセクシュアリティを包摂することは不可能ではないだろうか。人間のセクシュアリティは多様であり、ある人にとって不快な行為であっても、別の人にとっては快楽となる。特定の表現が女性への差別となるのではなく、セックスにおいて望まない行為を強要すること／されることが問題なのだ。「女性への暴力的な表現」「女性への差別」として一元化された表現と同じ行為を好む者たち、「女性」に包摂されない女たちの欲望と権利は、だれが守るというのだろう。

【ラッキースケベは性暴力か「青少年保護」と「フェミニズム」の結びつき】

2017年7月3日発売の『週刊少年ジャンプ』31号に掲載された「ゆらぎ荘の幽奈さん」（作：ミウラタダヒロ）という作品のキャラクター人気投票結果発表に描かれた表現を巡って論争が起きた。

問題になった、巻頭カラーのキャラクター人気投票結果発表シーンでは、主人公の少年が、偶然にヒロインの乳房をわしづかみしてしまい、パニック状態になったヒロインは特殊能力を発動させ、作中人物らが空中に放り上げられてしまう。その弾みで水着が脱げてしまった状態を描いたものであり、いわゆる、偶然や不可抗力によってエロい状況が訪れる「ラッキースケベ」[52]である。女性キャラクターたちの水着ははだけ、顔を赤らめて恥ずかしがったり、戸惑って涙を浮かべており、乳首や局部は隠されているが、ほとんど裸である。

批判者たちの指摘は大きく分けて、

①「少年誌にしては過激すぎる」「子供に悪影響を与える」という保守的あるいは青少年保護視点から問題であるとするもの。

②「少年誌上でセクハラを娯楽として描くのは問題」「裸同然の少女たちが顔を赤らめて恥ずかしがり、戸惑って涙を浮かべる姿は、性暴力を連想させる」というセクハラ・性暴力視点から問題であるとするもの。

の2点であり、フェミニストの北原みのりは東京新聞において、

〝女性の裸や、恥ずかしがらせるような表情を見慣れてしまい、社会が鈍くなりすぎている。「エロの表現の自由」ということだけに執着し、男性の性に寛容すぎることが女性の尊厳を奪い、男女の性的な関係のいびつさを生むことにつながっているのではないか。〟

「子供にエロを見せてはいけない」という議論にとどめては

いけない。〟
という見解を述べた。

①の見解は、正直、「少年誌の性描写って昔からこんなもの」「子供の判断能力を低く見積もり過ぎ」という素朴な感想が第一であるが、時代と共に「子供」にとっての適切な表現と不適切な表現が移り変わるのは必然でもあるので、審議する必要を問う声が上がるのは理解できる。そして、未成年への表現のゾーニングや適正さの審議は青少年行政とリンクしており、成年コミックや成年向け雑誌を除く出版物をすべて監視する青少年課と青少年審議会に関わる問題である。

こうした「子供への教育上の配慮」による規制の論理は、マンガオタクたちに、「有害コミック騒動」のトラウマを思い起こさせる。「有害コミック騒動」とは、1990年夏から秋、メディアを通じて「過激な性描写コミック」について批判的なトーンの報道が行われると同時に、草の根運動、自治体の「有害」指定といった市・市教委・青年教育会議などによる地域をあげての「性描写マンガ」の追放運動や、総務庁の働きかけ、政治家の圧力、警察による摘発の包囲網に、出版業界が「自主規制」を強めて対処し、その後様々な論争を巻き起こした一連の騒動である。

②はフェミニズム的な視点からの見解であるが、しかし、偶然または不可抗力によってスケベな状況が訪れる「ラッキースケベ」をセクハラ・性暴力表現と取るのは飛躍的で乱暴ではないだろうか。「ラッキースケベ」表現は、一種の暴力性を孕むが、その暴力性は、「男性が女性に襲いかかる」「男女性別二元論の規範と内面化を維持し強化する」ものではなく、読者が「無意識のエロス」と邂逅するものである。

無論、「ラッキースケベ」が起こる背景には、少年誌の自主規制によって、男性主人公とセックスをするような目的で裸になるヒロインは描けないことがあり、そうした上で「女の裸を描く方便」や「女の裸が見たいという欲望」があるだろう。だが、そうした欲望は、「男性が無理矢理女性を脱がせる」という暴力性ではなく、少女漫画の「出会い頭の衝突からの恋」と同様、「無意識下での出会い・無意識の欲望との出会い」という要素が強いのではないだろうか。そして偶然と無意識の欲望という暴力性は、「男／女」「主体／客体」の二元論では分けられないものだと言えるだろう。

1996年に「やおい論争[53]」や、「やおい論争」を踏まえて1994年に刊行された小谷真理『女性状無意識〈テクノガイネーシス〉――女性SF論序説』を参照し、小谷真理とキース・ヴィンセントの討論「クィア・セオリーはどこまで開けるか[54]」が行われた。小谷は、前述の『女性状無意識』において、やおい的欲望を男性優位社会の中で抑圧された「ガイネーシス（女性状無意識）」、やおいに登場するキャラクターを「一角獣」と呼び、やおいやBLの性描写を「無意識の欲望」に結びつけ、そこで描かれる性の物語を、無意識の欲望が孕む暴力性を含めた上で肯定したことをヴィンセントに批判されたが、これは偶然と無意識の欲望という暴力性が少年漫画などのいわゆる（ヘテロ）男性向けコンテンツだけの問題ではないこと、男女問わず、欲望は意識の外部から来ることを表している。

　少年漫画やラノベにおけるラッキースケベの典型である「手違いで女風呂に入ってしまった男主人公」「手違いで女子更衣室に入ってしまった男主人公」の状況は、男性視点の現実であれば、エロさよりも怖さが勝り、社会的にも精神的にも瀕死になるものではなかろうか。セクハラや痴漢の犯罪性が明確となっている社会において、合意を得ずに他者の裸を見てしまう、身体に触れてしまうことは、不可抗力や偶然であったとしても疑いをはらすことはできないかもしれないし、それが好意を寄せる相手であれば、もれなく軽蔑と拒絶、築き上げた関係性が消滅する可能性も大いにあるだろう。これは「ラッキースケベ」が、ハーレクインやケータイ小説の性暴力表象と同様に、フィクションであるからこそ安心して楽しめる、フィクション故に過激さが求められるファンタジーであることを示すのではなかろうか。

「偶然と無意識の欲望」は、恐怖が伴うものであり、「ジェンダーの問題」で読み解くことは限界がある。社会的に構築された性差であるジェンダーの観点からは割り切れない、切り分けることが出来ない「セクシュアリティ」の問題であり、「社会」とは別の価値判断の存在する「個人」の領域の問題である。そして、セクシュアリティの問題は、必然的に差別を孕む。差別的じゃない「好き」は存在せず、認知能力を超えた無意識を含めた「理由がない・わからない」部分があるのが「好き」という感情であり欲望であり、そうした差別を無くすことは、あらゆる人間の内心の自由を認めず、人間としての尊厳を奪うことに他ならない。

　近代以降の社会では、「理由がない・わからない」ものは周縁化され、あらゆる差別は問題を含みながらも過去よりはマシになりつつある。「個人的なことは政治的なこと」をスローガンに抱えたフェミニズム運動は、「公共」と「私的領域」を切り分け、さらに「私的領域」を公共化していった。セクハラやDVの犯罪化はその主たる功績であるが、キャサリン・マッキノンは、女の服従を覆い隠すものこそがプライヴァシーであり、女の服従は、女の体とセクシュアリティという領域において重点的に起きるとし、「フェミニズムは私的領域を破壊しなければならない」とした。だが、セクシュアリティの領域を私的範疇に押しこめておきながら、私的領域を女性抑圧の温床として廃止することを提唱するというマッキノンの理論には大きな矛盾を引きおこしている。[55] 人間には私的領域も必要ではないだろうか。

　フェミニズムは、「個人的なことは政治的なこと」からの「個人的なことは個人的なこと」を再考する必要がある。そうでなければ私たちは、全ての私秘と欲望を手放す必要に迫られることになる。

　フィクションを「読む」「見る」という行為は、「能動的な受け手」になることだ。特定の登場人物に感情移入して読む・見ることも、俯瞰して物語を読む・見ることも、受け手に委ねられる。この「能動的な受動性」は、フィクションが、主体的に様々な読み方ができるものであることを証明する。あるフィクションが「性差別・性暴力」を表象するものであったとしても、北原が指摘するような「男性の性に寛容すぎることが女性の尊厳を奪い、男女の性的な関係のいびつさを生む」ものではなく、受け手にとってのそれは、必ずしも自分の性に同質化して共感・内面化するものではなく、「男／女」「加害者／被害者」に分けられない抽象的なものとなるだろう。

問題なのはむしろ、「(母)親の心」と無垢な「子供」のイメージを軸にした運動のレトリックとフェミニズムがない交ぜになることに無自覚になることであり、フィクションにおけるセクシュアリティの表象において、自身の性別とセクシュアリティに近しいキャラクターであれば、振る舞いが差別的と感じられるとしても否応なく内面化してしまうようになると思い込むことである。

かつての「有害コミック騒動」において、反・ポルノを指標するフェミニストたちは、「子供への教育上の配慮」のみが規制の論理となったことを、女性の自由と権利のためではなく、「母親」の努めとしてのみ正当化され政治と法の支援を受ける結果であり、「フェミニズム／母性保守思想」の対立構造をあらわにするとして、二重の敗北を感じさせるものであるとした。[56]だが、ジャンプのお色気騒動においては、「青少年保護」の視点と「フェミニズム」の視点の結びつきは、フェミニストたちから問題視されなかったのだ。

フェミニズムが直面している問題は、むしろ、物事を相対化して考えられなくなる共感感情の方にあるのだ。

【「女性であるならばそれだけで連帯できる」という〝共感〟の欺瞞】

現在の日本のフェミニズムは、〝共感〟に頼りすぎている。〝共感〟に冒されているといっても過言ではないだろう。とりわけそれは、「被害者」への共感である。

マイノリティの問題を扱う領域において、共感ベースの思想・運動・連帯がなぜ危険かといえば、〝共感〟とは、常にだれかと共有される類いのものである故に、ある集団においてある程度マジョリティである者たちにのみ適応されるものであるからだ。

逆に言えば、ある集団の中で、誰とも親和性を持たないものは、〝共感〟という連帯から疎外されることになる。つまり、あるマイノリティ集団の中のマジョリティは救済しうるが、マイノリティ集団の中のマイノリティには、更なる疎外を招きうる。そしてそれは、差別のイデオロギーと共通し、支配集団には美徳、特権を持たない人々には悪徳が委ねられる構造と親和性を持つ。

〝共感〟ベースの連帯の問題点は他にもある。ある共同体のコミュニケーションが〝共感〟に依存すれば、「私の〝良い〟」と「世の中の〝良い〟」が違うことがおかしいと考えるようになる。自分にとって自明のものを疑うことなく信仰し、「自分にとって自明のことは他者にとっても自明である」という思い違いをする者たちを産む可能性があり、それは、個人の差異や多様な価値観への不寛容を招きうる。

自分が属すると考える共同体への愛着や仲間意識が高まることの反作用に、それ以外の人間を疎ましく思い排除する傾向が強まることがあり[57]、その場合の排外的行動は、「社会正義」となんら矛盾なく機能し、むしろ排外的行動こそが「社会正義」の達成ともなりうることを忘れてはいけない。

「女性であるならばそれだけで連帯できる」という〝共感〟によって集まった集団の「シスターフッド[58]」を無批判に信用してはいけない。個人と個人の差異よりも「女」という共感・共通意識・共同体運営意識、いわゆる「ジェンダー本質主義[59]」と「フェミニズム原理主義[60]」が優先されるならば、そこには〝共感〟に包摂されないものの排除と忘却、〝共感〟に適応できるか否かが試される総括と〝共感〟からはみ出ることを許さない同調圧力が待っている。

「女の共同体」というユートピアは、いつだって、共同体が描く「女という規範」に忠実な者たちによる全体主義というディストピアに陥る危険があるにも関わらず、その危険はいつも見ないようにされている。

そもそも、フェミニズムにおいて「女」とは何を、誰のことを指すのかということは、かなり恣意的に定義されてきた。ある時は有色人種が、またある時はレズビアンが、ＦｔＭトランスジェンダーが、ＭｔＦトランスジェンダーが、セックスワーカーが、「女」というカテゴリーの外に出された。ペドフィリアやサイコパス女性は、未だにいないことになっている。

一例を挙げれば、日本のレズビアンフェミニズムにおいて最初期ともいえる１９６０年代から活躍し、レズビアンの自助グループや出会いの斡旋、啓蒙活動を行っていた写真家の清岡純子の多くの作品が、児童ポルノ法によって閲覧できなくなっているが、そのことの是非は問われていないこと。清岡を日本のレズビアンフェミニズムの歴史として研究することがほぼできなくなっているという大きな損失があるにも関わらず、そのことが大きく議論されていないことがあるだろう。レズビアンとペドファイルの欲望に関する議論は、フェミニズムやセクシュアルマイノリティの運動や学問から歓迎されていない現状があるのだ。

【圧倒的で絶対的な〝被害者性〟のもたらすもの】

日本のフェミニズムにおける圧倒的な〝共感〟の台頭には、やはり、無視することが困難なほど肥大化した〝被害者〟の悲しみ、傷ついた女たちの、絶え間ない苦しみがあるのだろう。

ロクサーヌ・ゲイは、『バッド・フェミニスト』の中で、テキサス州クリーヴランドで11歳の少女が18人の男に集団レイプされた事件にまつわる「ニューヨークタイムズ」の記事が、加害者に同情的で被害者を叩くようなものであったことに対して、「レイプが大衆文化と娯楽のネタになることを許す文化的鈍感さ（中略）私たちは、どれだけ懸命に努力したとしても、フィクションの中の暴力とこの世界の暴力を切り離すことはできない。」「これらの犯罪に実際の暴力を取り戻し、男性が残虐行為を犯すことが大目に見られることがなくなるよう」などと述べている。確かにこうした残虐なレイプ事件は、加害者が男性であろうが女性であろうが許されてはいけない痛ましく悲惨な出来事だ。だがそれを、フィクション世界と切り離すことはできないものとすることは早計であるし、仮にそうであるとしても、もっとも最悪な事例をもってフィクション世界を断罪することは建設的でないのではなかろうか。

ゲイは、

〝レイプおよび性的虐待に関して言えば、私はまず被害者のほうに「疑わしきは罰せず」の原則を与える（中略）これは私が誤って告発された側に同情しないという意味ではない。しかし、もしどちらかを選ばねばならないとしたら、私は被害者の側につく。〟

とも述べる。それは被害者を絶対視して一元化することであり、結果的に加害者をも一元化することを自明にし、「人権」を「被害者にも加害者にもあるもの」ではなく、「被害者にあるもの」と定義することにつながる。

事実、近年のネット空間では、加害者が被疑者である段階においても、被疑者を擁護するような意見が、「被害者へのセカンドレイプである」と糾弾されることが頻発している。フィクションの中の暴力とこの世界の暴力を切り離すことができないのではなく、こうした、素朴なまでに揺らがない「被害者への共感」という痛みこそが、フィクションの中の暴力とこの世界の暴力、虚構と現実の境界を無くし、客観性を失わせていると言えるのではないだろうか。

〝共感〟は結局、その「感情」がわかる人だけが理解できる物語であり、「物語《フィクション》」である以上、様々な解釈可能性と都合良く歪んでしまう運命は避けようにない。「感情」は、あくまで「感情」なのだ。それ以上でも、以下でもない。何よりも、〝被害者〟の「感情」のみに捕われることは、結局、〝被害者〟そのものを無視することになる。そしてそれは、当たり前に存在する他者すら存在しなくなることに等しい。

〝つらい気持ち〟は、本当につらい。だけど、自分の気持ちだけに捕われれば周りが見えなくなり、周りが見えなくなれば、結局社会をより良くすることはできないのではなかろうか。〝被害者〟として、最悪に許せないものや悲しみで身動きがとれなくなる、あるいは、〝被害者〟の悲しみに全力で寄り添うことによって身動きが取れなくなるのではなく、そこから一定の距離をおき、相対的な思考を取り入れることは、別の活路ないし視野を広げることにつながり、それは絶対に加害者に〝負ける〟ことでもないはずだ。

日本のフェミニズムにおける圧倒的な〝共感〟の台頭は、フェミニズムに硬直とねじれをもたらしている。前者は、あるフェミニズム運動や発言に異を唱えることを許さない雰囲気、ジャンプの性表現批判に対する批判的な見解を述べた未成年の女性タレントである「はるかぜちゃん」こと春名風花を、「ちんぽよしよし王女様」とセクハラ罵倒[61]するような一部のネットフェミニストたちの過激化、自分たちの見解と「対立することを認めない」「意に沿わない発言をする者を分断者又は敵とする」抑圧性であり、後者は、処女作ならぬ処女喪失作『セクシィ・ギャルの大研究――女の読み方・読まれ方・読ませ方』でデビューした後、「学会の黒木香」を自称、日本で反・ポルノフェミニストが中心であった時代に「性と人格を切り離せ」と主張し、『女遊び』の巻頭エッセイ「おまんこがいっぱい」において、「わたしはおまんこと言いつづける」と宣言した上野千鶴子まで、おまんこアートによって逮捕起訴されたろくでなし子にお小言を言わねばならなくなっている状況にある。朝日新聞の「耕論　性表現と法規制」において、上野は、

〝ネット上のデータは、表現者の意図を無視して世界中に広がる。だからこそフェミニストはこれまで、作品が意図しない形で消費されないよう、公開する場を女性限定にするなど慎重な配慮をしてきました。ネットや複製技術が進化した現代では、より慎重さが求められて当然です（中略）フェミニストたちが今回の件で、沈黙しがちだったのは、男性に利用されかねない点に違和感を持ったからでしょう。〟

〝彼女の無防備さに、セクハラが蔓延する男性中心の社会で「わたし、これくらいは大丈夫なのよ」と言いながら、感受性を鈍くして生き延びてきた現代女性の「鈍感さ」を感じます。〟

〝女性が「性器を自分に取り戻す」こと自体はすばらしいですが、それがセクハラ文化につけこまれる可能性にも敏感であってほしいです。[62]〟

と述べている。

【再び可視化される「女性性」にまつわる本質主義と構築主義の対立】

フェミニストたちがろくでなし子事件で沈黙しがちだったのは、男性中心の社会で、男性に利用されかねない無防備さに違和感を持ったからだったが、では、ろくでなし子の作品の最大の特徴である〝笑い〟は、誰にとってのどんな笑いであるのか。女性であることを笑われてきた女性たちは、自らの性を笑い飛ばしてしまうろくでなし子の作品を見たら、自らの性・性器を取り戻したい想いが傷つけられ、女性性という性が再度奪われるような感覚に陥るのではないかという上野のろくでなし子への視座は、過去の女性表現者たちが何と闘ってきたかという歴史を学んで欲しいという老婆心であることは間違いないであろうが、それこそが、上野が『〈おんな〉の思想　私たちは、あなたを忘れない』のジュディス・バトラー[63]にまつわる論考で述べた「フェミニストたちのあいだで本質主義と構築主義の対立と論争が生まれ、「女性性」の解体を許さない旧来のフェミニスト陣営から、バトラーは批判を受けた。」という、「女性性」にまつわる対立における、本質主義側に与することに他ならないのではないだろうか。

そして、この〝女〟の本質主義と構築主義の対立は、異性愛とセクシュアルマイノリティの社会包摂中心のフェミニズムと、セクシュアルマイノリティの社会包摂とは別の仕方を模索するクィア・スタディーズとの相性の悪さでもある。

【社会に包摂されないマイノリティの排除と忘却】

異性愛とセクシュアルマイノリティの社会包摂中心のフェミニズムに対して私が懸念するのは、近年の性に関する社会運動が〝模範的〟とも言うべきセクシュアルマイノリティ像を描きながら、その像に当てはまらないマイノリティを排除しつつ、急速に主流化と保守化、資本主義による取り込みがなされてお り、[64]その中心に「同性婚」があることだ。法的・政治的レベルでは、「LGBT」の人権は認められ改善されているが、社会のレベルでは、「LGBT」とカテゴライズされない非規範的な人々の生に対する統制が強まり、警察による摘発などが行われていること[65]を無視することはできないからである。

フェミニズムが求めるポリティカル・コレクトネスは、言葉狩りの性質を帯びることは言うまでもなく、女性やセクシュアルマイノリティの肯定的な側面しか論じない傾向がある。〝多様性を尊重〟と言いながら、自分の気に入らない多様性は〝多様性〟という概念から排除している。尊重されるべき良い多様性／尊重されるべきでない不都合な多様性といった具合に、〝多様性〟を恣意的にカテゴライズしている。その証拠が、ペドフィリアやサイコパスやホームレスといった〝模範的なマイノリティ像〟に包摂されえないマイノリティの排除と忘却であり、ポリティカル・コレクトネス的多様性への支持表明は、いつしかそこに含まれない多様性に対する排除を含意するようになる危険性を孕むだろう。

【ジェンダー本質主義と構築主義の対立を乗り越えて】

バトラーが徹底した構築主義は、「女性」という主体を解体し、個々の立ち位置「エイジェンシー（行為主体）」からパフォーマティヴィティ（行為遂行性）によって境界を攪乱し、構造の反復をつくり変えることである。その「境界の攪乱」は、上野が指摘するとおり、[66]聖域なき侵犯であり、服従と抵抗、混乱と希望、不安と期待の双方をもたらし、その一方だけを望むことはできない両義的なものであるし、差別されていたあいだは安全な場所から男性性を批判していられたフェミニストや、既成のジェンダー体制のもとで指定席を与えられそれに安住していた者たちから安寧を奪うだろう。「女性はこれまで発言できなかったが、ネットの発達でどんどん発言できるようになった」とあぐらをかくことは出来ず、「発言した言葉の責任を引き受けること」が求められ、「被害者意識」という免罪符は捨てなければならなくなる。

しかし、忘れないで欲しいのは、「マイノリティ」とは、世間の多数派から「差別してはいけない」と認定された特定の集団のことだけを指すのではなく、多数派に支持されず、「社会的望ましさ」を持たないとされ嫌われる者たちのことでもある。マイノリティの中のマイノリティ、唾棄され嫌悪されたマイノリティ、名前も与えられないようなマイノリティには、そもそも安寧の場所はなく、そんな場所を望むことすら許されない彼らには、境界を攪乱しつづけるしか生き延びる方法がない。だが、そうした名前も与えられないようなマイノリティ、

「女性」に包摂されない女たちも女であり、人間なのだ。

世の中には、確かに差別的な表象や、人の心を傷つけるような表象がある。だが、そうした表象を国家による規制や、フェミニズムによる言葉狩り・わら人形たたきによって無くすことは、表象の持つ想像力を放棄することであり、言葉の力を信じることをやめた者たちは、ステレオタイプの意味を読み替え言葉とイメージの可能性を広げる力を失い、ステレオタイプを固定化しスティグマを押すようになるだろう。表象を覆す力を持っているのもまた表象なのである。

性をめぐる欲望と表現は、誰かを傷つけることがあるかもしれないが、それを奪うことは、私たちから無意識を奪うことであり、無意識という私秘的な空間を奪うことは、人間から尊厳を奪うことである。

フェミニズムは、女と男を党派的に対立させる矮小なものではなく、「まだ実現されていない普遍的価値」を目指す運動であると私は信じる。だから私は、境界を攪乱しつづけることを選んだ者として挑発的に問う。

「いつまで〝被害者〟でいるつもり?」と。

註

1 漫画家、美術家。自らの女性器を型取りデコレーションした作品「デコまん」などが有名。

2 シンガポール出身の写真家。アート、ファッション、ドキュメンタリー、広告などの撮影を中心に日本・ニューヨーク・アジア圏で活躍している。

3 写真家。主に男性のヌードなどを通して、ジェンダーを問う写真を撮る。

4 IID世田谷ものづくり学校で開催された。展示された写真は主に80年代後半から90年代初頭にかけて撮影されたもの。声かけ写真の特徴は、被写体が完全な素人であり、当時は声かけ写真愛好家と呼ばれるカメラマンが多く存在した。

5 三重県志摩市をPRするための海女をモチーフにした萌えキャラクター。現役の海女を含む一部の市民からキャラクターの描写が性的で女性蔑視にあたるとして市に公認の撤回などを求めた。様々な性別の第4世代若手フェミニスト社会派アートグループと称する「明日少女隊」という団体も公認撤回を求める署名活動をChange.orgにて展開した。様々な性別のと自称しているにも関わらず、公認撤回署名の主旨は主に非ヘテロセクシャルのフェミニストたちから批判されたマッキノン&ドウォーキンの反・ポルノ運動に用いられた「性の商品化」論を無批判に用いたものであり、強制異性愛規範や、オタクへの蔑視や偏見にあふれるものであった。

6 岐阜県美濃加茂市の市観光協会が、岐阜県美濃加茂市の農業高校を舞台としたアニメ『のうりん』とコラボしたスタンプラリーのポスター。登場人物の一人「良田胡蝶」の胸元が強調されたデザインが「セクハラである」とSNSで炎上し、ポスターは自粛として撤去された。

7 東京メトロの公式キャラクター「駅乃みちか」のトミーテック「鉄道むすめ」とのコラボバージョン。元の「あざといキャラ」を「萌え絵」化した姿に寄せられたクレームは、「全身のポーズが妙にくねくねしていて尿意を我慢しているよう」「ブレザーの上から胸のふくらみのラインが出るのはおかしい」「スカートのシワの描写が下着が透けているように見えて卑猥」など、いささか常軌を逸していた。

8 森美術館で開催された『会田誠展:天才でごめんなさい』に対して、少女に対する性的搾取に積極的に関与し、全ての女性の尊厳を著しく傷つける性差別行為であり、障害者差別であるとして、諸作品の撤去を求めた。

9 住居侵入・強制わいせつなどの疑いで逮捕された容疑者の供述を埼玉県警が受け、作者に配慮の申し入れを行ったという報道が波紋を呼んだこと。

10 キャラクター人気投票結果発表に描かれた、女性キャラクターたちの水着がはだけほとんど裸になっている（乳首や局部は隠されている）性表現が子どもに悪影響を与えるのではないかという声が上がり、波紋を呼んだこと。

11 2016年7月に、アダルトビデオなどの出演者が意志に反して出演を強いられる事態をなくすこと、表現者（出演者）を孤立から救い、引退後のセカンドキャリアを含め支援すること、業界の健全化を促すことで表現者（出演者）を守ることを目的に立ち上げられた一般社団法人「AVAN（一般社団法人表現者ネットワーク）」や、2017年4月にAV制作会社と出演者における情報や力関係の格差を是正し、表現者の自己決定権と安全を確保することや、テレビ業界におけるBPO（放送倫理・番組向上機構）のように、実行状況を監視することを目的に立ち上げられた「AV業界改革有識者委員会」などが記憶に新しい。

12 2017年1月、「カリビアンコム」で配信された無修正動画の撮影に関わった日本の制作会社「ピエロ」や芸能プロダクション「ディクレア」の社長とともに、AV女優・AV男優らがわいせつ電磁的記録頒布の疑いなどで逮捕された。AV女優らは不起訴とされた。

13 「撤去しなければ検挙するといわれ、やむなく展示変更となった愛知県美術館展示について写真家・鷹野隆大さんに聞く」、『web DICE』2014年8月17日、(http://www.webdice.jp/dice/detail/4347/)。

14 「少女の性的搾取と批判された「声かけ写真展」、大阪で再度開催の動き」、『Huffington Post』、2016年10月7日、(http://m.huffpost.com/jp/entry/12382656)。

15 『声かけ写真展公式HP』、(http://koekakephoto.strikingly.com/)。

16 『宮崎勤事件　塗り潰されたシナリオ』（一橋文哉、2001年）、また逆にそうした出版物は1980年代末頃から減少したが、それにともなって幼女の強姦被害者が減少したという報告も見かけない。ただし児童ポルノが逆に犯罪を抑止しているという主張も、その証明は同じく困難である。

17 現在では600以上のレズビアンとゲイ、トランスジェンダー、インターセックス関連団体が参加している。人権と市民権の領域におけるLGBTQの権利のため精力的に活動を行っている国際的な協会ILGA（国際レズビアン・ゲイ協会）は、1993年に国連公認非政府組織の諮問的地位を獲得したが、米国上院はILGAからペドフィリア団体NAMBLA（北アメリカ少年愛協会。未成年者への体罰・強姦・誘拐、性的搾取に反対し、未成年者の少年と合法的にセックスすることを求めるアメリカ合衆国の組織。）が退会しない場合には国連の基金からの一億千八百万ドルを保留にするとし、クリントン政権はILGAの諮問的地位を撤回するよう経済社会理事会に要請した。財政的資源や国際的な可視性とペドフィリア団体の除名が天秤にかけられ、ILGAはNAMBLAを除名した。結果、1978年に保守勢力からの攻撃に対応するためにボストンで設立され、ゲイあるいはゲイでないに関わらず都市の団体の広い基盤をもった連帯に支持されたNAMBLAは、1994年になると、ニューヨークのレズビアン／ゲイ・コミュニティセンターでミーティングをすることも拒否されるようになった。ILGAは1994年に「ペドフィリアを推進または許容したことに対する懸念」を理由に国連公認非政府組織の諮問的地位が保留となり、2度の再申請の結果、2010年に国連諮問資格を回復した。また、1998年に欧州議会（EU）の公認非政府組織（NGO）の諮問的地位を獲得している。

18 アーティスト・丹羽良徳による「88の提案の実現に向けて」という作品、実現に向けての実践的な行動が行われる項目もあったが、項目14の「デリバリーヘルスのサービスを会場に呼ぶ」に関しては、急遽、セックスワークなどの事情に詳しい方を招いて会場にデリバリーヘルスを呼ぶことの問題が語られた。

19 正式名称「児童の売買、児童買春および児童ポルノに関する児童の権利に関する条約の選択議定書」。

20 アイルランドのエセル・クエール博士によるユニセフでの報告、『ECPATシンポジウム　インターネットと子どもポルノの被害　報告書』、(http://www.unicef.or.jp/special/0705/cyberporn04.html)

21 岐阜県青少年保護育成条例は、「青少年の健全な育成を阻害するおそれがある」図書を「有害図書」として指定し、図書類を青少年に販売したり自動販売機に収納して販売することを業者に対して禁じていたが、三重県四日市市に在住し自動販売機による図書の販売を生業とする会社の代表取締役は、岐阜県内で「有害図書」に指定された図書を、にもかかわらず5回にわたり自動販売機に収納し、起訴される。第1審岐阜簡裁は罰有罪判決を言い渡し、第2審名古屋高裁は控訴を棄却、これを不服として、この代表取締役は、最高裁に上告。最高裁は、上告を棄却する。最高裁は、本条例が定める「有害図書」が青少年の性に悪影響を及ぼすということは、「既に社会共通の認識になっているといってよ」く、また購入の手軽な自動販売機でそれらの図書が販売されることは、「書店等における販売よりもその弊害が一段と大きいといわざるをえない」。従って、こうした状況に「有効に対処するために」、「有害図書」の自動販売機への収納を一律に禁じることには、「必要性があり、かつ、合理的であるというべきである」とした。

22 また、『宮崎勤事件　塗り潰されたシナリオ』(前掲書)によれば、宮崎事件でよく報じられたロリコン物やホラービデオは83本であり、個人コレクションで83本は多いが、彼の所持ビデオ5793本の中では2%にも満たず、ほかはアニメ、特撮、テレビドラマ、映画、アイドル物、テレビドキュメンタリー、プロレス、バラエティ番組、CMなどで、どのジャンルも収集の指向性はなく、無秩序に集められていたという。

23 京都大学人文科学研究所共同研究班・大浦康介編集『共同研究　ポルノグラフィー』平凡社、2011年。

24 アメリカ合衆国の弁護士、ミシガン大学ロー・スクール教授。セクシャルハラスメント問題の第一人者として知られている。

25 アメリカ合衆国の法哲学者、ノンフィクション作家。1970年代初頭よりラディカル・フェミニストとして活発に活動するようになる。ポルノや売春の暴力性を訴え、キャサリン・マッキノンとともに反ポルノグラフィ運動を行う。

26 アン・スニトウ、パット・カリフィア他、『ポルノと検閲』青弓社、2002年。

27 ゲイル・ルービン「性を考える」、『現代思想臨時増刊号　レズビアン/ゲイスタディーズ』青土社、1997年。

28 1975年に「国際婦人年をきっかけとして行動を起こす女たちの会」として発足し、1985年に「行動する女たちの会」と名前を変え、1996年に解散した。ウーマン・リブ運動に共感し、さらに性差別社会を変えようと、性差別広告への抗議を中心に行動を起こした。

29 会のメンバーにはマッキノンの著作を翻訳した翻訳者・柿木和代もおり、会報誌ではマッキノンの著作を積極的に紹介している。また、来日したマッキノンとともに反・ポルノについてのシンポジウムを開くなど、積極的に交流している。

30 「有害」コミック追放の動きに反対を主張し、「性差別的なポルノコミックは容認できないが、その『上からの』規制には反対する」という姿勢のシンポを開いた。

31 天野正子他編、『セクシュアリティ(新編日本のフェミニズム6)』岩波書店、2009年。

32 上野千鶴子、『朝日新聞』、「耕論」1994年、6月22日朝刊。

33 マンガ評論家の伊藤剛によって提唱された造語。オタク第一世代が動物化に抵抗するシニシズム(萌えている自分からの逃避)として萌えフォビアを定義した。当初は、主として第一世代のオタクからの『「萌え」がみっともないという視点よりのシニカルな態度、あるいは『萌えている私』という自己認識からの逃避」という意味で用いられたが、後に主体をオタクに限定しない、一般人の「キャラを用いた性的な表現は気持ち悪いから絶対に認められない」という強い感情という意味でも用いられるようになった。

34 2006年4月21日に「ILLUSION(アイワン)」から発売されたアダルトゲーム。ジャンルはリアルタイム3D痴漢ゲーム。コンピュータソフトウェア倫理機構(EOCS)の審査を通過させて日本国内で18歳以上向けとして発売していたが、第三者が英訳した違法コピーをAmazonのイギリス法人でマーケットプレイス方式によって販売していた。これが当時児童ポルノ規制強化の法案審議中であったイギリス国会で取りあげられ、抗議活動が様々なフェミニズム団体によって行われ、結果、アイワンは『レイプレイ』のウェブサイトへの掲載とオンライン販売を取りやめ、小売店から同商品の撤去を進めた。見方を変えれば、『レイプレイ』は児童ポルノ規制を強化したかった当時のイギリスのスケープゴートであるともいえる。

35 日本国内のマスメディアによる報道は未だ無く、報道は一部の国外のゲーム系ニュースサイトに限られていた。

36 一例を上げれば、2012年、デンマーク議会は性科学クリニックに、架空児童ポルノの所持等が、人々を児童性的虐待行為へと導く可能性があるかどうかを明らかにするように調査を要請し、架空の児童ポルノの流通と所持の禁止を延長する事は困難と考えられる、と結論付けられた。結果、デンマーク議会は架空の児童ポルノは違法なものでは無いと結論した。日本の科学警察研究所と、ハワイ大学の合同研究でも、ポルノと性犯罪との関係性は否定されている。

37 小谷真理『網状言論F改――ポストモダン・オタク・セクシュアリティ』青土社、2003年。

38 2011年にSNS上で思想家・東浩紀が漫画家・クジラックスのロリレイプ漫画『ロリともだち』を、非モテ若者におけるホモセクシュアリティとロリコン的被虐欲望の関係を正確に抉り出す、セクシュアルマイノリティのクライムロードムービーと批評し絶賛したところ、反・ポルノ的見解からの批判だけでなく、ホモソーシャル男性たちの話とホモセクシュアル（ゲイ）の話を混同するなという見解からの批判が殺到した。

39 アメリカ合衆国育ちのハイチ系の黒人女性で大学教員。マーベル社のコミック『ブラックパンサー：ワールド・オブ・ワカンダ』の原作者でもある。エッセイ集『バッド・フェミニスト』は2014年に刊行されるなり大評判になった。

40 エロ漫画家。ロリ陵辱、レイプなど暴力的な内容の作品が多いにも関わらず、女性ファンが多い。被虐される女性を純粋な被害者として描かず、加害者性や暴力性を持ち合わせており、嗜虐者に屈服せずに最後まで抵抗する描写や、加害者と被害者、嗜虐者と被虐者という関係性が、物語の途中で、彼らが持つ嗜虐心・被虐心をそのままにして転覆する描写など、「嗜虐／被虐」を単純な二項対立として描かない作品が多いことも特徴。代表作は、『ボコボコりんっ！』『君に愛されて痛かった』など。

41 カナダ出身のゲームクリエイター。英語圏でビジュアルノベルを中心に開発している。最新作『Ladykiller in a Bind』は、直訳すると「窮地に陥った女ったらし」、女ったらしのレズビアンである主人公が、双子の兄弟によって男装させられてオタクでストーカーな女子やSM女王様の相手をさせられるという導入部分だけでクィア性が伝わってくる作品。異性装者たちのクローズドサークルサスペンスであり、物語のテーマは社交的操作性、BDSMや異性装、同性愛・両性愛、支配者と被支配者のメカニズムなど。

42 小形克宏「電子書籍の（なかなか）明けない夜明け」、『INTERNET Watch』、2010年9月27日、(http://internet.watch.impress.co.jp/docs/column/yoake/396277.html)。

43 「伊藤剛 Twitter」2016年10月20日、(https:/twitter.com/goito/status/789276174132260864)。

44 1970年代、アメリカでは中産階級の異性愛女性による「政治的レズビアン」が台頭し、フェミニズムの中にレズビアニズムが回収されていく中で、家父長制とは別の全く新しい女性文化を主張するレズビアン分離主義のような急進的なレズビアンの思想と対立構造になり、フェミニズム団体全米女性機構（NOW）の設立者ベティ・フリーダンらは、フェミニズム運動の中のレズビアンの活動を「ラベンダー色の脅威」と呼び批判した。

45 「性の商品化論」には、人間を性別二分法のみによって見ることの問題、セクシュアルマイノリティや人種や階級民族といった問題を捨象して強制異性愛のみに基づく社会分析を行う側面が強く、無批判に使用することには問題があるだろう。

46 PAPSの抗議文に、「少女に対する性的搾取に積極的に関与し、全ての女性の尊厳を著しく傷つける性差別行為であり、その事態を喜んで受け入れている表現は、みる者の心身に強烈な痛みを感じさせるものでした。手と足を切断される痛みをはじめ、これまでに凄まじい暴力を受けた結果の従順と微笑なのだろうという想像が駆け巡り、二次受傷とも言うべきものに悩まされました。」というくだりがある。

47 2014年3月16日に開催された性暴力を許さない女の会・公開講座『「館長、その〞芸術〟は性暴力です！」東京・森美術館問題を考える』。

48 ポルノ被害と女性・子どもの人権プロジェクト メールマガジン vol.025、2014年4月3日発行。(http://paps-jp.org/info/20/) NPO法人SEAN事務局長・遠矢家永子の個人ブログ「講演録 2014.3.16「館長、その〞芸術〟は性暴力です！」東京・森美術館問題を考える」(http://kaekko.blog.so-net.ne.jp/2014-03-25-1)。

49 『がいがぁかうんたぁ』は成人向け漫画同人誌として発表された作品であり、公共空間に出されているものではない。犯人はクジラックスの作品をネットで読んだと述べているという情報から、ネットでは、「エロ漫画をインターネットという公共空間に出したことが悪い」という批判もあったが、インターネットで閲覧できるようにするのは違法コピーや海賊サイトであり、それは、作者であるクジラックスの著作権利の侵害行為にあたるものだ。クジラックス氏のTwitterによれば、〝犯人の男、放射能検査の手口以前にもわいせつな痴漢行為等何件もやっていたそうで、がいがぁをネットで見て思いついた方法は彼のバリエーションの一つでしかなく、今回110番通報されたのが放射能検査の手口だから目立ってるんだな、というのはある。〟とのことだ。（https://twitter.com/quzilaxxx/status/874688834381926401）。

50 『しんぶん赤旗日曜版』2014年9月7日。

51 牟田和恵Twitter。2017年6月15日。（https://twitter.com/peureka/status/875349705378611200）（https://twitter.com/peureka/status/875349889382731777）

52 一部の少年誌で使われる手。不可抗力や偶然によってエッチなシーンに遭遇してしまうこと。男性側はもっぱら未成年で、彼が目に見えてスケベだったり逆に冷静だとラッキースケベとは呼ばれず、ウブだったりむっつりスケベだったりと、興味はあっても表立っては言ってないような場合に成立することが多い。

53 「CHOISIR」（ショワジール）というミニコミ誌で1992年から4年間にわたって行われた一連の論争のことを指す。「ヤオイなんて死んでしまえばいい。ヤオイなんて大嫌いだ。差別してやる。こんな奴らの人権なんて、認めてやらない。まったく、死んでほしい」という佐藤雅樹のゲイ当事者視点による問題提起から始まった。やおいの世界がホモフォビアでしかも異性愛至上主義の世界であること、やおいがホモフォビックな言説に強力に荷担していることなどが男性同性愛者らから鋭く指摘され、論争となった。

54 「クィア・セオリーはどこまで開けるか」、『ユリイカ』青土社、1996年11月号。

55 セックスの一部に性的虐待が重なるのではなく、強姦は暴力であってセックスではないという主張でもなく、セックスとは女にとって強姦そのものであり、性的虐待以外の何ものでもない。セックスを変えることが平等を実現するために必要であると主張し、男の構築したセクシュアリティを否定するマッキノンのフェミニズムでは、新たなセクシュアリティの提示はできないだろう。「一切の私的領域のない公的な空間の中で、一切の「私」を持たない個人と個人によるセックス」など不可能であるし、そうしたセクシュアリティが可能であるとしても、それを万人に強いることは、内心の自由の侵害に他ならない。

56 牟田和恵『実践するフェミニズム』岩波書店、2001年。

57 中野信子、「サイコパスだけじゃない　危険な脳の扱い方」、『文藝春秋SPECIAL』2017年夏号。

58 「姉妹関係」を意味する言葉だが、ウーマンリブやフェミニズム運動においては、実際の姉妹に限らず、大きな目標に従った女性同士の連帯の根拠とされた。仲間との連帯を深めるため、男性たちからいったん離れて女性たちだけでの関係性や思想を試そうという立場や考え方でもある。当然ながら、女性同士というだけでその他の属性を超越できるのはおかしいという批判や、何をもって「女」とするのかという、強制異性愛秩序の成り立ちそのものを脱構築する視座からの批判もある。

59 「女」にある特定の共通した身体経験があるとみなし、それこそが女同士が連帯する根拠とすること。性差別の肯定のために使用されてきた性差による本質主義を逆手にとり、「女」特有かつ「女」中心の知の体系を作り出すことを目指すこと。

60 「フェミニズムは女が社会と共闘する思想である」という理念にしか基づかないような思想や、「全てのセックスは強姦である」といったアンドレア・ドウォーキンのような極端な思想を揶揄する言葉として使われる。

61 未成年の女性タレントである「はるかぜちゃん」こと春名風花が、ジャンプのお色気騒動に対して、描かれた性表現や作品を擁護する意見を述べたところ、「ゆらぎ荘」をセクハラ・性暴力表現であると批判する中心人物の一人に、「ちんぽよしよし王女様」と呼ばれた。「未成年が読む雑誌での性描写への異議申し立て」をしている人が、まっとうな言葉で自分の意見を述べているだけの実在の未成年をセクハラ誹謗中傷することは、トーンポリシングでも許容できない、被害者意識で他者をぶん殴ることであり、単刀直入に言えば頭が悪すぎるし、頭を冷やしたほうが良い。

62 「耕論　性表現と法規制」、『朝日新聞』、2016年7月27日。

63 アメリカ、オハイオ州生まれのユダヤ人系アメリカ人。ポスト構造主義思想家。『ジェンダー・トラブル――フェミニズムとアイデンティティの攪乱』（青土社、1999年）の、「セックスの不変性に疑問を投げかけるとすれば、おそらく「セックス」と呼ばれる構造物こそ、ジェンダーと同様に、社会的に構築されたものである。実際おそらくセックスは、つねにすでにジェンダーなのだ。そしてその結果として、セックスとジェンダーの区別は、結局、区別などではないということになる。」（P28-29）という主張が有名。徹底した構築主義によって、「セックス／ジェンダー」の二元論に問いを投げかけた。

64 マサキチトセ、「排除と忘却に支えられたグロテスクな世間政治としての米国主流「ＬＧＢＴ」運動と同性婚推進運動の欺瞞」、『現代思想』2015年10月号。

65 川坂和義、「「人権」か「特権」か「恩恵」か？　日本におけるＬＧＢＴの権利」、『現代思想』2015年10月号。

66 上野千鶴子、「境界を攪乱する　ジュディス・バトラー『ジェンダー・トラブル』――フェミニズムとアイデンティティの攪乱」、『〈おんな〉の思想　私たちは、あなたを忘れない』、集英社文庫、2016年。

参考文献

ジュディス・バトラー、『ジェンダー・トラブル――フェミニズムとアイデンティティの攪乱』、青土社、1999年。

高月靖『ロリコン』バジリコ、2009年。

アンディ・クァン「ペドフィリアと政治～ILGA、NAMBLA、レズビアンとゲイの国際的な運動」、『実践するセクシュアリティ――同性愛・異性愛の政治学』、動くゲイとレズビアンの会、1998年。

一橋文哉『宮崎勤事件――塗り潰されたシナリオ』新潮社、2003年。

天野正子他、『セクシュアリティ（新編日本のフェミニズム6）』岩波書店、2009年。

京都大学人文科学研究所共同研究班・大浦康介編集『共同研究　ポルノグラフィー』平凡社、2011年。

白田秀彰『性表現規制の文化史』亜紀書房、2017年。

中河伸俊、永井良和『子どもというレトリック　無垢の誘惑』青弓社、1993年。

アン・スニトウ、パット・カリフィア他、『ポルノと検閲』青弓社、2002年。

ゲイル・ルービン「性を考える」、『現代思想臨時増刊号　レズビアン／ゲイスタディーズ』青土社、1997年。

高木澄子他、『行動する女たちの会資料集成』全8巻、立花出版、2015～2016年。

ジェレミー・ウォルドロン他、『ヘイトスピーチという危害』、みすず書房、2015年。

アンドレア・ドウォーキン『ポルノグラフィ――女を所有する男たち』青土社、1991年。

キャサリン・マッキノン、アンドレア・ドウォーキン『ポルノグラフィと性差別』、青木書店、2002年。

南茂由利子「セクシュアリティ中心主義への問い――キャサリン・A・マッキノン理論の検討」、『国立女性研究会館研究紀要』2004～2005年。

牟田和恵『実践するフェミニズム』岩波書店、2001年。

守如子『女はポルノを読む　女性の性欲とフェミニズム』青弓社、2010年。

天野正子他、『セクシュアリティ（新編日本のフェミニズム6）』岩波書店、2009年。

小谷真理、キース・ヴィンセント「クィア・セオリーはどこまで開けるか」、『ユリイカ』青土社、1996年11月号。

小谷真理、『網状言論F改――ポストモダン・オタク・セクシュアリティ』青土社、2003年。

千野帽子、『人はなぜ物語を求めるのか』、ちくまプリマー新書、2017年。

中野信子、「サイコパスだけじゃない危険な脳の扱い方」、『文藝春秋SPECIAL』2017年夏号。

マサキチトセ、「排除と忘却に支えられたグロテスクな世間政治としての米国主流「LGBT」運動と同性婚推進運動の欺瞞」、『現代思想』2015年10月号。

川坂和義、「「人権」か「特権」か「恩恵」か？日本におけるLGBTの権利」、『現代思想』2015年10月号。

ロクサーヌ・ゲイ、『バッド・フェミニスト』、株式会社亜紀書房、2017年。

掛札悠子、『レズビアンである、ということ』、河出書房新社、1992年。

田中玲、『トランスジェンダー・フェミニズム』、インパクト出版会、２００６年。

ジュディス・バトラー『触発する言葉　言語・権力・行為体』岩波書店、２０１５年。

千葉雅也、『勉強の哲学 来るべきバカのために』、文藝春秋、２０１７年。

上野千鶴子、『〈おんな〉の思想　私たちは、あなたを忘れない』、集英社文庫、２０１６年。

柴田英里、「クリーン化が孕む性産業従事者への差別問題とジェンダーは矛盾しないのか」、messy、（http://mess-y.com/archives/22034）。

柴田英里、「ポリティカル・コレクトネスにおける〝模範的なマイノリティ〟という問題」、messy、（http://mess-y.com/archives/22353）。

柴田英里、「人の心は規制できない。日本のポリティカル・コレクトネス意識に足りない想像力」、messy、（http://mess-y.com/archives/26167）。

柴田英里、「『声かけ写真展』批判の中にある2つの蔑視 ペドファイルフォビアとアートフォビア」、messy、（http://mess-y.com/archives/31248）。

柴田英里、「萌えとポリティカル・コレクトネス、或は、欲望の表象の問題」、messy、（http://mess-y.com/archives/34956）。

柴田英里、「エロの抑圧、萌えへの侮蔑。「駅乃みちか」への乱暴な批判は、「女性の身体はエロく卑猥なので、表現として不適切、表現すべきでない」につながる」、messy、（http://mess-y.com/archives/36954）。

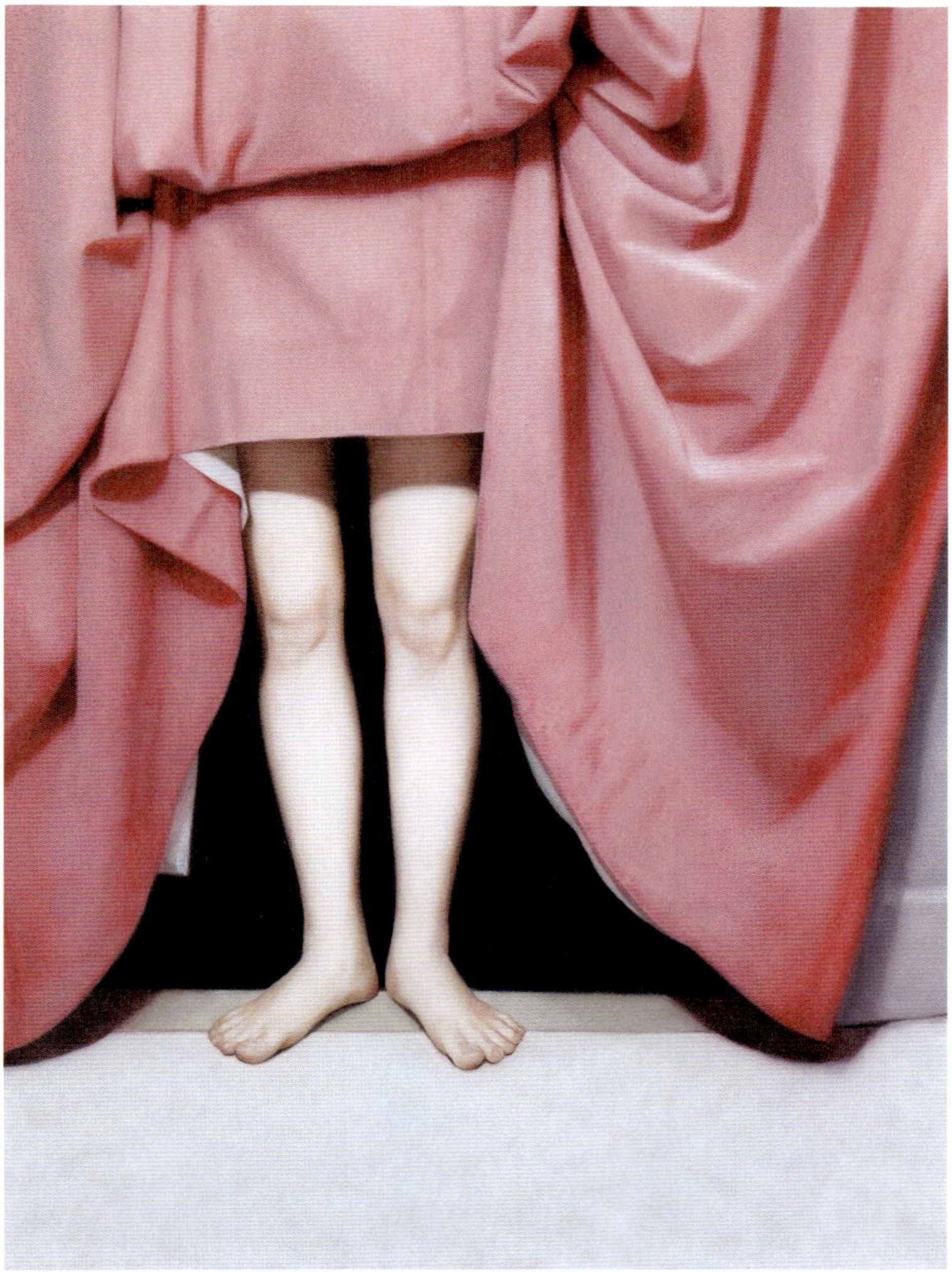

Curtain

Sai Hashizume

橋爪彩

SüberTod

明るい部屋

どこかの誰かさんへ

haru.

初めまして。文章を書くのは得意という訳ではないので、私のことを知らない人に手紙を書くような気分で自己紹介でもさせてもらおうかしら、と思います。

それではどこかの誰かさんへ、少しの間お付き合いください。

ハル。1995年生まれの22歳。普段は美大生をしながら『HIGH(er) magazine』(以下ハイアー)というインディペンデントマガジンをつくっています。好きなものはクリームソーダで、嫌いなことは行動を規制されることと束縛されること。

唐突ですが、今の私たちって個人的体温というか人の心を感じる経験が少なすぎるんじゃないかと思うんです。口ではダイバーシティがどうこういっても、実際に多様性が認められているかというと全然そんなことはなくて。自分ではない誰かを意識して波風たてずに過ごすことに日本人はとても長けているけれど、本当に相手と自分は違うという事実を受け入れて一緒に生きていくということは、時としてドラマティックなものになるはずです。それを恐れていたらいつまでたっても状況は変わらない。私がチームでつくっている『ハイアー』では自分の体の中で起きていることから社会の動きまで同じ土台で取り上げたいと思っています。具体例を挙げると、最新号ではメンバーと生理用ナプキンのレビューをしたり(意外と自分のお気に入りって知らないもんですよね)、ホームレスの人の自立を支援する雑誌『BIG ISSUE JAPAN』の編集長や販売者の方にインタビューをしたりしました。自分のことを理解するところから始まり、外の世界とのつながりや他者の存在を身近に感じられるような、そんなものがつくれたらと常日頃考えています。

雑誌が売れない時代と言われる中、ハイアーでは半年に一回、仲間とコラボレーションしてつくった作品を掲載したり、日常で気になることや疑問に感じることなどを取り上げ紙媒体で発表しています。メンバーは私を含め5人の女たち。(女っていうとちょっと迫力ありすぎ? って感じだけど女の子もなんか違う気がするので。)学生だったり、カツラ職人の卵、花屋とか職種はいろいろだけどみんな本当に最高な人たち。今ここで一人ずつ紹介したいくらい。

主要なメンバーは女性ばかりだけど、別にそこを特別に意識しているわけではありません。毎号私たちがリスペクトする男友達たちも登場し、誌面を盛り上げてくれています。性別も年代も職業も超えて一つの表現媒体をつくれる「雑誌」というものに、私は今大きな可能性を感じています。

先月の7月に4号目となる最新号を発行したのですが、ちょうどそのタイミングに合わせて『BE INSPIRED』という友人がつくっているウェブマガジンで私のインタビュー記事が掲載されました。メンバーからすれば私が普段から言っていることばかりで新鮮さはなかったそうです。でも、「日本のマスメディアは私たちをなめてる」という見出しから始まるその少し生意気な記事は、Twitterでものすごく速いスピードで拡散されてしまいました。久々にTwitterを開いたらお知らせ機能は絶え間なく鳴り続けていて、私の言葉の引用に誰かのコメントがついたものが飛び交っている状況でした。ポジティブなものが多かったけれど、私の未来を決めつけたり、私の掲載写真がグラビアみたいというコメントもちらほら。少し胸元が開いている服でまじめな話をして何が悪いのかしら。スーツを着て話したって、裸でこの話をしたって私の言葉には変わりないのに。

中でも「面白い子が急に出てきて嬉しい」、「頼もしい」というメッセージにはちょっと戸惑いを感じます。私は何かの化学反応で誕生したわけではないし、22年間地味に生きてきて、最近やっとハイアーという自分に正直になれる居場所をつくることができたというだけです。私もメンバーも、正直に言うと自分たちのやりたいことを自分たちのためにただ全力でやっています。置かれている状況を見つめて、新しいコミュニケーションの方法を探ったり、ささやかな日常を少しでも質のいいものにしたいという思いで。

私たちは忘れることの天才です。私の存在だってすぐに忘れられる。でも、きっと私たちの感じている違和感、怒りややるせなさは、普段あまり目や耳にすることがないだけでたくさんの人が感じていることなのだと思います。私たちハイアーが浴びているこの一時的なスポットライトはそのことをよく表しています。一人ではないということです。そのことは忘れちゃいけない。記事に共感してくれた大人たちは私たちの世代に頼らないでほしいし、安心もしないでほしい。不安なことだらけなのはどのジェネレーションも同じことだから。

テレビはもう長らく信用できないし、雑誌も架空のサーカスのような夢をあたえるだけのリアリティに欠けているものばかりです。今こそ私たちひとりひとりがメディアとなって、個々人のリアルを伝えていくときなのかもしれない。そのための道具はもう充分揃っています。

こんなことを考えているうちに、こちらはもう朝を迎えてしまいました。

どこかの誰かさんへ、届いていますか。今度はぜひあなたのお話も聞かせてください。それでは、また。

ハル

インディペンデントメディアという「場」

SCARLET&JUNE
MOMO NONAKA
MIEKO KAWAKAMI

菅野つかさ＋中西歩乃歌（Scarlet & June）
野中モモ
川上未映子

自分たちにとって身近なことを扱ったものがほしい

川上◎菅野さん、中西さんは、webインディペンデントメディア「Sister Magazine」を立ち上げられ、現在は「Scarlet & June」を運営されています。まずは「シスター」創設の経緯からうかがえますか。

中西◎もともとは、私たちが『ROOKIE YEARBOOK ONE』という、アメリカでタヴィ・ゲヴィンソンが監修した雑誌の日本語版を作るインターンシップで知り合ったのがきっかけです。

子どものころからインターネットで欧米圏のブログやサイトを見ていて、日本にはない、女の子が伸び伸びとしている自由な空気を感じて羨ましく思っていたんです。それで大学生のころに、ついに『ROOKIE YEARBOOK ONE』の日本語版が出る、しかも翻訳インターン生を募集していると知って、ぜひやりたいと応募しました。

野中◎差し支えなければ、生まれの年を聞いても?

中西◎平成4年です。24歳。

野中◎何歳ぐらいからウェブを日常的に見ていましたか?

中西◎10歳ぐらいです。

菅野◎私は小学6年生ごろです。

野中◎おふたりはタヴィちゃんよりよっつ上ということですね。彼女は2010年代ティーンカルチャーのキーパーソン的な存在です。小学生の頃に「Style Rookie」というファッションブログをはじめて、最初はモードの世界で大人にかわいがられていた。それが14～15歳ぐらいになったとき、『GIRL POWER: THE NINETIES REVOLUTION IN MUSIC』(Marisa Meltzer, Faber & Faber) という本を読んだのをきっかけにフェミニズムに関心を持つようになる。タイトルの通り、90年代に音楽の分野で革新的な活動をしていた女性たちについての本です。それからプロの編集者と組んで、ティーンのためのウェブマガジン「ROOKIE」を立ち上げました。

川上◉本国「ROOKIE」はどんなひとが読むんですか？

中西◉ファッションや音楽が好きな女の子が多い印象です。あとは家庭や学校に馴染めなかったり、インターネットの世界にしか居場所を見つけられなかったりする子とか。でも『ROOKIE YEARBOOK ONE』が実際に日本で翻訳されたあと、地元の友達に「これまで日本になかった、女の子が生き生きとした楽しい雑誌だから読んで」と薦めても、「かわいい」以外の感想があまり返ってこなくて。「ROOKIE」は基本的にアメリカ国内のことが書いてあるから、日本で生活しているひとにとってみればほとんどが海外の話だし、アメリカのカルチャーに興味がないひとが手に取っても最後まで読みきれずに「デザインがかわいい」みたいな感想で終わってしまって、深く共感するところまで行けないことも少なくないのかなと感じました。たとえば、学校で孤独を感じるのは世界共通のことかもしれないけど、それならプロムとかパーティで感じたことよりも部活動や文化祭で感じたことの方が日本ではより広く受け入れられるんじゃないかな。

　それと「ROOKIE」ではフェミニズムの話題が上がっているけれど、日本に置き換えて考えると、そんなことを当然のように話している雑誌は聞いたことがないし、みんなでフェミニズムについてワイワイ話すっていうとzineのような小さなものしかないような印象があって。日本で気軽にフェミニズムについて話ができる雰囲気は広がっていないと感じました。

菅野◉それで、もっと自分たちにとって身近なことを扱った「ROOKIE」のようなものが日本にも欲しいと思って、ふたりで『ROOKIE YEARBOOK ONE』のインターン生を集めて声をかけて、「Sister Magazine」を始めました。

川上◉自分たちで初めて媒体、あるいは「場」を作るというときに、「これだけは決めておこう」という理念みたいなものはありましたか。

中西◉色々な女の子を否定しない内容にしたいと思っていました。

菅野◉名前も、女の子同士の連帯の場にしたくて、「シスターフッド」から取って「Sister Magazine」にしたんです。

野中◉いい名前ですよね。ずっとメンバーは変わらず？

中西◉いえ、開設からしばらくして、インターン生以外にも、サイトを見て「参加したい」と応募してくれたひとをメンバーに加えていって、いちばん多いときは60人くらいが参加していました。

川上◉多いですね！　じゃあみんながひとつの場所に向かってアクセスできるようにしていて、中心にいたのがおふたりだったんですね。

中西◉私たちは最初のきっかけとして声をかけただけで、「中心」というのも「編集長」というのも決めませんでした。運営に回りたいひとがいたら、一緒にやってもらって。

川上◉それまで日本のウェブ上では、「シスター」みたいな活動はあまりなかったんですか。

野中◉もちろん小さな規模ではいろいろあったはずですけど、大きな存在感を獲得するに至ったところはあまり聞いたことがないですね。あったら教えてほしい。

川上◉「シスター」が大きくなっていく手応えを感じる瞬間はありましたか。

中西◉「届いてるな」と思ったのは、「記事を印刷してノートに貼ってる」というメッセージを読者の方からもらったときです。

菅野◉あと、ウィメンズ・マーチが日本であったとき、「シスター」のグッズの缶バッジをつけて参加してくれた方がいたんです。そういうフェミニズムの現場と自分たちの活動が繋がった瞬間を見たようですごく嬉しかったし、これからも活動を続けていきたいと思える原動力になりました。

　逆に、ほかに若いひとたちが「つけたい」と思えるおしゃれなグッズが少ないのかもしれないな、と思ったりもして。「シスター」の中でフェミニズムの話をしていても、「フェミニズムは海外から輸入されてきたもの」という概念が強く存在しているのを感じることがありました。「日本の本格的な『女性の地位向上論者！』みたいになるのはちょっと……」という感じで、「シスター」内の「フェミニズム」と日本のフェミニズムの現場とが切り離されてしまっているのではないかという雰囲気もあって。インターネットのない時代からずっと活動されているような日本のフェミニズムの現場とはまだちゃんと繋がれていない感じはしていました。

野中◉でも続けるうちに、距離は埋まったり縮まったりしていくものだと思うんですよね。『ROOKIE YEARBOOK』は、翻訳される前からファッション誌で紹介されたり、ヘアサロンに飾られたりしているのをたびたび見かけました。でもやっぱり言葉の壁があって、「ピンク、ラベンダー、ゆめかわ♡」みたいなイメージ重視で、性的虐待や人種差別などの苦い問題を扱っている部分はあまり共有されていなかった。だから翻訳されて本当によかったなと思います。

菅野◉翻訳されたことによって、「ROOKIE」のシリアスな内容もきちんと日本に伝わってきたことはすごく喜ばしいことでしたよね。

それでもやっぱり内容が海外のことだから、という壁を感じることはありました。たとえば本国の読者たちにとっては自分たちの環境や文化と密接に関わりのある大衆的なものを扱っていても、日本の人からすれば欧米のカルチャーに興味がある一部の人たちしか関心を持つことができないような部分もあるので、日本ではまずこのマガジンの存在を知ることができるようなバックグラウンドを持っている一部の人たちの間でしか「ROOKIE」の良さは共有されていないんじゃないか、というギャップを時々感じていました。

だから特に欧米のカルチャーに興味がなくても、テレビで見て知っているとか、どこかで名前だけ聞いたことがあるとか、自分は知らなくても親に聞けばわかる、というような日本の文化に根付いたものが扱われていて、身近なところからフェミニズムを考えることができるきっかけがもっとあればいいなと思っていました。

野中◉それで言うと、「Scarlet & June」の記事で、小説家の柚木麻子さんのインタビューはTwitterでも沢山リツイートされてましたね。女性同士の連帯や作品でデートレイプを取り上げたことについてなど、おふたりならではのアプローチで柚木さんの情熱が伝わりました。昔の深田恭子のドラマ『ファイティングガール』が大好きだという話とか、すごく面白いんだけど文字数に制限のある商業誌のインタビューだったらカットされてしまいそう。

菅野◉たしかに柚木さんの記事は、今までなかった身近なものとして広がっていった感触がありました。国内でフェミニズムに根ざして少女や女性を主体として書き続けて来られた方のインタビューを掲載できたというのは本当に大きかったです。

柚木さんの好きなドラマのお話まで掲載させていただいたのも、ファンならただの商業的なインタビューじゃなくて、絶対こういう部分まで読みたいと思ったし、私たちは許可を頂ける限り掲載したいことを自由に掲載できるので、インディペンデントで活動をする醍醐味という感じがしました（笑）。

あのインタビューのおかげで実際わたしたちにも身に覚えがある、日本のあらゆるところに存在する性差別や、なかなか無くならない大学のサークル内での性暴力問題について改めて考える機会になりましたし、もし日本に「ROOKIE」のような場所があるとしたら、柚木さんのインタビューは載っていてほしいとずっと思っていたので、やりたかったことのひとつができたという感覚がありました。

フェミニズムはステータス？

川上◉「シスター」の記事には、雑誌の特集のように、時期ごとのテーマはあったんでしょうか。

中西◉一応、運営で毎月のテーマを決めて、それをライター全員に「今度のテーマ」として伝えて募集していましたが、テーマに関係なくても書きたいものがあれば送ってください、と呼びかけていました。

川上◉原稿が送られてきて掲載されるまでに、記事を書いたライターとの校正のやり取りや、記事の順番を考えるような、いわゆる編集のプロセスはあったんですか。

中西◉それが必要だと考えて実際に校正をしようとしていたひとは私たち以外にあまりいなくて、「来たものから順に、そのまま載せるのが私たちらしさ」という意見の方が多かったです。

川上◉文章や内容のクオリティーよりも「生の声」、書き手の等身大を載せるほうが優先されていたんですね。

中西◉その気持ちは私たちにももちろんあるんですが、難しいなと思ったのが、「ROOKIE」を見て集まったひとが多かったので、欧米のカルチャーに興味がある子が多くて、「留学していて……」「海外に住んで、フェミニズムの勉強をしていて……」というような欧米の知識に関する内容に偏っていったことだったんです。

菅野◉ここ数年、フェミニズムが「欧米から輸入されてきたクールなもの」というふうに、今までの日本国内でのマイナスイメージが先行した扱われ方とは違って、一部のひとたちの間でプラスのものとして扱われるようになってきたことは、とても喜ばしいことだと思っていました。でも同時に、別に自慢するつもりはなく、本当に自然に書きたいことを書いてるのだろうけれど、フェミニズムに詳しく、またそれを証明できるバックグラウンドを持っている、ということがステータスになるような雰囲気が生まれてきていたのも感じていました。

　だから「海外で勉強したり、大学でフェミニズムを学んでいないとフェミニストって言っちゃダメなんだ」みたいに、フェミニズムを教育機関で学んだことのないひとがフェミニストと名乗ることを躊躇してしまったり、さまざまな事情があって高等教育を受けることができないひとなど、大学で勉強ができる環境にいるひとたちよりもさらに社会的に立場が弱くて、過酷な性差別を受ける環境にいるひとたちが声を上げにくくなってしまうのではないかという、強い危機感があって。そういうことに絶対に加担するべきではないという気持ちがありました。

中西◉フェミニズムのことだけじゃなく、普段の生活、学校でもやもやしていることとか格好悪い話、実際に日本で起きていることを書ける場にしたいと思って立ち上げたものだったから、その意識の違いを大きく感じるようになったんです。

　今となってはこの体制を反省しているんですけど、リーダーも決めていないしみんながボランティアだから、他のひとに質の高さを要求することもなかなかできなくて。

　それで、実際にそういった問題をどうしようかと考えて動くひとが他にいなかったのでふたりでやっていたら、本当に大変になってしまって。文章のチェックだけじゃなく、記事に書いてあることが事実なのかとか情報源まで調べていたら、「もう無理だな」って。

川上◉60人分ですものね。活動期間はどれくらいだったんですか？

中西◉9ヶ月、２０１６年の3月からその年の12月で、体力の限界が来ました（笑）。

菅野◉その後に、ふたりの手の届く範囲で持続可能なものを、と思い「Scarlet & June」を立ち上げました。

小さな「場」の意義と難しさ

中西◉「シスター」みたいなものを、ちゃんとした組織が運営してくれたらいいのに、と、いまでも思います。自分たちがやれたらいちばんいいんだけど、そうじゃなくても日本にそういう場所があったらいいな、と思います。

菅野◉「ここで終わらせないで、企業にした方が良かったんじゃないか」という議論も沢山しました。

野中◉「ROOKIE」は大人のチームがついていますよね。どういう仕組みで成り立っているのか、いまいちよくわかりませんが。

菅野◉でも私たちも編集者になりたいわけじゃないから、会社にして専業でそれだけやる、というのはちょっと違う。それにもし企業に売却したら、絶対運営はおじさんばかりになる、それじゃあ任せられない、と。
中西◉これまで、女の子同士が喋る掲示板とか雑誌の読者投稿コーナーを見ても、そこを運営している大人たちは男性なんだろうなと感じることがけっこうあって。ピンクやキラキラしたものを使えばいいと思っていそうなデザインとか、やたらと恋愛や容姿についての話をさせたがる空気とか。実際にそこで、学校や日常の話に参加するのは楽しかったんですけど、女の子たちが集まって自主的に運営している場は見たことがなかった。
菅野◉ムダ毛の処理を怠るなとか痩せないとモテないとか、女の子を脅迫するようなことばかり伝える「女子向け」メディアがあまりに多すぎると思うので、本当は女の子に人気があって資本もあるような既存の女子向けメディアが、フェミニズムに根ざしたメディアとして、本当の意味で女の子を支えてくれるものだったらいいのになと思います。雑誌も、アメリカの『Teen Vogue』みたいに、ティーン向けのファッション誌の中に当たり前のようにジャーナリズムが組み込まれているものがあるべきだと思います。
野中◉加えて個人でやっていると、いろいろなトラブルシューティングで削られて、本当にやりたいことに力を注げなくなっちゃう。
菅野◉このあいだ、『SUFFRAGETTE』（邦題『未来を花束にして』）という、イギリスの女性参政権運動を描いた映画を観て、「わたしたちも、権利のためならどこまでも闘ってやる！」とふたりで盛り上がったんですけど、冷静に考えると「いや、やりたいこともあるし、それを犠牲にして活動するのって実際難しいよな」となりました。
中西◉映画とか音楽とか、他にやりたいこととも一緒にできたらいいよね。
菅野◉トラブルシューティングでいうと、私たちはインターネットをベースに活動しているので、インターネット環境がある限りどこにいてもアクセスができたり、誰でも無料で記事が読めるので、サイトの存在を知らないひとにも興味を持ってもらいやすいという利点があります。でもその代わり本当に誰でもアクセスができてしまうので、zineや他の紙媒体のように、読者と私たちだけのある程度閉鎖された空間を持つことはできないんですよね。ほんとうに常に不特定多数の目にさらされることになる。そして発信している内容がフェミニズムに根ざしたものだとすると、今の社会状況の中で、攻撃を受けることを避けるのは難しい。それでも今の私たちの状況を考えると、できるだけ避けられるものは避けなければいけないと思っていて。
　たとえばSNS上でフェミニストたちが絡まれたり、暴言を吐かれているのを見て、「シスター」に集まる女の子たちを守るために、いろいろ自衛の手段を取っていました。なるべく直接的なことは言わず、言っても絡まれないように気をつけたり、サイトの雰囲気も、あえてちょっとかわいい絵を入れて、アンチ・フェミニスト的な活動だけが目的のひとたちが気軽に入りにくいような、おしゃれで女の子が集まってる雰囲気を作ろうとしたり。規模が大きくなればなるほど、この問題に悩まされたところはありました。
川上◉自衛の手段まで先んじて考えなければいけない。インディペンデントでやっていくことの意義と、同時にある困難というか難しさがありますね。
　いわゆる出版社でもなく、本当にインディペンデントな、リスクもすごく高いものでもなく、その間のフォーマットがあれば、と思いますよね。大人向けのものは、北原みのりさんが主宰している「ラブ・ピースクラブ」、そして上野千鶴子さんが代表を務める「WAN」などがあります。過去に女性たちがつくってきたミニコミがwebで閲覧できたり、集会やイベントの呼びかけやリポート、映画やファッションやカルチャーなどもきちんとフォローしていて、女性たち個人が社会に繋がる大きな場にして経路になっています。でも、ティーンの子たちの日常を対象にした媒体というのは思いつかないですね。
　いわゆる知るひとぞ知るようなzineが、強い影響力を持つようになった例はあるんでしょうか。
野中◉インディペンデントで出版を始めて次第に大きくなって、という流れは、アメリカだと、いまも続いてるフェミニスト・ポップカルチャー雑誌『BUST』がありますね。商業出版と自主出版の線引きも、いまの日本のように、きめ細やかに全国にいきわたる流通網とか、POSによる売上管理とかがなければ、すごくあいまいでグレーなものだと思うんです。最初は講談社だって文藝春秋だって、自主的な雑誌作りから始まって大きくなっていったわけでしょう。
　だから、ちいさな規模でやってるひとがたくさんいて、ここぞというときに力をあわせることができるのが、いちばんいいかたちなんじゃないかなと思うんですよね。アメリカのウィメンズマーチとかを見ると、やっぱり普段からの積み重ねがあって、それぞれの問題意識を持って運動してるひとたちがいたから、あれだけ何十万人、何百万人が集まることができるんだろうなと。

向こうは苗を、こっちは……

川上◉野中さんは『バッド・フェミニスト』を翻訳されましたが、反響はどうですか？

野中◉アメリカ文化の話が主なので距離を感じるという声もありつつ、楽しんでいただけているようでありがたいですね。すぐ効く処方箋を提供してくれたり、スカッとさせてくれるような本じゃないんです。さまざまなバックグラウンドを持つひとたちが共に生きていくことの難しさに容赦なく迫っている。それでも、性差別だけでなく人種差別や経済格差など複合的な差別構造がある中で、分断を乗り越えて平等を目指そうというこの本の呼びかけは、いま国境を越えて求められているのだなと思いました。

川上◉でもアメリカにおいても、『ROOKIE』みたいな女性の自由さを感じさせるもののいっぽう、『バッド・フェミニスト』っていう本が出るぐらいだから、フェミニズムへの特別な意識も根強いんだと思うんですが、アメリカではどんなふうに読まれてるんでしょう。

野中◉ふつうにベストセラーだと思います。著者のロクサーヌ・ゲイがTEDトークに招かれて、Twitterのフォロワーが20万人以上いるくらいですから。だけど私たちのところに届くアメリカの文化って、ほんとうに「一部」にすぎないんだな、とは、大統領選で思い知りましたよね。

菅野◉私は『バッド・フェミニスト』がベストセラーになるアメリカって、すごく成熟してると思ったんですよね。「完璧なフェミニストじゃなく、バッド・フェミニストでもいいんだよ」というメッセージが求められているということは、完璧なフェミニストにならなきゃ、と負担を感じるひとたちが生まれるほど「フェミニストになるべきだ」というメッセージが社会的に広まってるということですよね。

中西◉日本からしたら遠すぎる話だよね。

菅野◉向こうは苗に水をあげてる感じだとしたら、私たちは沼地を耕してる（笑）。

川上◉それにしても、「フェミニズム」とか「フェミニスト」という言葉にはおそらくは当人たちの本意ではないイメージがつきまといます。さっきの記事の話でもそうですが、フェミニストを自負するひとの間でもマウントの取り合いがあったり、「それはもう言われ尽くしてるから、今それは問題ではない」と切断されたり。同じような気持ちをもっている同士のはずなのに。難しいですね。

野中◉個人的には「女を人間扱いしろ」と思うならもうフェミニスト、という感じでゆるく捉えていきたいのですが、たぶんそういう見方は少数派なんでしょうね。

川上◉受け取られかたも複雑になってきたとみせかけて、じつはひたすら単純なイメージのまま。けっきょくは「男性嫌悪」、「クレーマー」くらいの意味合いで使われている。

共感を伝え合える場所

川上◉ビヨンセやエマ・ワトソンの言動だったり、ディオールがアディーチェのメッセージをTシャツにしたり、海外カルチャーのなかでフェミニズムに関するものが目立つようになってきました。もちろんある程度成功したものだけが流通するので、不発のものもあるでしょうし、絶対数だと少ないというのもあるんですが、日本のメジャーなコンテンツの中で、私は観ていないのですが、たとえばドラマ『逃げるは恥だが役に立つ』のなかに、そういう試みがあったと聞くんですよね。

中西◎私の友人で、とくに今までフェミニズムについて意識したことがなかったという女の子がいるんですけど、そのドラマのなかで石田ゆり子さんの演じている自立した女性の姿を観て、「女性もこういう生き方をしていいんだ、かっこいいな」と思ったらしいんですね。でも学校でそれを言ったら、「あれは石田ゆり子だから、美人だからいいんだよ」というような意見を他の人から言われてもやもやしたと言っていました。たぶん、そういう思いをしたひとが全国にいっぱいいたんじゃないかと思うんです。メディアでの取り上げられ方も「主演のふたりのムズキュン」みたいなのが多かったけれど、もっとみんなでフェミニズムについて考えられる良い機会でもあったんじゃないかな。

野中◎そういうときに「共感してるひとはいっぱいいるよ」と伝え合える場があるといいんですけどね。

菅野◎「シスター」をそういう場にしたかった。

中西◎うん、「ここを見たら仲間がいる」みたいな場所がほしかった。「間違ってないんだ」って思えるような場所。

川上◎常にそこに行ったらある、触れられる、っていうのが理想ですよね。

手紙・表現・コミュニケーション
紙の自主メディアzineの過去と現在

菅野◎「シスター」をやってるときは、周りから「zineみたいだね」って言葉をいただくことが多かったんですが、当時私にはあまり「zine」そのものへの意識がなくて。私が地元にいたときはzineの存在も知らなくて、zineは東京に来てから、まずネットで知ったこともあって、「zineをウェブでやった」というより、先にすぐウェブがあった感覚です。

野中◎「zine」ってどんなイメージですか?

中西◎今日も、実は編集部から「お気に入りのzineや影響を受けたzineについて話を聞きたい」と言われて考えていたんですけど、私たち、友達の作品とか日記のような個人的なzineばかり読んでいたので、どれがいいとは選べなくて。本格的というか影響を受けるようなzineもあるかもしれないと思うんですが、あまりそこまで見られてないんです。

野中◎このひとつ、というより、ささやかな、文通の延長みたいなものとして、zineが周りにあったんですね。zineって本来そういうものだと思います。

川上◎きょうはzineを沢山持ってきていただいたんですが、野中さんはいつzineをお知りになったんですか？

野中◎zineという呼び方を知ったのは90年代の半ばでしたね。それ以前から、まだ音楽雑誌が取り上げないインディーズのバンドを取材してインタビューをまとめたり、ディスクレビューをしたりする「ファンジン」が、レコード屋で売っているのを見ていました。私も遊びの一環として個人雑誌を作っていたけれど、特になにかのファンというわけじゃないから、自分の作ったものは「総合文化ミニコミです」と言ってたんです。子どもの頃から学級新聞だとか漫画同人誌だとか常に作ってましたしね。それが渋谷のタワーレコードなんかで輸入雑誌を見たりするうちに、ジャンルを限定しないものはzineと呼べばいいのか！と気づいた。

90年代、DTPがちょっと身近になってきて、でもインターネットはまだ一般に普及する前ぐらいの時期に、こうした自主出版が流行ったんですね。よく語られている物語としては、パソコン・ワープロが会社に導入されたとき、若い非正規労働者たちはそういうテクノロジーを利用してささっと仕事を終わらせてしまうので、余った時間に会社のパソコンやコピー機を使ってzineを作る、という（笑）。

zineが流行った理由はいくつかあるけれども、DIY（ドゥ・イット・ユアセルフ）文化の流れは重要だと思います。日曜大工のDIYでなくて、生活のあれこれをひと任せにせず自分の手に取り戻そうという思想であり運動。また、アメリカは広大だからメールオーダーとか定期購読が盛んで、直接編集部とやり取りする文化が身近だったから、自分でやるという発想が生まれやすかったのかもしれませんね。

こういうzineを作っていたひとたちは、ネットで個人サイトを始めたのも早かったんですよね。zineのデータをそのまま流用したりして。そういうサイトは90年代半ば、「e-zine」と呼ばれていました。

そうして無名の人々の言論のメインステージはネットに代わっていったんですけど、ネットがあたりまえになってみて、改めて紙のzineの良さが見直されているのが現在だと思います。2013年には90年代に盛り上がった草の根フェミニズム運動「Riot Grrrl」のzineを紹介する『The Riot Grrrl Collection』という本も出ました。

（上）
これは当時のzine活動をしてた人たちに取材した本です。（『ZINES! Vol. I The 1st History & D.I.Y. Guide』）

（左）
『ZINES! Vol. I』で紹介されているzineの例。

『The Riot Grrrl Collection』
(The Feminist Press at CUNY)

中西✺こうして見ると、実名で書いているひとも多いんですね。

野中✺直接顔を合わせて配るのが当たり前の場では、まあ自然と本名になりますよね。もちろん別のアイデンティティを築こうとすることもあって、時と場合によって使い分けてる。

日本でzineというと、どうしても「横文字の輸入文化」として「デザインや写真のヴィジュアルがオシャレ」みたいなイメージがひとり歩きしてしまいがちなんだけど、そういう要素もありつつ、もっと懐が深い、個人の表現とコミュニケーションのツールだということも徐々に理解されるようになってきたと感じます。

アメリカではzine文化に関して「インターセクショナリティ」という概念の重要性が指摘されています。さまざまなアイデンティティが交差する個人の表現ができるところ、資本の論理や公の枠組に収まりにくい声を伝えられるところが、zineの優れた部分であると。そういう風に包摂的でありたいという意識は、だんだん強くなっていると思います。

『OUTPUNK』は「クィアコア」という、パンクスのなかでもマイノリティのひとたちによるムーブメントから生まれたzine。『BIKINI KILL』はライオットガールのバンドとしてもよく知られています。

（右）
左に見えるのは2010年代のUKでがんばっていた『Girls Get Busy』。上はフェミニストの塗り絵のzineですね。

（左）
これは日本のもの（『Riot Grrrlというムーブメント ──「自分らしさ」のポリティックス』）。著者の大垣有香さんが、2000年に書いた卒論をzineというかたちでまとめたもの。日本の商業出版でこのムーブメントをここまで詳しく誠実に紹介している本はないんじゃないかな。

小さくやる意義は必ずある

川上✺いまは「Scarlet & June」が、おふたりのホームということになりますか。

菅野✺そうですね。それぞれ活動しながら、言いたいことを言える場として作っています。

中西✺私は今はバンドをやったり、絵を描いたりしているので、そういう制作もしながら文章を載せる場として使いたいと思っています。あと、zineを販売したり、朗読会を開いたりもしたい。

菅野✺私は映画を作りたいんです。子どもの頃に観た『キューティ・ブロンド』にすごく自由を感じて、フェミニズムを考えるきっかけになったので、多くのひとの目に触れることができるブロックバスター作品の映画監督が女性だったらいいな、と思っています。それと私は昔自分がすごく太っていると思っていて、それが強いコンプレックスだったんですが、当時テレビや雑誌を見ていても出ているのはスリムな女性ばかりで、いつも自分の存在が否定されているように感じていました。自分にとってのロールモデルや、そのままでいいと肯定してくれるようなものが身近になくてすごく苦労したので、この体型のまま、スリムじゃなくても卑屈にならずに好きに振る舞っていいんだ、という当たり前のことを伝えるためにもどんどん自分ごと前に出ていけたらいいなと思っています。

　私たちはそれぞれやりたいことがあって、それに加えてフェミニズムのこともやりたいというのは、それだけに専念しているひとたちからしたら、チャラチャラしてるように思われるかもしれない、と時々考えます。それでも、言わないよりは、できる形でやっていきたい。

中西◉チャラチャラしていてもフェミニズムについて考えていけたらいいな、と思います。

川上◉そんなのチャラチャラじゃないし、何も気にすることありませんよ！　フェミニズムは人生のなかにあるいくつもの要素のなかのひとつだし、好きなように、どんどんおやりになっていただきたいです。もちろんある程度リテラシーみたいなものは必要かもしれないにしても、ぜんぶ完璧でないと意見が言えない、資格みたいなものがないと発信してはいけない、というような根拠のない同調圧力は、まるっと無視で。

野中◉アメリカの女性が作るzineの文化を論じた『ガール・ジン』（アリスン・ピープマイヤー）という本を翻訳した時も、「パンクが足りない」とか「個々のzineからの抜粋はいきいきしているのに著者がフェミニズム理論の枠組にあてはめようとしすぎていてもったいない」といった批判的な指摘はあったんですね。それはもっともなんですけど、学術書というかたちにまとまったからこそ、現場にアクセスできないひとが知る道筋が増えたとも言える。一冊の本、ひとつのメディア、ひとりの人間で全員を満足させるのは無理なんです。フェミニストといってもさまざまな意見があって、お互いに批判したり励ましあったりして前に進んでいく。それにはまず数と多様性が必要だと痛感しています。だからがんばって読んで書いて訳さないと……。

　個人で活動していると、「そんなの自己満足だ」とか「もっと大きいところに入って発言力を強めて変えていけ」とかも、よく言われることです。もちろんたくさんのお金をかけて大勢で力を合わせたときにしか生まれないものもあるから、それはそれで一理あるけれど、小さくやる意義というのも必ずあります。

川上◉今日はzineからも、おふたりの活動からも、「もっと自由に」と言ったら月並みだけれど、そんなことをあらためて感じました。若いおふたりが「シスター」のようなサイトを立ち上げて、いまの10代のひとやその下の子たちの「気づき」になるような活動を続けていることに、勇気をいただきました。どこでもつながる可能性があるから、ご自身たちを信じて、どうか、どんどんおやりになってくださいね。

（2017・3・31）

編集部注：
収録後、「Sister Magazine」の、クラウドファンディングを用いた期間限定の再開が決定しました。
詳細は「Sister Magazine」公式ツイッター @sistermag_jp をご覧ください。

女性と地獄

NATSUO KIRINO × MIEKO KAWAKAM

桐野夏生
川上未映子

物語以前に壊れている

川上◉『夜の谷を行く』が「文藝春秋」で連載開始したときに、「ついにこのときが来た」と思いました。『抱く女』でも触れられていましたが、永田洋子の名前を見た瞬間、覚悟を決める感じがありました。常々、凝視してしまうような事件が報道されるたびに、私の中で「これは桐野夏生案件かどうか」をジャッジする癖があって（笑）。いろんな事件があるたびに、桐野さんのところには、編集者からこういう案件はどうだろう、という提案もあると思うんですけれど。

桐野◉たしかに来ますね、そういうの（笑）。事件要員ですね。

川上◉やっぱり（笑）。私も、たとえば木嶋佳苗についてコメントを求められたことがあるんですが、あの事件に対して、たしかに彼女のブログを読むと、女性としてのコンプレックスやミソジニー、承認欲求、被害者との関係も単なる性愛から恋愛感情、介護目的まで、わかり易さも含めていろんなものが絡まっているから「なぜこうなったのか」という謎はあるけれど、動機や状況を物語化したいような気持ちにはならなかったんですよね。

桐野◉私もそうです。物語以前に壊れている。これは不思議なことですが、木嶋佳苗も福田和子というひともそうでしたが、ブログや手記を読むと、なぜか自分の肉体にものすごく自信があるんですよね。「男から見た性的な魅力に自分はすごく抜きんでてる」と。自分の中に、ひとつ向こうの男からの目があって、それを通して「自分はすごい」と言うようなナルシスティックな感覚です。

川上◉たしかに、自分の性器の締まり具合を自慢するひとっていますよね。「私には女性としての価値がある」ってことなんだろうけれど、性器自慢にはたとえば顔とかスタイルとかとは違う、独特の動機があるような気がする。

桐野◉自分の中に男の人格がいて、それが自分の中の女を褒めてるような、分裂した状態なんだと思います。その男はイコール世間みたいなもので、それが自分をいい女として認めている。一種の自己承認欲求でしょう。

川上◉それって、可視化されている要素で勝負している女のヒエラルキーの中では上位に立てないから、ってことなんですかね。

桐野◉性的なことなら、相手の男しか知り得ないわけです。その相手の男が自分の中にすでにいるわけだから、完結している。「私はすごくいいものを持ってて、いい女であって、裸になるとすごいのよ、機能もすごくいいのよ……」みたいなことを言う。

川上◉そこに一種の自己肯定のシステムを持ってるわけですよね。

桐野◉はい、最強ですよね。だから、そういう循環を持ってて自己完結しているひとたちは揺らぎがないです。

男女間の葛藤としての山岳ベース事件

川上◉すでにたくさん指摘があると思いますが、『夜の谷を行く』の大きなモチーフ、永田洋子の死と震災というのがとても象徴的で、「ああ、桐野さんはここを繋ぐんだ」と感じ入りました。震災によって、当事者にとって四十年の歴史的な区切りがつくという視点も新鮮でした。震災後、ある種の必然とともに、デモや疎開、錯覚かもしれないけれど雰囲気としてある右傾化……ひとびとのいろいろな活動が増えて、大きいスパンで見直したとき、一周して四十年前の振りだしに戻ったような感じもするんですよね。

桐野◉永田洋子の死は、震災の一カ月前で、私は実に象徴的だと思いました。震災で日本の社会が変わりましたからね。七〇年代当時はまだ共産圏もあって、それが十年後くらいにバタバタと崩壊していくわけです。日本赤軍は「世界同時革命」と言ってたけれど、いまはグローバリズムの世の中ですから、富める国と貧乏な国とで世界がはっきり二分化されてしまった。むしろ反グローバリズムが民族主義を生み出して、右傾化の元になったりしている。だから状況は、七〇年代とまるで違うと思います。

川上◉それに、リベラルの中での自己中毒化もまた見えてきていると思うんです。たとえば「内ゲバ」って言葉はいま使わないかもしれないけれど、ヘイトスピーチに対するカウンターとして集まったグループの中で、金銭のやりとりなんかで分裂してリンチが起きて、しかもそれがインターネットで露見したりしてる。そういうのを見ていると、そこそこのひとが集まり、宗教や理念、思想なんかが絡まざるを得ない状況では、山岳ベースで起きていたことと基本的に同じ原理が働くんだなと思います。

　私は七〇年代後半生まれですから、当時のことは後追いで知識として仕入れるしかないんですが、『夜の谷を行く』は、「過去にあった陰惨な出来事」に触れる感じではなく、また繰り返すんじゃないか、いまもどこかで起きていることとなんだろうな、という不安とともに読み終える感じがありました。

桐野◉当時は、どうして革命を謳う集団の中で、こういう凄惨な仲間殺しが起きたのかと問われてきましたが、共産化における道程ではやむを得なかった、という意見もあったと思います。でも、私が取材した感じでは、ちょっと違う在り方だったのではないかと思ったんです。純粋な軍隊としての思考をしていた男だけの集団、赤軍がいて、そこでの女のひととの役回りって「女房」なんですよ。救援やってセックスの相手、みたいな。で、革命左派のほうは、看護師さんとか保母さんとか、そういうひとたちの地道な活動によっていたんですよね。「学生のような甘やかされた状況ではなく、職場から革命を目指そう」みたいな。

川上◉生活を伴った革命なんですよね。

桐野◉ただ、そこに永田洋子みたいなひともいるわけです。きりきりと余裕なく尖っている。永田は仲間の男たちに「風船ババア」と言われていたそうです。みんなで持ち上げて、「あいつ膨らますとポンポン膨らむからおもしろい」みたいな感じで扱われていたらしい。そういう、どこか揶揄されていた女のひとが中心となった革命左派と、男たちの赤軍とが山岳ベースで一緒になった。最初にリンチされた遠山美枝子は、赤軍の上級幹部の妻でした。山に来ても、指輪してるとか、髪の毛を梳っていたなどの理由で、「革命戦士として甘い」と糾弾されていくわけです。それを、赤軍の方は庇いきれなかった。

川上◎そのときの永田洋子の感じを、「女性特有の嫉妬」みたいな雑な理解でフレームアップしたのが中野判決文（※）ですよね。

桐野◎はい、あれはもう女性への侮辱ですよね。個人の資質を、女性の一般的資質に置き換えた。

川上◎やっぱりそこが、今回の作品の軸なんでしょうか。

桐野◎はい。そうやって矮小化された事件なんです。だけど、本当に芯にあったのは、実は男性側の論理と女性側の論理の葛藤だったのかもしれないと思ったのが発端ですね。

川上◎そこの間のせめぎ合いで永田は苦しんでいたのでしょうか。

桐野◎苦しんでいたかどうかはわかりません。永田はリーダーですから、森恒夫と二人でなんとか組織を引っ張っていかねばと、無理をして風船みたいに膨らんだ。森も未熟ですから、永田が「あいつが気に入らない」となると、一緒に尻馬に乗る。それが交互に繰り返される。

川上◎でも永田は、妊娠している女性を呼んで、革命戦士を育てていこうとしていたと。これは今回、桐野さんの作品を読んではじめて知ったことですが、公になっている事実ですか？

桐野◎いいえ、資料にはありませんでしたね。今回、調べてわかったことです。永田の弁護士を担当してらした大谷恭子先生に紹介して頂いて、当時、救援対策をやってた女性にお会いしました。そのかたは開口一番、「女性兵士という言葉には違和感がある。ただの女の子だった」とおっしゃって。山岳ベースに参加した女性たちは、保母さんや看護師さんなどの、ふつうの「女の子」だったと。それに、金子みちよも妊娠中でしたし、赤ちゃん連れの夫婦もいた。彼女が言うには、永田たちは、山岳ベースの中で、いずれは子どもたちを皆で育てて革命戦士にしよう、という計画もあったというのです。

川上◎それは男側からの「産んで増やせ」っていう発案というよりは、永田洋子の意志でしょうか？

桐野◎永田洋子たち、でしょうね。革命左派の方の女のひとたちの計画だったのかもしれない。

川上◎永田は、自分が産むか産まないかとはまたべつに、血縁というものではなくコミュニティの子どもを増やそうというのを、いわゆる女性の仕事として言っていて。桐野さんはインタビューのなかで、男と女の対立じゃなく、女がちゃんと女性性を否定せずにコントロールできれば変わったんじゃないか、最悪リンチまではなかったんじゃないかとおっしゃってましたね。

桐野◎そうですね、永田は弱かったし、相対化できるような能力はなかったんでしょうね。

川上◎それに、その場でイニシアチブを取ろうと思うとやっぱり名誉男性になるしかないですよね。

桐野◎名誉男性だけでは足りないでしょうね。男女の間に、越えられない意識の差が大きくあったのでしょう。当時は、ベトナム戦争に倦んでいて、世界的に反戦の嵐が起きていた。アメリカもそうだし、フランスでも五月革命があったし、ドイツでもバーダー・マインホフが生まれたり、世界的にコミューンができた時期でもあったんですよね。だから、やや夢想的かもしれないけれども、彼らの発想はとてもよくわかるんです。その発想がいい方に向かわず、残念だったと思います。

※一九八二年、永田洋子に下された中野武雄裁判長による一審判決文。「被告人永田は、自己顕示欲が旺盛で、感情的、攻撃的な性格とともに強い猜疑心、嫉妬心を有し、これに女性特有の執拗さ、底意地の悪さ、冷酷な加虐趣味が加わり、その資質に幾多の問題を蔵していた。…」

最後に光を置くような

川上◎私は七六年生まれで、ちょうど十代の真ん中くらいに七〇年代ブームがあったんです。ヒッピー文化がかっこいいものとして再発見されて、高校生のときは、音楽もクラブミュージックやエレクトロニカが流行る一方で、七〇年代のもの、あるいは七〇年代に影響を受けたものもおなじくらい流行っていたし、現代作家の小説もそんな感じでした。だから、ちょっとズレがあるけれど、九〇年代に青春を送った私のリアリティそのものが、七〇年代の追体験みたいなところがあるんです。二十年前だから、いまのひとたちにとっては、それが九〇年代にあたるんですよね。でも九〇年代に現実的に青春を送った自分にとって、これぐらいの追体験をしうるような実際の出来事があるかと言ったら、思いつかないんです。

桐野◉このあいだ武田砂鉄さんは、それがオウムだとおっしゃってましたよ。

川上◉そうなんですか。私の実感とはちょっと違っていて、不謹慎と言われるかもしれないけれど、七〇年代に青春を送ったひとたちの持っている大文字の〈物語〉みたいなものが、いわゆるロスジェネ以降ないんじゃないかと感じるんですよね。こればかりは時間が経ってみないとわからないけれど、じっさいに体験した阪神・淡路大震災も、リアルタイムだったオウムも、なぜか個人的に「遠い」のです。いっぽう学生運動や連合赤軍は「近い」。その理由についてはよく考えるんですが、やはり事件の当事者たちの年齢と、その事件を知った当時の自分の年齢が、関係しているのかもしれません。

七〇年代の連合赤軍のことを調べていくと、「親にお金を出してもらって遊んでる子どもが革命って」と、結局どこかで思ってしまうんですが、今回『夜の谷を行く』を読んで新鮮だったのが、かれらのことを保護者目線で見てしまったんですよね。まだ永田たちって二十代でしょう。「子どもじゃん」と。かれらはまだ子どもで、それに対して大人たちは実際のところ、どんなふうにふるまっていたんだろうと。

桐野◉そう、子どもというか、若者の革命なんですよね。六〇年代の安保闘争って、一般市民を巻き込んですごい規模だったんです。その頃、私の兄は高校生でしたが、デモに行ってました。その盛り上がりは、子どもの私にも伝わって、近所の子どもたちと「安保反対」とか言って、デモごっこをして遊んでいました。そこから十年後に七〇年安保がやってくるわけですが、そのときの大人って、まだ六〇年代の余波を引きずってるから、なんとなく判官贔屓で学生たちにちょっと甘い顔をしてたところがあると思います。

川上◉計画も幼稚で、人間関係も小さくて。作中で、もう一度ベースのあたりに行って、山奥だと思ってたところが実はこんなに道から近くて、こんなに小さいのかと、驚く場面が印象的でした。

桐野◉『夜の谷を行く』って、夜、仲間の死体を皆で運んで行くイメージでつけたタイトルなんです。夜はただ暗くて深い谷だと思って怖い思いをする。でも、昼間見ると、そこはすごく浅くて矮小だったりする。そういう意味も込めています。

川上◉そして最後に置かれる台詞、本当にすばらしかったです。よくこれで終えられたなあと思って。

桐野◉そこは書き足したんですよ。私にしては、めずらしい終わりです。でも、さっき言ったように、永田たちの子どもを育てるコミューンという計画の種が、ひとつくらいはいい方向に向かってほしかった、という願望を込めました。

川上◉あのとき何があったのか語り手はぎりぎりまで明らかにせずに、現在は姪も妊娠していて、過去に金子みちよは赤ちゃんがいたまま死んで、自分でも言語化できないような体験がそこに連なる。時が変わっても、妊娠して出産する女がいる、おなじ体験をしている女がいるというラインがある。コミュニティのなかでの人間の性《さが》を書きながら、やっぱり「女性を書く」という底光りするテーマがあって。どうやってこの話が決着するんだろうと思っていたら、こんな終わりかたがあるのか、と。

桐野◉一種のハッピーエンディングです。ひとによって、あの終わり方はどうかと言われそうですが、私としては、息子が生き残って、母親のこととその時代を、曇りのない目で見つめてくれたらいいな、という希望。

川上◉でも「ああよかった」だけ

に留まらない。ありがとうとか感謝じゃなく、赦しでもなく、そうか、「お礼」なんだよな、と思って。ここからまた啓子の一歩が、本当に始まるかどうかはわからないけれど、本当にベタな感想を言わせてもらえば、最後にひとつ光を置くような、こんな方法があるんだと思って。すばらしかったです。

桐野◉ありがとうございます。『夜の谷を行く』を読んでくれた編集者の方がメールをくれたんだけど、クモってフロイト的には、「恐ろしい母親」の象徴なんだそうです（笑）。ぜんぜん知らなくて。

川上◉クモも効いてましたね。これを読んで、もっと永田洋子のこと、この事件にかかわったひとたちのことを知りたいと思いました。知らないことがたくさんあります。そういう現実に接続される物語でもあり、私にとってのひとつの始まりでもあったんですよね。

これも書こう、あれも書こう

川上◉桐野さんのお仕事を復習してきて、舞台設定の年代のことを考えていたんですが、戦中もあって、六〇年代、七〇年代、九〇年代、一〇年代もあるんですけれども、八〇年代を舞台にした小説ってないんですよね。

桐野◉たしかにないですね。一度バブルのことを書こうかと思ったこともあるんですが、あまり当事者じゃなかったのでやめました。八二年に娘が生まれてから、八〇年代はずっと子育てをしていたので、家の周囲で地味に暮らしていましたから、まったく知らないのです。後に作家になって、「遅れて来たひとりバブル野郎」みたいになりましたが（笑）。

川上◉じゃあ、八〇年代って言われてアクチュアルに思いだす出来事はほとんどもう子育てですか。

桐野◉そう、子どもを保育園に入れて、雑誌のライターやって、お迎え行って、夜は小説も書きたいし、という感じで飛び回ってました。すごく忙しかったですね。それで九二年に、森園みるくさんという漫画家さんや編集者と一緒に、みんなでベルリンに取材に行ったんですね。ベルリンの壁が崩壊した直後で、すごい衝撃を受けました。東ベルリンと西ベルリンの差が歴然としていてね。これほどまでに分断って残酷なんだと思った。それから「絶対に小説を書こう」という気になった。それまでずっと子育てで閉じこもってたところに突然海外旅行、しかも崩壊後のベルリンを見て、「私は自由に生きなきゃ」と思ったのかな。

川上◉桐野さんは、思想でも実際にもリベラルな方だと思うんですが、それはベルリンを見て「自由に生きていこう」と思われる前からですか？

桐野◉うん、もともと超リベラルです（笑）。だけど、子どもが生まれると、女はどうしても縛られて動けない。どうにもならないじゃないですか。

川上◉ならないです。これは本当に。うちはまだ五歳なんで、先はちょっと長いですね。

桐野◉お仕事と両立は、すごい大変だと思います。読みましたよ、『きみは赤ちゃん』。ああいうふうに言語化されると、本当に助かるひとがいるでしょう。

川上◉ありがとうございます。あれはそうやって読んでもらえたみたいで良かったですが、私が子育てのこの五年に桐野さんが書かれた本の数をあらためて見ると、こんなにお書きになれるのか、と思って。ちょっと休憩しようみたいな気持ちにならないですか？

桐野◉いや、どうせ人生の休憩が来るから大丈夫です。あと十年書き続けられるかどうかわからないですもん。だってもう、六十五歳ですから。

川上◉そんなふうに思われますか？

桐野◉はい。あと何年ぐらい仕事ができて、何本長篇書けるかな、といつも思っています。

川上◉無限にお書きになりそうな感じがしますが（笑）。その流れでお聞きしたいんですが、私はやっぱり『OUT』や『グロテスク』、桐野さんが四十代のときのお仕事の熱量というか、いい意味での過剰さ、ぜんぶを書き尽くしてやる、というような静かな執念を感じさせるところもそうだし、情報量もそうだし、作品全体がエネルギーの塊のようで、読んでいてこう、本当に身も心も高まります。

桐野◉私は過剰なのが好きなん

ですよ、すべてにおいて。だから『グロテスク』とかあのへんは、盛ってるんだろうね。

川上◎じゃ、あれはすごく書いていて非常に好ましいバイオリズム。

桐野◎ええ、楽しかったですね。これも書こう、あれも書こう、みたいなパワーに溢れていました。

川上◎本当にパワフルでストロングなテキストが盛り盛りで来て、なお『OUT』のあの中国人のコンテナのシーンとか、「まだくるんですかー!」っていう（笑）。

桐野◎「こんなにいらない」って言われるぐらい、書いてましたね。

川上◎「もう勘弁してください!」みたいな（笑）。桐野夏生の真骨頂は、やっぱりああいう部分だと思います。

桐野◎でも、もうさすがにパワーダウンしてます。あんまり過剰なのが書けなくなっているんじゃないかしら。いえ、どんどんソリッドになりつつあるかもしれません。

川上◎それは選択されているのではなく、「気が済んだ」という感じですか?

桐野◎書き方もありますね。書き下ろしだったら、時間がたくさんあって、いくらでも書き込めるかもしれませんが、最近は書き下ろしの仕事が来ても、なかなか腰が上がらない。状況的にきついですね。『グロテスク』は週刊誌連載でしたが、あのころは一年半ぐらい連載できました。いまはもっと短くて、どんどん作家を交代させる。『夜の谷を行く』も、一年と決まっていました。それであとで加筆することになったのです。

川上◎そうなんですね。でも『グロテスク』とか『OUT』の余韻がずっと、桐野夏生の物語を読むときに私の中であるから、『夜の谷を行く』をはじめ最近の、ものすごくセンテンスが短くて緊張感がある、ソリッドなあの文体には読んでいて逆に怖ろしさがあります。

「この中に私は居ない」

川上◎たとえばいま「日没」（『世界』連載中）では、また「きたきた……」という感じですが（笑）、表現規制の問題と作家の関係をおやりになっていますよね。

桐野◎作家の収容所の話ですね。

川上◎第一回では、物語世界の設定が披露されるんですが、緊張感とユーモアのバランスがすごくて、最初からもう笑ってしまって。どう考えてもこの部分、桐野さんも笑いながら書いてらっしゃるよな、と思いながら楽しんでいます。主人公のマッツ夢井（笑）、彼女は純文学作家の設定ですか?

桐野◎というわけでもないですね。いま純文とエンタメみたいな変な分けかたがありますけど、私たちみたいな作家って、どちらとも言えないでしょう。エンタメと括られるのも抵抗があるし、純文学でもない。そういう分類から抜け落ちるひと、ただの小説家、という設定です。

川上◎桐野さんは、最近はいろんなジャンルのかた、たとえば仁藤夢乃さんとか、現実の問題を抱えているひとたちと対談されていますよね。そこでは作家としてというより、もちろん重なっているとは思いますが、いち個人として、「倫理的にこれは駄目だ」ということは表明されるじゃないですか。でも表現では、その点は乗り越えていくというか、また違うルールがあるんですよね。

桐野◎そうですね。表現の中で個人の意見なんて語ったらおしまいだと思っているところがあります。だってそんなの、自分が小説を離れてアナウンスすればいいだけの話だから。表現は表現で、自由に過激に、と思っています。

川上◎たとえば悲惨な現実があって、小説家はそれを見て、意識的にも無意識的にもそこから何かを密輸入して、書く。フィクションというものは、ある意味でそれをもっと過激に、生々しくする装置である。というときに、「こうなってほしい」とか「こうあるべき」という、「正しさ」や「希望」みたいなものは、桐野さんのなかではどうなってますか?

桐野◎絶対に書かないと思います。私人間の醜いものしか書きたくないから。その意味で、『夜の谷を行く』の結末は特殊でした。

川上◎その欲求は、どこから出て来るんでしょう。桐野さんは、人間はそもそも悪だという、性悪説をおとりになるんですよね?

桐野◎ええ、ただ性悪説といっても、ひとは競争をしないと生きていけないという点で、存在悪ではないかと思っているだけなのです。もちろん、人間には愛もあります。だから、高潔なところもたくさん持っていますが、でも、やっぱり、そういうものを小説で書いても仕方がないと思うのです。愛あるゆえの憎しみとか、高潔と裏腹の狡さとか、常にひとには両面がある。その表面だけがもてはやされる世の中ですから、せめて裏面を書いて、表の輝きを際だたせることもできると思います。

川上◉たとえば、村上春樹さんは「善き物語」ということをおっしゃっていました。ハッピーエンドとか共感といったものではなく、ただ総体としてそれが「善き物語」であることに、すごく力点を置かれている。

桐野◉はい、『みみずくは黄昏に飛びたつ』でおっしゃってましたね。拝読しました。

川上◉あのインタビューの最後に、神話や、物語のちからそのものが無効になっていると思われませんかと伺ったら、「ぜんぜん思わない」とおっしゃったのが印象的でした。あれから「善き物語」について考えているんです。

もちろん私にも「善き物語」を求める気持ちはあるし、世代論には慎重になりたいんですが、「自分たちの世代の何もなさ」をあらためて痛感しています。個人の感性とはべつに、それぞれの時代からの影響というものがあるとして、現在六十代や七十代の世代の方々の人格形成期や働き盛りの時期って、文化的にも経済的にも日本の「いい時代」だったわけです。何かが始まる高揚感とか、時代の雰囲気として。でも、今はもう誰も本を読まないし、情報ツールも違っちゃって、みんなSNSで倦んでいて、働いても働いてもお金もないし、希望がなくて。読書体験ひとつをとっても、私たちの世代や今の若者たちはみられない「肯定感」が感じられたんです。

桐野◉誤解を恐れずにいいますが、それは村上さんが男性だからということもあるのではないでしょうか。私はそこまで世界を信じられません。

川上◉根幹的に暗いですよね。世代としても、女性であるということにしても。生まれたときから今まで、希望というものが基本的にない。信じかたというか、信じるということがどういうことか、基本的にわからない感じはありますよね。

桐野◉暗いと思いますし、私は、善き世界とか善き物語などを文学に求めてはいないですね。実感として、世界というものは閉じられていて、そこから女たちがみんな弾き飛ばされているような感覚がずっとあります。周縁にいる感じです。

川上◉「女」ですか、やっぱり。

桐野◉またかと言われそうですね（笑）。私は男兄弟の中で育ちましたが、リベラルな家庭だったと思います。でも、違和感はずっとありました。小説も好きで、ずいぶん読んだけれど、「この中に私は居ない」と思う作品の方が多かった。私の違和感って別に、男並みになりたいとか、女権拡張とかそういう意味ではないんです。何か女性が感じる、あるいはLGBTのひとが感じる、世界から弾き出されているという疎外感を、痛みとしてわかるひとが書く小説は絶対に違うと思うんです。

川上◉現状認識が違うということですか。

桐野◉平たく言うとそうですが、認識だけではなく、膚で感じられるひととでも言いましょうか。そこは持って生まれた感覚ですね。その世界が「閉じられている」と感じているひとに対して、もっと声を聞いて、開こうとしなければいけないと思いますが。

川上◉では、閉じられてるひとが「これは私たちの物語である」と思えるものを書こうと思ったら、どうしても人間の邪悪な面を書くことになってしまう？

桐野◉それはまあ、極端な言い方ですね（笑）。やり方次第です。世の中って、邪悪ではないけれども、あるひとにとっては取るに足らないことで、別のひとの人生が変わったりしませんか？　これは適当な例とは言えませんが、よくあることだなあと痛ましく思ったことがありました。内澤旬子さんの『身体のいいなり』っていうエッセイを読んだんです。内澤さんは乳がんになって手術されました。乳房の再建手術を受けることになるのですが、そのとき医師に「これは大きくすることはできないんですか？」と聞いたそうです。それは、ただの質問じゃないですか。病気で痩せているわけですし、皮膚が伸びるかどうか知りたいのは当然だと思います。そしたら、医師は急に軽蔑した顔になって「そういうことを望むなら美容整形外科に行ってください」と言ったそうです。

川上◉男性の先生ですか？

桐野◉はい。それからすごく冷淡になって、ろくな説明もしないままで、中に入れるシリコンの見本も見せてもらえなかったそうです。ある日、なんの説明もなくシリコンのしずく型の見本を送ってきただけだとか。それで結局、手術はされたのですが、かたちが変わって、衝撃を受けたと書いておられます。その医師の態度は、おそらく偏見に基づいていますよね。

川上◉「なんでこんなときに胸の大きさを気にしてるんだ」みたいな。

桐野◉「裸を商売にしている女性ならば考えるけれども」と言われたと、悔しい思いが書いてありました。実はそういう些細な偏見に満ちた出来事って、すごくたくさんあって、結構いろんな目に遭います。

川上◉もう本当に、その隙間に人生があるようなものですよ。

桐野◉たとえば子どもを病院に連れて行って、「先生、この症状は」と、ひとこと言っただけで、先生がすごく怒って診察にならなかったと聞いたことがあります。主婦に口出しされたのが悔しかったのでしょう。女性は生きづらいです。

川上◉女の「私たちはふつうの人間である」という異議申し立てが、二〇一七年になっても、基本的にクレーム扱いなんですよね。人権の話じゃなくて、クレームになる。

桐野◉『抱く女』でも書きたかったことだけれども、他人の見栄や偏見でひとの人生が変わっていく経験をたくさん積むと、そういうちょっとした思い込みとか意地悪とか悪意とか、すべて放り込んで小説を書きたいな、と思います。そうしないと、この現実が描けない。それが私の考えですね。

フェミニズムは広まってきたか

川上◉たとえば桐野さんがそうやって「現実」を物語化して、私たちはそれを読んで、共有できて、ときには胸のすく思いをしたり、でもなにも変わってないと絶望したりする。そういう、私たち個人の、生まれたときから二級市民的に扱われつづけた「これはありえない」という体験があるわけじゃないですか。

桐野◉おびただしくあります。

川上◉そのおびただしくある実感が、いまＳＮＳとかでも共有されるようになった。でも、そこから出ていけないんですよね。「あるある！」ってその場で煮えたぎるんだけど、結局、閉じてしまう。これってどうしたらいいのでしょう。『抱く女』でも触れられていますが、桐野さんがいわゆる七〇年代のときには、ウーマンリブがあったわけですよね。

桐野◉あれは画期的でしたが、時代の限界もあったかもしれません。最初にアメリカで女性が「もうこんなものはいらない！」とブラジャーを焼き捨てるムーブメントがあって、女たちが拍手喝采をした。日本では、田中美津さんが、「抱かれる女から、抱く女へ」というスローガンを打ち立てる。榎美沙子さんが中心になって中ピ連（中絶禁止法に反対しピル解禁を要求する女性解放連合）ができる。彼女たちはピンクのヘルメットかぶって、浮気してる男の会社に行って「コノヤロー！ 出てこい」みたいなことをやる。特に、中ピ連は過激だったので、週刊誌ネタになりましたね。

川上◉でも私、嫌いじゃないですね（笑）。なんでも進化だから、まず初手はそれでもいいですよね。まずはじまることが大事というか。

桐野◉そうそう、それで救われたひともたくさんいるんですよ。「あ、言っていいんだ」みたいな気付きも含めて。

川上◉そういうのが母体保護法にも繋がっていくわけですから、大事ですよね。いまは本当に、第何波のフェミニズムかわからないけれど、「FEMINISM」って単語がTシャツを売るロゴに適してると言われるぐらい、消費だけじゃなくて主体性を持つという考え方が

――もちろん全体でみると悲し

いくらい局所的ではあるんですが、それでも浸透してきた感じがあるんですよね。今回の特集でも、フェミニストやフェミニズムを、それぞれのやりかた、考えかたで受けとめて、更新している感じがします。

桐野◉女に生まれただけで、悲惨な運命を生きなければならないひとは、世界に大勢います。そういう事実を知って、自分のことのように考えるひとたちが増えた。それはネットの力だと思います。でも、私の少し上の年代、あるいは同年代の男性のフェミニズム嫌いってすごく多いですね。ある方と対談したとき、面と向かって「フェミニストは大嫌い」と言われたことがありました。「それでよく評論家とか社会思想家とか自称できるなあ」と思いました。根本に差別思想があるのではないでしょうか。

川上◉村上春樹さんの『海辺のカフカ』に、フェミニストらしき女性が出てくるシーンがあるんです。図書館に主人公の男の子がいるんだけど、そこに女のひとがふたり、来るんですね。それで図書館の設備を細かくチェックして、たとえば「男の著者が前に来ている」みたいな感じで抗議するんです。そして、性同一性障害にして同性愛者であるべつの登場人物が、彼女たちのふるまいがいかに教条的で硬直的であるかを批判します。

小説の中では、そんなやりとりが描写されるんですが、フィクションにおいてはどんな登場人物、描写が書かれようとそれはフィクションです。でも、それを評論家が「どうだ、村上春樹もフェミニストなんかただのクレーマーだって言ってるよ。みんなうんざりしてるんだ」みたいな感じで自分に引き寄せて解釈してるのを読んだことがあります。作家のスタンスと登場人物の主張を混同するなんて小説の読み方としてもありえないし、評論家としての認識としても、それでいいのかと呆れましたね。

桐野◉かれらが考えるフェミニストってそうなんですね。教条主義的。しかし、そういう瑣末なことが、実は差別に鈍感な人間を作っているかもしれないわけです。また、違和感を持つ女の子を苦しめるかもしれないわけです。うんざりだと言う前に、まだ頭の柔らかな幼児のことを想像してほしいですね。

川上◉「フェミニストは大嫌い」って、そんなふうに雑に言えるような評論家の甘えっぷりというか思考停止っぷりって、ほとんど私怨じゃないかと思うんですが。

桐野◉ええ、私怨をちゃんと相対化しろよお前は、と思いますね（笑）。

川上◉「総括しろ」ですよね。

桐野◉「雪の上に座れ」ですね。

川上◉私、そういうフェミニズムにかんする妄言、けっこうメモってます。

事実とフィクションの関係性

川上◉とはいえ私たち女性作家は、やっぱりおじさんたちに認められないと出てこれないのが文学の世界じゃないですか。しかも桐野さんはもっとハードな世界だったわけですよね。

桐野◉そうですね、乱歩賞（※江戸川乱歩賞。一九九三年『顔に降りかかる雨』で受賞）なんて男の世界ですからね。

川上◉前人未踏ですよ。

桐野◉でもちょうどサラ・パレツキーやスー・グラフトンとかが出てきたころですから、こういうのが一人くらい出てきてもいいって、思ったんじゃないですか。

川上◉デビューするとき、「男性視点のバイアスがかかってる」と感じましたか?

桐野◉その、一人くらいはいいというバイアスはあったのでしょうね。でも、私は傲慢でしたから気付かなかった。あとで苛められました。

川上◉選考委員に「これは女の生理がよく書けている」とか「女ならでは」と評価されて出てくるのって、評価じたいにねじれがありますよね。だから、そういう男性的な視点を内面化していない女性の選考委員が必要で、いわゆる男性的な幻想とは無縁な視点でもって作品を読んで、選ばないと。ただ書く側としてはしょうがないのかな。多くの男性が、まずは自意識と社会との距離や軋轢を書きがちなのと同じで、やはり女性がいちばん最初に書ける題材なんですかね、女の体と自意識の関係って。

　桐野さんは小説を、いつも相対化された物語としてお書きになるじゃないですか。ご自身の体験を軸にしたフィクションを書きたいという欲求はありませんか？

桐野◉私は自分のことを書くのはとにかく恥ずかしくて。だからエッセイも苦手だし、私小説なんかとんでもないです。自分の話ではなくて、神の視点による物語にしたいんです。だいたい私、いつも主人公ってどんな人物なのかよくわからないんですよ。

川上◉主人公がわからない。

桐野◉よく「主人公を書くために」っていうけれども、それがどんなひとかぜんぜんわからない。のっぺらぼうなの。だから本当に、書き始めながら考える感じ。

川上◉じゃあ作品を書き始めるときの動機というか、核になるものは何なんでしょう。

桐野◉主人公や、周囲の人物も含めて、渦巻く感情みたいなものを書きたいんですね。どうしようもなさだったり、うれしさだったり、感情の蠢きがどんどん時間の経過を経ていく、その流れみたいなものが好きなんだと思う。

川上◉それは、いわゆる当事者がいる実在の事件をベースにするときもそうですか？　もちろん、事実は世界にあって、それはだれのものでもないんだけれども、それを自分の物語にすることに対して、懸念みたいなものはありませんか。

桐野◉自分の物語にするっていうのは、どういうことですか。

川上◉いやな言い方をすれば、当事者でない作家が、現実に悲惨な目にあったひとがいる事件を題材にして小説を書き、それを売り、さまざまな欲を満たすことです。読んだ当事者がどう思うだろうかとか、そういった存在に対する緊張とか。

桐野◉それはこの間、谷崎潤一郎について書いた『デンジャラス』のときもすごく感じましたね。やっぱりまだご健在のかたもいらっしゃるから、実名でなくて、谷崎の関係者以外は仮名にしてるんだけれども、すごく嫌だろう、申し訳ないな、と。正直に言うと、私谷崎の初期の作品はあまり好きではなくて、『細雪』以降の方が好きなんだけど、でも谷崎は後半、身近なところからテーマを渉猟しないと書けなかったんじゃないかと思います。小説のための帝国みたいなものをつくって、女中は六、七人集めるし、千萬子はいるし、松子はいるし、重子はいるし、そうやって女たちを集めた。すごく傲慢な作家です。そういう怪物的な存在のそばにいた周りの女性が作品に書かれるのは、仕方がないことかもしれないけれど、書くことの暴虐性というか、作家の周りにいるひとの苦しみみたいなものを感じて心は痛みますね。

川上◉大阪の寝屋川市で、中学校一年生のふたりの子が殺された事件がありましたよね。現実に、ちょっとした関係がある事件だったりしたこともあって、あの事件に独特のオブセッションがあるんです。

　あれは現実にあったことで、私が傍観者としてどれだけ胸を痛めても、犯人を憎んでも、私の息子は殺されていない。でも男の子も女の子も現実には殺されていて、被害者の母親は子どもを失っている。震災もそうですよね。そういういろんな状況や死に対して、「自分になにができるか」とは思わないけれど、どうしても目をそらせない出来事が、ときとしてあってしまう。それに対してどういう態度をとるべきなのか、ずっと考えているんです。

桐野◉書くべきだと思います。

川上◉書くべきですか。

桐野◉書いて、やっぱり、その子たちのことを考えるべきだし、書いたことの暴虐性に対しては、自分が責任を負う。それしかないんですよ、やっぱり作家って。

川上◉「責任を負う」というのは、具体的にどういう行動を指しますか。

桐野◉責めをぜんぶ負うこと。作品にたいする毀誉褒貶をすべて負う。それしかできない、作家は。

川上◉「何も知らないくせに」、「搾取しやがって」っていうことも含めてですね。

桐野◉それは暴言です。誰も何も知らないのですから。そういうこともすべて含めて、虚構をつくる人間として負いましょう、ということですね。

「いちばん良い方法」

川上◉当事者性とフィクションについては考えつづけています。『ヘヴン』を書いたときも、「いじめを肯定してる」とか「おまえはいじめてた側だろ」みたいな反応もありましたが、小説家としてはどうしようもない。

桐野◉そんなこと言うひといるんですか。小説を読んでいないのではないですか。放っておきましょう。

川上◉登場人物の主張を、どうも作者の主張として捉えてしまう読者もいますね。たとえば私、最近、「もう「主人」と呼ぶのやめましょうよ」みたいなコラムを書いたんですね。自分としてはきわめて穏当な話をしたつもりで、もう「二十年前の話よね、今更こんな古い話でごめんなさいね」ぐらいの気持ちだったんですが、それがすごい話題になって。

桐野◉私も「LONLINESS」(『VERY』連載)で、女主人公の、まわりの主婦が「主人」と言うことへの嫌悪感を書きました。川上さんの意見には賛成です。

川上◉従属関係を示す「主人」はやめて「夫」でいいじゃない、家との属性を表す「嫁」って言葉を個人に使うのも、もうやめようよ、妻と呼んでくださいよと。それを朝日新聞で書いたらわりと騒ぎになった。

9割は賛同の意見だったんですが、「美しい日本の伝統です」とか「好きで呼んでるんだからいいじゃない」とか「作家が言葉狩りをするのか」みたいなのも男女の双方からあって。あと、内容だけじゃなくて、作家が「フェミニズム」とか言いだしたら、どうも書き手としての幅が狭まるような印象があるみたいですね。あるいは「そういう芸風になったんだ」みたいに揶揄したくなるというか。批評家の東浩紀さんにもTwitterで「川上さんもすっかりこの路線だね」、「川上さんほど才能のあったひとが最近はこういう発言ばかり求められるようになってしまっている現実自体に、女性作家の難しさを見ますよ」と嘆かれたんですが、しかし男性作家が政治的な発言をすること、求められることにたいしては、そういう感慨は持たないわけです。仮に持っても、言わないわけです。男性批評家にとって女性の権利や生活をめぐる問題は、社会的なことでも政治的なことでもなく、結局「こういう発言」でしかないんです。「女こどもの問題」だから「おれたち」が考えるに値しない。問題であると認めるに値しない。男性批評家にこのように受け取られる現実自体に、女性作家の難しさを見ましたね。

桐野◉それがさっき言っていた「閉じられている」と感じる瞬間だと思います。他人事で、自分たちは当事者じゃない。しかも、それは作品に対してではないですよね。意見を言ったくらいで、「女性作家の難しさ」ですか。偏狭な気がします。

川上◉その偏狭さは変化するものなのでしょうか。

桐野◉女のほうが割りを食います。批判されるし、苛めてもいいと思われている。

川上◉どちらがよりメタに立てているか合戦というか。男性間のホモソーシャルの領域での関心事は、基本的にそれですから。

桐野◉そのホモソーシャルを固めるための存在に、下手したら他民族もいるかもしれないじゃないですか。嫌韓とか嫌中とかだってそうですよ。

川上◉男性たちも、自分たちが「男の物語」を生かされてるという疑問はないのでしょうか。そのことを考えると、今回の「女性」特集に男性にも登場してもらったほうがより強度があったのかな、とか。「いちばん良い方法」については、色々考えさせられます。

桐野◉今回はこれでいいと思いますが。交互にやったらいかがでしょうか。

川上◉男性による男性学、あるいはフェミニズムですね。

桐野◉そうすると、アラが出るひとがたくさんいて、おもしろいかもしれませんね。人選手伝わせてください。

川上◉ぜひ、お願いします(笑)。

(2017・5・11)

われわれの読書、そのふたつの可能性
～批評と書評～

EIMI OZAWA
SAORI KURAMOTO
YUKIKO TOMIYAMA
YUMI TOYOZAKI
MINAKO SAITO

小澤英実
倉本さおり
トミヤマユキコ
豊﨑由美
司会：斎藤美奈子

斎藤◉文学にアプローチする方法は、読むことを除けば、創作・書評を含む批評・研究のみっつが考えられます。ですが、創作者の声に比べて、批評を手がけるひとの声にふれる機会はあまりありません。そこで、肩書きはさておきメディアで「文芸批評的な仕事」をしている方たちにお集まりいただき、自由にお話しいただく機会をもつことになりました。本日はよろしくお願いいいたします。

批評／書評は
誰のためのもの？

斎藤◉書評にも、媒体の編集部が選んだ本を振られる「お仕着せタイプ」と、自分で書評する本を選ぶ「自由選択タイプ」がありますよね。私も以前はよく「若手女性作家の新人賞受賞作」なんかを振られましたが、ちょっと苦言を書くと、当時は電話とファクスの時代ですから、「ここの表現はきつい」とか「もう少し褒めろ」とかの「ご相談電話」がくるんです。自分では「ダメじゃん」と思ったところを、それでもかなり割り引いて書いたつもりだったりするのですが（笑）。

豊﨑◉大昔、大学の先生とか批評家、評論家といった男性の大御所たちが書評の中心に座を占めていた頃は、たとえば「週刊朝日」で大江健三郎の『みずから我が涙をぬぐいたまう日』の批判をした平野謙に対して、大江さん本人が読者欄で「粗筋紹介が間違っている」と反論し、その責任をとって平野さんが書評委員を降りるという事件もありましたよね。でも、ある時期からの書評欄は、ほぼ褒め一辺倒。批判的なことは書けなくなりましたし、書評者と作家の丁々発止のやりとりも見られなくなりました。

倉本◉「批判的なことを書いてもいいですよ」と言ってくれる媒体も一部にはあるけれども、あらかじめ「基本的には好意的な評でお願いしている、それでもよければ引き受けていただけますか」っていう依頼の仕方で来ることも多いですよね。

斎藤◉ああ、そうですね。向こうが選んだ作品なんだから、ほんとは何を書いてもいいはずなんですけどね。版元の出すPR誌ならともかく、文芸誌で「ご相談」するくらいなら、最初からこっちに振るなって思いますけど。

豊﨑◉とはいえ、新人の小説に対しては、厳しいことは言いたくない気持ちはありますね。以前はしたこともあるんですが、自分の中ではずっと「新人に対して、あんなことを書くべきじゃなかったんじゃないか」と後悔の念が消えなくて。でも、それが村上春樹の新作だったら、私がどれだけ批判しようがかまわないわけですよ。読者の数自体が多いわけだから、私とはちがって「面白い」と思うひとだって大勢いる。安心して厳しいことも書けるんです。でも、まだ読者の少ない新人は、その私の批判が「一万分の一」じゃなくて「五分の一」だったりするかもしれないわけで。

斎藤◉それはわかります。「ここで潰すのはどうなのかな」っていう。

豊﨑◉新人賞の受賞作だと、なるべくいいところを見つけたいと思って読んでいます。

斎藤◉ベストセラーとか大御所作家の作品だと、私たちが何を言おうがたいして影響力はない。だとすれば、何でも書けるはずなんですが、そっちはそっちで逆の忖度が働いたりする。トミヤマさんはいかがですか？

トミヤマ◉私はキャラ的に得しているのか、批判的なことを書いても、あんまりキレられず「なんか小娘がギャーギャー言ってるな」で済まされているような気が（笑）。痛いところを突いていても、痛くないふりをしてもらえるというか。

豊﨑◉そういうことはたしかにあるかも。私も粗暴でガサツな社長キャラのおかげで、「あんな奴に何言われても平気」って受け手が装ってくれてるんじゃないかな。「こんな奴に怒ったら自分がバカに見えるかも」っていう感じ（笑）。あと、トミヤマさんだけじゃなく、やっぱり「女子供だから」っていうのもあると思うんです。男性作家は女性の批評家や書評家に何を言われても気にしない自分でいたいんじゃないかなあ。

トミヤマ◉気にされてないから自由に発言できる場合も多少ありますけどね。

――（編集部）そうしたチャームを使いつつも、作品に対して必要だと思う指摘を批評的に行っているのに、それが届かないことについては、ちょっと虚しくなりませんか？

豊﨑◉わかります。ただ、『ニッポンの書評』でも書いたことですが、日本の「書評」は欧米のそれとは全然違う形でガラパゴス的に進展してきていて、批評とはまったく違うジャンルになってるんです。その理由のひとつが長さで、欧米の書評は日本のそれよりずっと潤沢な文章量が与えられていて、それゆえに批評くらい踏み込んだ内容になっています。丸谷才一編著の『ロンドンで本を読む』を読めばわかりますが、平気でオチのある最後まで粗筋を書くんですよ。そうなった理由は、19世紀末の社交界で、本を読む暇がない紳士たちが新聞で粗筋を把握することで、あたかもその本を読んだかのごとく会話ができるよう、教養のひとつとして書評が利用されていたからなんです。ヴァージニア・ウルフが書評家を揶揄するのに使った言葉「ガター＆スタンプ」、つまり、要約と評価の機能が必要とされていました。ところが日本の場合は、いつのまにか、ミステリー書評の「ネタバレ厳禁」のルールが、謎解きとは関係のない純文学や主流文学の書評にすら適用されるようになってしまった。

斎藤◉ネタバレ問題はありますね。本来、それを気にしていたら書評は書けないはずなんですが。

豊﨑◉私もうんと若いときは、純

文学や海外の主流文学の書評なら、粗筋は最後まで書いてもいいと思ってました。「物語の最初から最後まであらかじめわかってしまったからといって、そんなことで魅力は色あせないでしょ？　純文学の読みどころはそこじゃないでしょ？」と思って書いてました。ところが、1990年代、どんな本でも帯に「ミステリー」って書いときゃ売れるって時代が来た頃から、かのジャンルの書評家や評論家が大きな顔をするようになり、編集者も一緒になって、純文学や主流文学の書評に対しても「それはネタバレだろう」と指摘するようになった。私も某ミステリー評論家に教育的指導を受けたことがあります。ただ、とはいえ、私の考え方もその後変化しまして、批評はその本をすでに読んだひとあるいは書いた作家のためのもの（だから全部粗筋を明かしていい）で、書評は面白い本を探しているひとに向けたものだから、ミステリーじゃなくてもストーリー展開上、自分が驚いた箇所は、これから読むひとのためには伏せておいたほうがいいんじゃないかと思うようになりました。その意味で、今現在の私は「批評と書評の役割は違う」という立場です。

斎藤◉文庫解説なんかだと、また話はちがってきますしね。「書評というのは読者のための紹介である」ということですね。ただ、書評が原則として「読んでいないひと」のためのものだとすると、読んでいないひとはネタバレをそんなに気にしないんじゃない？　読んでないから（笑）。

豊﨑◉そう、実は斎藤さんのご指摘どおりなんですよ（笑）。ただ、今はネット時代だから「豊﨑があそこまで書いてるの、ネタばらしじゃないか」と、あとから読んだひとから非難され、そのことで結果、読んでいない人にとってもネタばらしになってしまうというジレンマがあります。

倉本◉私は媒体によって変えてます。文芸誌だと、最後まで書いて批評すること、論を立てることにそもそもの意味があるけれど、新刊紹介が中心の週刊誌や新聞の読書欄を愉しみにしている読者は、「これから自分が読む本」の指針として書評というものを捉えていることが多いので、最後まできっちり話の筋を書いてしまうと「だったらもう読まなくていいか」って思ってしまうらしいんです。でも、それだとちっとも「読書」にならない。良い本はもちろん、たとえダメな本でもそのダメさを自分自身で味わってもらいたい。

豊﨑◉「レジまで行かせてなんぼ」ですよね。

斎藤◉それはわかる。でもそうすると、広告とどう違うかっていう話になりません？

豊﨑◉書評として成立させるためには文章の芸が必要で、作品読解が正確で文章が上手なひとは、粗筋自体がすごく面白いんですよね。そうなったら、やはりそれは広告とは別物だと思います。ところが、時々ですけど「すごく面白い書評だった、粗筋もよくわかった。もう本のほうは読まなくていいや」という反応をいただくことがあるんですよ。面白いって言われればそりゃ嬉しいですけれど、「書評」としては敗北している感じがします。やっぱり「書評はレジに持って行かせるまでが書評です」ってことなので（笑）。

斎藤◉そのとき、ご自身の中にある「批評的な読み方」は、どうされています？　いったん保留にする？

倉本◉純文学に関しては、すごく正確に粗筋を書いた時点で、最低限の批評が成立していると考えています。そもそも筋なんてほぼないような作品が多いですから。そこにプロットを見出す行為自体が、すでに批評になっているんじゃないかと。でも正直、「これは読めてないんじゃないかな？」と思う粗筋に出会うこともあります。

小澤◉たしかに、書評で一番書くのに時間が掛かるのは粗筋なんですよね。書き手の力が試される部分です。

――小澤さんは、「文學界」の「新人小説月評」をされていましたよね。そことの書き方の違いはありましたか。「これはダメだ」という作品もあるでしょう？

小澤◉新人小説月評は忖度なく批評ができる数少ない場だと思います。担当の編集さんにも、新人にとって自分の作品の意見が聞ける貴重な場なんだと言われて、思ったことを率直に書いていたらケナしてばかりになってしまい、自分で嫌な気持ちになるぐらいでした（笑）。でもネガティブなことを書かないのって保身にすぎないので、凹みつつ書いていました。でも書評は販促の側面もあるので、悪いところは触れずになるべく良いところをマシマシで書く。斎藤さんや豊﨑さんの書評だと、ケナすのも芸になっているから、酷評されているものほど読みたくなったりしますけど。

斎藤◎書評が販促の一環だとしても、情報としてのレビューとは違いますよね。それなら無署名でもいいけれど、わざわざ署名原稿として書かれたものを読むときは「評者がどう読んだか」とか「結局、いいの？ 悪いの？」という評価を読者は知りたい。

豊﨑◎「ガター＆スタンプ」の「スタンプ」のところですね。

倉本◎私の場合、納得できない作品の書評は、ていねいに読んでくれたひとにはわかるように、褒めてるふりして何気なくディスったりすることもあります（笑）。

トミヤマ◎わかります。密かに毒を盛るかたちになりがちですよね（笑）。

斎藤◎小澤さんやトミヤマさんは、大学の研究者でもあるわけですが、論文と批評はどこが違いますか？

トミヤマ◎書評にも批評的な側面はあると思いますが、やっぱり「レジまで行かせてなんぼ」と思うと矛先が鈍ることもあって。なので、私の場合、作品をしっかり批評したいと思ったら論文でやるようにしています。論文は「それ、お前の感じ方じゃん」と思われてはダメだから、調べたことをなるべく客観的に書かないといけないじゃないですか。それを原稿用紙40枚とか使ってじっくり書くと、批評として強度が出て来ますよね。あと、論文は、お金をもらって書くわけじゃないのもいいんですよね。誰に気兼ねしなくてもいいというか。

豊﨑◎批判こそエビデンスが必要ですよね。８００字で批判しても、その理由が書けないので辻斬りにしかならない。作家だって納得できないでしょう。批判するなら本当は最低でも１６００字から２０００字は必要ですね。そうすると、字数の少ない日本の書評ではどうしても、批判は措いて、いいところをピックアップすることになる。「本に対する評価は書評するひとによって違うから、書評者の個性を楽しんでください。実際の面白い or 面白くないはご自分で読んで判断してください」ということくらいしかできないんじゃないですか。

トミヤマ◎そうなりますよね。いまの書評って「偉いひとの意見を聞く」じゃなくて、「自分と気の合うひとを探す」感じの求められ方ですよね。だとしたら、「私はこんな風に読んだよ」という偏りを見せてくれたほうがいい。「こいつはこういう立場から読むやつだよな〜」と思ってもらった方が、書評家の個性の違いも出てきて面白いと思います。

小澤◎文芸批評だとどうも評価がセットになりがちですが、論文は解釈とか、新しい視点の提出だけに集中できるので気が楽なところはあります。反対に、批評だと主観的な印象批評でもいいけど、論文は先行研究の文脈を踏まえて、読んだひとが論理的に説得されないといけないので、そのあたりの手つづきの手間暇や不自由さはある。想定される読者の違いも大きいです。

批評と実存の関係性

――それにしても、なぜ女性批評家はいないのか。ここまで皆さんの批評と書評あるいは論文などに対する印象や態度の違いを伺いました。

今回特集を組むにあたって、改めて女性の批評家の不在を痛感しました。男性で、それで食べていけるかはさておき、「文芸批評家」を名乗って仕事をされている方はいて、今後も出てくる気配はあるんだけど、女性の文芸批評家と言って思いつける方がいない。田中弥生さんも亡くなってしまって、本当に誰もいないという感じになってしまった。

斎藤◎富岡多恵子さんや金井美恵子さんのように、批評家的なお仕事をなさってきた女性作家はいますが、あえて「文芸評論家」を名乗る方は、従来でも中島梓さんくらいしかいなかった。私自身もべつに、文芸評論が書きたいってわけではなかったんですよね。1996年だったかな、朝日新聞で3人の評者が3冊ずつ本を紹介する「ウオッチ文芸」というコラムで書くことになったのね。五木寛之さんと若島正さんと斎藤で。「作家枠、学者枠、評論家枠」みたいな割り振りだったんだと思う。そのとき担当者に「こういう場ではやはり文芸評論家と名乗っていただかないと」と言われた。それで「ああ、そうかい」と。男性の評論家でも、大学で教えている「研究者でかつ文芸評論家」も多いですよね。それを考えると、女性の書評家がもっとカジュアルに評論家を名乗ってもいいんじゃない?

――書評と批評の違いって、斎藤さんはどこだと思います?

斎藤◉書評は基本的には1冊単位の仕事ですが、批評は継続的な読書というかコレクションから始まると思っています。デビュー作の『妊娠小説』はまさにそれで書けた本です。最低3冊、同じタイプの作品があれば、「行けるな」と思っちゃう。「WB」で連載している「旧作異聞」で取り上げた、漱石の『三四郎』と鷗外の『青年』と田山花袋の『田舎教師』は同じタイプの青春小説です。二葉亭四迷の『浮雲』もそうだよね。そこから明治の青春って……という話ができる。現代文学でも同じです。3冊ではなくもっと数が増えれば、さらに細かいタイプ分類ができるでしょう?

豊﨑◉斎藤さんは「何かと何かをつなげる」名人なんですよ。Aについて書くとき、BやCという別の作品を連れてくることで、Aの小説の中の意外な面白さを引き出す。それが批評だと思うんですよ。私の好きな批評家は由良君美と高山宏で、共通してるのがやっぱり、全然違うもの同士をくっつけるひとたちということ。それをマニエリスムって高山さんはおっしゃるけど、そういう思考のダイナミズムとか見立ての面白さに私は興奮します。

斎藤◉豊﨑さん自身がそれをおやりになろうとは思われません? 古今東西の文学をすごくたくさん読んでおいでだし。そうすると、つなげたくならないですか?

豊﨑◉現実問題として、忙しいんですよね。新刊紹介の仕事がいまの半分になったら、そういうこともやってみたいなと思わないではないです。ただ、「すばる」が批評の特集をやるようになって、「すばるクリティーク賞」なんて設立する若いひとたちの文章を読んでいたら、自分がなぜ「批評を書きたい」と思わなかったか、わかったんですよ。

トミヤマ◉それはなぜなんですか?

豊﨑◉「言いたいこと」がないんです、私には。あのひとたちにはあるんですよね、言いたいことが。私は、「書評とは取り上げる本の土俵に上がって、その作品がどういう取り組みをしたいのかを汲み取って相撲をとるものだ」と思っていて、それゆえに「まず自分に言いたいことがある」タイプの書評を認められないんです。たとえば「3・11についてなにか言いたくて、そのために小説を引っ張ってきて利用する」とか、そういうの。その小説は「お前の土俵になんか上がりたくない」って言ってるのに無理矢理ひきずりこんで、しかも相撲の技じゃないボクシングのパンチで倒そうとする。そういう書評を読むと、私はものすごく醜い態度を見てしまったって思っちゃうんですね。

トミヤマ◉なるほど。評者の「言いたいこと」が作品をねじ伏せているような状態ですね。

豊﨑◉必ずしも「すばる」のひとたちがそうだと言っているんじゃないです。ただ、あのひとたちには「言いたいこと」があると思うんですよ、おそらく。実存的に何か「言いたいこと」がある。私には、まったくない。

斎藤◉実存的にね（笑）。しかし「言いたいこと」が先にあるなら、それは「作品についての」批評とは違うよね。「すばるクリティーク賞」設立の共同討議はすごいです。ちょっと読みましょうか。「文芸批評というのは、少なくとも僕にとっては、ジャーナリズムでもなければ、学者の研究論文でもない。あるいは器用な解説文でもないものです。書き手と対象とが、くんずほぐれつの関係を作りながら、「ある読み」に自己を賭けていく営みとしてあった。その賭けのなかに書き手自身が生成していく事件があった。そこに僕らは感動したのではなかったか」。意味がよくわかりません。「僕らには、自己を問い質したり、自分の根を見つめようとしたときに頼れるものとして批評という回路が確かにあった」とかさ。彼らにとっての「批評」は、自己を探究する「私小説」の変形バージョンなんだろうね。

豊﨑◎「批評は、それ自身の力だけによって対象の価値を創り出す」というくだりもありました。「選考委員の僕らが必死に泥まみれで批評を書く姿を示すことが……」とまでくると、率直に「何時代の話なんだろう」とは感じますよね。それに「最も自分を深く問うことが最も社会の遠くまで行けることだ、そういうのが批評だ」というのは、「ぼくの問題がイコール世界の問題に繋がってゆく」っていう「セカイ系」と同じ精神構造でしょ。

——ナルシシズムの変奏ですね。

斎藤◎たぶんこれって小林秀雄から始まる流れなんですよね。小林秀雄、江藤淳、吉本隆明……っていう。蓮實重彦と柄谷行人の登場で、80年代に批評は大きく変わったと思うのですが、いまだに福田恆存論とか小林秀雄論とか書きたがるひとって多いじゃない？

——もともと批評家が認められる過程には、そのとき先行している言説に対して新しい言説を打ち立ててそれが評価される、つまり父殺しが原理にあるじゃないですか。そして、その行為の中にしか自分は現れないということは、いったんはその父親の子供にならないと批評のフィールドに入れないわけでしょう。そういう、ある種の男性間におけるホモソーシャルの原理が批評を作っているところがあると思うんですが。

小澤◎批評家が男性ばかりなのでそうなりますよね。

——文学研究の場から、批評家が構造的に出にくいというのはありますか。

小澤◎アカデミズムと文芸の現場が乖離しているということがありますよね。そもそも研究の方が楽しいってこともあるかもしれない。研究論文の方が好きなものを書けて専門性が高く、受け手も前提を共有している。決められたルールのなかで、目利き同士が書いて読んで誰がいちばんか決める「天下一武道会」みたいなもので、居心地がいいし戦っておもしろい。同時に、みんなで一丸となってちょっとずつその世界のエッジを開拓していく、研究全体を上げていくみたいなチーム感もありますから。ただ私自身優れた批評が書けそうな研究者はいくらでも思いつきます。そのひとたちが批評をやりたくないのかやる機会がないのかわからないですが、もったいないし残念だと思ってます。先生っていう肩書きに対するニーズも減っている気がするし。

斎藤◎批評が曖昧模糊とした特殊なものだからこそ「研究論文の方が明快でいいや」って感じになるんでしょうか。

小澤◎それもあるんじゃないですか。やっぱり批評は自己を賭けていく、「自分がこう思う」という実存？を「バーンっ」て入れるものじゃないですか。

斎藤◎実存は入らないって（笑）。

小澤◎そうですね、「男子がやりがちな」と言いますか、そういう批評には、「「自分の批評」という作品を作る」意識がありますよね。でも研究に主観が入りすぎると、その論文自身の信憑性が下がってきますから。科学的というか、誰がいつ読んでも合理的で納得できるようなものを仮想というか理想としてるぶん、実存とはあまり関係なくできるんですよね。

豊﨑◎「すばるクリティーク」のひとたちは、研究論文と批評の違いは語り口、「文体があるかどうか」と言ってますよね。「論文には文体がない」と。文体イコール実存、みたいな確信があって、それって論文というよりテクスト主義批評の反動ですよね。新しいことをしようとして、結局先祖返りみたいなものしか出てこない。

小澤◎佐々木中さんの『夜戦と永遠』は博士論文の書籍化でしたが、ジュディス・バトラーとかポストモダン系の学者の本とか、文体がすごい論文もありますけどね。

斎藤◎文体の問題もですが、テクスト主義って、一時期、ロラン・バルトが読まれたりして掛け声だけは高かったけど、実際にはそんなに貫徹されてました？

豊﨑◎少なくとも書評には「実存

がなんたら」は入る余地はないですよね。そもそも「人間がどうだ」とか、そんなことまで書けるような字数がないから（笑）。たとえば800字の書評だったら、最初に自分が納得するかたちで書くと1600とか2000字ぐらいになるのを削りに削って「もうなにひとつ削れません！」というジャコメッティの彫刻みたいな状態にまで持って行くから、自分の実存がなんたらなんて世迷い言は残る余地がない。

トミヤマ◉批評家男子たちは、書けば書くほど自意識が強化されていくような文章の書き方をしていると思うんです。それに対して、私の場合、個人的な感覚なのか研究論文の書き方が身についた結果なのかよくわからないんですが、うまく書けたときって、自意識がほぼ消滅しているんですよ。「私」がどこのだれかは関係なく、取り上げた作品の核となる部分だけが文章になっていく感覚があります。なので、「自意識強化系」とはちょっと相容れないかもしれないですね。

豊﨑◉でもって、そういうひとたちは、なんでああも徒党を組みたがるんですかね。昨今の若い男性の皆さんって。まあ、ある種の男性には若くなくても昔からそういう気味がありますけど。

斎藤◉豊﨑さんは覚えていらっしゃると思うんですけど、80年代、90年代の批評界なんて「お座敷」大会だったじゃないですか。江藤さんのお座敷、丸谷さんのお座敷、吉本さんのお座敷……みたいな派閥があって、本当に「江藤さんのお宅に御年始にあいさつに行く」ぐらいの世界。で、派閥同士は不仲なのね。吉本一派は蓮實一派をこき下ろし、蓮實一派は吉本さんをこき下ろす。しかし、お座敷内のことははっきりと批判しない。文芸誌とかを読んでるだけで、その構図が見えてくる。女性の批評家を阻む原因のひとつには、それがあったと思いますよ。そんなホモソーシャルな村には参加したくないもん。

豊﨑◉一見自由そうでいて、ほんとは柵で動物ごとに区分けされたサファリパークみたいなもんですよ。私も参加したくない。ひとりで原っぱをうろうろしていたいです。

トミヤマ◉そういう村社会みたいなのが好きなひともいるとは思うし、その村をべつに焼き払おうとまでは思わないですけど（笑）、でも「こっちにもうちょっと自由に動ける野っ原がありますよ〜」とは言っていきたいですね。

斎藤◉かつての「文壇」は、新人が出てくる場としての「同人誌」と、批評家が同人誌や文芸誌に載った作品を論じる「文芸時評」、このふたつで形成されていたと思います。いまは、新人が出てくるのは新人文学賞だし、マーケットが強くなって、文芸時評ではなく書評が本の評価を作っていく時代になった。そのぶん、もはや影響力を持った「文壇」は消滅した気がしますね。

豊﨑◉「文壇」はないけど、「旅行したりカラオケ行ったり面白おかしく過ごす若手作家のグループ」ならありますよ。それぞれの作家の作品は好きなものも多いし、仲良くするのは自由ですけど、互いの新刊の帯に絶賛の辞を送り合ってるポトラッチな感じが気持ち悪いなとは思います。

斎藤◉作家は基本的に孤独ですよね。「書く」って孤独な作業だから。それで同業者同士で群れたくなるのかもしれない。文壇バーなんかもそれでしょ。

＊

――ところで、女性の批評家がなぜこんなに少ないのかには、国会議員がなぜ少ないのかっていうのと同じように、構造的な事情などの二次的三次的な理由があると思うんですが、研究はどうなんでしょうか。男性の比率が高いですか？

小澤◉男女共同参画とかって措置をとるようになって、徐々に増えてきてはいますけど、いまでも学生は九割が女性だけれど先生は全員男性、みたいなのはよくある光景ですよ。学生もその意味を深く考えず、「お父さん的な存在へのあこがれ」で研究者を志したりする。

豊﨑◉修士博士から研究職に行くのは女性が多い、とかはないですか？

小澤◉割合的にはむしろ男性が増えていきますね（平成25年度内閣府調

査によると研究者に占める女性の割合は14％）。それでもやっぱり女性の場合、生き残るうえではお父さん的な先生にかわいがられることが必須ですよね。

斎藤◉ああ、アカデミズム特有の師弟関係。

豊﨑◉「父の娘」じゃないとね。

倉本◉『夢みる教養』（小平麻衣子、河出書房新社、2016）でも論じられていましたね。近代以降、やっぱり女子は「よき父」「よき先生」のところに習いにいく「よき生徒」でなくてはいけなくて、最初からプロの顔をしてはいけない。それがいまの書店の一角を占める「女性向け」コーナーの、ありとあらゆる習い事のカオスっぷりに象徴されてるんだ、と。

――それは新人小説家と批評家の関係にも言える、女性作家が男性作家に発見され、価値をつけてもらうという構造ですよね。だから、女性が女性だけで立ち上がるということは、現状やっぱりかなり難しく、批評はとくに男ベースで、男に認められてかつ父親殺しまでやらないと出てこれない。

豊﨑◉田中弥生さんが亡くなったのが本当に残念で。彼女は徹底したテクスト論者でしたが、徹底したテクスト論ってちょっと狂ったとこまで行ってしまいがちですよね。前に若島正さんに言われたんですけど、小説を読解するには「ここまでは絶対に読めていなくてはいけない」という「ボトムライン」があると。若島さんは「水の入った瓶の水面の高さ」で譬えていて、エンターテインメントのボトムラインはかなり注ぎ口ぎりぎりのところ、つまり、だれでもわかるように書かれている。ところがそれだと隙間がないから、斬新な読解は生まれにくい。純文学とか実験小説は、難しければ難しいほどボトムラインが下がっていって、読者も少なくなるんだけど、そのかわり空きスペースがものすごくあるから、その空間でユニークな読みが生まれるんじゃないかと思うんです。で、田中さんって、その「空きスペースの読み」において非常に特異なひとだと思うんです。深読みの嵐（笑）。私は彼女が生み出す暴風雨の読解に巻き込まれると、「うそー」「マジかー」なんて半ばへらへら笑いもしつつ、握りしめていた傘という自分の読解が吹き飛ばされる瞬間が時々あって、風に巻き上げられて小さくなる傘を目で追いながら、爽快感、と同時に胸がぐっと締めつけられる思いがしたんですよね。テクストに狂ったみたいにのめりこんでいって、誰も拾い上げなかったとても奇妙な読みかたをしているひとがここにいて、私の先入観を易々と吹き飛ばしてしまった、と。すごくおもしろい誤読をする批評家だと尊敬していました。

斎藤◉誤読にも、単なる誤読と、創造的な誤読っていうのがあるんですよね。

豊﨑◉はい、失敗してるときもあったとは思うけど、田中さんは創造的な誤読を展開できるひとだったと思います。しかも「父の娘」にはならず、孤独な場所で。

倉本◉それまでの批評家男子の読解とは異なる、新しい批評の可能性を提示できる方でしたよね。

豊﨑◉読むのがすごく楽しみだったし、どうして文芸誌はもっと田中さんに連載の場所を提供しないんだろうっていうのが、外野にいて、もどかしかったです。

「フェミニズム批評」の現在

斎藤◉80〜90年代がフェミニズム批評の黎明期で、おもしろくないのも多かったけど、とにかく新しかったですね。フェミニズム批評には2つの役目があって、ひとつは不当に過小評価されている女性作家を見直すこと。もうひとつは不当に過大評価されている男性作家を批判的に読むこと。「女性作家の発掘」には研究論文もたくさん出て大きな役割を果たしてきたと思うし、現在でも女性の書評家や批評家の仕事として求められていることだと思います。でも、「過大評価されている男性作家の批判」は、あんまり継承されない。私はそれが世の中のいちばんおもしろいことじゃないかと思っているんですけど（笑）。たとえば『男流文学論』（上野千鶴子、小倉千加子、富岡多惠子、筑摩書房、1992）が出たときの反応はすごかった。文庫解説を書くためにあらゆる媒体の書評を集めたら、段ボール1箱分くらいあった。全部男が書いていて、そしてみんなブチ切れてるの

（笑）。「素人がなに言ってる」みたいなものから始まって、テキスト読めていないだの、文学とはそもそも……だの。蓮實さんも「文学を信じている点がだめ」とかおっしゃって（笑）。たしかに『男流文学論』は井戸端会議的だから、個々の作品分析は印象批評で終わっている。でも、その蛮勇が必要だったんですよ、あのときは。いずれにせよ、「こんなふうに批判されると、男たちはこんなに怒るんだ」という現象が、非常に新鮮でしたね。

倉本◉しかも、そうした男性論者の書評を読むと、「せいぜい富岡が大学院生といったところで、小倉なんか予習不足の大学生だ」みたいな感じの言い方で、やっぱりそこでも女性の書き手は「生徒」として扱われていたのが印象的でした。

斎藤◉それが25年前。そこから時間が経って、「フェミニズム批評」という言葉はもうあまり使われませんが、実態としては、たとえばトミヤマさんのお仕事も、かつてだったら「フェミニズム批評」の範疇でくくれますよね。

トミヤマ◉私、完全にフェミニストですよ。ポップに振る舞ってるだけで。

斎藤◉ポップというのは、そのように意識して書かれているってこと？

トミヤマ◉はい。あからさまにフェミっぽいことを書くと「女のヒステリーだ」みたいに言って片づけようとするひとたちがいるのを知っているので、それをいかに回避して書くかは意識していますね。苦手なにんじんも、細かく刻んでしまえばわからないだろう的な考えです（笑）。

斎藤◉「フェミニズム」と言った途端に、その言葉のイメージが先行して、読み手に対する壁ができる。そういう時代が長かったですね。

トミヤマ◉大学で教えていると、フェミニズムに対する強烈なアレルギー反応を感じる場面がたくさんあるんです。でも、食わず嫌いはやめてほしいなと思っていて。刻んだにんじんを食べさせるというのは、ある意味騙していることになるんでしょうけど、ちょっとでも食べてくれれば、そこから先は自分で勉強して、フェミニズムとの向き合い方をちゃんと考えられるようになると思うから、最初だけなんとかだまくらかしたいなと（笑）。

小澤◉フェミニズムの力を届けようというとき、システムの外側から行っても跳ね返されちゃうので、体制の内側から攪乱していかなきゃいけないと、よく言われますよね。男性にもわかる言説の中にフェミニズムを潜ませるのが大事なんですよ。

斎藤◉「男性にもわかる言説」。サルでもわかる、みたいな（笑）。

小澤◉そういうと語弊がありますね（笑）。男性にも届くというか、響くというか。

倉本◉それと、文芸誌や新聞の書評欄を眺めて端的に感じるのは、やっぱり同性である女性の書き手、若い女性作家の作品の書評は、とくに同世代に依頼されることがほとんどだということ。そうでなければ、それこそさっきも言ったような「父から娘へ」といった目線で、THEおじさん世代の論者がちょろっと触れるくらいの印象。すごくヒットして賞を取った作家ならまだしも、そうでない新人女性作家の本を同じ世代の男性が扱うケースは、圧倒的に少ないと思います。それはもしかしたら、「できれば同じ土俵に上がりたくない」ってことの無意識の表れなんじゃないかと。これはちょっとさみしい。

斎藤◉同じ土俵に上がらせないように編集者が差配してるってこと？

倉本◉編集側に意図があるのかどうかはわかりませんが、少なくとも初めから考慮の外に置いていることはあると思う。「女性しか女性のものを読めない」っていう勝手な思い込みもあるだろうし。だからこそ年配の男性が若手の女性の本を書評したり文芸時評で触れたりすると、だいたいそこでその作家のデフォルト像が出来上がっちゃって、いつまでも更新されない。これがものすごく歯がゆい。

斎藤◉御大の評価がずっとついて回っちゃうのね。誤読かもしれないのにね。あと「女性ならではの感性」とか「女性特有の表現」とかね。あれほんとに何十年も、どうして撲滅されないのかわかんないよね（笑）。自分とは違うと言いたいのかな。

倉本◎「いまの若い女性はこういう生きかたをしてるんだなあ。ふーん」で終わっちゃう（笑）。なんでがっつり向き合ってくれないのかなっていう歯がゆさはちょっとあります。

小澤◎でも文芸の分野にはフェミニズム批評自体が圧倒的に少なくて、斎藤さんがやられたあとは、ほとんど途絶えてますよね。

斎藤◎しかし、あえてフェミニズム批評とは名乗っていなくても、そういう本は多くなってませんか？　研究論文にもその手は多いような気がするんだけれど。小説のほうも、ジェンダーを意識した書き手が増えている感じはしますよね。芥川賞ひとつとっても、このところ女性作家のほうが目立つでしょう？　藤野可織さん、小山田浩子さん、柴崎友香さん、本谷有希子さん、村田沙耶香さん……。

豊﨑◎ここ数年で滝口悠生さんをはじめ男性作家が盛り返してきてはいるんですけど、一時期は女性じゃないと芥川賞取れないんじゃない？　というぐらいの勢いでしたよね。他の新人賞を見ても、受賞者だけじゃなくて、候補にも大勢女性が入ってきてるし、池澤夏樹さんが編纂している河出書房新社の日本文学全集「近現代作家集Ⅲ」でも女性作家率が高い。現場では確実に、女性作家が来てると感じます。

倉本◎印象的だったのが、去年の『読書人』の文芸時評（※２０１６・２・５号）で友田健太郎さんがおっしゃっていたことです。その回は、作者が男性だけど、語り手は女性という小説が集中していたんですが、「男性作家が作品に女性の「声」を使いたがる心情はわかる気もする」と書いていらして。ちょっと長いけど非常に興味深いので引用しますね。「いま日本で男性として生きるということには、興ざめなものがある。女性が差別や偏見、セクハラなどと戦い、一歩ずつ地位向上を勝ち取っている中で、ことに創作に携わる身であってみれば、男性であるばかりに何か本質的な体験ができずにいるのではないかと疑わざるを得まい。古臭い制度がもたらす社会的優位性があったとしても、そんなものは創作者としての成功を保証してはくれない。いま男性の周辺には面白いことなんか一つもない。男性は、そのままの姿では生き延びられない絶滅危惧種そのものだ。女性を語り手にした方が、今の日本ではよほど面白い小説になると男性作家が思ってしまうのも無理はないのである」。こういうものを読んでいると、杉田俊介さんの『非モテの品格』（集英社、２０１６）にも言えることですが、いまは「男の弱さ」というモードに移行しているのかな、と思えなくもない。

斎藤◎ただ、「女性の一人称で男が書く」っていう行為自体は、太宰治の時代からあるわけですよね。『女生徒』とかさ。『桃尻娘』なんてその極北でしょう。『なんとなく、クリスタル』だってそうだし。20年くらい前にも高橋源一郎さんと谷川俊太郎さんが、「女性の一人称で書くとすっごく書きやすいよねぇ」って話してる対談を読んだことがあります。「女性の一人称で書くと、こんなに書きやすいとは思いませんでした」っていうのは、「鎧を脱いだら、ぼくも楽になりました」ってことなんでしょうか。

――その場合、わからないものへの恐れはどう処理しているんでしょうね。「自分がものを知らないということを知られる」のは、男性批評家にとっていちばん避けたいことですよね。

斎藤◎それは女装の楽しさと一緒だから。

――ああ、そこは彼らにとって知的な領域じゃないんですね。

斎藤◎というか、屈折した知性でしょうね。しかし、ジェンダー意識みたいなことに対して、男性作家も昔みたいに無意識ではいられないんじゃないですか。

倉本◎もちろん個人差はあるとはいえ、やっぱりある一定のライン、年齢的にいえば40～45歳くらいからかなと思うんですが、その上下の世代で「PC的にアウトか否か」ということへの意識の敏感さってけっこう如実に分かれると思うんです。ともすれば「読み」そのものが変わってきてしまう状況。だけど、その感覚がインストールされていないひとにとっては、何を言われてもとんちんかんに聞こえてしまう。

小澤◉女性作家に勢いがあるっていうことはすごく喜ばしいことなんですけど、批評が男性で占められているから、結局批評の対象になるのはほとんど男性作家、みたいな構造はずっと続いているわけですよね。やっぱり女性の批評家が同時に増えていかないといけないですよね。

斎藤◉それはほんとに、そう思います。女性の書評家は増えましたけど。

小澤◉それでも批評の場にだけ圧倒的な男女差がある状態は、ちょっと異様ですよね。「すばるクリティーク」だけじゃなくて、「ゲンロン」や「批評家養成ギブス」なんかも、ほぼ男性主体ですよね。女性がいても紅一点になってしまったり。斎藤さんがおっしゃったように、たしかに女性の書評家は増えているけれども、批評のほうをどうやって盛り上げていったらいいのかなと思っているんです。

斎藤◉1988年前後に2年ほど、富岡多恵子さんが朝日の文芸時評やってるときは、本当におもしろかったですね。『吉本隆明全対談集』の「あとがき」で吉本さんが「女流とは何だろうか」とかウジウジ書いている箇所を指して「これほど訳のわからぬ文章も珍しい」って批判してたりする。「女流」というゲットーの中には誰もいないんだよ。もうひとつの「吉本」になぞらえて「どないせいっちゅうねん」と。

豊﨑◉富岡さんの朝日の連載で忘れられないのが、高橋源一郎の『優雅で感傷的な日本野球』を取り上げた、「こんな内輪言語で書かれたような小説は」って批判した回。

斎藤◉そうそう。それで高橋さんはショックを受けて、彼の反論が同じ朝日に載って、すごくおもしろかった。筒井康隆さんの断筆宣言をめぐる論争とかもありましたね。

豊﨑◉昔はそんなふうに誰かがなにか発すると、文芸誌がその受け皿になって、論争が起こったりもしましたよね。

斎藤◉いまはもう、ネットだと、議論というより「炎上」という形で終わっちゃうでしょ。だからジェンダーの問題に限らず、批評そのものの需要の問題もある。この前、『日本批評大全』を出された渡部直己さんともそういう話になったのですが、いま疑似批評的な言語は溢れているわけですよ。SNSだったりブログ、あるいはAmazonのレビューとか。ちゃんとした批評とは言えなくても、批評「的」な言葉はある程度溢れている。ただ、巷に溢れる批評「的」な言説は言いっ放し。書評と称されているものでも、「消費者書評」か「モニター書評」になっちゃうのね。つまり「お客様」目線で、サービスされるのが当たり前だと思ってる。読んで理解できないと「おもしろくない」とか「表現の仕方がダメだ」とか、すぐ相手のせいにする。「わからないのは自分のせい」とは思わない。Amazonレビューも「食べログ」なんかの口コミといっしょで、「全然理解できませんでした。よって星ひとつ」みたいな。そんな状況で、主に紙メディアで、署名原稿として書かれるような批評にどのぐらいの影響力と需要があるのか。女性の文学をちゃんと読めないっていうような次元ではなく、批評そのものが危機に直面しているような気もします。

――それでも、批評と社会の関係というものはあると思います。たとえば東浩紀さんの「福島第一原発観光地化計画」はやはり批評家の仕事だと思った。並のアクティビストの仕事だったら、たとえば「福島を忘れないでいようプロジェクト」とかにしとけば無難だし、ふつうそうなるんですよ。どのような言葉が社会にどのように機能し、そこにある問題を照らすのか。問題提起も議論も、じっさいにひとを動かすのも言葉とその遣いかたなんです。その意味で、すべてが文学の問題であることを証明するためには、やっぱりリスクを取らなきゃだめでしょう。斎藤さんも東京新聞で連載されていますけど、ああいうことを含めてやっぱり批評的な態度を全方位的に貫けるタフなひとがいるかどうかっていうことが、今後批評が生き残る最後の道じゃないかと思う。

斎藤◉純文学はじつのところ、現代社会と強くリンクしていますよね。貧困であれ、非正規雇用であれ、児童虐待であれ、介護であれ、翌年か翌々年くらいの作品にぜんぶ入ってくる。私、高橋源一郎さんと毎年、その一年の本を振り返る企画を続けてきたのですが（※「SIGHT」の「ブック・オブ・ザ・イヤー」）、その年の小説をまとめて十五冊ぐらい読むと、時代の動きがよくわかる。「今年はフリーターが多かったね」とか「今年は女子高生の年だったね」みたいな。背景としての世の中と密接に関係しているので、書評・批評する側も社会の変動を汲まないといけない。その意味で、テクスト論だけではなく、文芸社会学的な発想も必要な気がします。社会時評は、私、そんなに書きたくて書いてるわけじゃないんですけど（笑）、みなさんも社会時評的なものをお書きになろうとは思いません？　倉本さんが書評委員をなさっている「週刊金曜日」は、まさにそういう場所ですよね。

倉本◉例外はありますが、あの媒体はほぼ完全に自分の意向で選書ができる点がいいんですよ。だから、あえて社会に絡んだ本やノンフィクションを選ぶときは、あまり小難しいテクニカルタームは使わず、むしろ己のバカさを開示しつつ読み手の日常とちょっと結びつくように紹介して、なんとか内側まで届けよう、というやり方を心がけています。私自身はノンポリでも、「週刊金曜日」でゴリゴリに書いちゃうと、昔の「左翼」のイメージに対する忌避感だけで読まれなくなっちゃうこともあるから、わざとポップに、カジュアルに、という方向ですね。書評委員として四年目くらいなんですけど、私が入ってくるまで「週刊金曜日」の書評ってもっと硬質で、私から見ると「こりゃちょっと読者を選んじゃうよな」というページだったんです。全員男性だったこともありますし。それがいまは、石井千湖さんと、鈴木みのりさんと、武田砂鉄さん、たぶんほかの雑誌の書評委員から見たら驚異的なジェンダーバランスです（笑）。論旨でぐいぐい行くよりは、そういう周囲の環境からふわっと変えていこうとしています。

斎藤◉豊﨑さんは書評というか、本のテリトリーからはみ出していこうとはあんまり思われませんか？

豊﨑◉ないですね、私はもう生涯一ガイブン中心書評家として生き、死んでいきます。

斎藤◉職人的に。

豊﨑◉海外文学って、どんな時代でも「コアな読者は3000人」って言われているジャンルで、3000人のうち100人ぐらいは毎年ご高齢で死ぬから、その補塡もしなきゃいけない（笑）。偶数月に開催してる、ゲストを呼んで海外文学の魅力について語り合うイベント「読んでいいとも！　ガイブンの輪」ももう6年くらい続けてるんですけど、とにかく海外文学の読者の裾野を少しでも広げていくことが自分にとって大事な仕事だから、必要とされているうちはそっちを一生懸命やっていきたいです。社会時評って大事な場所じゃないですか。しかもたぶんパイは小さい。そこは「餅は餅屋」で、私なんぞが出張っていかず、もっと優秀で適任のひとが参入すべきだと思う。

斎藤◉でもさ、いろんなひとがいろんなこと言ったほうがいいっていうこともあるじゃない？

豊﨑◉うーん、何か言いたいことがある時はTwitterでいいかなあ。

斎藤◉あ、なるほどね。トミヤマさんは社会時評方面に進出なさる気はないですか？

トミヤマ◉私の仕事ってサブカルチャーを対象にすることが多いんですけど、それって社会的にマイナーなもの、周縁的なものを相手にすることだし、どこか社会時評的な視点がないと成り立たないので、その意味では今もやっているつもりではあります。たとえば、バンドマンを夫に持つと、彼がどれだけ音楽活動を真面目にやっていても「そんなところに嫁にいくなんてバカなのか」という、差別的な視線にさらされたりする。それをおもしろおかしくコラムに書くわけなんですが、それって、私にとっての社会批評だと思うんですね。マジョリティとしての常識を信じて疑わないひとに「バンドマンの夫がいる私の人生、なかなか面白くないですか？」って感じで近づいていって、「あれ？　社会って思ったよりいろんなひとがいるのでは？　自分にはその多様性が見えていなかったのでは？」

みたいな意識を持ってもらえたらな、と。

——小澤さんはアカデミシャンとしては、どうですか。

小澤◉学部生のとき、恩師から「ここにいる（大学に進学している）時点で、全員フェミニストであるべきだ」と言われたのがすごく心に残っていて、書かれたものは常に政治的なものだし、書く行為も政治的なことだと常に意識してはいます。ただ社会との関係ということになると、アカデミシャンというより教員としての言動でやっていかないといけないなとは思いますね。「今週末は選挙行きなさいよ」とかささいなことでも。あと自分としては、文学部不要論みたいな、文学も教養もなくていいという圧力やら時代の波やらに立ち向かうほうが切実で。社会に対する批評性はむしろフィクションでしか養えなかったりするんだぞっていうのを学生に教えようとするので精一杯ですね。

——「男性にもわかる言説」という話がありましたが、たとえば斎藤環さんや穂村弘さんが、女性の作家や歌人のなかのある特性を論じるときは、彼らの仕事は、私たちが今日話しているいわゆる「批評」という権威を、あまりひけらかさない感じがあるじゃないですか。だから斎藤環さんみたいなひとを増やしていくというか、男性による布教みたいな方向性もありますよね。

トミヤマ◉大学で教えていて「この先ちょっと期待が持てるな」と思うのが、男子が強くなれない時代が来てるってことなんですよね。早稲田大学に入っても有名企業から内定が出なくて、「なんのために早稲田に入れたと思ってるんだ」とお母さんに泣かれる時代なんですよ。勉強ができるだけじゃ勝ち組になれないことを、いまの男子たちは肌で感じています。そこから批評が好きな子が出てきてくれたら、作品の選び方とか取り扱い方とかも、変わってくるんじゃないでしょうか。弱さについて語れるようになったり、傷ついていることを自己開示できるようになってくるといいのかなと。

豊﨑◉でも、そういう意味では「すばる」の四人も開示してるんじゃないの？　自分の弱さとかを開示した上で批評をって思ってるんじゃないの？

斎藤◉だいたい、日本文学って基本、男の弱さについての物語ですもんね。「だめな私を開示する」っていうのが日本文学の主流だった。

豊﨑◉私小説がまずそれですよね。「だめでいいんだ」と。

トミヤマ◉確かにそうですね。でも、この先出てくるのは、日本の文学の歴史によって保証された男の弱さにすがる男子じゃなくて、そういう後ろ盾がなんにもない、マジで弱い「ネオ弱」みたいな男子だろうなと思うんですよ。

斎藤◉新しい「弱さ」の発見ですね。

豊﨑◉ただ一方で右翼的な言説もすごく強くなってきていて。そいつらの声は大きくて粗暴なわけですよ。ゴキブリみたいなネトウヨ連中から「お前黙ってろよ！」「殺すぞ」って感じになったときに、そのネオ弱の男の子たちはちゃんと自己発言ができるんだろうかっていう不安はあります。

斎藤◉弱い自分に対する漠然とした不安があるが故に、自分を大きく見せるとか権力に擦り寄るとかで、ネトウヨ的なほうに行ってしまうという危惧はありますね。

豊﨑◉大きな幻想にすがっていってね。

トミヤマ◉女子大とかで教えていると、女子はやっぱり弱い存在として生きてきた歴史が長いなと感じます。人生のなかで「女の子だから弱くていい」とか言われてきているから弱いってことに馴染みもあるし、逆にそこから脱出して強くなろうと思えばそのためのスキルも駆使できる感じなんですけど、ネオ弱男子ってこれまで弱かったことがないから、もう右往左往してる感じで……。

斎藤◉ああ、弱い男性のロールモデルが不足してるんだ。小澤さんは大学で教えていらしてどうですか。変化とか感じます？

小澤◉ジェンダーにリベラルというか、メンタリティが女性に近い子が多い印象はありますね。草食系より進んで、りゅうちぇるみたいな、ジェンダーレスとか「男の娘」っぽい子が実際に多くなったなと思います。性自認やセクシュアリティの多様化も実感するので、性について語るときにはTPOに応じて語り方を変えなくちゃいけないなと思っています。

日本型批評の歩む道

小澤◉日本の批評がどんどん縮小していっていると言われる中で、たとえばアメリカだったらミチコ・カクタニやオプラ・ウィンフリーがいて、彼女たちの書評なり言説なりがシーンを動かしたり読者層を開拓したりして、批評と小説が両輪で駆動してきたじゃないですか。日本でもそういう状況を目指したいなと思うんですけれども。

豊﨑◉それは目指すべき。私は大八車に喩えてるんですが、作品が荷台に乗っているとして、車輪の片方が作者で、片っぽが批評家、車を引っ張るのが編集者や出版社で、書評家と読者と書店員が後ろから押すっていう。すごくいい作品なのに苦しい状況にある上り坂の道では、書評家も一生懸命押さなきゃいけない。あと車輪のサイズが違うと、まっすぐ前に行かないでその場でくるくる回って、どこにも行けなくなってしまう。だけど両輪が同じぐらいで、しかも大きければ大きいほど、一押しで遠くまで届くじゃないですか。やっぱりそういう意味でも、批評って本当に大切だなって。まあ私は批評書かないのでアレですけど、「大切だからみんな頑張って！」とエールを送ってるつもりではあります。無責任ですが。

――字数の多い、メガ書評みたいなものでもよいわけですよね。その意味でも、さきほど小澤さんがおっしゃったような、ちゃんと論とレビューが合体したような、サービスじゃなく評価も入ったレビューみたいなものの、場が必要ですよね。

豊﨑◉そりゃ、私だって長い書評を書きたいから訊くわけですよ、「書評ってなんでこんな少ない文章量しかもらえないの？」って。そうすると「いまのひとは800字以上のものは読まない」と決めつけてる編集者や新聞の文芸欄の記者に出くわします。そういう「読者がアホだから」みたいな認識からぜんぜん抜け出せてないんですよ。

斎藤◉30年くらい前からその傾向はありますね。ただ、純文学作品はあるていど継続的に読んでいないと、突然「よし、芥川賞か！」って読んでもおもしろくないわけですよ（笑）。みんながイメージしている過去の文学作品とはちがうから。そうすると「文学も堕ちたものですね」なんてAmazonとかに平気で書く。そんな読者にどうアプローチするかという問題は、新聞の書評欄などには常にある。私は、新聞の読書欄を読むくらいだから一定程度、文化的な素養があるひとたちだとは思うけど、一応「ビギナー」を前提にして、どうプレゼンテーションするか考えるんですが。文学離れが激しいといわれる昨今、「批評の力」以前に、そこはすごく難しいですね。

豊﨑◉特に3・11後、フィクションの言葉じゃなくて、社会学とか政治とか経済学のような、リアルな言説みたいなものを求めるひとが増えてきたと思うんです。Twitterも、以前は本当にのどかだったのに、3・11後には陰惨だったり不毛だったりするケンカがいろんなとこで起きてるし、そこで語られているのも、籠池がどうだとか安倍がとか自衛隊がどうでとか、「今ここにある危機」に関することがほとんど。

斎藤◉昨日今日の政治面の話題に行きがちですよね。非常にダイレクトな。

豊﨑◉小説の話でTogetterにまとめられるくらい盛り上がることなんて、ほとんどありません。だけどこういう「今」や「ここ（ニッポン）」ばかりに目が向きがちな時代だからこそ、「いつか」「どこか」について考える契機になるフィクションの言葉が、モノを言うと思うんです。私は3・11後はそのことしか考えてないですよ。「虚構なんか意味はないし、不要だ」と言うひとに、「いや、いまこそ必要なんだよ」ってことを伝えたいという気持ちだけで、手を変え品を変え書評を書いてるつもりです。

斎藤◉生きにくい時代にこそ文学の出番だ、っていうね。ただ、その前に「虚構の言葉」に親しんでいないひとが多い、という現実が立ちはだかる。

トミヤマ◉『カルテット』（※TBS系列ドラマ、17年1～3月）とか好きなひとは本も読んでくれるかもしれない。あれってすごい良質な虚構だったじゃないですか。ああいうドラマが好きなら小説もいけるはず。

豊﨑◎そうそう！　ですから、『カルテット』の放映の最中に時々本のことをつぶやくようにしてました（笑）。

倉本◎すごいテクニカル（笑）。

豊﨑◎視聴率が高かった『逃げ恥』（※TBS系列ドラマ『逃げるは恥だが役に立つ』、16年10～12月）のダンスが終わったころくらいに小説の話題を入れるとか。

斎藤◎ドラマでもアニメでも、何か入口があればいいんですよね。近頃は「芸能人のだれそれが褒めた」とか、本の帯も書店員さんのコメントのほうが効くとか、どうしても売り上げ本位になってしまう。書店員さんたちが選ぶ「本屋大賞」もベストセラーの後追いみたいになって、もうあまり機能してないですよね。少部数の良書を後押ししようという気概は感じられない。

豊﨑◎だからTwitter文学賞を始めたんです。書店員は本を売るプロだけど、小説を読むプロじゃないということが、本屋大賞で明らかになっている中、普段ツイートを眺めてると、一般の読書好きのひとのセンスのほうがずっと信頼できるんじゃないかって予感が生まれて、ためしにそういうひとたちの「昨年読んだ本の中での、この一作」を調べてみよう、と。そしたら、ものすごく美しい結果が毎年生まれて、トヨザキ感服つかまつり候の巻です。

トミヤマ◎自分たちと感覚が近そうなひと、親近感が持ててこわくなさそうなひとの話を聞きたいっていう欲求にすごくフィットするんでしょうね。

斎藤◎だとしたら「私はこわくありません」という装いを凝らすのも芸のうちなのかな。今日のメンバーもそうだけど、わりとみんなゲリラ的だよね、読者に届く言葉を模索しているひとたちって。

豊﨑◎大学っていう権威を背負ってるひとも、なんらかの形でゲリラモードを表明してほしいなあ。あ、だからトミヤマさんは片仮名に？（笑）

トミヤマ◎そうですそうです。こわく見えないように、わざとカタカナにしてるんです。まあ、そのせいで「いかがわしい」とも言われますけど（笑）。

（2017・3・23）

フェミニズムと女性に近づくかもしれない23冊

選・解説＝豊彩夏

【歴史　5冊】

女性の「歴史」の困難さ、
そしてそれを尊重することについて

『自分ひとりの部屋』
ヴァージニア・ウルフ

ヴァージニア・ウルフは「女性と小説（フィクション）」について何か語るよう言われて、ここに収められる元となった講演を行いました。ヴァージニア・ウルフって、イギリスのとても有名な小説家です。その彼女が真っ先に言ったのは「自分ひとりの部屋」と、500ポンドの収入を得ることの必要性、という、物質的な問題でした。

女性が何かを書くにあたって、何よりも障害となっているのは制度でした。

男性たちによって語られる女性の「劣性」を目にするたび、ウルフは憤ります。けれどもその一方で、不当に扱われているという憤りのあまり、才能を開花させることよりも怒ることにエネルギーを使ってしまったように見える女性作家について、ウルフは嘆きます。男性たちには存在する「伝統」が、女性たちの前にはなかったことを嘆きます。女性同士の関係が、文学においてあまりに単純化されて描かれてきたことを嘆きます。

そしてウルフは夢見ている。

ウルフは問いかけます。もしもシェイクスピアに妹がいたら？　才能を持ちながら、様々な制度的問題によってその才能を発揮することなく生涯を終えることとなった数多の女性たちが、「シェイクスピアの妹」には託されています。ウルフは努力するよう呼びかけます。いつか彼女が出現できるような世界になるよう、私たちの側に努力を求めます。

たとえば今、彼女は生きられるでしょうか？　今度こそ？　その才能を開花させて？

『フランケンシュタイン』
メアリー・シェリー

その名前は知られているものの、原作を読んだことのない作品の筆頭格のような存在に位置するのが『フランケンシュタイン』です。「フランケンシュタイン」が実は怪物の名前ではない、ということも一般的にはあまり知られていません。さらに知られていないのが、原作者であるメアリー・シェリーの名前です。そしてまた、メアリー・シェリーの母が第一派フェミニズムの代表者、メアリー・ウルストンクラフトであることもまた、ほとんど知られていません。

さて、読んでみるととても読みやすい。主人公・フランケンシュタインの饒舌な語りにあっという間に巻き込まれることができます。良質なファンタジーというほかない。

この優れてポップな現代の神話的物語は、フェミニズム／クィア批評の伝統の一端を作っています。

まず、その誕生からいわくありげな物語である。最初の版につけられた序文は、彼女の夫が書いています。まるで自分が書いたものであるような顔をして。のちにつけられた、彼女自身の手になる序文は、以前の序文を書いたのは夫であることを暴露している。しかし彼女は、自分のことを「付け足し」として語るのみである。そして肝心の内容といえば、男性の主人公が饒舌に語り、進む物語である。しかしそこで描かれているのは、「生命の誕生」なるものが女性ではなく男性の手によってなされ、なおかつ怪物を生み出すといった事態である。女性が書くこと、語ることについて考えるべきことが、あらゆる意味で山ほど盛り込まれた小説です。もっとも重要なのは怪物的であることだと、この本について考えるたび思います。

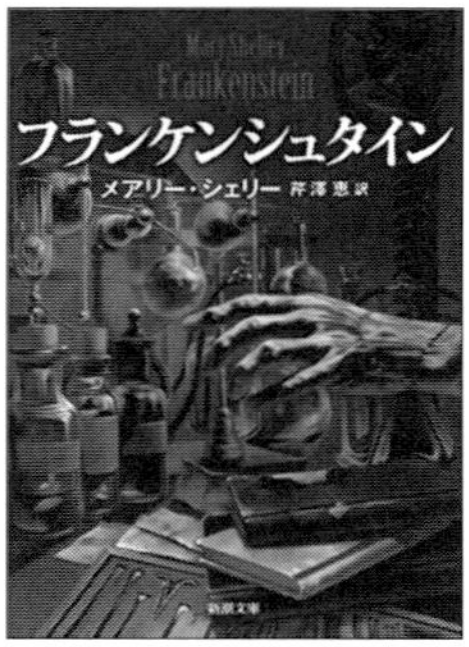

『おんなのことば』

茨木のり子

『自分の感受性くらい』や『わたしが一番きれいだったとき』でとても有名な、茨木のり子の詩集です。「おんなのことば」、という、とても率直なタイトルに胸を打たれます。「おんなのことば」ということはそれ自体、いろいろ考え出すときりがないほど難しいことです。

　しかしながら、きりがないほど難しいことを考えつつ、素朴に何度でも立ち返るべき原点がここにある。

　フェミニズム思想を学ぶうちに、私は一時期「私たち」という言葉も「女性」という言葉も使えなくなり、にも関わらず「女性」について語りたいと考え、袋小路に陥った気分になりました。何かを集合的に語ることが常に暴力的であるほかないからです。それは実際に袋小路です。本当のところはなにひとつ語れないと思います。と同時に、尊重すべき歴史があり、先達があり、率直さのうるわしさがあります。それからまたひるがえって、疑問を抱きためらいつつ語り出す、ということしかできないように思えます。本書におさめられた『女の子のマーチ』に、こんな箇所があります。「パパはいう/お医者のパパはいう/女の子は暴れちゃいけない/からだの中に大事な部屋があるんだから/静かにしておいで/やさしくしておいで/そんな部屋どこにあるの/今夜探険してみよう」。

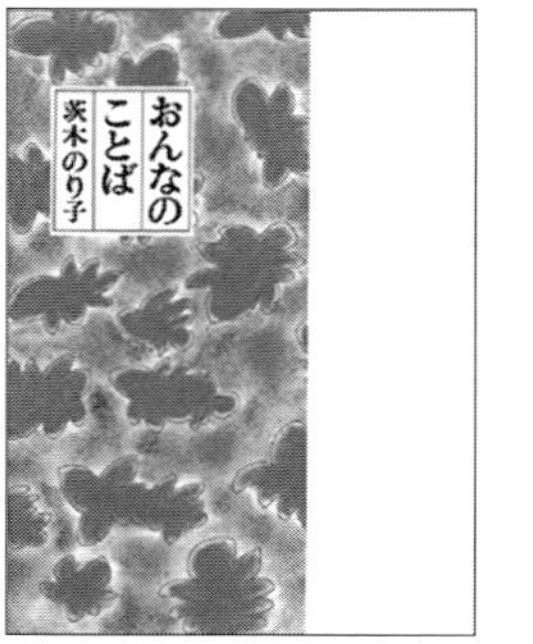

『海からの贈りもの』

アン・モロウ・リンドバーグ

　1955年の本です。以前の邦訳では「リンドバーグ夫人」とされていましたが、今では彼女自身の名前が冠された邦訳を読むことができます。発表当時ベストセラーになったこの本は、ひとりの女性の静かな思索が書き連ねられたエッセイです。

　与えるばかりであるような女性が、ひとりになり、自分を満たそうとする本です。

　ここにはものすごくラディカルな考え、といったものはありません。「女であるということは、車輪の軸から広がるスポークのように、中心から四方八方に向かう義務と関心を持つことである」と彼女は言う。もろもろに気を散らされざるをえない数多の女性の生活を嘆く。けれどもそのような役割自体を拒絶しようとはしない。彼女の主張はラディカルなフェミニズムとは異なったものです。それはいささかコンサバティブなのかもしれない。驚くような独創性があるわけでもない。古めかしいと感じる部分も多い。

　ですが私たちはそこに、たしかにある女性の息吹を感じます。いろんなことが不自由な中で、自分自身であろうとした女性の思索を知ります。この本の中には、ただ安らごうと、そしてものを考え、書こうとする女性の姿があります。海辺に行き、自分の日々の生活、家族のこと、女性であることについて思いをめぐらしている人の姿があります。地に足をつけ、人生を生きようとする姿があります。それは美しいものです。

『血、パン、詩。』

アドリエンヌ・リッチ

　アドリエンヌ・リッチは詩人で、レズビアン・フェミニストとして著名な人です。とりわけこの本におさめられた「強制的異性愛とレズビアン存在」という評論はとても有名で、一時期のフェミニストを魅了した概念でした。その後の理論的展開のなかで、学術的には彼女の理論は様々な角度から検討を加えられ、批判されてもいます。

　ですが読んでみて驚くのは、その理論的内容というより、彼女の用いる言葉の力強さです。彼女ははっきりと戦略的に、人を鼓舞し、訴えかける言葉について熟知して用いています。こう言ってしまうと、プロパガンダの言語を身につけているだけである、と思う人もいるかもしれません。そうかもしれない。もっと複雑に精緻に考えなければいけない部分は大いにあるでしょうし、彼女の言語はいわゆる「女性の文体」（ヴァージニア・ウルフが読んだらどう評したでしょう？）ではないかもしれない。

　ともあれ、彼女の言葉には人を動かす力があることは間違いない。

　この本におさめられた冒頭の文章は、女子大学で彼女が行った講演録です。彼女は卒業していく女子学生たちに向かって語りかけます。私たちは、そこにいる女子学生たちと共にあると感じることができます。年上の、あらゆる困難の中で戦ってきた女性が訴えかける言葉を聞きます。私たちの前に、わずかながら伝統が存在すると知ることができます。ウルフはおそらく感じることのできなかった伝統です。細々とした糸が手繰り寄せられます。その様を、私たちは本書を通じて何度でも目撃することができます。

【ところで　3冊】

「女性と小説（フィクション）」の境界と拡張と攪乱について

『フラニーとズーイ』
サリンジャー

『ライ麦畑でつかまえて』で有名な、サリンジャーの作品です。

　サリンジャーは男性の作家であり、とりたてていわゆる「フェミニズム」的にグッドな作品を残している作家でもないのですが、この「フラニー」という物語はぜひ読んでもらいたいと思います。

　ここに収められた、「フラニー」の物語は、大学生の女の子のフラニーの話です。フラニーのボーイフレンドは、知識をひけらかす嫌なインテリ大学生です。彼はガールフレンドを、自分のことを肯定してくれる、自分より下の馬鹿な子としか思っていないし、そのように自分が考えていることにも気づいていない。フラニーはそんなボーイフレンドや、彼とよく似た種類の大学教授らの傲慢さや偽物加減に気づいています。そして倒れそうになっています。彼女は自分が感じていることを伝えようとします。しかしそれは意図的な、はっきりと反抗的な態度ではない。強さがない。こぼれるように語るほかない。そして倒れてしまう。

　これはおそらく、現代の女性作家が得意として描くことがらに分類されます。そして同時に以下のようなことを思います。

　フラニーにわりと安易に共感すること、安易な共感を呼びながらも結局のところ安易な共感をはねのける部分がサリンジャーの作品にあるように思われること、そのように思われる時にサリンジャーが男性の作家であることが何かしら意味を持っているのか、どうなのか、ということ、それが問題なように思えてしまうこと。

『あのひととここだけのおしゃべり』
よしながふみ

漫画家、よしながふみの対談集です。

　彼女の作品でもっとも有名なのは、男女逆転大奥を描いた『大奥』という漫画でしょうか。『大奥』もフェミニズム的に興味深い作品ですが、もともと彼女はBL漫画家として長年活躍してきた方です。そんな彼女が、様々な作家（三浦しをんや萩尾望都、羽海野チカなど）と対談しているのが、この本です。漫画家なので、もちろん対談相手も漫画家の方がほとんどですが、まずそれも興味深い。ある種の棲みわけについて考えさせられるきっかけになります。

　この本の中で、よしながふみは10代の頃から「フェミニストである自分」と周囲の摩擦について対処しようとしてきた、と言います。

　フェミニズムに興味を持ちはじめ、だんだんいろんなことを知りはじめると、おそらく摩擦の存在に否応なく気づかざるをえなくなる。いろんなことに違和感を感じるようになる。違和感を感じていない周りの人とのずれを経験する。フェミニズムはひとを元気づけてくれる思想だけれども、日常レベルで起こるその種の摩擦への疲弊はおそらく避けがたい。そんな時に読んでほしい一冊です。違和感を持ちながら生きること、しなやかな強さを身につけること、あふれるコンテンツを楽しむこと、なんだかんだで楽しく生きること、に対するヒントがつまっていると思います。

『サイボーグ・ダイアローグズ』
ダナ・ハラウェイ＋シルザ・ニコルズ・グッドイヴ

ダナ・ハラウェイはアメリカの科学哲学者で、フェミニストです。1985年に「サイボーグ宣言」を発表したことで一躍有名になった人です。

サイボーグ・フェミニズムは、その名前の奇抜さに反して、80年代の多様化を迫られていたフェミニズムの空気をきっちり吸い込んだものです。その宣言論文を読めばわかりますが、人種のポリティクスがあり、労働問題への真摯な姿勢があり、テクノロジーと今後どのように生きていくかという問いかけがあり、また「女性」なるものの解体を含む追求があります。そしてそこに、SF小説の文芸批評があります。女神よりサイボーグになりたい、という叫びで終わるラストが有名な論文ですが、キャッチーかつ全体をきちんと読めば単なるキャッチーな言葉だけではないことがわかる。それがいい。

本書はインタビュー集なのですが、彼女の考え方、人生、用いる語彙はとても興味深い。シダ植物の生態系に基づく精神分析の創始を、という話が出てくるけれども、一度聞いたらなかなか忘れがたい表現です。サイボーグ・フェミニズムという言葉からしてそうですが、とてもキャッチーです。けれどもそのキャッチーさをきちんと支える理論がある。空疎な言葉ではない。

彼女の書くものを読んでいると、70年代以降の著名なフェミニズムの学者の多くが、欧米圏では人文学の人であったことを思います。第二波フェミニズムの古典、ケイト・ミレットの『性の政治学』は文芸批評でしたし、エクリチュール・フェミニンは言わずもがな、アドリエンヌ・リッチは詩人です。スピヴァクにセジウィックも文学の研究者です。バトラーは哲学出身ですが、修辞学が彼女の議論にとって重要です。それは外部的には、おそらく制度的な問題であり、社会運動にとって重要な「言葉」の技術の問題であり、もうひとつには第二波以降のフェミニズムの登場時期に流行した思想との関係性があります。そしてここにあげた外部的な要因とはまた別のしかたで、ハラウェイは独自のフェミニズムを、言葉の用いかたを考えていると思います。

【性　3冊】

性的主体化、あるいは人間と人間関係における性について

『ナチュラル・ウーマン』
松浦理英子

1987年の小説です。要約の暴力をあえておかして言うと、女性同士の親密な関係性についての物語であり、主人公の容子と、花世、夕記子、由梨子という三人の女性の関係がそれぞれ描かれた三編の短編によって成る物語です。

女性同士の親密な関係性、とりわけ性的なものを含んだ親密な関係を描いた物語は、いまでも決して多くはありません。なおも異性愛が幅をきかせる世の中であり、そんななかで女性同士の親密な関係を描いた作品は、よくも悪くも目立ちます。

しかしそういう世の中で、この小説が存在していることは救いにほかならない。

三編の短編で、「たまたま女に生まれてついでに女をやっているだけだ」と考えている容子と、膣を「男の垢にまみれた」「陳腐な性器」だと言う花世の関係が、根源的なものとしていろんなところに顔を出します。つまり花世のなかには、異性愛規範と一体になった女性嫌悪が存在します。女に生まれたからには男とやるものだ、という考えと、そんな風に「女」であることへの嫌悪があります。その隣に、世の中の「かくあるべし」という概念から自由である、かのように見える容子がいます。花世はそんな容子が好きで、かわいくて、同時に憎たらしくてどうしようもない。その「どうしようもなさ」が徐々にふたりの関係を蝕んでいきます。そして花世との関係のあと、人とどんな風に関係を築くのか模索している容子の姿が、ほか二編で描かれる。性別をもった存在として人と関わらざるをえないことの苦しみと絶望が、これ以上ないほど真摯に描かれた作品です。

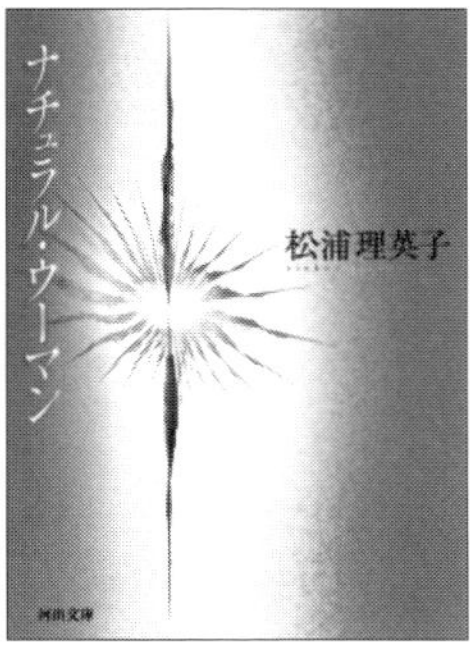

『親密性』
レオ・ベルサーニ、
アダム・フィリップス

レオ・ベルサーニはもともとフランス文学の研究者です。そしてゲイ男性として、ゲイ男性にとりわけ特有と思われるテーマへの追究と、精神分析、芸術に対する偏愛が混ざりあうこの評論集は、「親密性」を軸に展開された思考を集めているものです。

ベルサーニの魅力は、彼の大変自覚的な「ねじれ」にあります。

一方で彼の発言は（『直腸は墓場か？』論文以降に顕著な）、ゲイであること、への固有性に対するこだわりに貫かれている。そのこだわりゆえに、たとえば女性の問題はあえて看過しているように見える部分さえある。しかしもう一方で、彼が求めているのはゲイである、という固有性が無効になるような、「自我壊乱」、セクシュアリティやアイデンティティといったものがそもそも溶解するような地点である。だけどその地点にたどり着くために、彼は固有性にこれ以上ないほどこだわる。それは単なる矛盾ではないんです。「ねじれ」てしか言えないものがあると、おそらく彼は考えている。何かを語ることは常に暴力的である。そして暴力を孕んでもなお「ねじれ」ていようとする。

本作でも彼のあまりに魅力的で挑発的で問題含みな「ねじれ」は存分に発揮されています。セックスしない「親密性」を語ったその直後に、乱交的な「親密性」を語る。もともとは人と人との関係をあらわすものとしてあるはずの「親密性」なる語を語るにあたって、彼が重視するのはむしろ非人称的な次元である。幾重にも孕まれたねじれです。

私たちはおそらく、彼の「ねじれ」の微細さを微細に考えなければならない。

彼のありようを、いわゆる「文学者」の振る舞いであるとすることなく、そのうえでなおかつ、性と「文学」の課題として捉えなければならないと思います。

『体の贈り物』
レベッカ・ブラウン

レベッカ・ブラウンはアメリカの作家です。

彼女の作品には大きくわけて二種類の傾向があって、本作のようなものと、息もつまるような閉塞的な恋愛を描いたものとがあります。後者もそれはそれで魅力的ですが、最も読んで欲しいのは『体の贈り物』です。

ここには不思議なまでの透明さがあります。

レベッカ・ブラウンはまぎれもなくジェンダーやセクシュアリティについて考えている作家であり、それは彼女の作品のいたるところに見出すことができます。もちろん、本作もそうした部分があります。これはエイズ末期患者の終末医療を描いた物語であり、主人公はケアワーカーの女性です。まぎれもない、はっきりとした社会性を持った物語です。

いわゆる「感動」ものにすることもできたはずである。にもかかわらず、「からだ」の部分部分をすくい取る記述は、性的な存在者としての人間をやわらかくほぐしていく。静かに丁寧に、パーツに焦点があたる。安易な感傷のべたべたした手触りもない。さらりとしている。その様がとても見事な小説です。

【戦う　4冊】

どこで／どのように／何と戦うべきなのか、について

『アラブ、祈りとしての文学』
岡真理

岡真理は、現代アラビア文学の研究者であり、第三世界フェミニズムの研究者でもあるひとりです。本書の中で筆者は、パレスチナの問題を扱っています。パレスチナのあまりに厳しい現実に対して、文学がどんな意味を持ちうるのかという問題、ま

たパレスチナ問題に連なるホロコーストの問題を扱っています。そしてそこに第三世界の女性とフェミニズムの問題も存在します。

とりわけ第三世界フェミニズムに焦点を当てた著作として、あわせて読んでもらいたいのは『棗椰子の木陰で』という本なのですが、初めて読むなら『アラブ、祈りとしての文学』の方が読みやすいかなと思います。なぜか。それは間接的に、フェミニズムと文学、というか政治と文学について考える示唆を与えてくれるものだからです。

フェミニズムと文学の関係は、端的に言ってそれほど幸福なものではない。

その理由はいろいろあります。そしてそれは間接的には文学（芸術）と政治の難しさにつながっているものです。極端なことを言うと、一方には、その二つは全く関わりがないのだ、もっといえば関わりなくあるべきなのだという人がいます。もう一方には、その二つは分かち難く結びついており、もっと言えば、あらゆるものは政治である、という人がいます。どちらが正しいのでしょう？　もしもあなたが、そのどちらかの意見を持っているか、あるいはそのどちらをも部分的には正しいかもしれないと感じているならば、ぜひとも本書を読んでいただきたいと思います。

『母の発達』
笙野頼子

笙野頼子は「戦う作家」として有名な方です。

フェミニズムを直に取り扱った『水晶内制度』もあわせて読み、また彼女の行った論争についても触れてみてほしいです。彼女に向けられた幾つかの批判のありようは、言語道断というほかないものです。そういうところで書いている人である。そして彼女の作品が面白いのは、闘争が言葉のレベルで行われているところです。

『母の発達』は言語におけるフェミニズム的闘争である。

母性の呪縛に対する解体を描くにあたって、この小説では言葉のレベルで解体していきます。「あ」のお母さん、「い」のお母さん、そして「ん」のお母さんまで、文字通り文字との闘争です。「女性的」なもの、とされがちな「ひらがな」をバラバラにする。カタカナもある。切り裂くようなカタカナである。この作品において用いられるカタカナは、引っ掻き傷をつくる。言語にまとわりつくイメージを引き剝がし、時には利用し、どたばたと物語は進む。繰り返される分裂と増殖の奇妙な物語が、とてもポップに描かれている。そこにはフランケンシュタインもある。怪物的なフェミニズム・イコンですね。楽しいことこの上ない。なのにものがなしい。どんな風に「戦う」か、どのレベルで「戦う」か考えるように強いる作品だと思います。

『マウス』
村田沙耶香

彼女の作品で、おそらくジェンダーやセクシュアリティを問題にした作品というだけなら、もっと他の作品を選ぶべきかもしれません。たとえば、セックスが生殖に必要ではなくなった世界を描く『消滅世界』という作品や、10人産んだら一人殺してもいい世界、を描いた『殺人出産』という作品があります。また、『ハコブネ』はより直接的に、ジェンダーやセクシュアリティの揺れをあぶりだすものです。

けれどもそれらはおそらく、依然として揺るがない何かを残している作品だと感じます。揺さぶろうとしているものがあるのはわかるけれども、揺さぶられる側が問題なく、安心して褒め称えることができるものがある。たとえば、『消滅世界』では生殖に必ずしもセックスが必要ではなくなった、という設定であるにもかかわらず、作中の社会は依然として異性愛主義を色濃く残しているようでした。生殖的セクシュアリティの規範は、骨抜きにされてもなおそこにある。揺さぶるとはどうしたら可能なのか、彼女の作品を読むと考えさせられます。

この作品はおそらく、あえて揺さぶろうとはしていません。彼女の得意な要素がつまっている。ある幼年期の玩具に対する奇妙な執着があり、幼さ／性のテーマと重なりあう普通とはちょっと違った親密な関係があり、少女がある。単純化されない女性同士の親密な関係がある。ふたりの関係の描かれ方は、男性の読者に媚びるものではない。ただ伸びやかにそこにある。それがとてもいいし、そういう作品は貴重だと思います。

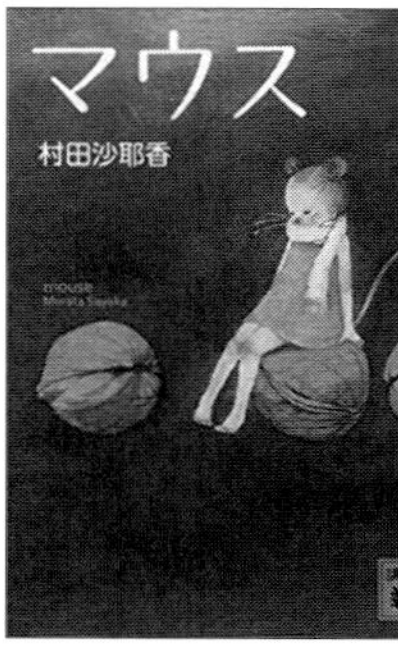

『愛について』
竹村和子

竹村和子は、英文学研究者であり、同時にフェミニズム思想家であり、現代フェミニズムにとって極めて重要な思想家（ジュディス・バトラー）の翻訳者として知られる人です。アカデミックな知見に裏打ちされた思考は、いささか難解であり、日本のフェミニストのなかで一般的にもよく知られている、とはあまり言えません。

　しかし今こそ彼女の著作は読まれなければならない。

　なぜなら、一般的に言って、フェミニズムとは「女性」に関する思想であり、「ジェンダー」の問題を扱うものだ、とする見方が依然として多いからです。それと同時に、フェミニズムは「女性」の思想であるから、現代の多様化した性のありようのなかで「女性」にあまりに焦点を当てているのは「古い」とする見方もまた、あるからです。竹村和子は、この二つの見解のどちらをもはねのける仕方で思考してきた人です。

　彼女は問題とするものを［ヘテロ］セクシズム、と呼び、異性愛主義と性差別を同時に問題とします。それは人間の関係性をどう捉えるか、という問題でもあります。どちらか一方では不十分である。縦横無尽につなげられていく思考のドラマとともに、一見ジェンダーやセクシュアリティから離れた思考を展開してもなお「フェミニスト」と名乗ることを手放さなかった彼女の思考の軌跡を、本書で十分に追ってほしいと思います。と同時に、どうしても、最後に一言。フェミニズム思想がいかに普遍主義によって貶められているかもまた、思い知っていただきたい。

【女子　4冊】
他ならない私たちの、
愛すべき凡庸さについて

『白昼堂々』
長野まゆみ

長野まゆみは、80年代にデビューした作家です。少女漫画の元祖、24年組の影響を強く受けている作家です。24年組のレガシーは数え切れないほどたくさんあるけれど、やっぱり、男性同士の恋愛的／性的な親密性を少女漫画の文法で描いたところにあります。長野まゆみはそれを小説の領域でやった。そしてこの『白昼堂々』とそれに連なるシリーズは、BL小説と一般文芸の間にたたずむ作品です。なぜ読むべきなのか。

　まずもって私たちは、こういった作品が存在したことの意味を考えるべきである。

　読んでみるとわかるのですが、そこには彼女の美学があります。どんなものを美しいと思い、どんなものを醜いと感じているかありありとわかる。美少年は美しいのである。美しい男性たちの恋愛は美しいのである。そして、特に『夏至南風』のような作品に顕著ですが、女性はそれほど美しいものとされていないようである。ボーイズラブ文化が抱えるねじれが端的に表れています。それがまず第一の問題です。

　次に、なぜこれは一般文芸なのか、ということがあります。長野まゆみは「小説家」であり、数多のBL小説の作者は「BL小説家」です。「文学的質」の違いでしょうか。BL小説と呼ばれるもののなかに、「文学的質」を有したものは本当にないのか。そもそも「文学的質」とは何か。一般文芸のカテゴリーは、私たちに何が書かれ読まれるべきだと教えているのでしょうか。今後攪乱されていく境界の端緒が、ここにあったのか？　あったとすればどのように？　なかったとすれば、それはどこに？

『妊娠カレンダー』
小川洋子

「しかも求めてるのはわたし自身じゃないのよ。わたしの中の『妊娠』が求めてるの。ニ・ン・シ・ンなのよ。だからどうにもできないの」（文庫p54）。驚くほどの食欲にのみこまれた主人公の姉が言う「求めてるのはわたし自身じゃないのよ」という言葉の内実をえぐりとるために、この物語は執拗に「ニンシン」を単に物質的な問題として捉えようとします。主人公の姉が妊娠する。つわりがひどくて何も食べられなくなる。そのあと、つわりが終わると、暴力的なまでの食欲が襲ってくる。小川洋子は食べ物をものすごく気持ち悪く描くのがとてもうまい作家ですが、ここでも食べ物はおぞましいものとして描かれています。何かを体内に取り込み、受け入れることはおぞましいのです。その好悪が反転し、食欲が襲ってきたところで、妹である主人公はグレープフルーツのジャムを姉に与えます。染色体を破壊するかもしれないと噂のものです。彼女が姉に対して、あるいは姉の胎児に対して抱く悪意のようなものについての説明はなされません。実際、おそらく個人に対する何かではないのです。二人の女性に共通するのは、ただただ妊娠の物質性とおぞましさの認識です。それは一般的には受け入れがたい見解であると同時に、いわゆる女性作家の描く「文学」的な見解としては受け入れられやすい。その両者に同時に抗うことの難しさについて考えさせられる作品です。

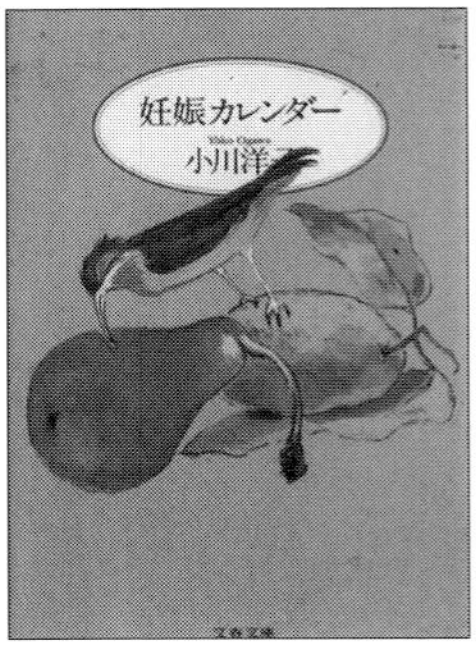

『オレンジだけが果物じゃない』
ジャネット・ウィンターソン

ジャネット・ウィンターソンはイギリスの作家です。そして本書は、狂信的なキリスト教原理主義の母親に育てられた、レズビアンの少女の物語です。（聖母マリアのように処女懐胎したかったが、それは不可能なので）養子をとった母と、その娘のありようが、幻想を織り交ぜながら語られます。設定だけ聞くと、母や信仰の呪縛から逃れ「自立」していく物語のように思えますし、そういった部分ももちろんあります。けれども、この小説の最大の魅力はそこではない。その種の一般化は存在しない。邦題は忠実な直訳になっています。タイトルになっている「オレンジ」は、絶対的な「正しさ」が存在し、それ以外のものに対して極めて不寛容な母親の象徴です。母親は主人公を否定する。それに対して主人公は反抗します。「オレンジだけが果物じゃない」と。けれども、果物にはあらゆるものがある、とは言わない。物語の終盤に、母の家を出て、大人になった主人公が再び故郷に帰るシーンがあります。そこで「わたしは神をなつかしむ」と言う。「いちど神という最高の相手を知ってしまったら、それに負けない関係を人間に求めるのは至難の業だ」。

自立と解放を寿ぐ一方の割り切れなさ、を幻想を織り交ぜながら語るこの小説は、一部的には「自立」や「解放」を目指し、けれどもそれだけではないなにものかをすくいとろうとする姿勢があります。そしてそれは言うまでもなく、現代フェミニズムの課題にほかならない。

『不機嫌な女たち』
キャサリン・マンスフィールド

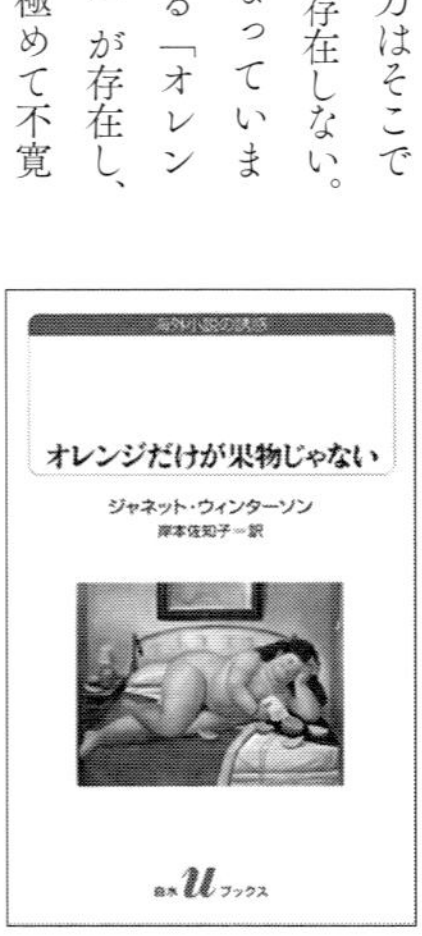

マンスフィールドといえば、短編の名手として知られているニュージーランドの作家です。かつてヴァージニア・ウルフが「恐ろしく感じやすい心」と評した彼女の短編が収められた本作は、マンスフィールドの世界を存分に味わえるセレクトになっています。

彼女の作品のとても面白いところは、幸せなところです。

特に興味深いのは、タイトルもまさに『幸福』と題された短編です。主人公は主婦で、夫と子どもがいます。夫は馬鹿馬鹿しいインテリで、彼の友人も似たようなものです。乳母は冷たい。彼女が子どもと触れ合うのをよく思っていないようである。にも関わらず、彼女は幸福です。そしてそんな彼女は、ある女性と言葉を交わすこともなく、彼女の自分への好意を、自分の彼女への好意を感じ取っています。奇妙なことに思えるかも知れませんが、彼女は、その女性への好意によって初めて夫に性的な欲望を抱きます。最終的に、その女性と主人公の夫の不倫関係が示唆されて物語は幕を閉じます。

　要するに、彼女はいつだって締め出されている。

　夫に性的な欲望を抱けない。夫を尊敬していると彼女は言うが、夫はどう見ても馬鹿馬鹿しい人間でしかない。パーティーだって夫とその友人たちと共にいたところで、彼らの会話に入れない。子どもとの関係も乳母によって阻まれる。いつも外側にいる。

　こうしたことを、マンスフィールドはあふれそうな幸福をもって描く。女性の「疎外感」をこんな風に描く人なんです。彼女はそれを描く方法を心得ている人だと思います。

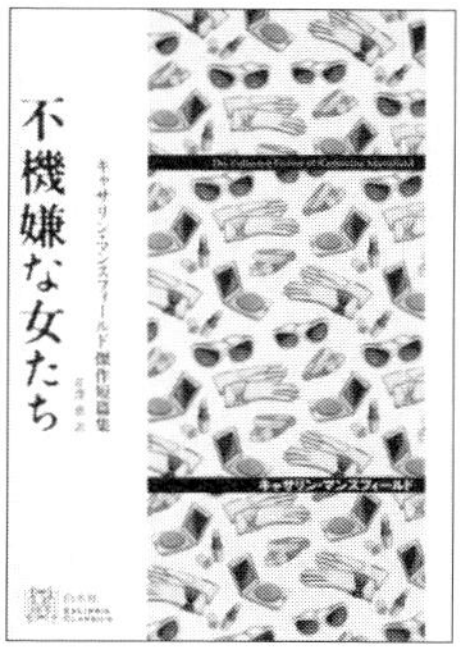

【倫理　4冊】

抗しがたい暴力にそれでも抗うための、なにかについて

『君は永遠にそいつらより若い』
津村記久子

　津村記久子さんのデビュー作です。22歳で、自分のことを「処女」というよりは「童貞」だと思っている女の子のお話です。女の子ではあるけど、いわゆる「女の子」というのはちょっと違うかもしれない。違和感というには些細で、でも見過ごしてしまうこともできないような「ズレ」のなか、続いていく日常を生きる話なんですが、その微細さに倫理が宿っている小説である。

　たとえば、彼女は児童福祉に関わろうと考え、就職を決めたのですが、それは「テレビの特番で見かけた行方不明の男の子を探すため」なんですね。見知らぬ男の子のことを延々と考え、思い悩み、「あの子を探し出すのだ」とある日ふと思う。「正義感」と言ってしまえば美しい。でも彼女はそうは言わない。その男の子のことを考える時の自分は「標準の大人として不適切」で「どこか妄想じみてもいた」と言うんです。

　つまりこの小説は、倫理的であることの難しさをまったくごまかさない。

　のっぺりした日常のなかに不意に暴力がのぞきます。力の弱いこどもが受ける暴力がある。物語のなかで出会うイノギさんという女の子が、かつて受けた暴力がある。それはまぎれもない悲劇でありながら、非常に「よくある」話でもある。この種のことを「よくある」話のように受け取り、受け取られてしまうことはとても暴力的なことです。にもかかわらず避けがたいことです。その隣で、違和感ということも難しいような違和感を抱えた主人公がいます。そこにはギリギリの、本当にギリギリの、倫理があると思います。

『聖女伝説』
多和田葉子

　多和田葉子の作品はしばしば「言語への独特な感性」を軸に語られます。

　彼女は「言語」の問題と「女性が書くこと」の問題のつながりに明らかに自覚的でありながら、「女性作家であるがゆえに」こういったものを書けるのだ、という安易な批評をはねのけるものを書いています。それはおそらく「女性作家であるがゆえに」身体性と言語の問題を表現しているのだと言われた瞬間にすべてが台無しになることを、知っているからだと思います。

　この作品は、幼い少女が受けた性暴力に関する物語です。

　性暴力を描くことはとても難しい。まずポルノのように苦難を消費されてしまうことを絶対に避けなければならず、それと同時に、苦難をなかったことにすることもまた、してはならず、さらに苦難を矮小化することなく、しかし苦難を逃れがたく救われないものとして描いてしまうこともないことが必要です。ほとんど不可能に思えるこうした課題に、極めて真摯に、そして文学的に取り組んだ作品です。

　主人公の少女の一人称で進む物語は、抽象的で寓話的です。けれどもきちんと読めば、ここに暴力があり、それを語ることの困難さに立ち向かうために取られた語り方なのだとわかります。最後まで読んでも、主人公が「救われ」たのかはわかりません。そして私たちはそれを知るべきでもない。語ることの困難さをまざまざと感じさせると同時に、その語りを享受している「読者」の立場の暴力性を浮かび上がらせる力を持った作品です。

『冥土めぐり』
鹿島田真希

『冥土めぐり』は、現実に直面することのできない母と弟を抱えた、ひとりの女性の物語です。子ども時代の裕福な暮らしを忘れることのできない母と、自分は特別であると信じ込んだ弟に、彼女は苦しめられてきました。そして彼女の夫は障がいを抱えている。あらゆることは彼女の肩にのしかかっているようです。物語は淡々と進みます。それは主人公の彼女が、喜びも悲しみも忘れ去ったように過ごしているからです。その彼女が、母の未練を象徴するホテルに夫と訪れる。旅行に行く。「冥土めぐり」をするのです。

冥土にいるのは、「父」なるものの高邁な理想にほかならない。

この物語には、「父」の存在感がありません。決して自分ひとりでは立つことのできない母のありようを通じて、甘美な記憶を与えるだけ与えて死んだ祖父の姿が浮かび上がる。もう何もしなくていいのだ、と幸福な思いに駆られた結婚当初の母を通じて、かつて一流サラリーマンだった父の姿が浮かび上がる。自分は特別な人間だと信じて疑わない弟は、自らの中に立派な「父」の幻影を見ているようである。一家を支える強くて立派な「父」の幻影が、亡霊のように取り憑いています。それは呪いである。自分自身に決して近づくことができないという呪いである。けれども奇跡が起こります。夫の発作です。彼は働けなくなり、障がい者になった。彼は何もかもをただ受け入れる人間だった。彼は決して「父」なるものの高邁な理想に近づくことも、近づこうとすることもない人間だった。彼は亡霊に取り憑かれていなかった。そのことに気づいた時、冥土めぐりが終わるのです。

『乳と卵』
川上未映子

まず言葉が楽しい。伸びてゆく一文がリズミカル。しゃべっているみたいだけどしゃべり言葉とはやっぱり違う。するする読めちゃうポップさと、絡みつかれるような息苦しさとが共存する。そして、リズミカルに言葉を操ることに長けた人なので、カタルシスを描くのがすごくうまい。『ヘヴン』なんかもそうですが、ここにも一度読んだらなかなか忘れられないシーンがあります。とにかく押し寄せる言葉に圧倒される。読んでいるというか体に浴びてる、飲み込まれる。そういう気分になれる文章はそんなに多くありません。

ところで、この、飲み込まれるところが際立つには、それまでの間に飲み込まれすぎないことが大切です。抑えて抑えて、ここぞという時にあっと出てくる必要がある。

抑えて抑えて、の役割を果たしているのが、わりあいニュートラルな感じの、語り手の女性です。物語には三人の女性が出てくる。語り手の女性と、その姉の巻子と、巻子の娘である緑子です。

巻子はシングルマザーである。彼女の夫は、奇妙にのっぺりとした言葉で責任を放棄しました。おかげで全部巻子の肩にのしかかる。彼女はもうある一点にしか目がいかない。いっぱいいっぱいで、豊胸手術に魅せられて、出産前の自分の体を取り戻そうとして、他のことが考えられない。緑子はそういう母を見ながら、話すことをやめた。紙に文字を書いて会話する。文字をじっくり見て、卵子やら受精やらじっくり見る。妊娠出産可能な身体をじっくり考える。うんざりする。そういうふたりの一点集中ぶりを、意見するともなしに眺めている語り手の女性がいる。ふたりの、真逆の、とはいえどちらも「女性」のどうにもならない苦しみ、でもわりと「よくある」苦しみを外から冷静に眺めている人がいる。単に閉じこもって女性的感性がなんたらしているわけではない。抑えて抑えて、がある。で、抑えがある瞬間に、ここぞというところで、ふっと外れる。溢れる。その様が、幾度読んでも胸に刺さる作品です。

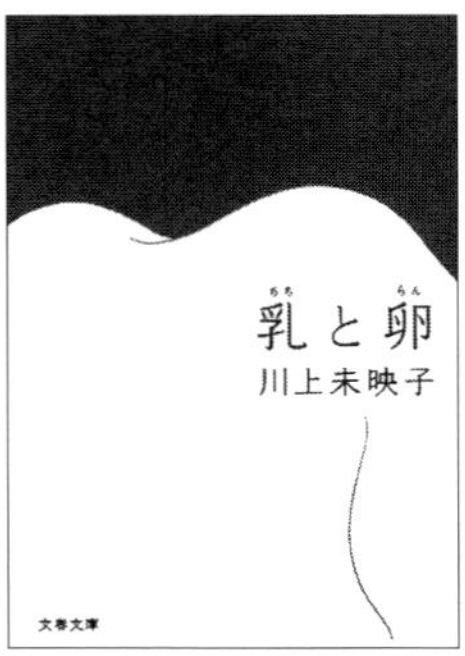

再録出典一覧

石垣りん
『石垣りん詩集』岩波書店、2015

左川ちか
『左川ちか全詩集』森開社、1983

中島みゆき
『わたしの子供になりなさい』ポニーキャニオン、ヤマハミュージックコミュニケーションズ、1998
『予感』キャニオン・レコード、ポニーキャニオン、ヤマハミュージックコミュニケーションズ、1983
117頁「私たちは春の中で」

118頁「木曜の夜」

119頁「ファイト!」

永瀬清子
『現代詩文庫1039　永瀬清子』思潮社、1990

早坂類
『風の吹く日にベランダにいる　早坂類歌集』河出書房新社、1993
『黄金の虎　ゴールデンタイガー』窓社、2009

茨木のり子
『茨木のり子詩集』岩波書店、2014

松井啓子
『詩集　のどを猫でいっぱいにして　叢書・女性詩の現在4』思潮社、1983

葛原妙子
『葛原妙子歌集』三一書房、1974
『現代歌人文庫⑥　葛原妙子歌集』国文社、1986

安立スハル
『安立スハル全歌集』柊書房、2007

鈴木しづ子
『夏みかん酢つぱしいまさら純潔など』河出書房新社、2009

齋藤史
『齋藤史全歌集』大和書房、1997

吉原幸子
『現代詩文庫56　吉原幸子』思潮社、1973

池田澄子
『拝復』ふらんす堂、2011
『現代俳句文庫29　池田澄子句集』ふらんす堂、1995

栗木京子
『現代短歌文庫38　栗木京子歌集』砂子屋書房、2001

執筆者一覧

安立スハル（あんりゅう・すはる）
一九二三—二〇〇六。『この梅生ずべし』『安立スハル全歌集』

イ・ラン
86年生。『神様ごっこ』『一体何をしようとしている人間だろうと思った』

イーユン・リー
72年生。『千年の祈り』『独りでいるより優しくて』

池田澄子（いけだ・すみこ）
36年生。『たましいの話』『思ってます』

石垣りん（いしがき・りん）
一九二〇—二〇〇四。『表札など』『略歴』

伊藤比呂美（いとう・ひろみ）
55年生。『切腹考』『女の一生』

井上佐由紀（いのうえ・さゆき）
74年生。http://inouesayuki.com（WEBサイト）

井上法子（いのうえ・のりこ）
90年生。『永遠でないほうの火』

茨木のり子（いばらぎ・のりこ）
一九二六—二〇〇六。『対話』『おんなのことば』

今橋愛（いまはし・あい）
76年生。『O脚の膝』「主婦と兼業」http://shuhuken.blog.fc2.com/（WEBサイト）

今村夏子（いまむら・なつこ）
80年生。『こちらあみ子』『星の子』

岩川ありさ（いわかわ・ありさ）
80年生。『文学研究から現代日本の批評を考える』（共著）「境界の乗り越え方——多和田葉子『容疑者の夜行列車』論」（論文）

ヴァージニア・ウルフ
一八八二—一九四一。『灯台へ』『自分ひとりの部屋』

魚座（うおざ）
75年生。http://midorinokousen.tumblr.com/（WEBサイト）

エドナ・セント・ヴィンセント・ミレー
一八九二—一九五〇。『The Ballad of the Harp-Weaver』『Collected Lyrics』（ともに未邦訳）

江南亜美子（えなみ・あみこ）
75年生。『世界の8大文学賞受賞作から読み解く現代小説の今』『きっとあなたは、あの本が好き。』（ともに共著）

おさないひかり
93年生。『300年のヒント』『サマーバケーション イン マイヘッド』

小澤英実（おざわ・えいみ）
77年生。『幽霊学入門』（共著）『地図になかった世界』（訳書）

小平麻衣子（おだいら・まいこ）
68年生。『夢みる教養——文系女性のための知的生き方史』『21世紀日本文学ガイドブック7 田村俊子』（共著）

小山田浩子（おやまだ・ひろこ）
83年生。『工場』『穴』

片山亜紀（かたやま・あき）
69年生。『自分ひとりの部屋』（訳書）『三《スリー》ギニー：戦争を阻止するために』（訳書、近著）

川上未映子（かわかみ・みえこ）
76年生。『乳と卵』『ヘヴン』

川口晴美（かわぐち・はるみ）
62年生。『Tiger is here.』『半島の地図』

河村昌子（かわむら・しょうこ）
69年生。『巴金 その文学を貫くもの』『中国メディアの現場は何を伝えようとしているか 女性キャスターの苦悩と挑戦』（共訳）

神田さよ（かんだ・さよ）
48年生。『おいしい塩』『傾いた家』

岸本佐知子（きしもと・さちこ）
60年生。『話の終わり』『あなたを選んでくれるもの』（ともに訳書）

桐野夏生（きりの・なつお）
51年生。『デンジャラス』『夜の谷を行く』

銀色夏生（ぎんいろ・なつを）
60年生。『ひかりのいと 朗読のための自選詩集』http://gininatsuo.com(WEBサイト)

葛原妙子（くずはら・たえこ）
一九〇七―一九八五。『葡萄木立』『薔薇窓』

くぼたのぞみ
50年生。『鏡のなかのボードレール』『アメリカーナ』（訳書）

倉本さおり（くらもと・さおり）
79年生。『世界の8大文学賞 受賞作から読み解く現代小説の今』（共著）

栗木京子（くりき・きょうこ）
54年生。『水仙の章』『南の窓から』

黒田夏子（くろだ・なつこ）
37年生。『*ab* さんご』『感受体のおどり』

Ko Younghwa（コ・ヨンファ）
79年生。「大韓不法集会」（歌詞対訳）

古谷田奈月（こやた・なつき）
81年生。『リリース』『望むのは』

齋藤史（さいとう・ふみ）
一九〇九―二〇〇二。『ひたくれなゐ』『秋天瑠璃』

斎藤美奈子（さいとう・みなこ）
56年生。『名作うしろ読み』『文庫解説ワンダーランド』

最果タヒ（さいはて・たひ）
『愛の縫い目はここ』『夜空はいつでも最高密度の青色だ』

左川ちか（さがわ・ちか）
一九一一―一九三六。『左川ちか詩集』

佐藤文香（さとう・あやか）
85年生。『君に目があり見開かれ』『天の川銀河発電所 Born after 1968 現代俳句ガイドブック』（編著）

ジーン・リース
一八九〇―一九七九。『サルガッソーの広い海』『カルテット』

篠森ゆりこ（しのもり・ゆりこ）
『千年の祈り』『独りでいるより優しくて』（ともに訳書）

柴田英里（しばた・えり）
84年生。「〝やさしさ〟によって見棄てられる総ての者に捧げるあいらぶゆー――大森靖子のフェミニズム」（論考）「Panoramic Confusions」（個展）

盛可以（ション・コーイー）
73年生。「手術」『福地』（未邦訳）

菅野つかさ（すがの・つかさ）
92年生。「Sister Magazine」「Scarlet & June」（ともにWEBサイト）

鈴木しづ子（すずき・しづこ）
19年生。『春雷』『指環』

鈴木晴香（すずき・はるか）
82年生。『夜にあやまってくれ』

多和田葉子（たわだ・ようこ）
60年生。『献灯使』『百年の散歩』

チママンダ・ンゴズィ・アディーチェ
77年生。『半分のぼった黄色い太陽』『アメリカーナ』

津村記久子（つむら・きくこ）
78年生。『エヴリシング・フロウズ』『この世にたやすい仕事はない』

トミヤマユキコ
79年生。『パンケーキ・ノート』『大学1年生の歩き方 先輩達が教える転ばぬ先の12のステップ』（共著）

豊﨑由美（とよざき・ゆみ）
61年生。『ニッポンの書評』『まるでダメ男じゃん！ 「トホホ男子」で読む百年ちょっとの名作23選』

永瀬清子（ながせ・きよこ）
一九〇六―一九九五。『大いなる樹木』『あけがたにくる人よ』

中島悦子（なかしま・えつこ）
61年生。『マッチ売りの偽書』『藁の服』

中島みゆき（なかじま・みゆき）
「慕情」「組曲（Suite）」

中西歩乃歌（なかにし・ほのか）
92年生。「Sister Magazine」「Scarlet & June」（ともにＷＥＢサイト）

中山奈々（なかやま・なな）
86年生。『天の川銀河発電所 Born after 1968 現代俳句ガイドブック』（共著）

名久井直子（なくい・なおこ）
76年生。『ブックデザイナー・名久井直子が訪ねる 紙ものづくりの現場から』

野口あや子（のぐち・あやこ）
87年生。『かなしき玩具譚』『眠れる海』

野中モモ（のなか・もも）
73年生。『デヴィッド・ボウイ 変幻するカルト・スター』『バッド・フェミニスト』（訳書）

ノラ・ゴムリンガー
80年生。『Monster Poems』『Morbus』『Mode』（ともに未邦訳）

橋爪彩（はしづめ・さい）
80年生。www.saihashizume.com（ＷＥＢサイト）

蜂飼耳（はちかい・みみ）
74年生。『現代詩文庫・蜂飼耳詩集』『顔をあらう水』

早坂類（はやさか・るい）
59年生。『風の吹く日にベランダにいる』『ルピナス』

haru.（ハル）
95年生。『HIGH(er) magazine Issue no.0~4』

東直子（ひがし・なおこ）
63年生。『とりつくしま』『十階』

樋口一葉（ひぐち・いちよう）
一八七二―一八九六。『にごりえ』『たけくらべ』

藤野可織（ふじの・かおり）
80年生。『おはなしして子ちゃん』『ファイナルガール』

文月悠光（ふづき・ゆみ）
91年生。『洗礼ダイアリー』『わたしたちの猫』

堀江里美（ほりえ・さとみ）
81年生。『美について』『ガールズ・オン・ザ・ロード』（ともに訳書）

堀越英美（ほりこし・ひでみ）
73年生。『女の子は本当にピンクが好きなのか』『ギークマム』（共訳）

松井啓子（まつい・けいこ）
48年生。『くだもののにおいのする日』『のどを猫でいっぱいにして』

松田青子（まつだ・あおこ）
79年生。『ワイルドフラワーの見えない一年』『おばちゃんたちのいるところ』

松永美穂（まつなが・みほ）
『儀式』『階段を下りる女』（ともに訳書）

村田沙耶香（むらた・さやか）
79年生。『コンビニ人間』『しろいろの街の、その骨の体温の』

盛田志保子（もりた・しほこ）
77年生。『木曜日』『五月金曜日』

山崎まどか（やまさき・まどか）
『オリーブ少女ライフ』『ありがちな女じゃない』（訳書）

雪舟えま（ゆきふね・えま）
74年生。『たんぽるぽる』『パラダイスィ―8』

豊彩夏（ゆたか・あやか）
92年生。

吉原幸子（よしはら・さちこ）
一九三二―二〇〇二。『幼年連禱』『オンディーヌ』

ルシア・ベルリン
一九三六―二〇〇四。『A Manual for Cleaning Women』（未邦訳）「火事」

ロクサーヌ・ゲイ
74年生。『バッド・フェミニスト』『Difficult Women』（未邦訳）

▼雑誌「早稲田文学」は、2015年の編集委員制度発足以来、本誌誌上にて各編集委員による責任編集特集を掲載してきました。今回、責任編集特集初の総特集・増刊形態での刊行にあたり、ご寄稿、ご登場、再録をご許諾くださったかたがたはもちろん、たくさんのかたに様々にご協力いただきました。今号のために力を貸してくださった皆様に、この場を借りて心からお礼申し上げます。▽腕も震える重さの校了紙をめくれば、川上編集委員がひとりひとり登場を願った女性たちのことばがきらめき、作品どうしがゆるやかに問いと応答を交わしています。この一冊が読者のもとでどう読まれていくか、楽しみでなりません。▽と同時に、欲深くも聞こえてくるのは「まだ」という声。これだけ集めても、否、集めたからこそ、ここにはいない女性の発する声、かのじょを語ることばがまだあるはずだと、強く感じます。読者それぞれが、「ある」ものと同じくらい、ここに「ない」ものを発見し、創り、論じ、編み……発してほしいと、心から願います。そしてそれはまず、ほかならぬ本誌の今後の仕事としてあるはずだとも。(早稲田文学編集室　北原美那)▼11月26日(日)早稲田大学にて、今号の執筆者や、さまざまな論者をまじえたシンポジウムを行います。詳細は早稲田文学ウェブサイト・Twitterで随時更新していきます。ぜひご来場ください。▼本書に収録した鈴木しづ子さんの作品の著作権者(または著作権継承者)の連絡先が不明です。お心当たりのかたは編集室までご連絡いただければさいわいです。

表紙イラスト　魚座

ブックデザイン　名久井直子

責任編集　川上未映子

早稲田文学増刊　女性号
(通巻第1026号)

2017年9月30日　初版第1刷発行
2017年11月30日　初版第2刷発行

発行者　大藪泰
(早稲田大学文学学術院長)

発行所　早稲田文学会

東京都新宿区山1-24-1
早稲田大学36号館8階
Tel/Fax: 03-3200-7960

発売所　株式会社筑摩書房

東京都台東区蔵前2丁目5番地3号
Tel: 03-5687-2680　Fax: 03-5687-2685
振替 00160-8-4123

印刷所　シナノ書籍印刷株式会社

東京都豊島区池袋4-32-8
Tel: 03-5911-3355　Fax: 03-5911-3356

ISBN 978-4-480-99312-0

観覧車回れよ回れ想ひ出は君には一日《ひとひ》我には一生《ひとよ》

栗木京子

早春のレモンに深くナイフ立つるをとめよ素晴しき人生を得よ

葛原妙子